नामवर सिंह

28 जुलाई, 1926 को बनारस, उत्तर प्रदेश के जीयनपुर नामक गाँव में जन्म। प्राथमिक शिक्षा बग़ल के गाँव आवाजापुर में। काशी हिन्दू विश्वविद्यालय से बी.ए. और एम.ए.। 1953 में उसी विश्वविद्यालय में व्याख्याता के रूप में अस्थायी पद पर नियुक्ति। 1959 में चकिया चन्दौली के लोकसभा चुनाव में भारतीय कम्युनिस्ट पार्टी के उम्मीदवार। चुनाव में असफलता के साथ विश्वविद्यालय से मुक्त। 1959-60 में सागर विश्वविद्यालय के हिन्दी विभाग में असिस्टेंट प्रोफ़ेसर। 1960 से 1965 तक बनारस में रहकर स्वतंत्र लेखन। 1965 में 'जनयुग' साप्ताहिक के सम्पादक के रूप में दिल्ली में। इस दौरान दो वर्षों तक राजकमल प्रकाशन के साहित्यिक सलाहकार। 1970 में जोधपुर विश्वविद्यालय के हिन्दी विभाग के अध्यक्ष-पद पर प्रोफ़ेसर के रूप में नियुक्त। 1971 में 'कविता के नए प्रतिमान' पर 'साहित्य अकादेमी पुरस्कार'। 1974 में जवाहरलाल नेहरू विश्वविद्यालय (दिल्ली) के भारतीय भाषा केन्द्र में हिन्दी के प्रोफ़ेसर के रूप में योगदान। 1987 में वहीं से सेवा-मुक्त। अगले पाँच वर्षों के लिए वहीं पुनर्नियुक्ति। 1993 से 1996 तक राजा राममोहन राय लाइब्रेरी फ़ाउंडेशन के अध्यक्ष। 'आलोचना' त्रैमासिक के प्रधान सम्पादक और महात्मा गांधी अन्तरराष्ट्रीय हिन्दी विश्वविद्यालय (वर्धा) के कुलाधिपति रहे।

निधन : 19 फरवरी, 2019

आशीष त्रिपाठी

आशीष त्रिपाठी का जन्म 21 सितम्बर, 1973 को मध्य प्रदेश के गाँव जमुनिहाई, जिला सतना में हुआ।

प्रो. नामवर सिंह की बारह पुस्तकों–'ज़माने से दो दो हाथ', 'प्रेमचंद और भारतीय समाज', 'हिन्दी का गद्यपर्व', 'कविता की ज़मीन और ज़मीन की कविता', 'आलोचना और विचारधारा', 'साहित्य की पहचान', 'सम्मुख', 'साथ-साथ', 'आलोचना और संवाद', 'तुम्हारा नामवर', 'संग सत्संग और पूर्वरंग' समेत चंद्रकांत देवताले के साक्षात्कार-संग्रह–'मेरे साक्षात्कार', काशीनाथ सिंह के दो कथा-चयनों–'खरोंच' व 'पायल पुरोहित तथा अन्य कहानियाँ', स्वयं प्रकाश के कथा-चयन–'प्रतिनिधि कहानियाँ' एवं 'आषाढ़ का एक दिन : पुनर्मूल्यांकन' का सम्पादन और नामवर सिंह के साथ 'रामचंद्र शुक्ल रचनावली' के आठ खंडों का सम्पादन किया। 'समकालीन हिन्दी रंगमंच और रंगभाषा' प्रकाशित पुस्तक और 'भक्ति आन्दोलन और तुलसीदास' विषय पर एक पुस्तक प्राय: पूर्ण। इन दिनों 'हिन्दी नाटकों पर लोक रंग-परम्पराओं का प्रभाव' विषय पर शोधपरक कार्य के साथ ही समकालीन कविता पर लेखन में सक्रिय हैं।

उन्हें 2010 में प्रकाशित पहले कविता-संग्रह 'एक रंग ठहरा हुआ' के लिए 'लक्ष्मण प्रसाद मंडलोई स्मृति सम्मान' और आलोचना के लिए 2016 के 'स्पंदन सम्मान' से सम्मानित किया गया है।

इन दिनों काशी हिन्दू विश्वविद्यालय, वाराणसी के हिन्दी विभाग में प्रोफेसर हैं।

ई-मेल : ashishhindibhu@gmail.com

जीवन क्या जिया

बातें कुछ अपनी, कुछ अपनों की

नामवर सिंह

सम्पादक

आशीष त्रिपाठी

राजकमल पेपरबैक्स

पहला पुस्तकालय संस्करण
राजकमल प्रकाशन प्राइवेट लिमिटेड द्वारा
2021 में प्रकाशित

राजकमल पेपरबैक्स में
पहला संस्करण : 2023
दूसरा संस्करण : 2024

राजकमल पेपरबैक्स : उत्कृष्ट साहित्य के जनसुलभ संस्करण

राजकमल प्रकाशन प्रा.लि.
1-बी, नेताजी सुभाष मार्ग, दरियागंज
नई दिल्ली-110 002
द्वारा प्रकाशित

शाखाएँ : अशोक राजपथ, साइंस कॉलेज के सामने, पटना-800 006
पहली मंजिल, दरबारी बिल्डिंग, महात्मा गांधी मार्ग, प्रयागराज-211 001
1, अनमोल सोराबजी संतुक लेन, धोबी तलाव, मरीन लाइंस, मुम्बई-400 002

वेबसाइट : www.rajkamalprakashan.com
ई-मेल : info@rajkamalprakashan.com

विकास कंप्यूटर एंड प्रिंटर्स
ट्रॉनिका सिटी-201 102
द्वारा मुद्रित

मूल्य : ₹ 399

JEEVAN KYA JIYA
by Namwar Singh
Edited by Ashish Tripathi

ISBN : 978-81-19159-20-8

आत्मकथा की कड़ियाँ

'जीवन क्या जिया' हिन्दी के शीर्ष आलोचक नामवर जी की आत्मकथा है। हम सब जानते हैं कि नामवर जी ने अपनी आत्मकथा नहीं लिखी। शायद लिखना भी नहीं चाहते थे। इसलिए उन्होंने अपनी योजनाओं में इसे कभी नहीं रखा। आधिकारिक आत्मकथा न लिखने के बाद भी, उनकी आत्मकथा लोगों के बीच प्रकाशित होती रही—व्याख्यानों और विशेष रूप से साक्षात्कारों में। हिन्दीजनों की गहरी दिलचस्पी नामवर-कथा को जानने में थी। इसलिए वे नामवर जी से निरन्तर इस सम्बन्ध में पूछते रहे। नामवर जी भी अपने जीवन के बारे में लगातार बोलते-बताते रहे। हाँ, जीवन के कुछ पक्षों की ओर वे लगातार मौन रहे। इसकी भरपाई की संस्मरणों ने। जब नजदीकी लोगों ने अपनी स्मृति-कथाएँ लिखना शुरू किया, ये पक्ष भी उभरने लगे। विशेष रूप से छोटे भाई काशीनाथ सिंह के चार संस्मरणों की पुस्तक 'घर का जोगी जोगड़ा' ने उस कमी को एक हद तक पूरा कर दिया।

यह स्पष्ट है कि दूसरों द्वारा लिखी गई कथाएँ आत्मकथा का स्थान नहीं ले सकतीं। वे कथाएँ लिखनेवाले व्यक्ति के मन में बनी छवियों का प्रतिपादन करती हैं। ये छवियाँ यथार्थ पर आधारित होने के बावजूद अंततः सुनिश्चित धारणाओं से संचालित होती हैं। इनमें यथार्थ तरह-तरह की दंतकथाओं से मिल जाता है। इस प्रकार अंततः वह गल्प का ही एक प्रकार है—वस्तुनिष्ठता, तथ्यात्मकता और ऐतिहासिकता के कलेवर में सजा। ऐसे में 'जीवनी' या 'स्मृतिकथा', 'आत्मकथा' का विकल्प नहीं बन पाती। आत्मकथा को जो बात बेहद खास बनाती है, वह है घटनाओं, परिस्थितियों, व्यक्तियों और गतिविधियों से गुजरते हुए व्यक्ति की निजी प्रतिक्रियाओं का अंकन। दूसरा इन प्रतिक्रियाओं का सिर्फ अंदाजा लगा सकता है, उसे पूरेपन से जान नहीं सकता। जीवनीकार प्रायः व्यक्ति के

उज्ज्वल पक्षों को ही व्यक्त करता है,जबकि एक ईमानदार 'आत्मकथा' लेखक नकारात्मक और कालिमा भरे पक्षों को व्यक्त करने का साहस कर सकता है। आत्मकथा लेखक के लिए भी यह इतना आसान नहीं है। समाज प्राय: उन्हीं लोगों की आत्मकथा जानने में दिलचस्पी लेता है जो किन्हीं कारणों से विशिष्ट हों। ऐसे में आत्मकथा लेखक उस विशिष्ट छवि को ही भुनाने में लग सकता है और उससे इतर पक्ष को सेंसर कर सकता है। अंतत: समाज में बनी हुए छवियाँ यहाँ भी लेखक को अपनी सम्पूर्ण कथा कहने से रोकती हैं। समाज के अन्य दबाव तो उसके चेतन-अवचेतन पर यूँ भी रहते ही हैं। सामाजिक व्यवस्था के नियमों, मानकों, आदर्शों और नैतिकताओं का प्रभाव इतना गहरा होता है कि वह स्वयं में एक सेंसरशिप का निर्माण कर लेता है। सोशियल सेंसरशिप अंतत: 'आत्म' को काट-छाँटकर और सँवार करके पेश करने की ओर धकेलती है। आधुनिक बाजार में 'आत्मकथा' जब प्रोडक्ट के रूप में सामने आती है, तो 'प्रोडक्ट' के नियमों से उसका निर्माण होता है। 'उपन्यास' के बाद 'आत्मकथा' ही आधुनिक बाजार के सर्वाधिक उपयुक्त प्रोडक्ट है, जिस पर बाजार के नियमों का दबाव दिखाई देता है।

नामवर जी ने अपनी आत्मकथा नहीं लिखी, इसके बावजूद उनकी आत्मकथा अंशों में प्रकाशित होती रही। इस पुस्तक में हमने उनके वाचिक के ऐसे अंशों को एकत्र और क्रमबद्ध किया है कि उसे एक व्यवस्थित रूप में पढ़ा जा सके। बचपन के दिनों से लेकर आखिर दिनों तक की सिलसिलेवार स्मृतियाँ पहले खंड में मौजूद हैं। विशिष्ट व्यक्तियों से जुड़ी स्मृतियों को दूसरे खंड में रखा गया है। नामवर जी के रोजमर्रा के जीवन को समझने के दृष्टिकोण से डायरी का एक अंश तीसरे खंड में प्रस्तुत है। डायरी के अतिरिक्त पूरी पुस्तक में कुल मिलाकर लिखित अंश दो ही हैं : 'एक किताब पृथ्वीराज रासो : भाषा और साहित्य' और 'शमशेर से वह आखिरी मुलाकात'। शेष सभी 'नामवर का वाचिक' हैं। समय-समय पर दिये गए व्याख्यानों और साक्षात्कारों के अंशों को जोड़कर यह 'आत्मकथा' रची गई है। नामवर-कथा को जानने में दिलचस्पी रखनेवाले पाठकों को इसमें रुचि होगी। इस पुस्तक का शीर्षक हमने मुक्तिबोध की सुविख्यात कविता 'अँधेरे में' की एक कविता-पंक्ति से लिया है। 'अँधेरे में' कविता के जिस अंश से यह पंक्ति ली गई है, उसका केन्द्रीय भाव मध्यवर्ग का आत्मलोचन है। नामवर जी अक्सर इस अंश का उपयोग अपनी बातचीत में किया करते थे। 'तद्भव' पत्रिका में प्रकाशित सुदीर्घ स्मृति-कथा का समापन भी उन्होंने इसी अंश से किया था।

हम 2010 से नामवर जी की पुस्तकों के प्रकाशन में संलग्न हैं। अब तक बारह पुस्तकें प्रकाशित हुई हैं। आठ पुस्तकें प्रकाशन की प्रक्रिया में हैं। खोज का यह काम 2005 में प्रारम्भ हुआ। निरन्तर पत्र-पत्रिकाओं, पुस्तकों, पुस्तकालयों, इंटरनेट एवं खास तौर पर निजी संग्रहों को खँगालने पर यह सामग्री प्राप्त हुई—लगभग 2000 पृष्ठ। उसमें नामवर जी के आलेखों, व्याख्यानों और साक्षात्कारों के लिप्यंतरित पाठ, वाचिक टिप्पणियाँ, व्यक्तिगत साक्षात्कार एवं सामूहिक परिसंवाद शामिल हैं। इसके बावजूद अभी अनेक आलेख और व्याख्यानों और साक्षात्कारों के मुद्रित पाठ खोजे जाने बाकी हैं। नामवर जी ने जब स्वयं यह संग्रह देखा तो उन्हें आश्चर्य हुआ। अनेक आलेख, व्याख्यान और साक्षात्कार उनकी स्मृति में ही नहीं थे। इस सामग्री को पुस्तकों में बाँटने की प्रमुखत: दो योजनाएँ विकल्प के रूप में सामने थीं—विषयवार पुस्तकें और लिखित-वाचिक की अलग-अलग पुस्तकें। हमने बीच का रास्ता अपनाया : सामयिक विषयों पर एक स्वतन्त्र पुस्तक 'जमाने से दो दो हाथ' के साथ प्रेमचन्द पर केन्द्रित पुस्तक 'प्रेमचन्द और भारतीय समाज' में—आलेख, भाषण एवं वाचिक टिप्पणियाँ एक साथ मौजूद हैं। इसके अतिरिक्त व्याख्यानों की दो पुस्तकें 'आलोचना और विचारधारा' तथा 'साहित्य की पहचान'; लिखित की पाँच पुस्तकें 'कविता की ज़मीन और ज़मीन की कविता', 'हिन्दी का गद्य पर्व', 'पूर्वरंग', 'आलोचना और संवाद' तथा 'तुम्हारा नामवर' और साक्षात्कार-संवाद की तीन पुस्तकें 'साथ साथ', 'सम्मुख' तथा 'संग सत्संग'।

इसी क्रम में यह नई पुस्तक आपके सामने है। इन पुस्तकों से गुजरते हुए आप नामवर जी की प्रतिभा के विविध आयामों से संवाद कर सकेंगे।

सम्पूर्ण खोज-यात्रा में स्मृति-शेष प्रो. कमला प्रसाद जी के साथ ही हिन्दी के वरिष्ठ कथाकार प्रो. काशीनाथ सिंह का प्रोत्साहन मेरी शक्ति रहा है। अनेक आदरणीय वरिष्ठों एवं मित्रों ने इस कार्य में निरन्तर दिलचस्पी ली है और बहुविध सहयोग किया है।

इस सम्पूर्ण यात्रा के प्रारंभिक पाँच-छ: वर्षों में एक बात मैं निरन्तर महसूस करता रहा कि इसके संग्रहण एवं प्रकाशन के प्रति नामवर जी में गहरी असंपृक्ति रही है। सम्भवत: यही कारण है कि इतनी ढेर सारी सामग्री अब तक पुस्तक रूप में संकलित-प्रकाशित नहीं हो सकी है। अनेक व्याख्यान व साक्षात्कार तो उन्होंने प्रकाशित रूप में देखे भी न थे। आज के समय में, जबकि लोग आत्म-प्रदर्शन की प्रवृत्ति के शिकार हैं, नामवर जी में एक किसान का-सा संकोच था। अपने लिखे और बोले हुए

के प्रति नामवर जी की यह असम्पृक्ति और उसके व्यवस्थित प्रस्तुतीकरण के प्रति उनका यह संकोच, मुझे अनेक तरह से अपरिग्रह के पुराने मूल्य का ही एक नया रूपान्तर लगता रहा है। उनके समकालीनों, हमउम्रों और उन्हें ज्यादा जानने का दावा करनेवाले लोगों के विचारों के समानान्तर मुझे नामवर जी में एक 'सूफियाना विराग' मिलता है। एक बार मेरे पूछने पर उन्होंने स्पष्ट रूप से कहा था कि 'चाहे निबन्ध हों या पुस्तक, मुझे उसका प्रकाशन तभी जरूरी लगता रहा है, जबकि वह मौजूदा परिदृश्य में हस्तक्षेप करे, उसके ठहराव को तोड़े और वाद विवाद संवाद की प्रक्रिया को आगे बढ़ाए। मेरी ज्यादातर पुस्तकें अपने समय की बहसों में भागीदार होकर लिखी गई हैं। इसीलिए संग्रह के लिए संग्रह निकालना मेरी प्राथमिकता में नहीं रहा है।' इसी विचार के कारण पर्याप्त सामग्री के बावजूद उनके संग्रह सामने नहीं आ सके। मैंने देखा था कि 'वाद विवाद संवाद' के साथ ही आलोचना में उनकी एक अन्य पुस्तक का विज्ञापन छपा था : 'जब हिन्दी नई चाल में ढली'। वह पुस्तक नहीं आ सकी। शुरुआती दिनों में मैंने भी उनके आलोचनात्मक निबन्धों के पुस्तक रूप में प्रकाशन की जब भी बात की, उन्होंने ज्यादा रुचि नहीं ली।

इसके बावजूद यदि इन पुस्तकों का प्रकाशन हो रहा है, तो इसका आशय यह नहीं है कि नामवर जी का विचार बाद में बदला था। वस्तुतः अनेक मित्रों के निरन्तर दबाव और आग्रह के कारण उन्होंने इनके प्रकाशन की अनुमति दी थी। संकोच के साथ। इनके प्रकाशन से गत सत्तर वर्षों से अधिक में फैली उनकी यह रचनात्मकता अपने ज्यादा आयामों में उभर सकेगी। छह दशकों में प्रगतिशील आलोचना की प्रभावशाली एवं निर्णायक भूमिका का खुलासा भी उनसे हो सकेगा तथा नामवर जी की अपनी वैचारिक स्थिति अधिक स्पष्ट हो सकेगी।

इस पुस्तक के प्रकाशन के पहले ही नामवर जी हमें छोड़कर चले गए हैं। पुस्तक की पांडुलिपि देखकर वे खुश हुए थे। अगली किताबों के बारे में भी उन्होंने उत्साहपूर्ण प्रतिक्रिया दी थी। 1957-58 में उन्होंने हिन्दी कविता का एक प्रतिनिधि संचयन तैयार किया था। हमने उसकी पांडुलिपि उन्हें दिखाई तो वे बच्चों की तरह खुश हुए। बोले, इसे अप-टू-डेट करना चाहिए। हमने इस सम्बन्ध में बातें कीं। सकुचाते हुए जब मैंने उनसे उनकी रचनावली की अनुमति माँगी, तो न सिर्फ उन्होंने उसकी अनुमति दी बल्कि उसके खंडों की योजना पर भी पूछताछ की। पहली दस किताबों और 'रामचन्द्र शुक्ल रचनावली' के प्रकाशन के बाद उनमें अपनी पुस्तकों के प्रकाशन को लेकर एक उत्सुकता जगी थी। अस्वस्थता के बावजूद वे

अगली पुस्तकों के बारे में लगातार पूछते, बात करते रहते थे। योजनाएँ बनने के बाद उनके क्रियान्वयन में होने वाली देरी से वे नाराज और दुखी हो जाते थे। आज वे नहीं हैं। मेरे लिए यह निजी क्षति है जिसकी भरपाई सम्भव नहीं है। एक खालीपन, जो हमेशा एक शून्य की तरह जीवित रहेगा। अनिवार्यत: । उनके न रहने पर उनके साथ बनी योजनाएँ पूरा करने के लिए हम प्रतिबद्ध हैं।

नामवर जी की अनुपस्थिति में नामवर जी की वैचारिकता का महत्त्व बढ़ेगा, ऐसा मेरा विश्वास है। उनकी वैचारिकता, बेहतर भविष्य के लिए उनकी प्रतिबद्धता, उनका आलोचना-संघर्ष—हमें निरन्तर विकसित करेगा। उनके विचारों का समग्र जल्द से जल्द प्रकाशित हो ताकि नामवर जी को सम्पूर्णता में देखा-पढ़ा-समझा जा सके, ऐसी हमारी कामना है। उम्मीद है कि वर्ष 2021-2022 में हम उनका सम्पूर्ण शेष साहित्य आपके समक्ष रख सकेंगे। इस विश्वास के पीछे उनके सुपुत्र श्री विजय सिंह और राजकमल प्रकाशन के निदेशक श्री अशोक महेश्वरी का सम्बल है और विख्यात कथाकार काशीनाथ सिंह का संवेदनापूर्ण मार्गदर्शन। इन सबके रहते काम में कोई बाधा आने का प्रश्न ही नहीं उठता।

नामवर जी को सादर नमन के साथ यह पुस्तक उनकी स्मृति को समर्पित है।

—आशीष त्रिपाठी

क्रम

संस्मरण और व्यक्ति-चित्र

डायरी

आत्मकथात्मक स्मृतियाँ

कहने को तो मैं भी प्रेमचन्द की तरह कह सकता हूँ कि मेरा जीवन सरल सपाट है। उसमें न ऊँचे पहाड़ हैं, न घाटियाँ हैं। वह समतल मैदान है। लेकिन औरों की तरह मैं भी जानता हूँ कि प्रेमचन्द का जीवन सरल सपाट नहीं था। अपने जीवन के बारे में भी मैं नहीं कह सकता कि यह सरल सपाट है : भले ही इसमें बड़े ऊँचे पहाड़ न हों, बड़ी गहरी घाटियाँ न हों, मैंने जिन्दगी में बहुत जोखिम न उठाए हों।

ब्रेख्त के एक नाटक 'गैलीलियो' का एक वाक्य अक्सर याद आता रहा है कि बाधाओं को देखते हुए दो बिन्दुओं के बीच की सबसे छोटी रेखा टेढ़ी ही होगी। मेरे जीवन की रेखा भी कहीं-कहीं टेढ़ी हो गई है।

मेरा गाँव मेरा परिवार

...मैं अपने गाँव के बारे में कहना चाहता हूँ, जहाँ मैं पैदा हुआ। उस पूरे जवार में उससे छोटा कोई दूसरा गाँव नहीं है। मेरी बिरादरी यानी कि राजपूत पूरब दिशा में थे और कुछ लोग दक्षिण दिशा में बावली के किनारे। उस गाँव के जो मूल निवासी थे, दक्षिण दिशा में रहते थे। उत्तर दिशा में हमीं लोगों के बीच के लोग थे। बाकी जो पश्चिमी इलाका था, मध्य भाग से लेकर पश्चिम तक, वह आम तौर पर पिछड़ी जातियों का था। पूरा गाँव चमारों की तीन बस्तियों से घिरा हुआ था। उस जमाने में वह ऊसर गाँव था और उसमें दो ही चीजें पैदा हुई दिखाई पड़ती थीं : एक ओर नागफनी के जंगल थे, दूसरी ओर बाँसों के जंगल थे। बाँस देखने में बड़ा सरल होता है लेकिन उसमें खोंचे लगाने वाली चीजें भी होती हैं। यह और बात है कि उसी से बाँसुरी भी बनती है। अब नागफनी को लीजिए। उसमें काँटे होते हैं लेकिन उसमें फूल भी बड़े अच्छे खिलते हैं। सुन्दर दिखते हैं लेकिन उनमें गन्ध नहीं होती है। हाँ, फल भी उगते हैं जिन्हें तोड़ने पर उनमें से लाल रंग निकलता है। मैं यह कह रहा हूँ कि मेरी जिन्दगी भी एक हद तक ऊसर है और एक हद तक उसमें उगनेवाली नागफनी है जिसमें काँटे होते हैं और सीधे तड़ंगे बाँस होते हैं। यदि प्रकृति कहीं-न-कहीं परिवेश को प्रभावित करती है तो शायद मेरे व्यक्तित्व को—मेरे जीवन को उसने प्रभावित किया हो। वैसे यह अनुमान ही है। आज का लगाया हुआ अन्दाज है। उन दिनों तो ऐसा सोचता भी नहीं था।

उन दिनों की बहुत-सी चीजें अब नहीं रहीं। उन दिनों ताड़ के बहुत सारे पेड़ थे, अब नहीं रहे। पूरे गाँव के बीच में सामाजिक-सांस्कृतिक जीवन का केन्द्र था विशाल बरगद का वृक्ष। उसकी बरोहें जमीन तक लटकी हुई थीं। वह वृक्ष नहीं है। गाँव में पश्चिम की तरफ एक डीह बाबा थे। हर गाँव का एक डीह होता है, उसकी कोई मूर्ति नहीं होती है। पूरब की तरफ काली माई थीं। मेरे गाँव की आबादी में आज खास बात यह मालूम होती है कि ब्राह्मण कोई नहीं था, और नाई-धोबी पड़ोस के गाँव से आते थे। हमारे गाँव के पास गौरव की कोई चीज नहीं थी। छोटा-सा ऊसर गाँव। खपरैल और फूस के मकान। रहनेवाले बहुत

साधारण लोग। यह बात सन् 1926-27 की है। आज तो हमारे गाँव में नहर है जिसमें साल भर पानी रहता है। पक्की सड़क बन गई है, जिस पर मोटर चल सकती है और जो आसपास के कस्बों से गाँव को जोड़ती है। आज प्राइमरी स्कूल भी है और बिजली भी है। अब तो अस्पताल भी बन रहा है। काम शुरू हो गया है। इस अस्पताल के लिए जमीन की जरूरत थी। मेरे कहने पर मेरे दोनों भाइयों ने—हमने—पहले अपनी जमीन दी, फिर दूसरों से कहा। मेरे कहने पर उन्होंने बड़ी खुशी-खुशी अपनी जमीन दी। यह इस इलाके का पहला अस्पताल होगा।

इस गाँव में मेरा जन्म एक छोटे किसान परिवार में हुआ। कहने के लिए लोग जमींदार थे, पर जो जमीन थी, वह किसी काश्तकार के ही बराबर थी। मेरे बाबा, पितामह जिन्हें मैंने देखा नहीं—सुना था, रामनाथ सिंह था उनका नाम, नितान्त वीतराग आदमी। हमारी पाही की खेती करजौड़ा में होती थी, थोड़ी दूर पर। वहीं पर एक तालाब के किनारे वह दिन भर पड़े रहते थे। नहा-धोकर पूजा-पाठ करते। भैंस चराते थे। बड़े सरल। कम उम्र में उनका निधन हो गया। उनके तीन पुत्रों में मेरे पिता मझले थे—ठाकुर नागर सिंह। पिताजी नहीं हैं। लगभग चौदह वर्ष उनको गुजरे हो गए। भवभूति के शब्दों में कहूँ तो 'जीवस्तु तातपादेषु ते हि नो दिवसा गत:'। उनके जीवित रहते हुए जो दिन बीते, समय बीते, वे अब चले गए। पिताजी न होते तो मैं आज जो कुछ हूँ, न होता। हमारे गाँव में अकेले पढ़े-लिखे मिडिल क्लास पास वही थे। वह प्राइमरी स्कूल के अध्यापक हो गए थे। वह मुझे भी प्राइमरी स्कूल का अध्यापक बनाना चाहते थे। उनकी इससे बड़ी महत्त्वाकांक्षा हो ही नहीं सकती थी। उनकी इच्छा के अनुरूप मैंने भी पढ़ाई के दौरान ही तय कर लिया था कि मैं शिक्षक बनूँगा। दरअसल शिक्षक बनने के अलावा मेरे पास अन्य कोई रास्ता भी नहीं था। इंजीनियर बन नहीं सकता था, डॉक्टर बन नहीं सकता था। क्योंकि इनकी पढ़ाई के लिए हमारे पास यथोचित पैसे नहीं थे, साधन भी नहीं थे। धीरे-धीरे लगा कि मेरी रुचियाँ और मेरी सीमाएँ भी शायद वैसी नहीं हैं।

पिताजी चुप्पा, एकान्तप्रिय और शाम को थोड़ा पूजा-पाठ करनेवाले थे। सुना है कि उन पर अपने पिता की कोई छाया पड़ी होगी कि मेरे जन्म से पहले वे साधु होने के लिए विन्ध्याचल की पहाड़ियों की तरफ निकल गए थे। माँ ने बताया था कि वहाँ जंगल में पिता को कोई साधु मिला था। उसने कहा था कि तुम कहाँ भटक रहे हो! तुमको तो कई पुत्र लिखे हुए हैं। तुम गृहस्थ होने के लिए बने हो। पिताजी लौटकर आ गए लेकिन आजीवन वह शाम को पूजा-मनन करते थे और हनुमान चालीसा वगैरह का पाठ करते थे। वह अद्भुत अनुशासनप्रिय और घोर मर्यादावादी आदमी थे। जैसाकि गाँव में तमाम तरह की बातें होती हैं जमींदारों के बारे में, हम लोग सुनते रहते थे। उन लोगों के बीच पिताजी की छवि

एक चरित्रवान व्यक्ति की थी। इस चरित्र का बड़ा गहरा असर मेरे ऊपर पड़ा। पिताजी ईमानदार और स्वाभिमानी भी थे। इसका उन्हें खमियाजा भी भुगतना पड़ा। हमारे गाँव के पास के ही ठाकुर अपरबल सिंह डिस्ट्रिक्ट बोर्ड के चेयरमैन हो गए थे। वे जमींदार पार्टी के थे और कांग्रेस के विरोधी भी। वकील थे। बड़े प्रतापी आदमी। जबकि पिताजी की आस्था कांग्रेस में थी। '36-37 की बात होगी, अपरबल सिंह का हुक्म हुआ कि पिताजी कांग्रेस के खिलाफ वोट दें और गाँव वालों से दिलवाएँ। पिताजी ने ऐसा करने से मना कर दिया था। परिणाम यह हुआ कि उनका ट्रांसफर गाँव से बहुत दूर जिले के दूसरे छोर पर कर दिया गया। कष्ट उठाया उन्होंने, लेकिन झुके नहीं।

मेरी माँ लम्बी, छरहरी थीं। पिताजी जितने चुप्पा थे, माँ उतनी ही मुखर थीं। लोकगीतों को गाने की शौकीन थीं। गाँव में हर तरफ उनकी पूछ रहती थी। वही थीं जो गा-गाकर और गाते हुए रो-रोकर बहुत-सी कहानियाँ सुनाती थीं। गाँव की बहुत-सी कहावतें तो उन्हीं के मुँह से मालूम हुई हैं। वह पिताजी से पहले चली गईं। मैं अभागा हूँ कि माँ की मृत्यु हुई तो जोधपुर में था। काशी ने तार भेजा तो तार दिल्ली होते हुए जोधपुर गया। पिताजी की मृत्यु हुई तो मैं दिल्ली में था। उनका मुँह भी नहीं देख सका। इस मामले में काशी भाग्यशाली हैं। अन्तिम दिनों में माँ की सेवा की और पिता की भी सेवा की। मैंने तो कोई जिम्मेदारी निभाई नहीं उन दोनों के प्रति, लेकिन उन्होंने अपने आशीष का हाथ बराबर मेरे सिर पर रखा।

जब मैं जे.एन.यू. में था, एक बार पिताजी आए थे और बड़ी मुश्किल से तीन हफ्ते रहे। तीर्थयात्रा पर निकले थे वह। चारों धाम किया था उन्होंने। वह मुझसे कभी कुछ कहते नहीं थे। मैं उनके सामने सिर उठाकर बोलता भी नहीं था। हम भाइयों में काशी सबसे छोटे थे तो उन्हीं से ज्यादा बात करते थे। जे.एन.यू. आने पर रहते हुए उन्होंने केवल एक बात की। मेरा वजन थोड़ा बढ़ गया था, पेट थोड़ा निकल आया था, तो पिताजी ने कहा, 'इस उमर में पेट निकलना ठीक नहीं है।' यह भी उन्होंने जैसे हवा को सुनाकर कहा था।

मेरी कोई बहन नहीं थी। सुना था कि बचपन में एक थी, मर गई। हमारे जो दो चाचा थे, उनके भी कोई बेटी नहीं थी यानी कि बहन-विहीन हमारा पारिवारिक जीवन था। बहन के प्यार का सुख हम लोगों ने जाना नहीं। मुझे बहन के प्यार का अनुभव सरोज से मिला। सरोज मेरे पिताजी के घनिष्ठ मित्र और मेरे लिए भी पितातुल्य कामता प्रसाद विद्यार्थी की बेटी थी। मैं सरोज को ही अपनी बहन मानता था। अभी वह इलाहाबाद में है। उसकी शादी जौनपुर के बाबू श्रीकृष्ण दास से हुई थी, जिन्होंने कथाकार मार्कंडेय को अपने घर में जगह दी थी। मैं इलाहाबाद जाता था तो सरोज के घर पर ही ठहरता था। वह मुझको राखी बाँधती थी।

रहे भाई, तो अभी भी हमारा संयुक्त परिवार है। अपने को बहुत सौभाग्यशाली मानता हूँ कि मुझे अनमोल दो भाई मिले। गाँव में ही नहीं, आसपास के पूरे क्षेत्र में मिसाल दी जाती है हमारी। मुझे खुशी है कि मेरे दोनों भाई आज भी मेरे साथ हैं। मैं कहना चाहता हूँ कि भाइयों का प्यार मैंने जाना। मेरे भाई अगर न होते, तो मेरे जैसा आदमी, जो बनारस छोड़कर जगह-जगह घूमता रहा; दिल्ली आया, जोधपुर गया, सागर गया, फिर दिल्ली आया, परिवार कभी साथ नहीं रहा, कैसे कुछ कर पाता? जब मैं बनारस में था, तब भी मैंने नहीं जाना कि राशन की दुकान कौन-सी है, सब्जी कहाँ मिलती है, कैसे घर का खर्च चलता है। सारा-का-सारा काम काशी करते थे जो हमारे साथ रहते थे। हाईस्कूल करके गाँव से आए थे काशी और सारी जिम्मेदारी ले ली थी। कभी-कभी मुझे बहुत अफसोस होता है कि यदि काशी पर यह बोझ न होता तो वह और जाने क्या बन गए होते! लेकिन मैं तो लाचार था। मैं निश्चिन्त हो गया था काशी पर सब कुछ छोड़ करके। माँ साथ रहती थीं, मेरी पत्नी थीं घर में। मेरा बेटा आ गया था, पिताजी भी आया करते थे गाँव से, मझले भाई भी आते थे। उनका भी परिवार था। इन तमाम चीजों को बरसों तक काशी ने सँभाला। इसीलिए काशी के लिए एक स्नेह तो अनुभव करता हूँ लेकिन एक ऋण भी है जो बराबर महसूस करता रहा हूँ। इसे कभी नहीं भूल सकता, हालाँकि कभी कहा नहीं, कभी लिखा नहीं।

यहाँ यह जिक्र करते मुझे खुशी होती है कि मैंने तो शिक्षक बनने का निश्चय किया ही था, काशी भी शिक्षक ही बने। और काशी हिन्दू विश्वविद्यालय में, जहाँ मैं लेक्चरर था और जहाँ से मैं निकाला गया था, उसी विश्वविद्यालय में मेरा छोटा भाई प्रोफेसर अध्यक्ष होकर बैठा। इस तरह पिताजी की परम्परा काशी में भी रही। बेटा इंजीनियर हुआ। पिताजी के पुण्य प्रताप से और काशी की सहायता से उसकी उसी दिशा में पढ़ाई हुई। मैंने सोचा था कि मेरी सन्तान में कोई तो ऐसा हो, जो मेरे और काशी के लिखे हुए को पढ़ने और समझने वाला हो। सन्तोष है कि बेटी समीक्षा हिन्दी की अध्यापक बनी और दिल्ली के कॉलेज में वह लेक्चरर है। उसका लालन-पालन काशी के परिवार में हुआ। इंटरमीडिएट तक वह वहीं पढ़ती रही। उसका नाम भी काशी ने ही रखा। लोग समझते हैं कि आलोचक की लड़की समीक्षा है तो मैंने यह नाम रखा होगा। यह नाम तो काशीनाथ सिंह कहानीकार ने रखा। वह भी पापा उन्हें ही कहती है। बचपन से उसने काशी को ही जाना। दरअसल मैं पारिवारिक आदमी बन ही नहीं सका। मेरे जीवन के चौदह वर्ष छात्रावासों में बीते। छात्रावासों में रहते एक उम्र ऐसी आती है जब परिवार की आवश्यकता पड़ती है। परिवार का सुख उस दृष्टि से मैंने नहीं जाना। उसके बाद भी कमोबेश यह बात लागू होती है। इस कारण मेरे जीवन में कई कमियाँ आई हैं। इस उम्र में पहुँचने पर अब मेरा बेटा, मेरी बहू,

दोनों अपने बच्चों के साथ कुछ वर्षों से मेरे साथ रह रहे हैं तो एक नया अनुभव हो रहा है। छोटेपन में अपने बेटे से जुड़ना चाहिए था, नहीं जुड़ा। अब बड़े होने के बाद जबकि उसके बेटे जवान हो चुके हैं और बेटी हाईस्कूल में पढ़ रही है, बेटा कॉलेज में और वह स्वयं पचास साल के आसपास है तो आज भी उसके साथ वह लगाव, वह सहजता नहीं बनी जो पिता-पुत्र में होनी चाहिए। मैं आज भी काशी के परिवार के साथ अपने-आपको अधिक सहज पाता हूँ। मेरे बेटे-बहू में कमी नहीं है, कमी मेरी है। मैं उनको कैसे समझाऊँ कि इस उम्र में जब आदमी बूढ़ा-पका हो गया हो, उसका बदलना मुश्किल है। कोई पत्थर को घिसकर कैसे पानी बनाए! देखकर मुझे प्रसन्नता होती है कि जीवन में जो सुख मुझे नहीं मिला, वह मेरे बेटे को मिल रहा है। एक हद तक वह सुख मेरे भाइयों को मिला। मेरी बेटी ने अपनी इच्छा से विवाह किया। बहुत अच्छी तरह है। सुखी है। समीक्षा की छोटी बच्ची है। उसको देखकर लगता है कि हमारी ही जिन्दगी का एक हिस्सा है जो वह जी रही है। कई बीमारियों के बीच जो मैं बच गया तो शायद इसी सुखी जीवन को देखकर।

[2]

मैं हाईस्कूल में था। कक्षा नौ में पढ़ रहा था। बहुत बीमार पड़ा। यह सन् '44 की घटना होगी। इसी के आसपास कुछ ही दिनों बाद पिताजी बीमार पड़े। हार्निया की शिकायत थी। गाँवों में जैसा इलाज होता है, वैसा ही हो रहा था। और उसी समय उनका ट्रांसफर भी हो गया था। बड़ी परेशानी में थे। घर में तय हुआ कि मेरी शादी कर देनी चाहिए। मैं पढ़ना चाहता था और चूँकि मुझको शहर की हवा भी लग चुकी थी, मैंने कहा, 'मैं शादी नहीं करूँगा।' पिताजी सोचते थे कि कहीं वह मर जाएँ और इसकी शादी ही न हो। जल्दबाजी में उन्होंने मेरी शादी तय कर दी। मैं घर से भाग आया। लेकिन पकड़कर लाया गया। हाईस्कूल का इम्तिहान खत्म हुआ था और मेरी शादी कर दी गई। यू.पी. से लगा हुआ बिहार का बॉर्डर है दुर्गावती नदी के किनारे बसा हुआ गाँव मचखिया, वहीं मेरी शादी हो रही थी और मैं रो रहा था।

बहुत दिनों तक इस शादी को मैंने स्वीकार नहीं किया। वह अलग कहानी है। गौने के बाद मेरी पत्नी आईं। 1945 में मेरी शादी हुई थी, '48 में मेरा पहला पुत्र हुआ। दूसरी सन्तान बीस साल बाद 1968 में हुई—बेटी।

पिताजी ने मेरी इच्छा के विरुद्ध मेरा विवाह किया था, सही है, लेकिन उसका दंड मेरी पत्नी भोगे, यह उचित नहीं, यह मैं जानता था और जानता हूँ लेकिन जाने क्यों मन में ऐसी गाँठ थी कि मैं पत्नी को पति का सुख नहीं दे सका। आज

तक। कारण जो हो, मैं उसका विश्लेषण नहीं करता, लेकिन इसका दुख तो मेरे मन में रहेगा ही कि इतना पढ़ने, लिखने, समझने, मानवीय संवेदना की बातें करने के बावजूद मैं अपनी पत्नी को सुख नहीं दे सका।

मैं पारिवारिक आदमी तो नहीं रहा लेकिन एक दूसरी तरह के परिवार ने मुझे सहारा दिया। मित्रों का परिवार। दिल्ली अजीब शहर है। पराया है। पूरब वालों के लिए तो खास तौर पर। मैं 1965 में यहाँ आया था और किराये का मकान लेकर रहता था। कुछ ऐसे परिवार थे जिनसे मेरे पुराने सम्बन्ध थे। कुछ नये सम्बन्ध बने। एक परिवार था राजेन्द्र-मन्नू का। मैं मॉडल टाउन में रहता था, ये शक्तिनगर में रहते थे। राजेन्द्र-मन्नू का घर ऐसा था, जिसमें अपनापन मिलता था। लेकिन मैं दो लोगों का विशेष जिक्र करना चाहूँगा। एक हैं मेरे छात्र जीवन के सहपाठी मार्कंडेय सिंह। आजमगढ़ के रहनेवाले, आई.पी.एस. दिल्ली में नौकरी करते हुए भी कई बार मुझसे बनारस में मिल चुके थे। मैं दिल्ली आया तो जो लखनऊ रोड कहलाता है माल रोड के सामने, वहाँ वह रहते थे। साथ में भाभी जी, उनके बेटे-बेटी। मार्कंडेय सिंह का घर जैसे मेरा भी घर था। दिल्ली रहते हुए उन दिनों मैं अक्सर शाम को उनके यहाँ जाता था। छुट्टी वाले दिन कभी-कभी दो बार चला जाता था। आज भी हमारे-उनके वैसे ही सम्बन्ध हैं। वह विद्यानुरागी आदमी हैं। 'आलोचना' में मैंने जार्ज लूकाच के एक इंटरव्यू का उनके द्वारा किया गया अनुवाद छापा था : 'प्राज्ञ' नाम से। खास तौर से मार्क्सवाद का उन्होंने अच्छा अध्ययन किया था। बाद में उनकी दिलचस्पी तंत्र में हुई...।

इसी तरह से एक दूसरा परिवार है डॉ. निर्मला जैन का। वह माल रोड पर रहती थीं और दिल्ली विश्वविद्यालय में पढ़ाती थीं। लिखती भी थीं और साहित्यकारों से उनके सम्बन्ध थे। उस परिवार में मेरा प्रवेश मेरे मित्र भारतभूषण अग्रवाल और बिन्दु जी के माध्यम से हुआ। बिन्दु जी भी बी.एच.यू. में पढ़ती थीं तो भारतभूषण जी उनसे मिलने बनारस आया करते थे। तो उनके कारण निर्मला जी से परिचय हुआ।

निर्मला जी दिल्ली की रहने वाली हैं। बहुत व्यवहार-कुशल। जैन लोग वैसे भी बहुत प्रैक्टिकल होते हैं। आर्थिक मामले में महिलाएँ और ज्यादा। जीवन में अनेक व्यावहारिक समस्याएँ आती थीं तो उन्हें मैं निर्मला जी की सहायता से सुलझाता। आज भी ऐसे मामलों में वह बहुत सहायक हैं। निर्मला जी के भी सम्बन्ध राजेन्द्र यादव और मन्नू से थे। इसी तरह के कुछ और भी परिवार थे, देवीशंकर अवस्थी का, अजित कुमार का, विश्वनाथ त्रिपाठी का...।

मेरे जीवन में परिवार का सुख नहीं रहा लेकिन दिल्ली में मुझे जो ये परिवार मिले, अविस्मरणीय हैं। मुझे अपने मित्रों से घर का वातावरण मिला। रोजमर्रा के जीवन में, सुख-दुख में काम आनेवाला सम्बन्ध मिला। मैं अपना सौभाग्य मानूँगा

कि परिवार की कमी दिल्ली में पूरी हुई, वरना मैं भी बोहेमियन होता, जैसाकि दिल्ली में आकर बहुत-से लोग हो गए।

जिन परिवारों ने मुझे सँभालकर रखा, उनमें प्रमुख हैं : श्रीमती शीला सन्धू और उनके पति हरदेव सन्धू का परिवार। कम्यूनिस्ट पार्टी के मेम्बर रहे हैं ये लोग। राजकमल प्रकाशन के नाते इनसे मेरे लेखक-प्रकाशक के, सम्पादक के सम्बन्ध तो बने, उससे आगे पारिवारिक सम्बन्ध भी बने। शीला जी बड़ी ही रौशनखयाल, प्रबुद्ध, साहित्य-प्रेमी, पंजाबी साहित्य, अंग्रेजी साहित्य खूब पढ़नेवाली महिला हैं। उनके यहाँ अक्सर शाम को जुड़ाव होता था। राजेन्द्र, मन्नू, निर्मला जी तो वहाँ आते ही थे; भारत जी, निर्मल जी अपने परिवार के साथ आते थे। कृष्णा सोबती आती थीं। तो यह पारिवारिक जमावड़ा जैसा होता। दिल्ली में मेरा पहला ऑपरेशन अपेंडिक्स का हुआ। ऑपरेशन के बाद हफ्ते-पन्द्रह दिन के लिए देखभाल की जरूरत थी तो शीला जी अपने घर ले आई थीं। यह मैं नहीं भूल सकता। यह ऐसी बात थी कि हृदय कृतज्ञता से भर जाता है। ऐसा नहीं कि नाशुक्रा हूँ, बस, कभी जिक्र करने का मौका नहीं आया। लेकिन मैं सोचता हूँ कि उम्र के जिस बिन्दु पर मैं पहुँचा हूँ, वहाँ आकर सारी कृतज्ञताएँ प्रकट कर देनी चाहिए।

भवभूति का एक श्लोक याद आता है :

न किंचिदपि कुर्वाण: सौख्यैर्दु:खान्यपोहति।
तत्तस्य किमपि द्रव्यं यो हि यस्य प्रियो जन:॥

मित्रता की इससे अच्छी परिभाषा नहीं हो सकती। बिना कुछ किए, सौख्य मात्र से ही सारे दुखों को दूर कर देता है। ऐसे मित्र अनिर्वचनीय उपलब्धि हैं आपके जीवन की। ये हमारे जितने मित्र हैं, उनसे खटपट भी होती रहती। गलतफहमियाँ भी होती रहती थीं। राजेन्द्र यादव को तो मेरी बेटी 'दुश्मन' नाम से जानती है। लेकिन यह वैसा ही दुश्मन है, जैसा अश्क का 'मंटो मेरा दुश्मन'। यद्यपि राजेन्द्र मंटो नहीं हैं। जाहिर है कि अश्क होना मेरे लिए कोई स्पृहणीय बात नहीं है। खैर, यह सब तो होता ही रहता है। सच्चाई यह है कि मैं भाग्यशाली हूँ कि मुझे जैसे भाई मिले, उसी तरह के मित्र मिले।

इस प्रसंग में मैं कहना चाहूँगा कि मेरे दो ऐसे गैर-साहित्यिक मित्र हैं जो मुझको मुझसे भी अधिक जानते-समझते हैं। एक हैं एडवोकेट नगेन्द्र प्रसाद सिंह। बनारस के। यह हमारे कक्षा पाँच के सहपाठी हैं। अकेले वही हैं जो मुझे डाँट सकते हैं और मैं चुप लगा जाता हूँ। मेरी तीखी आलोचना कर सकते हैं। मेरे प्रशंसक नहीं हैं वह। वह मुझे 'तुम' कह सकते हैं, बल्कि 'तुम' कहकर ही बुलाते हैं। वह 'नामवर' नाम से बुलाते हैं। 'सिंह' कभी नहीं बोलते हैं। इस तरह पुकारने वाले दूसरे हैं मार्कंडेय सिंह। हम भी उनको केवल मार्कंडेय कहते

हैं। भूतपूर्व लेफ्टिनेंट गवर्नर। वकील साहब नगेन्द्र प्रसाद सिंह से मैं महीनों नहीं मिलता। वह बनारस में रहते हैं, मैं दिल्ली, लेकिन ऐसा लगता है कि हम लोग कल ही मिले थे शाम को।

इसी तरह परिवार में भी एक व्यक्ति ऐसा मिला—मेरा भाई काशीनाथ, जो इन दोनों मित्रों से भी ज्यादा मुझे समझता है और आर-पार मुझे देखता रहा है। उसने सबसे ज्यादा निकट से मुझे देखा और जाना है और मुझे बिना बतलाए मेरी बहुत-सी भूलों को—गलतियों को क्षमा भी कर देता है। मैंने कभी अपने गुरुदेव हजारीप्रसाद द्विवेदी से पूछा था, 'सबसे बड़ा दुख क्या है?' बोले, 'न समझा जाना।'...'और सबसे बड़ा सुख?' मैंने पूछा। फिर बोले, 'ठीक उलटा! समझा जाना।' अगर लगे कि दुनिया में सभी गलत समझ रहे हैं लेकिन एक भी आदमी ऐसा है जिसके बारे में तुम आश्वस्त हो कि वह तुम्हें समझता है तो फिर उसके बाद किसी और चीज की कमी नहीं रह जाती। इस दृष्टि से मैं बहुत आश्वस्त हूँ और निश्चिन्त भी। वह इस कारण है कि एक आदमी है जो मेरे निकट का है, संयोग से मेरा भाई है, वह मुझे जानता है।

[3]

अजीब बात है कि लोगों को दुख की बातें, अपमान की बातें नहीं भूलतीं। बाद में उन्हें याद करने पर एक प्रकार का सुख मिलता है। कहते हैं कि वन से लौटकर जब राम अयोध्या आ गए तो चित्रशाला में गए। वहाँ लोगों ने वनवास के जीवन के चित्र बनाकर रखे थे। वे दुख के चित्र थे। कालिदास ने लिखा है :

प्राप्तानि दुःखान्यपि दंडकेषु संचिन्त्यमानानि सुखान्यभूवन्।

यानी कि दंडक वन में उन्होंने जो दुख प्राप्त किए थे, आज उन्हीं को देखकर सुख की अनुभूति हो रही है। आज ऐसे ही कुछ प्रसंग याद आ रहे हैं :

मैं चार-पाँच साल का रहा हूँगा। हल्की-सी याद है। मैं घनघोर बीमार पड़ा था। बचने की आशा न थी। बाईं जाँघ में अन्दर-ही-अन्दर एक फोड़ा हो गया था जो बाहर से दिखाई नहीं देता था। वह पक गया था। मेरा खाना-पीना छूट गया। बहुत दर्द। गाँव में क्या इलाज होता। जोंकें लगाई गईं, उस छुपे हुए फोड़े से खून निकालने के लिए। फिर जर्राह को बुलाया गया। उसने फोड़ा काटा। आज भी बहुत लम्बे चीरे का निशान बना हुआ है और जोंकों के निशान भी हैं।

दूसरी घटना तब की है जब मैं थोड़ा बड़ा हो गया था। हमारे गाँव में एक तालाब था जिसे हम 'महदेवा' कहते थे। एक बार मैं कुछ लोगों के साथ नहाने गया। नहाते-नहाते अचानक ऐसा हुआ कि मैं डूबने लगा। जीवन में पहली बार

हुआ था वह डूबने का अनुभव...। संयोग से किसी ने चोटी पकड़कर मुझे खींच लिया था। वह हमारे साथ तैर रहे थे। उन्होंने देखा कि मैं दिखाई नहीं पड़ रहा हूँ। मैं कई गोते खा चुका था तब तक, जब उन्होंने मुझे देखा और बाहर खींचा। डूबने से जीवन में एक लाभ हुआ कि मैं तैरना सीख गया। मेरे तैरने का प्रमाण त्रिलोचन जी हैं। हुआ यह था कि त्रिलोचन जी एक दिन बनारस में अपनी तैराकी की डींग हाँक रहे थे। उसी रौ में उन्होंने कहा, 'मैंने तो बनारस की बाढ़ आई गंगा तैर कर पार की है। चलो, फिर पार करते हैं' जब हम दोनों तैरने लगे, तब पता चला कि त्रिलोचन जी कितने पानी में हैं। थोड़ी दूर तैरने के बाद वह लौटने लगे। मुझसे बोले, 'छोड़ो, लौट चलो।' पर मैं आगे बढ़ गया। आधी नदी पार करने के बाद पाया कि कहीं किनारा नहीं दिख रहा है। मेरी बाँहें भरी और थकी हुई थीं। आगे बढ़ने की हिम्मत जवाब दे रही थी। उस समय मुझे लगा था कि बचपन में तो एक बार डूबने से बच गया था लेकिन आज सच में डूब जाऊँगा। कोई बचाने वाला नहीं होगा। दूर-दूर तक कोई नाव भी नहीं दिखाई दे रही थी। लेकिन मैंने फिर हिम्मत जुटाई और न केवल अपने को बचाया, बल्कि गंगा पार की। शायद यह इसलिए कर सका कि मैं बी.ए. में पढ़ाई के दौरान नित्य गंगा स्नान करने जाता था और जाहिर है कि मैं नाक दबाकर डुबकी लगाने वाला नहीं था, तैरने वाला था। मैं तड़के सूर्योदय से पहले घाट पर पहुँच जाता था और खूब तैरता था।

बचपन की एक घटना से हमारी आर्थिक दशा का अन्दाजा लगेगा। रामलीला का मेला लगता था। हम सब लोग वहाँ पहुँचते थे। बहुत दिनों से मेरी इच्छा थी कि हनुमान चालीसा खरीदूँ। शायद दो पैसे का मिलता रहा होगा उस जमाने में। पर वह भी नहीं था मेरे पास और मैं नहीं खरीद सका। पर मेरे चचेरे भाई जो उम्र में मुझसे बड़े थे, उन्होंने खरीद लिया था। वह भी प्राइमरी स्कूल में पढ़ते थे। उनके कई साल फेल हो जाने के कारण वह और मैं एक ही क्लास में आ गए थे।

मैं और वह चचेरे भाई, और भी कई छात्र शाम को जब स्कूल से घर के लिए चलते तो रास्ते में एक बगीचा पड़ता था। ऐसी धारणा थी कि उस बगीचे में भूत-प्रेत का डेरा था। लोक-विश्वास था कि 'भूत पिशाच निकट नहीं आवैं, महावीर जब नाम सुनावैं।' तो सब लोग भूत-पिशाच से बचने के लिए हनुमान चालीसा का पाठ करते हुए चलते थे। मैं भी सात-आठ लोगों की पूरी टीम में पीछे-पीछे रहता था। मैं सबसे छोटा था। वे लोग जोर-जोर से चिल्ला-चिल्लाकर हनुमान चालीसा पढ़ते हुए चलते थे। इस प्रकरण से मुझे एक फायदा हुआ कि मुझे वह पूरा-का-पूरा याद हो गया। आज भी कोई कहे तो सुना सकता हूँ।

सन् '42 की एक घटना याद आ रही है। संयोग था कि मैं बच गया वरना गोली मुझे भी लग सकती थी। गाँव से हम लोग तिरंगा झंडा फहराने गए थे। मेरे मिडिल

स्कूल के सहपाठी महँगू सिंह भी साथ थे, जो पास के गाँव के रहनेवाले थे। वह बड़े उत्साही थे और आगे-आगे चल रहे थे। आगे रघुनाथ सिंह थे जो पिताजी के मित्र विद्यार्थी जी के यहाँ कर्मचारी थे। तभी गोली चली। इसे क्या कहा जाएगा कि गोली मुझे नहीं लगी, न विद्यार्थी जी को। झंडा फहराने वाले नेता विद्यार्थी जी छलाँग मारकर उस पार चले गए और मैं गिर गया नीचे। गोली महँगू को लग गई। यह 16 अगस्त, 1942 की बात है।

मृत्यु के क्षणों की स्मृति के सिलसिले में मुझे याद आता है कि मेरे अपेंडिक्स के ऑपरेशन को छोड़ दिया जाए तो दिल्ली में दो बार बीमार पड़ा। एक बार तो डॉक्टरों का कहना था कि यदि एक दिन की और देर होती तो न बचता। मस्तिष्क का मलेरिया हो गया था। काशी दिल्ली आए हुए थे, वही मुझे ले गए। डॉक्टर ने बताया, 'यह रोग एक खास तरह के मच्छरों के काटने से होता है। दिल्ली में तो ये होते नहीं, लाखों में एक-आध पाए जाते हैं। कैसे हो गया आपको?' सचमुच यह मेरे लिए मृत्यु के निकट का क्षण था। उसी तरह की अनुभूति मुझको 1997 में हुई। मुझे पहले बुरी तरह से तेज बुखार चढ़ा था। टी.बी. की बीमारी थी। गनीमत है कि यह तब हुई जब उसका इलाज सम्भव हो गया था। फिर भी लगभग साल भर के उतार-चढ़ाव के बाद मैं ठीक हो सका। मुझे खुशी है कि इस बीमारी की सही-सही जाँच बनारस में ही हुई। बनारस मैं स्वास्थ्य-लाभ के लिए गया था, इलाज के लिए नहीं। वहाँ काशी ने मुझे डॉक्टर श्रीवास्तव को दिखलाया जो अब अवकाश-प्राप्त हैं और अच्छे डॉक्टर होने के साथ ही दार्शनिक भी हैं। दूसरे डॉक्टर हैं एस.के. सिंह और मधुकर राय। इन तमाम डॉक्टरों ने काशी की वजह से व्यक्तिगत रुचि ली। सुन्दरलाल अस्पताल में भर्ती करा कर पूरी जाँच करने के बाद दवा देनी शुरू की। दिल्ली में चिरंजीव विजय को चिन्ता हुई और वह मुझे बनारस से दिल्ली ले आए और मैं आल इंडिया मेडिकल इंस्टीट्यूट में भर्ती हुआ। यहाँ के डॉक्टरों ने कहा कि बनारस में निदान सही हुआ है और दवा भी सही दी गई है।

उपर्युक्त प्रसंगों का जिक्र मैंने इसलिए नहीं किया कि मैं सहानुभूति पाना चाहता हूँ। ऐसा भी नहीं कि बीमारियों को लेकर मुझमें कोई अन्धविश्वास है। मैं जन्मकुंडली, हस्तरेखा, ज्योतिष—किसी में विश्वास नहीं करता और न मृत्युबोध का विलास पालने की कामना है मेरी। दरअसल बीमारियाँ मेरे लिए इसलिए ज्यादा दुखद हैं कि वे पर-निर्भर बनाती हैं। और मुझे इस चीज से बड़ी कोफ्त होती है। यह मैं प्रसंगवश कह रहा हूँ। दम्भ नहीं, कोई गर्व नहीं, कि मेरे आत्मविश्वास का आधार है यह कोफ्त।

['तद्भव-2' (संपादक : अखिलेश) में प्रकाशित]

मेरा बचपन मेरे परिजन

हमारे गाँव में पढ़े-लिखे व्यक्ति सिर्फ मेरे पिताजी थे। साथ के गाँव में प्राइमरी स्कूल में मास्टर थे। पिताजी तीन भाई थे। संयुक्त परिवार था। पिताजी को शादी के सात-आठ बरस तक सन्तान न हुई तो वे साधु होकर चुपके से विन्ध्याचल के जंगलों में चले गए। वहाँ उनकी एक साधु से भेंट हुई। उन्होंने पिताजी से पूछा—तुम साधु क्यों होना चाहते हो? पिताजी ने अपनी विरक्ति का कारण बताया। साधु ने कहा—लौट जाओ। तुम साधु होने के लिए नहीं बने। तुम्हें तीन पुत्र होंगे।

यह घटना मुझे माँ ने बताई थी। पहले माँ को एक बेटी हुई। वह आठ-नौ बरस के बाद चल बसी। हमें उनकी याद नहीं है। जब मैं पैदा हुआ, पिताजी मेरा नाम रामजी रखना चाहते थे। राम से प्रिय तब भी कोई न होता था। पड़ोस की एक महिला ने कहा—इस लड़के का नाम नामवर रखो, पर पिताजी नहीं माने। पिताजी रामजी कहें तो मैं रोऊँ। माँ नामवर कहें तो चुप हो जाऊँ। माँ नामवर कहती रहीं, तो नामवर हो गए। माँ बताती थीं—वह महिला पढ़ी-लिखी न थी, पर तब पड़ोसिनों का सम्मान था, अधिकार था। बच्चे सबके साझे होते थे।

माँ बताती थीं—जब प्लेग आई थी तब मेरी ननिहाल में सबको खा गई। एक बार जब माँ मुझे ननिहाल ले गई थीं तब की जरा-सी याद है। फिर ननिहाल में जब कोई न रहा तो किसके पास जाते? गाँव वालों ने कहा—ये जमीन-जायदाद दामाद को मिलेगी, पर पिताजी ने कहा—जब मानुख न रहे तब जमीन से क्या मतलब? तब ऐसे ही लोग होते थे।

माँ लोकगीत बहुत अच्छा गाती थीं। मैं चमत्कृत होकर सुनता रहता। लय मेरी नस-नस में दौड़ने लगती। माँ और अच्छी लगतीं। माँ लोककथाएँ भी सुनाती थीं—अचरज-भरी लोककथाएँ, जिनका वास्ता सबसे होता था। पीढ़ी-दर-पीढ़ी चलती, वह विरासत तब हर माँ के पास होती थी। प्यार शब्द मैंने माँ से ही जाना। माँ कहतीं—तुम मेरी पहलौठी की सन्तान, मेरी पहली भूख-प्यास हो।—मैंने प्यार केवल माँ का जाना। माँ गोरी, लम्बी, बहुत सुन्दर थीं। अद्भुत लगती थीं। जब उनकी मृत्यु हुई, मैं पैंतालीस बरस का था। माँ बनारस में भी मेरे साथ आकर

रहती थीं। मेरे भीतर बसे लोकगीतों में माँ खुशबू की तरह रची-बसी हैं। जीवन का रस, लोकगीतों का लालित्य, लोकगीतों की अद्‌भुत पंक्तियों में छिपा जीवन, उन धुनों का सौन्दर्य माँ से ही जाना। माँ मेरी पहली पाठशाला थीं।

जब मेरा भाई पैदा हुआ तब माँ भोजपुरी का यह लोकगीत गाती थीं :

निमिया रे करवाइन तबौ सीतल छाँह,
भय्या रे बेगाना तबौ दाहिन बाँह।

भाई खूब शरारती हुआ। माँ को बड़ा परेशान करता। माँ को खूब गुस्सा भी दिलाता। हमारे पिताजी का स्वभाव पूरे गाँव में अलग था। गाँव में वे अकेले पढ़े-लिखे व्यक्ति थे। बचपन से ही देखा, वे चुप रहते, किसी से भी बात नहीं करते। सुबह दूसरे गाँव में स्कूल जाते, शाम को आते। हमारे गाँव से एक किलोमीटर दूर हेतमपुर गाँव था। वहाँ पिताजी के मित्र थे कामता प्रसाद विद्यार्थी। वे कांग्रेसी थे। मेरे धर्मपिता जैसे थे। उनके घर रोज अखबार आता था। पिताजी रोज वहीं जाकर अखबार पढ़ते थे। इसी गाँव में पिताजी के एक स्कूल मास्टर मित्र भी आते। वहीं दो-तीन घंटे जमावड़ा होता। ठहाके भी लगते होंगे, पर घर में एकदम मौन रहते। कभी-कभी मुझे बुलाकर डाँटते थे। उन दिनों बड़े पुत्र को नाम से नहीं पुकारने का रिवाज था। पिताजी ने मुझे कभी नाम से नहीं पुकारा। कभी सोते से ही उठाया, कभी गोद में लेकर प्यार नहीं किया। अपने बेटों से बात करना या उन्हें दुलारना शर्म समझी जाती थी। इसी रिवाज के तहत मैंने भी अपने बच्चों को कभी गोद में नहीं लिया। आज लगता है, राह में कुछ बहुत कोमल, बहुत सरस यों ही निकल गया।

मेरे पिता मेरे लिए पिता कम थे, शिक्षक ज्यादा। मैं आज तक उन्हें सिर्फ अध्यापक के रूप में जानता रहा। शायद उन्हीं का प्रभाव रहा हो कि मैं भी चुप्पा ही था। उन्हीं का प्रभाव है कि तीन-चार दिन कोई न बात करे तो महसूस नहीं होता। पिताजी को कभी हँसी-मजाक करते नहीं देखा। उन्हें लोग 'मास्टर' कहकर आदर देते। जब बड़ा हुआ तो जाना, वे मुझे कितना प्यार करते हैं, पर जाहिर कभी नहीं किया। मेरा मन उनके प्रति सम्मान से भरा रहता था। वे डाँटें, गुस्सा करें या मारें, मैं जबान नहीं खोलता था। मैं जब दिल्ली में जे.एन.यू. में आया तब पिताजी विस्तार से पूछते थे कि कैसे रहते हो, क्या करते हो। वे यहाँ एक महीना रहे। एक दिन धीरे से बोले, 'ठीक नहीं है, शरीर भारी हो रहा है, पेट निकल आया है'।—उन्होंने पहले कभी ऐसा न कहा था। तब लगा, पिताजी मुझे कितना प्यार करते हैं! मैंने सुबह टहलना शुरू किया और दस-बारह किलो वजन कम कर लिया।

हमारी माँ और पिताजी, दोनों के स्वभाव में बड़ा अन्तर था। संयुक्त परिवार के मालिक हमारे ताऊजी थे। स्त्रियाँ पर्दा करती थीं। ताऊजी के आगे कोई न बोलता था। एक अनुशासन में घर चलता था। पिताजी से मुझे एक ही शिकायत रही। जब

मैं हाईस्कूल में था, तभी उन्होंने मेरी शादी तय कर दी। मैंने सुना तो भाग लिया, पर पकड़ लिया गया। पिताजी को हार्निया था। उन्होंने सोचा, अगर मुझे कुछ हो गया तो इनकी माँ को कौन देखेगा? पर मेरी उन्हें कोई चिन्ता न थी। मेरा ब्याह हो ही गया।

पिताजी चाहते थे कि मैं भी मास्टर बनूँ। पिताजी ने यह बात विद्यार्थी जी से कही होगी। विद्यार्थी जी ने कहा—उसे हमारे यहाँ लाओ। मैं पहले भी वहाँ जाता था। उनके घर में काम करनेवाले रसोइया-नौकर सब चमार थे। मैंने वहाँ पर खाना खाया, तो लोगों ने कहा—मास्टर जी तो वहाँ नहीं खाते, तुमने खाया, जात से तो गए ही। उन दिनों हर जगह गांधी जी का असर था। ऐसी नसीहत कौन सुनता था। विद्यार्थी जी कहते थे—जात-वात कुछ नहीं होती। मन में पड़ीं ये गाँठें तोड़ो। विद्यार्थी जी की एक बेटी थी, उसका नाम था सरोज। मुझसे थोड़ी-सी ही बड़ी थी, पर दीदी तो थी ही। विद्यार्थी जी उन दिनों के बी.ए. पास थे। हमेशा खादी पहनते थे। उन्होंने मुझसे कहा—तुम क्या पहनते हो, खादी पहननी चाहिए। मैं सात-आठ बरस का था तब से खादी ही पहनने लगा।

जब नमक सत्याग्रह हुआ, मैं चार-पाँच बरस का था। मेरे चचेरे भाई मुझे कन्धे पर बिठाकर ले गए थे। मुझे याद है, एक बहुत बड़े कड़ाह में नमक बन रहा था। मैं कुछ समझता न था। चार-पाँच सौ लोगों की भीड़ थी। नमक विद्यार्थी जी ने बनाया था। उनके घर के सामने अमराई थी, वहीं नमक बनाया जा रहा था। विद्यार्थी जी को पुलिस ले जा रही थी। उनकी सफेद गांधी टोपी गिर गई थी। उन्हें किसी ने मारा नहीं, पर दूसरों पर लाठी चार्ज हो रहा था। विद्यार्थी जी को पुलिस वाले इक्के पर बिठाकर ले जा रहे थे। मुझे बुरा लगा। विद्यार्थी जी से हमारे घरेलू सम्बन्ध थे।

सन् बयालीस के आन्दोलन में मैं आठवीं कक्षा में था। थाने भी गया था। राष्ट्रीय आन्दोलन की शिक्षा मुझे उन्हीं दिनों मिली। मैंने नेहरू जी की सस्ता साहित्य मंडल से प्रकाशित 'विश्व इतिहास की झलक' पुस्तक ली और पढ़ी। उन्हीं दिनों टॉल्स्टॉय को भी खूब पढ़ा। उनकी कहानियाँ पढ़ीं, फिर उनकी आत्मकथा भी पढ़ ली। लगा, कोई अपराध किया है। मैंने पिताजी को पत्र लिखकर अपराध स्वीकारा। मन का भार हलका हो गया। फिर विद्यार्थी जी से दूसरी पुस्तक लेने गया तो उन्होंने एक धार्मिक पुस्तक दी। पढ़कर अनावश्यक पाप-बोध हुआ।

बचपन की एक बात याद आती है। गाँव के ताल में हम कई लड़के नहा रहे थे। मुझे तैरना तो आता नहीं था, पर सबको तैरते देखकर लगा, मैं भी क्यों न तैरूँ? आव देखा न ताव, कूद गए। दो-चार गोते खाए तो लड़कों ने बचा लिया। सारी गर्मियाँ ताल में नहाते, अमियाँ तोड़कर खाते, दरख्तों पर चढ़ते-उतरते, खेलते-कूदते कब गुजर जातीं, पता ही न चलता था।

मेरे पिताजी के घनिष्ठ मित्र थे हेडमास्टर मताउल्लाह खाँ। मुझे बहुत प्यार करते थे। उनका भतीजा जाहिर खाँ मेरे साथ पढ़ता था। हम पाँचवीं क्लास में

थे। मेरी और जाहिर खाँ की लड़ाई हुई। मैंने अपनी तख्ती उसके सर पर दे मारी। तख्ती की नोक उसके माथे पर लगी तो खून बहने लगा। मौलवी ने पूछा—किसने मारा? उसने कहा—दरवाजे से लग गई। इस बात का मुझ पर बड़ा प्रभाव पड़ा। क्लास में याकूब रुस्तम अंसारी साथ के गाँव से पढ़ने आते थे। हम लोग साथ ही घर लौटते थे। हेडमास्टर मताउल्लाह का मुझ पर बड़ा स्नेह था। उन दिनों हम सब नंगे पाँव ही स्कूल जाते थे। हेडमास्टर ने पिताजी को कहा—लड़के को क्यों ऐसे रखते हो? वे मुझे बाजार ले गए और जूते खरीदवा दिये और कहा—नंगे पाँव मत घूमो। मैं खद्दर पहनता था। उन्होंने कहा—इस उम्र में खद्दर पहनते हो? मैंने कहा—पहनूँगा तो खद्दर ही, जूते दिलवा दीजिए।

उस गाँव में हम भी छोटे-से जमींदार थे। गाँव में बड़े जमींदार थे शरीफ खाँ। कस्बे में उनकी जूते की दुकान थी। हम अगर चार आने के जमींदार थे तो वे एक रुपये के। कभी-कभी घर भी आते थे। मुझे याद है, उन्हें अलग बरतन में खाना दिया जाता था। कहारिन आकर उनके बरतन साफ कर जाती थी। उनके लिए हुक्का भी अलग ही रहता था।

बनारस में जिस स्कूल में पढ़ने गए, उसका नाम था 'हीवेट क्षत्रिय स्कूल'। राजा का एक स्कूल होता था, जिसमें हेड मौलवी होते, हेड पंडित होते। प्रिंसिपल अंग्रेज होता, बाकी सब क्षत्रिय। वहाँ भी प्रिंसिपल अंग्रेज ही थे, पर वे चले गए थे। पहली बार भारतीय प्रिंसिपल आए जे.पी. सिंह। उन्हें शास्त्रीय संगीत और कविता में बड़ी दिलचस्पी थी। मुझे बहुत मानते थे। उसी स्कूल में केदार जी भी थे।

विश्वनाथ प्रताप सिंह हमसे दो बरस पीछे थे। वे अभी नाबालिग थे। उनके साथ बन्दूक से लैस एक सुरक्षा गार्ड लगा रहता था। वे अंग्रेज प्रिंसिपल के बड़े-से बँगले में अपने लाव-लश्कर के साथ रहते थे। उनके साथ उनके ट्यूटर-गार्जियन भी रहते थे। वी.पी. सिंह वहीं खेलते हुए दिखाई दे जाते थे। उन दिनों मैं कविता लिखता था। वी.पी. सिंह के मित्र थे रणमत्त सिंह। बाद में वे कर्नल हो गए। कर्नल और वी.पी. सिंह की दोस्ती आज तक है। कर्नल के भाई मेरी क्लास में थे। उन्हें बुलौआ आता तो हम भी जाते। इस तरह हम वी.पी. सिंह को जानते थे।

हमारे इस स्कूल में एक रॉयल विंग था। वहाँ राजकुमारों का अपना अलग कमरा होता था। हम प्रजाजन एक कमरे में चार होते थे। इस होस्टल में मैं छह बरस रहा। यहाँ फौजी जीवन था, कड़ा अनुशासन था। रोज पीटी होती थी। हाथ-मुँह धोकर रोज मेस में खाना खाने पंक्तिबद्ध होकर जाते थे। पढ़ाई के बाद दोपहर का भोजन होता। सुबह का नाश्ता कमरों में ही मेज पर सजा रहता। आधी छुट्टी के बाद फिर पढ़ाई शुरू हो जाती थी। पूरी छुट्टी चार बजे होती थी। खेलों के घंटे में कमरे में कोई न रहता था। शाम को सन्ध्या-भवन में प्राणायाम, व्यायाम करना, उसके बाद शाम का खाना होता और नौ बजते न बजते रोशनी

बुझा दी जाती। सीधा मेन स्विच ऑफ कर दिया जाता। और लालटेन जलाने की भी इजाजत न होती।

शनिवार को डिबेट होती, सांस्कृतिक कार्यक्रम होते थे। उस दिन विशेष भोजन बनता था। उन दिनों दूध बड़ा सस्ता था। जलेबी-बालूशाही के साथ जमकर दूध पीते थे। वहाँ पर सात-आठ घोड़े भी थे। राजस्थान के मेजर मानसिंह घुड़सवारी सिखाते थे। शनिवार की शाम पढ़ाई नहीं होती थी। तीन बजे लाइन-हाजिर होना पड़ता। मैदान में दौड़ होती। मुझे याद है, हमारे कॉलेज में त्रिलोचन जी 1941 में आए थे। वे हमारे स्कूल में कहानी प्रतियोगिता में आते थे। निराला को भी वहीं देखा।

मैं जब ग्यारहवीं में था, तब की एक घटना याद आती है। यह अक्टूबर, 1945 की बात है। तब मैंने और दूसरे तीन-चार विद्यार्थियों ने कॉलेज में पहली स्टूडेंट्स यूनियन बनाई और पहली बार हड़ताल की। एक अपील मैंने ड्राफ्ट की थी जिसमें जरा गर्म-अल्फाजी थी। प्रिंसिपल ने वह अपील असेम्बली में पढ़कर सुनाई। यूनियन का साहित्यिक सेक्रेटरी मैं था। अपील में हड़ताल करने को कहा गया था। हंगामा हो गया। यह अपील मैंने लिखी है, इसका कोई सबूत न था। बहुत भाग-दौड़ करने पर मैं बीमार पड़ गया था। फलस्वरूप मार्कंडेय सिंह जी को कॉलेज से निकाल दिया गया। यह हादसा छुट्टियों के आसपास हुआ था। छुट्टियों में मार्कंडेय सिंह अपने गाँव न जाकर मेरे गाँव आ गए। मुझे वे बहुत मानते थे। हमने सोचा, कॉलेज खुलेगा, तो देखेंगे, क्या होता है। छुट्टियों के बाद वापस लौटे तो प्रिंसिपल ने बुलाकर कहा—मैं जानता हूँ, तुम लोगों को बाहर के लोगों ने भड़काया है। राजनीतिक लोगों के भड़कावे में आना ठीक नहीं। जाओ, आराम से बैठो और पढ़ने में मन लगाओ। फिर बाद में प्रिंसिपल साहब प्यार से कहते थे—तुम लोगों ने शरारत की थी, जानते थे न कि मैं माफ कर दूँगा!

शहर आने से पहले ही मैं ब्रजभाषा में छन्दोबद्ध कविता लिखता था। मिडिल में या उससे भी पहले लिखना शुरू हुआ। श्रृंगार रस की कविता लिखता था। अपनी माँ से लोकगीत सुन-सुनकर छन्द-लय-ताल तो मन में पैठ ही चुके थे। तब मेरा स्कूल गाँव से एक कि.मी. दूर था। वहाँ एक मुसलमान परिवार में अकबर भट्ट और अमरेश भट्ट दूसरों की कविता पढ़-पढ़कर सुनाया करते थे। मुझे बड़ा अच्छा लगता। उन दिनों समस्यापूर्ति और तरह-मिसरा दिया जाता, उस पर कविता लिखकर मैं भी सुनाता था। मैंने अपना तखल्लुस भी रख लिया था—'पुनीत'। तब तखल्लुस से ही कवि होना माना जाता था। तब जो लिखा, उनमें से एक छन्द मुझे याद है :

आस द्विमास प्रिय मिलन अवधि की है,
उमगै उरोज रहैं, कंचुकि मसकि मसकि।

ये पंक्तियाँ जब मैंने लिखीं, तब मैं छठी क्लास में था। मेरी कॉपी अचानक पंडित जी के हाथ लग गई। उन्होंने पन्ना पलटा, कविता पढ़ी तो पूछा—तुम्हें पता है, कंचुकी क्या है? हमने कहा—चोली। उन्होंने पूछा—उरोज क्या है? मैं अर्थ तो जानता था, पर चुप रहा। उन्होंने कहा—ठीक है, तुम्हारे बाप से कहेंगे। पर अगर तुम चाहो तो हम नहीं भी कहेंगे। उसके लिए तुम्हें सजा के तौर पर डिप्टी इंस्पेक्टर पर कविता लिखनी पड़ेगी। वे स्कूल में आ रहे हैं। मरता क्या न करता! मैंने डिप्टी साहब पर कविता लिखी और सुना दी। इस कविता में मैंने हिटलर की तारीफ की थी। हिटलर ने इंग्लैंड को हराया था। दुश्मन का दुश्मन अपना मित्र जानकर मैंने कविता लिखी। तब कहाँ जानता था कि हिटलर खतरनाक आदमी है!

उन दिनों कविता ब्रजभाषा में लिखता था। जब बनारस आया तो पता चला कि कविता खड़ी बोली में लिखी जाती है। बनारस में ही त्रिलोचन, शम्भुनाथ सिंह और दूसरे साहित्यकारों से परिचय हुआ। प्रगतिवाद का बोलबाला था। बनारस जाने के साल भर के अन्दर ही पहली बार शमशेर जी, शिवदानसिंह चौहान आदि से परिचय हुआ। त्रिलोचन जी से परिचय के बाद ही मैं खड़ी बोली में कविता लिखने लगा। कवि-सम्मेलनों में आना-जाना शुरू हो गया। शम्भुनाथ सिंह प्रेमगीत लिखा करते थे। उनके गीतों का प्रभाव मुझ पर भी पड़ा। मैं प्रकृति पर लिखने लगा। बनारस में रहते अपना गाँव और सुन्दर लगने लगा। चित्त पर बने दृश्य कागज पर उतरने लगे। उन दिनों कविता सुनने-सुनाने का खूब रिवाज था। मैं कविता गाकर सुनाता। हमारे प्रिंसिपल मेरे स्वर से स्वर मिलाते। प्रकृति बहुत सुन्दर लगने लगी। उसमें माँ, बहन, प्रेयसी—कई चेहरे उभरते। एक जगह मैंने लिखा :

बादल के टुकड़े-सा दिन के
तीसरे पहर में उगा चाँद।

कविता लिखने का यह क्रम 1951 तक चला। मेरी कविता पसन्द की जाती थी। पर दुनिया में मुहब्बत के सिवा और भी दुख थे। कविता की चाल कभी मद्धम, कभी तेज होते-होते एकदम ठहर गई। हुआ यों कि मैंने अपनी कविताओं की एक पुस्तक तैयार की, उसका नाम था : 'नीम के फूल'। बहुत-सी कविताएँ पत्रिकाओं में छप चुकी थीं, पर पुस्तक छपाने के लिए दोस्तों का बड़ा आग्रह था। संयोग से प्रकाशक के प्रेस पर ताला लग गया। यह घटना 1951 की है। फिर वह पुस्तक कभी नहीं छपी। मन में कुछ टूटा तो कविता भी छूट गई।

1951 के आसपास मैं एम.ए. कर चुका था। प्रगतिशील लेखक संघ में मैंने स्कूल से ही जाना शुरू कर दिया था। जहाँ कहीं भी साहित्य-चर्चा होती, वहाँ जाना और बोलना बहुत भाता था। इन्हीं गोष्ठियों में कभी लेख, कभी कहानी, कभी कविता-पाठ होता। मार्क्सवाद मार-मारकर हकीम बना देता है। उन दिनों

'आज' पत्र में मेरे लेख, कविता सब छपते थे और पढ़े जाते थे। दिसम्बर में वार्षिक साहित्य अंक आता, उसमें साहित्य के मूल्यांकन पर लेख मैं लिखता था। काशी विद्यापीठ से छपने वाली 'जनवाणी' पत्रिका में भी मेरे लेख छपते थे। यह समाजवादी पार्टी की पत्रिका थी। स्थानीय पत्रिकाओं में 'हंस' था। कम्यूनिस्ट पार्टी की पत्रिका 'लोकयुद्ध' थी। स्कूल में यह सब फैलाने का काम अमृतराय करते थे। उन्होंने इलाहाबाद से आकर 'बनारस कम्यूनिस्ट पार्टी' ज्वाइन की थी। प्रगतिशील लेखक संघ में तो मैं बरसों से था।

मैंने बारहवीं तक कोई फिल्म नहीं देखी। बाकी सब लड़के फिल्में देखते थे। उन दिनों 'अछूत कन्या' और 'रामराज्य' जैसी फिल्में बड़ी चर्चित थीं। मैंने बारहवीं के बाद पहली फिल्म देखी : 'ज्वार भाटा'। यह दिलीप कुमार की पहली फिल्म थी। इसमें पंडित नरेन्द्र शर्मा के गीत थे। उन्हें तपेदिक था। वे बनारस से बम्बई चले गए तो बच गए, नहीं तो बचते नहीं। उन दिनों तपेदिक बीमारी अक्सर प्रेम करनेवालों को ही होती और यह बड़ी रोमांटिक-सी बीमारी मानी जाने लगी थी। लोग तपेदिक वाले बीमार को बड़ी बेचारगी से देखते।

मैंने यूनिवर्सिटी में जाने के बाद पिताजी से पढ़ाई का खर्चा न लिया। स्कॉलरशिप तो मिलती ही थी। जो लिखता, वह भी छप जाता, सो पैसों की कभी दिक्कत महसूस नहीं हुई। जरूरतें भी ज्यादा न थीं। बी.ए. में मैंने टॉप किया था, पढ़ने की ललक निरन्तर बढ़ती जा रही थी। सादगी के एक स्तम्भ त्रिलोचन जी मेरे सामने थे। पैदल चलते थे। रोज शाम को हमारे हॉस्टल में आते थे। उन्हें देखकर हमेशा विनम्रता का ही बोध होता।

मेरे पिताजी ने मुझसे कहा था—तुम कभी कर्ज मत लेना। लेना पड़े तो पहले मुझे लिखना। मैंने कभी कर्ज न लिया, न उन्हें लिखा। स्कॉलरशिप एम.ए. में भी मिलती रही। एम.ए. में मैं फर्स्ट क्लास फर्स्ट आया। नौकरी करनी चाही। गोरखपुर में महाराणा कॉलेज था। वहाँ स्थान था, पर क्षत्रियों के साथ पढ़ने में ही मुझे चिढ़-सी हो गई थी। मैं उस कुएँ से बाहर निकलना चाहता था। एक तरह के लोगों के साथ रहकर आँख तो खुलेगी नहीं, यह बात खटकने लगी। मैंने सोचा, क्षत्रियों के कॉलेज में पढ़ने के बाद पढ़ाने भी चला गया तो गया काम से। वहाँ से तार आया था, वे मुझे हिन्दी के हेड के तौर पर बुला रहे थे। पर मैं गया नहीं।

हमारे गुरु हजारीप्रसाद द्विवेदी को यह सब मालूम था। वे कलकत्ता गए तो वहाँ से वजीफे का इन्तजाम किया। सौ रुपये महीने में मजे से काम चल जाता था। खाना मेस में ही खाता था। एम.ए. के बाद मेरी एक पुस्तक भी निकली थी : 'बकलम खुद'। उन दिनों बनारस में साहित्य पढ़ने, उस पर बहस करने और राय देने का चलन था। इस कारण संस्कृति के घर में आने-जाने पर कोई रोक-टोक न थी। कलम-कबीले से जुड़ा होने पर लोग सम्मान की दृष्टि से देखते थे।

अक्षर-स्नान के साथ-साथ गंगास्नान भी रोज ही होता था। बनारस में मैंने कई बार तैर कर गंगा पार की है। 1947 से 1951 तक रोज गंगा स्नान करता था। यह क्रम बरसात में भी चलता था। बल्कि बरसात में गंगा जी चिकनी मिट्टी में घुली रहतीं। बदन पर कुछ मलना न पड़ता। उनकी लहरों से होड़ करने में आनन्द आता था। गंगा की चिकनी मिट्टी से बढ़िया साबुन आज तक नहीं बना। हम पैदल भी खूब चलते थे। इक्के-घोड़े पर चलना ऐयाशी-सी लगती। तैरने और चलने में त्रिलोचन जी का साथ रहता। वे कहते—गंगास्नान से प्रेम के कीटाणु नष्ट होते हैं।

बनारस में गाना सुनने जाने का मतलब होता था—कोठे पर जाना। मैं कभी नहीं गया। लेकिन संकटमोचन मन्दिर में हर बरस रात-भर गाना होता था। बड़े-बड़े गायकों का दंगल रहता। जब मैंने तुलसी घाट पर मकान लिया तब संकटमोचन के महन्त वीरभद्र भी वहीं रहते थे। उनके चाचा बाँके बिहारी पखावज बजाते थे। उन दिनों ज्यादा ध्रुपद सुना जाता था। ध्रुपद के साथ पखावज बजती थी। बनारस में रिवाज है, सावन में दुर्गाकुंड मन्दिर में सब गायक गाने आते हैं। कंठे महाराज, किशन महाराज, सिद्धेश्वरी देवी, रसूलन बाई—सब अपने-अपने बजरे पर गाते। गाने का दंगल होता था। बजरे दिवाली की तरह सजे रहते थे। आसमान छूती आवाजें पतंग की तरह डोलतीं, नीचे झुकतीं, फिर आसमान पर चली जातीं। तब लाउडस्पीकरों की जरूरत न होती थी। सावन की पेंग की तरह आवाज जाती और दरख्त की सबसे ऊपर की फुनगी को छूकर लौट आती। ऐसी पाटदार आवाजें अब कहाँ! अब तो आवाजें मशीन के अधीन हैं।

बनारस में हर मुहल्ले में रामलीला होती थी। चेतगंज की नाक कटैया रामलीला और नाटी इमली में भरतमिलाप की लीला बहुत प्रसिद्ध थी। जहाँ हमारा हॉस्टल था, उस मुहल्ले का नाम लंका था। वहाँ रामलीला में राम और रावण का अन्तिम युद्ध खेला जाता। सारा बनारस उमड़ आता था।

संगीत-सम्मेलन की एक घटना याद आती है। 1950 के आसपास की होनी चाहिए। कबीर मुहल्ले को कत्थक मुहल्ला के नाम से जाना जाता था। किशन महाराज की शादी की पार्टी थी। उसी मुहल्ले में विजयदेव नारायण साही रहते थे। उन्हें शादी का निमंत्रण था। उन्होंने मुझसे कहा—तुम भी चलो। मैं भी गया। पहले वहाँ पर अलकनन्दा और सितारा का नृत्य हुआ। गोपीकृष्ण तब छोटे-से थे। किशन महाराज तबले पर बैठे। अच्छे-अच्छे कलाकार जमा थे। सितारा देवी तो सारी रात नाचीं। वहाँ कत्थकों का जमावड़ा था। हँसी-ठट्ठा, चुहलबाजी में रात बीतती चली गई। रामदास महाराज, पं. सामता प्रसाद, कंठे महाराज, अनोखेलाल—सब जमा थे। वह दुनिया ही अलग थी।

बनारस में बहुत बंगाली हैं। हमारे एक मित्र थे—मुकुल राय। साइंस पढ़ाते थे। रवीन्द्र-संगीत बहुत अच्छा गाते थे। खूब पढ़ते भी थे। उन्हें एक लड़की से प्रेम हो गया था। उस लड़की ने, पता नहीं क्यों, उनके छोटे भाई से शादी कर ली। मुकुल राय सारा दिन नौकरी करके घर आते, फिर शाम को निकल पड़ते। रात के ग्यारह-बारह बजे तक घर नहीं लौटते। घर सो जाता तो वे सोने आते। मुकुल राय सिगरेट भी बहुत पीते थे। मुझसे काफी बड़े थे, पर मुझ पर बड़ा स्नेह था। अक्सर मुझे गंगा तट पर ले जाते। वहाँ घंटों रवीन्द्र-संगीत सुनाते रहते। मैंने उनसे बंगला सीखी, फिर 'गीतांजलि' खरीद ली। उन दिनों उर्दू के बुजुर्ग शायर नजीर बनारसी के यहाँ अड्डेबाजी होती थी। वे पेशे से हकीम थे। उनके घर में दवाइयाँ पिसती रहतीं, गोलियाँ बँटती रहतीं और वे शेर गुनगुनाते रहते। उनकी पुस्तक 'गंगोजमन' खूब मशहूर हुई। मैंने मिडिल में उर्दू दीगर जबान के तौर पर पढ़ी थी। पिताजी उर्दू जानते थे। उर्दू का उन दिनों खूब चलन था। उर्दू आजादी के बाद न ठीक से पाकिस्तान गई, न यहाँ रही। भटकती-भटकती आज कहाँ है, मालूम नहीं।

मेरी जिन्दगी जैसी रही, उसमें जो संवेदनशील मनुष्य मुझमें है, वह मेरी बेटी ने बनाया है। मैं दिल्ली में रहा, वह बनारस में अपने चाचा के परिवार में रही। पिता से दूर रहती पुत्री पिता के पास रहने को लालायित होते हुए भी पिता से डरती थी। मैंने अपने छोटे भाई काशी से कहा कि जीवन बहुत खाली लगने लगा है, मैं बेटी को पास रखना चाहता हूँ। बेटी के आते ही मेरा घर, घर हो गया। आज लगता है, मैं उसी के लिए जीता हूँ। उसे कुछ कहने की जरूरत नहीं पड़ती। माँ की तरह वह सब समझ जाती है।...मेरे गुरु द्विवेदी जी से भी मुझे बहुत कुछ मिला। उनके बगैर मैं बड़ा रूखा कम्यूनिस्ट होता। वे कहते थे, मैं तुम्हारे बाँस की नोकें छील दूँगा।

जिन्दगी से मुझे कोई शिकायत नहीं है। मेरी बेटी ने सब रीते घट भर दिये हैं :

विकीर्णसप्तर्षिबलिप्रहासिभिस्तथा न गाङ्गैः सलिलैर्दिवश्च्युतैः ।
यथा त्वदीयैश्चरितैरनाविलैर्महीधरः पावित एव सान्वयः ॥

यानी हिमालय सप्तर्षियों के पुष्पहार से सुगन्धित स्वर्ग से गिरते हुए गंगाजल से भी उतना पवित्र नहीं हुआ, जितना कि पार्वती, तुम्हारे निष्कलुष चरित्र से सपरिवार पवित्र हुए।

यह श्लोक पार्वती को सम्बोधित करके देवताओं ने कहा है। मुझे पंडित जी ने सुनाया था।

['जनसत्ता : सबरंग', 11 अप्रैल, 1998 में 'इस तरह हिन्दी को नामवर मिले' शीर्षक से पद्मा सचदेव द्वारा साक्षात्कार पर आधारित आलेख का संपादित रूप]

बचपन के दिन

रवीन्द्र कात्यायन : सर! आपका शुरुआती जीवन, बचपन, घर का वातावरण कैसा रहा? साहित्य का पहला परिचय कैसा रहा? उस आकर्षण का कैसा असर रहा? सृजन के प्रति जो लगाव है, उसका आरम्भिक रुख कैसा था? मेरा प्रश्न है आपसे कि क्या साहित्य के प्रति आपका रुझान पारिवारिक पृष्ठभूमि के कारण हुआ? कोई ऐसा बैकग्राउंड था उसके पीछे? शुरू-शुरू में आप गीतों की तरफ थे। गीतों से ऐसा क्या हुआ जो आलोचना की तरफ आप आए? इस सन्दर्भ में थोड़ी-सी जानकारी दीजिए।

नामवर सिंह : मैं एक निहायत छोटे-से गाँव का हूँ। एक संयुक्त परिवार, जिसमें मेरे पिताजी तीन भाई थे—बड़े सागर सिंह, पिता नागर सिंह, बाबू नन्दन सिंह। बाबू नन्दन सिंह का शौक गाने-बजाने में था। खेती बिलकुल नहीं करते थे। पिताजी प्राइमरी स्कूल के अध्यापक थे। ताऊजी घर के मालिक, खेतीबारी करते थे। उनके तीन बेटे थे। हम तीन भाई थे। चाचाजी का एक बेटा। इसके अलावा बुआ जी थीं एक। एक हम लोगों की बहन, जो विधवा होकर हमारे घर में रहती थी। मैं इस संयुक्त परिवार में रहता था। उस परम्परा के अनुसार खेतीबारी का सारा काम बड़े बाबू और उनके तीन बेटे करते थे। सबसे बड़े बेटे बदरी भैया पहलवान थे। वे घर में थे। उनके लिए अलग गाय, भैंस थी। बहुत दिनों तक संयुक्त परिवार था। रात का खाना बनते-बनते देर हो जाती थी, बच्चे सो जाया करते थे। जब मैं एम.ए. में पहुँचा सन् '50 के बाद, तब मैंने ही बँटवारा करवाया। सबकी शादी हो चुकी थी। बच्चे थे। रामजी और मेरी भी शादी हो चुकी थी। सबके मेहमान आते थे, जगह की कमी हो गई थी। झगड़े, तनाव हो जाते थे। जाहिर है, खेतीबारी का काम पिताजी नहीं कर सकते थे। पिताजी तनख्वाह दे देते थे। उस पैसे से जगह-जमीन खरीदते थे। तीनों भाइयों में कोई झगड़ा नहीं होता था। पिताजी का लिहाज लोग करते थे। छोटे भाई नाच-गाना करते थे। 'बिदेसिया' का नाच उन्होंने हमारे गाँव में करवाया था। ये सब वे करते थे, पर घर में वे रहते नहीं थे। एक बेटा उनका था। यह परिवार था हमारा। उस परिवार

में रहते हुए पढ़ना-लिखना किसी तरह का काम जैसा था। मेरे ननिहाल, जब मैं पैदा हुआ था, तब गया था। ननिहाल में प्लेग फैल गया। सब मर गए परिवार में। ननिहाल बनारस से तीस किलोमीटर दूर था—महीस पड़ना के गाँव में। तो शिक्षा के क्षेत्र में पढ़े-लिखे मेरे पिता—वे ही केवल एक अध्यापक थे। हमारे पुरखे एक दूसरे गाँव खड़ान से आए थे। यह जमीन उन्होंने ली थी या मिली थी। किसी तरह से ऊसर जमीन सस्ते में मिल गई थी। खड़ान में हम लोग आते-जाते रहते थे। हमारी बिरादरी के लोग वहीं थे। जब भी कोई मरा, शादी-ब्याह पर, उसमें जाना होता था। खड़ान ऊसर कहलाता था। मेरे बचपन के दिनों में दो बड़ी बावड़ी थीं। एक को बावड़ी कहते थे, दूसरे को पोखर कहते थे। बंसवार बहुत थी, जंगल था। घरों से लगा हुआ। गाँव के केन्द्र में बरगद का एक बड़ा पेड़ था, वहीं हम खेलते थे। सारी गर्मी 'होरा पाती' खेलते थे। नीम का पेड़ था, उसमें झूला झूलते। वहाँ नागफनी का जंगल था और नागफनी की दो चीजें मुझे याद हैं। एक तो पीले फूल होते थे, गन्ध बिलकुल नहीं आती और दूसरे फल थे उसके, जिसे तोड़ने पर उसमें से लाल-सा रस निकलता था, जिसका कोई स्वाद नहीं होता था और कुछ जंगल की एक लकड़ी ढेरा। उसका हम लोग गुल्ली-डंडा बनाकर खेलते थे, जो टूटती नहीं थी। ये सब इसलिए था क्योंकि ननिहाल था नहीं, माँ कहीं जा नहीं सकती थीं। वे बहुत अच्छा गाती थीं। सुर बहुत पक्के थे उनके। थीं वे गोरी-चिट्टी। माँ का रंग केवल मँझले भाई रामजी को मिला। हमारा और काशी का चेहरा पिताजी जैसा है। रामजी बहुत गोरे थे। पढ़ने-लिखने का शौक था। इस वातावरण में हमारे घर में तुलसीदास की पोथी होती थी। पिताजी शाम को हाथ पैर-धोकर वही पढ़ते थे। एकमात्र पोथी वही थी, दूर-दूर तक पुस्तक नहीं थी। सबसे अच्छी बात यह थी कि पिताजी के एक अत्यन्त घनिष्ठ मित्र कामता प्रसाद विद्यार्थी कायस्थ थे। उनकी जमींदारी बक्सर में थी। उनके छोटे भाई वकील थे। बक्सर में ही रहते थे। थोड़ी दूर में एक गाँव है हेतमपुर। कायस्थों का एक पुराना कोट है अवशेष। हेतमखाँ नाम के कोई रहे होंगे वहाँ। उस अवशेष को हम लोग भुतहा कहते थे।

उसी गाँव में गांधी जी के अनुयायी एक कांग्रेसी थे। वे होमियोपैथी की दवा किया करते थे। बी.ए. पहले साल की पढ़ाई उन्होंने असहयोग आन्दोलन में छोड़ दी थी। वे श्रीवास्तव थे। परन्तु गणेश शंकर विद्यार्थी के नाम (वजन) पर अपना नाम विद्यार्थी लिखते थे, श्रीवास्तव नहीं लिखते थे। वह कायस्थों का गाँव था। वहाँ सब पटवारी होते थे। पटवारियों का बड़ा मजाक उड़ाया करते थे कायस्थ। वे पिताजी के अत्यन्त घनिष्ठ मित्र थे। उनके यहाँ अखबार वगैरह आता था। पिताजी उनके घर जाते थे। उनकी पत्नी पढ़ी-लिखी थीं, बनारस की। उन्होंने कहा कि अपने बेटे को ले आओ। मैं उनके साथ उन लोगों के आग्रह

पर जाया करता था। पिताजी की छुट्टी नहीं होती थी। तो उनके यहाँ छोड़ देते थे दिनभर। वहाँ 'सैनिक' नाम का साप्ताहिक आता था। उनके पास किताबें आती थीं—सस्ता साहित्य मंडल की, महात्मा गांधी की लिखी हुई। टॉल्स्टॉय की आत्मकथा वहीं पढ़ी। नेहरू जी की किताबें, उनकी आत्मकथा, 'विश्व इतिहास की झलक' इत्यादि। उनकी एक लाइब्रेरी थी। सस्ता साहित्य मंडल और गांधी जी की किताबें उनके यहाँ रहा करती थीं। 'सैनिक' अखबार देखता जब स्कूल वगैरह जाता था। इसलिए मेरे लिए पुस्तकें विद्यार्थी जी के घर में सुलभ रहती थीं—उपन्यास, कविता, कहानी नहीं।

बाद में दूसरा गाँव हमारे बगल में आवाजापुरा था, जहाँ मैं पढ़ता था। आता-जाता था। वहाँ प्राइमरी स्कूल था। पिताजी वहीं पर अध्यापक थे। उस गाँव में एक भाट था—अकबर भाट। उनके पुत्र थे अमरीश भट्ट। वहाँ हमारे पिताजी के मित्र थे। हमारी बिरादरी के लोग थे। उनके बेटे थे जयचन्द्र सिंह, जो कुछ कविताएँ लिखते थे—उनके यहाँ लाइब्रेरी थी। पहले हिन्दी साहित्य की, साहित्यरत्न, विशारद परीक्षाएँ होती थीं, तो उन्होंने विशारद और रत्न किया था। साहित्य की कुछ पुस्तकें 'साहित्यालोचन', 'मतिराम ग्रंथावली', 'बिहारी रत्नाकर'—ये किताबें रीतिकाल की वहाँ थीं। वहाँ एक और थे रामरति सिंह जी, वे कविताएँ लिखते थे। वे भाट थे। द्विजदेव का 'रसकुसुमाकर' मैंने वहाँ देखा था। तो इस तरह लोगों से जान-पहचान थी, आना-जाना था। उसमें एक साहब रहते थे दरिमल सिंह। वे हमें पढ़ाते थे। जब मैंने प्राइमरी दर्जा पास कर लिया तो थोड़ी-बहुत पाठ्य-पुस्तकों के जरिये कविताएँ करने लगा। मैं शाम को पास के गाँव चला जाया करता था। भोजन किया करता था। वहाँ कविताएँ, घनाक्षरी और सवैया—यही होता था। समस्यापूर्ति हुआ करती थी। मैं सुनता रहता। तो साहित्य का संस्कार मुझे आवाजापुरा गाँव व अमरीश भट्ट के साथ मिला। मुझे पढ़कर नहीं, बल्कि उन लोगों से सुनकर बिहारी के दोहे, रत्नाकर की कविताएँ आ गई थीं। 'गंगावतरण' और 'उद्धवशतक'—ये चीजें मुझको प्राप्त हुईं। जब मैं मिडिल में पहुँचा, तो मुझको अध्यापक अच्छे मिले—उपाध्याय जी थे। वे कविता लिखते थे, सवैया लिखते थे। साहित्य के अच्छे मर्मज्ञ थे। कक्षा पाँच में पढ़ाते थे। वहाँ की घटना है—सन् '36-37 के आसपास। उस समय एक बहुत बड़ा बक्सा आया, उसमें नई किताबें शिक्षा विभाग ने भेजीं, जब पंडित श्रीनारायण चतुर्वेदी शिक्षा अधिकारी हो गए थे। शिक्षा प्रसार योजना में तमाम विद्यालयों को उन्होंने किताबें भेजीं, जो मुफ्त में किताबें आईं। उसमें—सनेही, बालकृष्ण शर्मा 'नवीन' की कविताएँ थीं—'किरण को चीर', 'कभी आग बनी', 'कभी पानी बनी'—बड़ी सुन्दर छपी थीं। ऐसी बहुत-सी पुस्तकें आई थीं। वहाँ से लेकर पढ़ीं। उपाध्याय जी देखते थे कि कविता में कुछ रुचि है, खास तौर से मिडिल में पढ़ते हुए। युद्ध का जमाना

था। मुझे जयचन्द जी ने कहा कि कविता लिखने के लिए नामवर नाम तो फिट नहीं बैठता तो 'पुनीत' नाम उन्होंने दे दिया। 'पुनीत' नाम से मैं लिखा करता था। उस समय विद्यालयों में अन्ताक्षरी होती थी, जिला टूर्नामेंट होते थे। मैं गया तो मुझे उस समय क्या मालूम था राजनीतिक समय—हिटलर जीत रहा था, अंग्रेज हार रहे थे। हिटलर की प्रशंसा में कविता लिखी :

चढ़ो बरतानिया पर हिटलर
पुनीत वैसे,
जैसे गढ़लंक पर
पवन सुत कूदि गौ।

कविताएँ रीतिकाल की होती थीं। शृंगाररस की कविताएँ मैंने लिखीं। पंडित जी अचानक पढ़ लिये, बोले—अभी बताता हूँ। दो लाइनें इस प्रकार थीं :

आस द्विमास प्रिय मिलन अवधि की है,
उमगै उरोज रहैं, कंचुकि मसकि मसकि।

हेडमास्टर थे तिवारी जी, चश्मा लगाकर। अचानक कोई एप्लीकेशन लेकर मैं गया था। उन्होंने यूँ उलटा, देखा, कहा—'तुमने लिखा है?' तो मैं समझा, मर गया, ऐसे उनकी नजर पड़ जाएगी! 'रहो! मास्टर से मैं कहता हूँ, इसकी शादी जल्दी कर दें।' मुझे कविता में प्रयोग किए गए शब्दों के अर्थ बहुत अच्छी तरह नहीं मालूम थे। मैंने बहुत हाथ जोड़े। हेडमास्टर साहब बोले—'इंस्पेक्टर जी आनेवाले हैं, उनके शुभागमन पर एक कविता लिख दो, तो कहीं नहीं बोलेंगे, छोड़ देंगे।' उस दौर में मैं कविताएँ बना लेता था। कविताएँ क्या होती थीं, कवित्त, सवैया लिखता था! खड़ी बोली की कविता मैं जानता नहीं था और यह संस्कार मुझे मिडिल में, जो उपाध्याय जी थे, उनसे मिला था। उस समय 'अनरीति की रीति नई निकली है' जैसे विषयों पर समस्याएँ दी जाती थीं, और जिला भर के अध्यापक उस पर लिखते थे। उनकी प्रतियोगिता होती थी—उसमें लिखते थे। तो गाँव में समस्यापूर्ति की पूरी एक परम्परा चलती थी। पिछड़े हुए गाँवों में यह होता था। शहर के दर्शन मैंने मिडिल की परीक्षा के समय किए। जिला स्तर पर सारे मिडिल की परीक्षा वहीं पर होती थी। सारे लोग मिडिल की परीक्षा के लिए वहीं आते थे। इतिहास मेरा बहुत प्रिय विषय था, और उसी के कारण मैं फेल हुआ था—लोअर मिडिल में। शिवाजी पर प्रश्न आया था—वही मैं लिखने लगा। वह मेरा बड़ा प्रिय विषय था। तो मौलवी साहब की नजर पड़ी—डाँटा, जल्दी-जल्दी लिखो। अन्त में 27 नम्बर मिले। फर्स्ट क्लास था सारे के सारे विषयों में। इतिहास में तीस नम्बर मिलने चाहिए थे, तीन नम्बर नहीं मिले और

मैं फेल हो गया। दोबारा मिडिल की परीक्षा देनी पड़ी। अंग्रेजी ज्यादातर दिलो-दिमाग पर थी, जुबान पर उर्दू। खेल-कूद हमारा ज्यादा होता था। जहाँ हमारा मिडिल स्कूल था, वहाँ बगल में एक तालाब था। आम तौर से तैराकी गाँव में सीखी जाती थी। खेल-कूद में दिलचस्पी थी ही। जहाँ तक साहित्य का सम्बन्ध है, हमारे गाँव में किताब नहीं थी। कुछ तो स्कूल में होती थी, लेकिन स्कूल में छुट्टियाँ हो जाती थीं। लेकिन जहाँ कोई किताब न हो, लोगों का अपना एक संग्रह होता था। गर्मी के दिनों में, छुट्टी लेकर जाना होता था, तो डेढ़-दो मील की दूरी पर जाता था पांडे जी की लाइब्रेरी में। दो किताबें ले आता था। पढ़ता था, पढ़कर लौटा देता था। हमारे गाँव के दक्षिण में एक गाँव है—कादिराबाद। उस समय आसपास के गाँवों में पूरे पढ़नेवालों में बी.ए. पास करनेवाले वहीं के थे—प्रसिद्ध नारायण सिंह। उन्होंने जब बी.ए. पास कर लिया तो हाथी पर बैठाकर घुमाया गया। वे जमींदार भी बहुत बड़े थे। उनके यहाँ मालूम हुआ, लाइब्रेरी बहुत अच्छी है। तमाम पुरानी किताबें हैं। यही साधन था, यही संस्कार कि कहाँ से, कैसे पाएँ? लेकिन पढ़ते समय एक भूख वहीं से पैदा हुई क्योंकि हमारे गाँव में किताब नहीं थी। कोई धन्धा नहीं था। पढ़ा करते थे खाली। और उपन्यास मिल जाते थे। जासूसी उपन्यास 'चन्द्रकान्ता' वगैरह गाँव में पढ़ा था। मिडिल में जब था, वहीं मैंने पढ़ा। इन चीजों के अलावा शायद आप लोगों की जानकारी का एक विषय है—विद्यार्थी जी चूँकि कांग्रेसी थे, गांधीवादी थे, जेल गए थे, खद्दर पहनते थे, पिताजी के मित्र थे। एक बार मैं कुछ पहनकर गया तो विद्यार्थी जी ने पूछा—क्या पहने हो? उनकी पत्नी खद्दर पहनती थीं, वे पहनते थे। उन्होंने कहा—मास्टर तो सरकारी नौकरी करते हैं, तुमको क्यों रोक रखा है? बोले कि इसको खद्दर पहनाइए। बहुत छोटी-सी उम्र में खद्दर पहनने लगा।

बचपन की जो एक घटना मुझे याद है—सन् '30 के आसपास 'नमक सत्याग्रह' आन्दोलन हुआ था। विद्यार्थी जी ने 'नमक तोड़ो' कानून तोड़ा था। मैं उसमें चार-पाँच साल का रहा होऊँगा और अपने ताऊजी के बेटे, चचेरे बड़े भाई के साथ वह दृश्य देखने गया था। वह दृश्य मेरी आँखों के सामने अब भी स्पष्ट है। वह कड़ा अपराध नमक बनाने का किया जा रहा था। घोड़े पर सवार पुलिस कांस्टेबल आए थे। विद्यार्थी जी को पकड़कर ले गए थे। एक पूरी सभा को सम्बोधित किया था उन्होंने। राजनीति की क्या समझ होती बचपन में? उनके कारण, उनके सम्बन्ध के कारण इसका प्रभाव पड़ा। सन् '42 में मैं शहर गया। आठवीं में पढ़ रहा था। स्कूल बन्द हो गया। पैदल बनारस से चलकर तीस मील तक, कुछ दूर इक्का से आए थे, पानी और धान के खेतों के बीच से होकर। रेल लाइनें कटी-फटी पड़ी हुई थीं। वहाँ मैं पहुँचा सोलह अगस्त को, तो हमारा एक मिडिल का क्लासफेलो था महमूद सिंह। वह जब सन् '41 का आन्दोलन

हुआ था, व्यक्तिगत सत्याग्रह आन्दोलन, तो जेल गया था और बचा मैं। चूँकि विद्यार्थी जी ने काम सौंप रखा था। गांधी जी का एक सन्देश था। गांधी जी की उन चार लाइनों को हम पढ़ते थे : 'इस अंग्रेजी लड़ाई में किसी तरह की मदद लेना पाप है।' मुझे यह वाक्य अच्छी तरह याद है। इसे पढ़कर सुनाते थे और वे इक्के पर बिठाकर थाने ले जाते थे। जेल भेज देते थे। जो हमारे साथ में पढ़ता था, उसकी पढ़ाई नहीं हुई तो उसका कारण बताता हूँ। उसके लगाव के कारण महमूद को जेल जाना पड़ा। विद्यार्थी जी ने हमें अपना वालंटियर बनाकर अपना काम किया था। गाँव-गाँव सभा वे करते थे और सभाओं में मैं भी जाता था। हमारे चाचा जी राष्ट्रीय गीत गाया करते थे। जैसे : 'लन्दन को हिलावत हैं यहाँ का बनिया।' हारमोनियम पर वे गाया करते थे और मैं जाकर पढ़ता था। वे हमारे गाँव से होते हुए धानापुर थाना—जो कि हमारे यहाँ से चार मील की दूरी पर है, गंगा के किनारे की ओर गए। हमारे गाँव से तमाम लोग गए थे। मैं भी गया था। आ गया था शहर से। वहाँ गोली चली। मशहूर धानापुर कांड हुआ। तीन आदमी मारे गए हमारी ओर से और थानेदार मारा गया। पुलिस कांस्टेबल, दीवान जी मिलाकर चार लोग मारे गए। मारा आम जनता के लोगों ने। गोली पुलिस ने चलाई जिसमें हमारा सहपाठी महमूद मारा गया और मैं और विद्यार्थी बच गए जो झंडा फहराने जा रहे थे। दीवार छोटी थी, नीची-सी। विद्यार्थी छलाँग मारकर उस पार चले गए। उनके साथ में एक आदमी था, मारा गया। प्रभुनाथ सिंह, वे विद्यार्थी के साथ बराबर लगे रहते थे—अंगरक्षक के रूप में। विद्यार्थी जी के साथ चले, वे ढँक लेंगे, तो गोली जो आई तो उनको छूती चली गई। दूसरा फायर, ठीक उसके पीछे महमूद था और महमूद के पीछे मैं। तो दूसरी गोली महमूद सिंह को लगी। बाद में हम लोगों ने लाश को जला दिया और उसके बाद महीने भर तक हम लोग रात को गाँव में नहीं सोते थे, खेतों में रात बिताते थे, क्योंकि पुलिस खोजती थी गाँव वालों को। बाद में पकड़े गए हमारे यहाँ से। बाद में एक पड़ोस में थे, हमारे चाचा, वे जेल गए और करीब ढाई सौ आदमी जेल गए थे।

आजादी के बाद विद्यार्थी जी ने अपनी जमीन पर झोपड़ी लगाई और 'एक अमर शहीद विद्यालय' जो अभी है—खोला। सन् '46 में मैंने इंटर पास किया। सन् '47 की जुलाई में सेक्रेटरी पद ज्वाइन किया। विद्यार्थी जी संरक्षक थे और वह विद्यालय कायम किया गया। 15 अगस्त, सन् '47 का पहला स्वाधीनता दिवस हमने वहीं मनाया। विद्यार्थी जी उसी साल कैम्पस के पास ही झोंपड़ी बनाकर रहते थे। जब तक वे जीवित रहे, मैं वहाँ जाता रहा। उनके दो बेटे थे—सत्य प्रकाश एवं स्वराज्य प्रकाश। पहले बेटे की मृत्यु सन् '48 में हो गई। उनकी बेटी है, अब भी उनसे मिलने जाता हूँ। विद्यार्थी जी के साथ मेरे लगाव के प्रमुख कारण थे—राजनीतिक दिलचस्पी, एक आदर्श, जैसेकि उनका खादी पहनना

और अन्य चीजें। इसलिए एक ओर साहित्य की रुचि—जो पैदा हुई उस गाँव में तथा दूसरी ओर इन चीजों के बारे में, जो राजनीति वहाँ की देन है।

रवीन्द्र कात्यायन : विद्यार्थी जी कांग्रेस के थे। उन पर सारी छाप कांग्रेस की है तो कम्यूनिस्ट पार्टी की ओर आपका झुकाव कैसे हुआ?

नामवर सिंह : मिडिल क्लास की पढ़ाई के दौरान मैं उदय प्रताप इंटर कॉलेज के छात्रावास में रहता था। सन् 1941 में संयोग से मेरी मुलाकात त्रिलोचन जी से हुई; क्योंकि हमारा प्राचीन छात्र भवन था, उससे 'क्षत्रिय-मित्र' नाम की एक पत्रिका निकलती थी जो कि बड़ी पुरानी थी। उसके सम्पादक शम्भुनाथ सिंह से मेरी मुलाकात हो गई। शम्भुनाथ सिंह का सम्बन्ध शिवदानसिंह चौहान से बना। हमारे प्राचीन छात्र, इंटर फाइनल के, सागर सिंह, जो अब भी वकील हैं, कैम्पस से ठीक बाहर सरसौली एक जगह है—वहीं रहते थे। शिवदानसिंह चौहान 'हंस' के सम्पादक होकर यहाँ आए थे। सरस्वती प्रेस से त्रिलोचन जी जुड़े हुए थे। शम्भुनाथ सिंह बाद में बाहर झारखंड चले गए तो त्रिलोचन जी को अपनी पत्रिका की जिम्मेदारी देकर गए कि तुम 'क्षत्रिय-मित्र' का सम्पादन करो। उनके सम्बन्ध चौहान जी से थे। चौहान जी, कम्यूनिस्ट पार्टी के मेम्बर, 'हंस' के सम्पादक। सागर सिंह के यहाँ 'हंस' पत्रिका आती थी।

सागर सिंह ने अपने घर पर एक गोष्ठी का आयोजन किया। मुझे कविता कहने के लिए बुला लिया। उस गोष्ठी में चौहान जी से मेरी मुलाकात हुई। उसमें शमशेर जी आए थे। उस समय वे सरस्वती प्रेस में थे। सुरेन्द्र कुमार श्रीवास्तव आए थे। सुकू नाम से वे लिखते थे : 'ओ! बैल-से तुम पिस रहे मजदूर'। उस समय शिवमंगल सिंह 'सुमन' वहीं थे। उस समय उनके घर पर एक कम्यून जैसा होता था। वे जिला स्तर पर कम्यूनिस्ट पार्टी के सेक्रेटरी थे। कम्यूनिस्टों की पार्टी बाकायदे बनारस में थी। बाद में सन् '37-38 में बथावर के रेड कोर्ट इलाके से सौ फीसदी वोट हमको मिला था! पहली बार पार्टी चुनाव जीतकर आई थी, तब मुझे पता चला कि वहाँ के जमींदारों के खिलाफ रुस्तम सैटीन, शिवमंगल सिंह 'सुमन'—इन लोगों ने आन्दोलन किया था। एक अच्छा खासा जुड़ाव उनके साथ था। कम्यूनिस्ट पार्टी के साथ शिवदानसिंह चौहान, शिवमंगल सिंह 'सुमन', शमशेर, त्रिलोचन तथा प्रगतिशील लेखक संघ की बैठक होती थी। चौहान उस समय प्रान्तीय प्रगतिशील लेखक संघ के सेक्रेटरी थे। मैं भी चौहान जी के कारण एक सदस्य बन गया। बाद में जब मैं नौवीं में था, सन् '42 में (जब लड़ाई शुरू हुई) तब अमृतराय अचानक प्रकट हुए हमारे स्कूल में। उन्होंने 'सेल' या क्लास लेना शुरू किया। हम लोगों से कहा गया कि तुम लोग 'हिन्दीयुग : लोकयुद्ध' के सदस्य बनो। हम लोग पैम्पलेट खरीदते थे, पढ़ते

थे—कुछ समझ में आए या न आए। जो कुछ पैम्पलेट में छपता, अमृतराय आकर समझाते थे हमको—पूँजीवाद। हमारे हिन्दी के अध्यापक मार्कंडेय जी—उनकी हिन्दी बहुत अच्छी थी, और वे साहित्य के मर्मज्ञ थे। वे प्रेमचन्द जी को हमारे यहाँ बुलाया करते थे। प्रेमचन्द जी हमारे यहाँ, जो कहानी प्रतियोगिता होती थी, उसमें दो-तीन बार आए। उसकी वे अध्यक्षता किया करते थे। आचार्य रामचन्द्र शुक्ल के वे परम भक्त थे। जब हजारीप्रसाद द्विवेदी आ गए, तो हजारीप्रसाद द्विवेदी की कोई गिनती ही नहीं थी। वे बोले—ऐसे उपन्यास लिखना नहीं। वे काशी प्रगतिशील लेखक संघ के उपाध्यक्ष थे। चौहान जी जेल चले गए, तो अमृतराय उसके सेक्रेटरी हो गए और त्रिलोचन जी के साथ मिलकर काम करने लगे। इसलिए पार्टी का जो स्वरूप होने लगा, वह जिम्मेदारी अमृतराय को सौंपी गई थी कि यू.पी. कॉलेज और तमाम जगहों पर जाकर लड़कों को भरो। पहली बार हमने स्कूल में स्टूडेंट यूनियन बनाई। इससे पहले कोई यूनियन नहीं थी। यह बात ग्यारहवीं में मैं जब पहुँच गया, तब की है। यूनियन हमने जब बनाई, तब तक काफी जोर हो गया था समाजवादी पार्टी का। इसमें राजनारायण थे। स्कूल के दिनों में पहली हड़ताल हमने कराई। वहाँ कभी हड़ताल नहीं होती थी। उसकी एक फोटोग्राफ कहीं होगी। बलिया, बिहार के लड़के भी थे। झंडा लेकर की थी हड़ताल। एक पर्चा मैंने लिखा था, बाँटा गया। कुछ गर्जन-तर्जन हो रहा होगा, उसमें हो गई हड़ताल। प्रिंसिपल साहब हमारे जी.पी. सिंह मानते थे हम लोगों को। वे समझ गए कि इन सबको किसी ने बहकाया है—किसी आदमी द्वारा। मुझे डिस्पेंसरी में भर्ती करवा दिया लोगों ने, कि तुमने लिखा है, मालूम हो जाएगा तो तुम तो निकाल दिये जाओगे। बाद में जो लेफ्टिनेंट गवर्नर हुए दिल्ली के मार्कंडेय सिंह, वे हमारे क्लासफेलो थे। उनको और सबको सस्पेंड किया गया। दूसरे दिन विजयादशमी की छुट्टी हो गई। कौन मुँह लेकर जावें अपने गाँव? कहा—हम तो तुम्हारे यहाँ चलते हैं। बाद में छुट्टी खत्म हो गई। प्रिंसिपल साहब ने बुलाया, कहा—क्या तुम लोगों का दिमाग खराब हो गया है? हमने कहा—उसका सस्पेंशन तो खत्म कीजिए। वे हँसकर बोले कि अब तुम बार्गेन करोगे? अरे, हमने उसे यूँ ही सस्पेंड किया है। तुम लोग तो पढ़ोगे ही, हम अपने लोगों की जिन्दगी थोड़े न खराब करेंगे लेकिन देखो, हड़ताल न करना। समाजवादियों के कहने पर तुम लोगों ने किया है। तुम लोग समझते नहीं हो। तुम्हारी पार्टी ऐसा गलत काम नहीं करती है। जानते थे सब। कम्यूनिस्ट पार्टी के साथ तब से सम्बन्ध बना, सन् '43 से। साहित्य पढ़ते थे। मेम्बर बनने का सवाल नहीं था। अखबार पढ़ते थे। प्रगतिशील लेखक संघ में सक्रिय थे और कम्यूनिस्ट पार्टी का मेम्बर पार्टी का चुनाव लड़ने पर हुआ। सन् '59 ई. में हमसे चुनाव के लिए फार्म भराया गया। प्रगतिशील लेखक संघ का सदस्य तो मैं

सन् '43 से था। उनकी तमाम गोष्ठियों में जाते थे, कविता पढ़ते थे। पार्टी की सदस्यता विधिवत् चुनाव लड़ते हुए ली। पहले पार्टी सभा में जाते थे, सारा साहित्य पढ़ते थे। गोदौलिया आता था। उसके नीचे किताबों की दुकान थी, लेकिन सदस्य नहीं बना था। पार्टी ने खुद कहा—तुमको सदस्य नहीं बनाएँगे हम लोग।

रवीन्द्र कात्यायन : बनारस हिन्दू यूनिवर्सिटी के अपने आरम्भिक काल के संस्मरण हमें बताएँगे, द्विवेदी जी के समय का? विश्वविद्यालय में जब आपका आगमन हुआ, अध्ययन के लिए, उस समय क्या परिवेश था? कौन-से लोग थे? कैसा वातावरण था? कैसे अनुभव हुए आपको?

नामवर सिंह : सन् '43 ई. की जुलाई में मैंने बी.ए. में प्रवेश लिया। विश्वविद्यालय के बाहर ही राजासाहब ने क्षत्रिय स्कूल कायम किया था और उन्होंने महेन्द्रवी छात्रावास बनवाया था, तो उसमें निःशुल्क प्रवेश मिल जाता था—उसी विद्यालय से पढ़कर निकले बच्चों को। चूँकि पैसा था नहीं, स्कॉलरशिप मिली नहीं थी और पिताजी मुझे मिडिल पास करवाकर प्राइमरी का मास्टर बनवाना चाहते थे। विद्यार्थी जी ने उन्हें डाँटकर कहा कि लड़का जब फर्स्ट क्लास पास हुआ है तो उसको शहर में हाईस्कूल पढ़ने के लिए भेजो।

रवीन्द्र कात्यायन : पिताजी की क्या इच्छा थी?

नामवर सिंह : पिताजी की इच्छा थी—बी.टी.सी. पास करके स्कूल का टीचर हो जाए। विद्यार्थी जी ने उनसे कहा—ये तुम गलत कर रहे हो। इसको भी तुम मास्टर बनाकर छोड़ोगे। इसे शहर में भेजो।

हाईस्कूल पढ़ने मैं आया। यही स्कूल था जहाँ कम पैसे में पढ़ाई हो जाती थी। छात्रावास था। पिताजी किसी तरह तैयार हो गए। उन्होंने कहा—इंटरमीडियट तक किसी तरह तुमको पढ़ा देते हैं, उसके बाद बस भई, हमारे बस का नहीं है। विश्वविद्यालय तुमको हम नहीं पढ़ा पाएँगे। अब तुम आगे अपनी पढ़ाई का इंतजाम कर लो। एक पैसा मैं नहीं दे पाऊँगा, लेकिन कर्ज लेकर किसी से मत पढ़ना। यदि कर्ज लेना हो तो मेरे पास से ले लेना। अब अपने तुम्हारे सम्पर्क हो गए हैं।

तो हाईस्कूल में था। बी.ए. में गया। छात्रावास सस्ता मिल गया हमको। अपने खाने-पीने का इन्तजाम करना था। पिताजी दे नहीं सकते थे। उस समय हमारे यहाँ इनकम-टैक्स के थे एक प्राचीन छात्र—नवोधारी सिंह पूरा नाम था। देवरिया के थे। हमारे हिन्दी वाले मार्कंडेय सिंह जी ने प्रिंसिपल साहब के कहने पर एक पत्र लिखकर उनके पास दिया कि हमारे इस लड़के को आर्थिक मदद होनी चाहिए। कुछ ऐसा काम दें। उन्होंने कहा—मुफ्त में तो हम देते नहीं। बोले

कि जो संस्थापक भिंनगा नरेश थे—राजर्षि उदयप्रताप सिंह जी देव, उनका जीवन-चरित लिखो और लोक-सामग्री इकट्ठा करो। यह बहाना था। किसी बहाने से हम लोग दे सकते थे। इस बहाने कि तुम इस किताब को लिख रहे हो और थोड़ा लिख करके हर महीने हम लोगों को दे दिया करो। वे हमारे विद्यालय की प्राचीन छात्र परिषद के प्रेसीडेंट थे। बोले कि प्राचीन छात्र परिषद का कुछ पैसा है, उस पैसे से तुमको कुछ दे दिया करूँगा, फीस तुम्हारी हो जाएगी।

तब तक मैं कुछ कविताएँ लिख लेता था। साधन शुरू हुआ। कभी बीस रुपये मिल जाते थे, कभी पच्चीस रुपये मिल जाते थे। कवि-सम्मेलन होता था, तो कुछ पैसे मिल जाते थे। यही जरिया था। जो कुछ करना था, सीमित साधन के साथ मैंने शुरू किया। सन् '47 तक कोई खर्च-वर्च था नहीं, क्योंकि एम.ए. तक मैं पान नहीं खाता था। इंटरमीडिएट तक मैंने कोई फिल्म नहीं देखी थी। किसी सवारी पर मैं नहीं चलता था। पैसे थे ही नहीं। त्रिलोचन जी का साथ मिला था। वे पैदल ही चलते थे, हमें खूब चलाते थे। विश्वविद्यालय में उस समय राधाकृष्णन हमारे वाइस चांसलर थे। विश्वविद्यालय के अन्दर रुइया छात्रावास के सामने गांधी चबूतरा कहलाता था। हमारी सारी प्रभातफेरी वहीं से शुरू होती थी और उस समय स्टूडेंट यूनियन नहीं थी। उस समय वह पार्लामेंट कहलाता था और उसके प्राइम मिनिस्टर होते थे, लीडर होते थे और राधाकृष्णन् जी इस मामले में कांग्रेस के साथ तो थे नहीं लेकिन बदल गए। सन् '47 में विश्वविद्यालय के अन्दर बौद्धिक वातावरण तो था ही। एक तो वह घटना कि हर रविवार को सुबह आठ बजे संस्कृत विद्यालय में राधाकृष्णन का गीता लेक्चर होता था। फर्श पर सब लोग बैठते थे, गाना गाते थे। गांधी-व्याख्यान भी मैंने वहीं सुना। राधाकृष्णन जी ने आगे त्यागपत्र दे दिया क्योंकि इनके उम्मीदवार वाइस चांसलर हार गए थे, गोविन्द मालवीय जी ने इन लोगों को हराया था। इसलिए सन् '48 में मेरा खयाल है कि यह घटना है। जब राधाकृष्णन जी ने इस्तीफा दिया था, तब मैं बी.ए. फाइनल में था।

वहाँ छात्रावास के बाहर मैं रहता था लेकिन राजनीतिक गतिविधियाँ, हलचल जारी थी। आजादी तो मिल ही चुकी थी। एक लहर-सी थी, राजनीतिक चेतना थी और स्टूडेंट फेडरेशन ऑफ इंडिया के लोग थे। बल्कि प्राइम मिनिस्टर यूनियन था। कम्यूनिस्ट पार्टी के थे, ऑल इंडिया स्टूडेंट फेडरेशन के। समाजवादी विचारों के लोग थे। यानी उस समय राजनारायण, प्रभुनारायण—ये लोग वहीं के स्टूडेंट थे। ये समाजवादी थे। उस समय समाजवादियों व कांग्रेसियों के वोट अलग नहीं थे। आनन्दीश्वर थे, उनसे मिलना-जुलना था। उस समय जिस आदमी से मेरा परिचय हुआ, वह रामधन हमारे क्लास फेलो थे। तीन बार फेल हो चुके थे। क्लास में हाजिरी लेते समय पंडित विश्वनाथ उनका नाम आखिर में लेते

थे कि रामधन सब इससे तंग। तब के साथी थे। ठाकुर प्रसाद एम.ए. के साथी थे। उस समय पंडित सुन्दर लाल आते थे, भाषण देते थे, संगीत-सम्मेलन होता था। विश्वविद्यालय में उस समय महत्त्वपूर्ण परिवर्तन हुआ। 1949 ई. में हमारे गोविन्द मालवीय प्रो. वाइस चांसलर हुआ करते थे। वाइस चांसलर बनाकर वे अमरनाथ झा को ले आए। अचानक राधाकृष्णन के बाद दूसरी हस्ती अमरनाथ झा आ गए। इलाहाबाद से झा अवकाश ले चुके थे। झा साहब के समय हिन्दी विभाग के अध्यक्ष का पद खाली था। तो द्विवेदी जी को उन्होंने बुला भेजा। उन्होंने उस समय मना कर दिया, वे नहीं आए। द्विवेदी जी झा के चले जाने के बाद सन् '50 की जुलाई में आए, प्रोफेसर के रूप में। गोविन्द मालवीय जी उस समय वाइस चांसलर थे। बाद में उनका टर्म खत्म हो गया तो आचार्य नरेन्द्रदेव सन् '52 में आए वाइस चांसलर के रूप में। वे आचार्य जी के साथ आते-जाते थे।

रवीन्द्र कात्यायन : द्विवेदी जी के साथ पहला परिचय किस तरह हुआ?

नामवर सिंह : द्विवेदी जी को सबसे पहले मैंने काशी नागरी प्रचारिणी सभा, 1943 में देखा था, जब मैं हाईस्कूल में था। कोई व्याख्यान देने के लिए आए थे। सहज भाषा पर बोले थे। मुझे यूँ याद है कि नाम सुन रखा था। उस समय के बाद 'साहित्य का साथी' मैंने पढ़ा था, और कुछ नहीं पढ़ा था। मैं उनका ऑटोग्राफ लेने के लिए आगे बढ़ा और पैर छूकर आशीर्वाद माँगा—दे दीजिए। उन्होंने ऑटोग्राफ में दोहा लिखकर दिया :

चढ़िए हाथी ज्ञान को, सहज दुलीचा डारि।
स्वान रूप संसार है, भूकन दे झक मारि॥

यह एक पहली छाप थी उनकी। बाद में उनका साहित्य भी पढ़ा। बाद में उनके दर्शन किए नहीं। पंडित जी के सन् '50 में आने के पहले मैंने अपना डिजर्टेशन पूरा कर लिया था, अपभ्रंश का। मैंने एक पोस्टकार्ड दिया। लिखा था—'हिन्दी पर अपभ्रंश का प्रभाव'। उन्होंने कहा—प्रभाव तो ठीक नहीं, इसे करो : 'हिन्दी के विकास में अपभ्रंश का योग'। बाकी और चीजों को लिखने के साथ उन्होंने कहा—कुछ सूचनाएँ देकर, बाकी चीजें सम्भव हैं—मैं आऊँगा तो आपसे मिलकर बताऊँगा। कुछ काशी आने का कार्यक्रम बन रहा है।

आभास हो गया कि वे आ रहे हैं अध्यक्ष होकर। पता चला कि आ गए हैं पंडित जी। तो उनके एक भाई अमेरिका-रूस में थे। उनको क्वार्टर मिला था। उसमें एक झोंपड़ी बनी थी। शाम का समय था। पंडित जी उसी खटिया पर निखरहरे बैठे हुए थे। आकर मैंने चरण-स्पर्श किया तो उन्होंने कहा—चलो, घूमने निकलते हैं। सुना है, एक क्वार्टर—लोगों ने बताया है कि कोई नई

प्रिंसिपल कॉलोनी बनी है, तुम जानते होगे। निकले घूमने उनके साथ, इधर-उधर की बातें करने लगे। उस क्वार्टर को उन्होंने पसन्द नहीं किया। अगला दिन बुध था। उन्होंने कहा कि अगले दिन क्लास लेने आना है, तुम्हारा और पहला क्लास तुम्हीं लोगों का होगा।

['अनभै' : जनवरी-मार्च, 2006 में 'गाँव में पैदा हुई साहित्यिक रुचि' शीर्षक से प्रकाशित]

जीयनपुर और बनारस की यादें

कुछ शब्द होते हैं जिनके भार से आदमी दब जाता है लेकिन कुछ ऐसे शब्द होते हैं जिनसे हम लोग ऊपर उठ जाते हैं। आज जो शब्द मैंने सुने, उन शब्दों से अपने को मैं गजभर ऊँचा उठा हुआ महसूस करता हूँ। इसलिए कि ये स्नेह और प्यार से कहे गए थे। मुँहदेखी नहीं कही गई थी। और उन शब्दों के पीछे जो गूँज थी, उन्हें मैं सुन सकता हूँ। मेरे गुरुदेव आचार्य हजारीप्रसाद द्विवेदी ने 'बाणभट्ट की आत्मकथा' में रवीन्द्रनाथ ठाकुर का एक गीत उद्धृत किया है—जिसमें इसी प्रकार के शब्द आते हैं—यद्यपि सन्दर्भ दूसरा है—जहाँ सुबह-सुबह गंगा के किनारे स्नान करती हुई एक स्त्री जो वेश्या थी लेकिन एक अबोध ब्रह्मचारी, जो जानता नहीं था, गंगा के जल से स्नान करके निकली स्त्री उसे ऊषा के समान मालूम हुई और वह उषा स्तोत्र जैसे पढ़ने लगा धारावाहिक। उसने कहा कि मैंने बहुतों से चाटुवचन सुने थे, खुशामद में कहे गए शब्द सुने थे लेकिन सत्यवाणी मैंने जीवन में पहली बार सुनी। यह मेरा भ्रम हो लेकिन मुझे बहुत-से ऐसे शब्द सुनाई पड़े इन वक्तव्यों में जिनमें सत्य की गूँज थी। यदि यह मेरा भ्रम भी हो तो मैं चाहता हूँ कि मेरा यह भ्रम बना रहे। आभार शब्द इसके लिए बहुत छोटा है। मैं इसका यही अर्थ लेता हूँ कि मुझे अपना समझने वाले लोग बहुत अपेक्षाएँ मुझसे रखते हैं। मैंने वह बल प्राप्त किया है जिससे उन अपेक्षाओं को पूरा कर सकूँ।

इस वजह से कि दिल्ली निबहुर देश है। वहाँ जब गया था तो रहने के लिए नहीं गया था लेकिन फिर वापसी नहीं हो सकी। वहाँ यह बल बहुत कम मिलता है। वहाँ कल-बल-छल में से बाकी तो मिलते हैं, वो बल ही नहीं मिलता। मुझे यहाँ इस समारोह में वह बल आपने दिया है। वह देते रहें और शायद यही वह ताकत है जो पूर्वी उत्तर प्रदेश की जमीन से मिलती है, यही है जो हमें वहाँ दिल्ली जैसी जगह में जिन्दा रखे हुए है और जो कुछ लिख पाता हूँ, वह साफ समझ लीजिए कि दूरदराज के लोगों से प्रेरणा मिलती है। वह कवच का काम करती है। और एक हद तक शायद दिल्ली उतना नहीं बिगाड़ सकी। बिगड़ा तो, कुछ खरोंचें लगी हैं, चोटें लगी हैं, यह मैं न कहूँगा कि नहीं लगी हैं लेकिन यदि कुछ

बचा-खुचा रह गया है तो मैं कहूँगा कि मैं भूला नहीं हूँ कि मैं कहाँ से आया हूँ और किन लोगों के बीच से आया हूँ। और जब उन लोगों की याद आती है तो मुझे ताकत मिलती है। साथियो, मैं अपने बारे में कुछ कहना नहीं चाहता हूँ, सिर्फ यह कहना चाहता हूँ कि आलोचक जिसे आप कहते हैं, वह कोई निराकार बुद्धि मात्र नहीं है। हाड़-मांस का एक आदमी है और शायद मैं उस आदमी के बारे में आपसे कहूँ जो एक छोटे-से गाँव में पैदा हुआ और किन लोगों ने कैसे निर्माण किया, शायद वह आपके लिए रोचक हो या नहीं, मैं नहीं जानता लेकिन आपके सामने जो आदमी खड़ा है, उसकी शायद कुछ परत खुल जाय। वह जो कुम्हार का चाक जिस पर मिट्टी का लोदा रखा हुआ था, कैसे किन लोगों ने घुमा करके एक शक्ल दी, बस यही कहना चाहता हूँ। इस बीच में यह भी कह दूँ, शायद आप लोगों में कुछ लोगों को मालूम हो, 1951 में मैं गोरखपुर अध्यापन के लिए आते-आते बच गया था। एम.ए. किया था और परीक्षाफल आ गया था। महाराणा प्रताप कॉलेज में हिन्दी के अध्यापक के लिए जगह थी और यहाँ से शाही जी का टेलीग्राम गया—मेरे गुरुदेव हजारीप्रसाद द्विवेदी के पास कि अध्यक्ष के लिए एक आदमी भेज दीजिए। पंडित जी ने वह तार मुझे दिखाया, बोले—क्या लिखें? जाआगे? फिर कुछ दिनों बाद नाम लेकर तार आया कि नामवर सिंह को भेज दीजिए। वह दूसरा तार जो नाम के साथ आया, वही वज्रपात था मेरे लिए। कारण, छह साल मैंने क्षत्रियों के स्कूल और कॉलेज में छात्र जीवन बिताया और बी.ए. में पढ़ने के लिए महेन्द्रवी छात्रावास में रहा, वह भी एक जाति विशेष, जिसे ठाकुर कहते हैं, उनका था। और इसके बाद फिर महाराणा प्रताप कॉलेज में अगर आता तो वे जो अनुभव थे आठ साल के, उन्हें याद करके—मैंने पंडित जी के चरण पकड़ लिये कि क्या आप मुझे इस योग्य नहीं समझते कि मैं आपके चरणों में बैठकर शोध-कार्य करूँ? आप क्यों मुझे दूर ले जाना चाहते हैं? पंडित जी बोले—अच्छी-भली नौकरी मिल रही है, चले जाओ! नया कॉलेज है, अच्छा कॉलेज है—मैं तुमको नौकरी तो नहीं दे सकता। मैंने कहा—पंडित जी, मैं अध्यापन करूँगा तो विश्वविद्यालय में करूँगा—कॉलेज में नहीं करूँगा। मैं रिसर्च करूँगा, ऐसे ही रहूँगा। बहरहाल वह एक संयोग ही था, जिसे बाद में अच्छे विद्वान मिले। मेरे अच्छे मित्र बालगोविन्द मित्र अध्यक्ष होकर आए। बहुत अच्छे भाषाविज्ञानी। लेकिन मुझे कभी-कभी लगता है कि आया होता तो बालगोविन्द मिश्र ही बनता, मैं नामवर सिंह न बनता। इसलिए गोरखपुर आते-आते तो रह गया लेकिन बराबर आता-जाता रहा और मैं जो हूँ, इसमें कहीं गोरखपुर का निश्चित ही योगदान है लेकिन चर्चा का प्रसंग नहीं। मुँहदेखी होगी।

बचपन में मेरे ऊपर दो महत्त्वपूर्ण प्रभाव पड़े। और यह संयोग कैसे घटित हुआ, नहीं जानता। जब मैं बहुत छोटा था तो मेरे पिता के मित्र श्री कामता प्रसाद श्रीवास्तव

थे। गणेश शंकर विद्यार्थी के नाम से प्रेरणा लेकर कामता प्रसाद भी अपने नाम के साथ 'विद्यार्थी' लिखने लगे। कांग्रेस के कर्मठ कार्यकर्ता थे। बाबू सम्पूर्णानन्द और कमलापति त्रिपाठी के साथ कई बार जेल गए। बहुत बड़े जमींदार थे और सुशिक्षित। उस जमाने के बी.ए. पास। मेरे गाँव से करीब एक किलोमीटर से भी कम दूरी पर रतनपुर में रहते थे। मेरे पिता जी उनके यहाँ मुझे ले करके जाया करते थे। और उनके घर में क्योंकि विद्यार्थी जी गांधी जी के चेला थे तो पानी पिलाना-खाना बनाने का काम एक दलित स्त्री—चमार थी, वह किया करती थी। मेरे गाँव वाले कहा करते थे कि लाला के यहाँ जा के चमार के हाथ का ये लड़का खाता है। चूँकि मैं लड़का था इसलिए छोड़ दिया उन लोगों ने। लेकिन अद्‌भुत संस्कार मेरे मन में विद्यार्थी जी के यहाँ रहते हुए पड़ा। वहीं मैंने खादी पहनना शुरू किया, वगैरह-वगैरह। पहला संस्कार विद्यार्थी जी का—वह परिवार था जो स्वयं जाति-पाँति अपने व्यावहारिक जीवन में छोड़ चुका था। और चूँकि गाँव पटवारियों का था और कायस्थ आम तौर पर पटवारी हुआ करते थे—कायस्थ बनिए और पटवारी जाति से इतनी नफरत थी मुझे, जो मैं मुंशी प्रेमचन्द में देखता हूँ। यह अनजाने कोई लेक्चर-व्याख्यान उन्होंने नहीं दिया लेकिन पहला बद्धमूल संस्कार मेरे मन में बचपन से बना। और ये न होते तो मैं अपने पिता जी के समान प्राइमरी स्कूल का मास्टर होता। विद्यार्थी जी ने मेरे पिता जी से कहा—पढ़ने-लिखने में अच्छा लड़का है, उसे पढ़ाओ-लिखाओ। इसे मास्टर न बनाओ। तुम अपने रहे मास्टर तो लड़के को भी मास्टर बनाना चाहते हो? एक ऋण स्वर्गीय कामता प्रसाद विद्यार्थी का है, दो साल पहले उनका देहान्त हुआ है, 97 साल की उम्र में।

दूसरा मेरे ऊपर बहुत गहरा प्रभाव पड़ा मेरे प्राइमरी स्कूल के हेडमास्टर मताउल्लाह खाँ का। पड़ोस में ही औरंगाबाद प्राइमरी स्कूल में खाँ साहब हेडमास्टर थे। वे भादोपुर में मेरे पिताजी के साथ ही काम करते थे। बहुत मानते थे। बड़े खूबसूरत गोरा-लम्बा छरहरा शरीर जिन्हें मौलवी नहीं कहा जा सकता था। इतना खुला हुआ दिमाग। उनका भतीजा, जो साथ पढ़ता था। घर में गरीबी थी। पिताजी की छोटी-सी नौकरी, खेती-बाड़ी थोड़ी-बहुत जो होती, गाँव में उतना कहाँ पाँव में जूते बच्चे पहनते थे। मौलवी साहब बच्चे की तरह प्यार करते थे। पहली बार उन्होंने कहा कि यह लड़का अकेले घूमता रहता है—इसके पाँव में जूते भी नहीं हैं। जा करके कमालपुर से पहली बार खुद खरीदकर जूता ले आए। उन्होंने कहा—पहनो इसे, पाँव में ठंडक न लगेगी। कितनी छोटी चीज का ध्यान रखते थे! बहुत प्यार करते थे और अक्सर वहाँ से जब जाते थे तो अपने घर ले जाते थे। इसलिए एक वह संस्कार जो हमारे मास्टर मताउल्लाह खाँ का है, वह मेरे ऊपर पड़ा है बहुत गहरा और स्थायी। जब मैं दस साल का ही था, तब यह दूसरा संस्कार, जो आम तौर पर गाँव में नहीं पड़ता।

शहर में मैं पढ़ने आया तो यह मेरा सौभाग्य है, और संयोग से मेरी मुलाकात हो गई त्रिलोचन शास्त्री से, जब मैं सातवीं में पढ़ने के लिए 1941 में काशी आया। 'क्षत्रिय-मित्र' पत्रिका निकलती थी। त्रिलोचन जी वहाँ आते थे सम्पादन के सिलसिले में और पहली किताब उन्होंने जो खरीदवाई और इतनी तारीफ की। मैं नहीं जानता था कि त्रिलोचन जी दूर की बहुत हाँकते हैं। उनकी बात में सच का एक निशान भी नहीं होता था लेकिन वह बात सच थी। मैक्सिम गोर्की की 'आवारा की डायरी' का हिन्दी अनुवाद उस समय सम्भवत: इलाचन्द्र जोशी ने किया था तो पहली-पहली किताब मैंने जीवन में खरीदी थी। कम दाम की थी। किसी से पैसा लेकर त्रिलोचन जी के कहने पर खरीदी। और फिर त्रिलोचन जी की अपनी कहानियाँ, कविताएँ आदि तो थीं ही। इसलिए मुझे एक लेखक के रूप में बनने में पहला हाथ जो लगा, वह त्रिलोचन जी का था।

प्रसंगवश कह दूँ कि गाँव में रहता था तो गाँव में भाट चारण होते हैं। वहाँ प्रभाकर भट्ट और अमरेश भट्ट नाम के ब्रजभाषा की कविताएँ लिखने वाले लोग, हमारे गाँव के बगल में राजापुर गाँव है, वहाँ रहते थे। और वहाँ समस्या-पूर्तियाँ ब्रजभाषा में हुआ करती थीं। जिस रीतिकाल और रीतिवाद की बात आदरणीय तिवारी जी कह रहे थे, काशी में आने से पहले सैकड़ों रीतिकाल की कविताएँ मुझे जबानी याद थीं और 'काव्यकुसुमाकर' नाम का ग्रंथ जब मैं दर्जा पाँच में पढ़ रहा था, अकबर भट्ट मेरे यहाँ आया करते थे, उनके पास देखी थी। इतनी मौखिक रचनाएँ सुनी थीं, ब्रजभाषा की रीतिकालीन कविताओं का संस्कार था—जैसे उर्दू में जिसको गजल के सौ शेर याद हों तो एक सौ एकवाँ शेर वह खुद कह लेता है। ऐसे ही ब्रजभाषा की कविताएँ इतनी याद हों तो चार कविता आप भी कर सकते हैं। उसका मतलब कुछ हो-न-हो, ऐसे किया करता था। संस्कार मिला था। लेकिन त्रिलोचन जी पहले आदमी हैं।

मैं बनारस 1941 में आया तो प्रसाद नहीं थे, प्रेमचन्द नहीं थे, और उसी वर्ष संयोग से फरवरी में आचार्य रामचन्द्र शुक्ल भी नहीं रहे। देहावसान हो चुका था। ऐसी एक सूनी उजाड़ बस्ती में मैं आया था जब सारी विभूतियाँ जा चुकी थीं। ऐसे में केवल दो संस्थाएँ थीं—एक प्रसाद परिषद, जो आम तौर पर भव्य और दिव्य जलपान का आयोजन करती थी जिसका साहित्य से दूर-दूर तक कोई सम्बन्ध नहीं था, वह बड़े लोगों की थी, जिसकी बैठकें आम तौर से बेनिया में हुआ करती थीं, जालपा देवी में हुआ करती थीं जहाँ बाबू सम्पूर्णानन्द और बड़े-बड़े लोग रहा करते थे। और दूसरा था : 'काशी प्रगतिशील लेखक संघ'। पंडित नन्ददुलारे वाजपेयी अध्यक्ष हुआ करते थे, अमृत राय उसके मंत्री थे। जाहिर है कि उस जलपान वाली गोष्ठी के तो हम लायक ही नहीं थे। प्रवेश ही नहीं हो सकता था। लेकिन यह सड़क-छाप जो हमारा अपना प्रगतिशील

लेखक संघ था, उससे सम्पर्क कायम हुआ और वह प्रगतिशील लेखक संघ मेरी पहली साहित्यिक पाठशाला थी। तब से जो सम्बन्ध बना, वह आज तक है, जिसे कहते हैं कि उम्र भर एक मुलाकात चली आती है। मैं इसलिए कहना जरूरी समझता हूँ कि बनारस गरीब नगरी है, जहाँ एक प्रसाद की संस्था थी, और दूसरी प्रगतिशील लेखक संघ, जिसके सहारा प्रेमचन्द थे। ठाकुर प्रसाद सिंह उन दिनों युवक साहित्यिक संघ चलाते थे। वे प्रेमचन्द का झंडा लिये थे। ये प्रसाद परिषद वाले रामचन्द्र शुक्ल को नहीं पूछते थे, भारतेन्दु हरिश्चन्द्र को नहीं। उनको कबीर से मतलब नहीं था। उनको सूर से मतलब नहीं था। यह विचित्र विडम्बना है कि प्रसाद परिषद वाले प्रसाद जी के नाम पर कायम संस्था लेकिन स्वयं की अपनी पृष्ठभूमि से प्रसाद जी अलग-थलग। और केवल काशी प्रगतिशील लेखक संघ और उसके साथ युवक साहित्यिक संघ, जो ठाकुर भाई चलाते थे अवसान गंज, ईश्वरगंगी में—इन संस्थाओं में, जिसे दूसरी परम्परा कहते हैं—उस परम्परा के लोग कबीर को, भारतेन्दु को, प्रेमचन्द को, खास तौर से तुलसीदास को—इन लोगों की स्मृति में गोष्ठियाँ करना, सभाएँ करना, नई रचनाओं का पाठ आदि होते थे। जैसे मैंने कहा कि यह मेरी साहित्यिक पाठशाला थी। और वह किताब पहली बार समझ में नहीं आती थी, त्रिलोचन जी के कहने पर खरीदी थी : 'आवारा की डायरी'। वह यायावरी वृत्ति एक गाँव से आए गरीब लड़के को कहाँ मिल सकती थी जिसकी दुनिया अपना गाँव और बनारस! लेकिन एक सपना जैसे इस किताब ने भर दिया था। सौभाग्य से मुझे शिक्षा संस्थाओं में कुछ गुरु मिले जिनका स्मरण आदर से करता हूँ। उदयप्रताप कॉलेज आम तौर से सिपाही, दरोगा, थानेदार पैदा करने वाला था या आर्मी के लोगों को तैयार करने वाला था—विद्वान वहाँ से बनके निकले, यह लगता नहीं था। यद्यपि यह और बात है कि उसमें से पढ़ने-लिखने वाले काफी लोग भी निकले। उसमें हमें हिन्दी के अध्यापक मिले—आजमगढ़ जिले के ठाकुर मार्कंडेय सिंह। मार्कंडेय सिंह पहले आदमी थे जो उस कॉलेज में प्रेमचन्द को बुलाने में समर्थ हो चुके थे—और वहाँ कहानी प्रतियोगिताएँ होती थीं, प्रेमचन्द के मुरीद थे—उनसे जो एक चीज मुझे मिली, मैं और सारी बातें छोड़ दूँ। वे सरल, सुबोध और संक्षिप्त भाषा लिखते थे, जिसमें वे आचार्य शुक्ल को प्रमाण मानते थे, और इस मामले में अक्सर उदाहरण दिया करते थे—आचार्य नन्ददुलारे वाजपेयी को। एक बार उनको बुला तो लिया था लेकिन उनकी भाषा, उनके गद्य की बड़ी आलोचना करते थे। एक बार साहित्य-रत्न की परीक्षा में रामकुमार वर्मा ने वाजपेयी जी को पेपर-सेटर बनाया था, तब वाजपेयी जी उतने बड़े नहीं हुए थे। मार्कंडेय सिंह जी मॉडरेटर थे, बता रहे थे कि वाजपेयी जी ने जो पेपर सेट किया था, उसमें छह-छह, आठ-आठ पंक्तियों के लम्बे-लम्बे प्रश्न थे, जिसका कोई मतलब नहीं होता

था। उनको काटकर मैंने एक-एक वाक्य का प्रश्न बना दिया था। भाषा के मामले में आप सभी जानते हैं कि आचार्य शुक्ल या प्रेमचन्द की भाषा का जो आदमी कायल हो व जिसको जौक या शौक या नशा कह लीजिए, अगर चस्का लग गया तो वागाडम्बर चमचमाता हुआ जो वाग्जाल है, उसे कभी रास न आएगा। आचार्य शुक्ल ने जो लिखा है, उनका इशारा वाजपेयी जी के लिए ही है। पहला संस्कार जो उन्होंने दिया, वह ऐसी भाषा का है, जिसके लिए प्रेमचन्द के बारे में जैनेन्द्र ने लिखा—स्वच्छता के मैदान में प्रेमचन्द का जोड़ नहीं। किसी बात को ऐसा सुलझाकर लिखना कोई उनसे सीखे। यह पहला संस्कार जो मेरे मन पर बना, वह स्थायी था, और चीजों को छोड़ देता हूँ।

काशी हिन्दू विश्वविद्यालय में आया तो दो गुरुओं से दो चीजें मुझे मिलीं। यद्यपि दोनों में बिलकुल पटरी नहीं थी। एक थे गुरुवर पंडित विश्वनाथ प्रताप मिश्र। उन्होंने बी.ए. में पढ़ाया, एम.ए. में पढ़ाया। उनसे मैंने सीखा जिसे टेक्स्ट कहते हैं, पाठ कहते हैं—केवल भावार्थ कर देना नहीं, एक-एक शब्द पर विचार करते हुए—चाहे रीतिकाल का छन्द आप पढ़ें, चाहे तुलसीदास की चौपाई पढ़ें या बिहारी का दोहा। कहते थे कि पाँच दोहे पढ़ा देते हैं—कोर्स में दो सौ दोहे हैं, इससे ज्यादा नहीं पढ़ाऊँगा, लेकिन पाँच दोहे वे ऐसे पढ़ा देते थे कि दो सौ अपने-आप पढ़ लें। बगैर टीका के। टेक्स्ट की तारीफ की उन्होंने, एक-एक शब्द पर। बन्धुवर केदारनाथ सिंह जी जानते हैं, वे अच्छे शब्द के प्रयोग पर, जिसे कहें कि अपना सब कुछ दे देने वाले आदमी थे। लेकिन अच्छे किसी शब्द का प्रयोग आप करें और द्वित्य के साथ करें तो क्या कहना! विश्वनाथ जी सब कुछ दे दें। एक-एक शब्द के प्रति प्रेम, लगाव!—'अनामिका' नाम की गोष्ठी उनके यहाँ हुआ करती थी और अकेली एक कविता पर, एक दोहे पर, दो-दो घंटे चर्चा चलती थी। यह मेरी दूसरी पाठशाला थी। मैंने आचार्य विश्वनाथ प्रसाद मिश्र से जाना, सीखा और अन्त तक उनका शिष्य बना रहा। उनसे बराबर मिलता रहा। यद्यपि हम लोग कहा करते थे और वे भी स्वीकार करते थे कि पंडित विश्वनाथ प्रसाद मिश्र, सच पूछिए तो, लाला भगवान दीन के शिष्य थे, आचार्य रामचन्द्र शुक्ल के शिष्य न थे। लेकिन उस परम्परा की ये जो खूबी थीं—अगर लाला जी ने प्राचीन ग्रंथों की टीकाएँ न लिखी होतीं तो यह कहना कठिन है कि आगे चलकर उस काल के साहित्य का आलोचनात्मक अध्ययन कैसे होता?

मेरे दूसरे गुरु मिले आचार्य केशव प्रसाद मिश्र। जो लिखने के बारे में स्मरण कीजिए, कुछ लिखा ही नहीं, पढ़ने-मनन करनेवाले। आचार्य शुक्ल के प्रति खड़ी निष्ठा थी लेकिन उनके विचारों से कई जगह मेल नहीं खाता। ये जयशंकर प्रसाद के मित्र थे। माधुर्य एक मात्र उनका गुण था। बहुत कम बोलने वाले, संस्कृत के पंडित, लेकिन हिन्दी के नवीनतम काव्य के मर्मज्ञ, प्रसाद जी को मानने वाला

आदमी निराला को इतना आदर देता हो—और यह तब की बात है। 1951-52 के आसपास की। 'रसायन' संग्रह था, उसमें 'बाँधो न नाव इस ठाँव बन्धु, पूछेगा सारा गाँव बन्धु' तब संकलित किया था पंडित केशव प्रसाद मिश्र ने। निराला-जयन्ती पर केशव जी बोले थे। एक वाक्य अब भी याद है, 'राम की शक्ति-पूजा' सुनाई थी केशव जी ने। बाद में रामविलास जी ने उसका बड़ा विस्तार किया। रामविलास जी भी वहाँ थे, बोले कि निराला भवभूति की परम्परा के कवि थे और इस अर्थ में ये अभिधा के कवि हैं। कालिदास व्यंजना के कवि हैं। यदि उस परम्परा में कोई आता है तो अन्ततः (सही था या गलत) सुमित्रानन्दन पंत का कोई अच्छा कार्य आता है। लेकिन व्यंजन ध्वनियों का सौन्दर्य और अभिधा का सौन्दर्य और ताकत खास तौर से करुणा जो भावभूमि में है, निराला उस परम्परा के कवि हैं। वे कहते थे—पानी की लकीर पर लकीर बनाने के बजाय मनुष्य को चाहिए कि पत्थर पर बनाए। वे प्रमाण-पत्र लिखने में भी एक सप्ताह लगाते थे—एक-एक शब्द पर विचार करके यह चेतावनी बराबर गुरुवर केशव प्रसाद मिश्र से मिलती है। बहुत लिखने वालों को वे पसन्द नहीं करते थे। कक्षा में कविता के अध्यापन द्वारा रस कैसे पैदा किया जा सकता है, ऐसे वे अकेले अध्यापक थे—वैसा दूसरा अध्यापक मेरे जीवन में नहीं आया। चाहे प्राचीन कविता हो, रीतिकाल पढ़ाएँ, तुलसी को पढ़ाएँ या आधुनिक कविता पढ़ाएँ—तन्मय हो करके रस की वर्षा करते थे। उनका गहरा प्रभाव मेरे मन पर पड़ा।

उसके बाद आचार्य रामचन्द्र शुक्ल। जब 1941 में आया, तभी से सुनते हुए लोगों से, पढ़ते हुए। तब से लेकर आज तक मैं यह मानता हूँ कि वे आधार हैं हमारा, नींव हैं। आचार्य रामचन्द्र शुक्ल की नींव पर जब तक आप पूरी तरह खड़े न हों तब तक आप कुछ कर नहीं सकते। मैं पूजा-पाठ नहीं करता, किसी ग्रंथ का परायण नहीं करता लेकिन साहित्यिक कृतियों में नित्य परायण, किसी-न-किसी रूप में पूजा-पाठ के रूप में, आज भी मैं आचार्य रामचन्द्र शुक्ल का पाठ करता हूँ।

फिर मिले पंडित हजारीप्रसाद द्विवेदी। काशी के उस वातावरण में सच पूछिए तो जो एक ऐसी ताजा हवा का झोंका था जिसने इस वृक्ष का विकास किया वरना एक बार वह बनारसी होकर रह जाता। पंडित जी ने जाति-पाँति के बारे में, समाज के बारे में और मार्क्सवाद की जो चिंगारी थी, उसे ह्यूमन बनाने में और भारतीय परम्परा से जोड़ने की दृष्टि दी। शायद मैं कठमुल्ला मार्क्सवादी हुआ होता—यदि पंडित जी न मिले होते। गुरुदेव ने एक पूरी परम्परा से, जो उनके साथ थी, उससे परिचित कराया। जब कुछ लोगों ने हमला किया—भारतीय समाज का, जाति-पाँति का, संकीर्णताओं का हो सकता था, मान्यताओं का हो सकता था—उसको बड़े सहज भाव से पंडित जी ने ग्रहण किया।

उनमें बहुत बड़ी ताकत थी। उन समझौतों के बीच, उनके जीवन-संघर्षों को, जिनसे वे गुजर रहे थे, जितना उनका विरोध हुआ, उससे मैं अन्दाजा लगा सकता था—वैसे इस शहर में रहते हुए कभी कबीर को विरोध का सामना करना पड़ा होगा, कितनी कठिन लड़ाई तुलसी की रही होगी, कितनी कठिन लड़ाई भारतेन्दु की रही होगी! जयशंकर प्रसाद काशी में कविता सुनाने नहीं जाते थे। लोग किस प्रकार उनका अपमान किया करते थे! वह कैसी काशी थी, जिसने प्रेमचन्द को भटकाया? बहुत दिनों बाद सन् 1930 में आ करके प्रेमचन्द काशी में रहने लगे। उसके पहले तो भागते ही फिरते थे—गोरखपुर रहे, लखनऊ रहे, कानपुर रहे—यहाँ-से-वहाँ तक। भैंरो का सोटा बहुतों को लग चुका है बनारस में। उनके संघर्षों के बीच मैंने हजारीप्रसाद द्विवेदी के संघर्षों को देखा तो अपना संघर्ष छोटा मालूम होने लगा।

बहुत बड़ी ताकत मिली उस समय। कम्यूनिस्ट पार्टी की ओर से चुनाव लड़ा, हारा, यह बड़ी बात नहीं थी। दरअसल उस दौरान गाँव-गाँव जो घूमा, वे दो-तीन महीने अपने ही गाँव के, गाँव-गिराव के आसपास लगभग पूरे जिले का दौरा मुझे करना पड़ा था और जितने हमारे कामरेड थे, साथी थे, जहाँ मैंने, जिसे कहें, मार्क्सिज्म इन प्रेक्टिस देखी। तब कुछ और कम्यूनिस्ट पार्टी हुआ करती थी। आज जो कम्यूनिस्ट पार्टी देख रहे हैं, उसे देख्कर तब की कम्यूनिस्ट पार्टी का अन्दाजा नहीं लगा सकते। तब उदल राजकिशोर जैसे लोगों के साथ जिसे भाईचारे और कामरेडशिप कहते हैं, वह थी, जो ताकत देती थी, बल देती थी।

मैंने निहायत गैर-साहित्यिक बातें आपके सामने इसलिए की हैं दोस्तो कि यह उस जिन्दगी की पाठशाला है—जीवन के वे अनुभव जिन्होंने मुझे बनाने में मदद की। जीवन में मेरी एक ही शरणगाह थी और वह शरणगाह किताबों के बीच। और कुछ मेरे पास नहीं था। मैं इतनी बात कह सकता हूँ कि आलोचना में क्या किया है, क्या नहीं लेकिन मैंने आलोचना लिखने के लिए साहित्य नहीं पढ़ा—बन्धुवर केदारनाथ सिंह जानते हैं, साहित्य जिया है। चाहे प्रेमचन्द हों, चाहे टॉल्स्टॉय हों, चाहे गोर्की हों, चाहे प्रसाद हों—साहित्य जिया है अपनी अनुभूतियों में और ज़वाहरलाल नेहरू यूनिवर्सिटी में आने के बाद उर्दू-हिन्दी विभाग हम लोगों का साथ बना। और उर्दू का जो वैर है, तंगदिली है, यह खटकती रही मेरे मन में, काशी में रहते हुए।

आचार्य शुक्ल फारसी और उर्दू बहुत अच्छी जानते थे, बावजूद इसके इनके साहित्य को पढ़कर लगता नहीं है कि वे मीर और ग़ालिब में रस लेते थे। आचार्य हजारीप्रसाद द्विवेदी निश्चित रूप से इन कवियों को नापसन्द करते थे, मेरे मन में यह था और प्रतिक्रिया में था। कोई साहित्यकार हिन्दी का मुकम्मल साहित्यकार बन नहीं सकता जब तक कि वह मीर, ग़ालिब और नजीर अकबराबादी को न पढ़ें। उसी तरह हमारी विरासत हैं—जैसे घनानन्द, जैसे बिहारी, जैसे रसखान और जायसी।

भाई केदारनाथ सिंह हैं। हम लोगों ने साथ-साथ—बनारस के दिनों में—बहुत-सा लक्ष्य था हमारे सामने और उन गोष्ठियों में—उनके बीच जो जिया—यही पूँजी है हमारी। आलोचना लिखते समय मेरी यह भी कोशिश रही है—एजरा पाउंड ने तो यह कहा था कि कविता उसी तरह अच्छी तरह लिखी जानी चाहिए, जैसे गद्य लिखा जाता है—मेरा यह आदर्श रहा है कि गद्य उसी तरह से लिखा जाना चाहिए, उतनी ही कलात्मक साधना के साथ, जैसे कविता। लेकिन कविता की तरह का गद्य नहीं लिखा जाना चाहिए। साधना कविता वाली हो लेकिन गद्य, गद्य जैसा हो, कविता जैसा नहीं।

जो कुछ भी किया, जिसके बारे में आप लोगों से चर्चा की, यह तो आईना था, पूरा व्याख्यान—जिसे मैं कहूँ, आज जो हुआ, मैं इतनी देर तक एक आईनाखाने में घूमता रहा और खुद आईनाखाने में अपनी जैसी तसवीरें देखता रहा और उन तसवीरों को देखते हुए मैं बार-बार सोचता रहा—क्या यह मैं हूँ?—मैं ही हूँ कि कोई और है? कोई और है तो उसे सच पूछिए तो जिसे कहते हैं कि पीर उड़ते नहीं, मुरीद पर लगा देते हैं—इसलिए यह आप लोगों ने पर लगा दिया है। उड़ने की ताकत इन बाजुओं में न थी, न है।

[प्रस्तुति—सदानन्द शाही]

['कर्मभूमि' (सम्पादक : सदानन्द शाही) में 'मैं भूला नहीं हूँ कि मैं कहाँ से आया और किन लोगों के बीच से' शीर्षक से प्रकाशित]

काबा से इन बुतों की भी निस्बत है दूर की

किरन सिंह : आपके बचपन के बारे में तथ्यात्मक लेखे-जोखे से हम थोड़े-बहुत परिचित हैं, लेकिन बचपन तो कोई और ही चीज है। बाद के संघर्षशील जीवन के बीच बचपन की यादें एक प्रेरणाप्रद विरामस्थल का काम करती हैं। क्या आपके बचपन की ऐसी कोई स्मृति है?

नामवर सिंह : बचपन की बातें याद करता हूँ तो बचपन की घटनाएँ याद आती हैं। बहुत स्पष्ट यादें हैं। नमक सत्याग्रह आन्दोलन गांधी जी का। मेरी उम्र पाँच-छह साल की रही होगी। मेरे एक चचेरे भाई थे, मुझे कन्धे पर बिठाकर मेरे गाँव से एक मील दूर हेतमपुर गाँव है, उस गाँव में जहाँ यह घटना हो रही थी, उसे दिखाने ले गए थे। वहाँ कांग्रेसी नेता, जिन्हें मैं चाचा जी कहता था—कामता प्रसाद विद्यार्थी, वही उस नमक सत्याग्रह के नेता थे। पुलिस आई, धरपकड़ हुई, उनके कन्धे पर बैठकर मैंने देखा था। वह घटना मुझे आज भी याद है।

स्कूल के दिनों की छोटी-मोटी कई घटनाएँ हैं। प्राइमरी पाठशाला में पढ़ते समय की याद, जिसमें शहर से हमारे अध्यापक बक्से में कुछ किताबें लाए थे, और उन किताबों में एक अलग गन्ध आती थी। पहली बार जब मैंने हाथ में लिया था तो उन किताबों को पढ़ने की बजाय, सूँघने का मन करता था। पुस्तक के साथ गन्ध का भाव मेरे मन में आज भी है। मैं उसका जिक्र इसलिए कर रहा हूँ कि जिस परिवार में मैं था, वह पढ़े-लिखे लोगों का परिवार न था। मेरे पिता अध्यापक थे प्राइमरी स्कूल के और स्वयं प्राइमरी अध्यापक के पास कितनी किताबें होंगी? मेरा खेती करनेवालों का परिवार था इसलिए किताबों के लिए मेरे मन में जो ललक थी, वह कक्षा में पहली बार उन किताबों को देखकर मुझे लगी। इस सिलसिले में मैं छोटी-सी बात का और जिक्र करूँगा। मेरे गाँव से कुछ दूर दशहरा के दिन रामलीला जहाँ होती थी, एक मेला लगता था, तो उसी में कुछ सस्ती धार्मिक किताबों को बेचने के लिए भी दुकान पर रखते थे। मेरे पास इतने पैसे नहीं थे कि मेले में बिकनेवाला हनुमान चालीसा खरीद लूँ। उसकी कीमत शायद दो पैसा रही होगी। पर मेरे पास चालीसा खरीदने

के लिए पैसे नहीं थे। मेरे बड़े चचेरे भाई ने उसे खरीदा। वे भी उसी स्कूल में पढ़ने जाते थे। शाम को जब हम स्कूल से लौटते थे तब हनुमान चालीसा पढ़ते हुए गाँव आते थे। स्कूल से गाँव एक किलोमीटर की दूरी पर था। वे जोर-जोर से पढ़ते थे और मैं सुनता था। कुछ दिनों में हालत यह हो गई कि मुझे तो वह हनुमान चालीसा याद हो गया और आज भी याद है लेकिन उन्हें हनुमान चालीसा कभी याद नहीं हुआ। वे जोर-जोर से पढ़ते हुए आते थे, और गाते भी थे अपने ढंग से :

को नहीं जानत है जग में
कपि संकट मोचन नाम तिहारो।
लाल देह लाली लसी और धरि लाल लंगूर।
वज्र देह दानव दलन जय जय जय कपि सूर॥

इन पंक्तियों की धुन अभी भी मेरे मन में गूँजती है। किसी पुस्तक के साथ वह पहला परिचय था। पहला इसलिए कि जो आगे चलकर हुआ, जो आज भी है कि मेरे लिए सबसे बड़ा शौक या व्यसन पुस्तक है। आज भी कोई नई किताब दिखाई पड़ जाए तो मेरे मन में वही ललक होती है जो बचपन में हनुमान चालीसा के लिए हुई थी। चूँकि मेरे गाँव में लाइब्रेरी नहीं थी। मेरे गाँव से एक मील दूर ठाकुर जयचन्द्र सिंह रहते थे, एक तरह से पढ़े-लिखे थे, मुझसे उम्र में बड़े थे, अभी जीवित हैं, मुझसे प्यार करते हैं। वे अच्छे जमींदार घर के थे। एक छोटी-सी लाइब्रेरी उनके यहाँ थी। मिडिल के बाद एडवांस परीक्षा हुआ करती थी, तो उन्होंने एडवांस परीक्षा भी पास की थी, तो शायद उसके लिए कुछ किताबें उनके पास रही होंगी। पढ़ने के लिए जब मैं बनारस चला गया तो उसके बाद गर्मियों की छुट्टियों में मैं उनके गाँव नियमित जाता था, सिर्फ पुस्तक पढ़ने के लिए, तेज धूप में भी; और तो मैं कुछ कह नहीं सकता यानी पुस्तक की एक भूख थी, ललक थी, जो बहुत बाद में मालूम हुआ कि जिनके पास किताबें नहीं होतीं, वे उसका महत्त्व समझते हैं। बाद में जब मैंने मैक्सिम गोर्की की 'मेरा बचपन' पढ़ी तो पता लगा कि किसी साधनहीन और किसी गरीब के मन में पुस्तक पढ़ने के लिए कितनी ललक और भूख होती है! शायद यही भूख बचपन से मेरे मन में थी, पुस्तक के लिए।

किरन सिंह : हम आपके परिवार के बारे में जानते हैं—जीयनपुर के परिवार के बारे में, माताजी के बारे में, पिताजी के बारे में, रामजी सिंह के बारे में और काशीनाथ सिंह के बारे में, लेकिन गाँव का परिवार अपेक्षाकृत और भी बड़ा होता है, संयुक्त परिवार होता है। उस संयुक्त परिवार की अपनी समस्याएँ होती

हैं। कुछ वैसी ही समस्याएँ, जैसी समस्याएँ महाभारत काल ने हमारे सामने रखी हैं। आप भी इसी प्रकार की समस्याओं के साक्षी रहे होंगे। एक बृहद परिवार से टूटने-जुड़ने की क्या कोई ऐसी स्मृतियाँ हैं?

नामवर सिंह : मेरा गाँव बहुत छोटा-सा गाँव है; उसमें क्षत्रियों के छह-सात घर, चार-पाँच अहीरों के, एक कहार का, दो लुहार के, एक गड़रिये का, दो-तीन चमारों की बस्ती थी, जो हमारे गाँव से बाहर थी। इस गाँव को लोग उसरा गाँव कहा करते थे। हमारे पुरखों ने एक दूसरे बड़े गाँव से, जिसे खड़ाने कहते हैं, यहाँ जमीन खरीदी थी और बस गए थे। इस गाँव में जो मेरा अपना परिवार है, मेरे पिता अपने तीन भाइयों में मँझले थे। उनमें बड़े सागर सिंह, उनके तीन बेटे थे और छोटे चाचा बाबू नन्दन सिंह, उनका केवल एक बेटा था। हम अपने पिता की तीन सन्तान थे। ताऊजी के तीनों बेटों की शादियाँ हो चुकी थीं, उनके बच्चे भी थे। तो यह हमारा परिवार था। कह सकते हैं कि बड़ा परिवार है। उसकी सबसे पहली समस्या मालूम होती थी कि इतने लोगों का भोजन एक साथ बनता था और एक रसोई थी तो बच्चों की बड़ी शामत आती थी। कुछ बच्चे बिना खाए सो जाते थे, क्योंकि जब तक भोजन तैयार होता तब तक वे सो जाते थे। इसलिए माताएँ इतना ध्यान जरूर रखती थीं कि हमारा बच्चा जरूर खा ले। कहने के लिए संयुक्त परिवार था, पर व्यावहारिक स्तर पर लगभग अलग-अलग परिवार था। चूँकि इसमें खेती-बाड़ी सँभालना-करना मेरे ताऊजी ही करते थे इसलिए घर के मालिक भी वही थे। बड़े हँसमुख थे। वही घर सँभालते थे। पिताजी चूँकि अध्यापक थे, खेती-बाड़ी जानते नहीं थे तो उनकी सन्तान का भी वही हाल होना चाहिए, उपेक्षित ही थे। जो छोटे चाचा थे, वे गाने-बजाने वाले आदमी थे। वे गाँव-गाँव घूमा करते थे। उनकी भी खेती-बाड़ी में कोई दिलचस्पी नहीं थी। विचित्र बात यह कि उस पूरे परिवार में पढ़े-लिखे केवल मेरे पिताजी ही थे और पढ़ने-लिखने में मैं ही निकल पाया। न चाचा के बेटे पढ़ पाए, न बड़े ताऊ के बेटे पढ़ पाए। कुछ ने मिडिल के बीच में पढ़ाई छोड़ दी। कुछ ने प्राइमरी परीक्षा के बाद छोड़ी। लगभग सबका हाल यही रहा। केवल पढ़ने वाला मैं ही था। इस संयुक्त परिवार के बारे में केवल यही कह सकता हूँ कि पढ़ने के लिए आर्थिक मदद मिल ही नहीं सकती थी। मेरे पिताजी ने भी सोच रखा था कि अधिक से अधिक मिडिल तक पढ़ाकर मुझे भी प्राइमरी स्कूल का मास्टर बनाएँ। चूँकि मिडिल की परीक्षा में मुझे प्रथम श्रेणी और अच्छा स्थान मिला और हमारे शुभचिन्तक और पिताजी के मित्र कामता प्रसाद जी, जो स्वयं बी.ए. तक पढ़े थे, जाति के कायस्थ थे और आधुनिक राजनीतिक विचारों वाले व्यक्ति थे, उन्होंने जोर देकर मेरे पिताजी से कहा, जब इसे प्रथम पोजीशन मिली है तो इसे स्कॉलरशिप तो मिलेगी ही, तो आगे इसे शहर में पढ़ाओ। हमारे यहाँ देहात में कोई भी हाईस्कूल नहीं था।

गाँव से तीस मील दूर पढ़ना था। लगभग इस संयुक्त परिवार में पढ़ने के कारण यह तो कहूँगा कि किसी ने बुरा नहीं माना। लेकिन परिवार से मुझे कोई विशेष आर्थिक सहायता नहीं मिल सकती थी।

इस संयुक्त परिवार के बारे में मैं इतना कह सकता हूँ कि इस परिवार में प्रेम से, बिना लड़ाई-झगड़े के बँटवारा हो जाए, ऐसा महसूस सब करते थे, कहता कोई नहीं था। 1951 में जब मैंने एम.ए. पास किया तो मैं पहला आदमी था जिसने अपने ताऊजी से कहा, जैसे रहते हैं हम लोग, उससे थोड़े समय में ही हम लड़ेंगे—उससे अच्छा है कि हम लोग प्रेम से, सद्भाव से अलग-अलग हो जाएँ। लोगों को बड़ी अटपटी बात लगी और कहा कि यह तुम कहते हो? फिर भी मैंने, कहना चाहिए, बड़ा कठोर निर्णय लिया और खुद गाँव आया और मैंने ताऊजी से कहा कि जैसी स्थिति आप देख रहे हैं—परिवार बड़ा हो गया है, शादियाँ सबकी हो गई हैं, सबके बच्चे हो गए हैं, आपके जीते-जी यह काम हो जाए तो अच्छा। बाद में हम लोग आपस में लड़े-झगड़े तो अच्छा नहीं है। वे बोले—बताओ, क्या तरीका होगा? मैंने कहा कि अपनी ओर से मैं पूरा अधिकार देता हूँ कि आप बड़े हैं, सबसे बड़ा आपका परिवार है, खेती-बाड़ी आप ही कराते रहे हैं इसलिए आप अपना एक हिस्सा अलग कर लीजिए, बाकी जितना बचता है, हिस्से कर लीजिए और जो आप कर देंगे, हम सब मानेंगे। यह बात सबको विचित्र लगी। लेकिन मैंने कहा कि हम किसी तीसरे रिश्तेदार को नहीं बुलाएँगे, बँटवारे के ऊपर आपका पूरा दायित्व है। आपने जो बनाया है, उसी को अलग-अलग दे दीजिए। सब बड़े सद्भाव से हो गया। गाँव के लोगों को भी आश्चर्य हुआ और उसके बाद हमारा भी विस्तार हुआ और यह कहूँ कि आज तक अब भी वे संयुक्त परिवार के लोग हैं, आज तक कभी कोई लड़ाई-झगड़ा नहीं हुआ, न कोई मुकदमेबाजी अभी तक हुई। कभी-कभी मैं सोचता हूँ कि ऐसा न हुआ होता तो बहुत बुरा होता। गाँव में अन्य परिवार जो हैं, उनमें बँटवारे को लेकर खूब लड़ाई-झगड़ा हुआ लेकिन हम लोगों के परिवार के बीच कभी नहीं हुआ। तो जो मैं कहना चाहता था, वह यह कि संयुक्त परिवार में मुझे बचपन से अकेलेपन की आदत पड़ गई थी, शायद इसका एक कारण यह भी हो कि मेरे पिताजी स्वयं पूरे परिवार में अकेले रहते थे। किसी से बोलते नहीं थे। कभी-कभी मुझे बुलाकर पढ़ाते थे। वे अपने भाइयों से बात न करते। गाँव में किसी से बात नहीं करते थे। वे स्कूल से आने के बाद शाम को विद्यार्थी जी के घर जाया करते थे, वहाँ बैठते थे, अखबार पढ़ते थे और कभी-कभी मुझे भी विद्यार्थी जी के घर ले जाया करते थे। मेरे ऊपर इसका कहीं असर पड़ा होगा। एक तो कम बोलने की आदत की यह वजह होगी। बातचीत मैं अपनी माँ से कर सकता था, अपने भाइयों से नहीं कर सकता था। घर में रहकर भी बराबर मैं गाँव के बाहर एक

कुआँ था, वहाँ बैठता था, या आम का बगीचा था, वहाँ चला जाता था। यहाँ तक कि मैं बनारस आ गया तो छुट्टियों में गर्मी की छुट्टी ही एक होती थी, दशहरे की छुट्टी एक होती थी, पन्द्रह दिन की और जाड़े की पन्द्रह दिनों की, तीनों छुट्टियों में हम जाया करते थे तो आम तौर से मैं घर नहीं रहता था। गाँव के लोगों को बड़ा अजीब लगता था। छुट्टियों में मैं दशहरे के समय आता था तो शरद ऋतु का महीना होता था, ज्वार-बाजरे के खेत होते थे, उसमें चिड़ियाँ उड़ाने वाले मचान होते थे। मैं उसी मचान पर पड़ा रहता था। गर्मियों के दिनों में मैं दिनभर के लिए निकल जाता था। वहाँ आम के बगीचे में रहा करता था और सर्दियों में कभी-कभी बीच में हमारे गाँव से दूर कालीमाई का स्थान होता था और वहाँ जानवर वगैरह रखे जाते थे, तो आम तौर से मैं शाम का समय वहाँ बिताया करता था। इस तरह एक अकेलेपन और एकान्त का बहुत लम्बा अभ्यास मेरे मन में आया। मैं किसी से बात नहीं करता था। मेरा साथ किताबों से था। गाँव में मनोरंजन का कोई साधन नहीं था, पर कुछ ऐसी मनोवृत्ति मेरी हो गई थी। गाँव में शादी-ब्याह होते थे, बारातें आतीं, नाच-गाने होते। नाच-गाने हमारे यहाँ होते ही हैं, बारातें आती-जाती थीं लेकिन मैं कहीं नहीं जाता था। मैं अपनी किताबें लिये अलग पढ़ा करता था। तुलसीदास का 'रामचरितमानस' और गोरखपुर से अनुवादित 'गीता' को पढ़ा करता था। उपन्यास पढ़ने का शौक मुझे बहुत कम था। कुछ कविता की किताबें हुआ करती थीं—पुरानी-नई। इस तरह से पढ़ा करता था। किताबें मेरा जीवनसाथी हैं, यह मेरे बचपन के एकान्त ने मुझे सिखा दिया था। इसलिए यह मेरी लाचारी थी, शौक नहीं था। क्योंकि मुझे एक साथी चाहिए था और गाँव में कोई आदमी हमारा साथी नहीं था। कभी-कभी पिताजी के साथ विद्यार्थी जी के घर जाता था, विद्यार्थी जी की पत्नी कविताएँ लिखती थीं। उनकी एक बेटी थी, वह मेरी धर्म-बहिन थी, थोड़ी झिझक रहती थी। बड़ा चुपचाप रहता है यह लड़का—न हँसता है, न बोलता है, वगैरह-वगैरह कहा जाता था। जिसे अंग्रेजी में आधुनिक जीवन का 'एक्सपोजर' कहते हैं, वह मुझे विद्यार्थी जी के घर मिला। बाकी तो बस किताबें ही मेरी साथी थीं।

किरन सिंह : आपकी पढ़ाई-लिखाई के रास्ते में अनेक अवरोध आते रहे। वे अवरोध मुख्यत: आर्थिक किस्म के थे। क्या आप बताएँगे कि उन सारे अवरोधों का सामना आपने किस प्रकार किया?

नामवर सिंह : इस गाँव में तो प्राइमरी-मिडिल तक आर्थिक अवरोध नाम की चीज का पता नहीं चला। उसका पहला साबका पड़ा, जब गाँव छोड़कर शहर में पढ़ने के लिए स्कूल में आया और छात्रावास में रहना पड़ा। मेरा खयाल है, उन दिनों पिताजी महीने में हाईस्कूल की पढ़ाई के लिए पन्द्रह रुपये दे दिया करते

और उसमें काम चल जाया करता था। हाईस्कूल तक हमारा स्कूल, क्षत्रिय स्कूल था, तो पढ़ाई बहुत सस्ती थी। फीस आठ आने एक रुपया लगती थी, वह भी माफ हो जाती थी और छात्रावास वगैरह का काम चल जाता था। क्योंकि महँगाई इतनी नहीं थी। तो सन् '41 से लेकर '46-47 तक जब मैंने इंटरमीडिएट किया तो कुछ संयोग से ऐसा स्कूल था कि पिताजी अपनी तनख्वाह से इतना खर्च कर सकते थे, उतना उन्होंने दिया। किताबें खरीदनी नहीं पड़ती थीं। उन दिनों स्कूल से मिल जाती थीं और ज्यादा कठिनाई का मुझे कोई अनुभव नहीं हुआ। कम खर्च इसलिए भी था क्योंकि मेरे घर की हैसियत मुझे मालूम थी और पिताजी ने मुझे सब बता दिया था। और मालूम था कि मुझे कितनी मदद मिल सकती है। तो कोई शौक ही मुझे नहीं था। इसलिए ओस्टरिटी का मैं आदी हो गया था। मैंने हाईस्कूल तक कोई फिल्म नहीं देखी बल्कि कहूँ कि इंटरमीडिएट तक फिल्म नहीं देखी थी। कई लड़के जाते थे पर मुझे सिनेमा-विनेमा देखने का शौक नहीं था। इंटरमीडिएट के बाद जब यूनिवर्सिटी की पढ़ाई का सवाल आया तो संयोग से मुझे बी.ए. करने के लिए वैसा ही छात्रावास मिला, जिसमें कोई फीस नहीं लगती थी। सब मिलकर चलाते थे तो उसमें इन्तजाम, एक तरह से हमारे गुरुजी थे, उनकी कृपा के कारण बन गया। पिताजी ने कहा कि अब यूनिवर्सिटी में पढ़ने जा रहे हो, अब मेरे पास इतना पैसा नहीं कि विश्वविद्यालय की पढ़ाई के लिए मैं दे सकूँ। उस समय हमारे मास्टर साहब जो थे—मार्कंडेय सिंह जी, उन्होंने पत्र लिखकर दिया था और कहा कि बनारस में एक्साइज कमिश्नर हैं, हमारे प्राचीन छात्र थे, तो उनके पास चले जाओ। उन्होंने सुझाव दिया कि राजा उदयप्रताप सिंह देव जो हमारे कॉलेज-स्कूल के संस्थापक थे, उनकी जीवनी लिखो। जीवनी लिखने में उनकी भी दिलचस्पी थी। उनकी जन्मशती पड़नेवाली थी। चूँकि मैं आर्थिक मदद किसी से ले नहीं सकता था, तो यह बहाना था कि काम कर दिया। तो मुझे जीवनी लिखने का काम मिल गया और उन्होंने कहा कि हर महीने इतनी रकम हम तुमको दे दिया करेंगे और तुम महीने में आकर मास्टर साहब को अपना काम दिखा दिया करो। तो हुआ यह कि बी.ए. की पढ़ाई के लिए एक तरह की छात्रवृत्ति का काम चल गया। बी.ए. मैंने टॉप किया तो मुझे विश्वविद्यालय की स्कॉलरशिप मिल गई और इत्तफाक से हमारे एक शुभचिन्तक थे, वे अभी भी जीवित हैं। उन्होंने एक पत्र उस समय मुख्यमन्त्री के नाम लिखा कि भाई, ऐसा है। मुख्यमन्त्री का एक विशेष फंड होता है। उससे गरीब विद्यार्थी को आर्थिक सहायता देते हैं तो उन्होंने पचास रुपये महीने मुझे दे दिये और कॉलेज से पच्चीस रुपये मुझे मिल जाते थे, तो एम.ए. में देने के लिए धन्नाशाह हो गया। पचहत्तर रुपये बहुत होते थे। एम.ए. हो गया और एम.ए. के बाद मैं रिसर्च करना चाहता था। तो गुरुदेव आचार्य हजारीप्रसाद द्विवेदी ने एम.ए. करने के बाद ही मेरे पास प्रस्ताव भेजा।

एक राजपूतों का कॉलेज गोरखपुर में है—महाराणा प्रताप कॉलेज। वहाँ हिन्दी के अध्यक्ष की जरूरत थी। प्रिंसिपल साहब शाही जी ने गुरुजी को तार दिया था। पंडितजी को लिखा था कि कोई आदमी हमको भेजिए। उन्होंने मेरा नाम लिखकर कहा कि फर्स्ट क्लास फर्स्ट एक लड़का हुआ है हमारे यहाँ से, रख लीजिए। तो अब सब तुम्हारी समस्याएँ सुलझ गईं। नौकरी है हिन्दी विभाग की, उस पर भी अध्यक्ष की, अब तुम वहाँ चले जाओ, गोरखपुर। तो मैंने कहा कि पंडितजी, मैं तो आपके चरणों में रहकर कुछ सीखना चाहता हूँ, आप मुझे दूर भेजना चाहते हैं? और दूसरा यह कि मैं अभी अध्यापक होने की बजाय रिसर्च करना चाहता हूँ और अध्यापक मैं किसी कॉलेज में नहीं होना चाहता, मैं तो किसी विश्वविद्यालय में होना चाहता हूँ। तो बोले कि रिसर्च करोगे कहाँ से? उस समय स्कॉलरशिप की कोई व्यवस्था थी नहीं—न विश्वविद्यालय में, विश्वविद्यालय अनुदान आयोग कुछ नहीं था। तो उन्होंने कहा कि ठीक है, तुम अगर यही करना चाहते हो तो सौ रुपया महीना हम इन्तजाम कर देंगे। वे कलकत्ता गए। चूँकि मेरा विषय था : 'पृथ्वीराज रासो की भाषा', तो वहाँ कोई नोपानी ट्रस्ट है, शान्तिनिकेतन के दिनों से वे परिचित रहे होंगे, तो ट्रस्ट से उन्होंने बातचीत की। उन्होंने कोई पच्चीस सौ रुपये दो साल के लिए दे दिये। सौ रुपये महीने के हिसाब से स्कॉलरशिप मिलने लगी। स्कॉलरशिप आ तो गई लेकिन विश्वविद्यालय ने उसको नियमित करने में काफी समय लिया कि जो वजीफा जुलाई में शुरू हुआ था, मिला मुझको अन्ततः फरवरी, मार्च में। लेकिन मेसवाले जानते थे, छात्रावास में रहता था तो उन्होंने कभी नहीं माँगे, उधार पर चलता था। जब पैसे मिले तो मेस-वैस का हिसाब किया। खैर, वह तो अलग कहानी है, उसका जिक्र मैं नहीं करूँगा।

संयोग से हमारी किताब छप रही थी : 'हिन्दी के विकास में अपभ्रंश का योगदान'। वह देखने इलाहाबाद जाया करता था, तो शमशेर जी के यहाँ ठहरा करता था। एक बार शमशेर जी के यहाँ ठहरा हुआ था कि शमशेर जी के यहाँ उनकी ममेरी बहन आई थीं, बहुत संकट में थीं। शमशेर जी बहुत मानते थे उनको। उदिता उनका नाम था। उन्हीं के नाम पर एक कविता संग्रह प्रकाशित हुआ है। बहुत उदास थे। 'माया' में काम करते थे। बोले, उदिता आई है। इसको रुपयों की जरूरत है। क्या करें, कुछ समझ में नहीं आता। तो मैंने कहा कि लगता है, सौभाग्य से आप ही के लिए रुपये मिले हैं मुझे स्कॉलरशिप के और देखिए, रुपये तो लेकर नहीं आया हूँ, बनारस रखे हैं। बोले कि चलो, चलते हैं। शमशेर जी को लेकर मैं इलाहाबाद शाम की गाड़ी से आया। रात को हम लोग नौ-साढ़े नौ बजे पहुँचे होंगे। रुपये निकाले, शमशेर जी को लेकर दिये। फिर गाड़ी आधी रात को पकड़कर इलाहाबाद आया। मेस का हिसाब चुकता किया, जो चार-पाँच सौ बचे थे। इस तरह से समस्या हल कर दी। तो उसका अच्छा उपयोग हुआ।

आर्थिक कष्ट का जहाँ तक सवाल है, विचित्र बात है कि ऐसे संयोग से और ऐसे शुभचिन्तकों, मित्रों और गुरुजनों के कारण अनायास यह समस्या सुलझती रही। लेकिन मैं ठीक जानता हूँ कि आज तक वे दिन भूले नहीं भूलते। खास तौर से एम.ए. करने के बाद जब मुझे वह स्कॉलरशिप का पैसा मार्च तक नहीं मिला था तो वे आठ-नौ महीने काफी कष्टप्रद बीते थे। यानी बनारस में रहते हुए भी गोष्ठियाँ होती रहती थीं, मैं जाता रहता था। रिक्शे पर बैठने के लिए पैसे नहीं होते थे तो पैदल ही चलता था और एक बहुत बड़ी शक्ति मुझे इस बात से मिलती थी कि इन दिनों पास ही में यूनिवर्सिटी में संकटमोचन और नगवा का इलाका था, त्रिलोचन जी भी पास ही रहते थे हमसे थोड़ी ही दूर। रोज ही उनसे मुलाकात होती थी और वे मेरे पीछे-पीछे पढ़ाई कर रहे थे। मैंने जब एम.ए. कर लिया था तब त्रिलोचन जी बी.ए. में पहुँचे थे। एम.ए. इंग्लिश में कर रहे थे। कोई आर्थिक साधन नहीं था, नौकरी भी नहीं थी तो उनको संघर्ष करते देखता था। त्रिलोचन को तो अपने सामने देखता था, वो लिखा है न—आँख में रहे निराला, फिर भी पीस परिस्थितियों ने डाला। सहानुभूतियों का सदैव शीतल पाला मन को हरा नहीं करता है। त्रिलोचन जी सोनेट लिख रहे थे, तो उनके जीवन-संघर्षों को जो मैं देखता था तो बल मिलता था। मैं यह जरूर कहूँगा कि किसी के सामने कभी हाथ नहीं फैलाया, कभी अपने को कातर और दीन नहीं समझा—स्वाभिमान के कारण। मुझे आश्चर्य होता है कि कैसे कायम रहा? पिताजी ने कह दिया था कि वे एक पैसा नहीं दे सकते। उन्होंने एक बड़ा उपदेश-भरा पत्र लिखा था मुझे कि मैं तो तुम्हें मदद कर नहीं सकता इसलिए तुम्हें अपने-आप पढ़ना है और दूसरा यह कि किसी से कर्ज मत लेना वरना मैं शर्मिन्दा होऊँगा। तो पिताजी सहायता नहीं दे सकते थे और किसी से कर्ज नहीं लेने की शर्त थी। उस स्थिति में आर्थिक संकट तो था लेकिन आज उन दिनों को याद करता हूँ तो चमत्कार ही मालूम होता है कि कैसे सब अपने-आप चला?

किरन सिंह : साहित्य के प्रति विद्यार्थी जीवन से और खास तौर से शिक्षा-दीक्षा के प्रारम्भिक वर्षों में गहरी रुचि पैदा हुई, उसके लिए किसे श्रेय देना चाहेंगे?
नामवर सिंह : पढ़ने के बारे में मैं बताऊँ कि जिन स्कूलों तथा शिक्षण संस्थाओं में मुझे पढ़ने का मौका मिला, उनका वातावरण बहुत अच्छा था। जिन विषयों को पढ़ना, ध्यान से पढ़ना और संयोग से मुझे गुरु बहुत अच्छे मिले थे। क्षत्रिय स्कूल और उदयप्रताप कॉलेज में मुझे ठाकुर मार्कंडेय सिंह मिले जो बहुत अच्छे अध्यापक थे। उनके बारे में मैं अन्यत्र लिख चुका हूँ, बता चुका हूँ। संस्कृत के एक अध्यापक बहुत अच्छे मिले थे : पंडित विजय शंकर मिश्र। उन्होंने भी संस्कृत बहुत अच्छी तरह पढ़ाई थी। मेरी नींव मजबूत करनेवालों में हिन्दी में ठाकुर मार्कंडेय सिंह और

पंडित विजय शंकर मिश्र और अंग्रेजी में गहरी रुचि पैदा करनेवाले हमारे प्रिंसिपल जे.पी. सिंह। उनके बारे में भी मैं सुधीश पचौरी को सम्भवत: बता चुका हूँ। लेकिन और अध्यापक भी थे जिन्होंने सिखाया कि अंग्रेजी भाषा शुद्ध व्याकरण की दृष्टि से सही लिखी जाए—बामुहावरा लिखी जाए, वह हमारे अध्यापक थे—तारा प्रताप सिंह। वे बड़े शुष्क आदमी थे। साहित्य में उनकी रुचि नहीं थी। साहित्य की रुचि तो जे.पी.सिंह में थी लेकिन तारा प्रताप सिंह आजकल के जमाने के मुहावरे में इ.एल.टी. (इंग्लिश लैंग्वेज टीचिंग) वाले थे। करेक्ट इंग्लिश, उसकी दीक्षा उन्होंने दी। इसलिए भाषा के शिक्षक इतने अच्छे मिले थे। इसके अलावा जिसने गहरी रुचि मुझमें पैदा की, वे इतिहास के अध्यापक थे—प्रो. हीरालाल सिंह। वे अभी हैं—जीवित। वे संयोग से इंटरमीडिएट में पढ़ाने आ गए थे और हम बारहवीं में थे। उसी समय उन्हें बलवन्त राजपूत कॉलेज, आगरा में नौकरी मिल गई थी, वे छोड़कर चले गए थे, तो उस दौर में हम लोगों को इंग्लिश की हिस्ट्री की अच्छी किताबें मिलती थीं और मैंने उनसे दो अच्छी बातें स्वीकारीं कि एक तो यह कि अच्छी इंग्लिश के लिए हिस्ट्री की किताबें पढ़ना जरूरी है और बोले कि अच्छी इंग्लिश हिस्ट्री की किताबों से आएगी तुमको। दूसरी चीज उन्होंने उस समय बताई थी कि उद्धरण कैसे देना चाहिए, यह पोलिटिकल साइंस की किताबों से पता चलेगा। पोलिटिक्स की किताबें पढ़ो तो यह कि हिन्दी वालों को उद्धरण देना नहीं आता; सीधे लिखेंगे कि अमुक की राय में, अमुक कहते हैं, कि अमुक के अनुसार। बोले कि किसी उद्धरण को इतना लम्बा लिखने की जरूरत नहीं होती, बल्कि उसका जो महत्त्वपूर्ण मुहावरा है, फ्रेज है, उसे संगतिपूर्ण ढंग से रखा जाए, समझनेवाले समझ जाएँगे। हीरालाल सिंह इतिहास से एम.ए. थे और पोलिटिकल साइंस से भी। मैंने उनसे सीखा कि 'क्वोट' कैसे दिया जाए, इसलिए मुझे अध्यापक बहुत अच्छे मिले। वे कोर्स के अलावा दूसरी किताबें देते थे पढ़ने के लिए और हम लोगों को पढ़ने के लिए उकसाते थे। हम लोगों के कॉलेज में बहुत अच्छी लाइब्रेरी थी।

थोड़ा विषयान्तर होगा किन्तु लाइब्रेरी के बारे में एक दिलचस्प घटना का हवाला दे दें। हमारे लाइब्रेरियन जो थे, वे स्पोर्ट्स के मास्टर थे। उनको लाइब्रेरी का एडिशनल चार्ज दिया गया था। किताबों में उनकी गहरी रुचि न थी। उनको चिन्ता थी कि कोई भी किताब खो जाएगी तो लाइब्रेरियन के जिम्मे आएगी, इसलिए वे भरसक प्रयास करके किसी को ले जाने नहीं देते थे। जंगबहादुर सिंह नाम था उनका किन्तु हम उन्हें 'जंगी लाट' कहा करते थे। एक दिन जब मैं लाइब्रेरी गया तो जंगी लाट से कहा कि 'मास्टर साहब, इतनी अच्छी-अच्छी किताबें अलमारी में रखी हैं, कैद हैं।' बोले, 'हाँ, ये पांडे का अचार है' तो हमने कहा, 'मास्टर साहब, पांडे का अचार क्या है?' बोले, 'पांडे जी के यहाँ एक सज्जन मेहमान आए। खाने बैठे तो पांडेजी ने कहा कि भाई, अचार लाना। तो जैसे ही अचार मटकी में रखकर

आया तो मटकी खोलकर बोले कि ये तेरह साल पुराना अचार है। तो जब मेहमान ने कहा कि खाने को जरा-सा दीजिए। देखें तो कैसा है? तो पांडे जी ने ज्यों का त्यों तुरन्त बन्द करके अन्दर भिजवा दिया और बोले कि इसी तरह खिलाया होता तो तेरह साल अचार रहता?' बोले कि 'लाइब्रेरी इतनी अच्छी है। ऐसे ही किताबें दी होतीं तो बची होती यह लाइब्रेरी? देखो दूर से—शीशे में बन्द है, चुपचाप देखकर चले जाओ और अपने मास्टर साहब से कहना कि उनको दिलचस्पी होगी तो ले जाना चाहेंगे तो ले जाएँगे। तुम लोगों के लिए किताबें नहीं हैं—बन्दरों के लिए।' तो स्कूल की लाइब्रेरी का यह हाल था। तब से लाइब्रेरी में जाना मेरा शौक हो गया था। आप लोग तो जानते ही हैं और अभी भी है।

किरन सिंह : बहुत सारे विद्यार्थियों में अच्छी प्रतिभा होती है। उस प्रतिभा को सुरक्षित बनाए रखना, उसको सतत विकसित करना एक कठिन एवं योजनापूर्ण कार्य होता है। आपको अपनी प्रतिभा की पहचान हुई और उसके संवर्द्धन में सतत प्रयत्न करते रहे, यह सब आप कैसे कर सके क्योंकि जो पारिवारिक एवं परिवेशगत माहौल था, आपके लिए प्रेरक न होकर बहुत कुछ अंशों में अवरोधक ही था?

नामवर सिंह : एक बात बताऊँ किरन, प्रतिभा मुझमें थी या नहीं, मैं नहीं जानता, पर प्रतिभा शब्द की चर्चा बहुत सुनी है मैंने और संस्कृत काव्यशास्त्र में कवियों के गुण बताए गए हैं कि प्रतिभा बहुत बड़ी चीज है। आलोचक के लिए भी कहा गया है कि व्युत्पत्ति माने ज्ञान, अध्ययन, अध्यापक वगैरह, किन्तु सबमें प्रतिभा मुख्य वस्तु है, लेकिन वह मुझमें है या नहीं, यह तो मैं नहीं जानता। लेकिन मैं यह जानता हूँ कि अंग्रेजी में सुन रखा है, मुहावरा है कि वह, जिसे हम प्रतिभा कहते हैं, निन्यानबे प्रतिशत 'परस्पिरेशन' है। अंग्रेजी मुहावरे का हिन्दी में अनुवाद करें तो वह पसीना है। मैं कह सकता हूँ, जिसको मैंने अनुभव किया है कि मेहनत ही सबसे बड़ी प्रतिभा है। निरन्तर अधिक से अधिक पढ़ते रहना, मेरा खयाल है कि वह मेहनत ही गुणात्मक परिवर्तन से प्रतिभा बन जाती है। जैसे पानी को गरम करो तो गरम होते-होते उबाल एक बिन्दु पर भाप बन जाता है, उसी तरह मेरा खयाल है कि जो परिश्रम है, उसका एक बिन्दु पर पहुँचते ही गुणात्मक परिवर्तन होता है और उसी तरह वह मेहनत या व्यवसाय प्रतिभा बन जाती है, ऐसा मेरा खयाल है। और मेरे भौतिकवादी मन को यह एनोलोजी ज्यादा ठीक मालूम होती है। जन्मजात प्रतिभा नाम की चीज मेरी समझ से परे है। इसलिए मैंने मेहनत से उसका विकास किया है, मैंने अर्जित किया है। यह एक तरह की खेती है। उसे जितना जोतोगे, उतनी ही अच्छी फसल काटोगे। आम तौर पर मैं अपने विद्यार्थियों को एक मुहावरा कहा करता था। घाघ ने कहा था :

जोता कम डेगावा ढेर (भोजपुरी में) कसके दिया आरी,
इतनौ हौ पर ना उपजे तो
दिया घाघ गारी।

जोतो लेकिन जितना जोतते हो, उससे ज्यादा पटेला दो और मेंड़ कसके बाँधो, जिससे बारिश हो या पानी दो तो उसमें टिका रहे, उसमें सुरक्षित रहे। मैं यह मानता हूँ कि पढ़ो लेकिन पढ़ने के बाद जैसे किसान पटेला देता है, समरस और चौरस करो, नहीं तो जोते हुए खेत में खेती नहीं हो सकती। पटेला देना बहुत जरूरी है। पढ़ने के बाद विचारों का पटेला दो और समरस करो। और उसके बाद हदबन्दी कर लो, क्लासीफाइ कर लो—कौन चीज कहाँ है, कौन चीज किस जगह है। तो एक किसान का बेटा होने के नाते मैंने इस तरह समझा है कि हर चीज को क्रमबद्ध करो, वर्गीकृत करो—कौन चीज कहाँ है। अलग-अलग खाने में डालो, ताकि वह याद रहे, वह सुरक्षित रहे। नहीं तो जो पढ़ा है, वह गायब हो जाएगा। भूल जाओगे। ये तीन गुर मैंने खेती के अनुभव से सीखे हैं और मैं समझता हूँ कि तीनों चीजें व्यावहारिक हैं जो मुझे किसी किताब में, किसी मैथडोलोजी की किताब में नहीं मिली। देखकर मैंने विकास किया है। एक बात मैं और इस सिलसिले में जोड़ दूँ कि कबीर के बारे में आचार्य शुक्ल ने बड़ी हिकारत-भरी नजर से लिखा है कि बहुश्रुत थे यानी पढ़े-वढ़े कुछ नहीं थे, आता-जाता कुछ नहीं था। बड़े-बड़े लोगों के पास, ज्ञानियों के पास जाते रहते, बैठे रहते थे चुपचाप। मूर्ख थे ही, सवाल पूछ ही नहीं सकते थे, सुनते रहते थे और सुनकर उन्होंने इतना ज्ञान अर्जित किया था, इसलिए बड़ी-बड़ी ज्ञान की बातें बघारा करते थे। मैं समझता हूँ कि शुक्ल जी ने कुछ मजाक उड़ाते हुए कहा है लेकिन अपने को मैं बहुत खुशकिस्मत मानता हूँ कि मैंने सत्संगति खूब की है, विद्वानों की, पंडितों की। जो आदमी मिला है, उसके पास जाकर सीखा, सुना इसलिए विद्वानों, ज्ञानियों और साहित्यकारों की सत्संगति से मैंने कहीं ज्यादा सीखा है, किताबों से भी। इसलिए इतने ज्यादा लोगों का ऋण मेरे ऊपर है। गाँव के उन पढ़े-लिखे निरक्षर लोगों के पास घंटों बैठकर गाँव की लोक-कथाएँ, लोक-कहानियाँ सुनता था। शहर में आने के बाद भी जब मैं गाँव में आता था तो गाँव के बड़े-बुजुर्गों के पास जाता था।

किरन सिंह : बनारस का वातावरण बहुत कुछ अंशों में परम्परावादी साहित्य में ही नहीं, लोक-व्यवहार में भी है। वहाँ किसी परिवर्तनकारी विचारधारा से जुड़ने की सम्भावनाएँ कम ही दिखाई देती हैं, फिर यह कैसे हुआ कि अपने-आपको वामपंथी विचारधारा के साथ जोड़ा? आप अनेक वर्षों तक साम्यवादी पक्ष के

साथ सक्रिय रूप से जुड़े रहे। इस जुड़ने या आपकी इस राजनीतिक प्रतिबद्धता ने आपकी साहित्यिक समझदारी को किस रूप में प्रभावित किया?

नामवर सिंह : काशी की जो छवि है, वह एक पुराने परम्परावादी और रूढ़ियों से भरे धार्मिक स्थान की है, उसी आधार पर तुमने यह सवाल पूछा है लेकिन हर प्राचीन शहर के समान काशी भी पुराने और नये प्रतिक्रियावादी और प्रगतिशील विचारों का गढ़ है। 1941 में जब मैं काशी आया, तब काशी में पंडे, पुरोहित, पाखंडी और धार्मिक लोग थे तो उसमें कबीर थे और तुलसीदास भी थे। उसी काशी में प्रेमचन्द, प्रसाद हुए। इसलिए हमें कभी भूलना नहीं चाहिए कि काशी केवल एक पुरातनपंथी शहर ही नहीं है बल्कि उसके विरोधी, लड़नेवाले विचारक भी हुए। उसी काशी में सारनाथ भी है और विश्वनाथ भी है। इसलिए काशी में क्वीन्स कॉलेज है जो कभी अंग्रेजीयत का गढ़ था और गवर्नमेंट संस्कृत कॉलेज हुआ करता था, जिसमें संस्कृत के बड़े-बड़े विद्वान हुआ करते थे, जिसे अंग्रेजों ने बनाया था और वहीं मदनमोहन मालवीय जी ने काशी हिन्दू विश्वविद्यालय स्थापित किया। वहीं बाबू शिवप्रसाद गुप्त और आदरणीय नरेन्द्रदेव ने काशी विद्यापीठ स्थापित किया, जैसे गांधी जी ने यहाँ गुजरात विद्यापीठ स्थापित किया। कहने का मतलब यह कि काशी कई विरोधी विचारों का केन्द्र था। उस काशी में आया तो एक ओर नागरी प्रचारिणी सभा और प्रचार परिषद् थी और दूसरी ओर प्रगतिशील लेखक संघ था। उसी काशी से प्रेमचन्द का 'हंस' निकलता था जो प्रगतिशील संघ का मुखपत्र था। उस काशी में, जहाँ एक ओर भारत धर्म मंडल था, वहाँ कम्यूनिस्ट पार्टी का दफ्तर भी था। वहीं काँग्रेस का भी दफ्तर था, वहीं काँग्रेस सोशलिस्ट पार्टी का भी दफ्तर था। तो काशी के कई रूप हैं। एक तरह से कहूँ तो काशी में तरह-तरह के मत-विचार और सहविश्वास अस्तित्व में रहते थे। इसलिए जब मैं गाँव से काशी शहर में आया तो हमारा स्कूल शहर से एकदम बाहर था, एक छोर पर। वहाँ एक ऐसा क्षत्रिय स्कूल था—क्षत्रिय जाति के ही सारे लड़के थे। अध्यापक भी लगभग क्षत्रिय ही थे। केवल एक मौलवी साहब, एक पंडित, एक हेड मौलवी होते थे। एक हेड पंडित कहलाते थे। दूसरी जाति के लोग शायद दो-चार ही रहे होंगे। इस मामले में कुछ लोग कह सकते हैं कि स्कूल संकीर्ण, जातिवादी था। अनुशासन इतना जबर्दस्त था कि वहाँ कोई छात्र-संगठन न था। पहली यूनियन हम लोगों ने बनाई और यह यूनियन तब बनी, जब मैं ग्यारहवीं में पहुँचा, दसवीं पास करके। यह बात 1946 की है। आजादी के सालभर पहले की। काँग्रेस सोशलिस्ट पार्टी के छात्र नेता हुआ करते थे—भाई राजनारायण और प्रभुनारायण सिंह। पर इन लोगों की हिम्मत नहीं थी कि हमारे कॉलेज में घुस सकें। हम लोगों ने सोचा कि कुछ तब्दीली करनी चाहिए, क्रान्ति लानी चाहिए। तो हम लोगों ने पहली यूनियन बनाई और हड़ताल की। हड़ताल में मैंने हिन्दी में पहला पर्चा लिखा, जिसमें लफ्फाजी

बहुत थी, जोश-वोश था, जिसका हमारे प्रिंसिपल साहब ने काफी मजाक बनाया, पढ़कर सुनाया सबके सामने। उस हड़ताल में हुआ यह कि हमने बहुत दौड़-धूप की, संगठन किया था। इसलिए उस कक्षा में पहली पोजीशन आनेवाले जो दस लोग थे, कहीं हमारे पास उसका फोटोग्राफ भी होगा, सबने गांधी टोपी पहनकर फोटो खिंचवाई थी, उनको कॉलेज से निकाला गया। मैं बीमार पड़कर, कहीं डिस्पेंसरी थी, उसमें पड़ा था। उन दस लोगों में अधिकतर आजकल बड़े अच्छे-अच्छे पदों पर हैं। जिनको निकाला गया, उनमें एक का नाम मैं बता सकता हूँ—मार्कंडेय सिंह, जो दिल्ली में लेफ्टिनेंट गवर्नर थे और उसके पहले आई.जी. पुलिस थे। जब निकाला गया तो दशहरे की छुट्टी से पहले ही प्रिंसिपल ने छुट्टी घोषित कर दी थी, ऐसे में मार्कंडेय सिंह बोले कि अब तो मैं शर्म के मारे अपने गाँव कैसे जाऊँ? तो नामवर, तुम्हारे गाँव ही चलता हूँ। हमारे गाँव मार्कंडेय आए। तो हम लोगों ने हमारे स्कूल में पहली यूनियन बनाई थी। पहली बार और छात्र-जीवन में ही धीरे-धीरे मैं पार्टी से परिचित हो चुका था। चूँकि कविता और निबन्ध लिखने में रुचि थी, इसलिए उस प्रगतिशील लेखक संघ का मैं सदस्य हो गया था। इस नाते राजनीति की हवा लग गई थी। गोष्ठियों में जाते थे और उस समय अमृतराय, प्रेमचन्द के पुत्र, इलाहाबाद यूनिवर्सिटी से अपनी शिक्षा प्राप्त कर बनारस आ गए थे और कम्यूनिस्ट पार्टी के मेम्बर हो गए थे। उस मेम्बर की हैसियत से वे स्टडी सर्कल चलाने हेतु हमारे स्कूल में शाम को चुपके-चुपके आते थे और पाँच-छह लड़कों को उन दिनों वे अपनी बुकलेट दे जाया करते थे जिनमें से दो किताबों की याद तो मुझे अब भी है। एक तो 'गांधी-जिन्ना फिर मिले'। पार्टी उन दिनों पाकिस्तान बनाने के पक्ष में थी और गांधी-जिन्ना मिल करके ये काम कर लें तो अच्छा है और दूसरी किताब 'गांधी-जोशी पत्र-व्यवहार' थी। कम्यूनिस्ट पार्टी के जनरल सेक्रेटरी पी.सी. जोशी ने गांधी जी को पत्र लिखे थे और गांधी जी ने उसका जवाब दिया था और वे छपे थे, वो हमको दे गए थे। तो यह कम्यूनिस्ट साहित्य पढ़ा था। मार्क्स, एंगेल्स को नहीं पढ़ा था। कम्यूनिस्ट पार्टी की पत्रिकाओं से हम परिचित थे। 'लोकयुद्ध' नाम का अखबार निकलता था। उसका अर्थ हम नहीं जानते थे कि यह युद्ध क्या है? हम तो यही जानते थे कि इस अंग्रेजी लड़ाई में किसी की भी मदद करना पाप है। गांधी जी का यही सन्देश था, हम तो यह जानते थे। लेकिन कम्यूनिस्ट पार्टी उसे लोकयुद्ध कहती थी तो उन्हीं चीजों से परिचित थे हम!

तो मैं कह रहा था कि एक निहायत दकियानूस कॉलेज में पढ़ते हुए हम वामपंथी विचारधारा की आँधी से, तूफान से वाकिफ थे और हवा वहाँ पहुँच रही थी। और हमारे हिन्दी के अध्यापक थे—मार्कंडेय सिंह जी। वे प्रगतिशील लेखक संघ के उपाध्यक्ष थे। उसके अध्यक्ष नन्ददुलारे वाजपेयी थे उस समय, अमृतराय सेक्रेटरी थे और उन गोष्ठियों में जाया करते थे। इसलिए शहर की हवा कुछ उस

स्कूल में लगती थी और प्रगतिशील साहित्य और कम्यूनिस्ट पार्टी के सम्पर्क में आने से पहले मैं लेखक संघ की गोष्ठियों में जाया करता था, कविताएँ सुनाता था और पत्रिकाएँ-अखबार पढ़ता था। इतनी कम उम्र में इन सबसे परिचित हो गया था। यह इस शहर की देन है। गाँव में रहता तो परिचित हो पाता? उदाहरण के लिए 1941-42 में जब मैं सातवीं कक्षा का विद्यार्थी था, उस समय पहली बार 'हंस' के सम्पादक शिवदानसिंह चौहान, शमशेर बहादुर सिंह जो सरस्वती प्रेस में काम करते थे, और त्रिलोचन शास्त्री—इन तीन आदमियों की गोष्ठी हमारे स्कूल के बगल में हुई थी, सरसौली भवन में और उसमें मैंने शमशेर सिंह की दो कविताएँ पहली बार सुनी थीं। एक उन्होंने सुनाई थी : 'लेकर सीधा नारा, कौन पुकारा'। दूसरी कविता थी : 'तैरती है बादलों के पार, मौन आहों में बुझी तलवार'। तो यह बात सातवीं कक्षा की कर रहा हूँ। काशी का वातावरण उन दिनों साहित्यिक, राजनीतिक गहमागहमी से भरा था।

मार्क्सवाद तो बाद में आता है। उसके पहले मेरे राजनीतिक संस्कार, जिसकी मैं बात कर रहा हूँ। कामता प्रसाद के घर का सदस्य था, जो राष्ट्रवादी, गांधीवादी, जेल जानेवाले आदमी थे, जहाँ 'सैनिक' नाम का अखबार, जो आगरा से कृष्णदत्त पालीवाल निकालते थे, यह वही 'सैनिक' साप्ताहिक है, जिसमें वात्स्यायन जी कुछ दिनों सहयोगी सम्पादक रह चुके थे, आता था और उन दिनों कांग्रेस का वह उग्रवादी विचारों का अखबार कहलाता था। मैं उनके यहाँ वह देखा करता था और नमक सत्याग्रह के आन्दोलन का दर्शन करने भी गया था। इसके बाद सन् '42 के आन्दोलन में मैंने बाकायदे भाग लिया था। विद्यार्थी था, आठवीं का। कॉलेज बन्द हो गया था। वह जुलूस हमने निकाला था। कचहरी पर झंडा फहराने गए थे तो कॉलेज बन्द कर दिया गया था। हम लोग भाग निकले, भगा दिया गया। किस तरह रेल-लाइन वगैरह कटी थी? और बनारस शहर से पैदल चलकर और कमर बराबर पानी भरे धान के खेतों से होते हुए अगस्त के महीने में अपने घर पहुँचा था और 16 तारीख हमारे थाना धानापुर में झंडा फहराया गया था और हमारे मिडिल के क्लासफेलो महँगू सिंह तो हमारे गाँव से होते हुए गए थे। हम जुलूस लेकर गए। हमारा गाँव भी गया था। विद्यार्थी जी इसका नेतृत्व कर रहे थे। वहाँ थाना जला दिया गया। थानेदार तथा कांस्टेबल को मार दिया गया। चार आदमी मारे गए, जिसमें ठीक मुझसे आगे हमारा क्लासफेलो महँगू सिंह था, उसको गोली लगी। उसके बाद डेढ़ महीने तक हम लोग ज्वार और बाजरे के खेतों में छिपते-फिरते थे। पुलिस धरपकड़ करने के लिए घूमती रही। वह दौर देख चुका हूँ। इसलिए कम्यूनिस्ट पार्टी के सम्पर्क में आने से पहले, मैं तो जो स्वाधीनता संघर्ष '42 को था, कम्यूनिस्टों का नहीं था, उसमें हिस्सा ले चुका था। वह बड़ी घटना थी। पौने दो सौ आदमी

बल्कि एक सौ उन्यासी हमारे इलाके से गिरफ्तार हुए थे। तीन साल मुकदमा चला था। विद्यार्थी जी उसमें पकड़े गए थे। मिलाई के दिन उन लोगों से, जिसमें हमारे एक ताऊ भी थे, मिलने मैं जिला जेल बनारस जाया करता था, स्कूल से। पन्द्रह-पन्द्रह दिन पर उन लोगों को मिलने जाया करता था। जिस दिन उन लोगों का मुकदमा हुआ करता था कचहरी में, जो हमारे स्कूल के पास थी, इन लोगों को देखने के लिए शाम को चार बजे सन् 1942, '43 और '44 में, मैं लगातार तीन सालों तक उन लोगों को देखने जाया करता था। बेड़ियों में 179 लोगों की भीड़ कचहरी में शामिल होती थी। यह कोई गर्व की बात नहीं है। लेकिन मैं यह कहना चाहता हूँ कि कुछ लोग 'कूएयार से निकले सूएदार चले'। लेकिन मेरा खयाल है कि कुछ बेहतर कम्यूनिस्ट वे हैं, जो लम्बा रास्ता तय करते हुए वहाँ पहुँचे। जो आजादी के लिए लड़ते हुए, गांधी जी, नेहरू जी के साथ रहते हुए—जैसे नरेन्द्रदेव हुए, जयप्रकाश हुए—वहाँ से होते हुए गए। फिर अन्त में इनको अधूरा-अपूर्ण, कुछ-कुछ समझौतावादी पा करके अन्त में कम्यूनिस्ट पार्टी में आए। कम्यूनिस्ट आन्दोलन में ऐसे नेताओं की, साहित्यकारों की एक लम्बी सूची है, जो स्वाधीनता-संग्राम के हर दौर और तमाम विचारधाराओं से होकर कम्यूनिस्ट पार्टी की ओर आए, मार्क्सवाद की ओर आए। यह गलत है या सही, मैं नहीं जानता, पर कहते हैं कि ऐसे लोगों में कुछ पुराने संस्कार बचे रह गए हैं, कुछ सोशलिस्ट तत्त्व भी बचे रह गए हैं। ये शुद्ध मार्क्सवादी नहीं हैं, कम्यूनिस्ट नहीं हैं, कह सकते हैं। ये लोग शायद इतने रास्तों से होकर गए हैं कि उन रास्तों की धूल पाँव पर ही नहीं बल्कि दिलो-दिमाग व आत्मा पर भी कुछ तो होगी ही। वह रास्ता पार करके मैं भी पहुँचा हूँ कम्यूनिस्ट पार्टी के सम्पर्क में। मैं 1951 में एम.ए. पास कर लेने के समय आया था। और '51 से लेकर '61 तक का जो समय है, दस साल वाला, वह तो लोग भूल ही जाते हैं। इन दस सालों तक मैं घास नहीं खोदता रहा। इन दस सालों कोई न कोई चिन्ता में किसी न किसी रूप में, चाहे राजनीतिक चिन्ता हो—हमारे देश की, हमारे समाज की, अपनों की कहीं न कहीं शुरू से थी। और अगर शुरू से थी तो उन कारणों में यह कि एक तो जिस गाँव का था, वह गाँव विद्यार्थी जी के कारण राजनीतिक चेतना से जुड़ा था। दूसरा यह कि हमारी आर्थिक और माली हालत बहुत अच्छी न थी। हम बड़े जमींदार नहीं थे। हम खाते-पीते किसान थे और एक खाता-पीता किसान जो है, वह अपनी जिन्दगी की मजबूरियों के कारण राजनीतिक संघर्षों में, आजादी की लड़ाई में हिस्सा लेने के लिए विवश था, यह दूसरा कारण था। तीसरा कारण खुद मेरे पिताजी, विद्यार्थी जी के साथ होने के साथ ही सरकारी नौकरी में थे लेकिन छिप-छिप करके नेहरू जी की सभा में जाते थे, जुड़े थे। मुझे अच्छी तरह याद है, मैं माधोपुर स्कूल में, दर्जा चार में, उस समय था जब

पंडित नेहरू का तूफानी दौरा 1936 में हो रहा था। चुनाव के लिए वे सारे देश का दौरा कर रहे थे। तो गंगापार नन्दगंज में पंडित नेहरू का भाषण था। पिताजी चुपके से मुँह-अँधेरे छिपकर नेहरू जी का भाषण सुनने गए थे। डर था कि कहीं सरकार को पता न लग जाए। मैं चूँकि साथ रहता था तो मैं जानता था। इसलिए पिताजी के विचारों का भी प्रभाव पड़ा, यद्यपि कभी-कभी मैं जब सोचता हूँ कि पुराने लोग कैसे होते हैं, बड़ी गहरी आस्था वाले लोग होते हैं। उनका स्नेह और ममता भी गहरी, दूर तक असर करती है। इस माहौल ने मुझे खूब प्रभावित किया है। जब मैं 1959 में चुनाव लड़ा था, कम्यूनिस्ट पार्टी की टिकट पर, तो पिताजी को अच्छा नहीं लगा था। इसलिए नहीं कि कम्यूनिस्ट पार्टी की ओर से चुनाव लड़ रहा हूँ, इसलिए कि चुनाव लड़ रहे हैं और साधन हैं नहीं। हार जाने की पूरी सम्भावनाएँ थीं। पिताजी अवकाश प्राप्त कर चुके थे। उम्र ऐसी नहीं थी कि दौड़-धूप कर सकते थे लेकिन उन्होंने अपने ढंग से चुनाव में स्वयं काम किया था। खूब दौड़-धूप की थी। पारिवारिक वातावरण, आसपास के लोगों के जीवन की स्थितियाँ मुझे उन राष्ट्रीय विचारों से—समाज को बदलने वाले क्रान्तिकारी विचारों से—उन तक ले गई थी। शौकिया नहीं गया था और मेरा खयाल है कि मुझे उसके लिए कोई पछतावा भी नहीं है। उससे पढ़ाई-लिखाई में कोई नुकसान भी नहीं हुआ। मुझे लगता है कि मैं बुद्ध होता अगर राजनीतिक चेतना से मैं शून्य होता। मेरी वैचारिक समृद्धि, बौद्धिक जागरूकता और साहित्यिक चेतना में हमारे इन राजनीतिक विचारों ने योगदान दिया है। मुझे नहीं लगता कि इनके कारण मैंने समय नष्ट किया था। मैं भटक गया, यह नहीं मानता।

किरन सिंह : जिन्दगी के प्रारम्भिक दौर में आपने राजनीति में सक्रिय हिस्सेदारी की, चुनाव लड़े, हारे, नौकरी खोई—इन सारी घटनाओं का आपके लेखन पर सम्भवत: कोई शुभ प्रभाव नहीं पड़ा। क्या आपको कभी ऐसा नहीं लगा कि राजनीति में आपकी सक्रिय हिस्सेदारी, आपका यह गलत निर्णय था?

नामवर सिंह : जिस दौर में मैं राजनीतिक कार्य में सक्रियता से जुड़ा हुआ था, उस दौर में मेरा अधिकांश लेखन हुआ। 1951 से 1965 तक मैं बहुत सक्रिय रूप से राजनीति में था। मतलब मैं बनारस में था। उस दौर में मैंने लिखा : 'आधुनिक साहित्य की प्रवृत्तियाँ', बल्कि कहिए कि 'हिन्दी के विकास में अपभ्रंश का योग', बल्कि उससे भी पहले कहूँ : 'बकुलम खुद' के 51 निबन्ध मैंने लिखे थे। 17 छपे और फिर 17-17 करके दो छपनेवाले थे। वे प्रेस में ही रह गए। कुछ कापियाँ मेरे पास बची रह गई हैं। पहले 'हिन्दी के विकास में अपभ्रंश का योग', फिर 'आधुनिक साहित्य की प्रवृत्तियाँ', 'छायावाद', 'इतिहास और आलोचना', 'कहानी नयी कहानी'—इतने निबन्ध और इसके अलावा कुछ और निबन्ध, जो

बाद में संकलित हुए। मेरा खयाल है कि वे इसी दौर में लिखे गए थे। इसलिए राजनीतिक सक्रियता यदि लेखन में बाधक होती तो इतना मैं लिखता ही नहीं। इस दौरान जो लिखा है, कुछ लोग तो मानते हैं कि वही अच्छा है, बाकी तो बकवास मैंने की है। इसलिए उसे अशुभ मान लें तो बहुत लोगों का दिल टूट जाएगा।

किरन : एक मध्यवर्गीय परिवार के व्यक्ति के लिए नौकरी बहुत बड़ी चीज होती है। उसका छूटना उतना आकस्मिक नहीं था जितना कि ऊपरी तौर पर दिखाई देता है। क्या यह स्वेच्छा से स्वीकार की गई गरीबी थी?

नामवर सिंह : पहली बात तो यह बता दूँ कि अध्यापन को मैंने पेशे के रूप में चुना था, नौकरी के रूप में नहीं। मुझे याद है कि हाईस्कूल में मुझसे एक लेख लिखवाया गया था : 'चॉइस ऑफ प्रोफेशन', तो आम तौर से उन दिनों में शगल ही थी कि एक लेख जरूर दिया जाता था : 'चॉइस ऑफ प्रोफेशन'। किसी ने लिखा था कि मैं इंजीनियर बनूँगा, किसी ने लिखा था कि मैं डॉक्टर बनूँगा। तो किसी ने लिखा था कि मैं सिविल सर्विस में जाऊँगा। मैंने लिखा था कि मैं टीचर बनूँगा। मेरे मन में बहुत बड़ा सपना था, अध्यापक बनने का। अध्यापन मेरे लिए नौकरी नहीं थी, यह मेरा पेशा था। मुझे खाने-पीने के लिए रोजी-रोटी चाहिए थी। 1953 में मैं विधिवत् अपना परिवार ले करके रहने लगा। मेरी पत्नी, माँ और मेरे दोनों भाई थे, ये लोग मेरे साथ रहते थे। उस समय लेक्चरर की नौकरी में 250 रुपये मेरी तनख्वाह थी। 35 रुपये डियरनेस अलाउंस था और मकान का किराया 28 रुपये था। गुजर-बसर हो जाती थी। चिन्ता मुझे यह थी कि मुझे उन दोनों भाइयों को पढ़ाना भी था। नौकरी जरूरी चीज है, बिना इसके कैसे चलेगा? अब तक तो जैसे-तैसे पढ़ लिया। अब आगे भी कुछ करना ही था। बनारस यूनिवर्सिटी से जब नौकरी छूटी थी तो दु:ख नौकरी से ज्यादा तत्काल यही था कि मेरे जो प्यारे विद्यार्थी, जिनके सामने मुझे पढ़ाने का जो सुख था, वह छूट गया। उसका अहसास बाद में हुआ, जब दाल-रोटी की पड़ने लगी। संयोग से काशी को फेलोशिप मिल गई थी तो घर का खर्च चलने लगा था। दूसरी बार नौकरी छूटी हमारी सागर विश्वविद्यालय से। मैं सागर विश्वविद्यालय में चला तो गया था लेकिन मैं जानता था कि मुझे वहाँ नहीं रहना है। बनारस का आदमी सागर में क्या रहेगा? गंगा का आदमी सागर में डुबकी लगाने जाएगा? मैं जानता था कि रहना तो ज्यादा नहीं है। हमारे यहाँ एक मुहावरा चलता है, तुम फर्रुखाबाद की हो तो तुम्हारे यहाँ भी चलता होगा :

मथुरा की बेटी, गोकुल की गाय,
करम फूटे तो अन्ते जाय।

करम फूटते हैं तो मथुरा की बेटी और गोकुल की गाय और कहीं जाती है। सारी दुनिया काशी आती है और हम चले गए सागर। तो बहुत उत्साह से हम नहीं गए वहाँ। सागर की नौकरी छूटने का दु:ख नहीं हुआ। सच बता दूँ, और अच्छा ही हुआ कि मैं एक साल के अन्दर सागर से निकाल दिया गया। नहीं तो यही न होता कि मैं एक प्रेमशंकर होकर रिटायर होता, दुबे होकर रिटायर होता, इसलिए एक तरह से उन्होंने मेरा भला ही किया कि सागर से निकाल दिया। कभी-कभी मैं सोचता हूँ कि बनारस हिन्दू यूनिवर्सिटी से भी निकालकर लोगों ने अच्छा ही किया, नहीं तो मैं शिवप्रसाद सिंह ही। बनारस बहुत अच्छा है लेकिन वह बनारस 1960 तक था। '60 के बाद मैं कह सकता हूँ कि 'बनारस इज ए डेड सीटी नॉउ'। बनारस अब मृत शहर है। तो मुझे आश्चर्य है कि उस मरे हुए शहर में हमारा प्यारा काशी जो है, काशीनाथ सिंह, इतना जिन्दा लेखक बचा कैसे रह गया? मैं इस नाते उसे बड़ा लेखक मानूँगा कि उस माहौल में रहते तो आदमी मर जाता है, वह जिन्दा कैसे रह गया? मैं शायद बचा नहीं रहता। इसलिए काशी की जिजीविषा मुझसे कहीं ज्यादा है। वह बचा रह सकता है क्योंकि उसके व्यक्तित्व में कुछ खास है, जो मुझमें नहीं है। छूट गया तो बहुत अच्छा हुआ और चार-पाँच साल मैं बनारस में रहा होता तो रीडर होता, फिर प्रोफेसर होता, मेरिट प्रमोशन स्कीम में। चुनाव होता तो कौन चुनता मुझको? तो सोचिए कि निकाले जाने का यह हाल था कि जोधपुर यूनिवर्सिटी ने बिना अप्लाय किए मुझे ऑफर देकर प्रोफेसर के रूप में बुलाया और जवाहरलाल नेहरू विश्वविद्यालय में मुझे ऑफर देकर प्रोफेसर के रूप में बुलाया गया। अब बताइए कि मैं उस नौकरी के लिए कहूँ तो एक तरह से 'ब्लेसिंग्स इन डिसगाइस' है। दो-दो जगहों से निकाल दिया गया था। फिर सागर यूनिवर्सिटी मैं गया ही नहीं। जो हमारे एक मित्र हैं, शिवकुमार श्रीवास्तव, जो आजकल वाइस चांसलर हैं, उन्होंने मुझे बुलाया। कई बार लोगों ने बुलाया, पर मैं गया नहीं। तो समझ लीजिए कि 1960 के बाद 1996 में मैं 36 साल के बाद गया। मैंने ग़ालिब का वह शेर पढ़ा :

गो वहाँ नहीं, पै वहाँ के निकाले हुए तो हैं
काबा से इन बुतों की भी निस्बत है दूर की।

अगर आप अपने विश्वविद्यालय को काबा समझते हो तो मैं उन बुतों में हूँ जिसको निकाल दिया गया। इसलिए उन्होंने उपकार किया, वरना बताऊँ किरन, उसमें कोई सिलेक्शन कमिटी मुझे प्रोफेसर के रूप में तो कभी नहीं चुनती। हमारा भला किया उन लोगों ने, तो इसलिए पछतावा मैं करूँ? मैं तो उनको दुआ देता हूँ। मुझे शुक्रगुजार होना चाहिए कि उन्होंने बहुत अच्छा किया। एक बात मैं और बताऊँ कि अनुभव ने मुझे सिखाया है कि लक्ष्मी के पीछे तुम रहोगे तो जिन्दगी भर

कुत्ते की तरह दौड़ते रहोगे, कभी हाथ नहीं आएगी। लक्ष्मी तो परछाईं है, उसके पीछे चलोगे तो पकड़ में कभी नहीं आएगी और उसकी ओर पीठ कर लोगे तो वह तुम्हारे पीछे-पीछे चली आएगी। कभी-कभी मैं अपने अन्दर टटोलकर कहता हूँ, घमंड में नहीं। कहूँ तो, पैसा न रहने की तकलीफ मुझे जरूर रही है परन्तु पैसे की मैंने चिन्ता, कभी परवाह नहीं की। मैंने उसे हाथ का मैल समझा और आज भी मैं कह सकता हूँ कि उसी का नतीजा है कि जरूरत का, काम भर का पैसा मेरे पास है, और मुझे चाहिए भी नहीं। कभी कमी नहीं पड़ी मुझे। और मैं देखता हूँ, मेरा बेटा इंजीनियर है, अच्छी तनख्वाह उसे मिलती है, फिर भी वह हमेशा हाय पैसा, हाय पैसा करता रहता है। बैंक में बिलकुल बैलेंस नहीं है। जाने क्या करता रहता है! हमेशा उसको फिक्र रहती है। पैसे की उसको हमेशा कमी रहती है। मैंने कभी उसकी परवाह नहीं की और मुझे पैसे की ऐसी कभी कमी नहीं पड़ी और थोड़ा-बहुत खाते-पीते परिवार में जो होता है, जो जरूरत की चीजें हैं, वे मुझे मिल गई हैं तो काहे के लिए परेशान हों? मेरे लिए नौकरी की प्राथमिकता कभी नहीं रही। मैं सच बताऊँ, ईमानदारी से, कभी ललक या तड़प मुझे नहीं रही। हमारे पिताजी जिस हालत में थे, उससे थोड़े बेहतर ही हालत में मैं हूँ, उससे ज्यादा चाहिए ही क्या? मेरी आकांक्षाएँ बिलकुल दूसरी थीं—ज्ञान के क्षेत्र में, विद्या के क्षेत्र में। सोचो, अगर यह चीज नहीं होती तो जिन दिनों मेरी नौकरी लगी हुई थी, मैं लेक्चरर था, '53 से '59 तक—उन दिनों यह सोचता रहता कि लेक्चरर की नौकरी में खर्च-वर्च कैसे चलेगा, तो किताबों की दुकान नहीं खुलवा पाता। बनारस हिन्दू यूनिवर्सिटी कैम्पस के गेट पर एक ग्लोब बुक सेंटर था, अंग्रेजी किताबों की एक नई दुकान हम लोगों ने खुलवाई थी। जी.बी., मोहन थम्पी वगैरह वहीं आते थे। तुम्हारे शिवपूर्ति पांडे वगैरह वहाँ आते थे। मैंने उसे पेट्रनाइज कर रखा था। वह अब भी वहाँ है। विशालजी उनका नाम है। सारी अंग्रेजी की किताबें मैंने वहीं से खरीदी थीं। मेरी बनाई हुई, मेरी अपनी पर्सनल लाइब्रेरी है—तब के दिनों की। '53 से मैं अंग्रेजी की किताबें खरीदता था और मेरा खयाल है कि सारे बेसिक टेक्स्ट, मेरे अपने खरीदे हैं : इंग्लिश लिटरेचर का, लिंग्विस्टिक्स का, जिसका मुझे शौक था। फिलॉसफी, मार्क्सिज्म का, पोलिटिकल साइंस का। लेक्चरर रहते हुए जैसी लाइब्रेरी मैंने बनाई थी, प्रोफेसर रहते हुए जो ये लोग इतनी बड़ी बात करते हैं, क्या अपनी लाइब्रेरी बनाएँगे? शौक मेरा बिलकुल दूसरा था। नौकरी, पैसा मेरे लिए कभी प्रायोरिटी नहीं था और आज मैं सन्तोष से कह सकता हूँ कि मुझे इसकी बिलकुल कमी नहीं है।

['बात बात में बात' में संकलित]

बनारस : मेरी जीवन-रेखा

सुधीश पचौरी : नामवर जी, आपके जीवन का संक्षिप्त-सा इतिवृत्त तो मिलता है, आपकी साहित्यिक यात्रा का इतिवृत्त नहीं मिलता। जिस रूप में आप आज हैं, उसके आरम्भिक कारकों का, उस पर प्रभावों का संकेत नहीं मिलता। जरा अपनी जुबानी बताएँ!

नामवर सिंह : बचपन की सबसे पुरानी बात जो मुझे याद आती है, जिसका मेरे मन पर बहुत गहरा असर पड़ा, वह है मेरे पिताजी के घनिष्ठ मित्र कामता प्रसाद विद्यार्थी जी का। वे गांधीवादी थे। कांग्रेसी थे। हमारे इलाके में अंग्रेजी शिक्षा-प्राप्त सम्पन्न जमींदार थे—उनके परिवार में मेरा प्रवेश। उस समय मैं प्राइमरी में पढ़ता था। विद्यार्थी जी के आग्रह पर पिताजी मुझे लेकर उनके घर जाते थे। उनकी पत्नी शहरी थीं, पढ़ी-लिखी थीं। उनकी एक बेटी जो अभी है, मुझसे उम्र में थोड़ी बड़ी थी। विद्यार्थी जी के परिवार में जाने पर यह हुआ कि वे जात-पाँत नहीं मानते थे, गांधीवादी थे। उनके घर काम करनेवाले छोटी जाति के होते थे जिन्हें लोग उस समय तो चमार कहते थे। तो छुआछूत का संस्कार मेरे मन में टूटा।

सुधीश पचौरी : उनकी जाति क्या थी?

नामवर सिंह : कायस्थ। असल में उनके नाम में श्रीवास्तव लगता था। लेकिन गणेश शंकर विद्यार्थी से प्रेरणा लेकर उन्होंने अपना नाम श्रीवास्तव से बदलकर विद्यार्थी रख लिया था। वे इक्कीस-बाईस के आन्दोलन से सक्रिय थे। उन्हें उम्र लम्बी मिली। उनका जीवन बड़ा ही सात्त्विक था। अभी पाँच-छह साल पहले उनकी मृत्यु हुई है। वे सत्तानवे-अट्ठानवे साल के होकर मरे। सन् बयालीस के आन्दोलन में, उन्हीं के नेतृत्व में धानापुर थाना लूटा गया, जलाया गया। हमारी तरफ से तीन आदमी मरे। थानेदार-कांस्टेबल मारे गए। लम्बा और बनारस जिले का सबसे मशहूर केस 'धानापुर कांड' चला। वे उसके नेता थे। तो पहला प्रभाव कामता प्रसाद विद्यार्थी जी का मेरे मन पर पड़ा, जो मेरे पिता

के समान थे। उन्हीं की प्रेरणा से पिताजी ने पढ़ने के लिए मिडिल के बाद मुझे शहर भेजा, वरना वे तो मुझे प्राइमरी का मास्टर बनाना चाहते थे। उन्हीं के घर पर उन दिनों मैंने जवाहरलाल नेहरू की 'विश्व इतिहास की झलक', 'हिन्दुस्तान की कहानी', टॉल्स्टॉय का 'प्रेम में भगवान' आदि ग्रंथ पढ़े। यहीं मुझे स्वाधीनता-संग्राम में दिलचस्पी पैदा हुई। बचपन की सबसे पुरानी एक घटना याद है मुझे। चार-पाँच साल का था। मेरे एक चचेरे भाई मुझे कन्धे पर लेकर गए थे। नमक सत्याग्रह विद्यार्थी जी ने बगीचे में नमक बनाकर तोड़ा था। पुलिस आई थी। उसकी अमिट छाप आज भी मेरे मन पर अंकित है। एक गहरी स्मृति अभी तक है मेरे मन में विद्यार्थी जी की। हमारे गाँव से करीब एक किलोमीटर दूर उनका गाँव था। वे हेतमपुर के थे, हम जीयनपुर के थे। पहला स्थायी प्रभाव विद्यार्थी जी का पड़ा। अगर उनके सम्पर्क में न आया होता तो मैं भी गाँव के और बच्चों की तरह रहा होता। राष्ट्रीय चेतना, स्वाधीनता-आन्दोलन का अहसास वैसा न हुआ होता। उन्हीं की प्रेरणा से बचपन से ही मैंने खद्दर पहनना शुरू किया और आजीवन खद्दर पहना। वे जमींदार थे लेकिन बाद में उन्होंने जमीन किसानों को दे दी। 1947 के बाद उन्होंने वहीं अमर शहीद विद्यामन्दिर कायम किया। मैं उसका सेक्रेटरी था। मैं बी.ए. में पढ़ता था। वह झोंपड़ी से शुरू हुई थी। वे मुझे बेटे की तरह मानते थे। मैं गाँव जाता तो उनसे मिलकर ही अपने घर जाता था। यह एक स्थायी प्रभाव मेरे मन पर पड़ा। एक राजनीतिक चेतना मुझे प्राप्त हुई। बचपन की घटनाओं में से दूसरी बड़ी घटना का प्रभाव मेरे मन पर पड़ा, जब मैं बनारस आया। बनारस में उन्नीस सौ इकतालीस में आया। सातवीं में पढ़ने के लिए। हेवेट क्षत्रिय स्कूल और बाद में इंटरमीडिएट का उसका नाम हुआ उदयप्रताप कॉलेज। एक तरह का पब्लिक स्कूल था जिसमें एक ही जाति—हमारी जाति के—क्षत्रिय जाति के ही लड़के पढ़ते थे। सारे के सारे। फीस बहुत मामूली होती थी। छात्रावास में रहने की व्यवस्था थी। गरीबी में एक यही जगह हो सकती थी जहाँ मैं पढ़ता। उस स्कूल में कड़ा अनुशासन था। प्रात:काल पीटी से लेकर शाम संध्या तक का हर घंटे का हिसाब था। पढ़ना-खेलना, बस। और कोई काम नहीं था। वातावरण बहुत ही सांस्कृतिक-साहित्यिक था। कॉलेज की एक मैगजीन निकलती थी। वहाँ हिन्दी के अध्यापक थे ठाकुर मार्कंडेय सिंह। उनकी गहरी छाप मेरे मन पर है। वे प्रेमचन्द जी के अनन्य प्रशंसक थे। हमारे यहाँ स्कूल में छात्रों की कहानी-प्रतियोगिता में पहले आ चुके थे प्रेमचन्द। उन्हें कई बार बुलाया गया था। उनमें आचार्य शुक्ल और जयशंकर प्रसाद के भी प्रति श्रद्धा थी। इनसे व्यक्तिगत सम्बन्ध भी उनके थे। मैं जब छात्र हुआ तब इनमें से कोई नहीं रहा। प्रेमचन्द जी, प्रसाद जी, शुक्ल जी दिवंगत हो चुके थे। देखा नहीं

इनको। लेकिन वे उनके बारे में बातें बताया करते थे। वे अद्‌भुत अध्यापक थे। विनोदवृत्ति प्रबल थी उनमें। कविताएँ भी लिखते थे वे लेकिन मुख्यत: आलोचक थे। मेरी कविताएँ भी उन्होंने छापी थीं। उनसे जो विशेष चीज मुझे मिली—एक अध्यापक के रूप में, वह थी उनकी पढ़ाने की शैली। वे भाषा की स्पष्टता के इतने कायल थे कि कहीं भी यदि उनको वागाडम्बर या वाग्जाल दिखाई पड़े तो वे उसे बर्दाश्त नहीं कर सकते थे और यही हम लोगों को शिक्षा दिया करते थे। दो बातें उन्होंने मुझे बतलाईं जो मेरे दिमाग में अब तक टिकी हुई हैं। एक घटना नन्ददुलारे वाजपेयी के बारे में बताई। वाजपेयी जी का लेखकों में सम्मान था। साहित्य रत्न की परीक्षा का प्रश्नपत्र वाजपेयी जी ने बनाया था। ये उसके मॉडरेटर थे। वाजपेयी जी ने बहुत लम्बे-लम्बे सवाल पूछे थे। समझ ही में नहीं आता था कि क्या पूछना चाहते हैं। तो उन्होंने काटकर एक-एक वाक्य को सरल बना दिया। पढ़ाते हुए कहते थे कि वाजपेयी के लेखन में यह चीज पाई जाती है कि सीधी-सी बात को बहुत घटाटोप बनाकर कहते हैं। उसी समय एक इंटरमीडिएट की पुस्तक थी। लेखक कानपुर के कोई भूदेव शर्मा थे, वे उसे पढ़ाते। उसकी धज्जियाँ उड़ाते। पढ़ाते समय अक्सर ऐसा करते थे। इसलिए पढ़ाते हुए जो पहला संस्कार हमारे मन पर पड़ा : वह था विचारों की स्पष्टता भाषा की स्पष्टता और वागाडम्बर से बचना। चूँकि वे प्रेमचन्द के, शुक्ल जी के प्रशंसक थे, इसलिए वे रामचन्द्र शुक्ल की भाषा को पसन्द करते थे। प्रेमचन्द की भाषा को आदर्श मानते थे। कठिन-से-कठिन, जटिल-से-जटिल को सुलझा करके कहने की अद्‌भुत क्षमता थी उनमें। बहुत बाद में जब मैं एम.ए. कर चुका था, गुरुदेव द्विवेदी जी जब काशी आए, तब तक क्षत्रिय कॉलेज डिग्री कॉलेज हो गया था। ऐसा संयोग हुआ कि वे पी-एच.डी. नहीं थे, लेकिन होड़-सी लगी। उन्हें पी-एच.डी. करनी है। तो मार्कंडेय सिंह जी मुझसे बोले कि द्विवेदी जी आए हैं, तुम्हें मानते भी हैं। मैं चाहता हूँ कि उनके अधीन मैं पी-एच.डी. करूँ। और विषय भी चुन लिया है। मैं रीतिकाल पर काम करूँगा। यद्यपि रीतिकाल उनका विषय नहीं था। मुझे कहा कि द्विवेदी जी से मिला दो। मैं उन्हें लेकर गया। बातचीत कराने। आते समय वे बोले कि इरादा हमने बदल दिया है। विद्वान् हैं, सब हैं लेकिन साहित्य के बारे में उनकी समझ जमी नहीं। इससे अन्दाज लगा सकते हैं कि वे बड़े दृढ़ विश्वासों और गहरी मान्यताओं वाले व्यक्ति थे। उनके अपने संस्कार थे। संयोग से विचारों में वे प्रगतिशील थे। काशी प्रगतिशील लेखक संघ के वे उपाध्यक्ष थे। नन्ददुलारे वाजपेयी उसके अध्यक्ष थे। उसकी भी मेरे मन में गहरी छाप पड़ी।

सुधीश पचौरी : यह बात अशोक वाजपेयी ने कही है कि आप जरूरत से ज्यादा स्पष्ट...।

नामवर सिंह : हाँ, वे कह सकते हैं। लेकिन यह मेरे प्रथम गुरु की देन है। उनका ऋण मैं स्वीकार करूँगा ही। वहीं एक दूसरी शख्सियत का भी असर मेरे ऊपर पड़ा। वे थे हमारे प्रिंसिपल श्री जे.पी. सिंह। जगदीश प्रसाद सिंह। वे अंग्रेजी के अध्यापक थे। वे सेंट जोंस कॉलेज, आगरा के पढ़े थे। वे पहले हिन्दुस्तानी प्रिंसिपल थे। कॉलेज में इससे पहले अंग्रेज प्रिंसिपल होते थे। दूसरी लड़ाई के जमाने में अंग्रेज प्रिंसिपल थे कैप्टन लांग। वे चले गए थे। लड़ाई शुरू होते ही कहा कि वी आर एट वार! और चले गए। जे.पी. सिंह उनकी जगह आए। बहुत ही अच्छी अंग्रेजी बोलते थे, यानी इसी बात से यह सिद्ध था कि उन दिनों यह धारणा बनती थी कि या तो बी.एच.यू. के वीसी राधाकृष्णन् अंग्रेजी अच्छी बोलते हैं या जे.पी. सिंह साहब। वे कविता बहुत अच्छी तरह पढ़ाते थे। 'गोल्डेन ट्रेजरी' पढ़ाई थी उन्होंने। वे इस कदर पढ़ाते थे कि कविता याद तो हो ही जाती थी, यह भी कि कविता को किस तरह पढ़ना चाहिए, रिसाइट कैसे करना चाहिए, एप्रीशिएट कैसे करना चाहिए, समझाना कैसे चाहिए—इतनी अच्छी कविता पढ़ाने वाला आदमी हमें दूसरा नहीं मिला। तो कविता में एक अन्त:प्रवेश और आस्वाद—यह हमें जे.पी. सिंह साहब से ही मिला। मुझे मानते थे। उन दिनों जब आठवीं में था, तब एक कविता भी उन्होंने छापी थी पत्रिका में। खड़ी बोली का सवैया था : 'तान के सोता रहा जलचादर, वायु-सा खींच जगा गया कोई'। जब उसे मैं पढ़ता था तो वे साथ-साथ उसे गाते थे। बड़े सहृदय थे। संगीत के मर्मज्ञ थे। अच्छा गाते थे—क्लासिकल। तो एक उनकी छाप पड़ी। उनकी याददाश्त अद्भुत थी। जिसका नाम वे एक बार सुन लेते थे, याद हो जाता था। स्कूल के हजार-बारह सौ विद्यार्थी और सबके नाम उन्हें याद थे। किसी को देख लेते तो नाम से बुलाते। एक बार की घटना है। कुछ विद्यार्थी छिपकर सिनेमा देखने गए थे और देर से लौटे थे। छह बजे शाम के बाद आए। सर्दियों के दिन थे। धुँधलका हो चुका था। ताँगे पर से उतरकर जैसे ही अन्दर घुसे कि प्रिंसिपल साहब छड़ी उठाकर सामने मिले। टोका। बारहों विद्यार्थियों को खड़ा कर दिया। नये लड़के थे। सबका नाम पूछा और सबको जाने दिया। अगले दिन जिस क्रम से वे खड़े थे, उसी क्रम से नोटिस उनको पहुँच गई और उन्हें उसी क्रम से प्रिंसिपल रूम में बुलाया गया। तो अद्भुत स्मरणशक्ति थी उनकी। आवाज गूँजती थी। जिन दो अध्यापकों का मुझ पर असर पड़ा, वे यही दोनों थे।

सुधीश पचौरी : काव्य के पाठ की बात आपने यहीं से सीखी?

नामवर सिंह : हाँ, उस कॉलेज में रहते हुए यह सब संस्कार मिला। एक पत्रिका निकलती थी—'क्षत्रिय-मित्र' नाम से। उन दिनों उसके सम्पादक

शंभुनाथ सिंह थे। वे गीतकार थे, कवि थे। वे बीमार पड़ गए थे। बाहर चले गए थे तो उन्होंने त्रिलोचन जी को अपने स्थान पर सम्पादक बनाया। शंभुनाथ के आने से यह हुआ कि पत्रिका 'जाति' की न रहकर, शुद्ध साहित्य की बन गई। त्रिलोचन जी ने उसे छह महीने निकाला। उसका कार्यालय स्कूल के परिसर में ही था। प्राचीन छात्र-भवन के एक कमरे में कार्यालय था। त्रिलोचन जी वहीं पास में रहते थे। कार्यालय में ही त्रिलोचन जी से पहला परिचय हुआ। यह परिचय सन् इकतालीस में हुआ, जो आज तक चला आ रहा है। त्रिलोचन जी बहुत सारी बातें बताते थे। त्रिलोचन जी के कहने पर उस समय मैंने दो पुस्तकें खरीदीं। पहली पुस्तक थी मैक्सिम गोर्की की : 'आवारा की डायरी'। अनुवाद इलाचन्द्र जोशी का था। दूसरी पुस्तक निराला की 'अनामिका' थी। उन्होंने कहा, पढ़ो। सातवीं-आठवीं में पढ़ता था। कितनी समझ में आई, कितनी नहीं, यह दूसरी बात है। त्रिलोचन जी ने यह भी कहा एक दिन कि तुम बंगला सीखो। प्रसंग यह था कि 'क्षत्रिय-मित्र' में किसी की कविता आई थी 'उर्वशी' के बारे में, तो उन्होंने रवीन्द्रनाथ की 'उर्वशी' का जिक्र किया। रवीन्द्रनाथ की उर्वशी' में और उस कविता में क्या अन्तर है, यह बताया था। और उस क्रम में उन्होंने कहा था मुझसे कि तुम बंगला सीखो, पढ़ो। सलाह दी कि सीधे शरत्चन्द्र का उपन्यास पढ़ना शुरू करो : 'अरक्षणिया'। उन्होंने वह पुस्तक लाकर दी। पतली ही किताब थी। इसी को पढ़ना शुरू किया। अक्षर पहचान बनाई। आगे मैंने दो अनुवाद किए। एक तो कीट्स की कविता : 'ला बैले दाम सां मर्सी'। 'निर्मम सुन्दरी' नाम से मैंने छन्दोबद्ध अनुवाद किया। उस समय मैं ग्यारहवीं में था। दूसरे, मैंने रवीन्द्रनाथ की 'उर्वशी' का अनुवाद किया। जैसा भी बन पड़ा। पंक्तियाँ कुछ अभी भी याद हैं। तो ऐसा वातावरण था। मार्कंडेय सिंह जी, जे.पी. सिंह और त्रिलोचन भी वहाँ एक साथ थे। तीनों से सम्पर्क सधा। जब मैं ग्यारहवीं में था, तभी 'धरती' छपी थी। छह-सात कॉपी मिली थीं उन्हें। एक कॉपी उन्होंने मुझे दी थी। अभी भी मेरे पास है। काशी के उस पूरे माहौल में त्रिलोचन जी अनफिट थे। औघड़-सा उनका जीवन था। कुछ ठिकाना नहीं। आजीविका जमके कहीं नहीं। कविताएँ भी अलग किस्म की थीं। विचारों से कम्यूनिस्ट पार्टी के नजदीक थे। तो यह जो संस्कार मिला, यू.पी. कॉलेज से। छह साल का जीवन, खेलकूद, पढ़ाई, स्वास्थ्य। बाकी कोई शौक था नहीं। बाद में त्रिलोचन जी के माध्यम से गोष्ठियों में आना-जाना बढ़ा। वे प्रगतिशील लेखक संघ की गोष्ठियों में जाते थे। कभी नागरी प्रचारिणी सभा भी जाते थे। तभी से मेरी कविताएँ छपने लगी थीं।

सुधीश पचौरी : आपने तो छन्द में लिखा है। उस जमाने में बनारस में गीत लिखे जाते थे, ज्यादातर। शम्भुनाथ गीतकार ही थे।

नामवर सिंह : इसकी पृष्ठभूमि बता दूँ। जब मैं गाँव में था तो हमारे गाँव के पास एक आवाजापुर नामक बड़ा गाँव है। वहाँ मेरे पिताजी के मित्र थे ठाकुर जयचन्द सिंह। वहाँ ब्रजभाषा की कविताओं का बोलबाला था। मैं बनारस आने से पहले ब्रजभाषा में कविताएँ लिखता था। सोचिए कि भोजपुरी-भाषी क्षेत्र में ब्रजभाषा का बोलबाला था। और वहाँ उनकी छोटी-सी मंडली थी, जहाँ दो भाट थे : अकबर भाट और अमरेश भाट। दोनों मुसलमान थे। असंख्य कविताएँ उन्हें याद थीं। द्विजदेव का 'काव्यकुसुमाकर' मैंने पहली बार वहीं देखा। वहाँ ब्रजभाषा की समस्या-पूर्तियाँ होती थीं। मैं एक बालक की तरह से बैठा सुना करता था और किया करता था कविताएँ। प्राय: शृंगार रस की होती थीं इसलिए मैं भी शृंगार रस की कविताएँ किया करता था : बिना जाने भाव और अर्थ।

सुधीश पचौरी : एक बार तो आपकी कान-मलाई भी हो चुकी है इस बात पर!
नामवर सिंह : जी हाँ, तो ब्रजभाषा का संस्कार लेकर मैं काशी आया था। त्रिलोचन जी के सम्पर्क में आने के बाद पहली बार लगा कि खड़ी बोली में कविता हो रही है, ब्रजभाषा छोड़ो। खड़ी बोली में लिखो। तब काशी में वातावरण छन्द का था, गीतों का था। गीत तो लिखते ही थे लेकिन उन्हीं दिनों कॉलेज पत्रिका में मेरी एक मुक्त छन्द की कविता भी छपी थी : 'नभ में पतंग' नाम से।

मेरे अगले संस्कार बी.एच.यू. में आचार्य विश्वनाथ प्रसाद मिश्र ने बनाए। वे रीति काव्यशास्त्र के मर्मज्ञ थे। पढ़ाते बहुत अच्छा थे। शब्दों के ठीक-ठीक अर्थ पर जान देते थे। चमत्कारपूर्ण लेखन उन्हें प्रिय था। अलंकार की समझ बहुत बारीक थी। दूसरे अध्यापक थे बी.एच.यू. में ही पंडित केशव प्रसाद मिश्र। ये संस्कृत के प्रकांड पंडित थे। बाद में हिन्दी विभाग के अध्यक्ष बने। बी.ए. के बाद हिन्दी से एम.ए. करने का मेरा कोई विचार नहीं था। मैंने 'प्राचीन भारतीय इतिहास' में एम. ए. करने का सोचा था। डॉ. आल्टेकर की नियुक्ति पटना में हो गई थी। के.पी. जायसवाल इंस्टीट्यूट के डायरेक्टर होकर चले गए। तब मैंने इरादा बदल दिया और सोचा कि हिन्दी से एम.ए. करूँ। तब पं. केशवप्रसाद मिश्र जी ने कहा कि तुम मेरे अन्तिम शिष्य हो। तुम्हारे बाद मैं शिष्य नहीं बनाऊँगा। जब मैं फाइनल में पहुँचा, तब वे एम.ए. प्रथम वर्ष में हमें पढ़ाकर रिटायर हो गए। उन्हीं के कारण मैंने अपभ्रंश पढ़ा, पहला लघु शोध-निबंध लिखा और भाषाविज्ञान की ओर प्रवृत्त हुआ। उन्होंने कहा कि साहित्यकार बनने के लिए 'वाग्योगविद्' होना चाहिए। उनका रामचन्द्र शुक्ल से कुछ बातों में मतभेद था। यद्यपि बड़ी श्रद्धा करते थे। उनका मतभेद प्रसाद के मूल्यांकन को लेकर था। केशवजी काव्य की मधुमती भूमिका मानने वाले थे। 'कामायनी' की व्याख्या उसी के अनुसार करते थे। शुक्ल जी के बारे में कहते थे कि शुक्ल जी ज्यादा बुद्धिवादी हैं यद्यपि वे हृदय

और बुद्धि को साथ लेकर चलने की बात करते हैं लेकिन वहाँ प्रधानता बुद्धि की ही है। और शुक्ल जी यूरोपीय विचारकों से प्रभावित होने के कारण तुलसी के प्रशंसक तो हैं लेकिन तुलसी की आत्मा को उन्होंने नहीं पकड़ा। कहते थे कि तुलसीदास पर शुक्ल जी ने जो पुस्तक लिखी है, उसमें शील-निरूपण आदि किया है, मानो मानस काव्य न हो, बल्कि उपन्यास हो! शील-निरूपण के नाम पर उन्होंने चरित्र-चित्रण किया है, जबकि उसका मूल प्रतिपाद्य भक्ति-रस है। शुक्ल जी उस भक्ति को नहीं समझ सकते थे। उसकी जगह लोक-संग्रह और न जाने क्या-क्या दिखाते थे, इत्यादि। इसलिए जब उन्होंने 'तुलसी की भावुकता' नामक लेख लिखा तो एक तरह से वह रीतिकालीन कवियों के काव्य-चमत्कार की तरह हो गया। भक्ति की व्याख्या वे नहीं कर सके। यह उनकी धारणा थी। तो द्विवेदी जी के सम्पर्क में आने से पहले ही आचार्य केशवप्रसाद मिश्र के चरणों में बैठकर मैंने जाना कि साहित्य की एकमात्र परम्परा रामचन्द्र शुक्ल वाली ही नहीं है, तुलसी को देखने की एक और भी दृष्टि हो सकती है। जो दृष्टि प्रसाद जी में थी। जो दृष्टि प्रसाद के नैकट्य के कारण आचार्य केशवप्रसाद मिश्र में थी। यद्यपि वे तुलसी-प्रेमी, प्रसाद-प्रेमी, कालिदास-प्रेमी थे, लेकिन निराला की जब स्वर्ण-जयन्ती मनाई गई थी विश्वविद्यालय में, तो निराला ने 'राम की शक्ति-पूजा' वहीं सुनाई थी। केशव जी ने भी भाषण दिया था। बोले थे कि निराला आधुनिक कविता के भवभूति हैं। 'राम की शक्ति-पूजा' सुनने पर आपको लगेगा कि इनकी भाषा भवभूति की भाषा की तरह है। कालिदास यदि व्यंजना के कवि हैं तो निराला अभिधा के कवि हैं। कालिदास की परम्परा में पंत होंगे, प्रसाद हो सकते हैं। लेकिन भवभूति की परम्परा यदि कहीं दिखाई पड़ती है, करुणा की कविता कहीं है तो निराला में। तभी से मेरे मन में वह संस्कार बना कि दूसरी परम्परा भी है। केशव जी में यह बात खास दिखाई पड़ी कि वे दोनों परम्पराओं को समान आदर देते थे। दोनों के अन्तर को समझना है, दोनों को अलग करना है, अन्तर करते हुए दोनों को सम्मान देना मैंने केशव जी से सीखा। उन्होंने ही यह संस्कार दिया कि साहित्य का अध्ययन करना चाहते हो तो भाषा के मर्म को जानो। इसलिए वे बार-बार भाषाविज्ञान पर जोर देते थे। मुझे यह परम्परा मिली।

मैं इन गुरुजनों का ऋणी हूँ कि साहित्य के क्षेत्र में खुद काम करने के लिए जिस आधार की जरूरत थी, वह आधार मुझे मिल सका। याद करूँ तो कह सकता हूँ कि विद्यार्थी जी से स्वाधीनता-आन्दोलन में उत्पन्न हुई ऐसी राजनीतिक चेतना मिली जिसने मेरे सामाजिक सरोकारों को बनाये रखा। क्षत्रिय स्कूल से चलकर काशी हिन्दू विश्वविद्यालय तक साहित्य के अध्ययन से उनमें भाषा और काव्य के बारे में गुरुजनों से जो दृष्टि मिली, ये दोनों चीजें कहीं-न-कहीं परस्पर पूरक रूप में आधार का काम करती रहीं। उन्होंने दोनों तत्त्वों को साथ लेकर चलने

की प्रवृत्ति पैदा की, जो कुछ लोगों को कभी-कभी अटपटा लगता है। इसीलिए कई लोग मुझे आजकल रूपवादी कहते हैं। कुछ लोगों को यह शिकायत होती है कि कहाँ राजनीति के चक्कर में पड़े हुए हैं, मार्क्सवाद ने इनके साहित्य रस को सुखा दिया है। इन दोनों के बीच सामंजस्य ठीक-ठीक हो सका या नहीं, इसे जाँचने का अधिकार दूसरों को है, जाँचेंगे। लेकिन मुझे ये दोहरे संस्कार मिले।

['बात बात में बात' में संकलित]

मेरे विश्वविद्यालय

[1]

मैंने भी साहित्यिक जीवन का आरम्भ बहुतों की तरह कविता से किया। सन् 1936-37 के आसपास की बात है। मैं प्राइमरी पास करके वर्नाकुलर मिडिल की पाँचवीं-छठी में पढ़ रहा था। उन दिनों मैं ब्रजभाषा में कविताएँ लिखा करता था। भोजपुरी-भाषी होते हुए भी ब्रजभाषा में कविताएँ लिखने का कारण यह था कि उन दिनों ब्रज में ही कविताएँ पढ़ने-सुनने को मिलीं। दूसरी बात कि उन दिनों विद्यालयों के बीच अन्त्याक्षरी की प्रतियोगिताएँ हुआ करती थीं। उनमें अपने विद्यालय की ओर से मैं भाग लिया करता था। तो उस बहाने बहुत सारी कविताएँ याद रखनी पड़ती थीं। उनमें कोर्स के बाहर की ढेर सारी कविताएँ रहती थीं। कोर्स के बाहर की ये कविताएँ इस तरह याद हो गई थीं। मेरे गाँव के पास ही एक बड़ा-सा गाँव आवाजापुर है। वहाँ हमारे पिता के मित्र और एक तरह से मेरे बड़े भाई जैसे ठाकुर जयचन्द रहते थे। मिडिल पास करने के बाद एक एडवांस परीक्षा होती है, उसे वह उत्तीर्ण कर चुके थे। बिहारी, रत्नाकर तथा रीतिकाल के अन्य कुछ कवियों की कविताएँ इस परीक्षा के पाठ्यक्रम में थीं। ठाकुर जयचन्द सिंह के जरिये मेरा सम्पर्क उन कवियों की कविताओं से हुआ। इन सबके अतिरिक्त यह भी हुआ कि आवाजापुर में ब्रजभाषा में कविताएँ लिखने वाले दो-तीन लोग थे। इनकी मंडली जमती थी, जिसमें समस्याएँ रखी जाती थीं और समस्यापूर्ति में कविताएँ रची जाती थीं। मैं भी वहाँ बैठा हुआ सब सुना करता था। जैसे एक समस्या वहाँ रखी गई थी : 'हरी जात पन्नगी हरीरे पर्वत में'। हरे पहाड़ों में नागिन छिप गई है। मतलब, इशारा था कि दो स्तनों के बीच में स्त्री की वेणी, काली वेणी, छिप जाती है—यह कल्पना रही होगी।

कहने का अर्थ यह कि ब्रज के कवियों की एक मंडली थी। सोचने की बात है कि सन् 1937 में भोजपुरी क्षेत्र के एक गाँव में भी काव्य-भाषा ब्रजभाषा थी। बहरहाल देखा-देखी मैं भी ब्रजभाषा में तुकबन्दी करने लगा। लेकिन वह अभ्यास

का काल था। तब एक खास बात यह रहती थी कि घनाक्षरी और सवैया, ये दो छन्द ऐसे थे, जिनमें अगर कोई कविता लिख दे, तभी माना जाएगा कि उसमें कवित्व शक्ति है। तो मैं भी ब्रजभाषा में घनाक्षरी और सवैया छन्दों में कविताएँ लिखने लगा। उन कविताओं में मौलिकता तो क्या होती! अधिकतर कविताएँ शृंगार रस की ही रहती थीं। आजकल तो लड़के बहुत जल्दी जान जाते हैं लेकिन तब बात दूसरी थी। समझ लीजिए कि तेरह-चौदह साल का लड़का क्या जानता होगा? इस सन्दर्भ में मैं एक घटना बताना चाहता हूँ। घनाक्षरी छन्द इकतीस वर्ण का होता है, बत्तीस वर्ण का होता है और सबसे अधिक तैंतीस वर्ण का होता है। रीतिकाल में भी कुछ ही कवियों ने तैंतीस वर्णों वाला घनाक्षरी छन्द लिखा है। तो मैंने भी लिखी एक तैंतीस वर्णों वाली घनाक्षरी। उसकी आखिरी पंक्ति अब भी याद है : 'आस द्विमास पिय मिलन अवधि की है, उमगैं उरोज रहै कंचुकि मसकि मसकि'। यह हमारी कॉपी में लिखी हुई थी। मिडिल में हमारे हेडमास्टर मिश्र जी बड़ी सात्त्विक वृत्ति के व्यक्ति थे। मैं उन्हें एक दिन उसी कॉपी में कुछ लिखा हुआ दिखाने गया तो पन्ने पलटते हुए उन्हें वह कविता नजर आ गई। उसे पढ़ने के बाद उन्होंने पूछा, 'कंचुकि जानते हो?' मैं क्या जानूँ कंचुकि! चूँकि ब्रजभाषा की कविताओं में कंचुकि प्राय: आती थी इसलिए मैंने सोचा कि अच्छा शब्द है। पंडित जी ने कहा कि ठीक है, अब तुम्हारे पिताजी से कहूँगा कि तुम्हारी शादी कर देनी चाहिए। अब जाकर मुझे लगा कि कंचुकि कोई स्त्रियों की चीज है। मैं बहुत डरा, घबराया, उनसे हाथ जोड़कर कहा, 'पिताजी से मत कहिएगा।' वह पसीज गए, बोले, 'ठीक है, डिप्टी साहब आनेवाले हैं, अगर तुमने उनके स्वागत में एक अच्छी कविता लिख दी, तो छोड़ दूँगा।' तो इस तरह मैं ब्रजभाषा में तुकबन्दी से बचा।

सौभाग्य से मिडिल पास करने के बाद जब मैं काशी आया हाईस्कूल की पढ़ाई करने, तो मेरी मुलाकात त्रिलोचन जी से, शम्भुनाथ जी से, और भी ऐसे लोगों से हुई। मैंने देखा कि कविता तो खड़ी बोली में लिखी जा रही है जिसमें हम किताबें पढ़ते हैं। मुझसे कहा भी गया कि यह तुम गँवारों की तरह क्या लिखते हो ब्रजभाषा में। अब मुझे भी अपनी वे कविताएँ बेकार की चीज लगीं। वे तुकबन्दियाँ तो अभ्यास के लिए थीं। मैंने उनमें से कई फाड़कर फेंक दीं। लेकिन एक अच्छा काम जरूर हुआ कि ब्रजभाषा की काव्य-परम्परा से मेरा परिचय हो गया। साथ ही छन्दों का ज्ञान भी हुआ। विचित्र बात है कि हमारे उस पिछड़े गाँव में मैथिलीशरण गुप्त नहीं पहुँचे थे। पहुँचे होते तो मैं मैथिलीशरण गुप्त की नकल में हरिगीतिका छन्द लिखता।

फिलहाल काशी में जब मैं आठवीं में पढ़ता था, खड़ी बोली में कविताएँ लिखने लगा, लेकिन छन्द में—सवैया छन्द में। सवैया लिखने का एक कारण

यह भी है कि मुझे याद आता है कि उन्हीं दिनों जगदम्बा प्रसाद हितैषी जी की खड़ी बोली में सवैयों की एक पुस्तक 'कल्लोलिनी' छपी थी, जिसमें 'किरण' पर एक कविता थी जिसकी पहली पंक्ति है : 'दुखिनी बनी दीन कुटी में कभी, महलों में कभी महरानी बनी' और अन्त में 'सविता ससि स्नेह सोहाग सनी, कभी आग बनी कभी पानी बनी'। तो यह सवैया छन्द खड़ी बोली में था। मुझे भी सवैया बहुत प्रिय था।

आठवीं में ही अचानक मेरे हाथ महादेवी जी की 'रश्मि' नामक पुस्तक पड़ी। हालाँकि महादेवी जी छायावाद की कवयित्री थीं लेकिन 'रश्मि' में मुझे दो कविताएँ ऐसी मिलीं जो सवैया छन्द में लिखी गई थीं। एक कविता 'अलि से' शीर्षक की है जिसका पहला चरण है : 'इन आँखों ने देखी न राह कहीं, इन्हें धो गया नेह का नीर नहीं'। दूसरी कविता का शीर्षक है : 'पपीहे के प्रति'। उसकी भी एक पंक्ति याद में रह गई है : 'यह कौन-सा पी है पपीहा तेरा, जिसे बाँध हृदय में बसाता नहीं'। किसी ने इस बात का जिक्र नहीं किया है और शायद ही किसी का ध्यान इस ओर गया हो। तो इस बात से मुझे और बल मिला कि पुराने कवि ही नहीं, आधुनिक कवि भी खड़ी बोली में सवैया लिख सकते हैं।

मुझे ऐसा भी लगा कि कभी-कभी एक शब्द के लिए भी कविता लिखी जाती है जो अच्छा लगता है। बिहारी के दोहों को पढ़ते हुए मुझे एक शब्द मिला था : 'जलचादर'। बाद में मैंने 'लालकिला' देखने के बाद जाना कि जलचादर क्या होती है। 'जलचादर के दीप ज्यों' बिहारी में यह चित्र आता है। मैंने आठ सवैये लिखे तालाब के ऊपर। हमारे गाँव में तालाब था और काशी में हम पढ़ने आए तो हमारे स्कूल के पास भी एक तालाब था। मैंने लिखा : 'तान के सोता रहा जलचादर, वायु-सा खींच जगा गया कोई'। यह पहली पंक्ति थी। इस प्रकार मैं खड़ी बोली में सवैया छन्द में कविताएँ लिखने लगा।

शम्भुनाथ जी हमारे कॉलेज के प्राचीन छात्र थे और कॉलेज में अक्सर आते थे। वह बहुत अच्छे गीत लिखते थे। और गाते भी अच्छा थे। इसी तरह मोती बी.ए. भी वहाँ थे। गीत में कुछ यादें, सुधियाँ और प्रेम वगैरह हुआ करता था, जो मेरे जीवन में था ही नहीं। इसलिए मुझे लगा कि अगर खड़ी बोली में कविता लिखनी है तो प्रकृति शायद ज्यादा अनुकूल रहेगी। इसके पीछे यह कारण भी हो सकता है कि तब छायावाद से मेरा परिचय थोड़ा-थोड़ा होने लगा था।

सन्ध्या पर, पूर्णिमा पर, उषा पर कई लोगों ने कविताएँ लिखी थीं। एक दिन मुझे दिन में भी चन्द्रमा उगा हुआ दिखाई पड़ा तो मैंने कहा, इस पर कविता लिखी जा सकती है और इस तरह यह कविता निकली : 'बादल के टुकड़े-सा दिन के तीसरे पहर में उगा चाँद'। धान हमारी तरफ बहुत होते हैं, उनको लेकर मैंने एक गीत लिखा था जिसका लोगों ने काफी मजाक भी उड़ाया था। नादानुरंजक

शब्दावली में वह कविता थी : 'झुपुर झुपुर धान के समुद्र में हलर हलर सुनहरा विहार'। तो मैं प्रकृति-चित्रण सम्बन्धी कविताएँ लिख रहा था। लेकिन बाद में छायावादी कविता के अलावा मेरा परिचय कुछ अंग्रेजी कविता से भी हुआ। पाल्ग्रेव की 'गोल्डेन ट्रेजरी' की कुछ कविताएँ हमारे कोर्स में थीं। उन्हीं में कीट्स की एक कविता 'ला बेल दाम सां मर्सी' मुझे बहुत अच्छी लगी। मैंने उसका छन्दोबद्ध अनुवाद कर डाला। उसके दो बन्द फिलहाल याद आ रहे हैं :

सिरमाल कुसुम कंगन सुरभित करधनी उसे मैंने रच दी।
मुझ पर ज्यों डाल प्रणय चितवन उसने मीठी उसाँस भर ली॥
गतिमय तुरंग पर बिठा उसे, देखा मैंने कुछ नहीं अन्य।
अल्हड़ वह गाती रही झूम झुक झुक परियों के गान धन्य॥

उन्हीं दिनों, शायद तब मैं नौवीं कक्षा में था, 1943 में। एक दिन त्रिलोचन जी 'तारसप्तक' लेकर आए। और मुझे फिर एक प्रीतिकर आश्चर्य हुआ कि 'तारसप्तक' में गिरिजाकुमार माथुर की कविताओं में एक खड़ी बोली का सवैया भी था। 'आज है केसर रंग रँगे वन, रंजित साँझ भी फागुन सी खिली पीली कली सी'। खैर, यह तो एक बात है, यहाँ कहना है कि मेरा परिचय दूसरी तरह की कविताओं से भी होने लगा था।

सन् 1951 में जब मेरी पुस्तक 'बकलम खुद' जगदीश भारती ने 'साहित्य सहकार' से प्रकाशित की तो उसके साथ ही उन्होंने कहा कि तुम अपनी कविताओं का भी एक संग्रह दे दो। 'नीम के फूल' नाम से वह संग्रह लगभग कम्पोज भी हो गया था पर मुकदमेबाजी के कारण प्रेस में ताला लग गया और पांडुलिपि भी वहीं रह गई। मैं समझता हूँ कि यह अच्छा ही हुआ। फिर भी बताना चाहता हूँ कि 1951 तक प्रकृति-सम्बन्धी मेरी कई कविताएँ उस समय की पत्रिकाओं में छप चुकी थीं। इलाहाबाद से निकलने वाली 'नई कविता' पत्रिका थी, उसमें भी मेरी कुछ कविताएँ छपी थीं। विष्णुचन्द्र शर्मा ने 'कवि' में मेरी कुछ कविताएँ प्रकाशित की थीं। कविताओं को लेकर मेरे पास एक उल्लेखनीय स्मृति है...। काशी हिन्दू विश्वविद्यालय में 'साहित्य सहकार' नाम से एक संस्था थी। जर्मन के अध्यापक मराठी-भाषी किन्तु हिन्दी-प्रेमी प्रोफेसर म.सी. करमकर उसके संयोजक थे। पन्द्रह दिन में एक बार प्रोफेसर रामअवध द्विवेदी के घर उसकी गोष्ठी होती थी। उसमें एक बार मैंने कविता सुनाई थी, जो बादलों और पहाड़ों पर थी। 'सुरमई घनों के पार मूँगिया गिरि छाये'। सिर्फ पहली पंक्ति ही अब मुझे याद आ रही है। उसमें खास बात रंगों को लेकर थी कि सुरमई बादल कहना और हरे पहाड़ न कहकर मूँगिया पहाड़ कहना। उस गोष्ठी में संयोग से वात्स्यायन जी भी थे। उन्होंने अपनी शैली में एक चिट पर लिखकर पूछा कि यह कविता यदि

कहीं वाग्दत्ता न हो तो 'प्रतीक' के लिए प्रार्थित है। हालाँकि यह उनकी सहज विनयशीलता ही थी, फिर भी यह मेरे लिए बहुत बड़ा सम्मान था।

एक बार 'किताब महल' प्रकाशन से योजना बनी थी कि कुछ कवियों की छोटी-छोटी काव्य-पुस्तिकाएँ प्रकाशित हों। उनमें मेरे जैसे नौसिखुआ कवि और नेमि जी की कविताएँ भी होंगी। इस श्रृंखला में शमशेर, त्रिलोचन, केदारनाथ अग्रवाल आदि अन्य वरिष्ठ कवियों को भी साथ लेने की योजना थी। योजना का आर्थिक पक्ष भी सोच लिया गया था। लेकिन किसी वजह से उक्त योजना क्रियान्वित न हो सकी। यह बात 1952-53 के आसपास की है। आज उसके लिए अफसोस तो है लेकिन व्यक्तिगत रूप से मेरे लिए सुखद ही है। कोई पछतावा नहीं है कि मेरी कविताएँ पुस्तकाकार क्यों नहीं छपीं। जो किशोर वय की चीजें कही जाती हैं, वे कविताएँ उसी कोटि की थीं और उनकी पुस्तक न छपने से हिन्दी का कोई अहित नहीं हुआ। मगर व्यक्तिगत रूप से मुझे एक लाभ जरूर हुआ कि काव्य-रचना की प्रक्रिया से दस-ग्यारह साल गुजर जाने के बाद जब मैं आलोचना के क्षेत्र में प्रवृत्त हुआ तो आलोचना करते समय मेरे भीतर उस गुप्त और लुप्त सर्जनात्मकता के कारण रचना के प्रति सम्मान का भाव शुरू से ही था, और वह आज भी है। उस कैशोर सृजन ने कम-से-कम मुझे अच्छे शब्द, सटीक शब्द, उचित शब्द, शब्दों के बीच जो अर्थच्छटाएँ होती हैं—छवियाँ होती हैं, उनके प्रति मुझे जागरूक बनाया। मुझे लगा कि कविता में शब्द महत्त्वपूर्ण होते हैं। शब्द की साधना ही पहली सीढ़ी है। उसके बिना कोई आदमी विशाल कथ्य के बावजूद अच्छा नहीं लिख सकता। जैसाकि ऑडन ने कहीं लिखा है कि यदि कोई आदमी कहे कि मेरे पास बहुत महत्त्वपूर्ण और गम्भीर विचार हैं, आइडिया हैं, मैं कविता लिखना चाहूँगा तो मैं उससे कहूँगा कि तुम जाकर दर्शन की एक पुस्तक लिखो, कविता में आने की जरूरत नहीं है। लेकिन यदि कहे कि वह शब्दों से खेलना चाहता है तो मैं कहूँगा कि जाकर खेलो। तुम ग्रेट पोएट्री भले न लिख सको लेकिन 'गुड पोएट्री' तो लिख सकते हो। यह और बात है कि कुछ कवि जिन्दगी भर सिर्फ शब्दों से खेलने में ही मगन होकर रह जाते हैं।

[2]

जो भी हो, काशी में मेरी पढ़ाई के शुरुआती दिनों में गीतों का ही प्रभाव था। शम्भुनाथ जी गीत लिखते ही थे। एक गुलाब खंडेलवाल थे, वह भी गीत लिखते, गाते थे। उन्हीं दिनों काशी में गोपाल सिंह 'नेपाली' आए। धूम मची हुई थी। 'दो मेघ मिले बोले डोले, बरसा कर दो दो फूल चले' या 'बिखरे बादल के टुकड़ों सा चाँद निकलता रहा रात भर, दीपक जलता रहा रात भर' जैसे गीत लोगों को

प्रभावित कर रहे थे। गोपाल सिंह 'नेपाली' वह हैं जिनकी पहली काव्य-पुस्तक 'उमंग' का जिक्र आचार्य रामचन्द्र शुक्ल ने अपने 'हिन्दी साहित्य का इतिहास' में किया है। सचमुच वह गीतों का युग था। बच्चन जी तो थे ही, नरेन्द्र शर्मा के 'प्रवासी के गीत' लोगों के कंठ पर थे। हमारा खयाल है, उसी के आसपास नीरज वगैरह ने भी लिखना शुरू किया होगा।

त्रिलोचन जी भी कभी-कभी गीत लिखते थे। संयोग से त्रिलोचन जी हमारे स्कूल के पास ही सेंट्रल जेल के सामने साधना कुटीर में रहते थे। त्रिलोचन जी अक्सर हमारे छात्रावास में आते थे। मैं इसे अपना सौभाग्य मानता हूँ कि उसी कच्ची उम्र में त्रिलोचन जी से मेरा परिचय हुआ। वह तो विश्वकोश हैं—जीवन के अनुभवों के, विभिन्न प्रदेशों की यात्राओं के, पुस्तकों के। हिन्दी कविता की परम्परा और नई से नई प्रवृत्तियों के प्रति सजग। 'तारसप्तक' से मेरा परिचय उन्होंने ही कराया था। एक दिन मुझसे कहा कि निराला जी की कविताएँ पढ़ो। निराला जी की 'अनामिका' आई है, उसे पढ़ो। 'अनामिका' मैंने खरीदी और 'अनामिका' की वह प्रति आज भी मेरे पास सुरक्षित है।

त्रिलोचन जी के सम्पर्क में मैंने समझा कि खड़ी बोली के गीत ही कविता नहीं हैं। आज की कविता की दूसरी वृत्ति भी है। एक गोष्ठी में मैंने शमशेर जी की कविता सुनी : 'लेकर सीधा नारा, कौन पुकारा'। लेकिन वह कविता उन दिनों मेरी समझ में उतनी नहीं आई थी। पर धीरे-धीरे त्रिलोचन जी के सान्निध्य में मैं कविता के मर्म और उसकी बारीकियों को समझने लगा। एक दिन त्रिलोचन जी ने मुझे बंगला पढ़ने के लिए उकसाया। बोले, 'बंगला शिक्षक लेने की जरूरत नहीं है, तुम सीधे किसी बंगला पुस्तक से ही अक्षर सीखना शुरू कर दो।' संयोग से शरत्चन्द्र का एक उपन्यास मिल गया : 'अरक्षणिया'—छोटा सा उपन्यास था, त्रिलोचन जी ने कहा, 'इसी से पढ़ो। थोड़ी आसान है, भाषा समझ में आ जाएगी। देखो, अच्छी कविता लिखने के लिए अनुवाद करना सीखो।'

कुछ दिनों बाद 'क्षत्रिय-मित्र' में मोती, बी.ए. की एक कविता छपी थी जिसका शीर्षक था : 'उर्वशी'। 'रूप भार से लदी हुई तुम जिधर चली'—इस तरह शुरू होती थी वह कविता। त्रिलोचन जी ही 'क्षत्रिय-मित्र' का सम्पादन कर रहे थे, फिर उन्होंने रवीन्द्रनाथ की 'उर्वशी' कविता पढ़कर सुनाई और अनुवाद करने के लिए कहा। तब तक मैं थोड़ी-थोड़ी बंगला सीख गया था। मैंने 'उर्वशी' का अनुवाद किया मगर वह अच्छा नहीं बना। रवीन्द्रनाथ का छन्द बड़ा था, मेरे पास उस वक्त छोटा छन्द ही सुलभ था। एक तरह से अनुवाद भी एक प्रैक्टिस था।

वह ऐसा समय था जब मैं कविता की दुनिया में जीता था। प्रसाद जी का 'आँसू' मुझे पूरा याद हो गया था। महादेवी और प्रसाद तब मेरे प्रिय

कवि थे। बाद में जब मैं बी.ए. में आया तब निराला की तरफ मेरा ध्यान आकृष्ट हुआ। प्रसाद जी, प्रेमचन्द जी, रामचन्द्र शुक्ल—तीनों मेरे काशी आने के पहले ही दिवंगत हो चुके थे। फिर भी काशी के साहित्यिक आकाश पर जैसे उनकी छाया थी।

[3]

स्कूल के दिनों की कुछ अविस्मरणीय यादें हैं। खास तौर से साहित्यिक। कुछ बड़े साहित्यकारों से जुड़ी हुईं। पहली घटना का सम्बन्ध अज्ञेय जी से है। अज्ञेय जी से मेरी पहली मुलाकात। नवम्बर या दिसम्बर, 1945 की बात होगी, अज्ञेय जी सरस्वती प्रेस में ठहरे हुए थे। शायद असम के मोर्चे से लौट रहे थे। मुझे त्रिलोचन जी से खबर मिली। त्रिलोचन जी उन दिनों 'हंस' के सम्पादन-कार्य में अमृतराय को सहयोग दे रहे थे और 'हंस' का दफ्तर सरस्वती प्रेस में ही पहली मंजिल पर था। मैं उदयप्रताप कॉलेज में ग्यारहवीं कक्षा का छात्र था और छात्र संघ का साहित्य सचिव भी। अज्ञेय जी का उपन्यास 'शेखर : एक जीवनी' मैंने पढ़ रखा था। सोचा, उन्हें अपने कॉलेज में क्यों न बुलाया जाए! गुरुवर मार्कंडेय सिंह जी से अनुमति ली और एक दिन सीधे सरस्वती प्रेस पहुँच गया। दोपहर का समय था। वात्स्यायन जी बाल्कनी में बिना चादर बिछे एक तख्त पर दो-तीन वर्ष के एक छोटे-से बच्चे के साथ कुछ खेल रहे थे। बच्चे के हाथ में बुद्ध की एक छोटी-सी मूर्ति थी। गैरिक वर्ण की। शायद मिट्टी की। आज भी मेरी आँखों के सामने वह सब कुछ चित्र की तरह स्पष्ट है।

मैंने विनम्रता के साथ अपना प्रस्ताव रखा। अपने कॉलेज का संक्षिप्त परिचय भी दिया। सुखद आश्चर्य कि अज्ञेय जी ने सहज भाव से मेरा निमंत्रण स्वीकार कर लिया। फिर मैंने उनसे कॉलेज ले जाने के लिए साधन के बारे में पूछा। उत्तर मिला कि उनके पास एक गाड़ी है और उसी से चले चलेंगे। अगले दिन जब मैं उन्हें लिवाने के लिए गया तो उनके साथ एक साँवली-सी भद्र महिला भी गाड़ी में बैठी थीं। पहनावे से बंगीय। माँग में ढेर-सा सिन्दूर और माथे पर बड़ा-सा लाल टीका। गाड़ी वात्स्यायन जी स्वयं चला रहे थे।

कॉलेज में अध्यापकों और छात्रों के सामने वात्स्यायन जी ने जो भाषण दिया, वह अद्‌भुत था। लगभग आधा-पौन घंटा तक वे अपने असम प्रवास के अनुभवों के बारे में बोलते रहे—खास तौर से असम के बड़े-बड़े मच्छरों के बारे में। साहित्य के बारे में एक भी शब्द नहीं। मेरी याद में आज भी वे बड़े-बड़े मच्छर ही भनभना रहे हैं। सभी श्रोता चकित, विस्मित और हत्प्रभ। उन्हें लगा कि वे छले गए। सभागार का वह मंच आज भी मेरी आँखों के सामने आ जाता

है। मंच पर सिर्फ एक कुर्सी थी। बोलने के लिए वात्स्यायन जी कुर्सी से उठे। कुर्सी के पीछे गए। कुर्सी का पिट्ठा पकड़ा। कुर्सी को धीरे-धीरे सरकाते आगे ले आते। फिर उसी तरह कुर्सी सरकाते पीछे दीवाल तक जाते। भाषण में वही गति। भाषण कम, स्वगत संलाप अधिक। खैर।

भाषण के बाद सामूहिक चाय का कार्यक्रम था। गुरुवर मार्कंडेय सिंह ने तय किया कि साहित्य-चर्चा चाय के अवसर पर ही हो जाएगी। गुरुवर ने अज्ञेय जी से शेखर के बारे में कुछ सवाल किए। सवाल असुविधाजनक थे। वात्स्यायन जी के वे उत्तर आज मुझे याद नहीं। लेकिन ऐसा लगा कि वे जवाब देने की मन:स्थिति में नहीं। बहरहाल। अन्त में जब हम लोग उन्हें गाड़ी तक छोड़ने गए तो देखा कि गाड़ी स्टार्ट ही नहीं हो रही है। अन्तत: गाड़ी को धक्के देने पड़े। बाद में मैंने जाना कि वह भद्र महिला डॉ. आशा मुकुल दास की पत्नी थीं जिन्हें वात्स्यायन जी बऊजी कहा करते थे और उन्हीं के परिवार के साथ वात्स्यायन जी कुछ समय तक इलाहाबाद में, सम्भवत: बेली रोड वाले एक मकान में रहे भी। उस मकान में एक बार 1952 में मैं सुबह के नाश्ते पर भी उनसे मिल चुका हूँ। कोई-कोई यहाँ तक कहते हैं कि 'नदी के द्वीप' की रेखा वही हैं। जो हो। बाद में फिर यह भी जाना कि वह बालक बऊजी का ही बेटा था जिसे आज लोग मानस मुकुलदास के रूप में जानते हैं। सम्प्रति वे इलाहाबाद विश्वविद्यालय में अंग्रेजी के प्रोफेसर हैं।

स्कूल के दिनों की ही दूसरी घटना है काशी में निराला जी की स्वर्ण-जयन्ती। यह घटना 1947 की फरवरी या मार्च महीने की। उस समय मैं उदयप्रताप कॉलेज में ही बारहवीं कक्षा का विद्यार्थी था। निराला-जयन्ती के कर्णधार पं. नन्ददुलारे वाजपेयी थे। स्थानीय स्तर पर प्रगतिशील लेखक संघ, प्रसाद परिषद् आदि सभी साहित्यिक संस्थाओं के लोगों का सहयोग वाजपेयी जी को प्राप्त था। वह आयोजन काशी के लिए एक चिरस्मरणीय घटना है। निराला जी ठहरे थे गायघाट पर पं. गंगाधर शास्त्री के साथ। मुख्य आयोजन मैदागिन पर टाउन हॉल में हुआ। निराला जी की बाकायदा शानदार सवारी निकली थी। महाकवि की वह छवि आज भी आँखों में बसी है। घुटा सिर। सिर पर विवेकानन्दी गेरुआ पगड़ी। ज्योति स्फुलिंग छोड़ती बड़ी-बड़ी आँखें। तप्त स्वर्ण-सा गेहुँआ ललाट। मेरे लिए महाकवि का वह प्रथम दर्शन था। उस आयोजन का एक अंग था काशी हिन्दू विश्वविद्यालय की ओर से निराला जी का अभिनन्दन। समारोह हिन्दी विभाग की ओर से हुआ था। विभाग के अध्यक्ष थे आचार्य केशव प्रसाद मिश्र। स्वयं वाजपेयी जी उस समय हिन्दी विभाग में लेक्चरर थे। इस समारोह के बाद ही वाजपेयी जी जुलाई, '47 में सागर विश्वविद्यालय में हिन्दी विभाग के अध्यक्ष होकर चले गए।

हिन्दी विभाग के उस आयोजन की अविस्मरणीय स्मृति है निराला जी के मुख से 'राम की शक्ति-पूजा' का पाठ। 'हर धनुर्भंग को उठा हस्त' पढ़ते हुए निराला जी के दाहिना हाथ का ऊपर उठना, स्वरों का वह आरोह और अवरोह। आज भी उस क्षण को स्मरण करके रोमांच हो आता है। 'तच्च संस्मृत्य संस्मृत्य हृष्यामि च पुन:-पुन:'। उसी सभा में सभाध्यक्ष पं. केशव प्रसाद मिश्र ने निराला की तुलना भवभूति से की थी और कहा था कि 'राम की शक्ति-पूजा' की भाषा तो भवभूति की याद दिलाती ही है, उनकी करुणा भी भवभूति के 'एको रस: करुण एव' को पुनर्जीवित करती है। उसी सभा में महाकवि का अभिनन्दन करते हुए जो 'मौखिक' धनराशि अर्पित की गई, उसे औघड़दानी ने वहीं तत्काल दस युवा लेखकों को पुरस्कारस्वरूप दान कर दिया। संयोग से इन भाग्यशाली युवकों में एक नाम मेरा भी था। स्वयं निराला जी उनमें से भला किस-किस को जानते रहे होंगे! कहते हैं, वह तालिका वाजपेयी जी ने ही बनाई थी।

स्वर्ण-जयन्ती क्रम में ही एक अन्तरंग गोष्ठी दक्षिण काशी के भदैनी मोहल्ले में हुई। वाजपेयी जी ने एक बड़ी प्रकाशन-योजना के तहत एक प्रेस बैठाने का प्रयास किया था और जिस भवन में वह प्रेस चालू होनेवाला था, उसी में तीसरे पहर निराला जी के सम्मान में एक अन्तरंग काव्य-गोष्ठी हुई। उस गोष्ठी की खास बात यह है कि निराला जी ने हारमोनियम पर अपने दो गीत गाए। पहला गीत था : 'टूटे सकल बन्ध'। और दूसरा सम्भवत: 'प्रात तव द्वार पर'। आवाज थोड़ी नकसुरी-सी हो रही थी, सम्भवत: जुकाम के कारण गला भी कुछ खराब-सा हो रहा था, फिर भी प्रियजनों के हठ का मान रख लिया महाकवि ने। उसी गोष्ठी में शिवमंगल सिंह 'सुमन' ने निराला पर लिखी हुई अपनी लम्बी कविता का पाठ भी किया था। त्रिलोचन जी भी उस गोष्ठी में मौजूद थे। शायद उन्होंने भी कोई कविता सुनाई थी : निराला जी की या अपनी, याद नहीं।

[4]

उदयप्रताप कॉलेज में मुझे सौभाग्य से बहुत अच्छे अध्यापक मिले। इनमें एक थे पंडित विजय शंकर मिश्र। उन्होंने इंटर में मुझे संस्कृत पढ़ाई। कोर्स में 'कुमारसम्भव' का पंचम सर्ग था। इस काव्य को उन्होंने इतनी तन्मयता से पढ़ाया कि सम्पूर्ण कालिदास को पढ़ने के लिए मन बेचैन हो उठा। आगे चलकर गुरुवर हजारीप्रसाद द्विवेदी के सान्निध्य में स्कूल के उस संस्कार को एक नया आयाम मिला। संस्कृत काव्य में रुचि पैदा करने के साथ ही पंडित जी ने संस्कृत व्याकरण का भी सुदृढ़ आधार प्रदान किया। पाठ्यक्रम में निर्धारित पुस्तक तो आप्टे की 'ए गाइड टू संस्कृत कम्पोजीशन' थी किन्तु पंडित जी 'अष्टाध्यायी' के मूल

सूत्रों के द्वारा ही व्याकरण का मर्म समझाते थे। संस्कृत में जो भी थोड़ी-बहुत गति है, उसका सारा श्रेय उन्हीं पंडित जी को है।

हिन्दी के प्रथम गुरु हैं आदरणीय मार्कंडेय सिंह। वे काशी प्रगतिशील लेखक संघ के उपाध्यक्ष थे जबकि अध्यक्ष नन्ददुलारे वाजपेयी थे। कविताएँ भी लिखते थे। उनका कवि रूप मुझे विशेष आकृष्ट नहीं कर सका, लेकिन उनसे एक दूसरी चीज मिली गद्य के प्रति आकर्षण। मैं स्वीकार करना चाहूँगा कि आगे चलकर मेरा गद्यकार और आलोचक का जो व्यक्तित्व बना, उसकी नींव मार्कंडेय सिंह जी की डाली हुई है। वह वागाडम्बर बरदाश्त नहीं कर सकते थे। मुझे याद है कि हमारे पाठ्यक्रम में चंडी प्रसाद हृदयेश की एक कहानी थी : 'शन्तिनिकेतन'। संस्कृत-बहुल शब्दावली और बाणभट्ट वाली शैली में वह एक तरह का गद्यकाव्य लिखा करते थे। मार्कंडेय सिंह जी ऐसे गद्य का मजाक उड़ाया करते थे। वह प्रेमचन्द के मुरीद थे और उन्होंने 'शान्तिनिकेतन' पढ़कर उसकी ऐसी धज्जियाँ उड़ाईं कि मुझमें यह संस्कार बन गया कि वागाडम्बर भाषा का सबसे बड़ा दोष है।

मगर दूसरी तरफ कविता में उन्होंने कुछ कवियों के प्रति मुझमें अरुचि पैदा कर दी। माखनलाल चतुर्वेदी की एक कविता थी : 'मेरे गीतों के राजा तुम मेरे गीतों में वास करो'। उसमें एक पंक्ति इस तरह आती है : 'क्यों उषा झाड़ू फेर चली, और उषा ने छिड़क दिया।' जैसे ही यह पंक्ति उन्होंने पढ़ी तो कहा कुछ नहीं, बस, अपनी दोनों उँगलियाँ नाक पर लेकर बोले, 'उषा ने छिड़क दिया।' फिर कहा, फिर 'उषा' के हाथ में झाड़ू। उषा न हुई, कोई मेहतरानी हो गई। कहाँ प्रसाद और पंत की उषा और कहाँ 'एक भारतीय आत्मा' की उषा!' इसी तरह मैथिलीशरण गुप्त के प्रति भी अरुचि पैदा कर दी। खास तौर से उनकी तुकबाजी को लेकर। जैसे : 'नट नागर आज कहाँ अटके' वाला गीत। गीत खत्म तभी होता है जब खटके, झटके, टटके, भटके, मटके, लटके, हटके, अटके जैसे सभी तुक दम नहीं तोड़ देते। यह है राष्ट्रकवि की तुकान्त ताकत। इसके बाद गुप्त जी को पढ़ने का क्या उत्साह होता!

आलोचना की भाषा में उनके आदर्श थे रामचन्द्र शुक्ल। वह कहते थे कि गद्य गठा हुआ होना चाहिए जिसमें चर्बी न हो, बल्कि हड्डी दिखाई दे तो भी हर्ज नहीं, लेकिन चर्बी नहीं होनी चाहिए। भाषा में हम लोग उन्हें जो कुछ लिखकर दिखाते थे, उसके वाग्जाल को, फालतू शब्दों को वह बेरहमी से काट देते थे। कहते थे कि विशेषण अच्छे गद्य के दुश्मन हैं। विशेषणों से भाषा लद्धड़ बनती है। एक से अधिक विशेषण एक साथ कभी नहीं इस्तेमाल करना चाहिए। एक विशेषण भी बहुत आवश्यक होने पर ही इस्तेमाल करो। वे लम्बे वाक्यों के भी घोर शत्रु थे। कहते थे कि संश्लिष्ट और संकर वाक्य नहीं लिखने चाहिए। उनकी

दृष्टि में सरल शब्द ही भाषा के प्राण हैं। इस तरह मैं कह सकता हूँ कि गद्य के मेरे प्रथम प्रेरणास्रोत ठाकुर मार्कंडेय सिंह हैं।

स्कूल के दिनों में कॉलेज मैगजीन के लिए मैंने कविताओं के अलावा गद्य में सिर्फ दो चीजें लिखीं : एक तो रेखाचित्र था, जो कॉलेज के सबसे पुराने चपरासी पर था, जिसे हम सब बचऊ नाम से पुकारते थे। कॉलेज के तमाम कर्मचारियों में वही अकेला मुसलमान था। अंग्रेज प्रिंसिपल के समय से वह चला आ रहा था। बहुत पुराना। लोग उसका बड़ा सम्मान करते थे। वह केवल घंटी बजाता था। मेरा मन हुआ उसके बारे में लिखने का। कविता लिख नहीं सकता था, अत: रेखाचित्र लिखा। दूसरी गद्य-रचना यात्रा-वृत्तान्त थी। इंटर में पढ़ते समय मैं गर्मी की छुट्टियों में पुरी गया था। वहाँ समुद्र देखा था पहली बार। गाँव का लड़का जो बनारस के बाहर कभी गया नहीं था, पहली बार कलकत्ता और कलकत्ता के आगे पुरी गया। इसी यात्रा का मैंने यात्रा-वृत्तान्त लिखा था। हालाँकि दोनों ही रचनाएँ किशोर वय की चीजें थीं, लेकिन इतना जरूर है कि मुझे गद्य लिखने में एक नया सुख मिला।

त्रिलोचन जी के कहने पर मैंने गद्य की पहली किताब खरीदी—गोर्की की 'आवारा की डायरी।' बड़ी दिलचस्प लगी वह। बी. ए. में पढ़ते समय चार्ल्स लैंब के 'एसेज ऑफ इलिया' के निबन्ध पढ़े। वे मुझे बहुत बढ़िया लगे। खास तौर से गुलेरी जी के निबन्ध जैसा प्रसंग गर्भत्व। उन्हीं दिनों एक अन्य पुस्तक मुझे मिली थी जो अच्छी लगी थी—एन.वी. गाडगिल (नरहरि विष्णु गाडगिल) की : 'हजार बरस पीछे' जैसा कुछ नाम था उसका। निबन्धों के इस संग्रह का मराठी से हिन्दी में अनुवाद हुआ था। इसी तरह सियारामशरण गुप्त का 'कुछ' नाम से निबन्ध संग्रह आया था। इस प्रकार मैं निबन्धों, आलोचनात्मक नहीं, गैर-आलोचनात्मक निबन्धों को बड़ी रुचि से पढ़ रहा था। और एक दिन मुझे लगा कि यह गद्य की ऐसी विधा है जिसमें हाथ आजमाया जा सकता है। यह भी सोचा कि निबन्ध लेखन द्वारा अपनी भाषा कुछ सँवरेगी और ठीक से गद्य लिखना सीख सकूँगा। मैंने करीब इक्यावन निबन्ध लिखे। तय हुआ कि वे तीन अलग-अलग खंडों में पुस्तकाकार छपेंगे। पहला संकलन 1951 में 'बकलम खुद' नाम से प्रकाशित हुआ। कुछ ही दिनों बाद जगदीश भारती का वह नया-नया जमा प्रकाशन संस्थान 'साहित्य सहकार' बन्द हो गया और 'बकलम खुद' तो बट्टे में गया ही, बाकी निबन्ध भी धरे रह गए। बाद में मुझे लगा, वह काफी बचकाना है। और अनेक प्रकाशकों के काफी आग्रह के बावजूद मैंने उसका पुनर्मुद्रण नहीं होने दिया।

धीरे-धीरे सन् 1951 के आसपास जाकर मेरी प्रवृत्ति आलोचनात्मक निबन्ध लिखने में हुई। इसका श्रेय विशुद्ध रूप से साहित्यिक गोष्ठियों को है।

[5]

विश्वविद्यालय में सौभाग्य से मुझे गुरु के रूप में पंडित केशव प्रसाद मिश्र मिले। सन् 1949 से '50 तक उनके चरणों में बैठने का अवसर मुझे मिला था। किसी से मिलने-जुलने वाले नहीं थे वह। विद्यार्थी क्या, अध्यापकों को भी अपने घर नहीं आने देते थे, लेकिन वह बहुत सफल अध्यापक थे। एम.ए. में वह 'कामायनी' पढ़ाते थे, भाषाविज्ञान और अपभ्रंश भी। बी.ए. के लिए उन्होंने 'रसायन' नाम से हिन्दी की पुरानी व आधुनिक कविताओं का बहुत अच्छा चयन किया था। मूलत: संस्कृत के पंडित थे। हालाँकि उनकी विधिवत् पढ़ाई हाईस्कूल तक ही हुई थी लेकिन उनकी स्वाध्याय से अर्जित ज्ञान-सम्पदा आश्चर्यजनक थी। उनकी ही मिली प्रेरणा से मैंने 'हिन्दी के विकास में अपभ्रंश का योगदान' नाम से एम.ए. के लिए लघु शोधप्रबन्ध तैयार किया। वह अद्भुत व्यक्ति थे। वह एक साथ संस्कृत के पंडित, भाषाविज्ञान के विद्वान् और अपभ्रंश के गहन अध्येता थे। हिन्दी में भक्तिकाव्य, रीतिकाव्य और छायावाद के काव्य के मर्मज्ञ थे। उन्होंने 'मेघदूत' का खड़ी बोली में छन्दोबद्ध अनुवाद भी किया था। आचार्य शुक्ल जो दाद देने में काफी कृपण थे, उन्होंने भी कहा कि ठीक ठिकाने का अनुवाद केशव प्रसाद मिश्र का ही निकला। बाद में उस पुस्तक को मैंने राजकमल के पेपरबैक में छपवाया।

तो गुरुवर मार्कंडेय सिंह के बाद आचार्य केशव प्रसाद मिश्र मुझे गुरु के रूप में मिले। उनसे मैंने शब्द-विवेक पाया। उन्हीं के मुख से मैंने पतंजलि का यह कथन पहली बार सुना : 'एक: शब्द: सम्यक् ज्ञात: सुप्रयुक्त: स्वर्ग लोके च कामधुक् भवति'। एक ही शब्द जानो। सम्यक् रूप से जानो। सही जगह उसका इस्तेमाल करो। अगर इतना ही करो तो इस लोक में और उस लोक में तुम्हारी समस्त कामनाएँ पूर्ण होंगी। इस प्रकार गुरु के प्रसाद से मेरे हृदय में शब्द के प्रति श्रद्धा का भाव पैदा हुआ।

केशव जी ने बहुत कम लिखा है। वे पंडितों की उस पुरानी परम्परा के अन्तिम रत्न थे, जो बहुत लिखने के विश्वासी न थे। अक्सर कहते थे : लिखो तो पत्थर की लकीर की तरह। पानी पर क्या लिखना! खैरियत है कि वे कुछ ऐसा लिखा भी छोड़ गए। जैसे आचार्य शुक्ल की स्मृति में एक लेख और एक और निबन्ध : 'उच्चारण'। वे सचमुच 'वाग्योविद' थे, पतंजलि के शब्दों में। 'उच्चारण' नामक निबन्ध नागरी प्रचारिणी पत्रिका में छपा था। अद्भुत निबन्ध है वह। उसमें उन्होंने पाणिनि, पतंजलि के आधार पर बताया था कि शब्द का उच्चारण कैसे करना चाहिए। सम्भवत: पतंजलि ने एक उपमा दी है : भाषा का उच्चारण उसी प्रकार करना चाहिए, जैसे व्याघ्री अपने नवजात शिशु को उठाती

है मुँह से और एक जगह से उठाकर दूसरी जगह रख देती है। दाँत से उठाती है, चुभने का डर होता है। कितना दबाव दे कि दाँत चुभने न पाए व बच्चा मुँह से छूट कर गिरने भी न पाए।

कक्षा में ये गुरुजन थे और बाहर साहित्य में त्रिलोचन जी, जिन्होंने मुझे भाषा के प्रति बहुत सजग बनाया। आजकल बहुत-से लोग समझते हैं कि मैं कलावाद का, रूपवाद का विरोध करता हूँ। दूसरी तरफ मार्क्सवादियों को लगता है कि मैं कलावादी और रूपवादी हूँ। मैंने 'कविता के नये प्रतिमान' लिखा तो नेमि जी ने ही आलोचना नहीं की, बल्कि कई मार्क्सवादियों ने भी कहा कि 'नई आलोचना' के प्रभाव में मैं रूपवादी हो रहा हूँ। अच्छी भाषा की कद्र करना है तो मुझे यह आरोप स्वीकार्य है। उन लोगों को समझना चाहिए कि मार्क्स ने 'कम्यूनिस्ट मेनीफेस्टो' का ड्राफ्ट कितनी बार लिखा। 'कैपिटल' को कितनी बार लिखा। मार्क्सवादी होने का यह मतलब नहीं है कि आप अपनी भाषा के प्रति लापरवाह रहें। भाषा-सौष्ठव कोई बुर्जुआ संस्कृति नहीं है।

मुझे कभी-कभी लगता है कि शायद केशव जी का ही प्रभाव है कि मुझसे इतना कम लिखना हो सका। फिर भी साहित्य की दुनिया में लोगों ने मुझे इतना मान दे दिया। इतना कम लिखे पर इतना अधिक सम्मान मिलने की बात सोचकर मुझे शर्म आती है। लेकिन ऐसा नहीं है कि मैं लिखना नहीं जानता या लिखना नहीं चाहता था, आलस्य भी नहीं है, और न कतराता हूँ या भागता हूँ। लेख का पहला वाक्य लिखने में कभी-कभी मुझे एक-एक हफ्ता लग जाता है। इस पीड़ा को वही समझ सकते हैं जिन्हें मनचाही बात को कागज पर उतार लेने के आत्मसंघर्ष का कुछ अनुभव है। लिखते समय मेरे सामने अक्सर केशव जी होते हैं। मैं बोलने को लेकर भी उतना ही सावधान रहता हूँ। बोला हुआ भी यथावत् लिखा जा सकता है, बशर्ते उसको लेकर सतर्कता हो। तमन्ना तो यही रहती है कि बोला हुआ लिखा-सा लगे और लिखा हुआ बोलता-सा।

सौभाग्य से केशव जी के उत्तराधिकारी के रूप में आचार्य हजारीप्रसाद द्विवेदी सन् 1950 में काशी हिन्दू विश्वविद्यालय में आए। मैं तब एम.ए. के अन्तिम वर्ष का विद्यार्थी था। काशी विश्वविद्यालय में उनका पहला अग्रश्रवा। मैं पहले भी द्विवेदी जी के दर्शन कर चुका था। सन् 1945 में वह बनारस आए थे और काशी नागरी प्रचारिणी सभा में उनका एक भाषण हुआ था 'सहज भाषा' पर। उनके निबन्धों से भी मैं परिचित था। उनसे मुझे क्या मिला, इसकी चर्चा मैं बाद में करूँगा, अभी तो भाषा का ही प्रसंग है।

'सहज भाषा' द्विवेदी जी का आदर्श रहा है। वह हिन्दी में और काशी में सहजिया सम्प्रदाय की सहजता लेकर आए थे। रामचन्द्र शुक्ल और केशव प्रसाद मिश्र की सुगठित गद्य वाली परम्परा से एकदम भिन्न दूसरी परम्परा द्विवेदी जी

के गद्य की है—सहज भाषा की! उसमें एक फक्कड़पन, एक मस्ती, एक प्रवाह है। संस्कृत के भी शब्द आएँगे तो बोलचाल की सहज भाषा में रचे-पचे। बहती हुई भाषा। यह दूसरी धारा थी। त्रिलोचन जी तक की राय थी कि बंगाल में रहने के कारण और कुछ लापरवाह होने के कारण भाषा-सम्बन्धी लेखन द्विवेदी जी में बहुत है। त्रिलोचन जी यहाँ तक कहा करते थे कि द्विवेदी जी असावधानी के कारण कई जगह चूक जाते हैं। व्याकरण-सम्बन्धी भी अनेक गलतियाँ मिलती हैं उनके यहाँ। शायद त्रिलोचन जी की अभी भी वही राय हो। जो भी हो, मेरे सामने अब गद्य की भाषा का दूसरा आदर्श भी था। दोनों आदर्शों में कोई टकराव हो ही, यह मैं नहीं कहता, पर निश्चय ही हिन्दी गद्य की यह दूसरी परम्परा थी। 'नाखून क्यों बढ़ते हैं' या 'शिरीष के फूल', 'अशोक के फूल', 'कुटज', 'देवदार' में गद्य की एक निराली अदा है। लेकिन विचित्र बात यह है कि उस समय द्विवेदी जी का गद्य मुझे आदर्श नहीं लगा था। बहुत बाद में जब मैंने 'दूसरी परम्परा की खोज' पुस्तक लिखने के लिए कलम उठाया, लगा कि कलम जैसे अपने-आप ही पंडित जी की ही रौ में चल पड़ा है। बोलचाल के विन्यास में छोटे सरल सहज वाक्यों वाला गद्य। 'मोहिं तौ मेरे कवित्त बनावै' जैसी बात। 'कविता के नये प्रतिमान' में जो गद्य है, वह आचार्य शुक्ल और आचार्य केशव प्रसाद मिश्र के संस्कारों वाला गद्य है। वह कुछ लोगों को गरिष्ठ भी लगता होगा।

अच्छी भाषा के आदर्श तक पहुँचने में समय लगा मुझे। निश्चय ही यह गुरुजनों का ही प्रसाद है। गुरुजनों में मैं एक नाम और जोड़ना चाहूँगा—रीतिकाव्य के परम विद्वान पंडित विश्वनाथ प्रसाद मिश्र का। उस दौर में भी रीतिकाव्य का उनके जैसा विद्वान लाला भगवान दीन के अतिरिक्त दूसरा कोई न था। रीतिकालीन कविता की तरह ही उनकी हर बात में कोई-न-कोई श्लेष, विरोधाभास या यमक होता था। बिना किसी चमत्कारी उक्ति के उनकी कोई बात होती ही न थी। यदि गुरु के रूप में पंडित विश्वनाथ जी न मिले होते तो रीतिकाव्य-परम्परा की अनेक भाषिक रूढ़ियों की जानकारी से वंचित ही रह जाता। किशोरावस्था के ब्रजभाषा काव्य के अकाल परिचय को उन्होंने प्रत्यभिज्ञान में परिणत कर दिया, जो आगे चलकर बहुत काम आया। खेद है कि उनके उस ज्ञान-भंडार का बहुलांश उन्हीं के साथ चला गया।

[6]

काशी में भारतेन्दु-युगीन गोष्ठियों की परम्परा उस समय यानी चालीस-पचास के दशक में भी बची रह गई थी यानी कि फुर्सत से काव्यशास्त्र विनोद के लिए अनौपचारिक गोष्ठियाँ हुआ करती थीं। इन गोष्ठियों ने भी मुझे गहरा संस्कार

दिया। अस्सी भदैनी, जहाँ मैं रहता, वह तो जैसे पंडितों का मोहल्ला है ही। किसी शब्द के बारे में आपके भीतर जिज्ञासा उठे तो निकल जाइए सड़क पर, कोई-न-कोई ऐसा जरूर मिल जाएगा जिसे रोककर आप अपनी जिज्ञासा रख सकें। फिर वह आपको उस शब्द और उससे मिलते-जुलते तमाम शब्दों के बारे में, व्याकरण आदि के बारे में बताएगा, बशर्ते कि आप फुर्सत में हों। ऐसा वहीं सम्भव है। एक कविता की पंक्ति लेकर आप चलें और उसका अर्थ न खुल रहा हो, तो कविता चाहे नई हो या पुरानी, ऐसी स्थिति में हम लोग एक-एक पंक्ति पर, घंटों बात करते थे। 'ते हि नो दिवसा गता:'। लोग कविताएँ सुन लेंगे, बहुत अच्छी-अच्छी करेंगे, लेकिन क्या अच्छा है, नहीं बता पाएँगे। वाकई वह अद्‌भुत संसार था, जो मुझे काशी में रहने के कारण मिला।

दूसरे साहित्यिक नगर भी हैं, जैसे इलाहाबाद। वहाँ बड़ी-बड़ी समस्याओं पर लम्बी-चौड़ी बौद्धिक बहसों की परम्परा है। वहाँ के बौद्धिकों के लिए उस तरह की कविता चर्चा या किसी एक शब्द पर एकाग्र उधेड़-बुन बहुत हल्की समझी जाती है। नतीजा यह कि पुन:प्रकाशन को 'पुनर्प्रकाशन' और 'पुन:प्रतिष्ठा' को पुन:प्रतिष्ठा लिखेंगे। यही नहीं, 'षष्ठ' को षष्ठम् और 'पंचम' को पंचम् भी। और ऐसा बड़े प्रतिष्ठित लेखक करते हैं।

हालाँकि मैं भाषा को लेकर बहुत शुद्धतावादी नहीं हूँ। भाषा खिचड़ी भी होती है, भाषा में तद्‌भव-तत्सम का मिश्रण भी होता है, पर जो तत्सम शब्द हैं, उनमें आप छेड़छाड़ नहीं कर सकते। तद्‌भव में जो करना है, कीजिए। वैसे तद्‌भव में भी लोक में जो रूप चलता है, वही चलेगा। आपका 'तद्‌भव' नहीं चलेगा।

खैर, बात काशी की चल रही थी। काशी जैसे पारम्परिक और प्राचीन नगर में रहने के कारण मुझमें अपनी परम्परा को जानने-समझने की ललक स्वाभाविक थी। दूसरों के लिए परम्परा किताबों में होगी, बनारस में परम्परा सड़क पर चलते हुए मिलती है। गली में घूमते हुए मिलेगी। घाट पर जाइए, वहाँ मिलेगी। काशी-वास ने सहज ही मुझे अपनी पुरानी परम्परा का मजबूत आधार सुलभ करा दिया। इलाहाबाद में रहता तो बहुत सम्भव है, अधिक से अधिक 1900 ई. तक पहुँच पाता और उसी से सन्तुष्ट हो लेता।

संयोग से रहने को मकान भी मिला तो एकदम अस्सी घाट के पास। यह वही घाट है जहाँ कभी तुलसीदास रहते थे। सुबह-शाम उधर से गुजरते हुए मुमकिन ही न था कि तुलसीदास याद न आएँ। कबीर का कबीरचौरा अस्सी से काफी दूर है। लेकिन उसी के पास ईश्वरगंगी पर ठाकुर प्रसाद सिंह का पैतृक घर था और उनसे मिलने तथा साहित्यिक संघ की बैठकों में भाग लेने वहाँ अक्सर जाना पड़ता था। मठ के अन्दर भले न जाएँ, लेकिन कबीर के ठिकाने से होकर गुजरने का अहसास तो होता ही था। फिर साही का पैतृक घर तो ठेठ कबीरचौरा

मोहल्ले में ही था और सन् '48-49 के आसपास जब वे काशी विद्यापीठ में अंग्रेजी अध्यापक होने के बाद अपने पैतृक आवास में रहने लगे तो अपना चक्कर भी उस ओर लगता ही था। इसी तरह बेनियाबाग से गुजरते हुए भी यह भूल पाना मुश्किल था कि यहीं प्रेमचन्द के साथ प्रसाद जी अक्सर सुबह-शाम घूमने के लिए आया करते थे। फिर भी एक बात का अफसोस तो है ही—मैं पढ़ने के लिए काशी तब आया जब कुछ ही वर्ष पहले एक-एक कर प्रेमचन्द, प्रसाद और रामचन्द्र शुक्ल अपनी काशी सूनी छोड़कर चल बसे थे। कहना न होगा कि वह सूनापन उनकी अनुपस्थिति को शिद्दत से महसूस कराता रहता था।

यह सूनापन टूटा 1950 की जुलाई में, जब आचार्य हजारीप्रसाद द्विवेदी शान्तिनिकेतन से काशी हिन्दू विश्वविद्यालय आए।

['तद्भव : अंक 3' में प्रकाशित]

बनारस का साहित्य-संसार

जब मैं बनारस पहुँचा तो बनारस की तीन विभूतियाँ नहीं रहीं : 1937 में जयशंकर प्रसाद, उससे पहले 1936 में प्रेमचन्द और आचार्य रामचन्द्र शुक्ल 1941 में दिवगंत हो चुके थे लेकिन उन सबकी छायाएँ मौजूद थीं। प्रेमचन्द की स्मृति के रूप में उनका 'हंस' निकल रहा था और प्रगतिशील लेखक संघ काशी में था, नन्ददुलारे वाजपेयी उसके अध्यक्ष थे और अमृतराय उसके सचिव थे। एक युवा छात्र के नाते मैं भी उसका सदस्य हो गया था। तो प्रेमचन्द की स्मृति बहुत स्पष्ट थी। उनकी स्मृति का दिवस मनाया जाता था हर साल। प्रसाद जी के नाम पर एक संस्था बनी हुई थी : 'प्रसाद परिषद'। अब नहीं है लेकिन एक जमाने में करीब 20 वर्ष तक बहुत सक्रिय रही यह संस्था और नगर के एक विशेष सम्भ्रान्त वर्ग के लोग उसके सदस्य थे और उसमें बाबू सम्पूर्णानन्द जैसे लोग भी गोष्ठियों में अक्सर आते थे। मैं भी दो-चार बार गया हूँ। आचार्य रामचन्द्र शुक्ल के नाम पर कोई संस्था नहीं थी लेकिन काशी हिन्दू विश्वविद्यालय का हिन्दी विभाग, शुक्ल जी की स्मृति को जीवित रखे हुए था, जिसका मैं विद्यार्थी था। तो इस नाते अतीत की वे स्मृतियाँ छाया के रूप में तीनों विभूतियों के रूप में मौजूद थीं। उनके आपसी सम्बन्ध, कहानियाँ, कि बेनियाबाग में आखिरी दिनों में प्रेमचन्द और प्रसाद दोनों साथ घूमते थे। प्रेमचन्द जी का वह निवास, राम कटोरा, जिसमें वे रहते थे और बाद में जिसमें अमृतराय रहने लगे थे, वहाँ हम लोग जाते थे। शुक्ल जी की स्मृतियाँ सुनानेवाले लोगों में शिवमंगल सिंह 'सुमन' उन दिनों काशी में ही थे। उनका नया कविता संग्रह आया था और प्रगतिशील लेखकों में से थे। तो यह पृष्ठभूमि है। उस पृष्ठभूमि की कुछ यादें मेरे मन में हैं और उन साहित्यिक गोष्ठियों में जब मैं वहाँ गया तो 1941-42 के दिनों की बात है, शिवदानसिंह चौहान 'हंस' का सम्पादन कर रहे थे और मौजूद थे और जिस स्कूल में मैं पढ़ता था, उसमें उनके बड़े प्रिय सागर सिंह नागर कविताएँ भी लिखते थे और एक गोष्ठी की मुझे अब भी याद है, जिसमें चौहान जी, शमशेर जी, त्रिलोचन जी आए हुए थे और सरसौली एक मोहल्ला कहलाता है, उदयप्रताप कॉलेज के पास, वहीं

एक लॉज था। उस लॉज में सागर सिंह रहते थे। उन्होंने ही बुलाया था। पहली बार 'हंस' का एक कवितांक, कविता विशेषांक निकला था, काफी मोटा, और बहुत महत्त्वपूर्ण वह विशेषांक था। उन दिनों चौहान जी का एक लेख भी मैंने पढ़ा था : 'क्या साहित्य प्रॉपेगैंडा है?' बाद में उनकी 'प्रगतिवाद' नाम की किताब में वह छपा है। कॉडवेल के 'इल्यूजन एंड रियलिटी' के आधार पर उन्होंने 'कविता की उत्पत्ति' सम्बन्धी एक लेख भी लिखा था। दो चीजों की याद है : चौहान जी को मैंने पहली बार वहीं देखा था, कोई रेडियो रूपक उन्होंने पढ़कर सुनाया था। शमशेर जी 'सरस्वती प्रेस' में उस समय काम करते थे, मुक्तिबोध चले गए थे। उस समय नहीं...मुक्तिबोध कुछ साल बाद, मेरा खयाल है, 1946 के आसपास आए थे। कविता पाठ किया था प्रेमचन्द की जयन्ती के अवसर पर। तो इन लोगों से पहले नरेन्द्र शर्मा चले गए थे वहाँ से। और एक, जिसमें दो-एक बार जाने का मौका मिला। कम्यूनिस्ट पार्टी के संस्थापकों में से एक रुस्तम सैटिन वहाँ थे। और रामेश्वरी विद्यालय रामापुरा में 'सरस्वती प्रेस' के बिलकुल पास था, वहाँ चलता था और वहाँ प्रकाशचन्द्र गुप्त भी आते थे क्योंकि उनकी एक बहन रामेश्वरी जी से शादी प्रकाशचन्द्र की हुई थी, पहली शादी और उनकी एक बहन थी मनोरमा और कमला जी तीसरी बहन थीं, जिनसे प्रकाश जी की दूसरी शादी हुई। तो प्रकाश चन्द्र जी भी आते थे। एक तरह का कम्यून था। शमशेर जी वहीं रहते थे। शिवमंगल सिंह 'सुमन' जुड़े हुए थे। अक्सर आते थे वहाँ। तो एक केन्द्र था। दो-एक बार मुझे वहाँ जाने का मौका मिला। तो यह वातावरण था 1941 के आसपास का। उसकी धुँधली-सी याद है लेकिन मैं ज्यादा उसके बारे में नहीं कह सकता। उसके बारे में त्रिलोचन जी ज्यादा बता सकते हैं।

एक युवा कवियों की, लेखकों की एक संस्था थी, जिससे आगे चलकर मैं ज्यादा निकट से जुड़ा। उसका सचिव भी हुआ। वह ठाकुर प्रसाद सिंह ने स्थापित की थी, ईश्वरगंगी में। उसका नाम था : 'युवक साहित्यिक संघ'। और ठाकुर प्रसाद सिंह, जो बाद में उत्तर प्रदेश के सूचना विभाग से जुड़े, तो बहुत ही सक्रिय थे और प्रगतिशील लेखक संघ में भी आते थे। तो एक प्रकार से 'युवक साहित्यिक संघ' प्रगतिशील लेखक संघ का एक सहयोगी संगठन था, जैसे 'परिमल' के साथ एक युवा 'परिमल' यहाँ स्थापित हुआ था, लगभग वही समझ लीजिए...बाद में तो हम लोग वहाँ थे और कुछ कविताएँ मैं लिखता था—उस दौर की साहित्यिक महत्त्व की घटना, 40 के दशक की, चौहान जी जब जेल चले गए, यह लड़ाई का जमाना था, 1942-43 के आसपास...तो 'हंस' का सम्पादन उनके जेल जाने के बाद, रामविलास शर्मा कर रहे थे। 'हंस' निकल रहा था। अमृतराय इलाहाबाद से बनारस आ गए थे और कुछ 'हंस' के सम्पादन में योग वगैरह करते थे तो मुझे याद है, प्रगतिवादी पर तीन विशेषांक

'हंस' के निकले थे और उस समय एक बहस चली थी : 'प्रगतिवाद ही क्यों?' और बनारस के पंडितों में से जो अध्यापन करते थे—पंडित विश्वनाथ प्रसाद मिश्र, एक अध्यापक थे, रीतिकाल के विशेषज्ञ—ये 'प्रसाद परिषद' से जुड़े हुए थे और प्रगतिशील लेखक संघ के विरुद्ध नहीं तो एक बरअक्स संगठन वह था, जो प्रगतिवाद का समर्थक नहीं था। और 'प्रगतिवाद ही क्यों?'—यह बहस चल रही थी और वह बहस...'आज' एक वहाँ का मुख्य दैनिक था, विशेषांक रविवारीय निकला करता था, उसमें इस तरह के लेख निकलते थे।

मुझे याद है, उन्हीं दिनों, उसी दशक में बाबू सम्पूर्णानन्द का एक लेख—'ब्राह्मण, सावधान' नाम से निकला था और ब्राह्मणवाद की बड़ी आलोचना...। एक तो सम्पूर्णाननन्द जी समाजवादी विचारों के थे। समाजवाद पर उन्होंने किताब लिखी थी। कांग्रेस में थे, स्वतंत्रता सेनानी थे। उनकी दिलचस्पी योग में, तंत्र में काफी थी। काशी विद्यापीठ में अध्यापन करते थे। वे वहाँ के आचार्यों में थे। तो एक महत्त्वपूर्ण संस्था काशी विद्यापीठ थी, जिसमें कुछ दिनों तक प्रेमचन्द ने पढ़ाया था। ऐसा बाद में हमें मालूम हुआ कि आचार्य नरेन्द्रदेव उसके आचार्य थे, बाबू सम्पूर्णानन्द जी थे। तो समाजवादी विचारों की एक संस्था जो कम्यूनिस्ट नहीं थी। कम्यूनिस्टों और समाजवादियों में जो मतभेद हैं, फर्क है, वह तब भी था, बाद में भी रहा। तो एक विचारों का केन्द्र, काशी विद्यापीठ, जिसके तहत बाबू सम्पूर्णानन्द ने यह लेख लिखा था—ब्राह्मणवाद पर प्रहार करते हुए। यह बताना इसलिए जरूरी है कि वहीं से, उसी संस्था से महापंडित राहुल सांकृत्यायन का भी सम्बन्ध था—आचार्य नरेन्द्रदेव के कारण और दोनों को जोड़ने वाली चीजें समाजवाद के अलावा बौद्ध-दर्शन था। वहाँ काशी विद्यापीठ से 'बुद्धचर्या' नाम की किताब आचार्य नरेन्द्रदेव ने प्रकाशित करवाई थी। काशी विद्यापीठ एक ऐसी संस्था थी, समाजवादी विचारों के नाते जयप्रकाश जी भी वहाँ आते रहते थे, लोहिया जी भी आते थे; तो एक वह संस्था थी और उस समय प्रगतिवाद को लेकर, और 'ब्राह्मण, सावधान' को लेकर—उसका जवाब पंडितों ने कुछ दिया था, तो आप जानते हैं, काशी पुरानी नगरी है। वहाँ तथाकथित ब्राह्मणवाद के, सनातन धर्म के विचारों वाले लोग पंडितों में थे और उनके आलोचक भी मौजूद थे। तो धर्म की जो चर्चा आजकल चल रही है, आज की पृष्ठभूमि से मैं उन दिनों को याद करता हूँ तो लगता है कि कुछ बहसें उस 40 के दशक में भी धर्म को लेकर हुई थीं और एक युवक के नाते मेरी दिलचस्पी उनसे हुई थी, उनसे मैं गुजरा था।

वहाँ काशी नागरी प्रचारिणी सभा नाम की एक संस्था है, राष्ट्रीय विचारों की रही है और आचार्य रामचन्द्र शुक्ल जुड़े हुए थे उससे। संस्थापकों में उसके श्यामसुन्दर दास थे, बाबू सम्पूर्णानन्द, कमलापति त्रिपाठी भी। राजनीति के लोग

भी उससे जुड़े हुए थे। आपको याद होगा कि अखबारों में एक फोटो छपा है। तब जवाहरलाल नेहरू एक बार काशी गए थे। उस समय आचार्य रामचन्द्र शुक्ल बैठे हुए थे, प्रेमचन्द बैठे हुए थे—नेहरू जी के साथ और साहित्यकारों के बीच उनकी एक गोष्ठी हुई थी। सम्भवत: 'प्रसाद परिषद' की ओर से हुई हो, बुलाई गई हो, तो बहुत साहित्यिक गहमा-गहमी का वातावरण था, जीवन्त था।

गोष्ठियाँ होती थीं, नियमित होती थीं। प्रगतिशील लेखक संघ की गोष्ठियाँ नियमित होती थीं। काशी में एक बड़ी सार्वजनिक जगह थी—कारमाइकल लाइब्रेरी। अब भी है। बड़ी पुरानी लाइब्रेरी है तो अधिकांश गोष्ठियाँ, बड़ी सभाएँ जो थीं, कारमाइकल लाइब्रेरी में ही होती थीं और छोटी-छोटी सभाएँ किसी और जगह होती थीं, तो वहाँ 20-25-30 लोग आते थे। जो बड़ी हुई, तो कभी-कभी नागरी प्रचारिणी सभा में भी होती थी। तो अलग-अलग या किसी विद्यालय में। मसलन मुझे याद है कि प्रेमचन्द-जयन्ती मनाई गई थी। हिन्दू स्कूल के शारदा हॉल में मनाई गई थी और हिन्दू स्कूल, काशी हिन्दू विश्वविद्यालय को श्रीमती एनी बेसेंट ने किसी जमाने में कायम किया था। कभी कामाक्षा में हम लोग करते थे गोष्ठियाँ, कभी विद्यापीठ में होती थीं, तो गोष्ठियाँ की एक बड़ी जागरूक परम्परा वहाँ थी। वहाँ निबन्ध पढ़े जाते थे, बहसें होती थीं, कविताएँ सुनाई जाती थीं। कभी-कभी नाटक होते थे। मुझे याद है कि विक्रम संवत् 2000 पूरा होने पर ठाकुर प्रसाद ने एक कोई खंडकाव्य जैसा लिखा था और सीताराम चतुर्वेदी, जो टीचर्स ट्रेनिंग कॉलेज में पढ़ाते थे और 'प्रसाद परिषद' के आदमी थे, उन्होंने 'कालिदास ग्रंथावली' का प्रकाशन उसी समय किया था। हिन्दी अनुवाद के साथ उन्होंने विक्रम पर एक नाटक भी लिखा था। देखा था मैंने वह नाटक। वहाँ एक नाटक की मंडली भी थी—भारतेन्दु की स्थापित की हुई : 'नागरी नाटक मंडली'। वह एक तरह का ओपन थिएटर था। तो कुछ नाटक भी होते रहते थे। मुझे याद है, इप्टा की ओर से कम-से-कम दो नाटक वहाँ निश्चित खेले गए थे। वह पहल शायद प्रगतिशील लेखक संघ की थी। 'कफन' का नाट्य-रूपान्तर वहीं के स्थानीय लोगों ने किया था। बहुत अच्छा अभिनय किया था और 'शतरंज के खिलाड़ी' का किया था। दो नाटक वहाँ खेले गए थे। तो एक तरह से नाटक और इस तरह की चीजें चलती थीं और संगीत के वार्षिक आयोजन सर्दियों में हुआ करते थे, कवि-सम्मेलन होते थे।

उन दिनों यह संघर्ष और झगड़ा बहुत कम था। शान्तिपूर्ण सह-अस्तित्व कह लीजिए। अपनी-अपनी उनकी दुनिया थी और कोई राग-द्वेष उस प्रकार का नहीं था। स्पर्धा, अच्छे-से-अच्छा काम करना लेकिन उस तरह का द्वन्द्व, संघर्ष, तनाव, आन्दोलन नहीं था। गोष्ठियाँ थीं और मुख्य उद्देश्य था कि साहित्य, हिन्दी और आप जिस विचार को मानते हैं, उन विचारों को रखते रहें। लेकिन

एक अद्भुत सहिष्णुता थी। मुझे याद है, वहीं सोनारपुरा से आगे शिवालय पर समझ लीजिए, नजीर बनारसी उर्दू में उन दिनों लिखते थे और वैसे नजीर अकबरबादी का नाम भी मशहूर है लेकिन नजीर बनारसी उसी परम्परा के थे। उनकी कविताओं का संकलन भी छपा है। नजीर भाई हकीम थे पेशे से लेकिन उनके यहाँ भी कभी-कभी हम लोग जाते थे, बैठते थे। कभी-कभी वे भी आते थे। उन दिनों इत्तफाक से वामिक जौनपुरी साहब की पोस्टिंग बनारस में सिविल सप्लाई में हो गई थी। राशनिंग का जमाना था। लड़ाई के जमाने में तो अरदली बाजार में रहते थे, तो कवि-सम्मेलन और मुशायरों में कभी-कभी वामिक भाई भी आते थे और उन दिनों उनके कई मशहूर गीत वहाँ बनारस में, मंचों पर हम लोगों ने सुने थे। तो एक बड़ा सौहार्दपूर्ण...। सभी गोष्ठियाँ अपना-अपना काम करती थीं और कोई उस तरह की तू-तकरार वाली स्थिति बिलकुल नहीं थी। बुलाए जाने पर एक-दूसरे के यहाँ लोग जाते थे, भाग लेते थे और उस समय यह तकरार वाली स्थिति, सन् 1950 तक, मैं बता रहा हूँ, नहीं थी।

यह जो कॉफी हाउस कल्चर और टी-हाउस कल्चर है, यह कल्चर उस वक्त नहीं था। लोग किसी के घर पर गए, मिले। मसलन मैं आपको बताऊँ कि मेरे मित्र विजयदेव नारायण साही इलाहाबाद में पढ़ते थे, रहनेवाले बनारस के थे। तो इलाहाबाद विश्वविद्यालय में उनको नौकरी मिली नहीं। मेरा खयाल है कि सन् 1948 में वे बनारस आ गए—काशी विद्यापीठ में अंग्रेजी पढ़ाने के लिए। रहते थे कबीरचौरा पर। तो मैं उस समय बी.ए. में पढ़ता था, बी.ए. फाइनल में था, दोस्ती थी हमारी। तो काशी विद्यापीठ में शम्भुनाथ जी हिन्दी पढ़ाते थे और विजयदेव नारायण साही अंग्रेजी पढ़ाते थे। दोनों आदमी समाजवादी विचारों के थे। समाजवादी पार्टी से जुड़े हुए थे। मैं तो उस समय किसी पार्टी का मेम्बर नहीं था लेकिन विचारों से मार्क्सवाद और समाजवाद की ओर रुझान था। तो अक्सर वहाँ विद्यापीठ में मुलाकात उन लोगों से हो जाती थी। वहाँ मैं भी जाता था, शम्भुनाथ जी के घर पर। कभी-कभी घूमते-टहलते हुए साही के घर पर चले जाते थे कबीरचौरा और दिलचस्प बात यह है कि कबीरचौरा मोहल्ला उन लोगों का, जो गाने-बजाने वाले...तबला बजानेवाले। सामता प्रसाद का घर ठीक साही के घर के सामने था। एक गली है, उस गली के इधर से जाएँ तो बाईं तरफ साही का मकान था—खपरैल का पुराना, उनके पिताजी का, और ठीक सामने गुदई महाराज, सामता प्रसाद का था। गन्धर्व लोग रहते थे। और एक रात, मुझे याद है, साही के साथ हम सभी लोग—किशन महाराज की शादी हुई थी, तो उसमें अलकनन्दा, सितारा देवी, किशन महाराज, कंठे महाराज, गन्धर्वों का ही था पूरा मामला, सारा समागम था। रात भर गाना-बजाना, तबला-वबला होता रहा। खाना-वाना खाया हम लोगों ने, रात भर वहीं देखते-सुनते रहे। तो काशी

की जो मस्ती है, जिसे कहें कि अनौपचारिक मिलन, तो इन चीजों में दिलचस्पी लेते थे, भाग लेते थे।

1950 के माहौल के बाद, उस समय मैं एम.ए. में था, और उसके बाद, जैसे बहुत सारी चीजें सहसा बदलीं, कई लोग चले गए। बाबू सम्पूर्णानन्द जी लखनऊ चले गए, आचार्य नरेन्द्रदेव चले गए। आचार्य हजारीप्रसाद द्विवेदी शान्तिनिकेतन से, काशी हिन्दू विश्वविद्यालय में प्रोफेसर अध्यक्ष होकर आए सन् '50 में और उसके साथ ही नागरी प्रचारिणी सभा के भी वे अध्यक्ष हुए। शहर में सबसे बड़ी हिन्दी की संस्था, साहित्यिक संस्था, नागरी प्रचारिणी सभा थी। लगभग उसकी हैसियत वही, जो इलाहाबाद में कभी हिन्दी साहित्य सम्मेलन की रही होगी। तो द्विवेदी जी का आना वहाँ के रहनेवाले पुराने अध्यापकों, विद्वानों को कुछ अच्छा नहीं लगा, और जैसे पाला खिंच गया। एक ओर द्विवेदी जी और उनके इर्द-गिर्द लेखक, बुद्धिजीवी, साहित्यकार, प्रगतिशील लेखक। नन्ददुलारे वाजपेयी जा चुके थे तो लगभग वह एक दौर की समाप्ति थी।

द्विवेदी जी के आने के बाद एक दूसरा दौर वहाँ के साहित्यिक जीवन के आरम्भ में हुआ, और द्विवेदी जी के आने के साथ एक और घटना हुई कि वहाँ आचार्य नरेन्द्रदेव जी की पहल पर 'नव संस्कृति संघ' की स्थापना हुई, जिसके पीछे निश्चित रूप से समाजवादी पार्टी थी। डी.पी. मुखर्जी आए थे और बेनिया-बाग में बड़ा भारी समारोह हुआ था। द्विवेदी जी ने अध्यक्षता की थी और डी.पी. मुखर्जी ने उद्घाटन किया था। उनका अंग्रेजी का भाषण था। उसके आसपास जो एक महत्त्वपूर्ण घटना है, वह यह है कि 'नव संस्कृति संघ' की स्थापना और 'जनवाणी' नाम की पत्रिका, जिसके प्रधान सम्पादक नरेन्द्रदेव थे, लेकिन सम्पादक का कार्य करते थे बैजनाथ सिंह 'विनोद'। विचारों से प्रगतिशील। उसमें हम लोग भी लिखते थे। तो 'नव संस्कृति संघ' की गोष्ठियों और 'जनवाणी' का सम्पादन, उसका प्रकाशन। मैं सचिव था 'नव संस्कृति संघ' की काशी शाखा का। साही भी उसमें आते थे। तो एक तो वह एक नया केन्द्र बना और लगभग ध्रुवीकरण होने लगा। प्रगतिशील लेखक संघ—उस समय को याद करूँ तो कम्यूनिस्ट पार्टी में बी.टी. रणदिवे वाली राजनीति चल रही थी तो उसके तहत लगभग सभी अंडरग्राउंड हो गए थे। संयुक्त मोर्चा बने-न-बने, यह बहस चल रही थी। उस दौर में लगभग एक एंटी कम्यूनिस्ट माहौल था। मुझे अच्छी तरह याद है, 'हंस' निकलता था सन् 1948 के आसपास। 'हंस' बन्द हो गया था, प्रतिबन्ध लगा दिया गया था। अमृत भाई उस दौरान इलाहाबाद चले गए। तो 'हंस' के वहाँ जाने से प्रगतिशील लेखक संघ के खामोश हो जाने का एक दौर था। लोग बिखर गए थे। भगवत शरण उपाध्याय आ गए थे काशी रहने के लिए और बनारस में थे तो बड़े प्रबुद्ध बुद्धिजीवी थे, 'नव संस्कृति संघ' में वे

आते थे। अब एक वैचारिक संघर्ष तो कम्यूनिस्ट पार्टी की एक नई नीति, और बाद में संयुक्त मोर्चे पर होने वाली बहस—मुझे याद है कि अनेक गोष्ठियाँ, जब अमृत भाई आते थे बनारस, तो हम लोगों की उनके साथ हुई थीं और अन्तरंग गोष्ठियाँ होती थीं और बहस। साहित्य में संयुक्त मोर्चा मुख्य मुद्दा था। अमृतराय ने एक किताब भी छोटी-सी प्रकाशित की थी और उनके और रामविलास जी के बीच जो बहस चल रही थी...मुझे ऐसा लगता है कि उन्हीं कारणों से, साहित्यिक बहसों का वह केन्द्र इलाहाबाद हो गया। बाद की घटनाएँ बताती हैं, सन् 1950 के बाद की, अगर हिन्दी विभाग के रूप में देखें तो द्विवेदी जी को बनारस शहर के अन्दर विश्वविद्यालय में तो उनके साथ कम लोग थे लेकिन उनको नैतिक समर्थन इलाहाबाद विश्वविद्यालय के डॉ. रामकुमार वर्मा से मिलता था। इलाहाबाद में वात्स्यायन जी थे। 'प्रतीक' द्वैमासिक बन्द हो चुका था लेकिन मासिक 'प्रतीक' निकालने की शुरुआत 1951 के आसपास हुई और यहीं से उन्होंने निकालना शुरू किया। यहाँ पर अक्सर आते थे और यह संघर्ष इतने स्पष्ट रूप से इलाहाबाद में—एक ओर 'परिमल', दूसरी ओर प्रगतिशील लेखक संघ। दोनों के बीच एक द्वन्द्व की स्थिति, यानी वैचारिक द्वन्द्व की। व्यक्तिगत स्तर पर कोई कटुता ऐसी नहीं थी।

हुआ यह कि बनारस और इलाहाबाद जुड़ गए एक तरह से। तो एक पाँव हमारा बनारस रहता था, एक पाँव इलाहाबाद और अक्सर आते थे हम लोग। तो वह वैचारिक द्वन्द्व, संघर्ष और टकराव—उसका वह रूप बनारस में उतना परिलक्षित नहीं होता। 'जनवाणी' कुछ दिनों तक निकलती रही, बाद में बन्द हो गई। 'आज' का कोई पक्ष नहीं था। कोई भी लिखे, उसमें छप सकता था। 'समाज' नाम की एक साप्ताहिक पत्रिका अलग से निकलती थी 'आज' की ओर से। छोटी-छोटी पत्रिकाएँ...। आगे चल करके ठाकुर प्रसाद सिंह ने 'हमारी पीढ़ी' नाम से एक पत्रिका निकाली, उसके कुछ अंक निकले। बहुत बाद में साधुबेला आश्रम से एक अधीर जी थे तो 'वासन्ती' निकालते थे। बहुत बाद में एक छोटी-सी पत्रिका 'कवि' नाम की विष्णुचन्द्र शर्मा ने निकाली। कुछ दिनों तक निकाली। हम लोगों का सहयोग था लेकिन सच पूछिए तो वह साधन-सुविधा इलाहाबाद में थी। इलाहाबाद से 'नया पथ' निकलता था, 'हंस' निकलता था। 'नई कविता' पत्रिका निकलती थी, फिर इलाहाबाद से 'निकष' निकलने लगा। आरम्भिक दिनों में 50 के दशक में 'संगम' साप्ताहिक निकलता था, जिसमें भारती जी काम करते थे। 'परिमल', प्रगतिशील लेखक संघ जैसी संस्थाएँ थीं।

इस सन्दर्भ में काशी के जो तीन बड़े साहित्यिक आयोजन हुए, उनका जिक्र मैं करना चाहूँगा। यह 50 के दशक की बात है। 50 के दशक में युवक साहित्यिक संघ की ओर से—क्योंकि प्रगतिशील लेखक संघ उस समय उतना

सक्रिय नहीं हुआ अन्दरूनी संगठनों के कारण—एक बहुत बड़ा आयोजन मैंने किया। मैं सचिव था उसका और सभी साथी लेखकों का सहयोग ले करके तीन दिनों का किया था बनारस में, और पहली बार उसकी महत्त्वपूर्ण घटना यह है कि सुमित्रानन्दन पंत आए थे। छात्र-जीवन में हाईस्कूल उन्होंने बनारस से किया था, उसके बाद कभी बनारस गए नहीं। तो आग्रह करके मैंने कहा कि एक बार आप काशी चलिए और वे मुख्य अतिथि के रूप में आए। उद्घाटन किया उसका। उस सम्मेलन में आचार्य हजारीप्रसाद द्विवेदी थे, आचार्य नरेन्द्रदेव जी थे और मोटे तौर से वह प्रगतिशील लेखकों का ही था। क्योंकि 'आलोचना' निकलने लग गई थी। चौहान जी ने 1951 में आरम्भ किया था तो एक साल हो गया था। तो शिवदानसिंह चौहान दिल्ली से आए थे। केदारनाथ अग्रवाल आए थे। इलाहाबाद के सभी लोग—नेमिचन्द्र जैन, भारतभूषण अग्रगवाल और प्रकाश चन्द्र गुप्त, यहाँ तक कि धर्मवीर भारती, विजयदेव नारायण साही आए थे तो इससे आप अन्दाजा लगा सकते हैं कि उस समय यह मौहाल था कि एक मंच पर कविता पर, कथा पर, उपन्यास पर, आलोचना पर—तीन दिनों की गोष्ठी हुई। नेमिजी ने पर्चा पढ़ा था तो एक बड़ा साहित्यिक आयोजन काशी में हुआ था और सबका सहयोग मिला था।

एक गोष्ठी और हुई थी, आगे-पीछे, मैं तारीखें भूल रहा हूँ, जिसमें वास्त्यायन जी आए थे और ठाकुर प्रसाद थे और वह अद्भुत जगह थी जहाँ ठहरने का इन्तजाम हम लोगों ने किया था। ईसरगंज में ही एक पुरानी कोठी है। कहते हैं कि वह कोठी भारतेन्दु हरिश्चन्द्र की थी। पुराने पत्थरों की बनी हुई। बड़ा एकान्त था। और भारतेन्दु हरिश्चन्द्र अपनी प्रेमिका मल्लिका के साथ वहीं रहते थे क्योंकि उनका जो पैतृक निवास था, वह बाप-दादों की कोठी थी। वहाँ पारिवारिक मामला था। तो अलग उनकी यह कोठी और बड़ी खूबसूरत। लॉन, बाग-बगिया और बड़ी अच्छी बनी हुई। उसमें गोष्ठियाँ हुई थीं। वात्स्यायन जी उसमें आए थे और दो दिनों की एक अच्छी गोष्ठी हुई थी, जिसकी याद है। विवरण उस समय अखबारों में छपे होंगे, बहुत डीटेल, यानी कि बड़ी अच्छी, मुख्यत: वह काव्य और कविता सम्बन्धी गोष्ठी थी।

एक काशी हिन्दू विश्वविद्यालय के परिसर में हुई थी और एक प्रगतिशील लेखकों की थी। एक तरह से वह राष्ट्रीय, प्रादेशिक या स्थानीय तो नहीं कहा जा सकता लेकिन बनारस-इलाहाबाद के अलावा उसमें बाहर के साहित्यकार भी आए हुए थे। उस गोष्ठी की कुछ एक बातें याद हैं। उसमें रामविलास जी और हजारीप्रसाद द्विवेदी ने भाषण दिये थे। और सम्भवत: कहीं लिखा भी हो मैंने, द्विवेदी जी ने 'साहित्य : एक शव-साधना' पर कहा कि साहित्य तो एक शव की साधना के समान है और शव के ऊपर बैठ करके साधक अपनी साधना से शिव

को जाग्रत करता है और उसकी पीठ पर बैठा हुआ है तो उसका मुँह साधक की ओर उलट कर हो जाता है और फिर कहता है कि जो माँगो, वह देंगे। तो अपने रूपक की भाषा में द्विवेदी जी ने बड़ा तीव्र भाषण दिया।

रामविलास जी ने अध्यक्ष की हैसियत से उस पर टिप्पणी करते हुए कहा कि इस साधना में सबसे बड़ा खतरा यह है कि शव के स्थान पर साधक का ही मुँह उलट जाता है और वह वर्तमान से हटकर पीछे की ओर देखने लगता है। इसलिए ऐसी साधना, जो साधक के मुँह को उलट दे और अतीत की ओर देखने लगे, सो इस साधना में खतरा है।

आप सोच सकते हैं कि इसका क्या असर पड़ा होगा। उस गोष्ठी में रामविलास जी—शमशेर जी मौजूद थे, नागार्जुन भी थे—शमशेर जी से कहा कि शमशेर जैसे गद्य अच्छा लिखते हैं, कविताएँ इनकी...और उसी की वजह से उसका असर इनकी सेहत पर पड़ा है। अगर ये कविता लिखने के बजाय बढ़ईगीरी का काम करते...और उनको सुनाकर, सामने बिठाकर उन्होंने कहा था। कुछ इस तरह की चीजें हुई थीं। प्रकाशचन्द्र जी के साहित्य में आधुनिकता और कविता-सम्बन्धी चर्चा भी चली थी, उसमें कुछ...वगैरह का जिक्र आया—आधुनिकतावादी कविता का। इस पर प्रकाशचन्द्र जी बहुत खिन्न हुए कि इतने वर्षों से मैं अंग्रेजी पढ़ा रहा हूँ और मैं यह नहीं मान सकता कि मैं 'इलियट' को नहीं समझता। बहुत खिन्न हो गए। चन्द्रबली सिंह ने कुछ वक्तव्य दिया था। दो अंग्रेजी के अध्यापकों की नोक-झोंक थी। बहरहाल बड़ी दिलचस्प। और तब प्रगतिशील आन्दोलन में जो विचारों की गहमा-गहमी थी, उससे लगता था कि धीरे-धीरे कुछ आधुनिक वृत्तियों से मुखोमुखी और कुछ उसके प्रति, जो 'नई कविता' है या 'नई कहानियाँ' लिखी जा रही हैं, उनके प्रति और पुराने ढंग के कट्टरपंथी, यथार्थवादी दृष्टि से कट्टर, समाजवादी यथार्थवाद के बीच टकराहट की गूँज उस गोष्ठी में स्पष्ट रूप से सुनाई पड़ने लगी थी।

50 का दशक समाप्त होने के बाद 'नव संस्कृति संघ' जब खत्म हो गया, प्रगतिशील लेखक संघ उतना सक्रिय और संगठित नहीं रहा, तो 60 के दशक के आसपास वहाँ के लेखकों में युवा लेखक जो उभर रहे थे तो उनमें शिवप्रसाद सिंह की कहानियाँ प्रकाश में आई थीं। कुछ उपन्यास भी उन्होंने लिखे। नये लेखकों में विद्यासागर नौटियाल जो वहीं पढ़ते थे उनकी 'भैंस का कट्या' नाम की कहानी 'नई कहानियाँ', 'कल्पना' और दूसरी पत्रिकाओं में छपी थीं। त्रिलोचन जी तो बराबर मौजूद थे ही और 'सरस्वती प्रेस' में जगत शंखधर थे। हम लोग मिलते थे। त्रिलोचन का कविता संग्रह भी उन्होंने छापा : 'दिगन्त'। शमशेर की 'कुछ कविताएँ' उन्होंने छापीं। मेरी 'छायावाद' नाम की पुस्तक 'सरस्वती प्रेस' से छपी। कुछ मेरी भी चीजें सामने आईं। तो वे लोग जो 'नव संस्कृति संघ'

के थे, प्रगतिशील लेखक संघ से उनका थोड़ा मतभेद था। 'परिमल' की छाया पड़ रही थी हमारे यहाँ। क्योंकि शिवप्रसाद जी के समाजवादी होने के कारण 'परिमल' में ज्यादातर लोग समाजवादी पार्टी के, लोहियावादी, जयप्रकाशवादी थे। तो लोहिया, जयप्रकाश का असर कुछ-कुछ बनारस में भी था। विद्यापीठ की वजह से युवा लेखकों में जो अधिक सक्रिय और सृजनात्मक थे, उनमें शिवप्रसाद सिंह थे। क्योंकि 'कल्पना' निकल रही थी तो 'कल्पना' के बद्री विशाल पित्ती भी समाजवादी विचारों के थे। अक्सर बनारस आते थे। कई बार आए, शिवप्रसाद जी से मिले, तो 'कल्पना' के कारण एक 'चेतना' नाम की संस्था, 'नई चेतना' या 'चेतना' नाम से शिवप्रसाद जी ने शुरू की। शम्भुनाथ जी भी उसमें थे और 'परिमल' वाले लोग अक्सर आते थे इलाहाबाद से। 'परिमल' के साथ शिवप्रसाद जी का गहरा सम्बन्ध था, और ये चीजें शुरू हुईं।

उसी समय के आसपास—लगभग यह घटना 1961 की होगी। 1961-62 में भारत-चीन सीमा-संघर्ष हुआ। उन्हीं दिनों एलन गिन्सबर्ग बनारस आए और 4-5 महीने रहे। हम सब लोगों से सम्बन्ध हो गया था। तो यह एक जो भूखी पीढ़ी वाला—हंगरी जेनरेशन अपने साथ वह साहित्य भी ले आया। बंगाल के लोग भी, कई लोग, सन्दीपन चट्टोपाध्याय यहाँ आते थे। तो 'नई कविता' और 'नई कहानी' का दौर लगभग समाप्त हो रहा था। उसके बाद धूमिल, काशीनाथ की एक नई पीढ़ी। कई गोष्ठियाँ उस समय हुईं बनारस में और धूमिल का उग्र और आक्रामक रूप उन गोष्ठियों में प्रकट होता था। त्रिलोचन जी हमेशा की तरह उग्र और आक्रामक रूप में नहीं थे लेकिन जैसे समझा जाता था कि इस पीढ़ी के साथ, युवा लोगों के साथ, त्रिलोचन भी हैं। मैं भी था इन लोगों के साथ, और कम्यूनिस्ट पार्टियों में तब तक विभाजन नहीं हुआ था। सी.पी.एम. बनी नहीं थी लेकिन चन्द्रबली सिंह थे। तो एक तरह से प्रगतिशील लेखक संघ उतना सक्रिय न होते हुए भी, प्रगतिशील लेखक संघ के कुछ लोग और एक छोटा-सा गिरोह था, जिसमें धूमिल और ये नये लोग इधर आते थे और दूसरी गोष्ठी 'चेतना' की। उसके समानान्तर कुछ गोष्ठी और लगभग 'परिमलनुमा' थी लेकिन एक शिवप्रसाद जी को छोड़कर और कोई आदमी था नहीं। ज्यादातर लोग इलाहाबाद से ही आते थे गोष्ठियों में। रघुवंश जी, जगदीश जी के आसपास तक की जो यह गहमा-गहमी थी, आम तौर से इनमें अनेक गोष्ठियाँ, क्योंकि हम भदैनी पर रहते थे और पास ही धूमिल भी वहीं पर रहते थे। नवाबगंज में तुलसी पुस्तकालय नाम की एक संस्था है। कहने के लिए पुस्तकालय है लेकिन उसका एक आँगन था और वहाँ गोष्ठियाँ होती थीं। ज्यादातर गोष्ठियाँ हम लोगों की तुलसी पुस्तकालय में होती थीं। अच्छी जगह थी बैठने की और निर्विवाद थी। बहुत पहले, नन्ददुलारे वाजपेयी के जमाने में भी, भदैनी पर तुलसी पुस्तकालय में

गोष्ठियाँ हुआ करती थीं प्रगतिशील लेखक संघ की, तो प्रगतिशील लेखक संघ का वह अड्डा था, या फिर 'सरस्वती प्रेस'—उसका हॉल था। ये दो जगहें हम लोगों के लिए सुरक्षित थीं और 'चेतना' वाले जो गोष्ठी करते थे, वह कामाक्षा पर। उन लोगों का अलग कहीं अड्डा रहा करता था। तो यह विचारों का टकराव जिसमें कहीं-न-कहीं सम्बन्ध-सूत्र इसके बनारस के बाहर—या तो एक ओर 'कल्पना', दूसरी ओर इलाहाबाद का 'परिमल', उससे जुड़े हुए लोग और इसके बरअक्स श्रीकान्त वर्मा की 'कृति'। 'हंस' बन्द हो चुका था और पत्रिकाएँ थीं नहीं, तो 'आलोचना' भी लगभग उस समय डाँवाँडोल थी। बन्द हो चुकी थी। तो बिना किसी साधन के लगभग बनारस का माहौल यही था, जहाँ मैं 1964 तक इस वातावरण में रहा और उसके बाद मैं 1965 में दिल्ली आ गया। इस बीच इलाहाबाद के साहित्यिक संगठन, गतिविधियाँ, वाद-विवाद आगे चलते रहे।

[महात्मा गांधी अंतर्राष्ट्रीय हिन्दी विश्वविद्यालय, वर्धा द्वारा प्रकाशित पुस्तक 'हिन्दी साहित्य का मौखिक इतिहास' (संपादक : नीलाभ) में प्रकाशित]

'नीम के फूल' उर्फ कविताओं के दिन

प्रकाश मनु : नामवर जी, आपने एक कवि के रूप में अपनी यात्रा शुरू की, फिर आपने आलोचनाएँ लिखीं और अब हिन्दी के शीर्षस्थ आलोचकों में आपकी गिनती होती है। कृपया बताएँ, जब आपने लिखना शुरू किया था, तब क्या आप जानते थे कि यहाँ तक पहुँचेंगे?...इसी से जुड़ी एक और सवाल। इस बिन्दु पर खड़े होकर अपनी पिछली सारी यात्रा पर निगाह डालें तो आपको कितना सन्तोष मिलता है और कितना अवसाद?

नामवर सिंह : ऐसा है प्रकाश जी, कोई योजना बनाकर कभी कोई काम मैंने जीवन में नहीं किया। कविता से शुरू किया, कविता लिखना अच्छा लगता था तो लिखने लगा...। उस समय, प्रारम्भिक दिनों में कम-से-कम आलोचना लिखने का मेरा कोई इरादा नहीं था।...सन् 1951 में मेरा कविता संग्रह प्रेस में छपने के लिए गया, तब मैंने एम.ए. कर लिया था। कविता संग्रह का नाम 'नीम के फूल' रखा था...। यह संयोग ही है कि 'बकलम खुद' जो मेरा निबन्धों का संग्रह है और 'नीम के फूल' एक साथ छपने के लिए गए। उन दिनों 'साहित्य सहकार' नाम से एक नया प्रकाशन जगदीश भारती ने शुरू किया था, वही छाप रहे थे...तो 'बकलम खुद' की तो—जिसमें व्यंग्य तथा ललित निबन्ध ही ज्यादातर थे—करीब दो सौ प्रतियाँ छप गई थीं और 'नीम के फूल' प्रूफ के लेवल पर ही था। तभी मकान मालिक से जगदीश भारती के कुछ झंझटों के कारण 'साहित्य सहकार' प्रकाशन बन्द हो गया और 'नीम के फूल—मेरा पहला कविता संग्रह कभी छपा ही नहीं।

ऐसा नहीं कि वह संग्रह छप जाता तो मैं आगे कविताएँ लिखता ही, क्योंकि गद्य लिखने की ओर मेरा रुझान काफी बढ़ गया था। 'बकलम खुद' में व्यंग्यात्मक निबन्ध ज्यादा थे...तो गद्य लिखने में उस समय दिलचस्पी जरूर थी, पर आलोचना में नहीं थी। उन दिनों एक बात महत्त्वपूर्ण और वह यह है कि मैं प्रगतिशील लेखक संघ से जुड़ा हुआ था और काशी शाखा का सचिव था। काफी अच्छी और तेजतर्रार साहित्यिक गोष्ठियाँ वहाँ हुआ करती थीं...तो इन

गोष्ठियों से ही प्रेरित, प्रभावित, उत्तेजित होकर मैंने कुछ आलोचनात्मक लेख लिखे। इनमें शुरू के दिनों के दो साहित्यिक निबन्धों की मुझे अब भी याद है। 1951 में एम.ए. करने के बाद मैंने दो निबन्ध लिखे : एक, 'इतिहास का नया दृष्टिकोण' और दूसरा, 'साहित्य में कलात्मक सौन्दर्य की समस्या'। पहला निबन्ध शिवदानसिंह चौहान के कहने से लिखा गया और उसे उन्होंने 'आलोचना' के इतिहास अंक में छापा।...दूसरा लेख 'कल्पना' के सम्पादक बदरी विशाल पित्ती के आग्रह पर। वह लेख सम्भवत: अक्टूबर, 1952 की 'कल्पना' में छपा था। 'कल्पना' में छपा यह मेरा शायद पहला और आखिरी लेख था। ये दोनों लेख 1957 में प्रकाशित होनेवाली मेरी पुस्तक 'इतिहास और आलोचना' में संकलित हैं। 'कल्पना' वाला लेख पुस्तक में 'कलात्मक सौन्दर्य का आधार' शीर्षक से है। इस लेख में रूप और वस्तु के द्वन्द्व की समस्या पर विचार किया गया है। इन लेखों पर मार्क्सवाद से नये-नये परिचय का प्रभाव स्पष्ट है। इन दो लेखों के बाद आलोचना लिखने का सिलसिला शुरू हो गया।

वैसे...एक और कारण यह था कि मैं उन दिनों काशी विश्वविद्यालय में पढ़ाने लगा था, तो उन दिनों अध्यापक होने के नाते (आप तो अध्यापक रहे हैं, इसलिए जानते ही होंगे) अपने विषय को बेहतर ढंग से विद्यार्थियों के आगे रखने और उसे व्याख्यायित करने के लिए आलोचना की जरूरत पड़ती ही है। शायद यह पहला अवसर है जब सोचने पर मुझे लगता है कि मेरे आलोचना-कर्म में प्रवृत्त होने में मार्क्सवाद और अध्यापन-कर्म की महत्त्वपूर्ण भूमिका है।

आलोचना की मेरी पहली पुस्तक 'छायावाद' है, 1954 में प्रकाशित। इस पुस्तक को लिखने की मुझे जरूरत क्यों पड़ी, इसके बारे में बताने लायक बात इतनी ही है कि धुँधली-धुँधली और दुर्बोध लगने वाली काव्यधारा को सुगम, सुबोध भाषा में यथार्थ की भूमि पर रखकर प्रस्तुत किया जाए। छायावादी कविताएँ जितनी मुश्किल नहीं हैं, उससे ज्यादा तो मुश्किल उनकी आलोचना थी—मुश्किल भी और उबाऊ भी। लगता था, इससे तो सीधे कविताएँ पढ़ लेना ही बेहतर है...।

प्रकाश मनु : प्रकृति की कविताएँ...? 'फूल नहीं, रंग बोलते हैं' में प्रकृति, खास कर केन नदी को लेकर लिखी गई कुछ कविताएँ अद्भुत हैं...।

नामवर सिंह : जी, प्रकृति को लेकर उनकी कुछ बहुत अच्छी कविताएँ हैं—केन नदी को लेकर अनूठी कविताएँ उनके यहाँ हैं, प्रेम को लेकर भी उन्होंने लिखा और अच्छा ही लिखा है, लेकिन आप एक बात देखिए, 'युग की गंगा' से जिस कवि ने शुरुआत की थी, और जिसकी कविता में शुरू से ऐसा उठान था कि लगता था, बहुत दूर उसे जाना है...तो आगे चलकर उनका विकास आप देखिए,

वैसा नहीं हुआ...जिस तरह का तीखा, धारदार व्यंग्य उनकी शुरू की कविताओं में था। वह बाद में कहाँ दिखाई पड़ता है...?

अच्छा, मैं आपको एक प्रसंग बताता हूँ। सन् '60 की बात है। 'फूल नहीं, रंग बोलते हैं' संग्रह आ चुका था। उसका विमोचन जब हुआ, तब मैं भी संयोगवश इलाहाबाद में था...। उसके कुछ दिनों बाद अज्ञेय जी से मेरी मुलाकात हुई दिल्ली में—शायद कनाट प्लेस के एम्बेसी रेस्त्राँ में। वहाँ देर तक हम लोगों की बातचीत हुई...अज्ञेय जी को इस बात पर आपत्ति थी कि आप लोग रूप की तुलना में अन्तर्वस्तु को इतना ज्यादा महत्त्व क्यों देते हैं। उनका कहना था कि यह प्रवृत्ति गलत है...। देर तक वह अपनी बात कहते रहे और मैंने उन्हें जवाब भी दिया। अचानक बीच में वह बोले—और जहाँ तक रूप की बात है तो क्या जो प्रगतिवादी कवि हैं, उनके यहाँ यह समस्या नहीं है और फिर आपको आश्चर्य होगा, उन्होंने नाम लिया केदारनाथ अग्रवाल का। बोले, 'सबसे बड़े रूपवादी तो आपके केदारनाथ अग्रवाल ही हैं।'

मैंने उनकी बात का जवाब दिया, लेकिन उनकी बात पर सोचता रहा कि उन्होंने केदारनाथ अग्रवाल का ही नाम क्यों लिया, किसी और कवि का क्यों नहीं? नागार्जुन, शमशेर, त्रिलोचन—किसी का नहीं। वैसे, उनकी बात सही तो नहीं है, पर यह भी नहीं कि उसमें कोई सत्यांश बिलकुल न हो। बाद में भी मैंने उनकी बात पर सोचा और ध्यान से केदार जी की कविताएँ पढ़ीं तो मैंने देखा कि वह कविताएँ बनाते कैसे हैं। अक्सर कोई चमत्कार या किसी वस्तु का बाहरी तौर से चकित करने वाला कोई गुण उनके सामने होता है या फिर कोई ऐसा बिम्ब या इमेजरी उनके सामने होती है जो तत्काल चकित, मुग्ध करती हो। बस, वह सारी कविता को उसी के अनुसार ढाल देते हैं। मसलन उनकी यह कविता देखें : 'मैंने उसको जब-जब देखा, लोहा देखा/मैंने उसको लोहे जैसा ढलते देखा/... मैंने उसको जब-जब देखा, गोली जैसा चलते देखा।'...तो इसमें जो चीज सबसे पहले उनके ध्यान में आती है, वह है—लोहा। और फिर लोहे के साथ गलना, चलना, ढलना—ये सब क्रियाएँ जो लोहे से जुड़ी हुई हैं, एक-एक कर उनके ध्यान में आती हैं और फिर क्लाइमेक्स के लिए वह एक पंक्ति बचाकर रखते हैं—गोली...यानी वह यह जानते हैं कि लोहे से गोली बनती है और लोहे से बनी गोली का चलना बड़ी जबरदस्त चीज है, तो उस कविता का आखिरी चमत्कार यह है कि 'मैंने उसको जब-जब देखा, गोली जैसा चलते देखा...'

तो इसमें, प्रकाश जी, लोहे पर जितना हमारा ध्यान जाता है, उतना उस मजदूर के जीवन, दुखों, संघर्षों और दूसरे क्रिया-व्यापारों पर नहीं। मैं इसे उनकी सीमा या असफलता मानता हूँ...और यह एक तरह से उनके पूरे काव्य-संसार या कहिए कि काव्य के रूप-विधान की सीमा है, उनकी कविता का एक सीमित

संसार है और उसे पार करने या उससे निकलने की कोई कोशिश, कोई बेचैनी उनके यहाँ नहीं मिलती...। फिर एक और दिक्कत यह है कि उनके यहाँ चीजें अक्सर स्याह या सफेद खानों में बँटी हुई मिलेंगी...यानी वहाँ या तो काला है या सफेद...। मेरा मानना है कि एक लेखक को चाहिए कि काले और सफेद से परे जो एक विस्तृत ग्रे लैंड है—भूरा मैदान है, उसमें से भी जो अनुकूल हो, उसे ग्रहण करे। उसे पूरा का पूरा त्याग देने से तो आप अपने-आपको हल्का कर लेंगे...तो केदार जी के यहाँ एक तरह से दृष्टि का, समझ का सरलीकरण है। यहाँ वह एक भोले बच्चे की तरह लगते हैं, जो चीजों की असली शक्लें बहुत कम जानता है। प्रगतिवादी जितने भी कवि हैं, उनमें इनोसेंस सबसे ज्यादा उनके यहाँ है। मैं उसे उनका अपना कोई दोष नहीं मानता...एक तो वह यहाँ से दूर—अलग रहे, अलग-थलग पड़ गए। और भी परिस्थितियाँ होती हैं आदमी की, लेकिन इसने उनकी कविता को कमजोर बनाया...।

आजीविका का संघर्ष

[1]

मैंने आजीविका के लिए भी किसी के सामने हाथ नहीं फैलाया। अपने स्वाभिमान और अपने आत्मविश्वास के कारण मैं कहीं सिर नहीं झुका सकता। सन्तोष है कि मुझे कहीं सिर नहीं झुकाना पड़ा।

काशी हिन्दू विश्वविद्यालय में मुझे जो नौकरी मिली थी, आचार्य हजारीप्रसाद द्विवेदी ने नहीं दी थी। अपने लिए पोस्ट मैं खुद ले आया था। इस प्रसंग को मैं बतलाना चाहूँगा।

नई पंचवर्षीय योजना शुरू हुई थी। मेरे एक वरिष्ठ सहपाठी विश्वम्भरनाथ पाठक मुझसे एक साल सीनियर थे। मैं बी.ए. प्रीवियस में था, वह बी.ए. फाइनल में थे। मैं एम.ए. प्रीवियस में, वह एम.ए. फाइनल में। कल्चर के विद्यार्थी थे वह और हॉस्टल में हम साथ रहते थे। बड़े ही घनिष्ठ मित्र थे हमारे। एम.ए. करने के बाद शिक्षा मंत्रालय में उनकी नियुक्ति हो गई। बनारस आए और कहने लगे, 'पंचवर्षीय योजना बन रही है। आचार्य द्विवेदी से कहो कि एक योजना बनाकर अपने विभाग में दें और उसके तहत कुछ पोस्ट माँगें। मैं दिला दूँगा।' मंत्रालय में इस काम को वे ही हैंडल कर रहे थे। मैंने दो योजनाएँ बनवाकर आचार्य द्विवेदी से भिजवाईं। किसी को उम्मीद नहीं थी कि वे स्वीकृत होंगी। एक योजना हिन्दी साहित्य के बृहद् इतिहास से जुड़ी थी, दूसरी ऐतिहासिक व्याकरण की थी। बृहद् इतिहास वाली तो नहीं, मगर व्याकरण वाली स्वीकार हो गई और लेक्चरर के दो पद मिले। ये दोनों पद पाठक जी—मेरे मित्र—ने दिलवाए थे। एक पद पर रामदरश मिश्र की नियुक्ति कामक्षा में हुई। वहाँ उनको इंटरमीडिएट तक पढ़ाना था। दूसरे पद पर मुझे विश्वविद्यालय में पढ़ाने को मिला। लेकिन इस प्रसंग में विडम्बना यह हुई कि मेरी नियुक्ति को लोगों ने अस्थायी मान लिया। यह समझा कि पंचवर्षीय योजना के अन्तर्गत मिलने के कारण यह पद केवल पाँच वर्षों के लिए ही है। अत: मैं अस्थायी ही रहा।

अगली पंचवर्षीय योजना में यह पद बना रहा, तो मुझे पुनर्नियुक्ति दी गई। जो भी हो, एक तरह से अपने लिए जगह मैं खुद ले आया था और उसका श्रेय पुन: मैं अपने मित्र विश्वम्भरनाथ पाठक को देता हूँ।

पाठक जी ने जीवन में दो बार मेरी मदद की। दूसरी बार तब, जब मैं बनारस हिन्दू विश्वविद्यालय से निकाल दिया गया था। उस समय संयोग से वह सागर विश्वविद्यालय में थे। होली में बनारस आए थे तो फार्म लेते आए थे। बोले, 'सागर विश्वविद्यालय में लेक्चरर की एक जगह विज्ञापित हुई है, यह फार्म तुम भर दो, मैं लेता जाऊँगा। वाजपेयी जी वहाँ हैं। यद्यपि मैं जानता हूँ कि वह तुम्हारे विरुद्ध हैं लेकिन कुलपति द्वारिका प्रसाद मिश्र हैं जो आचार्य द्विवेदी को बहुत मानते हैं इसलिए बहुत उम्मीद है कि तुम्हारी नियुक्ति हो जाएगी।'

फार्म भरवाकर वह ले गए।

सचमुच वाजपेयी जी ने विरोध किया था। चयन-समिति में पंडित जी के अलावा धीरेन्द्र वर्मा जी थे, उन्होंने और द्वारिका प्रसाद मिश्र जी ने मुझे वाजपेयी जी के घोर विरोध के बावजूद चुन लिया।

तीसरी नौकरी मुझे जोधपुर विश्वविद्यालय में मिली। वहाँ मैंने नौकरी के लिए आवेदन भी नहीं किया था। जोधपुर विश्वविद्यालय के वी.सी., वी. वी. जॉन थे। वह मुझे जानते थे। मेरे बारे में सुन रखा था। बाद में जान ने मेरी नियुक्ति के बारे में पूरी कहानी बताते हुए कहा, 'मैं एक्सपर्ट सुमन जी से बोला कि मैं इस आदमी को चाहता हूँ, आपकी क्या राय है?' सुमन जी ने कहा, 'वह कम्यूनिस्ट है। सोच लीजिए, बड़ा विवादास्पद भी है।' सुमन जी ने बाद में स्वयं भी मुझे यह प्रसंग बताया था। तो सुमन जी की कम्यूनिस्ट वाली बात सुनकर वी.वी. जॉन बोले, 'वह मुझे तो कन्वर्ट नहीं कर लेगा न? और फिर वह योग्य तो है न?' सुमन जी ने कहा, 'योग्य है।' यह बात सन् 1970 की है जब मेरी पुस्तक 'कविता के नये प्रतिमान' प्रकाशित हो चुकी थी और दिल्ली में 'आलोचना' का सम्पादन कर रहा था, मगर फिलहाल बेकार ही था।

वी.वी. जॉन की तरह ही प्रोफेसर बी.डी. नाग चौधरी ने मुझे जे.एन.यू. के लिए ऑफर दिया था। उसके पहले बालकृष्ण राव जी मुझे आगरा विश्वविद्यालय में कन्हैयालाल माणिकलाल मुंशी इंस्टीट्यूट का निदेशक बना चुके थे। राव साहब मुझे इलाहाबाद में सुन चुके थे, जानते थे। मैंने आवेदन नहीं किया था, उन्होंने स्वयं ऑफर देकर बुलाया था।

यहाँ लोगों को लग सकता है कि मेरे जीवन में कोई संघर्ष नहीं रहा। एम.ए. किया। पी-एच.डी. की। नौकरी की। प्रोफेसर हुआ। ऐसे शुभचिन्तकों और मित्रों से कहने को जी होता है कि बीच में पाँच साल बेकार रहा। काशी हिन्दू विश्वविद्यालय में नौ साल अस्थायी बना रहा और फिर निकाल दिया गया। क्या

इन स्थितियों में मुझे कोई पीड़ा नहीं हुई? फिर जो कुछ मुझे मिला, वह मैंने जोड़-तोड़ करके तो हासिल नहीं किया। काशी हिन्दू विश्वविद्यालय में भी मैं पद ले आया था और फिर मैं उस पद पर नियुक्त होने की योग्यता रखता था। मैं फर्स्ट क्लास फर्स्ट था। फिर भी कुछ ऐसा है कि मेरा कोई भी काम बिना बाधाओं के होता ही नहीं। मैं उन बाधाओं का जिक्र करना चाहता हूँ।

बी.एच.यू. में जब मैं लेक्चरर हुआ, तब कहा जाता था कि मैं आचार्य हजारीप्रसाद द्विवेदी का शिष्य हूँ और उनके निकट हूँ। इससे हुआ यह कि जो द्विवेदी जी के विरोधी थे, मेरे विरोधी हो गए। पहले वे मुझे स्नेह और प्यार करते थे। स्नेह का मतलब यह कि दया की दृष्टि से देखते थे। लेकिन दया तब अदया में बदल गई जब मुझको द्विवेदी जी का स्नेह मिलने लगा। दूसरी तरफ कुछ ऐसे लोग भी थे जो द्विवेदी जी का बहुत आदर करते थे, वे भी मुझे अपना दुश्मन मानने लगे कि द्विवेदी जी इसी को क्यों इतना मान रहे हैं। ऐसे ही जले-भुने लोगों में शिवप्रसाद जी थे। आज वह नहीं रहे, इस बात का मुझे दुख है लेकिन वह अन्त समय तक न जाने किस जलन में मुझसे पीड़ित रहे। बहरहाल इन्हीं स्थितियों में मैं पढ़ाने लगा था।

कुछ लोग सुपारी देनेवाले होते हैं, कुछ सुपारी लेकर किसी का वध करते हैं। बनारस में रुद्र काशिकेय जी थे। भंगड़ आदमी। अच्छे कथाकार। उनमें बड़ी प्रतिभा थी लेकिन उन्हें लोगों ने भड़का कर कहा कि तू खिलाफ लिख। वह एक अखबार में 'भूतनाथ की डायरी' लिखने लगे। मेरे चरित्र-हनन की मनगढ़न्त ऐयारी उपन्यासों जैसी शृंखला शुरू हो गई। उद्देश्य था कि किसी भी तरह इस आदमी को यहाँ से हटा देना है। अन्ततः वे लोग कामयाब हुए। मैं कम्यूनिस्ट पार्टी के टिकट पर चुनाव लड़ा था 1959 में। हार गया। तो उन लोगों को एक बहाना मिल गया। यह कम्यूनिस्ट तो है ही, परमानेंट भी नहीं हुआ है। इसी मौके पर इसे निकाल दो। और वे सफल भी हुए।

उधर द्विवेदी जी के विरुद्ध भी कम विषाक्त वातावरण नहीं था। विरोध के बीच में हर मिनट, हर क्षण का दंश था, जैसे बिच्छुओं की पिटारी में कोई बैठा दिया गया हो! द्विवेदी जी बैठे हुए थे। अपना दुख वह किससे कहें? पड़ोसी से कह नहीं सकते थे, घर में कह नहीं सकते थे। आखिरकार मुझी से कहते, हालाँकि मैं छोटा था। वह कहते, 'मैंने बहुत बड़ा पाप किया जो शान्तिनिकेतन छोड़कर यहाँ आ गया। क्यों आ गया मैं यहाँ?' लेकिन उन्हीं दिनों मैंने पंडित जी से यह चौपाई सुनी थी जिसे कहा तो रावण ने है लेकिन है तुलसी की :

निज भुजबल मैं बयरु बढ़ावा।
देहउँ उतरु जो रिपु चढ़ि आवा॥

मैंने अपने भुजबल से लड़ाई ली है और रिपु चढ़ आएँगे तो जवाब दूँगा। पंडित जी ने कहा, 'जी तो करता है, यहाँ से चला जाऊँ लेकिन अब न दैन्यं न पलायनम्। मैं मैदान छोड़कर नहीं जाऊँगा।'

एक दिन मैंने उनसे पूछा, 'आचार्य विश्वनाथ प्रसाद मिश्र और आपमें कौन-सा सैद्धान्तिक विरोध है? वह क्यों आपके विरुद्ध हैं? क्या इसलिए कि वह रीतिकाल को मानने वाले हैं और आप कबीर को?'

पंडित जी बोले, 'नहीं नामवर जी, यदि सैद्धान्तिक विरोध होता तो कोई बात नहीं थी। यह सब तो होता रहता है और मैं उसका अभ्यस्त भी हूँ। लेकिन यह नितान्त व्यक्तिगत है और व्यक्तिगत स्वार्थों के कारण ही यह युद्ध है और ऐसा युद्ध जीवन में मैंने लड़ा नहीं है। पहली बार लड़ना पड़ रहा है।'

इसी तरह एक दिन पं. चन्द्रबली पांडे की बात हो रही थी कि वह आते हुए दिखे। पंडित जी बोले, 'कुपित ब्रह्मचर्य आ रहा है।' मैंने पूछा, 'कुपित ब्रह्मचर्य क्या होता है?' पंडित जी ने कहा, 'जो रात में अपने से लड़ता है और दिन में दूसरों से।' फिर कहने लगे, 'दोष इनका नहीं है। इनको लोगों ने भड़काया है। यह आचार्य रामचन्द्र शुक्ल के शिष्य रह चुके हैं। इन्हें समझाया गया है कि हजारीप्रसाद द्विवेदी शुक्ल जी के विरोधी हैं और शुक्ल जी की तमाम मर्यादाओं को नष्ट करनेवाले हैं।'

मेरे ऊपर आक्रमण काफी तीखा हो गया था तो एक शाम पंडित जी से कहा, 'मेरे ऊपर जो प्रहार हो रहा है, वह दरअसल आपके ऊपर चोट करना चाहते हैं मेरे माध्यम से।' वह बोले, 'नहीं नामवर जी, उलटा भी हो सकता है। मेरे कारण लोग तुम्हें दंड दे रहे हैं।' थोड़ा रुककर कहने लगे, 'एक चीज याद रखो, विरोध उसी का होता है जिसमें तेज होता है। विरोध से ही शक्ति नापी जाती है। जब छोटी-सी चिनगारी दिखाई पड़ती है तो लोग घी नहीं, पानी डालते हैं।' पंडित जी की इस बात ने मुझे बल दिया और आगे जूझने के लिए रास्ता दिखाया।

यहाँ मैं एक दिलचस्प संयोग की ओर इशारा करना चाहता हूँ कि पंडित जी का जन्म 1907 में हुआ था। मुझे ज्योतिष में कभी भी यकीन नहीं रहा लेकिन विचित्र है कि सागर विश्वविद्यालय से जब मैं निकाला गया तो उसी समय द्विवेदी जी को भी बी.एच.यू. से निकाला गया था।

सागर में पढ़ाते हुए कुछ दिन बीते होंगे कि एक घटना घटी। भोपाल में प्रगतिशील लेखक संघ का विशेष सम्मेलन बुलाया गया। मुक्तिबोध, हरिशंकर परसाई—सभी उसमें शामिल हुए। द्विवेदी जी और नन्ददुलारे वाजपेयी जी को भी आमंत्रित किया गया था। एक को अध्यक्षता करनी थी, दूसरे को उद्घाटन। द्विवेदी जी नहीं आए तो आयोजकों ने अध्यक्षता का दायित्व मुझे सौंप दिया। वाजपेयी जी को यह बात बहुत ही नागवार लगी। उनके ही विभाग का एक

लेक्चरर, रीडर भी नहीं, अध्यक्षता करे और उसमें उनकी बातों का खंडन भी करे, यह गुस्ताखी? उद्‌घाटन सत्र के बाद अगले दिन प्रात:काल गोष्ठी हुई जिसमें वाजपेयी जी अध्यक्षता कर रहे थे। मुक्तिबोध ने पर्चा पढ़ा। वह पर्चा उनकी 'नई कविता का आत्मसंघर्ष' में है। मुक्तिबोध के बाद श्रीकान्त वर्मा को बोलना था। श्रीकान्त तो किसी को छोड़ने वाले आदमी नहीं। मैंने निश्चय किया कि जो कुछ हुआ, वही बहुत है। मैं नहीं बोलूँगा। लेकिन वाजपेयी जी ने हठ पकड़ लिया। कहा, 'अध्यक्ष के नाते मैं आदेश देता हूँ कि आपको बोलना है। अब आप खुलकर सामने आ जाइए।' मैं बोला। तमतमाया चेहरा लिये वाजपेयी जी दोपहर को ही लौट गए। मगर वह अपने चेलों को छोड़ गए थे, रिपोर्टिंग के लिए।

मैं सागर पहुँचा तो मालूम हुआ कि फैसला हो चुका है। उन दिनों कहानीकार विजय चौहान और मैं एक ही घर में रहते थे। उन्होंने बताया कि सब गड़बड़ हो गया है। मुझे कन्फर्म होना था और कन्फर्मेशन के लिए विभागाध्यक्ष की रिपोर्ट जाती है। वाजपेयी जी ने रिपोर्ट में लिख दिया था कि कन्फर्म न किया जाए। वाजपेयी जी विभागाध्यक्ष होने के साथ-साथ एक्जीक्यूटिव कौंसिल के मेम्बर भी थे। वहाँ उनका बहुमत भी था। प्रशासन ने मुझे मीटिंग के पहले बुलाया और कहा कि एक ही उपाय है अब कि मेरे पक्ष में आचार्य द्विवेदी की लिखित गारंटी मीटिंग के पहले पहुँच जाए मेरे बारे में। इसके लिए मैं उन्हें तार दे दूँ। मैंने तार दे दिया। लेकिन सागर जैसे छोटे शहर में शायद यह सम्भव था। लोगों ने वह तार ही रुकवा दिया। जब सब कुछ खत्म हो गया तो पं. द्वारिका प्रसाद मिश्र जी, जो अब नहीं हैं इस दुनिया में, ने मुझे बुलाया और कहा, 'बहुत दुख है मुझे। खैर, पास में ही दमोह है, वहाँ हमारे विश्वविद्यालय से सम्बद्ध एक डिग्री कॉलेज में प्रिंसिपल की जगह खाली है, तुमको मैं वहाँ नियुक्त कर सकता हूँ। यहाँ से बेहतर तनख्वाह है।' मैंने कहा,'नहीं पंडित जी, अब नौकरी नहीं करनी है। यहाँ मैं ऐसे ही आ गया था। इन्होंने हटा दिया, वरना साल-दो साल बाद मैं खुद सागर से चला जाता। काशी छोड़ सागर क्या रहना!'

जोधपुर विश्वविद्यालय मैं सन् 1970 के अक्टूबर में गया था और 1974 के सितम्बर अन्त तक मैं वहाँ रहा। बाधाएँ वहाँ भी मेरे पीछे थीं। वहाँ मिले एक शर्मा। अब भी हैं दिल्ली में। मुझे लेकर उनका कष्ट था कि बाहर का यह आदमी यहाँ कैसे आ गया, वह भी कम्यूनिस्ट। वह यह भी सोचते थे कि मैं वहाँ न जाता तो वह विभागाध्यक्ष हो जाते, जबकि उनका कोई चांस नहीं था। उनसे ऊपर डॉ. गुप्ता थे जो रीडर हेड थे। फिर भी वह प्रयत्नरत थे। वह आनन्दमार्गी जनसंघी थे। उनके सूत्र दूर-दूर तक फैले हुए थे, दिल्ली तक।

दक्षिपंथी विधारधारा के जो लोग हिन्दी में होते हैं, उनकी पहुँच दूर-दूर तक होती है। शर्मा जी भी ऐसे ही थे। बहुत-से लोगों को मिठाइयाँ पहुँचाया करते थे,

फल लेकर जाया करते थे। वह हिन्दी के ठेठ अध्यापक थे। उनको लोगों ने भी कोंचा, उकसाया। उन्होंने हाईकोर्ट में रिट कर दिया। लेकिन रिट में कोई दम नहीं था। यूनिवर्सिटी ने जवाब दे दिया था और उस केस की सुनवाई भी नहीं हुई कभी। अब देखा कि रिट से तो यह जानेवाला नहीं, तो फिर 'आधा गाँव' का मुद्दा भड़का दिया। दरअसल मैंने वहाँ का पूरा कोर्स बदल दिया था। आमूल चूल। बहुतों को कठिनाई हो रही थी कि पढ़ाएँगे कैसे। मैंने किताबें भी नई तैयार कराईं।

वी.वी. जॉन ने कहा कि प्राइवेट पब्लिशर्स से बहुत रुपया खाते हैं हिन्दी वाले। आप किताबें तैयार कराइए, विश्वविद्यालय खुद छापेगा। उस समय हायर सेकेंड्री पास करके विद्यार्थी सीधे यूनिवर्सिटी आते थे। बारहवीं को प्री-यूनिवर्सिटी कहते थे। इसके बाद तीन साल का बी.ए. और दो साल का एम.ए. होता था। तो हिन्दी की एक दर्जन किताबें अकेले दम मैंने तैयार कीं। और जुलाई से मैंने वह पाठ्यक्रम लागू कर दिया, और यहीं से शुरू हुआ 'आधा गाँव' का विवाद। 'आधा गाँव' को पाठ्यक्रम में चुनने के औचित्य पर समर्थन के लिए मैंने अनेक साहित्यकारों को पत्र लिखे। समर्थन मिला, पर अपर्याप्त।

'आधा गाँव' पर दो आरोप थे—अश्लील है और साम्प्रदायिक है। रामविलास शर्मा जी की प्रतिक्रिया थी, 'साम्प्रदायिक तो नहीं है पर अश्लील है। विश्वविद्यालय में पढ़ाए जाने लायक नहीं है।' अन्य कई साहित्यकारों को मैंने लिखा था। सबकी पूँछ उठाकर देख लिया था मैंने। अन्ततः मुझे पाठ्यक्रम से पुस्तक वापस लेनी पड़ी। हिन्दी के अध्यापकों से तो उम्मीद नहीं करता था लेकिन साहित्यकारों और पत्रकारों से मदद की उम्मीद थी। खास तौर पर मैं 'दिनमान' से आशान्वित था लेकिन क्या किया जाए, लोगों के मन में गाँठें थीं। और तो और, राही के मित्र 'धर्मयुग' के सम्पादक धर्मवीर भारती, जिन्हें मदद करनी चाहिए थी, ने भड़काने का काम किया।

धीरे-धीरे मुझे लगने लगा कि जोधपुर में मैं ज्यादा काम नहीं कर पाऊँगा। वैसे भी काम करते हुए चार वर्ष हो गए थे और अब वी.सी. जॉन नहीं थे। इसी बीच जवाहरलाल नेहरू विश्वविद्यालय से निमंत्रण मिला। मैंने सोचा, नया विश्वविद्यालय है जे.एन.यू., एकदम नये सिरे से कुछ करने का मौका रहेगा। यह बेहतर रहेगा, बजाय इसके कि जोधपुर में पढ़ा करके और छोटे-छोटे युद्धों में छुटभैयों से लड़ते हुए अपनी शक्ति बरबाद करें।

[2]

कुल मिलाकर मैं सन् '52 से '92 तक अध्यापक रहा। इसमें से पाँच साल मेरी बेकारी के और पाँच साल गैरअकादमिक काम के निकाल दिये जाएँ तो

कुल तीस साल मैंने विश्वविद्यालयों में अध्यापन किया और शिक्षक रहा। काशी हिन्दू विश्वविद्यालय में पढ़ाने का अपना आनन्द था। शोध-कार्य करते समय ही पढ़ाना शुरू कर दिया था। वहाँ मैं मुख्यत: बी.ए. में कॉमर्स और विज्ञान के गैर-साहित्यिक विद्यार्थियों को सामान्य हिन्दी पढ़ाता था। एम.ए. में आरम्भ में अपभ्रंश और बाद में भाषाविज्ञान पढ़ाता था। एक तरफ अपभ्रंश और भाषाविज्ञान जैसे नीरस विषय, तो दूसरी तरफ सामान्य हिन्दी के नाम पर एक कहानी संग्रह तथा एक गद्य संकलन जैसा कुछ होता था। जो कोई नहीं पढ़ाना चाहता था, वह मुझे पढ़ाने को मिला था। लेकिन अध्यापन के मेरे सर्वाधिक सुखद क्षण काशी हिन्दू विश्वविद्यालय के ही हैं। किताबें तो बहाना होती हैं, खूँटी हैं, जिन पर आप कोई भी कपड़ा टाँग सकते हैं। मेरी दिलचस्पी यह थी कि विद्यार्थियों में रुचि पैदा हो : कहानी के प्रति, कविता के प्रति, भाषा के प्रति, गद्य के प्रति। मेरी किताब 'बकलम खुद' उन्हीं दिनों छपी थी। इस पुस्तक के निबन्धों की फक्कड़ाना मस्ती वाली शैली में मैं अध्यापन किया करता था। और मैंने पाया कि कमरा विद्यार्थियों से ठसाठस भरा रहने लगा था। कमरे में जगह नहीं रहती थी। तमाम लोग खड़े रहते थे, यहाँ तक कि शहर के कुछ कॉलेजों के विद्यार्थी भी आने लगे थे। दरवाजों-खिड़कियों पर ठसे हुए विद्यार्थी। भयंकर भीड़ रहती थी। उधर से गुजरते हुए लोग कहते थे, 'यह कौन है भई, क्या पढ़ा रहा है?' एक साहब जल-भुनकर बोले थे, 'ही मस्ट बी टाकिंग समथिंग पापुलर।' यह वाक्य मेरे कान में पड़ा। यह सुख था हमारा।

हालाँकि जीवन में अभाव और दुख थे। उन दिनों हमारी हालत यह थी कि एक ही कुर्ता था। उसी को धोकर, सुखा कर, पहनकर मैं आया करता था। वजीफा मिल नहीं रहा था, डे हॉस्टल में रहता था। ये करीब नौ-दस महीने थे। मेरे पास फूटी कौड़ी भी नहीं थी। मेस में मुफ्त खाने की व्यवस्था हो गई थी। पैदल चलता था। लेकिन मेरे उत्साह में कमी न थी। अध्यापन के वे बेहतरीन अनुभव थे और वैसा सुख जीवन में उसके बाद नहीं मिला। साथ ही मैंने वहाँ पाठ्यक्रम बदलने में पंडित जी की मदद की। वह शान्तिनिकेतन से आए थे और पाठ्यक्रम को लेकर उनके और मेरे कुछ मिलन बिन्दु थे, वे बड़े समान थे। मुझे याद आ रहा है कि उन्होंने कहा था, 'भाई, देखो, जयशंकर प्रसाद तो यहाँ 'आलू' हैं। उनकी कविताएँ पढ़ो, उन्हीं का उपन्यास पढ़ो, उनकी कहानी भी पढ़ो।' उन्होंने उपन्यास और कहानी में प्रेमचन्द को विशेष महत्त्व देने की बात की थी।

सागर जाने पर बनारस का सुख छूट गया। हालाँकि अशोक वाजपेयी से पता चलेगा कि सागर में भी मेरी कक्षा में दूसरे अध्यापकों के विद्यार्थी आकर बैठ जाते थे। वहाँ भी बनारस की थोड़ी हवा पहुँची थी। लेकिन बस इतना ही। सागर विश्वविद्यालय में कुछ बौद्धिक मित्र मिले—जैसे दयाकृष्ण और

श्यामाचरण दूबे। साहित्यिक मित्रों में विजय चौहान, प्रबोध कुमार, आग्नेय, नईम और अशोक।

हाँ, जोधपुर में मैं इस स्थिति में था कि विश्वविद्यालय में हिन्दी को लेकर जो मेरा नक्शा था, उसे लागू कर सकूँ। 'आलोचना' का मैं एक अंक निकाल चुका था : 'विश्वविद्यालय में हिन्दी शिक्षा'। तो मैंने पाया कि मैं बनारस में भी जो नहीं कर सका, वह करने का मौका जोधपुर में है। लेकिन बाद में मैंने महसूस किया कि मैं जोधपुर में रहकर बदलाव की कोशिश तो कर रहा हूँ लेकिन हिन्दी का गढ़ तो दिल्ली है, इलाहाबाद है, बनारस है। दिल्ली स्थित जे.एन.यू. का प्रस्ताव स्वीकार करने के पीछे मेरी इस सोच का भी बहुत बड़ा हाथ था। सचमुच काम करने की असली जगह मुझे जे.एन.यू. में मिली। यहाँ मैंने साफ पटिया पर शुरू किया था जिस पर पहले से कुछ लिखा हुआ नहीं था। इस विश्वविद्यालय का ढाँचा स्कूल ऑफ सोशल साइंसेज का था। वामपंथी विचारों का वर्चस्व भी था। सब कुछ अनुकूल था लेकिन काम करने के लिए सहयोगियों की भी जरूरत होती है। मैंने हिन्दी-उर्दू को साथ रखा था और मुझे खुशी है कि मुझे बहुत अच्छे सहयोगी मिले लेकिन यह बाद की बात है। जब मैं यहाँ आया था तो विभाग में विश्वविद्यालय अनुदान आयोग के अध्यक्ष सतीश चन्द्र की पत्नी शोभा जी थीं और एक सुधेश जी थे। तो हमें दो 'स' मिले थे। दोनों ही शोभा थे, कुछ हो नहीं सकता था और नई पोस्ट मिल नहीं रही थी लेकिन मैंने लड़ाई लड़ी। प्रोफेसर बी.डी. नाग चौधरी वी.सी. थे। उनके भाई काशी के बड़े घनिष्ठ मित्र थे। बनारस में उनके पिताजी हमारे प्रिंसिपल रह चुके थे। बहरहाल बड़ी मुश्किल से केदारनाथ सिंह को और बाद में मैनेजर पांडेय को मैं ला सका। बहुत बाद में पुरुषोत्तम अग्रवाल और वीर भारत तलवार मिले।

मैं जब जे.एन.यू. पहली बार पहुँचा था तो कोई हिन्दी बोलने वाला नहीं मिलता था। अंग्रेजी का वर्चस्व था। मैंने पाया कि एक हिन्दी-विमुख समाज में हिन्दी को स्थान दिलाना है। विचित्र स्थिति थी। इतिहास, अर्थशास्त्र, समाजशास्त्र, अन्तर्राष्ट्रीय अध्ययन में तो बड़े ऊँचे-ऊँचे लोग थे लेकिन हिन्दी में वैसी समृद्धि नहीं थी। मैंने निश्चय किया कि यहाँ हिन्दी को ऐसे स्तर पर पहुँचा देना है कि देखकर लगे कि हाँ, यह जे.एन.यू. का विद्यार्थी है। इसके लिए सबसे पहले उसमें स्वाभिमान भरना था। उसके भीतर से यह हीनता ग्रंथि निकाल बाहर करनी थी कि वह इतिहास, अर्थशास्त्र या समाजशास्त्र के विद्यार्थियों की तुलना में किसी भी तरह से कम है।

जे.एन.यू. में खाली पाठ्यक्रमों की कूपमंडूकता तोड़ने का ही प्रश्न नहीं था। यह सिद्ध करना भी जरूरी था कि वहाँ का जो बौद्धिक स्तर है, उस स्तर पर हिन्दी के अध्यापक और विद्यार्थी दिखाई पड़ें। ऐसा न हो कि अन्य विभाग के अध्यापक तो प्रोफेसर लगें और हिन्दी के अध्यापक प्राइमरी के मास्टर लगें।

मुझे सन्तोष है कि हमारे सेंटर ने बहुत जल्द दिखा दिया कि हम किसी से नीचे नहीं हैं। जिस सेंटर में केदारनाथ सिंह जैसा कवि, मैनेजर पांडेय जैसा आलोचक और विचारक हो, पुरुषोत्तम अग्रवाल जैसा तेजस्वी बौद्धिक हो, वीर भारत तलवार जैसा गम्भीर खोजी हो, वह उपेक्षणीय नहीं हो सकता।

संयोग से प्रो. मूनिस रजा रेक्टर थे और देवी प्रसाद त्रिपाठी छात्रसंघ के अध्यक्ष। एक गाजीपुरी, दूसरा सुल्तानपुरी। हिन्दी के अधिकांश छात्र भी पूरब के थे। विश्वविद्यालय में पुरवा हवा के साथ हिन्दी फैलने लगी। एक हवा बह रही थी जैसे। हिन्दी के लड़के छात्र संघ के अध्यक्ष बने आगे चलकर। साहित्यिक-सांस्कृतिक कार्यक्रम हिन्दी में होने लगे।

लेकिन यहाँ पढ़ाने का दूसरा अनुभव था। यहाँ कक्षाएँ छोटी होती थीं। बीस विद्यार्थी रहते थे। काशी हिन्दू विश्वविद्यालय में चार सौ के सामने भाषण दे रहे होते थे और यहाँ बीस के सम्मुख बातचीत करनी थी। अब बीस लोगों की मंडली में गोष्ठी करने के दिन आ गए थे। विद्यार्थी भी एम.ए. और एम.फिल. के। कोर्स भी बिलकुल नये-नये। बौद्धिक चुनौती महसूस होती थी। इसका मजा कुछ और ही था।

मैं यह कभी नहीं भूला कि मैं एक प्राइमरी स्कूल के टीचर का बेटा हूँ और जब तक मैं विश्वविद्यालय के अलावा स्कूली शिक्षा के लिए कुछ नहीं करता, पितृऋण से उऋण नहीं हो सकता। मुझे ऐसा मौका मिला एन.सी.ई.आर.टी. के जरिये। उस जमाने में प्रोफेसर रईस अहमद डायरेक्टर होकर आए थे और प्रोफेसर नूरुल हसन शिक्षा मंत्री थे। ये सन् 1972-73 के दिन थे। तय हुआ कि नये ढंग की पाठ्य-पुस्तकें तैयार कराई जाएँ। इसके लिए जो कमेटी बनी, उसमें मैं भी था। आगे चलकर मैं पाठ्य-पुस्तक समिति का अध्यक्ष भी हुआ। मैंने जो नये ढंग की पुस्तकें तैयार कराईं, उनसे पाठ्यक्रम बदल गया। अब एन.सी.ई.आर.टी. के पाठ्यक्रम में नागार्जुन का उपन्यास 'नई पौध' था। भैरव जी के 'गंगा मैया' को रखा गया। कहानी संकलन जो तैयार कराया, उसमें ज्ञानरंजन की, काशी की कहानियाँ थीं। कविता में धूमिल, रघुवीर सहाय, सर्वेश्वर, श्रीकान्त वर्मा, कुँवर नारायण, केदारनाथ सिंह आदि की कविताएँ हमने रखीं। पहले एन.सी.ई.आर.टी. में डॉ. नगेन्द्र और विजयेन्द्र स्नातक का राज था, वह युग समाप्त हुआ। हिन्दी साहित्य का नया इतिहास डॉ. विश्वनाथ त्रिपाठी से लिखवाया। संक्षिप्त इतिहास। लोगों को मालूम है कि केन्द्रीय विद्यालयों और पब्लिक स्कूलों में यही कोर्स चलता है, यही किताबें पढ़ी-पढ़ाई जाती हैं। जब मैं स्वयं कमेटी का अध्यक्ष हुआ तो हिन्दी के जीवित महत्त्वपूर्ण लेखकों पर फिल्में बनवाईं। नागार्जुन, हरिशंकर परसाई, शिवमंगल सिंह 'सुमन', केदारनाथ अग्रवाल, केदारनाथ सिंह आदि पर फिल्में बन चुकी हैं—एक लम्बी योजना है हमारी।

वैसे तो मुख्यत: मेरा क्षेत्र विश्वविद्यालय है। स्कूलों में मैंने पढ़ाया नहीं, कोई अनुभव नहीं, फिर भी मैंने स्कूली शिक्षा के क्षेत्र में एक पहल की। दरअसल स्कूल से लेकर विश्वविद्यालय तक हिन्दी के पाठ्यक्रम को बदलना जरूरी है, और इस दिशा में मैंने ईमानदारी से पूरी कोशिश की। क्योंकि इन्हीं संस्थाओं से लेखक पैदा होते हैं, पाठक पैदा होते हैं। ये बदल जाएँ तो हिन्दी साहित्य का पूरा माहौल बदल सकता है।

['तद्भव-2' में प्रकाशित]

जे.एन.यू. में हिन्दी

सुमन केशरी : आप जोधपुर से जे.एन.यू. आए थे...।

नामवर सिंह : जोधपुर के अप्रिय प्रसंग की चर्चा न ही करें तो अच्छा है। उस प्रसंग का सम्बन्ध 'आधा गाँव' को लेकर है। वहाँ किताब कोर्स में लगाने का विरोध हुआ था। अन्यथा जोधपुर का ऋण मेरे ऊपर है, क्योंकि जोधपुर ने पहली बार मुझे प्रोफेसर बनाया, बिना इंटरव्यू के। मेरी अनुपस्थिति में मैं वहाँ चुना गया था। मुझे ऑफर देने में, विशेषज्ञ के रूप में बुलाए जाने की निर्णायक भूमिका में विक्रम विश्वविद्यालय, उज्जैन के उपकुलपति श्री शिवमंगल सिंह 'सुमन' थे और कुलपति थे प्रो. वी.वी. जॉन, जो अहिन्दी-भाषी थे और जिनका 'टाइम्स ऑफ इंडिया' में एक नियमित कॉलम छपता था। वे अंग्रेजी साहित्य के बहुत अच्छे विशेषज्ञ थे। उनके और राजस्थान के बारे में बहुत-सी बातें कही जा सकती हैं। वे साहित्य-प्रेमी थे और 'कांग्रेस फॉर कल्चरल फ्रीडम' के एडीटर थे, जहाँ से 'क्वेस्ट' नाम की एक पत्रिका निकलती थी। वे राजनीतिक रूप से कम्यूनिस्ट विचारधारा के विरुद्ध रहा करते थे। 'सुमन' जी ने उनको बता दिया था कि और सब ठीक है लेकिन वह (मैं) राजनीतिक रूप से कम्यूनिस्ट है। वह कम्यूनिस्ट पार्टी के टिकट पर चुनाव लड़ चुका है। वी.वी. जॉन ने हँसते हुए कहा कि 'है तो रहा करे, मुझे तो कन्वर्ट नहीं कर देगा और अगर वह अच्छा स्कॉलर है, विद्वान है तो मुझे कोई आपत्ति नहीं है। मैं तो ऐसे ही लोगों को ले आना चाहता हूँ।' और इस तरह से उस विश्वविद्यालय में बहुत-से पदों पर अच्छे स्कॉलर आए, जैसे—संस्कृत के प्रो. जोशी, अंग्रेजी के उषा कृष्णमूर्ति, जो केरलवासी थे। विज्ञान विभाग में भी उन्होंने ऐसे कई लोगों को रखा। प्रो. जॉन उस विश्वविद्यालय में इस तरह कई लोगों को ले आए और जोधपुर यूनिवर्सिटी ज्यादा आकर्षक, बल्कि जयपुर यूनिवर्सिटी से ज्यादा आकर्षक हो गई थी। प्रो. जॉन विद्याप्रेमी, अच्छे एकेडमीशियन और पक्के क्रिश्चियन थे। संडे को नियमित चर्च जाते थे, कैथोलिक थे, केरला के थे। जब उन्होंने कम्पैरेटिव लिट्रेचर का एक नया डिपार्टमेंट खोला, तब वे साठ साल के हो चुके थे। वे

अज्ञेय को इस डिपार्टमेंट में ले आए। इसमें उन्होंने मेरी राय ली थी। एक बड़ा ही बौद्धिक वातावरण था। मैंने जो जोधपुर में शुरू किया था, उसे करने के लिए ही सम्भवत: आगे मुझे जे.एन.यू. आना था। तो उन्होंने वहाँ पूरी छूट दी कि 'एकदम नया कोर्स बनाओ।' मैंने सारे कोर्स बदलकर जोधपुर में एक नये ढंग का कोर्स बनाया—बी.ए. का थ्री ईयर कोर्स बनाया, प्री-यूनिवर्सिटी का कोर्स बनाया, फिर उनके लिए किताबें तैयार कीं। आज भी मेरे पास उनकी कॉपियाँ होंगी। मैंने करीब एक दर्जन किताबें तैयार कीं—प्री-यूनिवर्सिटी कोर्स से लेकर बी.ए. तक के कोर्स के लिए। गद्य-पद्य संकलन भी तैयार किए। चूँकि वहाँ रहते हुए मैं वहाँ के पब्लिक सर्विस कमीशन का मेम्बर भी था और राजस्थान बोर्ड में हिन्दी कमेटी का चेयरमैन था, अत: कोर्स तैयार करते समय मैंने यह बराबर ध्यान में रखा कि वहाँ के पास किए लड़के यहाँ पब्लिक कमीशन में आ सकें। मैंने इस तरह के पाठ्यक्रम तैयार किए जिससे दोनों संस्थानों को फायदा हो। मैं जोधपुर अक्टूबर, 1970 में पहुँचा और जे.एन.यू. सितम्बर, 1974 में आया। मैं रहता तो जोधपुर में था किन्तु जयपुर अक्सर आया-जाया करता था। जयपुर में कई मित्र थे, लेकिन हिन्दी के नहीं। उनमें से एक प्रोफेसर दया कृष्ण सागर के दिनों से ही मेरे मित्र थे और इलाहाबाद के दिनों के मित्र थे प्रोफेसर गोविन्दचन्द्र पांडेय। हिन्दीवालों में प्रोफेसर सरनाम सिंह से मेरे सम्बन्ध बहुत अच्छे हो गए थे।

तो जयपुर में बड़ा अच्छा समाज था। एक और अनुभव जो मुझे जोधपुर जाने से मिला, वह था एक बड़ा खुला हुआ नया वातावरण और सबसे बड़ी बात कि हिन्दी विभाग को नये ढंग से बनाने की चुनौती, जिनमें कुछ नई नियुक्तियों का अवसर भी उपलब्ध था। वहाँ प्रगतिशील लेखक संघ को भी मैंने मजबूत किया और इस तरह से एक साहित्य-समाज भी वहाँ बन गया। लेकिन जोधपुर, जहाँ मैंने ये प्रयोग किए, था तो एक छोटा-सा शहर ही और उसका प्रभाव क्षेत्रीय ही रह सकता था, अखिल भारतीय नहीं हो सकता था। जोधपुर में रहते हुए ही साहित्य अकादेमी की नई जनरल कौंसिल बनी और संयोग से 1971 के आसपास मैं उसका सदस्य हो गया। तो दिल्ली से हमारा सम्बन्ध साहित्य अकादेमी के चलते बना रहा। दिल्ली से गया था तो दिल्ली का साहित्यिक वातावरण और मित्र लोग तो यहीं रह गए थे। मैं अक्सर अप-डाउन करता रहता था। अकेला तो था ही।

इस बीच जे.एन.यू. बन गया था। हमारे जोधपुर के कई मित्र जे.एन.यू. आ गए थे। इनमें योगेन्द्र सिंह भी थे। बहुत बाद में प्रोफेसर योगेन्द्र अलघ आए जो उपकुलपति होकर आए थे। वे पहले जोधपुर में अर्थशास्त्र के प्रोफेसर थे। उन्हें मैं जोधपुर के दिनों से ही जानता था। संयोग से उसी समय विश्वविद्यालय अनुदान आयोग में प्रोफेसर सतीशचन्द्र चेयरमैन हो गए थे। उनसे हमारा पुराना

सम्बन्ध था। विश्वविद्यालय अनुदान आयोग की कमेटी में मैं था। तो एक पूरा मैदान मुझे मिला—जोधपुर में प्रोफेसर होने से, क्योंकि अगर मैं लेक्चरर होता तो इन कमिटियों में न होता। प्रोफेसर होने के जितने लाभ हो सकते थे और अवसर मिल सकते थे—वे सब मुझे मिले।

तो अक्सर मैं जब दिल्ली आता था तो योगेन्द्र जी से, विपिन जी से मिलता था। विपिन को मैं सन् 1965 से जानता था। दिल्ली यूनिवर्सिटी के इतिहास विभाग में थे। और कई लोग थे जिनसे मेरा परिचय था। राही मासूम रज़ा के नाते भी कई लोग जानते थे।

जोधपुर में दो-ढाई साल बीतते-बीतते कुछ ऐसा हुआ, कुछ ऐसी राजनीति चली कि प्रोफेसर वी.वी. जॉन को जाना पड़ा। त्यागपत्र दे दिया उन्होंने। उनके बाद लखनऊ विश्वविद्यालय के राजनीति विभाग के प्रोफेसर थे—प्रो. मसलदान। वह उपकुलपति बनकर आए। बहुत भले आदमी थे लेकिन प्रोफेसर जॉन के जाने के बाद वह जो एक माहौल था यूनिवर्सिटी का, जाहिर है, वह तो रहा नहीं और मेरा मन भी उचाट था। लक्ष्य तो यही था कि दिल्ली वापस आ जाऊँ। खास तौर से जे.एन.यू. बनने के बाद एक आकर्षण पैदा हो गया था कि यहाँ कुछ बड़ा काम करने का मौका मिलेगा।

उन दिनों जे.एन.यू. के स्कूल ऑफ लैंग्वेजेज में विदेशी भाषाएँ ही पढ़ाई जाती थीं। प्रोफेसर नाग चौधरी उपकुलपति थे। उन्होंने कहा कि जे.एन.यू. में भारतीय भाषाओं को भी होना चाहिए। मुझे लगता है कि इसकी प्रेरणा उन्हें जापानी भाषा के लेक्चरर सत्यभूषण वर्मा साहब से मिली होगी। वर्मा जी ने मेरे साथ काम किया था। जापानी भाषा जानते थे इसलिए जापानी विभाग में लेक्चरर हुए। तो गर्मियों में हिन्दी विभाग की रूपरेखा तय करने के लिए एक मीटिंग हुई जिसमें मुझे बुलाया गया। तब तक यह नहीं कहा गया था कि मुझे यहाँ आना है। मैं तो विशेषज्ञ के रूप में बुलाया गया था। चूँकि यहाँ स्कूल और सेंटर का कॉन्सेप्ट है इसलिए मैंने कहा कि हिन्दी-उर्दू को एक ही सेंटर में रखा जाए—सेंटर ऑफ इंडियन लैंग्वेजेज। जोधपुर से ही मेरी यह धारणा थी कि हिन्दी और उर्दू की पढ़ाई साथ-साथ होनी चाहिए, यह दोनों ही के हक में है। दोनों की उपाधियाँ अलग-अलग दी जाएँ, पर दोनों की पढ़ाई साथ-साथ हो। यह बात मैंने उस मीटिंग में रख दी। इसके बाद उपकुलपति ने मुझे बुलाया और कहा कि हम चाहते हैं कि आप हमारे यहाँ आ जाएँ। सारी कार्यवाही पूरी करने में विश्वविद्यालय को कुछ समय लगा और मुझे सितम्बर, 1974 में ऑफर मिल गया।

उसी समय आगरा विश्वविद्यालय के उपकुलपति बालकृष्ण राव ने मुझे कन्हैयालाल माणिकलाल मुंशी विद्यापीठ के डायरेक्टर पद का ऑफर भेज दिया। उन्होंने कहा कि रामविलास शर्मा यहाँ से अवकाश प्राप्त कर रहे हैं। अब

तुम यहाँ आ जाओ। मैंने उन्हें बताया कि मुझे जे.एन.यू. का पत्र मिल चुका है और मैं वहीं जाना चाहता हूँ। जोधपुर के बाद आगरा का मतलब था—ताड़ से गिरे खजूर पर अटके, पर राव नहीं माने। बोले—यह डायरेक्टर की पोस्ट है। मैंने उनसे कहा कि पद महत्त्वपूर्ण नहीं है। नये विभाग को शुरू करने का काम मुझे ज्यादा चुनौती भरा लग रहा है, इसलिए जे.एन.यू. ही जाना पसन्द करूँगा। तो बालकृष्ण राव जी बोले कि 'भई, वह तो मैंने तमाम विरोधों के बावजूद पास करा लिया है। यहाँ तरह-तरह के लोग थे और मैं उन्हें लेना नहीं चाहता था, फिर मेरी रामविलास जी से भी बात हो गई है और उन्होंने कहा है कि नामवर सिंह को ले लो। तो अब तुम्हें यहाँ आना ही पड़ेगा। अभी ज्वाइन तो नहीं किया है—जे.एन.यू. में?' मैंने कहा, 'ज्वाइन तो नहीं किया है', तो बोले, 'हमारे यहाँ ज्वाइन करो।' जे.एन.यू. की चिट्ठी मिल चुकी थी। तब मैंने उपकुलपति से कहा कि 'देखिए, मैं कोशिश करूँगा कि एक महीना वहाँ रहूँ और ठीक एक महीने के बाद यहाँ आ जाऊँ और इस बीच मैं बालकृष्ण राव जी को भी मना लूँगा। उनका आदेश है, और उनकी बात भी रह जाए, तो मैं आगरा जाऊँगा।' आगरा का क्वार्टर खाली था लेकिन मैं वहाँ गया नहीं, गेस्ट हाउस में रहता था और शनिवार को दिल्ली आ जाता था।

मेरा सामान दिल्ली में मार्कंडेय सिंह जी के यहाँ था। वे रेलवे में थे और स्कूल के दिनों के दोस्त थे। रेलवे स्टेशन के पास उनका बहुत बड़ा बँगला था, जहाँ एक कमरा मेरे लिए रहता था। जब भी मैं दिल्ली आता, वहीं रहता था। मार्कंडेय जी चन्द्रशेखर के बहुत अच्छे मित्र थे, क्लासफेलो थे।

मेरे आगरा जाने के बाद डॉ. रामविलास शर्मा की विदाई हुई और उन्होंने मुझे चार्ज दिया। आगरा-दिल्ली अप-डाउन करते हुए मैं जब भी सोमवार की सुबह दिल्ली से आगरा जाता तो सीधे रामविलास जी के घर पहुँचता और इंस्टीट्यूट की एम्बेसेडर कार से उनको अपने साथ ही संस्थान ले आता। यह नित्य का नियम था। यू.जी.सी. का एक प्रोजेक्ट रामविलास जी को मिला था। ज्वाइन करने के बाद मैंने इस आशय का एक पत्र उन्हें दिया कि वे विश्वविद्यालय में प्रोजेक्ट पूरा करने तक रहेंगे। करीब-करीब एक महीना मैं के.एम.एम. इंस्टीट्यूट में रहा।

फिर मैंने बालकृष्ण राव से कहा कि अब आपकी बात रह गई, आपको कोई नया डायरेक्टर मिल जाएगा। राव बोले कि अगर मैं नियम का सख्ती से पालन करूँ तो आपको तीन महीने से पहले नहीं छोड़ सकता। मैंने कहा कि आपका टर्म तो खुद खत्म हो रहा है और आप दुबारा उपकुलपति होंगे या होना चाहेंगे अथवा नहीं, पर आपके यहाँ न रहने पर इस संस्थान की जो हालत होगी, वह आप खुद जानते हैं। यहाँ की जो पॉलिटिक्स है और जिस तरह के लोग

यहाँ हैं, उसमें आपकी छाया के बिना काम करना मुश्किल होगा। सोचिए, मेरा क्या हाल होगा? फिर रामविलास जी भी यहाँ नहीं हैं, एक प्रोजेक्ट पर ही काम कर रहे हैं। इस पर उन्होंने कहा कि ठीक है वरना मैं तो आपसे तीन महीने की तनख्वाह रखवाकर ही छोड़ता। मैंने कहा, मैं एक काम करता हूँ, एक महीने की जो तनख्वाह मिलनी है, वह मैं लिखकर दे देता हूँ कि मैंने उसे संस्थान को दिया। उन्होंने संस्कृत में गीता का एक श्लोक लिखा और दिया। वह मेरे पास है अभी भी। अक्षर धुँधले हो गए हैं। एकाध शब्द पढ़ा नहीं जाता—यथोक्तं तत्रभवता श्रीकृष्णेन, 'सहजं कर्म कौन्तेय सदोषमपि न त्यजेत्।' ...अत: यथानिश्चित सम्यग् विचारणानंतरं यथाऽदिष्टम् अन्त:करणेन तथैव कर्तव्यम्। आगे लिखा है : 'शुभं भवतु।' हस्ताक्षर बालकृष्ण राव : 26.10.74। उन्होंने रामविलास जी की विदाई और मेरे अभिनन्दन की तसवीरें दीं।

मेरे जोधपुर और आगरा रहते हुए ही जे.एन.यू. में उर्दू की दो नियुक्तियाँ हो चुकी थीं। मुझे ठीक से याद नहीं है, हिन्दी की नियुक्ति मेरे सेंटर में आने के बाद हुई थी या फिर मैं विशेषज्ञ के रूप में आया था। क्योंकि जो चयन-समिति हुई थी, सम्भवत: मेरे आने के बाद ही हुई थी क्योंकि डॉ. नगेन्द्र विशेषज्ञ थे। एक विशेषज्ञ देवेन्द्रनाथ शर्मा थे और मैं अध्यक्ष था। रीडर और लेक्चरर की दो नियुक्तियाँ हुईं जिसमें सुधेश जी और शोभा जी आए। गंगा प्रसाद विमल भी कंडिडेट थे और मैं चाहता था कि उन्हें ले आऊँ। विमल जाकिर हुसैन में काम कर रहे थे। डॉ. नगेन्द्र ने विमल का विरोध किया। शोभा जी चूँकि यू.जी.सी. चेयरमैन की पत्नी थीं तो लगभग तय-सा था, और मुझे बता दिया गया था।

उन दिनों ओल्ड कैम्पस ही था। वहाँ स्कूल ऑफ लैंग्वेजेज की बिल्डिंग में कमरे ही नहीं थे। फर्स्ट फ्लोर पर डीन का कमरा होता था। उन्होंने बताया कि दो कमरे खाली हैं। एक आप ले लीजिए, दूसरा कमरा जो हमारे ऑफिस के ठीक सामने है, उर्दू के किदवई साहब ले लेंगे। बाकी लोगों के लिए कोशिश करते हैं। जब कमरे खाली होंगे, तब मिल जाएँगे। जर्मनवाले चौथे तले पर थे, फ्रेंचवाले दूसरे तले पर, तीसरे पर कोई और था यानी जब हम आए थे तो जगह भी नहीं थी।

खास बात यह कि हम लोगों के आने के पहले ही जो दबाव पड़ा हमारे छात्रों पर...प्रवेश प्रक्रिया के द्वारा जे.एन.यू. में हिन्दी के सात छात्र एम.ए. के लिए जुलाई-अगस्त में ही प्रवेश ले चुके थे। स्थिति यह थी कि छात्र हैं लेकिन पढ़ानेवाला कोई अध्यापक है ही नहीं। उर्दू का एडमिशन अगले साल हुआ था। हमारा ऑफिस और क्लासरूम एक ही था, जिसमें हम पढ़ाते भी थे। हमारे पहले विद्यार्थियों में मनमोहन, घनश्याम मिश्रा, विजय चौधरी के अलावा चार विद्यार्थी और थे जिनमें दो लड़कियाँ भी थीं। इस प्रकार हिन्दी में सात विद्यार्थी थे। उर्दू

में नामांकन नहीं होने के कारण वे निश्चिन्त थे। छात्रों के चयन में हमारा कोई हाथ नहीं था, विश्वविद्यालय द्वारा चयन किया गया था।

आते ही हमारा पहला काम था पाठ्यक्रम बनाना क्योंकि विद्यार्थी आ गए थे, कोई पाठ्यक्रम नहीं था, पढ़ाई भी नहीं हो रही थी। पहला सेमेस्टर दिसम्बर तक खत्म करना था, जिसकी परीक्षा भी होनी थी। अध्यापकों में सुधेश जी और शोभा जी आ गए थे। बी.एम. चिन्तामणि के पिताजी और हमारे नाग चौधरी साहब के पिताजी मित्र थे, पारिवारिक सम्बन्ध थे। इस नाते नाग चौधरी जी ने मुझे घर पर बुलाकर चिन्तामणि जी को टेम्परेरी रखने की बात की। द्विवेदी जी के नाते भी चिन्तामणि को मैंने ले लिया। इस प्रकार अध्यापक तो हो गए थे और पाठ्यक्रम को लेकर जो एक टेंटेटिव नक्शा मेरे दिमाग में था, वह दे दिया। मुकम्मल कोर्स तो दूसरे सेमेस्टर से हमने बनाया अर्थात् जनवरी-फरवरी तक सही कोर्स बन पाया।

सुमन केशरी : आप जे.एन.यू. में 1974 में आए, कोर्स 1975 में तैयार हुआ और इमरजेंसी भी 1975 में ही लगी, जिसमें कुछ स्टूडेंट्स भी पकड़े गए, तो उस समय क्या स्थिति रही? आप लोगों को पढ़ाने में कोई दिक्कत आई?

नामवर सिंह : इमरजेंसी के समय मैं सर्वोदय इन्क्लेव में था, कैम्पस में नहीं था। क्योंकि उस समय तक रहने का कोई निश्चित ठिकाना नहीं था। सर्वोदय इन्क्लेव में ही किसी ने मकान खाली किया था, जिसे मैंने यूनिवर्सिटी के कहने से किराये पर ले लिया था। इमरजेंसी जून, 1975 में लगी थी और मैं कैम्पस आया था अगस्त या सितम्बर, 1975 में। इत्तफाक से वह मकान गोपीचन्द नारंग के घर के बगल में ही पड़ता था। उनके कारण एक कठिनाई में पड़ा था इसलिए जिक्र कर रहा हूँ। नारंग साहब चाहते थे कि मैं जे.एन.यू. में उर्दू के प्रोफेसर के लिए उनके बारे में कहूँ, क्योंकि उस समय वे रीडर थे।

जैसा कोर्स जोधपुर में बनाया था, उसका एक नक्शा मेरे दिमाग में था। तत्काल ही डिग्री के लिए कुछ टेक्स्ट और कोर्स की आवश्यकता थी। जैसाकि मैंने बताया कि अध्यापक केवल तीन ही थे—मैं, शोभा जी और सुधेश जी। शोभा जी को भक्तिकाल के अलावा किसी और क्षेत्र में दिलचस्पी थी नहीं। सुधेश जी को मैंने लिया ही इसलिए था कि कम-से-कम आधुनिक का टेक्स्ट तो पढ़ा लेंगे, मैं कितना पढ़ा पाऊँगा! मैंने अपने लिए इतिहास और आलोचना-सम्बन्धी विषयों को रखा। इस प्रकार एक ढाँचा तैयार हो गया। भक्तिकाल शोभा जी, आधुनिक कविता के साथ कुछ उपन्यास और कहानी सुधेश जी, बाकी मैं।

तत्काल मैंने दो सेमेस्टर का कोर्स बनाया और उसको अप्रूव करा लिया। हमने यह तय किया कि 'हिन्दी साहित्य का इतिहास' नाम का अलग से कोई

कोर्स नहीं होगा बल्कि हम इसे टुकड़ों में बाँट देंगे और उसके समानान्तर उसी तरह का टेक्स्ट होगा। इसके साथ ही हिन्दी में भारतीय काव्यशास्त्र और यूरोपीय सिद्धान्त, पाश्चात्य समीक्षा का एक पर्चा भी होता था।

मैं जिस विश्वविद्यालय से आया था, वहाँ वार्षिक परीक्षा होती थी इसलिए सेमेस्टर सिस्टम को समझने में जरा देर लगी। सेमेस्टर सिस्टम के अनुसार कोर्स स्ट्रक्चर को समझना था क्योंकि यह मेरे लिए बिलकुल नया था। इसलिए कुछ चीजें किदवई साहब और उर्दू के और भी लोगों के साथ मिलकर तय कीं। हमने कहा कि कुछ चीजें हिन्दी-उर्दू, दोनों ही विद्यार्थियों के लिए अनिवार्य हों। पहला यह कि हिन्दी का विद्यार्थी उर्दू अवश्य पढ़े और उर्दू लिपि में पढ़े, क्योंकि स्क्रिप्ट उसको आनी चाहिए। इसके साथ ही कविताओं और गद्य का एक सेलेक्शन हो। इसमें कोई फिक्स्ड टेक्स्ट नहीं था बल्कि यह टेक्स्ट टीचर इंचार्ज पर छोड़ दिया गया था। हमारा मतलब यह था कि विद्यार्थी स्क्रिप्ट सीख ले, ग्रामर सीख ले, शब्द-सम्पदा कुछ हो जाने पर मीर, ग़ालिब के कलाम को पढ़ सके। इस तरह टीचर कुछ चुनी हुई गजलें, नज़्में, कहानियाँ लड़कों को पढ़ाएँगे।

उर्दू में बुरा हाल था क्योंकि उर्दू के लड़कों ने हिन्दी पढ़ने से इनकार कर दिया। उनका कहना था कि हम हिन्दी पढ़कर आए हैं। उत्तर प्रदेश और बिहार में हाईस्कूल तक हिन्दी अनिवार्य है। केवल हिन्दीवालों ने उर्दू पढ़ी।

एक और कोर्स जो हमने अनिवार्य बनाया, वह था : 'हिन्दी-उर्दू प्रदेश की संस्कृति का इतिहास'। यह कोर्स भी दोनों के लिए था। उर्दू के विद्यार्थी इसका भी विरोध करते थे, इसे नहीं पढ़ना चाहते थे। लेकिन मैंने कहा कि कम-से-कम एक कॉमन कोर्स तो रहेगा ही, जिसे आधा मैं (हिन्दीवाले) और आधा किदवई साहब (उर्दूवाले) पढ़ाएँगे। तब तक मोहम्मद हसन साहब नहीं आए थे, क्योंकि उस समय वे नेहरू फ़ेलोशिप पर थे। वे एक साल बाद आए। ऐसे वे आते रहते थे। गोपीचन्द नारंग लगे हुए थे, मुझसे बार-बार कहते थे कि मुझे ले लीजिए। पर मैंने तय कर लिया था कि इनको तो नहीं ही लेंगे। किदवई साहब भी उन्हें नहीं लेना चाहते थे। तब मैंने कहा कि हसन साहब को इनवाइट कर लेते हैं, प्रोफेसर के लिए। उनके आने के बाद ही हम लोगों ने पूरा कोर्स बनाया।

पहले साल (1974-75) में हम लोगों ने एम.फिल. का एडमिशन नहीं लिया, पहले साल में केवल एम.ए. शुरू किया। दुर्भाग्य से इमरजेंसी इसी बीच लग गई। इमरजेंसी लगने पर तो नक्शा ही दूसरा था। उस समय मैं बनारस में था। हमारे मित्र मार्कंडेय सिंह ने बताया कि इमरजेंसी लगनेवाली है और तुम दिल्ली छोड़ के जाओ।

सुमन केशरी : लेकिन सी.पी.आई. समर्थन कर रही थी इमरजेंसी का...?

नामवर सिंह : वह तो अलग एक कहानी है। मैंने उसी में रिजाइन किया सी.पी. आई. से। इमरजेंसी के दौरान सारे पत्र-पत्रिकाओं, अखबारों को सेंसर के लिए भेजना पड़ता था। पब्लिकेशन ब्यूरो पी.टी.आई. में बैठता था। सख्त हिदायत थी सारी मैगजीनों को कि छपने से पहले उन्हें सेंसर के लिए भेजना होगा। मैंने भी 'आलोचना' का अंक सेंसर के लिए भेजा। उसे बाकायदा काले रंग से इतना मोटा-मोटा पोतकर मेरे पास भेजा गया कि मैं नक्शा समझ गया। अजय भवन में एक मीटिंग हुई जिसमें एक प्रस्ताव था कि प्रगतिशील लेखक संघ की ओर से, जो पार्टी द्वारा विट्ठलभाई पटेल हाउस में लेखकों का सम्मेलन हुआ था, करीब सितम्बर-अक्टूबर में...सेंसरशिप के पक्ष में एक रिजोल्यूशन हम लोगों को पास कराना है। मैं इसके विरुद्ध था। मैंने कहा कि मैं पार्टी की मेम्बरशिप रिन्यू नहीं कराऊँगा। मतलब मेम्बरशिप छोड़ रहा हूँ। पर्टीकुलरली एक राइटर के नाते, एक जर्नलिस्ट के नाते इस सेंसरशिप को सपोर्ट नहीं करूँगा। बाकी लम्बी बहस चली कि इमरजेंसी लगनी चाहिए कि नहीं लगनी चाहिए।

दूसरा नमूना यह कि हमारे यहाँ जिन लड़कों का एडमिशन हुआ था, उनके रिकॉर्ड को देखते हुए लिस्ट आई थी। उन लोगों में विजय चौधरी और चमनलाल का नाम था। शायद घनश्याम मिश्रा का भी नाम था। 1975 में जो एडमिशन हुए थे, उसकी लिस्ट भी भेजी गई थी। हिन्दी में तीन लड़के ऐसे थे जिनके नाम को ब्लैक घेरों से घेर दिया गया था, जिनका एडमिशन लेने से मना कर दिया गया था।

मैंने कहा कि मैं वी.सी. साहब से बात करूँगा और मैंने बात की। उनसे कहा कि एक तो मेरे यहाँ लड़के कम हैं—5-7 लड़के ही हैं, तीन ये भी चले जाएँगे तो सेंटर का क्या होगा? मैंने कहा कि मैं अंडर-टेकिंग ले सकता हूँ इन लोगों की, आगे से कोई ऐसा काम नहीं करेंगे। लेकिन यह तो हमारे मुँह पर तमाचा है कि हमारे विद्यार्थी जेल चले जाएँ। लेकिन वे बोले कि नहीं, और कई सेंटरों में भी ऐसा हुआ है। हमने कहा कि हुआ होगा, हम तो गारंटी देते हैं। मैंने लिखकर वहीं टाइप करवाया, साइन किया कि मैं इनकी रेस्पान्सिबिलिटी लेता हूँ कि ऐसा कोई भी तोड़-फोड़ का काम ये नहीं करेंगे और इन लोगों को मैंने वहाँ से छुड़ाया, बकायदे एडमिशन हुआ। लेकिन इमरजेंसी की वजह से कोर्स स्ट्रक्चर में कोई बदलाव नहीं आया।

1975 के अगस्त-सितम्बर का महीना था। मेरा कमरा गेट के ठीक पास घुसते ही नीचे का पहला कमरा था। उस समय मेनका गांधी जर्मन की छात्रा थी। सारे स्टूडेंट्स ने इमरजेंसी के खिलाफ हड़ताल कर रखी थी। जे.एन.यू. में आप जानते हैं कि ऐसे पॉलिटिकल मामलों में टीचर्स और स्टूडेंट्स, पॉलिटिकल

कमिटमेंट के साथ, एक साथ ही रहते हैं। अध्यापक हड़ताल तो नहीं करते, स्टूडेंट्स हड़ताल करते हैं लेकिन अध्यापकों की सिम्पैथी उनके साथ होती है।

इमरजेंसी की आँखों-देखी घटना बता रहा हूँ। एक ब्लैक कलर की कार दौड़ती हुई आई और एस.एल. गेट के ठीक सामने रुकी। एस.एफ.आई. (सी.पी.एम.) का प्रवीर पुरकायस्थ प्रेसिडेंट था। वहाँ उसके साथ हड़ताल करानेवाले लोग और एस.एल. के कई लोग थे। अचानक कार से कुछ लोग उतरे और प्रवीर को पकड़कर गाड़ी में खींच लिया। इशारा करने के लिए मेनका वहाँ खड़ी थी, उसने इशारा किया होगा। प्रवीर को गाड़ी में खींचकर कुछ लोगों ने पकड़ रखा था। उसके शरीर का ऊपरवाला आधा हिस्सा कार के अन्दर और बाकी आधा बाहर था, यह दृश्य अभी भी हमारी आँखों के सामने है। कार दौड़ती हुई एस.एल. से एस.आई.एस. की ओर निकलती हुई गेट के बाहर चली गई। स्टूडेंट यूनियन के लड़के चिल्ला रहे थे।

मैं बाहर निकला, मुझे अपने कमरे से बाहर निकलने में 15 सेकेंड लगे होंगे... मालूम पड़ा कि जब मेनका आ रही थी तो हड़ताल करनेवालों ने ताना मारा था कि तुम्हारा मियाँ क्या करवा रहा है। चूँकि उस समय मेनका-संजय की शादी हो चुकी थी। इस पर वह भन्नाई हुई निकली। उसने तुरन्त फोन पर शिकायत की होगी। कार और कुछ लोगों को बुलवाया, जो कि प्रवीर पुरकायस्थ को घसीटते हुए ले गए। भयानक दृश्य था!

जे.एन.यू. में क्या टीचर, क्या स्टूडेंट—कोई इमरजेंसी का समर्थक नहीं था। सी.पी.आई. के हों या सी.पी.एम. के, इमरजेंसी के सब विरुद्ध थे। कैम्पस में इमरजेंसी के खिलाफ जुलूस निकला तो विनय राय उसे लीड कर रहे थे—'इंटरनेशनल' गाते हुए।

इमरजेंसी के समय ही एक रात की घटना है। जब हमला हुआ, उस समय पंकज सिंह पढ़ते थे। रात को हमारे घर ठहरे हुए थे, क्योंकि उन लोगों को सूचना मिली थी कि आज कुछ गड़बड़ होनेवाला है। वे मेरे यहाँ थे इसलिए बच गए थे। इमरजेंसी के मामले में जहाँ तक मैं जानता हूँ, जे.एन.यू. में इसके पक्ष में एक भी रिजोल्यूशन पास नहीं हुआ—न जे.एन.यू.टी.ए. की ओर से, न स्टूडेंट यूनियन की ओर से। सी.पी.आई. के लोग जो इमरजेंसी के समर्थक भी होंगे, उनमें से भी किसी ने कोई प्रस्ताव पास नहीं किया, यह नहीं भूलना चाहिए।

सुमन केशरी : डॉ. साहब, यह बताइए कि स्टूडेंट्स पकड़े जा रहे थे, फिर पढ़ाई कैसे हुई? यूनिवर्सिटी खुलने पर एडमिशन कैसे हुआ? उस दौरान क्या-क्या हुआ?

नामवर सिंह : हम लोग लगभग सभी लड़कों को जेल से छुड़ाकर लाए। एक-दो सीरियस केस थे, जैसे—देवी प्रसाद त्रिपाठी जेल में ही थे। मेरा खयाल है,

प्रवीर पुरकायस्थ आ गए थे। सीताराम येचुरी जेल में नहीं थे। प्रकाश करात के बारे में तो अलग ही किस्सा है...। उस समय इलेक्शन नहीं हुआ था इसलिए स्टूडेंट यूनियन थी ही नहीं। इमरजेंसी हटने पर देवी प्रसाद जेल से छूटकर आए। उन्हें मैं पहले से जानता था। मुझसे उन्होंने बताया कि उन्हें आँखों के इलाज के लिए जेनेवा जाना है, पर पास में पैसा नहीं है और न ही कपड़ा-लत्ता। मैंने 200 रु. दिये थे।

इमरजेंसी के बाद जे.एन.यू. में सीताराम येचुरी प्रेसिडेंट बने। हो सकता है, इमरजेंसी के समय देवी प्रसाद त्रिपाठी ही प्रेसिडेंट रहे हों। जब मैं जे.एन.यू. में आया था तब आनन्द कुमार प्रेसिडेंट थे। उन्होंने प्रकाश करात को हराया था। मैं बनारस से ही आनन्द कुमार को जानता था। इमरजेंसी की भनक लगते ही श्यामाचरण दूबे ने आनन्द कुमार को बाहर भिजवा दिया था।

असल में जे.एन.यू. के कुछ सेंटर पॉलिटिकली डिवाइडेड थे। जैसे—एस.आई.एस. में नॉन मार्क्सिस्ट। उसमें कुछ नॉन कांग्रेसी और कुछ एंटी कांग्रेसी भी थे। कुछ सोशलिस्ट विचारों के भी थे। एस.आई.एस. में लेफ्ट का कोई वैसा असर नहीं था। एस.एस.एस. में योगेन्द्र सिंह थे। इतिहास डिपार्टमेंट में मार्क्सवादी विचारधारा के होते हुए भी डिवाइडेड थे। सी.पी.आई. के लोग थे, सी.पी.एम. की तरफ शायद ही कोई हो। हिन्दी में सी.पी.आई. और सी.पी.एम., दोनों ही विचारधारा के लोग थे। राजनीति शास्त्र में सी.पी.आई. के थे क्योंकि वहाँ पी.सी. जोशी थे, दामोदरन थे, इसलिए सी.पी.आई. का अच्छा प्रभाव था। सी.पी.एम. के लोग अर्थशास्त्र में ज्यादा थे। यहाँ उत्सा पटनायक, प्रभात पटनायक थे।

इस तरह ब्रॉडली लोग सी.पी.आई. विचारधारा को मानते थे। कोर्ट की मीटिंग में मोरारजी देसाई भी आए थे। स्टूडेंट यूनियन के विरोध करने पर इन्दिरा गांधी ने चांसलर पद से इस्तीफा दिया था।

जोधपुर का जो अनुभव हमारे पास था, उससे कोर्स तो बन गया था, लेकिन दबाव था उस कोर्स को पूरा करने का। टीचर कम थे। ऐसे अध्यापक की जरूरत थी जो आधुनिक साहित्य और थ्योरी पढ़ा सके। मैनेजर पांडेय को मैं जोधपुर से यहाँ लाया, लेकिन उन्होंने आने में एक साल का वक्त लगाया। केदारनाथ सिंह को लाना चाहता था। उस समय तक उनके यहाँ से हमारे यहाँ रिश्ता नहीं हुआ था। उनकी बेटी की शादी की बात मेरे बेटे से चल रही थी। मैंने उनसे तय किया कि पहले आप ज्वाइन कीजिए, शादी बाद में होगी। दोनों के लिए मुझे बहुत संघर्ष करना पड़ा। हमारे पास टीचर कम थे। सुधेश जी यहाँ आ गए थे। उनको तो मैं इम्फाल भेजने के चक्कर में था क्योंकि वह सेंटर भी चलाना था। वहाँ मैंने बाद में उदय प्रकाश को भेजा, देवेन्द्र कौशिक को भेजा। पर बाद में वहाँ का सेंटर टूट गया।

केदार जी उस समय पडरौना में थे। नाग चौधरी साहब से मैंने कह दिया था कि आधुनिक कविता के लिए बिलकुल सही आदमी हैं, कवि हैं। 'कामायनी', 'निराला' आदि को अच्छे से पढ़ा सकेंगे। साथ ही भक्ति को भी पूरा करना था। शोभा जी तो टेक्स्ट तक नहीं पढ़ा सकती थीं। आन्दोलन हो गया था, पोस्टर लग गए थे, शोभा जी के खिलाफ : 'देवी, तुम तो यू.जी.सी. की बैसाखी पर आई हो', आदि...। यह सब इमरजेंसी में हुआ था। विजय चौधरी और कई लड़कों ने मिलकर किया था, हड़ताल हो गई थी।

विनय राय से मैंने कहा कि भाई, मुसीबत में फँस गया हूँ। उन्होंने कहा, यू.जी.सी. रुपया देती है, चेयरमैन की बीवी को नहीं रखेंगे तो किसको रखेंगे? किसी तरह निभाइए। मैं तो संकट में था। यू.जी.सी. के दबाव के कारण उनकी बीवी थीं। सुधेश भी बस यूँ ही से पढ़ानेवाले। पोएटिक्स पढ़ानेवाला कोई था ही नहीं।

सुमन केशरी : भक्ति पोएट्री भी कमजोर रह गई थी?
नामवर सिंह : चूँकि शोभा जी छोड़ती नहीं थीं। मैंने कोर्स इस तरह बनाया था कि टेक्स्ट और टेक्स्ट के समानान्तर उसका इतिहास।

सुमन केशरी : टेक्स्ट उन्होंने कभी पढ़ाया नहीं और भक्तिकालीन इतिहास पर तो उन्होंने ही अपना कब्जा रखा...?
नामवर सिंह : कोर्स में कमजोरी रहने का कारण यह था कि पूरा हिन्दी साहित्य पढ़ाने वाला हमारे पास कोई था ही नहीं।

सुमन केशरी : आरम्भिक दिनों में काव्यशास्त्र में भी बहुत दिक्कत हुई थी?
नामवर सिंह : मैं तो एप्रोचेज टू लिट्रेचर पढ़ाता था। भक्ति का टेक्स्ट पढ़ाना चाहता था लेकिन वह तो सारा शोभा जी लिये बैठी थीं। आधुनिक कविता के लिए केदार जी आ गए थे, तो मैं छायावाद, नई कविता आदि को लेकर निश्चिन्त हो गया। सुधेश जी को गद्य में रुचि थी नहीं, उनको क्या कहूँ, तो काव्यशास्त्र और भक्ति को लेकर हमारे सामने बहुत बड़ी समस्या थी। बहुत बाद में पुरुषोत्तम को तो मैं लड़कर ले आया। उनकी जगह शोभा जी अरुण मिश्र को लाना चाहती थीं। खैर, जब पुरुषोत्तम आ गए तो लगा कि अब कुछ हो सकता है। गद्य के लिए मैं वीरभारत तलवार को ले आया। यू.जी.सी. नई पोस्ट देने के लिए तैयार नहीं थी। हमें इतने ही लोगों से पूरा कोर्स चलाना था।

सुमन केशरी : पुरुषोत्तम और वीरभारत के आने तक हम स्टूडेंट नहीं थे। इसलिए हमें काव्यशास्त्र सुधेश जी ने ही पढ़ाया था।

नामवर सिंह : अध्यापकों के अनुसार कोर्स को लेकर चलना था, इसलिए हमारे सेंटर में मन-मुआफिक कोर्स तो बना ही नहीं।

सुमन केशरी : इसके बावजूद डॉ. साहब, जो आपने कोर्स बनाया, और आप जैसे पढ़ाते थे, वह लाजवाब है। मैं दिल्ली विश्वविद्यालय के बेहतरीन कॉलेज—एल.एस. आर. से जे.एन.यू. 1977 में आई थी। पहले 6 महीने में जब आप हमें एप्रोचेज टू लिट्रेचर पढ़ा रहे थे, आपने शुरुआत ही की थी कि फॉर्मलिस्ट एप्रोच क्या है? पद्धति क्या है? बाद में समझाते हुए 'अभी टुक रोते-रोते सो गया है' में 'टुक' की व्यंजना क्या है? और अन्त में आपने क्लास खत्म की थी सस्यूर को पढ़ाते हुए। तब समझ में आया कि साहित्य को हम ऐसे पढ़ सकते हैं, यह एक एप्रोच है...।

नामवर सिंह : कारण था, जे.एन.यू. में एक अन्तर्राष्ट्रीय विद्या की जो दुनिया है, बौद्धिक वातावरण है, उसमें हमारा विद्यार्थी विदेशी भाषाओं के लोगों के सामने, या राजनीति शास्त्र, अर्थशास्त्र, इतिहास आदि किसी भी विषय के विद्यार्थियों से जब मिले तो इंटेलेक्चुअली वह भी सब कुछ जानता हो, वह अपने को छोटा न समझे। यह भावना थी मेरे मन में।

इंग्लिश का हमारे यहाँ सेंटर था नहीं, एलिमेंट्री कोर्सेज को इंग्लिश कहते थे। मीनाक्षी जी के आने के बाद लिट्रेचर आया। लिंग्विस्टिक्स भी नहीं थी हमारे यहाँ। मेरा सपना था कि लैंग्वेज के साथ लिंग्विस्टिक्स भी हमारा हिस्सा हो, संस्कृत भी हो। लेकिन कुछ दबावों के कारण ऐसा नहीं हुआ। संस्कृत कोर्स एडवरटाइज किया गया था। लेकिन ऐसे लोगों के आने की आशंका थी, जिनका आना सेंटर के लिए घातक होता। इसलिए एडवरटाइज तो हुआ लेकिन अप्वाइंटमेंट नहीं हुआ। बाद में संस्कृत सेंटर अलग खुला। मैं चाहता था कि हमारा सेंटर हिन्दी, उर्दू, लिंग्विस्टिक्स, संस्कृत को मिलाकर हो।

अब जाकर यूनिवर्सिटी को जो मैंने नोट दिया है, उसमें यह कि 'सेंटर ऑफ इंडियन लैंग्वेजेज' नहीं बल्कि 'स्कूल ऑफ इंडियन लैंग्वेजेज' हो। इसका बहुत विरोध हो रहा है। कुछ लोग चाहते हैं कि लिंग्विस्टिक्स का एक अलग स्कूल हो, तो इस बात को लेकर तनाव है।

कोर्स बनाते समय हिन्दी और भारतीय भाषाओं पर मेरे दिमाग में बहुत कुछ था। इस बीच मुझे दो-तीन और कोर्स बनाने के मौके मिले। एक तो यू.पी. एस.सी. का। उस समय यू.पी.एस.सी. के चेयरमैन थे ए.आर. किदवई साहब, जो बाद में गवर्नर बने—बिहार के। वे चाहते थे कि उनके रहते यू.पी.एस.सी. में हिन्दी शामिल हो, जिसके लिए कोर्स मैं तैयार करूँ। यू.पी.एस.सी. के जरिये जो सेलेक्शन कमेटी होती थी, उसमें भी मैं होता था। यू.पी.एस.सी. का पुरानावाला कोर्स मैंने ही बनाया। दूसरा, यू.जी.सी. का नेट का कोर्स। कोर्स बनाते समय मैं

हमेशा इस बात को ध्यान में रखता था कि जे.एन.यू. के बच्चे इसे क्वालीफाई कर सकें।

दूसरी बात जो ध्यान में रखता था, वह यह कि जे.एन.यू. के बौद्धिक वातावरण में हमारा लड़का अपने को हीन न महसूस करे। इंग्लिश कितनी जानता है या नहीं जानता, यह महत्त्वपूर्ण नहीं है। कम-से-कम जहाँ नॉलेज की बात हो, वहाँ 'वेस्टर्न लिट्रेरी थ्योरी', 'आइडियोलॉजी' आदि सब उसको मालूम हो। समाजशास्त्र, इतिहास या अन्य किसी विषय पर चर्चा हो तो हिन्दी का विद्यार्थी केवल हिन्दी का न होकर रह जाए। इंटेलेक्चुअली दूसरे लोगों से भी उसके संवाद हों, उसमें वह पीछे न हो। मैं चाहता था कि हमारा विद्यार्थी पुरानी भारतीय परम्परा से भी अपने को अलग न रखे। एक खुलापन हो। वैसा बैकग्राउंड भी हो।

सुमन केशरी : लेकिन वह पुराने बैकग्राउंड वाला जो हिस्सा था, डॉ. साहब, वह हमारा कमजोर रह गया...?

नामवर सिंह : देवेन्द्र कौशिक को जब मैं ले आया, उन्होंने अपने अंडर संस्कृत काव्यशास्त्र पर ही काम करवाया। वे डी.यू. से आए थे। उनके लिए हमारे यहाँ तो जगह थी नहीं। इम्फाल से लौटकर आए और वापस चले गए। उदय प्रकाश को वहाँ रखा था, अगर टिक जाते तो कायदे से उनको अपने यहाँ अन्तर्भुक्त कर लेते। बाद में उदय केदार जी को लेकर आए थे कि हमको जे.एन.यू. में रख लीजिए। लेकिन मैंने कह दिया कि यह मेरे से नहीं होगा। उस समय छोड़कर नहीं चले गए रहे होते तो आज जरूर प्रोफेसर होते।

सुमन केशरी : नेमि जी वाली बात बताइए, वे हमें नाटक पढ़ाते थे। उस कोर्स में उन्होंने वंशी कौल को बुलाकर पूरा वर्कशॉप करवाया...।

नामवर सिंह : नेमि जी को रखा गया था थियेटर के लिए। हमारे यहाँ नाटक पढ़ानेवाला कोई नहीं था। मैंने नाटक पढ़ाने के लिए नेमि जी से कहा, इस नाते वे हमारे यहाँ से जुड़े। हमारे यहाँ पेंटिंग के लिए स्वामीनाथन रह चुके थे। तब तक 'स्कूल ऑफ आर्ट्स एंड एस्थेटिक्स' नहीं बना था। कोशिश हमारी यह थी कि बाहर के लोग यहाँ आएँ, जिसमें बड़े-बड़े राइटर और कवि भी होते थे, जो पढ़ाते थे, कविता पाठ होता था। यह कोशिश थी कि अपेक्षित अध्यापकों के न होते हुए भी हमारे यहाँ एक्टिविटी होती रहे जिससे कि विद्यार्थियों को इनपुट मिलता रहे और अधिक-से-अधिक फायदा हो। हमारे यहाँ देवेन्द्र शर्मा विजिटिंग प्रोफेसर के रूप में साल भर रहे थे। भीष्म साहनी, हजारीप्रसाद द्विवेदी, रामस्वरूप चतुर्वेदी आदि के सेमिनार, लेक्चर आदि होते रहते थे।

जे.एन.यू. को समझने के लिए या जो भी काम उस समय हुआ, उसे जानने के लिए आप 1974 से 1992 तक की 'आलोचना' पत्रिका की फाइल देख सकते हैं। 'आलोचना' में कई लोगों पर केन्द्रित विशेषांक निकले। अपने यहाँ के लोगों से भी लेख लिखवाकर छापे हैं। जैसे—पुरुषोत्तम अग्रवाल, मैनेजर पांडेय आदि से। मैनेजर पांडेय की पूरी-की-पूरी किताब मैंने छापी है। नंदकिशोर नवल की भी पूरी किताब मैंने छापी है। मैं 'आलोचना' के द्वारा अपने विद्यार्थियों के लिए पाठ-सामग्री तैयार करता था। मैं एक्टीविटी जो भी करना चाहता था, 'आलोचना' पत्रिका द्वारा करता था।

सुमन केशरी : हम लोगों के समय में टी. एल. एस. या किसी अन्य पत्रिका अथवा पुस्तक में जो कुछ छपता था, हमारी क्लास में उसकी चर्चा जरूर होती थी। अप-टू-डेट सूचना और विश्लेषण के लिए आपकी क्लास जानी जाती थी...।

नामवर सिंह : चूँकि मेरा नियम था। मॉर्निंग में सेंटर, फिर खाना खाकर दोपहर में लाइब्रेरी। लाइब्रेरी ओल्ड कैम्पस में हुआ करती थी। वहाँ लाइब्रेरी में कौन-सी किताबें मँगवानी हैं, कौन-सी पत्रिकाएँ मँगवानी हैं, यह बताता था और मँगवाई भी जाती थीं। कुछ का तो मैं खुद ग्राहक बना। कुछ फोटोकॉपी करवाता था। फोटोकॉपी का तो मेरे पास बड़ा ढेर हो गया है। कुछ मैगजींस का तो जोधपुर रहते ग्राहक बन गया था। बहुत सारी विदेशी पत्रिकाएँ मैं खुद खरीदता था, कुछ मैगजीन लाइब्रेरी से मिल जाती थीं। लाइब्रेरी हमारी शरणस्थली थी। शाम को कुछ दोस्तों के घर पर जाता था। सबसे ज्यादा गोविन्द देशपांडे के यहाँ जाता था चूँकि हमारे ही ब्लॉक में रहते थे, 115 नम्बर में। थियेटर के बड़े-बड़े लोगों से वहाँ मेरी मुलाकात हुई। दूसरे अनिल भट्टी, जर्मन के प्रोफेसर थे, उनके यहाँ जाता था। नये लोगों में सुवीरा जायसवाल, बी. डी. चट्टोपाध्याय, नीलाद्री, मृदुला मुखर्जी, आदित्य मुखर्जी, विमल प्रसाद, श्रीवास्तव जी आदि के यहाँ जाता था। गोपाल और रोमिला, ये दोनों कैम्पस में नहीं रहते थे। लेक्चर देने आती थीं रोमिला। बहुत अच्छा माहौल था। कुल मिलाकर जीने लायक जिन्दगी थी। मैंने मैनेजर पांडेय की विदाई के समय एक बात कही थी कि हम लोग यह तो जिक्र करते हैं कि जे.एन.यू. को हमने बनाया, पर यह भूल जाते हैं कि जे.एन.यू. ने हमको कितना बनाया। जे.एन.यू. का एक वातावरण है। हमारे छात्र-छात्राओं ने हमें बनाया है। उनसे संवाद के दौरान हमने बहुत कुछ सीखा है। उनके सवाल ऐसे होते थे जिनका जवाब देने के लिए तैयारी करके जाते थे ताकि हम इस लायक हों कि उनके सवालों का सन्तोषप्रद जवाब दे सकें। घनानन्द ने कहा है :

लोग हैं लागि कवित्त बनावत
मोहे तो मोरे कवित्त बनावत

इसलिए हमने ही छात्र नहीं बनाए, छात्रों ने भी हमें बनाया, इस बात को कभी नहीं भूलना चाहिए। सबसे बड़ी बात यह कि अगर ऐसे छात्र न मिले होते, उनकी ओर से चुनौतियाँ न आई होतीं, तब कहीं और होते हम लोग। इसलिए जो मेधा, जो प्रतिभा हमको मिली, जिससे हम आगे बढ़े, ऐसे विद्यार्थी सबको मिलने चाहिए। खुद वे लोग बहुत पढ़ते थे। आप अगर बिना पढ़े क्लास में चले जाएँ तो आपकी जुबान नहीं खुलेगी, आप बोल नहीं सकते।

सुमन केशरी : आपका यह कहना कि छात्र बहुत जागरूक थे, पढ़-लिखकर आते थे, बिलकुल ठीक है। लेकिन मुझे ऐसा लगता है कि छात्र वह मोमबत्ती है जिस पर लौ बालने का काम गुरु करता है...। एक बार लौ जला दी तो...।
नामवर सिंह : हमारे यहाँ जो लोग आए थे, वे केवल स्टूडेंट नहीं थे। ऑलरेडी वे परिपक्व स्कॉलर थे। अपनी स्टूडेंट लाइफ में रिसर्च के दौरान ही जो पेपर्स उन्होंने लिखे, वे ऐसे जर्नल्स में छपे जहाँ ऐसे ही नहीं छप सकते थे। जे.एन.यू. में ऐसा हर विषय में हुआ। पर मुझे अफसोस है कि अपेक्षाकृत उर्दू में जितना होना चाहिए था, उतना नहीं हुआ। उर्दू कल्चर थोड़ी अलग, शेरो-शायरी की कल्चर थी। हिन्दी के समानान्तर उर्दू में जो सीरियस स्कॉलर विकसित होने चाहिए थे, वे नहीं हुए। अली जावेद थे, बड़े एक्टिव थे। इनके अलावा और भी कई लोग थे जिनसे उम्मीद थी कि कुछ कर सकते हैं लेकिन वह नहीं हो सका। कम-से-कम विदेशी भाषाओं में एक काम जो हो सकता था, वह हुआ। फ्रेंच, स्पेनिश, रशियन, जर्मन आदि विदेशी भाषाओं से हमारा जो सम्बन्ध बना, वह काफी फायदेमंद रहा। इन विदेशी भाषाओं के लोगों से हिन्दी में हमने अनुवाद कराए जो कि 'आलोचना' पत्रिका में छापे गए। 'आलोचना' पत्रिका में जे.एन.यू. में पढ़ाई जानेवाली लगभग सभी विदेशी भाषाओं पर अंक निकाले गए। इस तरह जिसे अन्त:अनुशासनात्मक पद्धति कहते हैं, उसे अमल में ले आए। उसी प्रक्रिया में आगे चलकर हमने ट्रांसलेशन का कोर्स खुलवाया, जिसमें कि कुछ नहीं हो रहा। बार-बार मैंने कहा कि हमारे कोर्स बहुत पुराने पड़ गए हैं, बदलने की जरूरत है। बदलने का फॉर्मल तरीका एक तो पैनल है और दूसरा तरीका है कि वर्कशॉप किया जाए जिसमें हमारे ओल्ड स्टूडेंट्स, जो जानकार हैं तथा अच्छे पदों पर भी हैं, उन्हें बुलाया जाए। वे अपना-अपना सुझाव देंगे जिसे रिकॉर्ड करके उसे सेंटर से, बोर्ड से पास करा लिया जाए। पर ऐसा कुछ नहीं हो रहा।

मैं उस समय यू.जी.सी. का मेम्बर था, डॉ. नगेन्द्र भी थे। पूरा कोर्स मैंने बनाया था। मैंने कहा कि एक तो ट्रांसलेशन का कोर्स, दूसरा हिन्दी टीचिंग का कोर्स होना चाहिए। जर्नलिज्म का भी एक कोर्स हो। ट्रांसलेशन जे.एन.यू. को

दिया और डी.यू. के साउथ कैम्पस को जर्नलिज्म दिया। ट्रांसलेशन मैंने अपने यहाँ इसलिए दिया क्योंकि विदेशी भाषाओं को पढ़ाने के चलते हमारे यहाँ थोड़ी सम्भावना है। एक तिरुपति यूनिवर्सिटी को दिया। वल्लभ विद्यानगर को कम्प्रेटिव स्टडी दिया। मिनिस्ट्री ने अलग फंड प्रोवाइड किया था, कुछ सेंटर खोलने के लिए। मैंने इस कोर्स में सुझाव दिया था कि पहली नियुक्ति प्रोफेसर की करो, फिर रीडर और अन्त में लेक्चरर। कोई भी डिपार्टमेंट प्रेस्टीज तभी हासिल करता है जबकि वह प्रोफेसर से शुरू हुआ हो। नहीं तो वह तुच्छ समझा जाएगा। पर ऐसा नहीं हो सका, साउथ कैम्पस का जर्नलिज्म का कोर्स बन्द ही हो गया है। मेन डिपार्टमेंट वाले इसको इनकरेज ही नहीं करते।

सुमन केशरी : आप लोगों के समय आप लोगों को इतनी स्वायत्तता मिली हुई थी—चाहे यूनिवर्सिटी बनाने की बात हो, कोर्स स्ट्रक्चर बनाने की बात हो या स्टूडेंट्स को पढ़ाने की, यहाँ तक कि बावजूद 1975 के संकट के, आपने सारे काम किए। इसके परिणाम बेहतर स्टूडेंट्स के रूप में आगे देखने को भी मिले। लेकिन अब तो स्वायत्तता का इतना हनन हो रहा है। उदाहरण के लिए चाहे कोर्स स्ट्रक्चर का मामला हो या अप्वाइंटमेंट का या फी स्ट्रक्चर का, हर जगह ऊपर से हस्तक्षेप होता है। हाल में तो एच.आर.डी. ने नये विश्वविद्यालयों में वी.सी. अप्वाइंट करने के लिए आवेदन मँगवाए थे। ऐसी स्थिति में आपके क्या विचार हैं?

नामवर सिंह : असल में स्वायत्तता दी नहीं जाती है, अर्जित की जाती है। इसको इमपावरमेंट कहते हैं। जैसे—जब हम कहते हैं कि स्त्रियाँ अपनी स्वाधीनता/ताकत हासिल करें। यह दान नहीं है कि कोई दे दे और हम ले लें। दान जिस तरह से दिया जाता है, उसी तरह से दान बन्द भी किया जाता है और दान छीना भी जा सकता है।

जैसाकि तुमने बताया कि वी.सी. की नियुक्ति के बारे में नया नियम बनाया जा रहा है। इसमें चाहिए कि जे.एन.यू. का जे.एन.यू.टी.ए., डी.यू. का डी.यू.टी.ए., इसके अलावा देशभर के टीचर्स, स्टूडेंट—सभी मिलकर इन चीजों के विरोध में संघर्ष करें। आज ही मैं 'जनसत्ता' में विपिन चन्द्रा का एक लेख पढ़ रहा था, जो रायपुर वाले डॉ. विनायक सेन के मुद्दे पर था। उसमें यह बात थी कि हमारे लोकतंत्र में अनेक अलोकतांत्रिक कानून बनाए गए हैं और बनाए जा रहे हैं। सरकार यह नहीं देख रही कि ये चीजें स्वयं हमारे बुनियादी संवैधानिक सिद्धान्तों के विरुद्ध हैं, अलोकतांत्रिक हैं। अब इसके लिए संघर्ष करने की जरूरत है।

सुमन केशरी : लेकिन सत्ताधारी सवाल खड़ा कर देते हैं कि नक्सलवाद बढ़ रहा है या टेररिज्म आ रहा है तो बहुत जरूरी है इस तरह की चीजें बनाना।

नामवर सिंह : नक्सलवाद आज तो नहीं आया है। 60 के दशक से आया है, 50 साल हो गए हैं। उग्र क्रान्तिकारी भी अंग्रेजों के जमाने से ही हैं, ऐसा कहा जा सकता है। इसके बावजूद कलोनियल गवर्नमेंट तक ने ऐसे नियम नहीं बनाए थे, जैसे नियम हमारी लोकतांत्रिक सरकार बना रही है। कम-से-कम शिक्षा संस्थाओं के मामले में ऐसी चीजें तो नहीं थीं। उदाहरणस्वरूप हम उस समय के यूनिवर्सिटी एक्ट, इलाहाबाद विश्वविद्यालय आदि जगहों की स्थितियाँ देख सकते हैं। पहले यूनिवर्सिटी का वी.सी. इलेक्ट होता था यूनिवर्सिटी कोर्ट के द्वारा, सरकार के द्वारा नहीं। जब मैं स्टूडेंट था तब मैंने वह चुनाव देखा है। यूनिवर्सिटी के अपने नियम होने चाहिए। उनके तहत वी.सी. का चयन होना चाहिए।

हमारा अनुमान है कि दिन-ब-दिन हम लोग एक मुक्त अर्थव्यवस्था की ओर जा रहे हैं। अगर आपको यूनिवर्सिटी चलाना है और किसी से (गवर्नमेंट) फंड नहीं लेना, अपने पैसे से चलाना है तो आप अपने कायदे-कानून बनाने के लिए स्वतंत्र हैं। लेकिन इसके लिए हमें अपना संविधान बदलना होगा। संविधान में एजुकेशन की अलग-अलग जिम्मेदारी दी गई है। कुछ सेंट्रल गवर्नमेंट को, कुछ स्टेट गवर्नमेंट को, कुछ पब्लिक की गुंजाइश अलग रखी गई है जिसे नॉन गवर्नमेंट कहते हैं। इस तरह लोग मुक्त हैं विश्वविद्यालय खोलने के लिए। एक जमाने में सरकार उन नियमों के बावजूद कुछ चीजों के बारे में हस्तक्षेप नहीं करती थी। जैसे—अध्यापकों की नियुक्ति के बारे में। ऐसा अब भी होता है। जैसे—यू.जी.सी. की नियुक्तियाँ जो होती हैं, उसमें एक रिसर्च नॉमनी होता है, जिसे व्यवहार में आम तौर से वीटो पावर मिलता है। इस पावर के तहत गलत अप्वाइंटमेंट को रोका जा सकता है। इसके बावजूद विश्वविद्यालय में वी.सी. या डिपार्टमेंट का हेड अपनी मनमानी करते हैं। यह मामला पेचीदा है—केवल वी.सी. की नियुक्ति का ही नहीं, टीचर्स की नियुक्ति का, स्टूडेंट्स के एडमिशन तक का; अर्थात् पूरे स्ट्रक्चर का है। कहीं-न-कहीं इस पर अंकुश तो होना ही चाहिए।

धीरेन्द्र : ये लोकतांत्रिक प्रक्रिया मुझे लगता है कि एक योग्य व्यक्ति को लाने और चेक एंड बैलेंस बनाए रखने का मामला है...।

नामवर सिंह : पश्चिम में दोनों तरह के विश्वविद्यालय हैं—सरकारी और गैर-सरकारी। प्राइवेट में यूनिवर्सिटी सरकार से पैसा नहीं लेती। अपने ढंग से चलाती है। हार्वर्ड है, येल है, शिकागो है। मेरा मानना है कि शिक्षा-ज्ञान के मामले में दोनों बराबर होंगे। गैर-सरकारी यूनिवर्सिटी सरकार से कोई पैसा नहीं लेती।

सुमन केशरी : यदि आज की तारीख में आपको सेंटर, सी.आई.एल. बनाने का मौका मिलता है तो आप ऐसा क्या नहीं करेंगे जो उस समय हो गया या क्या करेंगे जो उस समय नहीं कर पाए?
नामवर सिंह : नाकरदा गुनाहों की भी हसरत कि मिले दाग़, या रब अगर इन करदा गुनाहों की सजा है! जो गुनाह मैंने कर दिये, उसकी सजा तो मुझे मिल रही है। अब लौट के उसी तरह का सेंटर तो नहीं होगा। आज की जरूरतों के हिसाब से नये ढंग का कोर्स होगा जो पुराने कोर्स से एकदम अलग होगा।

सुमन केशरी : क्या होगा?
नामवर सिंह : ढाँचा बिलकुल अलग होगा। उसके हिसाब से आइटम भी बदल जाएँगे। मेरा मानना है कि पहले दो सेमेस्टर में 'कोर-कोर्सेज' को ध्यान में रखकर कोर्स बनाया जाए। बाकी दो सेमेस्टर में कई विकल्प हों। 'कोर-कोर्सेज' साहित्य पर केन्द्रित हों—मतलब, हिन्दी लैंग्वेज और हिन्दी लिट्रेचर से सम्बन्धित हों। बाकी दो सेमेस्टर में विकल्प के रूप में मीडिया, ट्रांसलेशन एंड इंटरप्रिटेशन आदि को रखा जा सकता है। यह केवल डिप्लोमा सर्टिफिकेट कोर्स न हो बल्कि बच्चों को इसकी कम्प्लीट ट्रेनिंग दी जाए। अगर इस तरह के काम के लिए यूनिवर्सिटी पैसा नहीं देती है तो सेंटर को पहल करनी चाहिए कि वह किसी प्राइवेट सेक्टर के पास जाकर अपने कोर्सेज के बारे में बताए और उन्हें स्पॉन्सर करने को कहे। हिन्दी के कोर्सेज को प्रोफेशनलाइज करने की आवश्यकता है, नहीं तो हमारे हिन्दी के लड़के बेकार हो जाएँगे। जो भी स्टूडेंट आगे टीचर बनना चाहते हैं, उनके लिए टीचर ट्रेनिंग का भी एक कोर्स होना जरूरी है क्योंकि लिट्रेचर पढ़ना एक बात है और पढ़ाना दूसरी बात। एक कोर्स विज्ञापन का भी होना चाहिए क्योंकि आजकल विज्ञापन में हिन्दी का इस्तेमाल बहुत किया जा रहा है। जैसे—'जय हो' नाम का गाना हिन्दी की ही मदद से बना है और यह अपने-आपमें दिमाग का काम है। हम चाहते हैं कि इस तरह के वोकेशनल कोर्सेज के लिए सारी सुविधाएँ हों, विद्यार्थियों को अच्छी ट्रेनिंग दी जाए। एक थ्योरी पार्ट हो, दूसरा प्रैक्टिकल हो। इसके लिए बाकायदे लेबोरेट्री की व्यवस्था भी की जाए। क्योंकि आज के जमाने में इस तरह के कोर्स की अधिक आवश्यकता है। आज के जमाने में पुराने ढंग का कोर्स नहीं चल पाएगा।

सुमन केशरी : आपने कोर्स के रूप में हिन्दी लैंग्वेज एंड लिट्रेचर के स्कोप को बढ़ाने या बदलने की बात की। लेकिन मेरा आशय यह नहीं था। कभी-कभी लगता है कि भाषा की राजनीति या धर्म की राजनीति भी कोर्स को अपने ढंग से प्रभावित करती है। जब हम मीर या ग़ालिब को पढ़ते हैं और जब हम कोर्स में

रीतिकालीन साहित्य पढ़ते हैं तो हमारी सेंसिबिलिटी मीर या ग़ालिब के ज्यादा नजदीक होती है। ऐसे में इनको अलग-अलग करके देखना अर्थात् हिन्दी-उर्दू को अलग करना अपनी सेंसिबिलिटी को झुठलाने जैसा तो नहीं है?

नामवर सिंह : अच्छा हुआ, तुमने यह प्रश्न पूछ लिया। मैंने डी.यू. का नया कोर्स बनवाया जो पास हो गया है। मैंने कहा कि भक्तिकाल, रीतिकाल, छायावाद, नई कविता आदि को फॉर्म के आधार पर बाँटो। एक कोर्स लिरिक का हो जिसमें अपभ्रंश के दोहा से लेकर, सूर, कबीर के पद, रीतिकाल के सवैया, कवित्त, छायावाद के कवियों की छोटी कविताएँ तथा आज के कवि भी जो लिख रहे हैं, सब एक साथ हों। इसे हम ऐतिहासिक डॉक्यूमेंट के रूप में न पढ़ें बल्कि आज की कविता मानकर पढ़ें तो देखेंगे कि उसमें एक सम्बन्ध जुड़ जाएगा। साथ ही यह भी देखेंगे कि उसमें एक परम्परा है या कहीं चेंज होता है। जैसे—सूर के पद, कबीर के पद को आज भी गाया जाता है और उस म्यूजिक को हम आज का मानकर सुनते हैं। उसी तरह से मैंने कहा कि लम्बी कविताओं को अगर पढ़ाते हो तो 'रामचरितमानस' से लेकर 'मुक्तिबोध' की लम्बी कविता तक एक कोर्स होना चाहिए।

सुमन केशरी : मैं मीर और ग़ालिब की बात कर रही हूँ कि जो उर्दू की परम्परा है, उसमें क्या हो?

नामवर सिंह : गजल का एक कोर्स होना चाहिए, जिसमें मीर से लेकर फैज़ अहमद फ़ैज़ या आज के दौर में भी कोई गजल लिख रहा हो, सभी को एक साथ पढ़िए। नज्म का भी दूसरा अलग कोर्स हो। हमने कहा कि फॉर्म के आधार पर विभाजित कीजिए, 'डिकेड और एज' के आधार पर नहीं।

सुमन केशरी : अगर हम फॉर्म के अनुसार करते हैं तो चाहे वह भाषा हो या सेंसेबिलिटी हो, ऐसा नहीं लगता कि उसके साथ न्याय नहीं कर पाएँगे? जैसे—हम भूषण को पढ़ रहे हैं तो भूषण की सेंसेबिलिटी एक डिफरेंट सेंसेबिलिटी है।

नामवर सिंह : रहा करे। आज जो 'वर्थवाइल' बचकर आया है, महत्त्व उसका है, वरना इस आधार पर संस्कृत को अब खत्म कर देना चाहिए।

सुमन केशरी : नहीं-नहीं, मैं यह बात नहीं कर रही। मेरा मानना है कि जैसे भूषण का जो काल था या जिसके लिए वे लिख रहे थे, ठीक है, हम उसको लिरिक्स में पढ़ रहे हैं लेकिन भूषण की सेंसेबिलिटी और घनानन्द की सेंसेबिलिटी अलग होगी?

नामवर सिंह : देखो, ऐसा है, इस पर जर्मन में पूरा-का-पूरा सिद्धान्त है—रिसेप्शन थ्योरी। रचना पुरानी हो या नई हो, महत्त्वपूर्ण यह नहीं है बल्कि हम रिसीव कैसे

कर रहे हैं, यही इम्पॉर्टेंट है। हो सकता है कि हम आज के पोएट की अपेक्षा कबीर को ज्यादा रिसीव करें, तो 'रिसेप्शन इज मेन थिंग'। समझने का मतलब है—किसी चीज को अपनी जमीन पर उतार लेना। इसी को अवतार कहते हैं। केवल भगवान ही अवतार नहीं लेते हैं, कविता भी अवतार लेती है। इसलिए भगवान को हम निर्गुण ब्रह्म से सगुण बनाते हैं, टाइम से उसको बाहर करते हैं और अपनी जमीन पर उतार लेते हैं। फिर उससे जब हम बात करते हैं तब वह अपना होता है। जब तक दूरी बनी रहेगी, कालक्रम की, तब तक हम उसको रिसीव नहीं कर सकते। हाउ टू रिसीव? और रिसीव करने के लिए अवतार जरूरी है। भगवान तो बहुत बड़े थे। यशोदा ने कहा कि हम तो चाहते हैं कि तुम हमारी गोद में आकर खेलो, तभी तुम हमारे हो। इसी सिद्धान्त पर कोर्स बनने चाहिए। डी.यू. का कोर्स बनाते समय मैंने यही कहा, छोड़ो रीतिकाल और मध्यकाल। इससे दूरी बराबर बनी रहेगी और लगेगा कि हम रीतिकाल पढ़ रहे हैं। आज की बनाकर पढ़ो कविता को, आनन्द भी आएगा, तुम्हारी हो जाएगी, तुमको याद हो जाएगी। विद्या और ज्ञान का मतलब है : 'इंटिमेसी'—अन्तरंगता! किसी चीज को इंटिमेट होना चाहिए। इसलिए इतिहास के कोर्स से साहित्य का कोर्स अलग होता है क्योंकि इतिहास में बराबर सेंस ऑफ हिस्ट्री बनी रहती है। वहाँ एंशियंट, मिडेवल, मॉडर्न है।

हम तो इतनी दूर तक मान के चलते हैं कि 'ट्रांसलेशन स्टडीज' के अन्तर्गत विदेशी कविता अपनी कविता हो जाती है। ट्रांसलेशन स्टडीज का मतलब है—'क्वेश्चन ऑफ एप्रोप्रिएशन, हाउ टू एप्रोप्रिएट'। यही मूल सिद्धान्त है।

सुमन केशरी : आपने इतने कोर्सेज बनाए...इतनी कमेटियों में रहे। डॉ. साहब, जब हम छोटे-से क्लर्क की नौकरी करने जाते हैं तब पहले लिखित परीक्षा होती है, फिर इंटरव्यू और फिर ट्रेनिंग होती है। यहाँ तक कि स्कूल टीचर के लिए भी पहले बी.एड. करना होता है, क्लास लेनी होती है, पास करना पड़ता है। लेकिन हमारे यहाँ लेक्चरर बनने के लिए कुल 15 मिनट या आधा घंटा या हद-से-हद एक घंटे का इंटरव्यू काफी माना जाता है। भले ही वह उसके बाद पढ़ा पाए या नहीं यानी कि एक आदमी पन्द्रह मिनट में जाकर आपको इम्प्रेस कर दे और उसके बाद पैंतीस साल तक पढ़ाता रहे—चाहे पढ़ाना आता हो या नहीं। इस पर आपने कभी कुछ विचार किया है?

नामवर सिंह : उस पर बहुत सोचा है। हमारा बस चलता तो कर लेते। इस मामले में हम अमेरिकन सिस्टम या ब्रिटिश सिस्टम को देख सकते हैं। वहाँ इंटरव्यू नहीं होता है बल्कि एक सेमिनार होता है जिसमें पूरी फैकल्टी होती है, स्टूडेंट्स होते हैं। उसमें उन्हें भी बुलाया जाता है जो कहीं पढ़ा रहे होते हैं या जिनका उस

विषय में नाम होता है। उस सेमिनार में उनका लेक्चर होता है, सवाल-जवाब होते हैं और उसी दौरान यह तय हो जाता है कि यहाँ लायक यह व्यक्ति है या नहीं या यह किस पोस्ट (प्रोफेसर, रीडर या लेक्चरर) के लायक है। इस सिस्टम के तहत उसकी योग्यता का पूरा पता चल जाता है। यहाँ भी यही होना चाहिए। एक जो आदमी प्रतिष्ठित है, उसको ऑफर करके बुला लीजिए, कोई इंटरव्यू की जरूरत नहीं है। चाहें तो उसका एक लेक्चर करवा दें। बाकी लोगों के लिए, जिनके बारे में आप निश्चित नहीं हैं, उनको सेमिनार में बुलाइए। सवाल-जवाब हो और फिर तय हो जाए, यह एक तरीका है। इंटरव्यू में बुलाकर 5-10 मिनट में किसी की योग्यता का पता नहीं चलाया जा सकता।

सुमन केशरी : लेकिन आप इतने बड़े पदों पर रहे, आपने इस तरह की शुरुआत करने की कोशिश नहीं की कि ऐसा हो?
नामवर सिंह : महात्मा गांधी यूनिवर्सिटी के दो-तीन ऑफर मैंने इसी तरह से दिलवाए हैं।

सुमन केशरी : प्रोफेसर के लिए दिलवाए होंगे, लेक्चरर के लिए तो नहीं दिलवाए होंगे?
नामवर सिंह : अभी तो इतना ही कर सकता हूँ। यह विश्वास की चीज है और इम्पावरमेंट की चीज है। हमारे यहाँ मुश्किल यह है कि किसी को अगर यह अधिकार दे दो तो उसका बहुत दुरुपयोग होता है।

दूसरा तरीका यह है कि जो भी डिपार्टमेंट या सेंटर हो, उसका चेयरमैन इनिशिएटिव ले कि हमारा स्टूडेंट है। क्योंकि दूसरों को आप जानते नहीं हैं। अगर स्टूडेंट्स में से ही किसी अच्छे स्टूडेंट की नियुक्ति आप करते हैं तो ठीक है। जे.एन.यू. में शुरुआती दौर में अधिकांशत: यहीं के स्टूडेंट्स को लिया गया।

सुमन केशरी : डॉ. साहब, मैं कह रही हूँ कि नियुक्ति में ट्रांसपैरेंसी बनी रहे। जैसे सौ एप्लीकेशंस आए, आपने उसको स्क्रीनिंग करके कुछ पैरामीटर बना लिया, उसके आधार पर आपने आठ-दस लोगों को चुन लिया, उनका ही सेमिनार करवा दिया तो इसमें बहुत ज्यादा समय तो जाएगा नहीं?
नामवर सिंह : ऐसा है कि कोई भी चीज देखने में अच्छी लगती है, 'फुलप्रूफ' कहीं नहीं होता। हमारा समाज इस मामले में इतना गड़बड़ हो गया है कि भगवान नाम की कोई चीज है, ऐसा डर खत्म हो गया है। बड़ी भद्र बेहयाई के साथ इसका लोग दुरुपयोग करेंगे। इसलिए फुलप्रूफ तो बहुत मुश्किल है।

सुमन केशरी : कम-से-कम दस लोगों के सामने तो होगा सही कि इसने ऐसा पढ़ाया था?

नामवर सिंह : मैंने तो बताया ही कि यह तरीका होते हुए भी इसमें कई गड़बड़ियाँ हैं। इंग्लैंड, अमेरिका में भी ऐसा होता है, कई कहानियाँ मुझे पता हैं।

सुमन केशरी : गड़बड़ियाँ तो होती ही हैं। तय करके बता दिया जाता है कि हम आपसे यह सवाल पूछेंगे, आप तैयार कर लीजिए।

नामवर सिंह : सारी चीजों को फुलप्रूफ करना तो बड़ा मुश्किल है। लेकिन जहाँ स्ट्रक्चर मजबूत है, वहाँ ऐसा सीधा सम्भव नहीं है। उदाहरण के लिए जे.एन.यू. में मनमानी करके वी.सी. किसी को नहीं बुला सकता। फैकल्टी मेम्बर के सहयोग के बिना वी.सी. अपनी पसन्द के किसी आदमी को अप्वाइंट नहीं कर सकता। 'चेक एंड बैलेंस' जिसे कहते हैं, वह बहुत जरूरी है। लेकिन यह कैसा है, कैसे हो, यह बड़ा पेचीदा मसला है।

चुनने की प्रक्रिया को लेकर इस वक्त देश में यू.पी.एस.सी. ही ऐसी संस्था है जिस पर कोई अँगुली नहीं उठाई जा सकती है। अभी तक यह संस्था सन्देह के दायरे में नहीं है। चूँकि मैं यू.पी.एस.सी. की कई कमेटियों में रहा हूँ इसलिए देखा है कि कैसे-कैसे लोगों को चेक किया गया है, किस तरह से दबावों का सामना किया जाता है। इसी वर्ष देख लीजिए, तीनों टॉपर लड़कियाँ हैं जिनमें से एक ने तो हिन्दी माध्यम से ही इतना ऊँचा स्थान पाया...मैं तो कहता हूँ, यू.पी.एस.सी. जैसी ही संस्था यूनिवर्सिटी के लिए भी बनाई जानी चाहिए। विशेष कर सेंट्रल यूनिवर्सिटी के लिए तो और भी जरूरी है। यूनिवर्सिटी को स्वायत्तता भी मिलनी चाहिए। मैं समझता हूँ कि इससे बहुत सारा भ्रष्टाचार दूर हो जाएगा। मतलब, या तो सारी यूनिवर्सिटी को कम्प्लीट ऑटोनॉमी दे दीजिए या फिर एक कमीशन। इसी तरह वी.सी. का चुनाव यूनिवर्सिटी कोर्ट करे, जैसा बी.एच.यू. में मैंने देखा है। वहाँ के वी.सी. यानी राधाकृष्णन् का उम्मीदवार हार गया और राधाकृष्णन् ने रिजाइन किया हमारे सामने। इसलिए सिस्टम तो बनाए जा सकते हैं, लेकिन 'चेक एंड बैलेंस' की नीति जरूरी है।

[इस बातचीत में साथ दिया—धीरेन्द्र बहादुर सिंह और सुधा निकेतन रंजनी ने]

*[पुस्तक : 'जे.एन.यू. में नामवर सिंह', सं. : सुमन केशरी,
राजकमल प्रकाशन से प्रकाशित]*

जो भी दिया था, वह आपका ही दान था
[जे.एन.यू. का जीवन]

...तब हिन्दी-उर्दू के हम सिर्फ चार अध्यापक थे और छात्र भी छह—वे भी हिन्दी के। एक नया सेंटर इसी पूँजी से शुरू हुआ था। आज उस सेंटर में हिन्दी-उर्दू के बारह अध्यापक हैं। छात्रों की संख्या भी साठ से ऊपर ही होगी। आँकड़े के हिसाब से यह तीन गुनी बल्कि और ज्यादा तरक्की कही जाएगी। लेकिन जो सपना था, जो विजन था, उसको देखते हुए शायद यह बहुत सन्तोषप्रद न हो। प्रो. अनिल भट्टी को स्मरण होगा और प्रो. प्रमोद तालगिरि को भी, जवाहरलाल नेहरू विश्वविद्यालय में प्रोफेसर के रूप में आने से पहले 'स्कूल ऑफ लैंग्वेजेज' की ओर से एक सेमिनार किया गया था। उस सेमिनार की चर्चा का मुख्य विषय था : भारतीय भाषाओं का जो सेंटर बनेगा या बनना चाहिए, उसका रूप क्या होगा? और मुझे उसमें भाग लेने के लिए जोधपुर से बुलाया गया था। उस सेमिनार ने मेरे सामने जवाहरलाल नेहरू विश्वविद्यालय का जो रूप रखा, वह मेरे लिए एक आकर्षण और चुनौती की चीज थी। इन अठारह वर्षों में जो कुछ किया, जो कुछ हुआ, जो कुछ लिखा; उसमें साल भर की सब्जेक्टिकली छुट्टी के दौरान लिखी हुई 'दूसरी परम्परा की खोज' मेरे लिए जवाहरलाल नेहरू विश्वविद्यालय की सबसे बड़ी उपलब्धि है। उस किताब के लिए मैं विश्वविद्यालय का ऋणी हूँ।

जवाहरलाल नेहरू विश्वविद्यालय में आने से पहले 'मुक्तिबोध' की चार पंक्तियाँ मेरे दिमाग में बराबर गूँजती रहती थीं। आज भी मेरे साथ हैं और आगे भी रहेंगी। और वह सवाल था कि 'आज तब क्या किया/जीवन क्या जिया/ज्यादा लिया और दिया बहुत-बहुत कम/मर गया देश, अरे, जीवित रह गए तुम!!' यह एक चुनौती थी। हमने इस समाज से, इस देश से कितना लिया है! आज इनसान से एक दर्जा नीचे रहनेवालों की तादाद हमारे देश में नब्बे फीसदी से ज्यादा है। हम अध्यापक और विद्यार्थी उनकी तुलना में कितनी सुविधाओं से सम्पन्न हैं? एक ओर यह सब कुछ तो देश की जनता से ही मिला है, पैसा मिला है, सारी सुविधाएँ मिली हैं। उसकी तुलना में अगर हम देखें तो हमने क्या दिया है उन

लोगों को? यह मेरे मन में बार-बार सवाल उमड़ता था और चूँकि हमारा साधन, हमारा माध्यम साहित्य है और साहित्य में भी जिसके बारे में हम कुछ थोड़ा-सा जानते हैं, वह एक भाषा का साहित्य है। उसके माध्यम से हम क्या कर सकते हैं? ये कुछ सपने थे, कुछ बेचैनियाँ थीं हमारे मन में, जिन्हें लेकर, जिनके लिए एक सही जगह की तलाश थी मेरे मन में। सच पूछें तो खयाल थे कुछ, कुछ आइडियाज थे और उस नाटककार या उस 'एक्टर' की तरह से मुझे 'थियेटर' की तलाश थी, उसे 'थियेटर ऑफ आइडियाज' कह लीजिए, 'व्यूज' कह लीजिए, जहाँ मैं उस रंगमंच को भरे-पूरे रूप में प्राप्त करके कुछ कर दिखाऊँ। जाहिर है, उसके लिए सहयोगियों की जरूरत थी और ऐसे कुछ सहयोगी मिले भी। एक ऐसा थियेटर भी मिला जो विचारों में उन्मुक्त था, खुला हुआ था। मैं इसे अपना सौभाग्य मानता हूँ कि जवाहरलाल नेहरू विश्वविद्यालय में वह सब मिला। यह कुँवारी धरती थी, हर तरह से कुँवारी थी। मैं तो चार साल बाद आया। पर वे भाग्यशाली लोग हैं जिन्होंने सन् 1970 में इस जमीन को तोड़कर यहाँ एक नई दुनिया बनाने की कोशिश की थी। लेकिन देखते-देखते...मुझे...अगर एक पोढ़ी-पकी, बनी-बनाई हुई यूनिवर्सिटी मिली होती तो शायद मैं या हम लोग वह नहीं कर पाते जो कर सके। इसलिए हमने तो कोरी पटिया से शुरू की। कोरी स्लेट से शुरू किया था और एक हद तक यह हमारे लिए सौभाग्य की बात थी और विश्वविद्यालय भी ऐसा मिला जो लगभग एक 'लीजेंड' उस समय बना हुआ था। धीरे-धीरे वह 'लीजेंड' अब तो टूट रहा है।

उस नये दौर में आने पर, इस नई दुनिया में आने पर मेरे भीतर एक नया इनसान बना और पैदा हुआ, जिसका अहसास इन अठारह वर्षों में तो नहीं हुआ लेकिन अब इस विश्वविद्यालय को छोड़ते समय महसूस करता हूँ। यहाँ विद्यार्थियों से, छात्रों से जो बौद्धिक चुनौतियाँ मिलीं, अगर वे नहीं मिलतीं तो हम लोग भी उसी तरह से एक खास तरह की 'स्मॅगनेस' के शिकार हो गए होते। रोजमर्रा जो चुनौतियाँ हमें विद्यार्थियों से कक्षाओं के बाहर, होस्टल में, सड़कों पर, सेमिनार में मिलीं और उसके साथ ही मैं बहुत भाग्यशाली हूँ...किसी दूसरे विश्वविद्यालय में शायद वह अवसर न मिलता जहाँ मुझसे बेहतर, मुझसे ज्यादा अच्छे दूसरे शास्त्रों में, दूसरी विधाओं में—चाहे वह सामाजिक विज्ञान हो, चाहे वह अन्तर्राष्ट्रीय विद्या संस्थान हो या विज्ञान के लोग हों, उन लोगों से मिलने, जानने और सीखने का मुझे अवसर मिला। एक ऐसी 'लाइब्रेरी' मिली और उस दौर के एक ऐसे 'लाइब्रेरियन' मिले...मेरी जिन्दगी का एक बहुत बड़ा हिस्सा जवाहरलाल नेहरू विश्वविद्यालय की 'लाइब्रेरी' है। अगर कोई हाजिरी की किताब रहती तो पता चलता कि वहाँ जाने वालों में शायद सबसे नियमित यही आदमी था। कभी-कभी उन घड़ियों में भी, जब जाने वाले थोड़े लोग होते थे। बहुत पाया है मैंने उससे,

बहुत सीखा है। इसका पूरा अहसास है मुझे। बाहरी आचार-विचार को देखने वाले लोग नहीं जानते कि किसी आदमी के शरीर के अन्दर दौड़ने वाली वे हजारों नसें हैं, जो खून और खुराक पहुँचाती हैं। वह अदृश्य दान इस विश्वविद्यालय का मेरे लिए रहा है। कहीं पढ़ा था कि दत्तात्रेय के चौबीस गुरु थे। चौबीस तो खैर कहने के लिए थे। मशहूर यह था कि वे जहाँ भी जाते, वहाँ कुछ-न-कुछ सीखने के लिए मिल जाता। जैसे ओखली में मूसर चलाने वाली, धान कूटने वाली औरत हो और उसकी चूड़ी झनझना रही हो तो उससे भी दत्तात्रेय को कोई एक ज्ञान मिल जाया करता था। ऐसा जिज्ञासु होने का दावा तो मैं नहीं कर सकता लेकिन मैंने कोशिश की है कि यहाँ के प्रवास में जितने लोगों से सम्भव है, ज्ञान बटोर लूँ। वह बटोरी हुई पूँजी इस कदर मेरे मानस का हिस्सा बन चुकी है कि उसके मूल स्रोतों के नाम भी आज याद नहीं रहे।

जवाहरलाल नेहरू विश्वविद्यालय में आया तो हिन्दी सुनाई नहीं पड़ती थी। हिन्दी बोलने वाले लड़के थे लेकिन उन्हें संकोच होता था। एक खास तरह की आधुनिकता थी। उसे मैं अंग्रेजियत नहीं कहूँगा। उसमें कुछ 'बोहेमियन' तत्त्व मिला हुआ था। लेकिन जिसे कहें कि एक गरीबी का भी गर्व हुआ करता है, एक गँवारपन का भी स्वाभिमान हुआ करता है, उस स्वाभिमान के साथ इस पूरे विश्वविद्यालय में यह गँवार आदमी धोती-कुर्ता पहने हुए खड़ा रह सका। यह ताकत मुझे अपने गाँव के लोगों से, बनारस से मिली थी। मुझे लगता था कि यह देसीपन इस विश्वविद्यालय के लिए बहुत जरूरी है। यह विश्वविद्यालय उस विदेशी हवा-पानी के खुराक से जवाहरलाल नेहरू के नाम को सार्थक नहीं कर पाएगा। यह देसीपन अपने-आप इस विश्वविद्यालय में जुड़कर एक नई ताकत, एक नई शक्ति बना। जो मुझे बल देता रहा है। मित्रों ने जिक्र किया कि हिन्दी की जो 'स्टीरियो टाइप' एक तसवीर बनी थी, उसे मैं तोड़ना चाहता था और उस तसवीर को तोड़ने के लिए जरूरी था कि हिन्दी केवल अपनी पहचान अकेले दम पर, केवल हिन्दी को लेकर नहीं बना सकती। इसके लिए सगी बहन उर्दू का साथ जरूरी है। स्कूल बोर्ड की अपनी पहली बैठक में सेंटर का पाठ्यक्रम प्रस्तुत करते हुए मैंने प्रस्तावना के रूप में कहा था : और विश्वविद्यालयों में उर्दू और हिन्दी के विभाग जो जी चाहे करें, हम तो जे.एन.यू. में, हमारा सेंटर ऐसा बने जहाँ कि गंगा-जमुनी संगम चाहते हैं। बड़ा फर्क पड़ेगा इससे। प्रस्ताव का स्वागत करने वालों में एन.के.वी. मूर्ति पहले सदस्य थे, जो इस विश्वविद्यालय के प्रथम रजिस्ट्रार रह चुके थे। और अब भी यह अकेला विश्वविद्यालय है जहाँ हिन्दी के विद्यार्थी को उर्दू पढ़ना और उर्दू के विद्यार्थी को हिन्दी पढ़ना अनिवार्य है। दूसरे विश्वविद्यालयों में जहाँ दोनों भाषाएँ पढ़ाने और पढ़ने वाले एक-दूसरे से लड़ने के लिए बदनाम हैं, हमारे छात्रों ने, हमारे सहयोगियों ने दोस्ती की एक

मिसाल पेश की है।...प्रेमचन्द के 'गोदान' उपन्यास में होरी की आखिरी बात याद आती है। होरी कहता है, 'जो कुछ अपने से नहीं बन पड़ा, उसी के दुखों का नाम तो मोह है। पाले हुए कर्तव्यों और निपटाए हुए कामों का क्या मोह! मोह तो उन्हें छोड़ जाने का है जिनके साथ हम अपना कर्तव्य निभा नहीं सके; उन अधूरे मनसूबों में है, जिन्हें हम पूरा नहीं कर सके।'

इस क्षण जबकि हर तरह के मोह से आदमी को मुक्त होना चाहिए, अजीब बात है कि इनसान होने के नाते उस मोह से, जो अधूरे मनसूबे हैं, उनसे मुक्त होना बड़ा कठिन लगता है। एक सपना था कि हिन्दी-उर्दू के साथ कम-से-कम दक्षिण की एक भाषा हो, पश्चिम की एक भाषा हो, पूरब की एक भाषा हो और आधार रूप में संस्कृत हो। इन्हें मिलाकर कम-से-कम एक ऐसे भारतीय साहित्य की तुलनात्मक तसवीर रखी जाए, जहाँ हर भाषा अपनी पहचान कायम रखते हुए भारतीय साहित्य की व्यापकता का आभास दे। फिर, 'स्कूल ऑफ लैंग्वेजेज' से बड़ा विदेशी भाषाओं के अध्ययन का कोई संस्थान इस देश में नहीं है। रूसी, जर्मन, फ्रेंच, स्पेनिश, चीनी, जापानी के साथ ही अरबी, फारसी इत्यादि भाषाओं की सर्वोच्च पढ़ाई यहीं होती है। ऐसे वातावरण में तुलनात्मक अनुशीलन की पद्धति अपनाकर भारतीय साहित्य क्या शक्ल ले सकता है, यह सोचते ही 'तच्च संस्मृत्य संस्मृत्य रूपमत्यद्‌भुत हरेः। विस्मयो मे महान्यजन् हृष्यामिच पुनः-पुनः॥' रोमांच हो आता है इसकी कल्पना करके। यह सपना हमारा रहा है और मैं समझता हूँ कि सपना देखना छोड़ना नहीं चाहिए। क्योंकि कभी-कभी सपना देखने का अधिकार भी छिन जाता है। तब हकीकत भी मुरझा जाती है और मर जाती है। मुझे उम्मीद है कि भारतीय भाषा केन्द्र आगे आनेवाले समय में, और विश्वविद्यालय का इस ओर ध्यान जाएगा, सही मायने में भारतीय भाषाओं के साहित्य का मरकज और केन्द्र बन सकेगा।

मित्रो! यहाँ आने के साथ हमारे मन में यह तो था ही। लेकिन इस सिलसिले में एक और अजीब बात देखी जब सन् 1986 में 'नई शिक्षा नीति' आई। क्या देखा कि पूरे इस दस्तावेज में 'लिट्रेचर' शब्द नहीं है। जवाहरलाल नेहरू विश्वविद्यालय में भी स्कूलों का नाम देखता हूँ तो 'साइंसेज', 'सोशल साइंसेज', 'इंटरनेशनल स्टडीज', 'लैंग्वेजेज' और 'लिट्रेचर' नाम की कोई चीज यहाँ भी नहीं है। मैं कल्पना नहीं कर सकता किसी यूनिवर्सिटी की जहाँ साहित्य न हो, आर्ट न हो। मेरे सपनों में से एक सपना यह रहा है कि जवाहरलाल नेहरू विश्वविद्यालय की केवल 'आर्केटेक्चर' में ही नहीं बल्कि उसके बौद्धिक वातावरण को एक 'एस्थेटिक डाइमेंशन' की जरूरत है। उस 'एस्थेटिक डाइमेंशन' या सौन्दर्यपरक आयाम की बुनियाद साहित्य और कला से बनती है। यह साहित्य और कला की बुनियाद सम्भव है कि इस विश्वविद्यालय को एक 'टीचिंग इंडस्ट्री' के स्तर

से ऊपर उठा करके इसे संस्कृति की जगह बना सके। अपार सम्भावनाएँ यहाँ मौजूद हैं।

इस विश्वविद्यालय में जो चुनाव लड़े जाते हैं, उनके पोस्टर से अन्दाजा लगता है कि कितनी सर्जनशीलता है, कितनी सांस्कृतिक सम्पदा यहाँ मौजूद है। उन तमाम चीजों को क्या हम अपने 'एकेडेमिक प्रोग्राम' के द्वारा एक ऊँचा स्तर नहीं प्रदान कर सकते? इन प्रतिभाओं को देखते हुए मैं मित्रों से कहना चाहता हूँ कि यह तभी होगा, जब उसके लिए भारतीयता का, भारतीय भाषाओं का ठोस आधार होगा। इनके बिना यह 'एस्थेटिक डाइमेंशन' दिया नहीं जा सकता है। ये कुछ सपने हैं जो आपके पास छोड़े जा रहा हूँ। 'जो भी दिया था, वह आपका ही दान था और / तुमने जितना भी ग्रहण किया / उतना ही मुझे ऋणी बनाया है'। रवीन्द्रनाथ की कविता की ये पंक्तियाँ मुझे याद आती हैं। इन शब्दों के साथ मैं आज के अवसर पर इसलिए भी कि पुरानी परम्परा में कुछ तो जड़ें हैं ही, मैं ढूँढ़ता ही रहा कि विद्यार्थियों ने आयोजन किया है, हमारी परम्परा में ऐसे समय क्या गुरु के पास कहने को कोई शब्द होते हैं? मैंने देखा कि सारी परम्परा में शिष्यों के तो विदाई देने के तमाम मंत्र हैं; लेकिन गुरु विदाई लेता हो और उसके पास भी ऐसे अवसर पर कहने के लिए कोई मंत्र हो, समूचे शास्त्र में मुझे कहीं नहीं मिला। क्या इसका यह अर्थ है कि विद्यार्थी आते-जाते रहते हैं, गुरु तो स्थाणु है, अचल है, वह कहीं नहीं जाता है? इन शब्दों के साथ मैं आपसे विदा लेता हूँ।

*[नामवर जी द्वारा 1992 में जे.एन.यू. से सेवानिवृत्ति के समय दिया गया वक्तव्य।
प्रस्तुति : प्रो. दुर्गा प्रसाद गुप्त]*

*[पुस्तक : 'जे.एन.यू. में नामवर सिंह', सं. : सुमन केशरी', राजकमल प्रकाशन में
'अब तक क्या किया' शीर्षक से प्रकाशित]*

सार्वजनिक जीवन

शिक्षण संस्थाओं के साथ ही एक लेखक के रूप में मेरा सम्बन्ध कुछ साहित्यिक संस्थाओं से रहा। इन संस्थाओं में सर्वाधिक घनिष्ठ सम्बन्ध प्रगतिशील लेखक संघ से रहा। उस समय से, जब मैं स्कूल में पढ़ रहा था। सन् 1941 में जब शिवदानसिंह चौहान उत्तर प्रदेश प्रगतिशील लेखक संघ के मंत्री थे, तब मैं बहुत छोटा था। तब मैंने शिवदानसिंह जी, त्रिलोचन जी, शमशेर जी के दर्शन एक छोटी-सी गोष्ठी में किए थे। वहाँ शिवदान जी ने कोई एक रेडियो रूपक पढ़ा था, शमशेर जी ने अपनी एक कविता पढ़ी थी। उन्होंने नरेन्द्र शर्मा की एक कविता भी सुनाई थी। नरेन्द्र शर्मा उस समय देवली जेल में थे।

शमशेर जी उन दिनों बनारस में ही रहते थे। सरस्वती प्रेम में काम करते थे। प्रगतिशील लेखक संघ स्थापित था वहाँ। नन्ददुलारे वाजपेयी उसके अध्यक्ष थे और हमारे हिन्दी के अध्यापक गुरुवर मार्कंडेय सिंह उसके उपाध्यक्ष थे।

प्र.ले.सं. से वह जो सम्बन्ध शुरू हुआ, आज तक बना हुआ है। जब मैं विश्वविद्यालय में गया तो काशी प्रगतिशील लेखक संघ का सचिव बना।

मुझे याद आ रहा है कि सन् 1947 में इलाहाबाद में प्र.ले.सं. की कॉन्फ्रेंस थी अग्रवाल विद्यालय में। उन दिनों कर्फ्यू लगा हुआ था। महापंडित राहुल सांकृत्यायन अध्यक्ष थे। सज्जाद जहीर के दर्शन पहली बार मैंने वहाँ किए थे। उन दिनों मैं बी.ए. में था।

हिन्दी लेखकों की दूसरी कॉन्फ्रेंस 1952 में इलाहाबाद में संगीत समिति के हॉल में हुई थी। इसमें राजेन्द्र यादव से पहली बार मुलाकात हुई थी। वह आगरे से आए थे। रामविलास जी से तो पहले भी बनारस में मुलाकात हो चुकी थी। रजिया आपा आई थीं, यशपाल भी थे। उस कॉन्फ्रेंस में मैं भी बोला था। पहली बार 'अनुभूति बनाम विचारधारा' पर बहस हो रही थी। उस भाषण का एक वाक्य अब भी याद है : 'यहाँ कोण पर ज्यादा जोर है, दृष्टि गायब है।' जुमला लोगों को बहुत पसन्द आया था। रजिया आपा खुश हुई थीं।

1953 में 5 मार्च को प्र.ले.सं. का सम्मेलन दिल्ली में रखा गया था। उसी दिन स्तालिन की मृत्यु की खबर आई थी। शोकसभा करके फिर उसके बाद वह कॉन्फ्रेंस हुई थी। उसमें भी मैंने सक्रिय हिस्सेदारी की थी। रामविलास शर्मा महासचिव थे, उनके स्थान पर कृशन चन्दर चुने गए। और प्र.ले.सं. खत्म हो गया। बहुत विवाद का दौर था वह।

1957 के सम्मेलन में मैं प्र.ले.सं. में संयुक्त सचिव बना। अमृतराय जी तो मुख्य रूप से सचिव थे ही। इस अवसर पर 'हंस' का अर्द्धवार्षिक अंक जो निकला था, ऐतिहासिक है। यह 'परिमल' वालों को जवाब था। 1967 में जब सज्जाद जहीर ने प्र.ले.सं. का पुनर्गठन करके पुन: दिल्ली में सम्मेलन किया था तो फिर मुझे उन्होंने संयुक्त सचिव नियुक्त किया। तब से सभी अधिवेशनों में तो न जा सका लेकिन कई में पहुँचा। अभी इसी वर्ष चंडीगढ़ के अधिवेशन में गया था, जहाँ लोगों ने मुझे अध्यक्ष चुना।

इस तरह प्रगतिशील लेखक संघ एक ऐसी संस्था है जिससे मेरा सम्बन्ध 1941 से लेकर आज तक बना हुआ है। किसी-न-किसी हैसियत से मैं उससे जुड़ा हूँ।

काशी में ही एक दूसरी साहित्यिक संस्था थी : 'युवक साहित्यिक संघ'। यह संस्था ठाकुर प्रसाद सिंह द्वारा स्थापित की गई थी। एक समय ऐसा आया कि ठाकुर प्रसाद सिंह की नियुक्ति बनारस से बाहर हो गई थी। पहले बड़ागाँव, फिर देवघर। उन्होंने मुझसे कहा कि भाई, इस संस्था को तुम सँभालो। यह वह समय था जब कम्यूनिस्ट पार्टी की अन्दरूनी लड़ाइयों की वजह से प्रगतिशील लेखक संघ शिथिल पड़ गया था। अमृतराय इलाहाबाद चले गए थे। वाजपेयी जी जो अध्यक्ष थे, सागर चले गए थे। तो त्रिलोचन जी और हम 'युवक साहित्य संघ' को प्र.ले.सं. के उद्देश्यों के अनुसार चलाने लगे। बाद में जब प्र.ले.सं. पुनर्जीवित हो गया तो हम पुन: उसे चलाने लगे। और फिर से काशी में प्र.ले.सं. की गोष्ठियाँ होने लगीं। काशी में विद्यासागर नौटियाल आ गए थे, केदारनाथ जी थे, विजयमोहन जी भी थे। शिवप्रसाद जी भी गोष्ठियों में आते थे। दूसरे शहरों से आनेवाले लेखक भी गोष्ठियों में भाग लेते थे। एक बड़ी गोष्ठी हमने विश्वविद्यालय के भारती महाविद्यालय के हॉल में की थी। उसमें रामविलास जी, प्रकाशचन्द्र जी—सब लोग आए थे। बहुत अच्छा समारोह हुआ था। द्विवेदी जी ने उद्घाटन किया था।

यहाँ प्रसंगवश यह भी कहना चाहूँगा कि चूँकि इलाहाबाद काशी के पास था, इसलिए हम वहाँ भी आते-जाते रहते थे। इलाहाबाद में प्र.ले.सं. अधिक सक्रिय था। वहाँ प्रकाशचन्द्र जी थे, भैरव प्रसाद जी थे, श्रीकृष्ण दास थे, मार्कंडेय, कमलेश्वर, दुष्यन्त थे। तो वहाँ भी हमारा और त्रिलोचन जी का बराबर पहुँचना होता था।

काशी में सन् 1948 के आसपास एक नई संस्था बनी थी। आजादी के बाद सोशलिस्ट पार्टी बड़ी प्रबल होकर उभर रही थी। यह उभार जे.पी., लोहिया,

आचार्य नरेन्द्रदेव और अशोक मेहता के कारण था। काशी के बेनियाबाग में सोशलिस्ट पार्टी का एक विराट सम्मेलन हुआ और तभी आचार्य नरेन्द्रदेव की प्रेरणा से 'नव संस्कृति संघ' नाम का एक साहित्यिक संगठन खड़ा हुआ। इसका उद्‌घाटन करने के लिए आचार्य जी के कहने पर लखनऊ से प्रोफेसर डी.पी. मुखर्जी आए थे। वह पंजाब मेल से शाम को आए थे, मैं ही उन्हें स्टेशन लेने गया था। उनके उद्‌घाटन भाषण का हिन्दी अनुवाद 'जनवाणी' में छपा था। यह पत्रिका भी आचार्य जी के आशीर्वाद से विद्यापीठ से निकलती थी। इसके सम्पादक थे बैजनाथ सिंह 'विनोद'। उसमें मेरे कई लेख छपे हैं। एक लेख संस्कृति पर छपा था, आचार्य रामचन्द्र शुक्ल पर मेरा एक बड़ा सख्त लेख छपा था। काशी, 'नव संस्कृति संघ' का मैं सचिव था। दरअसल उस समय प्रगतिशील लेखक संघ संकट के दौर में था।

बी.टी. रणदिवे की नीतियों के कारण कम्यूनिस्ट पार्टी अंडरग्राउंड हो गई थी। इसलिए उसके बहुत-से लोग इस संगठन में आ गए। इसीलिए मैं भी सचिव के रूप में इस संगठन से जुड़ गया। सौभाग्य से उन्हीं दिनों इलाहाबाद से विजयदेव नारायण साही आ गए। वहाँ एम.ए. करने के बाद उन्हें नौकरी नहीं मिली तो बनारस आ गए। यहाँ कबीरचौरा पर उनका घर था। उन्होंने गहरी दिलचस्पी लेनी शुरू की। मार्क्स पर, मार्क्सवादी चिन्तन पर, संस्कृति पर, सामाजिक समस्याओं पर विद्यापीठ में खास तौर पर गोष्ठियाँ होती थीं। राजाराम शास्त्री उसमें नियमित रूप से आते थे। इस संस्था में समाजवादी अधिक थे लेकिन यह संस्था समाजवादी पार्टी का अंग न थी, भगवतशरण उपाध्याय भी इसमें आते थे।

बाद में जब कम्यूनिस्ट पार्टी के महासचिव अजय घोष हुए और नीतियाँ बदलीं तो प्रगतिशील लेखक संघ पुन: खड़ा हो गया। और हम 'नव संस्कृति संघ' छोड़कर पुन: संस्था में चले आए। 'नव संस्कृति संघ' तो खत्म ही हो गया।

इलाहाबाद की 'परिमल' संस्था का मैं जिक्र करना चाहूँगा। जैसाकि मैंने कहा कि बनारस से बहुत पास होने के कारण मैं इलाहाबाद गोष्ठियों में जाता रहता था। वहाँ 'परिमल' में भी हमारे कई मित्र थे—साही, सर्वेश्वर, भारती। ये गोष्ठियाँ नियमित होतीं। उन गोष्ठियों में वे हमें भी बुलाते थे। मैं जाता था, यद्यपि यह स्पष्ट था कि मैं प्र.ले.सं. का था। 'परिमल' की गोष्ठियों में प्र.ले.सं. के लोगों को भी बुलाया जाता था, लेकिन व्यक्तिगत रूप से। लोग जाते भी थे। मगर 'परिमल' के लोग प्रे.ले.सं. में नहीं आते थे। तेज मुकाबला था। दोनों संगठन अपनी पत्रिकाएँ निकालते थे। उधर 'निकष' निकला तो इधर से 'संकेत' निकला। 'हंस' बन्द हो चला था। बाद में 'नया पथ' निकला। पत्रिकाओं और गोष्ठियों के माध्यम से यह टकराव होता रहता था और हम उसमें भाग लेते थे।

संस्थाओं के ही प्रसंग में कहना है कि मैं यदि प्रगतिशील लेखक संघ के सम्पर्क में न आया होता तो आलोचक न होता। जहाँ तक मुझे याद है कि सन् 1945 तक मैं केवल कविताएँ ही लिखता था। न आलोचना लिखी थी, न उसे लिखने की इच्छा थी। गीत-वीत के लिए प्रेम जरूरी था, वह था ही नहीं जिन्दगी में, इसलिए मैं ज्यादातर प्रकृति की कविताएँ लिखता था। उन्हीं दिनों मैंने महादेवी वर्मा की 'रश्मि' नाम की किताब पढ़ी। उसमें दो कविताएँ खड़ी बोली के सवैया छन्द में थीं। तो मैंने भी एक सवैया लिखा था : 'तान के सोता रहा जलचादर, वायु-सा खींच जगा गया कोई'। यह तालाब के ऊपर आठ सवैये की कविता थी। अब आलम यह था कि हमारे प्रिंसिपल थे जी.पी. सिंह—आगरा के पढ़े हुए। बड़ी अच्छी अंग्रेजी बोलते थे। उन्होंने मेरी यह कविता पढ़ी तो इतने मुग्ध हुए कि जब भी कॉलेज में समारोह होता तो मुझसे कहते, वही सुनाओ। उस कविता के साथ वह स्वयं गाते, लड़के भी गाते। तो कहने का आशय यह कि मैं कविताएँ लिखता था और उसी में मेरी रुचि थी। तय कर लिया था कि आलोचना नहीं लिखूँगा। आलोचना बेकार का काम है। पढ़ने-वढ़ने के लिए ठीक है, लेकिन आलोचना लिखने की चीज है, यह मैं तब सोच भी नहीं सकता था। गोष्ठियों में भी लोग मुझसे कविता सुनाने के लिए ही कहते।

मेरा रूपान्तरण किया प्र.ले.सं. की गोष्ठियों ने। उसकी गोष्ठियों में जो बहस होती थी, पढ़ी गई रचनाओं पर जो वैचारिक चर्चा होती थी और जो लेख पढ़े जाते थे, उन सबने मेरी दृष्टि बदल दी। संयोग की ही बात है, उन्हीं दिनों बाँस फाटक पर एक मार्क्सवादी किताबों की दुकान थी, उसने भी महत्त्वपूर्ण भूमिका निबाही। जिस तीसरी चीज ने असर डाला, वह थी उस जमाने की 'हंस' पत्रिका। शिवदानसिंह चौहान जेल चले गए थे तो 'हंस' के तीन-चार अंकों का सम्पादन रामविलास जी ने किया। उन्होंने तीन अंक प्रगतिवाद पर निकाले। उपर्युक्त तीन चीजों ने मेरी दिशा बदल दी।

['तद्भव-2' में प्रकाशित]

संस्थाएँ और अड्डे

मैं संस्थाओं के विषय में अपने व्यक्तिगत अनुभव के आधार पर कुछ कहना चाहता हूँ, जिसका कुछ अंश आत्मकथात्मक होगा। सबसे बुनियादी संस्था परिवार है। उसी का बोध मुझे सबसे पहले हुआ, जैसाकि दूसरे लोगों को भी होता है। परिवार के अलावा गाँव में जो लोग होते हैं, गाँव का जो समाज होता है, उससे मुझे सामाजिक संस्थाओं का प्रारम्भिक बोध हुआ। गाँव में जाति-बिरादरी का अहसास एक बड़ा अहसास होता है, जिसके आधार पर लोगों के सामाजिक संगठन बनते हैं। हमारे गाँव में सवर्ण जातियों का कोई ऐसा संगठन नहीं था लेकिन पिछड़ी हुई और दलित जातियों की अपनी बिरादरी की एक पंचायत हुआ करती थी। वह पंचायत उनकी अपनी समस्याएँ हल करती थी, जिनमें पारिवारिक समस्याएँ भी होती थीं, शादी-ब्याह जैसी खास तौर से। किसी को अपनी जात से बाहर करना है, किसी को अपनी जात में शामिल करना है, यह भी पंचायत में ही तय होता था। जिनको पिछड़ी या छोटी जातियाँ कहा जाता है, उनमें यह खूब होता था। दलितों की अपनी पंचायत होती थी। बचपन में देखी हुई ऐसी पंचायतें मुझे अच्छी तरह याद हैं।

उसके बाद जिस संस्था से सम्बन्ध हुआ, वह शिक्षा की संस्था थी। यह सम्बन्ध स्कूल की शिक्षा से विश्वविद्यालय की शिक्षा तक चला। स्कूल में पढ़ने के लिए मैं शहर में आया, तो मुझे मालूम हुआ कि 'क्षत्रिय महासभा' नाम की एक संस्था है। मैं जिस स्कूल में पढ़ा, वह क्षत्रियों की इसी संस्था का स्कूल था, यद्यपि उसके जलसे में मैं कभी नहीं गया। यह संस्था काफी दिनों तक रही, पर अब उसका नाम सुनाई पड़ा है। और जातियों की भी ऐसी संस्थाएँ थीं, जैसे कायस्थों की, ब्राह्मणों की और ब्राह्मणों में भी सरयूपारियों की अलग, कान्यकुब्जों की अलग। यह बात आज से करीब सत्तर-अस्सी साल पहले की बता रहा हूँ। तो स्कूल नामक संस्था के साथ-साथ मुझे बिरादरी की संस्थाओं का भी बोध हुआ।

उसके बाद काशी शहर में आने पर मालूम हुआ कि 'नागरी प्रचारिणी सभा' नाम की एक संस्था है। उसमें साहित्यिक समारोह हुआ करते थे और उसमें हम

लोग जाते थे। उसका पुस्तकालय था और उसमें कई लोगों के व्याख्यान मैंने सुने। फिर मालूम हुआ कि उस संस्था के अलावा काशी में कई दूसरी साहित्यिक संस्थाएँ हैं। एक 'प्रसाद परिषद' थी, जो थोड़े-से साहित्यकारों की थी और उसको हम लोग 'जलपान संस्था' कहा करते थे। वहाँ कविता-पाठ वगैरह होता था, कोई गम्भीर चर्चा नहीं होती थी। बाबू सम्पूर्णानन्द उसके अध्यक्ष थे और कुछ चुने हुए पन्द्रह-बीस लोगों को उन्होंने साथ ले रखा था, जिनमें कुछ साहित्यकार थे, कुछ अर्द्ध-साहित्यकार थे। काशी में प्रेमचन्द के नाम पर कोई संस्था नहीं थी। शुक्ल जी के नाम पर कोई संस्था नहीं थी।

काशी में आने पर 1941 के आसपास मुझे जानकारी मिली कि 'प्रगतिशील लेखक संघ' नाम की एक संस्था है। वह सक्रिय थी और उसमें दूसरे ढंग के साहित्यकार थे। संयोग से शिवदानसिंह चौहान उस समय 'हंस' के सम्पादक के रूप में काशी में थे। वे प्रगतिशील लेखक संघ में थे। नरेन्द्र शर्मा भी उसमें थे। शमशेर बहादुर सिंह थे। त्रिलोचन थे। हम लोग स्कूल में पढ़ते हुए भी उस संस्था के सदस्य थे। उसमें जाते थे। बहुत दिनों तक सक्रिय रहे उसमें। उस संस्था से आज तक जुड़ा हुआ हूँ मैं।

फिर राजनीतिक पार्टियाँ थीं। कांग्रेस तो थी ही, कम्यूनिस्ट पार्टी भी वहाँ थी। फिर काशी विद्यापीठ के कारण समाजवादी पार्टी भी थी। ये राजनीतिक संस्थाएँ थीं।

अब मैं विचार करता हूँ तो इनमें कई संस्थाएँ निष्प्राण हो गई हैं। काशी में 'नागरी प्रचारिणी सभा' थी और उसके साथ इलाहाबाद में 'हिन्दी साहित्य सम्मेलन' था। ये आधुनिक युग में बड़ी संस्थाएँ थीं, जिन्होंने हिन्दी भाषा और साहित्य के विकास में काफी योगदान किया। यद्यपि ये संस्थाएँ आज भी हैं लेकिन उस रूप में जीवन्त नहीं हैं। कालक्रम से निष्प्राण-निर्जीव हो गई हैं।

इस पर विचार किया जा सकता है कि किस पृष्ठभूमि में ये संस्थाएँ बनीं और क्यों ये एक ऐतिहासिक आवश्यकता की पूर्ति के बाद जीवित रहते हुए भी जीवन्त नहीं रहीं। लेकिन वह एक अलग विचारणीय विषय है। लगभग वही स्थिति प्रगतिशील लेखक संघ की है। आगे चलकर जनवादी लेखक संघ बना, जनसंस्कृति मंच बना। लेकिन इन संस्थाओं में वह सक्रियता और गतिशीलता मैं नहीं देखता, जो सन् 1941 के दिनों में मैंने प्रगतिशील लेखक संघ में देखी थी। एक अखिल भारतीय संस्था थी, जिसकी जगह-जगह क्षेत्रीय या स्थानीय इकाइयाँ थीं। ये इकाइयाँ बड़ी सक्रिय और जीवन्त थीं। उनकी नियमित गोष्ठियाँ हुआ करती थीं, जिनमें नई प्रतिभाएँ आती थीं और अपनी रचनाएँ पढ़ती थीं। वहीं जो रचनाएँ पढ़ी जाती थीं, उन पर बड़ी गम्भीर बहस होती थी, जिससे रचनाकारों को, खास तौर से नये रचनाकारों को, बड़ी प्रेरणा मिलती थी।

अब चाहे प्रगतिशील लेखक संघ हो, या जनवादी लेखक संघ, या जन संस्कृति मंच, किसी में वह सक्रियता और जीवन्तता नहीं है। मुझे लगता है, इसका मुख्य कारण यह है कि इनकी नियमित गोष्ठियाँ नहीं होतीं; रचनाएँ नहीं पढ़ी जातीं; उन पर गम्भीर बहस नहीं होती। पर उस समय गैर-प्रगतिशील लेखकों की संस्थाओं में भी ऐसा होता था। मसलन, उसी समय इलाहाबाद में गैर-प्रगतिशीलों की 'परिमल' नाम की संस्था थी। एक लेखक के नाते मैं समझता हूँ कि वह सबसे बुनियादी और महत्त्वपूर्ण संस्था थी—साहित्यकारों की। अपनी सृजनशीलता के प्रथम चरण में साहित्यकार इस संस्था की जरूरत महसूस करते थे। लेकिन आगे चलकर वही लोग जब प्रतिष्ठित हो गए तो संस्था से ऊपर हो गए, स्वयं संस्था बन गए। उन्होंने दिलचस्पी लेना बन्द कर दिया और नये लोगों ने नई संस्था बनाई ही नहीं। बाद में जो हाल प्रगतिशील लेखक संघ का हुआ, वही 'परिमल' का हुआ।

दिल्ली में जब 1951-52 के आसपास मैं आता था, तो यहाँ एक 'शनिवार समाज' था, जिसकी बैठक नियमित रूप से दरियागंज में जैनेन्द्र जी के घर पर हुआ करती थी। उसकी कुछ बैठकें मैंने भी अटेंड की हैं। कहने का मतलब यह कि उस समय के लेखक-साहित्यकार ऐसी संस्थाओं की जरूरत समझते थे और उन्हें बड़ी गम्भीरता से चलाते थे। अब भी कुछ संस्थाएँ हैं, जैसे दलित लेखक अपनी संस्था चलाते हैं, स्त्री लेखकों की भी एक संस्था दिल्ली में है, जिसकी बैठकें हुआ करती हैं। मैं समझता हूँ कि ऐसी साहित्यिक संस्थाओं के बारे में गम्भीरता से विचार करना चाहिए और पुरानी संस्थाएँ यदि बच सकें तो उन्हें बचाने की और नई संस्थाएँ यदि बन सकें तो उन्हें बनाने की कोशिश करनी चाहिए।

साहित्यिक संस्थाएँ जरूरी नहीं कि औपचारिक ही हों। मैं एक बहुत पुरानी साहित्यिक संस्था को याद करता हूँ, जिसका जिक्र आचार्य रामचन्द्र शुक्ल ने 'हिन्दी साहित्य का इतिहास' में किया है। यह संस्था थी : 'भारतेन्दु मंडल'। इसका न कोई नियम था, न कानून; न कोई पैड था, न लेटरहेड। उसका कोई भवन या कार्यालय भी नहीं था और 'भारतेन्दु मंडल' के नाम से जो साहित्यकार जाने जाते हैं, वे सभी बनारस में नहीं रहते थे। फिर भी उस मंडल की नियमित गोष्ठियाँ होती थीं, जिनमें बनारस के लोग तो रहते ही थे, आसपास के इलाके से भी आ जाते थे। यह 'भारतेन्दु मंडल' लगभग वैसा ही था, जिसकी छाया हम आगे चलकर 'परिमल' के रूप में देखते हैं। 'परिमल' का तो कुछ लिखित नियम-कायदा-कानून था, 'भारतेन्दु मंडल' का नहीं था। लेकिन 'भारतेन्दु मंडल' न होता तो उस दौर का साहित्य वह ही नहीं होता। भारतेन्दु-युग का लगभग पूरा साहित्य उस मंडल से प्रेरित है, प्रभावित है।

जब 'भारतेन्दु मंडल' के बारे में सोचता हूँ तो मुझे बंगाल में चलने वाला एक शब्द बहुत याद आता है : 'अड्डा'। अभी हाल में मैंने अंग्रेजी में छपी

दीपेश चक्रवर्ती की एक पुस्तक देखी : 'प्रोविंशियलाइजिंग यूरोप', जो उपनिवेशवाद के बारे में है, भारत और पश्चिमी दुनिया के सम्बन्धों के बारे में है। उसमें एक पूरा अध्याय 'अड्डा' के बारे में है और उन्होंने लिखा है कि बंगाल के नवजागरण या पुनर्जागरण के मूल में 'अड्डा' था, जहाँ उस दौर के लोग मिला करते थे—नियमित और अनौपचारिक रूप से—और उसी से वह चेतना पैदा हुई, उसी से वह साहित्य पैदा हुआ, जिसे आज हम उन्नीसवीं शताब्दी के बंगाल की श्रेष्ठतम देन के रूप में जानते हैं। बंगाल में अड्डे की परम्परा स्वाधीनता के बाद तक रही है। मैं अक्सर कलकत्ता जाता था और वहाँ कॉलेज स्ट्रीट पर, बिलकुल प्रेसीडेंसी कॉलेज के पास, कॉफी हाउस था और किताबों की दुकानें हुआ करती थीं। कॉफी हाउस में भूखी पीढ़ी के दौर तक वहाँ के साहित्यकारों को मैंने 'अड्डा' जमाते हुए देखा है।

यह अड्डा बंगाल के विविध साहित्यिक आन्दोलनों की जान रहा है। हर दौर के प्रमुख साहित्यकारों का अपना अड्डा होता था, जहाँ पर वे नियमित रूप से रोज शाम को मिलते थे। मिलते थे और दुनिया भर की बातें करते थे। वे अपनी बातों का कोई रिकॉर्ड नहीं रखते थे, कोई रिपोर्ट वगैरह नहीं बनाते थे। लेकिन वह अड्डेबाजी बहुत महत्त्वपूर्ण चीज थी। वहीं पर सारे साहित्यिक आन्दोलन जन्म लेते थे, वहीं से बहसों और विचार-विमर्शों के मुद्दे उठते थे।

यह अड्डेबाजी हमारे यहाँ ही नहीं, दुनिया में दूसरी जगहों पर भी होती रही है। मसलन, बीसवीं शताब्दी का अंग्रेजी साहित्य का इतिहास पढ़ें तो उसमें 'ब्लूम्सबरी ग्रुप' का नाम अक्सर आता है। इस ग्रुप में टी.एस. इलियट, वर्जीनिया वुल्फ, ई.एम. फॉर्स्टर आदि साहित्यकारों के साथ प्रसिद्ध दार्शनिक जी.ई. मूर और प्रसिद्ध अर्थशास्त्री कीन्स हुआ करते थे। यही 'ब्लूम्सबरी ग्रुप' कहलाता था। 'स्कूल ऑफ ओरिएंटल एंड अफ्रीकन स्टडीज' की बगल में एक कॉफी हाउस या 'पब' था जो अब भी वहाँ है। ये लोग वहीं बैठा करते थे। आधुनिक अंग्रेजी साहित्य के निर्माण में यही 'ब्लूम्सबरी ग्रुप' केन्द्र में था। इससे पता चलता है कि जैसे हमारे यहाँ 'भारतेन्दु मंडल' था या बंगाल में 'अड्डा' था, वैसे ही दुनिया में दूसरी जगहों पर भी ऐसी अनौपचारिक संस्थाएँ थीं। अगर पता लगाएँ तो यह अड्डा संस्कृति दुनिया के हर देश में और दुनिया की हर भाषा के साहित्य में रही है। फ्रांस के साहित्यिक अड्डे तो खूब चर्चित रहे ही हैं, रूस और अमेरिका में भी उनके उदाहरण मिल जाएँगे। इसलिए प्रत्यक्ष भले न दिखाई पड़े लेकिन परोक्ष रूप से अड्डा एक बहुत पुरानी साहित्यिक संस्था है।

हमारे यहाँ लखनऊ के कॉफी हाउस में एक कोना था, जिसमें नियमित रूप से साहित्यकार शाम को आकर बैठते थे। उसमें यशपाल, अमृतलाल नागर, भगवतीचरण वर्मा, ज्ञानचन्द्र जैन आदि तो आते ही थे, कुछ नये लोग भी उनके

पास आकर बैठ जाते थे। उसी कॉफी हाउस में एक और कोना था, जहाँ धूर्जटि प्रसाद मुखर्जी, आचार्य नरेन्द्रदेव, चन्द्रभानु गुप्ता वगैरह आते थे। इस प्रकार एक ही कॉफी हाउस में एक साहित्यिक अड्डा था, एक राजनीतिक अड्डा था।

मैं जब साठ के दशक में दिल्ली आया, तब कनॉट प्लेस में साहित्यकारों के कई अड्डे हुआ करते थे, जैसे रीगल बिल्डिंग में एक 'टी हाउस' हुआ करता था, जनपथ पर 'इंडियन कॉफी हाउस' हुआ करता था। बाद में, आजकल जहाँ पर पालिका बाजार है, वहाँ एक शामियाना कॉफी हाउस खुला था। वहाँ भी हम लोग बैठा करते थे और उस समय ये जगहें बहुत महँगी और व्यावसायिक भी नहीं थीं। आराम से आप घंटों वहाँ बैठिए। कोई जरूरी नहीं कि जेब में लगातार चाय पीते रहने के पैसे हों ही। कई लोग चाय-कॉफी नहीं पीते थे, फिर भी आकर बैठते थे। बातें और बहसें होती थीं। रात के नौ-साढ़े नौ बजे तक, जब तक घर लौटने के लिए आखिरी बस पकड़ने का समय न हो जाए, हम वहाँ बैठे रहते थे।

साहित्यकारों का आपस में मिल-बैठना कितना जरूरी रहा है, इसका पता उनकी गोष्ठियों से चलता है। हिन्दी में जिसे 'गोष्ठी' कहते हैं, उर्दू में वही 'बज्म' है। उर्दू शायरी में बज्म शब्द बहुत आता है, जैसे : 'राह में वो मिलें कहाँ, बज्म में वो बुलाएँ क्यों?' यों बादशाहों के जमाने में महफिल होती थीं, मुशायरे-वुशायरे होते थे लेकिन असली साहित्यिक संस्था थी बज्म। कभी किसी बड़े शायर या उस्ताद की, जैसे दाग देहलवी की, अपनी बज्म होती थी। बज्म में जाना, बज्म में बुलाया जाना, उर्दू शायरी में बहुत होता है। तो बज्म में उर्दू के शायरों का मिलना, बात करना, एक-दूसरे को अपनी रचनाएँ सुनाना, उन पर एक-दूसरे की राय जानना वगैरह वैसा ही था, जैसा आज की अच्छी गोष्ठियों में होता है।

अड्डेबाजी की एक जगह और हुआ करती थी—किताबों की दुकान। अब दिल्ली में ढूँढ़िए तो हिन्दी की किताबों की कोई दुकान ही नहीं है। अंग्रेजी किताबों की दुकानें भी दिन-पर-दिन कम होती चली जा रही हैं। पहले बड़े शहरों में ही नहीं—छोटे शहरों और कस्बों तक में किताबों की कोई-न-कोई दुकान ऐसी जरूर होती थी, जिस पर देशी-विदेशी साहित्यिक पुस्तकें मिलती थीं। आप दुकान पर किताबें देखने के लिए जाते थे और वहाँ कई लोग मिल जाते थे, जो इसी बहाने कहीं जाकर बैठ लेते थे। इतना ही नहीं, दुकान का मालिक भी केवल किताब बेचने वाला नहीं हुआ करता था। वह भी साहित्यिक रुचि का होता था। वह जानता था कि अच्छी किताब क्या होती है और कहाँ मिलती है। आप उससे कहते हैं कि अमुक किताब चाहिए तो वह मँगाकर रखता है, इन्तजार करता है। आपके आते ही कहता है कि आपकी किताब आ गई है। अगर आप स्वयं लेखक हैं तो अपनी किताब भी वहाँ रखवाते हैं और पूछते हैं कि बिक रही है या

नहीं? इससे बड़ा 'फीडबैक' मिलता था। लेकिन अब किताबों की दुकान नहीं रही तो यह सब भी खत्म हो गया।

इस तरह गोष्ठी, बज्म, अड्डा, कॉफी हाउस, किताबों की दुकान आदि ऐसी चीजें थीं, जिनको कायदे से संस्था नहीं कहा जा सकता क्योंकि औपचारिक संस्थाओं की तरह इनके कोई लिखित नियम-कायदे नहीं होते थे लेकिन ये अनौपचारिक संस्थाएँ हमारी साहित्यिक, सांस्कृतिक और बौद्धिक जरूरतों को पूरा करनेवाली महत्त्वपूर्ण संस्थाएँ थीं। दुख की बात है कि ये संस्थाएँ अब खत्म हो गई हैं या बची भी हैं तो निष्प्राण-सी हो गई हैं।

कुछ समय पहले तक शिक्षा संस्थाओं में कुछ औपचारिक-अनौपचारिक साहित्यिक गोष्ठियाँ वगैरह हुआ करती थीं। बौद्धिक विमर्श की भी कुछ संस्थाएँ बना ली जाती थीं। जिन दिनों मैं मॉडल टाउन में रहता था, दिल्ली विश्वविद्यालय में 'को-थिंकर' नाम की एक संस्था इतिहासकार विपिनचन्द्र, उर्दू के प्रोफेसर मोहम्मद हसन और कुछ दूसरे लोगों ने चलाई थी, जिसमें बौद्धिक और साहित्यिक, दोनों तरह के लोग होते थे और उसके बड़े ही ब्रेन स्टॉर्मिंग सेशंस हुआ करते थे। मैं दिल्ली विश्वविद्यालय में नहीं पढ़ाता था, पर उसकी बैठकों में जाता था। दिल्ली विश्वविद्यालय में ऐसी और भी कई संस्थाएँ थीं।

जे.एन.यू. में तो पढ़ाई-लिखाई से ज्यादा महत्त्वपूर्ण होते थे सेमिनार और व्याख्यान। वहाँ दोपहर के बाद या तीसरे पहर रोज कोई-न-कोई सेमिनार, लेक्चर या डिस्कशन होता था। एक 'एल थ्री' नाम का कमरा इसी के लिए था। इमरजेंसी के दिनों में थोड़ा संकट आ गया था लेकिन यह चीज जे.एन.यू. में 1983-84 तक चलती रही थी। इससे भी ज्यादा महत्त्वपूर्ण चीज वहाँ यह थी कि छात्रावासों में डिनर के बाद नौ बजे से बारह बजे तक कोई-न-कोई अड्डा रोज जमता था। मसलन, बाहर से कोई आया हुआ है तो उसका व्याख्यान हो रहा है, या अनौपचारिक बातचीत हो रही है, सवाल-जवाब हो रहे हैं या विचारों का आदान-प्रदान हो रहा है। ऐसा लगता था, जैसे पूरा वातावरण बिजली से चार्ज रहता हो!

यह वातावरण भी अब खत्म हो गया है। दिल्ली यूनिवर्सिटी में भी नहीं है, जे.एन.यू. में भी नहीं है। सेमिनार, लेक्चर, डिस्कशन अब भी होते हैं, साहित्यिक गोष्ठियाँ अब भी होती हैं लेकिन मुझे ऐसा लगता है कि अब हम ज्यादा औपचारिक हो गए हैं, उत्सवधर्मी ज्यादा हो गए हैं। ऐसे आयोजन अब इंडिया इंटरनेशनल सेंटर में या राजेन्द्र भवन में या त्रिवेणी सभागार में या साहित्य अकादेमी में होते हैं। इन जगहों का किराया ही बहुत होता है। हॉल पहले से बुक कराना पड़ता है। इस सबके लिए पैसे की जरूरत होती है। उसके लिए नये ढंग की संस्थाएँ बनती हैं। मैं इन आयोजनों में खूब जाता हूँ लेकिन देखता हूँ कि वातावरण कुल

मिलाकर बड़ा फॉर्मल है, औपचारिक है। वह अनौपचारिकता, सहजता और आत्मीयता खत्म हो गई है जिसमें आप कोई गर्मी महसूस कर सकें। इसीलिए आज इन सब चीजों का कोई सर्जनात्मक प्रभाव नहीं पड़ रहा है।

ऐसा क्यों हुआ है, यह तो कोई समाजशास्त्री ही विश्लेषण करके बताएगा—कि यह नये अर्थतंत्र का असर है या नई राजनीति का असर है या लोग आत्मकेन्द्रित ज्यादा हो गए हैं या सामूहिकता और सामाजिकता की भावना क्षीण हो रही है—मैं तो अपने अनुभव की बात कह रहा हूँ कि साहित्यिक संस्थाएँ या तो खत्म हो गई हैं या निष्प्राण-सी हो गई हैं। उनमें पहले जैसी ऊर्जा और जीवन्तता दिखाई नहीं पड़ती।

और यहाँ मैं यह भी कह दूँ कि यह हाल साहित्यिक संस्थाओं का ही नहीं है। समाज की दूसरी संस्थाओं का भी कमोबेश यही हाल है। परिवार की संस्था को ही देख लीजिए या राजनीतिक दल कहलाने वाली संस्थाओं को देख लीजिए। स्वाधीनता-संग्राम के समय की कांग्रेस, चाहे उस जमाने की कम्यूनिस्ट पार्टी; उस समय के राजनीतिक दल जैसे आन्दोलन कर सकते थे, वैसे आन्दोलन क्या आज के दल करने में सक्षम हैं? और यह केवल हिन्दी प्रदेश का या भारत का ही मामला नहीं बल्कि विश्वव्यापी जैसा है। ऐसा क्यों है, इसके बहुत गहरे विश्लेषण की जरूरत है। यह भी विचारणीय है कि अब कैसे इन संस्थाओं में नई ऊर्जा और जीवन्तता आए। लेकिन मुझे ऐसा लगता है कि पुराने रूपों में शायद ये पुनर्जीवित नहीं हो सकेंगी। इतिहास स्वयं को दोहराता नहीं है। वह पलटकर पीछे नहीं जाएगा। इसलिए इन संस्थाओं का अब कोई नया ही रूप होगा या कोई नई ही संस्थाएँ बनेंगी।

एक ही चीज बची हुई है जो शायद इसमें कुछ भूमिका अदा कर सकती है। वह चीज है साहित्यिक पत्रिकाएँ। साहित्यिक पत्रिका साहित्य की बड़ी महत्त्वपूर्ण संस्था होती है। वह कुछ रचनाएँ लेकर छाप देने का ही काम नहीं करती बल्कि उसमें लिखने वाले लेखक जाने-अनजाने एक मंडल बनाते हैं। हर पत्रिका के अपने कुछ खास लेखक होते हैं जो हर अंक में नहीं तो हर दूसरे-तीसरे में तो कुछ-न-कुछ लिखते ही हैं। यह सर्जनात्मक ढंग की अड्डेबाजी का एक रूप है। उसका एक रूप मैं और भी देखता हूँ। आप लोग लघु पत्रिका आन्दोलन चला रहे हैं। उसकी कई बैठकें हुई हैं। उनमें लघु पत्रिकाओं के लेखक-सम्पादक मिले हैं। अब इस सबकी कितनी सार्थकता है, यह तो मैं नहीं कह सकता लेकिन साहित्यिक पत्रिकाएँ अड्डेबाजी जैसा कुछ तो अवश्य ही कर रही हैं।

उदाहरण के लिए, 'पहल' की ओर से वर्ष में एक बार 'पहल सम्मान' का आयोजन होता है। 'हंस' की ओर से भी वर्ष में एक बड़ा आयोजन होता है। 'कथन' की ओर से आपने भी कुछ आयोजन किए हैं। हो सकता है, जो

साधन 'पहल' और 'हंस' के पास हैं, वे साधन 'कथन' के पास न हों। आप अपने बलबूते पर काम कर रहे हैं इसलिए जरूरी नहीं कि आप भी वही करें जो ये लोग कर रहे हैं। लेकिन मैं समझता हूँ कि 'कथन' का अपना एक अलग चरित्र और व्यक्तित्व है। इसकी सबसे बड़ी खूबी है इसका खुलापन। इस पर कोई ठप्पा या मोहर नहीं है। यह सही है कि उसे खुलेपन के बावजूद इसकी एक स्पष्ट दृष्टि और वैचारिक प्रतिबद्धता है जिसके कारण कोई गैर-जनतांत्रिक और गैर-सेकुलर चीज इसमें नहीं छप सकती। लेकिन यहाँ कोई वैचारिक कट्टरता नहीं है।'कथन' बहुत जनतांत्रिक, सेकुलर और भविष्योन्मुखी विचारों की पत्रिका है। इस दृष्टि से 'कथन' एक मंच बन सकता है। इस पर विचार करना तो आप ही लोगों का काम है लेकिन 'कथन' से हम यह अपेक्षा करते हैं। इसका प्रत्येक अंक आप जिस तरह निकालते हैं, जिस योजना के तहत लोगों को चुनते हैं, वह स्वयं एक वैचारिक और सर्जनात्मक अड्डेबाजी का रूप होता है। इसीलिए मैं भी 'कथन' से जुड़ाव महसूस करता हूँ, बावजूद इसक कि एक पत्रिका तो मैं भी निकालता हूँ।

एक जमाने में 'आलोचना' की गोष्ठियाँ भी मैं किया करता था। अनेक गोष्ठियाँ 'आलोचना' के माध्यम से हुई थीं। उनमें हम प्रत्येक अंक की तैयारी भी कर लेते थे, गोष्ठी का उपयोग भी कर लेते थे। बाद में किन्हीं कारणों से वह आवश्यक नहीं रहा। लेकिन मुझे लगता है कि साहित्यकारों को अगर मिल-जुलकर, संगठित या सामूहिक रूप से कुछ करने की जरूरत महसूस होती है तो आशा यहीं है। साहित्यिक पत्रिकाओं से ही है। लेखक संगठनों से मुझे ज्यादा आशा नहीं है। लेकिन साहित्यिक पत्रिकाओं और उनके मंचों से आशा है।

मेरे विचार से साहित्यिक संस्थाओं का स्वरूप ढीला-ढाला और जनतांत्रिक होना चाहिए। जनतांत्रिक इस अर्थ में कि संस्था में हर आदमी को अपने विचार और अपनी कृति की स्वाधीनता होनी चाहिए। और अपने से भिन्न विचार और कृति के प्रति भी हमारे मन में सम्मान का भाव होना चाहिए। यह नहीं कि एक जैसा सब लोग लिखें। अगर हम अपनी संस्था या अपने संगठन में ही जनतंत्र का निर्वाह नहीं कर सकेंगे तो हम समाज में जनतंत्र के लिए क्या लड़ेंगे?

अब यह नहीं होना चाहिए कि एक संस्था या एक संगठन से जुड़े हुए सब लोग एक जैसा ही लिखें, जिससे पता चले कि साहब, ये 'प्रलेस' के हैं और ये 'जलेस' के। खास तौर से जो वामपंथी विचारों के लेखक हैं, उनको इसके बारे में यह सोचना चाहिए कि आज के दौर में वामपंथी विचारधारा और उसकी शब्दावली इतनी सुपरिभाषित नहीं रह गई है। अनेक रंग हैं वामपंथ के। इसलिए कोई भी साहित्यिक संस्था बनाते या चलाते समय हमें उसका स्वरूप कुछ लचीला, ढीला-ढाला और अनौपचारिक किस्म का बनाना चाहिए। अगर

यह स्वत:स्फूर्त रूप से हो जाए तो बहुत अच्छा, नहीं तो सचेत होकर इस दिशा में हमें प्रयास करना चाहिए।

तो नई साहित्यिक संस्थाएँ जो बनें, वे ऐसे ही जनतांत्रिक ढंग से बनें और उनमें हमारी कोशिश यह हो कि हम औपचारिकता से बचें। ज्यादा अच्छा तो यह हो कि हम आपस में मिलने-जुलने को अपनी नियमित दिनचर्या का अंग बना लें कि हफ्ते में एक दिन तो हम मिलेंगे ही कहीं-न-कहीं। जिस तरह हममें से बहुत-से लोग अपनी दैनिक दिनचर्या में छुट्टी का एक दिन रविवार इस बात के लिए रख लेते हैं कि इस दिन हम कुछ ये काम करेंगे। मसलन, हफ्ते भर के कपड़े ही धोएँगे और कुछ नहीं करेंगे। इसी तरह से हफ्ते में एक दिन हम यह सोच लें कि अमुक दिन अमुक जगह हम कुछ लोग मिलेंगे ही। किसी काम से नहीं, किसी मुद्दे पर गोष्ठी करने के लिए नहीं। यों ही सिर्फ मिलने के लिए। मिल-बैठकर बात करने के लिए। गपशप करने के लिए। अड्डेबाजी करने के लिए।

जानता हूँ कि दिल्ली में दूरियाँ बहुत हैं। लेकिन दूरियाँ पहले भी कम नहीं थीं। बावजूद इसके लोग एक जगह इकट्ठा होते ही थे। मिलते ही थे। और समय निकाल ही लेते थे। सब लोग फालतू और बेकार नहीं थे। अपने-अपने काम लोग करते थे, नौकरी भी करते थे। लेकिन वे आ जाते थे। इसके लिए मित्रों से मिलने की एक सहज ललक और इच्छा बहुत जरूरी है। मुझे लगता है, आज वही मर गई है। अब जैसे कहते हैं न कि 'आवत ही हरखे नहीं नैनन नहीं सनेह। तुलसी तहाँ न जाइए कंचन बरसे मेह'। तो होना यह चाहिए कि कोई दिखाई पड़ गया तो सचमुच खुशी हो कि चलो, इनसे मुलाकात हो गई। और आँखों से वह स्नेह प्रकट हो जाता है। और इसमें जो सौहार्द होता है, वह सौहार्द ही कहीं सृजनशीलता के मूल में होता है। ऐसा सौहार्द पैदा करने की दिशा में आप कुछ काम करें और उसका कुछ नतीजा निकले तो मुझे बहुत खुशी होगी।

['कथन-43' : जुलाई-सितंबर, 2004 में 'अड्डा बहुत जरूरी संस्था है' शीर्षक से प्रकाशित]

एक किताब
पृथ्वीराज रासो : भाषा और साहित्य

मुझे आज भी वह शाम याद है, जब वे (आचार्य हजारीप्रसाद द्विवेदी) विश्वविद्यालय (काशी हिन्दू विश्वविद्यालय) के गायकवाड़ ग्रंथागार से 'पृथ्वीराज रासो' की सारी जिल्दें इकट्ठा लेकर घर पैदल ही आ रहे थे। पुस्तकालय से पढ़ने के लिए इस पुस्तक को लेनेवाले वे पहले पाठक थे। पुस्तकों के बोझ के बावजूद वह एक किलोमीटर का रास्ता ऐसे कट गया कि पता ही नहीं चला। उन चरणों की गति, स्फूर्ति और उत्साह को याद कर आज भी रोमांच हो जाता है।

उन्हीं दिनों रासो की तरंगों पर तिरते हुए एक शाम सहसा वे बोले कि तुम्हारी पी-एच.डी. का विषय सूझ गया; पृथ्वीराज रासो की भाषा पर शोध करो। हिन्दी के विकास में अपभ्रंश का योग का अगला चरण यही हो सकता है। वैज्ञानिक विधि से सम्पादित संस्करण के अभाव में भाषा-विचार की कठिनाइयों को लेकर मैंने दबी जबान अपनी शंका जताई तो उन्होंने डॉ. सुनीति कुमार चाटुर्ज्या से परामर्श करने की राय दी।

कुछ समय बाद 1952 की अप्रैल में जब मैं 'शान्ति सम्मेलन' में भाग लेने कलकत्ता गया तो गुरुदेव का परिचय-पत्र लेकर सुनीति बाबू से मिला। वे भी गुरुदेव के इस मत से सहमत दिखे कि संयोगिता-पृथ्वीराज प्रसंग 'पृथ्वीराज रासो' में मुख्य है, इसलिए केवल उसी 'समय' के आधार पर ग्रंथ की भाषा का विश्लेषण करने में कोई अनौचित्य नहीं है। भाषावैज्ञानिक अध्ययन के लिए निश्चय ही एक सुसम्पादित पाठ का आधार आवश्यक है, किन्तु इसके अभाव में किसी एक प्रचीन पांडुलिपि से भी काम चल सकता है।

सुनीति बाबू से यह गुरु-मंत्र लेकर इसी वर्ष के अक्टूबर महीने में मैं 'पृथ्वीराज रासो' की पांडुलिपियों की तलाश में बीकानेर की यात्रा पर निकल पड़ा। जगह अपरिचित, रास्ता अनजाना, रहने के लिए ठौर-न-ठिकाना! उन दिनों शोध-यात्राओं के लिए आजकल की तरह किसी छात्रवृत्ति की भी व्यवस्था न थी। फिर भी संयोग से सारी समस्याएँ सुलझ गईं। सहज ही कई साहित्यिक सुहृद

मिल गए। बीकानेर अनायास ही बनारस जैसा हो गया। प्रवास के तीन हफ्ते इस तरह बीते कि पता ही नहीं चला। यह सब बन्धुवर चम्पालाल राका के कारण सम्भव हुआ। जहाँ तक 'पृथ्वीराज रासो' की प्राचीन पांडुलिपियों का प्रश्न है, श्री अगरचन्द नाहटा और उनसे भी ज्यादा श्री नरोत्तमदास स्वामी की कृपा से लघुतम रूपान्तर की दोनों पांडुलिपियाँ सुलभ हो गईं। उस समय फोटो कापी की व्यवस्था न थी, इसलिए मैंने स्वामी जी की 'धारणोज' वाली पांडुलिपि की प्रतिलिपि से एक और हस्तलिखित प्रति तैयार कर ली और मुनि जिनविजय जी की पांडुलिपि से अनावश्यक पाठान्तर भी नोट कर लिये। इसके अतिरिक्त भी इतनी उपयोगी सामग्री मिली कि यदि चाहता तो काशी लौटकर तीन महीने में शोध-प्रबन्ध पूरा कर डालता। लेकिन 'पृथ्वीराज रासो' की जन्मकुंडली का ग्रहयोग जो था! सारी सामग्री पड़ी रही और मैं इतिहास और आलोचना के निबन्ध, आधुनिक साहित्य की प्रवृत्तियाँ, छायावाद आदि पुस्तकें लिखता रहा। शोध विषय से सम्बन्धित यदि कोई काम किया तो सिर्फ यह कि 'संक्षिप्त पृथ्वीराज रासो' नामक एक चयन तैयार किया और उसके 'रासो' पर 'आलोचनात्मक परिचय' शीर्षक से एक लेख लिखा, लेकिन वह भी गुरुदेव के ही कारण।

अन्ततः शोध-प्रबन्ध भी लिखा गया लेकिन तब जब विश्वविद्यालय द्वारा शोध-कार्य की निर्धारित अवधि समाप्त होने को आई। फरवरी, 1956 के अन्तिम सप्ताह की एक शाम टहलते हुए पंडित जी ने कुछ खिन्न स्वर में कहा कि 'तुम्हारे साथ के सभी छात्र अपनी 'थीसिस' जमा करने जा रहे हैं!' उस स्वर का अर्थ स्पष्ट था। किन्तु समय कहाँ था? उन्होंने हिम्मत बँधाने के लिए कहा, 'सारा काम कर ही रखा है। लिखने के लिए तुम्हारे पास एक महीने का समय बहुत है। परीक्षित ने तो सात दिन में ही स्वर्ग जीत लिया था।' उसके बाद न रात रात रही, न दिन दिन। जाने कहाँ की ताकत आ अई! 31 मार्च, 1956 को मैंने छपी-छपाई 'थीसिस' गुरुदेव के चरणों में हस्ताक्षर के लिए रख दी। छपी-छपाई इसलिए कि टंकण में बहुत-से झमेले थे। इस बीच होली भी आई और चली गई। दो दिन तबीयत भी ढीली रही। पर काम 18-20 घंटे रोज़ लगातार चलता रहा। ऐसा श्रम जीवन में किसी पुस्तक पर नहीं किया। कभी नहीं। लेकिन यही वह पुस्तक है जिसे पूरी करने के बाद दुबारा पलटकर कभी देखा भी नहीं।

अब यही देखिए कि इस पुस्तक के पूरे प्रूफ पिछले छह महीने से पड़े हुए हैं किन्तु एक नज़र देखने की भी इच्छा न हुई। पता नहीं क्यों? अचानक एक दिन खयाल आया कि यह तो गुरु का प्रसाद है और प्रसाद का सम्मान है वितरण!

['पृथ्वीराज रासो : भाषा और साहित्य' के प्रथम राधाकृष्ण संस्करण, 1997 की भूमिका का एक अंश]

'आलोचना' : एक पत्रिका

महावीर अग्रवाल : राजकमल प्रकाशन की साहित्यिक पत्रिका 'आलोचना' का सम्पादन आपने कितने समय तक किया?

नामवर सिंह : 'आलोचना' पत्रिका का सम्पादन 1967 से 1990 तक मैंने किया। पच्चीस वर्ष पूरे नहीं हो पाए। मेरे सम्पादन में निकले अंकों की संख्या तिरानबे थी जबकि मैंने सोचा था कि 100 अंक पूरे करके फिर मैं उससे विश्राम ले लूँगा। लेकिन, 'आलोचना' अचानक बन्द हो गई। इस तरह लगभग चौबीस वर्षों तक मैंने 'आलोचना' का सम्पादन किया। बीच में तीर-चार अंक ऐसे थे, जिनकी सामग्री मैंने दी थी, लेकिन उनका विधिवत् सम्पादन मैंने नहीं किया था। 'आलोचना' के सम्पादन के दौरान जो अनुभव हुए और मैंने जो कुछ करने की कोशिश की, जो योजनाएँ बनाईं, उनको बताने से पहले पृष्ठभूमि के रूप में कुछ बातें कहना जरूरी हैं।

महावीर अग्रवाल : मुझे जितनी जानकारी है, 'आलोचना' के सम्पादन से पहले आप 'जनयुग' साप्ताहिक का सम्पादन कर रहे थे?

नामवर सिंह : सन् 1960 से 1965 तक इस जीवन के बारे में मेरे छोटे भाई काशी ने 'गर्वीली गरीबी वह' संस्मरण लिखा है। उसमें बहुत सारी बातें आ गई हैं। उस समय मैं काशी में था और पाँच वर्षों से बेरोजगार था, यानी कि कोई नौकरी नहीं कर रहा था। उसमें संकेत है कि मैंने जब दिल्ली के लिए प्रस्थान किया, तो लौटना कब होगा—इसे न काशी जानते थे, न मैं। मार्च, 1965 में भारतीय कम्यूनिस्ट पार्टी तथा 'जनयुग' साप्ताहिक के निमंत्रण पर—दिल्ली आया था।

महावीर अग्रवाल : इस आमंत्रण की भी कोई पृष्ठभूमि रही होगी?

नामवर सिंह : सन् 1965 में पृष्ठभूमि यह थी कि 'दिनमान' साप्ताहिक का आरम्भ हो चुका था। कम्यूनिस्ट पार्टी वामपंथी विचारों की एक राजनीतिक साप्ताहिक पत्रिका की आवश्यकता अनुभव कर रही थी। मेरा 'जनयुग' साप्ताहिक का

सम्पादन करना इसी योजना के तहत हुआ। मैं दो वर्षों तक सम्पादन करता रहा। इसी बीच एक घटना हो गई कि राजकमल प्रकाशन की व्यवस्था में परिवर्तन हुआ। स्वामित्व में परिवर्तन हुआ। सम्भवत: अप्रैल-मई की घटना होनी चाहिए, राजकमल प्रकाशन के प्रबन्ध निदेशक ओंप्रकाश जी ने त्यागपत्र दे दिया और उसकी नई प्रबन्ध निदेशक शीला संधू बनीं; क्योंकि राजकमल प्रकाशन प्राइवेट लिमिटेड संस्था थी और उसमें उनके शेयर ज्यादा थे। वैसे भी वे कार्यकारी निदेशक के रूप में पहले से कार्य करने लग गई थीं, लेकिन हिन्दी-जगत से परिचित नहीं थीं और हिन्दी-जगत भी उनको नहीं जानता था। चूँकि वे कम्यूनिस्ट पार्टी की सदस्य भी थीं, उनके पति श्री हरदेव संधू भी पार्टी के पुराने कार्यकर्ता थे, तो उन लोगों ने पार्टी से कहा कि पार्टी उन्हें कोई आदमी साहित्यिक सलाहकार के रूप में दे, ताकि वे प्रकाशन को ठीक ढंग से चला सकें। पार्टी ने मुझसे कहा कि मैं 'जनयुग' साप्ताहिक का काम करते हुए राजकमल प्रकाशन की मदद करूँ। और, अन्तत: मैंने 1966, जून माह से दो वर्ष के अनुबन्ध पर राजकमल में अपना कार्य प्रारम्भ किया। इस तरह दिल्ली के शुरुआती दिनों के कठिन समय में राजकमल प्रकाशन ने हर दृष्टि से मेरी बहुत मदद की। और फिर, दिल्ली में उन दिनों मैं आधा समय 'जनयुग' के लिए देता था तथा आधा राजकमल प्रकाशन के लिए काम करता था।

महावीर अग्रवाल : लगभग पचास वर्ष हो गए, आपका वह सम्बन्ध राजकमल प्रकाशन से किसी-न-किसी रूप में आज तक बना हुआ है।
नामवर सिंह : मेरे जो भी आत्मीय रिश्ते बनते हैं महावीर जी, उन्हें मैंने अपनी ओर से पूरी तरह निभाने की कोशिश की है। प्रेम और आत्मीयता बहुत कठिनाई से मिलती है, इसे बचाने की जद्दोजहद में आज भी लगा रहता हूँ। अनुबन्ध के दो साल पूरे हो जाने के बाद जब राजकमल प्रकाशन से मेरा अनुबन्ध समाप्त हुआ, तो मैं तय करने लगा था कि बनारस वापस चला जाऊँ। नौकरी महत्त्वपूर्ण नहीं है, लिखने-पढ़ने का काम करूँगा; जीवन चल जाएगा। लेकिन, शीला जी इसके लिए तैयार नहीं थीं। हो सकता है, उनकी दृष्टि में राजकमल के लिए मेरा मूल्य रहा हो! यदि ऐसा था, तो दो साल में मैंने जो विश्वसनीयता अर्जित की थी, उसका फल था।

महावीर अग्रवाल : साहित्य-जगत में उस समय यह कहा गया था कि 'आलोचना' के सम्पादन से शिवदानसिंह चौहान को आपके संकेत पर अलग किया गया और फिर आपको 'आलोचना' का सम्पादक बनाया गया; ऐसा क्यों हुआ?
नामवर सिंह : सच तो यह है कि जब चौहान जी के स्वातंत्र्योत्तर हिन्दी साहित्य पर केन्द्रित 'आलोचना' के पाँचवें अंक का समापन हो गया, तो न

जाने क्यों चौहान जी सम्पादक पद से हटा दिये गए। इस सम्बन्ध में श्रीमती शीला संधू ने मुझसे न कुछ पूछा, न कहा। मुझे लगता है, ओंप्रकाश जी के बाद श्रीमती शीला संधू नये सिरे से सारी व्यवस्था कर रही थीं। यह सब इसलिए बताना जरूरी है कि चौहान जी के मन में यह वहम है कि राजकमल में मेरे आने से या मेरे कहने से उनसे 'आलोचना' के सम्पादन का कार्य ले लिया गया। हालाँकि इन सबको मेरे पास कोई लिखित साक्ष्य तो है नहीं, लेकिन सच्चाई श्रीमती संधू बता सकती हैं। अगर मुझे सम्पादन की इच्छा होती, तो मैं 1965 में सलाहकार हो गया था, जबकि चौहान जी के सम्पादन में 'आलोचना' दिसम्बर, '66 तक निकली थी। चार अंक मेरे साहित्यिक सलाहकार रहते हुए ही निकले थे तो, मुझे 'आलोचना' के सम्पादन का कोई आकर्षण नहीं था, न ही राजकमल के साहित्यिक सलाहकार बनने का।

महावीर अग्रवाल : इसके बाद भी आप 'आलोचना' के सम्पादक बने?
नामवर सिंह : यहाँ बताना अनावश्यक नहीं होगा कि ओंप्रकाश जी के जाने के बाद राजकमल प्रकाशन के लिए स्थितियाँ बहुत प्रतिकूल हो गई थीं। ओंप्रकाश जी बहुत प्रभावशाली थे। हिन्दी के तमाम साहित्यकारों से उनका गहरा सम्बन्ध था। अत: अलग होने के बाद उन्होंने राजकमल के पुराने लेखकों को भड़काना शुरू किया। कई लेखकों से यह भी कहा कि कम्यूनिस्टों ने इसको ले लिया है, इसलिए सहयोग नहीं देना चाहिए। अज्ञेय जी उन दिनों 'दिनमान' का सम्पादन करते हुए दिल्ली में थे, उन्होंने हाथ खींच लिया। फादर कामिल बुल्के का अंग्रेजी-हिन्दी कोश छप रहा था राजकमल से, ओंप्रकाश जी के कहने पर उन्होंने मना कर दिया था। भगवती बाबू की किताबें राजकमल से छपती थीं, उनसे कहा गया कि मत छपाइए। मोहन राकेश का सम्बन्ध अक्षर प्रकाशन से हो गया था, जिसे जवाहर चौधरी और राजेन्द्र यादव ने मिलकर शुरू किया था, दूसरी ओर स्वयं ओंप्रकाश जी ने राधाकृष्ण प्रकाशन शुरू कर दिया। कमलेश्वर राजकमल प्रकाशन से छपने वाली 'नई कहानियाँ' का सम्पादन कर रहे थे, अलग हो गए। मैं 'नई कहानियाँ' के सम्पादन के लिए भीष्म साहनी को ले आया। उनसे पुराने सम्बन्ध थे; मैत्री थी। हालाँकि वे दिल्ली कॉलेज में पढ़ा रहे थे और कहने लगे कि वे समय कैसे दे पाएँगे? मैंने कहा कि सहायक रहेंगे और यह काम आपको ही करना है।

महावीर अग्रवाल : ये सभी काम आपने राजकमल से अपने दो वर्ष के अनुबन्ध के बीच ही किए?
नामवर सिंह : दो वर्षों के उस दौर में कुछ और काम मैंने किए थे। मैंने फणीश्वरनाथ 'रेणु' से आग्रह किया कि अपनी किताबें राजकमल को ही दें

क्योंकि उनका 'मैला आँचल' ओंप्रकाश जी ही ले आए थे। फिर मैंने यात्राएँ कीं और लेखकों के बीच राजकमल के प्रति व्याप्त आशंकाओं को दूर किया। कुछ इस कारण और मुझसे स्नेहवश लेखकों का समर्थन राजकमल ने प्राप्त किया। मैंने दो नये काम भी किए थे—एक, राजकमल प्रकाशन से डॉ. रामविलास शर्मा का अनुबन्ध करवाया, जिनकी पुस्तकें इसके पहले विनोद पुस्तक भंडार, शिवलाल अग्रवाल, आगरा से छपती थीं। दूसरे, मैंने गुरुदेव हजारीप्रसाद द्विवेदी जी से अनुरोध किया कि राजकमल से आप जुड़िए। उन्होंने हमारे अनुरोध को स्वीकार किया। कई नये लोगों का सम्बन्ध राजकमल से मजबूत हुआ। कहने का मतलब, दो साल में मैं जितना कुछ कर सका था, किया। नये प्रतिष्ठान के ऐसे खराब समय में मैंने राजकमल की मदद की थी। हमने एक-दूसरे को अच्छी तरह समझा और एक दूसरे के पूरक बने। यही कारण है कि आज भी सम्बन्धों में वही मिठास और खुशबू कायम है।

महावीर अग्रवाल : अपने दो वर्ष के अनुबन्ध होने के बाद भी राजकमल प्रकाशन की पत्रिका 'आलोचना' के सम्पादन-कार्य के लिए मना क्यों किया था?

नामवर सिंह : उस समय 'आलोचना' का पुन: सम्पादन शिवदानसिंह चौहान ने शुरू किया था। आपको यह भी बता दूँ कि शिवदानसिंह चौहान को पहली बार 'आलोचना' का सम्पादक बनाकर ओंप्रकाश जी ही लाए थे। पाँच अंक निकलने के बाद उन्होंने शिवदानसिंह चौहान को 'आलोचना' के सम्पादन-पद से अलग कर दिया था। उसके बाद दो या तीन वर्षों तक 'परिमल' के अनेक लोगों ने मिलकर 'आलोचना' का सम्पादन किया था। किसी कारणवश वे भी अलग हो गए और कुछ समय तक नन्ददुलारे वाजपेयी के सम्पादन में 'आलोचना' निकली। फिर 'आलोचना' बन्द हो गई। यह घटना 1959 की है, जब नन्ददुलारे वाजपेयी के हाथों 'आलोचना' बन्द हुई। उस समय मैं सागर में था। ओंप्रकाश जी ने मुझसे कहा था कि 'आलोचना' का सम्पादन मैं करूँ। मैंने स्वीकार नहीं किया था क्योंकि एक तो सागर से यह सम्भव नहीं था, दूसरा यह कि वाजपेयी जी हमारे हिन्दी विभाग के अध्यक्ष थे और उसमें मैं असिस्टेंट प्रोफेसर था। जिस पत्रिका से उनको अलग कर दिया गया हो, उसी पत्रिका का सम्पादन उनके अधीन काम करनेवाला एक अध्यापक करे, ऐसा अध्यापक, जो उनकी इच्छा के विरुद्ध नियुक्त किया गया हो—यह स्थिति दोनों में से किसी के लिए सुखद नहीं थी। अत: बहुत सोच-विचारकर मैंने प्रस्ताव अस्वीकार कर दिया था।

महावीर अग्रवाल : सागर में आपके रहते हुए भी 'आलोचना' का सम्पादक आपको बनाना चाहते थे। इसके पीछे भी कोई विशेष कारण रहा होगा?
नामवर सिंह : ओंप्रकाश जी के प्रस्ताव के पीछे भी कुछ वजह थी। बात यह थी कि चौहान जी के सम्पादन का पाँचवाँ और अन्तिम अंक 'इतिहास विशेषांक' निकला था। उस अंक की योजना बनाने में, ब्यौरेवार रूपरेखा तैयार करने में, उसके लिए सामग्री-संकलन करने में मैंने काफी श्रम किया था। यही नहीं, उसका पहला लेख 'इतिहास का नया दृष्टिकोण' मैंने लिखा था। अन्य लेखों के अलावा गुरुदेव हजारीप्रसाद द्विवेदी की बिहार राष्ट्रभाषा परिषद् से शीघ्र प्रकाशित होनेवाली पुस्तक 'हिन्दी साहित्य का आदिकाल' के प्रूफ से कुछ अंश चुनकर मैं बनारस से दिल्ली लाया था—'आलोचना' के उक्त अंक के लिए। इन सारी चीजों को देखते हुए चौहान जी ने सह-सम्पादक के रूप में इतिहास-विशेषांक में मेरा नाम दिया था। तो, एक पृष्ठभूमि थी, जो ओंप्रकाश जी ने तब वाजपेयी जी के स्थान पर सम्पादन करने का प्रस्ताव रखा था, लेकिन मैं किसी झंझट में नहीं पड़ना चाहता था, इसी कारण उनके प्रस्ताव को अस्वीकार किया।

महावीर अग्रवाल : आपके द्वारा 'आलोचना' के सम्पादन का प्रस्ताव अस्वीकार करने पर 'आलोचना' का प्रकाशन किस तरह प्रारम्भ हुआ?
नामवर सिंह : ओंप्रकाश जी 'आलोचना' को प्रारम्भ करने के लिए कटिबद्ध थे। अन्ततः सन् 1964 में चौहान जी ने पुनः 'आलोचना' का सम्पादन शुरू किया। हालाँकि पहली बार जब उनका सम्बन्ध 'आलोचना' से टूटा था, तो उनके और ओंप्रकाश जी के बीच काफी कड़ुवाहट आ गई थी। लेकिन यह दोनों की भलमनसाहत कहिए या जरूरत कह लीजिए कि 'आलोचना' से दोबारा उनका सम्बन्ध जुड़ा और उन्होंने 'स्वातंत्र्योत्तर हिन्दी साहित्य' पर पाँच विशेषांक निकाले। जब मैं राजकमल के साहित्यिक सलाहकार के रूप में आया, तो वे 'आलोचना' की सामग्री देने आया करते थे। इसलिए, मेरा 'आलोचना' का सम्पादन करने का कोई सवाल ही नहीं उठता था।

महावीर अग्रवाल : विचार और व्यवहार की इतनी उच्चता होने के बाद भी अन्ततः आपने 'आलोचना' के सम्पादन का दायित्व क्यों स्वीकार किया?
नामवर सिंह : मुझे यह आज तक नहीं मालूम हो सका कि शिवदानसिंह चौहान जी 'आलोचना' के सम्पादन से क्यों हटा दिये गए। आपको ज्ञात ही है कि साप्ताहिक 'जनयुग' का सम्पादन कार्य चल ही रहा था कि 'राजकमल प्रकाशन' के प्रबन्ध निदेशक का पदभार ओंप्रकाश से हटकर शीला संधू के पास आ गया। मुझसे

शीला संधू ने राजकमल प्रकाशन के सलाहकार सम्पादक का पद सँभालने का अनुरोध किया। एक हजार रुपये मासिक मानदेय के साथ ही घर पर टेलीफोन की सुविधा प्रदान की गई। राजकमल से दो वर्ष का अनुबन्ध समाप्त होने के बाद मुझे लगा कि यह काम बहुत दिन करने लायक नहीं है। हमने बनारस लौटने का निश्चय कर लिया था। मेरे विचार से राजकमल को मेरी आवश्यकता कोई खास नहीं थी लेकिन, जैसाकि मैंने आपको बताया, शीला जी इसके लिए तैयार न थीं। दो साल काम करते-करते उनसे निजी सम्बन्ध भी हो गए थे, विचारधारा भी हमारी एक थी। उन्होंने कहा, 'हम चाहते हैं कि 'आलोचना' फिर से आरम्भ की जाए और आप इसका सम्पादन करिए। यद्यपि मैं इसके पैसे ज्यादा नहीं दे सकती, लेकिन आपके मन लायक काम होगा। देखिए, 'आलोचना' से राजकमल की प्रतिष्ठा जुड़ी है और इसका सम्पादन आपको करना है।' मित्रों से राय लेकर, सोच-विचारकर मैंने 'आलोचना' का सम्पादन स्वीकार किया और, जब मैंने पहला अंक निकाला, उस समय कुछ ऐसी स्थिति थी कि उस अंक का ऐतिहासिक महत्त्व है।

महावीर अग्रवाल : आपके सम्पादन में 'आलोचना' पत्रिका एक नये तेवर के साथ उभरने लगी—ऐसा उस समय के लेखक और सम्पादक कहते हैं। साहित्य की पत्रिका 'आलोचना' को आपने और किस तरह बदला था?

नामवर सिंह : मैंने जैसे ही 1967 में 'आलोचना' पत्रिका का सम्पादन शुरू किया, इसके पहले अंक से ही मैंने इसे एक नया स्वरूप देने की कोशिश की। चौहान जी जब तक सम्पादक रहे, अधिकांश लेख अध्यापकों के ही छपते थे, फिर भी 'आलोचना' का स्वरूप साहित्यिक ही रहा। बाद के वर्षों में नन्ददुलारे वाजपेयी जी ने उसे विश्वविद्यालय की पत्रिका बना दिया था। मैंने इस पर भी ध्यान दिया कि 'आलोचना' को केवल हिन्दी तक सीमित न रखा जाए, बल्कि दूसरी भारतीय भाषाओं में जो कुछ लिखा जा रहा है, उसके बारे में भी सामग्री हो। बल्कि भारत के बाहर जो साहित्य है, जो साहित्यिक गतिविधियाँ हैं, वे भी हमारी परिधि में हों। इस दृष्टि से मैंने पहले अंक में निर्मल वर्मा से, जो उन दिनों चेकोस्लोवाकिया में थे, एक लेख मँगाया कि वहाँ के बुद्धिजीवी क्या सोचते हैं। उसमें मैंने दो कविताएँ छापी थीं; एक धूमिल की थी : 'बीस वर्ष बाद'। इसमें उन्होंने तिरंग झंडे के बारे में लिखा था कि क्या यह तीन थके हुए रंगों का नाम है या इसका कोई अर्थ है? 'चुनाव की पूर्व संध्या पर' एक कविता केदारनाथ सिंह की छापी थी।

महावीर अग्रवाल : आपके सम्पादन में 'आलोचना' के अंक जब लगातार प्रकाशित होने लगे, तब उनकी क्या विशिष्टता रही?

नामवर सिंह : वह समय अनेक दृष्टियों से एक संक्रमण काल का दौर था। मैंने योजना बनाई कि 'आलोचना' के हर अंक में एक संवाद रहा करेगा, ज्वलंत समस्याओं पर विभिन्न लोगों के विचार होंगे; क्योंकि मैं मानता हूँ कि आलोचना क्षेत्र विशुद्ध साहित्यिक नहीं है, अधिक व्यापक है। मुक्तिबोध इसी को 'सभ्यता समीक्षा' कहते थे। सन् 1967 में अप्रैल का अंक जून में आया था। उस समय चौथा आम चुनाव हो चुका था और चौथे आम चुनाव का विशेष महत्त्व इस कारण से है कि पहली बार प्रदेशों में गैर-कांग्रेसी संविद सरकारें बनी थीं। इस प्रकार कांग्रेस के वर्चस्व को चुनौती मिली थी। दूसरी खास बात है कि 1967 के समय को याद करें कि एक ओर नक्सल आन्दोलन प्रारम्भ हुआ था, कम्यूनिस्ट पार्टी के 1964 में दो टुकड़े पहले ही हो चुके थे। यह भी उल्लेखनीय है कि प्रदेशों में जो मिली-जुली सरकारें बनी थीं—उ.प्र. में, बिहार में, उनमें कम्यूनिस्ट और जनसंघ, दोनों ही पार्टियाँ शामिल थीं। उन दिनों डॉ. रामविलास शर्मा अक्सर दिल्ली आते थे। दो-एक बार हमारे यहाँ भी ठहरे। मैंने उनसे अनुरोध किया कि वे 'चौथे आम चुनाव के बाद का भारत' विषय पर लेख लिखें। उन्होंने जो लेख लिखा, उसे मैंने कई लोगों के पास भेजा। प्रतिक्रियाएँ तो लोग क्या देते, पर उसे मैंने आधार निबन्ध के रूप में छापा। इस लेख का शीर्षक 'फासिस्ट खतरा और वामपंथ' था। इसमें उन्होंने कहा था कि अगर कभी फासिस्ट तानाशाही आएगी तो इसकी जिम्मेदारी वामपंथ पर होगी।

महावीर अग्रवाल : आपने 'आलोचना' को नया रूप तो दिया ही, अनेक विशेषांक भी प्रकाशित किए; उन विशेषांकों के सम्बन्ध में कुछ बताइए?

नामवर सिंह : गुरुवर हजारीप्रसाद द्विवेदी जी साठ वर्ष के हुए, तो मैंने 'आलोचना' में उन पर सामग्री दी। षष्टिपूर्ति के अवसर पर एक आयोजन भी किया। आलोचना की भाषा पर परिसंवाद आयोजित किया, क्योंकि मैं यह मानता हूँ कि आप जिस भाषा में सोचते हैं या लिखते हैं, वह भाषा आपके विचार, अन्तर्वस्तु, आपके जीवन की वास्तविकता को निर्धारित करती है। यह रचनाकार के लिए जितना सच है, आलोचक के लिए भी उतना ही सच है। इसलिए, आलोचना की भाषा का अर्थ यह नहीं है कि भाषा कठिन हो कि सरल, बल्कि आलोचना की भाषा से अभिप्राय आलोचना की अवधारणाएँ हैं। इस परिसंवाद में मैंने दर्शन के कई लोगों से भी लिखाया। स्वयं मैंने एक लेख के रूप में सम्पादकीय लिखा। सच तो यह है कि मैं द्विवेदी जी के माध्यम से कई चीजें प्रस्तुत करना चाहता था।

महावीर अग्रवाल : गुरुदेव हजारीप्रसाद द्विवेदी जी के माध्यम से आपने 'आलोचना' में और कौन-कौन सी चीजें प्रस्तुत कीं?

नामवर सिंह : एक तो यह कि वे परम्परा और आधुनिकता के अद्भुत संगम थे—गुरुवर द्विवेदी जी। मैं यह संकेत देना चाहता था कि हिन्दी में आलोचना का नाम लेते ही लोग आचार्य रामचन्द्र शुक्ल या नन्ददुलारे वाजपेयी को ही याद करते थे, जबकि आलोचना उससे आगे भी है। दूसरे, उन दिनों डॉ. नगेन्द्र की तूती बोल रही थी। अत: मैं बताना चाहता था कि प्राध्यापकीय या शास्त्रीय आलोचना सच्ची आलोचना नहीं है। श्रेष्ठ आलोचना की चिन्ता साहित्य से अधिक संस्कृति की होती है और उसके सामाजिक सरोकार होते हैं। आलोचक का एक मुख्य उद्देश्य यह भी है, जैसाकि इलियट ने कहा है कि हर आलोचक इतिहास की या अपनी परम्परा की पुन: व्यवस्था करता है। यों कहें कि आलोचना का एक कैनन होता है यानी कि आपकी दृष्टि में जो सबसे महत्त्वपूर्ण है—सार्थक है—वह क्या है? आपकी सूची क्या है? आपकी सूची में कौन लोग हैं? आलोचक का दायित्व है—साहित्य में प्रचलित कैनन पर विचार करना और जरूरत हो तो उन कैनन को बदल देना।

महावीर अग्रवाल : गुरुदेव हजारीप्रसाद द्विवेदी जी के बाद आपने गजानन माधव मुक्तिबोध पर 'आलोचना' का विशेषांक निकाला था। वह तीस वर्षों बाद भी अपनी महत्त्वपूर्ण पठनीय सामग्री और संयोजन के कारण अनूठा माना जाता है।

नामवर सिंह : अपनी पुस्तक 'कविता के नये प्रतिमान' मैं उन्हीं दिनों लिख रहा था। इस पुस्तक में आधुनिक कविता का कैनन बदलने का सवाल मेरे सामने था। अज्ञेय और 'नई कविता' की इतनी धूम थी कि मुक्तिबोध जैसा महत्त्वपूर्ण कवि उपेक्षित था। हजारीप्रसाद द्विवेदी पर विशेषांक निकालकर मैंने आलोचना के कैनन में परिवर्तन किया था, अब मैंने मुक्तिबोध पर विशेषांक निकाला। मुक्तिबोध पर किताब तो मैंने अलग से लिखी ही, लेकिन विशेषांक पहले निकाला था। जहाँ तक मुझे स्मरण है, मुक्तिबोध की जन्मतिथि 13 नवम्बर के आसपास ही 1967 में छपकर आया। उस समय मुक्तिबोध के पचास वर्ष पूरे हुए थे। इस तरह मैंने कविता में कैनन को बदलने की कोशिश की, तो उसी बीच नई पीढ़ी आ गई थी। धर्मवीर भारती ने, कमलेश्वर ने इसी पीढ़ी पर हमला बोल दिया था। 'धर्मयुग' में 'ऐयाश प्रेतों का विद्रोह' लेख छपा था। इस उभरती हुई युवा पीढ़ी में कविता में धूमिल, राजकमल जैसे लोग थे, तो कहानी में ज्ञानरंजन, काशी, कालिया और दूधनाथ थे। 'नई कविता' के रोमानी भाव-बोध में रचे-बसे लोग इस पीढ़ी का विरोध कर रहे थे, तो मैंने 'आलोचना' का अंक 'युवा कविता पर एक बहस' निकाला। इस तरह साल भर के अन्दर चार अंकों के जरिये मैंने बताना चाहा कि 'आलोचना' में हम क्या करना चाहते हैं!

महावीर अग्रवाल : इन विशेषांकों के अतिरिक्त 'आलोचना' में और कौन-कौन-सी नई प्रवृत्तियों का समावेश किया?
नामवर सिंह : हम यह भी चाहते थे कि 'आलोचना' के अन्तर्गत हिन्दी पाठकों को विश्व-साहित्य की नई से नई प्रवृत्तियों के बारे में जानकारी होनी चाहिए। उस समय 'शैलीविज्ञान' की नई चीज चली थी, जिसके अन्तर्गत किसी साहित्यिक कृति का अध्ययन हम उसकी भाषा का विश्लेषण करते हुए करते थे। इस विषय पर हमने रवीन्द्रनाथ श्रीवास्तव के कई लेख 'आलोचना' में छापे। बाद में शैलीविज्ञान पर उनकी पुस्तक भी आई। बाद में और भी लोगों ने लिखा, लेकिन शुरुआत करने का श्रेय 'आलोचना' को ही जाता है। आलोचना की अधुनातन पद्धतियों से पाठक परिचित हों, इसके लिए शैलीविज्ञान, साहित्य का समाजशास्त्र, मार्क्सवादी आलोचना में विकसित होने वाली नई प्रवृत्तियों पर मैंने सामग्री छापी थी। आजकल उत्तर-आधुनिकता का बहुत हल्ला है, लेकिन 'आलोचना' में बहुत पहले 'विच्छेदनवाद'—जिसको अंग्रेजी में 'डिकांस्ट्रक्शन' कहते हैं—पर मैंने कई लेख छापे। सुरेश जोशी, जो गुजराती के महत्त्वपूर्ण कवि और आलोचक हैं, उनका 'आधुनिकता और उत्तर-आधुनिकता' लेख मैंने सन् 1984 में छापा था। इसके साथ ही हमने युवा रचनाकारों को भी पहचाना और नई रचनाशीलता को लगातार महत्त्व दिया।

महावीर अग्रवाल : मैंने भी इसे रेखांकित किया तथा समझने की कोशिश की है। 'आलोचना' (अंक 91 : अक्तूबर-दिसम्बर, 1989) में युवा कवि देवी प्रसाद मिश्र की कविता 'मुसलमान' सर्वाधिक महत्त्व के साथ पृष्ठ तीन पर छापी गई। 'मुसलमान' कविता को मैं आज भी हिन्दी साहित्य की श्रेष्ठतम कविताओं में से एक मानता हूँ। युवा कहानीकार उदय प्रकाश के कहानी संग्रह 'तिरिछ' पर युवा रचनाकार अपूर्वानन्द की समीक्षा है। इसी अंक में आपने सोमदत्त से की गई मेरी बातचीत 'का चुप साध रहा बलवाना' शीर्षक से छापी थी। कृष्णा सोबती, केदारनाथ सिंह, और राजेश जोशी के साथ ही साठ के रघुवीर सहाय की इन पंक्तियों को, '...और यदि वे यथार्थ को यथास्थिति मिटाकर नया मनुष्य बनाने का साधन मानते हैं, तो केवल धरती के मधुर गीत नहीं गाते रहेंगे—धरती पर जो विध्वंस नये मनुष्य के भविष्य के विरुद्ध हो रहा है, उसका उद्बोधन भी करेंगे', पढ़ने का सुख मिला है। आप दूसरी प्रवृत्ति की चर्चा कर रहे थे। 'दूसरी प्रवृत्ति' को अधिक स्पष्ट करने की कृपा करें।
नामवर सिंह : 'आलोचना' में जिस दूसरी प्रवृत्ति का प्रारम्भ मैंने किया, यह प्रवृत्ति है साहित्य के समाजशास्त्र की। यों तो साहित्य और समाज के रिश्ते पर

बहुत पहले से विचार होता आ रहा था, लेकिन बगैर यह जाने कि इसका एक शास्त्र भी होता है। साहित्य शास्त्र है, तो समाजशास्त्र भी है। समाजशास्त्र के लोग इस रिश्ते को कैसे देखते हैं? इसकी पद्धतियाँ कैसी हैं?—अलग सवाल है। यह दिखाने के लिए कि साहित्य के समाजशास्त्र की अनेक विचारधाराएँ होती हैं; मैंने गोल्डमान के लेख छापे, उन पर अंक निकाला। अंग्रेजी के कई लेखों का अनुवाद किया। जॉर्ज लूकाच की मृत्यु पर एक विशेषांक निकाला था, जिसमें मैंने भी एक लेख लिखा था। पूरनचंद्र जोशी, जो समाजशास्त्री हैं, उनके प्रेमचन्द पर कुछ लेख मैंने छापे थे।

महावीर अग्रवाल : आपने 'तद्भव' (अंक 3 : दिसम्बर, 2000, पृष्ठ 16) में लिखा है : 'अन्त में मैं कहना चाहूँगा कि यदि मुझे महत्त्वपूर्ण 'समालोचक' सहयोगी के रूप में न मिलते, तो उसका सम्पादन सम्भव नहीं था।'—इस पर तनिक विस्तार से कुछ कहिए।

नामवर सिंह : आरम्भ में 'आलोचना' का सम्पादन मैंने अकेले किया। कई वर्ष इसी तरह चलाया, लेकिन बाद में हमें सहयोगी की जरूरत पड़ी। कुछ दिनों तक विष्णु खरे का मैंने सहयोग लिया। जब मेरी नियुक्ति जोधपुर वि.वि. में हो गई, तो विष्णु खरे को सह-सम्पादक के रूप में साथ रख लिया। दरअसल, विष्णु खरे ज्यादा ही खरे हैं। उनका प्रबन्ध सम्पादक से मतभेद हुआ और उनका नाम नहीं जा सका सह-सम्पादक के रूप में। एक लेख को लेकर विवाद हुआ था। विवाद कटु हो गया। मैं दिल्ली में था नहीं, जोधपुर में था। इस बीच खरे साहब ने अशोक वाजपेयी के विरुद्ध कुछ लिखा। उसकी भाषा भी शायद सख्त थी। वैसे भी खरे साहब कभी-कभी भाषा का काफी सख्त प्रयोग करते हैं। खैर, उन दिनों राजकमल में मोहन गुप्त काम करते थे, शायद प्रूफ देखते समय खरे साहब का लेख उनकी नजर से गुजरा होगा। हो सकता है, उन्होंने इशारा किया हो, श्रीमती शीला संधू ने कहा : 'नहीं, यह नहीं जा सकता।' शायद वह काटकर निकाल दिया गया। बाद में केवल मुझे सूचित कर दिया गया। वह दुखद प्रसंग था और मेरी इच्छा के विरुद्ध घटित हुआ था। उसके बाद नंदकिशोर नवल मेरे सहयोगी हुए। 'हिन्दी आलोचना का विकास'—उनकी एक पूरी पुस्तक 'आलोचना' में धारावाहिक रूप में छपी थी; उसी तरह, जैसे मैनेजर पांडेय की 'साहित्य की इतिहास-दृष्टि' छपी थी। मुझे लगा कि नवल जी में प्रतिभा है। लेकिन, इसका यह मतलब नहीं कि मैं उनकी आलोचना-सम्बन्धी धारणाओं से सहमत हूँ। लेकिन वे कर्मठ हैं और कई वर्ष मेरे साथ रहे। बाद में नंदकिशोर नवल जी और प्रबन्ध सम्पादक शीला जी के बीच कुछ हुआ होगा। उन्होंने नवल जी को सूचित किया कि वे दूसरी व्यवस्था करना चाहती हैं। फिर, परमानन्द श्रीवास्तव

का सहयोग मैंने लिया और उन्होंने बहुत ही अच्छे ढंग से 'आलोचना' को सँभालने में योगदान किया।

महावीर अग्रवाल : पत्रिका 'आलोचना' का प्रकाशन अंक तिरानवे (अप्रैल-जून, 1990) के बाद बन्द हो गया और बहुत लम्बे समय तक 'आलोचना' बन्द ही रही। एक सुखद शुरुआत सहस्राब्दी में हुई। अप्रैल-जून, 2000 में 'फासीवाद और संस्कृति का संकट' जैसे गम्भीर और ज्वलंत विषय पर ऐतिहासिक विशेषांक 'सहस्राब्दी : अंक-1' छपकर आया। आपकी उदारता और सहृदयता का नया रूप भी हमने देखा। अब सम्पादन का दायित्व आपने परमानन्द श्रीवास्तव को सौंपकर मार्गदर्शक की भूमिका में प्रधान सम्पादक बनना स्वीकार किया। नामवर जी, आपके ही छह शब्द उधार लेकर कहूँ, तो 'आलोचना अगिनपक्षी है। फिर जी उठी।'

नामवर सिंह : नये परिवेश में 'आलोचना' की इस नई टीम का साहित्य-जगत ने भरपूर स्वागत किया। असंख्य पाठकों ने पत्र लिखकर हमारा मनोबल बढ़ाया। दरवाजे पर दस्तक देनेवाली और साहित्य का भविष्य लिखने वाली नई पीढ़ी के बीच भी 'आलोचना' रुचि के साथ पढ़ी जा रही है। आपको साक्षात्कार लेने वाला अवधूत माना जाने लगा है। कौन है ऐसा हिन्दी-जगत में, जिससे इंटरव्यू आपने नहीं लिया है? सहस्राब्दी 'आलोचना' में प्रकाशित हबीब तनवीर, ब.व. कारंत और विनोद कुमार शुक्ल के दुर्लभ साक्षात्कार आपने हमें लगातार उपलब्ध कराए हैं। मित्रों से टेलीफोन पर मिलने वाली बधाई और शुभकामनाओं का सिलसिला अभी भी थमा नहीं है।

महावीर अग्रवाल : चौबीस वर्षों तक 'आलोचना' का सम्पादन करने के बाद आपने विनम्रतापूर्वक प्रधान सम्पादक के रूप में उसे निरन्तरता प्रदान की है। समय का चक्र तेजी से घूम रहा है और सहस्राब्दी 'आलोचना' के बीस अंक के बाद सम्पादन का दायित्व युवा कवि अरुण कमल के हाथों में है। 'आलोचना' के प्रति आपकी संलग्नता और प्रतिबद्धता के कारण ही सहस्राब्दी अंक इक्कीस (अप्रैल-जून, 2005) से सहस्राब्दी अंक पैंतालीस (अप्रैल-जून, 2012) तक 'आलोचना' की अभिव्यक्ति और प्रस्तुति अपने समय के ज्वलंत व जटिल सवालों से टकराती रही है। 'आलोचना' ने सहस्राब्दी अंक के रूप में भी पचास सार्थक और संग्रहणीय अंक निरन्तरता के साथ छापने का कीर्तिमान स्थापित कर लिया है। साहित्यिक पत्रिका की इस उपलब्धि और अवसर पर प्रधान सम्पादक के रूप में आप क्या सोचते हैं?

नामवर सिंह : सचमुच महावीर जी, 'आलोचना' सहस्राब्दी अंक पचास तक की निरन्तरता देखकर मुझे बहुत खुशी हो रही है। मेरे आलोचना-कर्म में 'आलोचना'

पत्रिका का सम्पादन उल्लेखनीय है। आलोचना अब केवल 'राजकमल प्रकाशन' या अशोक महेश्वरी की पत्रिका नहीं रही, वह एक विचार है, एक मशाल है। सीमित ही सही, लेकिन वैचारिक आन्दोलन का रूप ले चुकी है। बेहद मूल्यवान सामग्री एकत्रित करते हुए परमानन्द श्रीवास्तव ने सहस्राब्दी 'आलोचना' के बीस अंक बड़ी मेहनत से निकाले। इसी सक्रियता को और अधिक गति देनेवाले सम्पादक अरुण कमल का सोच साफ-सुथरा ही नहीं, बेहद सुलझा हुआ है। 'आलोचना' सहस्राब्दी अंक इक्कीस से पचास तक अपनी अन्तर्दृष्टि का आधार अपनाकर अरुण कमल ने 'आलोचना' को एक नई दिशा दी है। वे पारदर्शिता के साथ काम करते हैं। अध्ययनशील हैं, ऊर्जावान हैं, साहित्य की नई-से-नई प्रवृत्तियों के जानकार हैं।...अंक 50 के सम्पादकीय में अरुण कमल ने 'शब्द' की शक्ति से गागर में सागर भरा है।...उनके सम्पादन में छपे अंकों की सामग्री मूल्यवान है। सबको साथ लेकर चलने का अद्‌भुत गुण उनमें है। मैं रहूँ या न रहूँ, 'आलोचना' रहेगी। और, मुझे इस बात का बड़ा सन्तोष है कि 'आलोचना' सार्थक हाथों में है। उनकी मौलिकता पर, काम करने के नये अन्दाज पर ये दो पंक्तियाँ बहुत सटीक बैठती हैं :

कुछ लोग थे जो वक्त के साँचे में ढल गए।
कुछ लोग हैं, जो वक्त के साँचे बदल गए॥

['वर्तमान साहित्य' : मई, 2014 में प्रकाशित]

रंगमंच की दुनिया

छात्र-जीवन से ले करके मैं हाईस्कूल और विश्वविद्यालय, इस दौर को लेकर मैं नाटक-सम्बन्धित लोगों को याद करता हूँ। यह बात ऐसी है कि मैं भी भूल गया था और बाकी लोग तो खैर जाहिर है कि जानते ही नहीं कि मैंने नाटक में अभिनय भी किया था। वह स्कूल के दिनों की बात है। क्षत्रिय स्कूल जो उदयप्रताप कॉलेज कहलाता था, यह घटना 1943 की होगी, मैं नौवीं कक्षा में था। प्रेमचन्द की एक कहानी हमारे पाठ्यक्रम में थी : 'वज्रपात', जिसमें नादिर शाह ने जो हमला किया था दिल्ली पर, वह कहानी प्रेमचन्द ने लिखी थी। हमारे स्कूल में उर्दू के, विशेष करके नाटक के एक अध्यापक थे अजहा अली फारूकी। भगवान ने उन्हें दीर्घायु दी थी। वे इलाहाबाद के रहनेवाले थे। नाटक में बहुत गहरी रुचि रखते थे। तो आम तौर पर सर्दियों में हमारे यहाँ कैम्प फायर हुआ करता था तो कैम्प फायर में एक बार अफगानियों के बारे में कुछ नाटक उन्होंने करवाया था—काबुली पोशाक पहनाकर। तो एक नाटक करने का तय हुआ। हमारे यहाँ वार्षिक दिवस के लिए तय हुआ कि प्रेमचन्द की कहानी 'वज्रपात' किया जाए। फारूकी साहब उसके निर्देशक थे। कहानी के नाट्यरूपान्तरण किया गया और मुझसे उन्होंने कहा। मैं उन दिनों साहित्यिक गतिविधियों में खूब भाग लेता था। तो नादिरशाह की भूमिका के लिए उन्होंने मुझसे कहा और प्रेमचन्द की कहानी का वह शेर मुझे अब भी याद है जब वह कत्लेआम करने के बाद घूमता है मंच पर :

कैसे नमाज के दौर में तेगे खुशी
अगर कि जिन्दा तुनी खल्का बारे बाज सुशी।

किसी फारसी शायर खुसरो का यह शेर था। और वह गुनगुनाता हुआ पढ़ रहा था और उसका हृदय बदल जाता है। उस कत्ल-ए-आम में सारे लोग मारे जा चुके हैं, लेकिन नादिरशाह के तलवार की प्यास बुझी नहीं है। उस समय एक शायर ने शेर लिखकर भेजा जिसका अर्थ था : तुम्हारे तलवार ने सबको कत्ल कर दिया, फिर भी उसकी प्यास नहीं बुझी, इसलिए तू एक बार

फिर सबको जिन्दा कर और फिर कत्ल कर। मुझे यह रोल दिया गया था तो मैंने उसे किया। वह कैसा था, यह बात अलग है। लेकिन एक बार मैंने भी अभिनय किया और उसके बाद कान पकड़ ली। वह काफी मुश्किल काम था। मुख्य रूप से 'वज्रपात' कहानी में नादिरशाह की भूमिका थी, बाकी सब छोटे पात्र थे। फिर स्कूल के दिनों में नाटक-सम्बन्धी न कोई दूसरी घटना हुई और न मुझे याद ही है।

काशी हिन्दू विश्वविद्यालय में आने के बाद की जो घटना मुझे याद है, वह पंडित ओंकारनाथ ठाकुर की, जो हमारे संगीत महाविद्यालय के प्रोफेसर थे। उनके दिमाग में यह बात आई कि 'कामायनी' को गीत-नाट्य के रूप में प्रस्तुत किया जाए। गोविन्द मालवीय की एक बेटी थी विभा मालवीय जो इस वक्त न जाने कहाँ है। तो विभा को उन्होंने कामायनी बनाया और उनका एक शिष्य था जिसको उन्होंने मनु की भूमिका दी थी। वह बिलकुल संगीत नाट्य था। पता नहीं, उसका वीडियो हुआ या नहीं, आडियो तो हुआ था। वह एक अद्‌भुत प्रयोग था 'कामायनी' को गीत-नाट्य में प्रस्तुत करने का। और पंडित ओंकारनाथ ठाकुर ने प्रसाद जी के ही गाने इस्तेमाल किए थे और कोई गीत उन्होंने उसमें नहीं जोड़ा था। विशेष कर उस गीत का जो संगीत आयोजन उन्होंने किया था, बहुत ही अच्छा था : 'तृमुल कोलाहल समय में मैं हृदय ही गात...'

जिस तरह से उसे संगीतबद्ध किया था, उसकी छाप सबके मन पर बहुत गहरा पड़ा था। सफल मंचन था। संगीतबद्ध था। यह कारंत जी से पूछना चाहिए क्योंकि यह घटना—शायद कारंत जी उस वक्त तक नहीं आए थे किन्तु उसकी आवृत्ति यदि हुई हो दुबारा तो शायद कारंत जी को याद हो। गीत-नाट्य था वह। हजारीप्रसाद द्विवेदी का भी उसमें बहुत योगदान था। लोग उसे देख-सुन कर मंत्रमुग्ध हो गए थे। और किसी का मुझे नहीं याद है कि 'कामायनी' किसी ने गीत-नाट्य के रूप में किया हो। यह दूसरी स्थायी छाप मेरे ऊपर रही है।

बचपन में जब मैं बहुत छोटा था तो 'बिदेसिया' नाटक देखा था। भिखारी ठाकुर स्वयं ही स्त्री की भूमिका का निर्वाह करते थे। उसकी ताकत गाने में थी। 'बिदेसिया राजा जाए, हम न जइबे', तो जिस तरह से वे तोड़ कर गाते थे, क्या कहना! मेरे चाचा स्वयं गाते थे—बाबू चनदन सिंह। हमारे चाचा घर के निकरुआ कहलाते थे। वे गाते थे और नटुआ नाचता था। उन्हीं के कारण वह मंडली गाँव में आई थी। उनकी एक ही देन थी कि गाँव वालों ने कहा कि तुम इतनी जगह जा-जाकर नाचते-गाते हो तो हम लोगों को भी दिखा दो। यह घटना लगभग दूसरी लड़ाई के कुछ पहले की है—1938-39 की। हमारा जन्म है 1927 का, तो दस साल का रहा होऊँगा। तो पहली छाप वही है। उसे नाटक नहीं, नाच कहते थे। संगीत-नाटक होता था। उसमें बीच में कुछ हास्य जोड़ते थे। यह याद

नहीं था कि अंग्रेज उस समय मजाक का विषय था या नहीं। रात-रातभर चलता था। बीच में मैं सो भी गया था तो पता नहीं, अंग्रेजों का मजाक भी उड़ाया हो, कह नहीं सकता। बहुत ही रोचक होता था। वह कामिक रिलीफ देती थी। पूरा नाटक करुण रस का है पर उसगें हास्य का पुट भी है।

भिखारी ठाकुर को एक बार देखा था—नाटक करते हुए तो नहीं, पर 1948 की बात है। आजादी मिली ही थी और एक भोजपुरी सम्मेलन हुआ था। संस्था भी बना रखी थी लोगों ने। कभी हमारे प्रभुनाथ सिंह के बड़े भाई शम्भुनाथ सिंह, उनके बड़े अच्छे सम्बन्ध थे लोगों से। होमियोपैथी के डॉक्टर थे। उन्होंने भोजपुर समाज बनाया था। उस सम्मेलन के उद्घाटन के लिए बाबू जगजीवन राम को बुलाया गया था। भिखारी ठाकुर भी आए थे उसमें। तो भाषण वगैरह हुए तो बाबू जगजीवन राम ने कहा कि बड़ा सूखा-सूखा हो रहा है, कुछ आप सुनाएँ। तो उन्होंने कहा कि मंडली तो मैं ले के आया नहीं, क्या सुनाऊँ? बाबूजी ने कहा कि क्या हम ऐसे ही चले जाएँ? तो उन्होंने कहा—अच्छा, देखत बानी। वे थे 6 फुट के लम्बे आदमी—धोती पहने हुए थे, कुर्ता पहने हुए थे। अन्दर जाकर पाँच मिनट में वे उसी धोती को महिलाओं की तरह पहनकर, घूँघट डालकर छम्म से गाना गाते हुए मंच पर पहुँचे। उसकी पहली लाइन आज भी मुझे याद है : 'सगरी देहिया मोर बलम क सरकारी हो गइल'—उस समय सरकार जमीन लोगों को दे रही थी। 1948 के आसपास भिखारी ठाकुर को पहली और अन्तिम बार उसी समय देखा था। भिखारी ठाकुर नाच रहे थे और बाबू जगजीवन राम जो सरकार में थे, उन्हें सुन रहे थे। 'सगरी देहिया मोर बलम क सरकारी हो गइल'—देह सरकारी हो गई, पूरी जमीन सरकारी हो गई। ये सभी बातें हैं जो क्रम में नहीं हैं। शादी-ब्याह में भाँड के नाच भी देखे हैं। विद्यार्थी जीवन में हमारे अभिभावक इन चीजों को देखने से मना करते थे। कहते थे—रंडी-भाँड का नाच क्या देखना! उससे मैं वंचित हो गया, पर बनारस में रहकर रामलीला मैंने देखी है, जहाँ मैं रहता था लोलार्क कुंड पर। बनारस में हर मुहल्ले में रामलीला होती है। लोलार्क कुंड में हमारे घर के सामने ही खुला मैदान था, जहाँ रामलीला होती थी तो बच के जा नहीं सकते थे। पूरी नहीं देखते थे पर देखते थे। बनारस की रामलीला में मैंने लंका पर, जो यूनिवर्सिटी के पास है, वहाँ लंकाकांड खास तौर से राम-रावण युद्ध देखा है। चेतगंज नामक एक मुहल्ला है—चेत सिंह के नाम पर। पुराने जमाने से चेतगंज की 'नक्कटैया' मशहूर है। शूर्पणखा की नाक काटने के बाद वह होती है। भरत-मिलाप आदि देखा है। नाटी इमली का जो औसान गंज के पास है, वहाँ हमारे मित्र रहते थे—ठाकुर प्रसाद सिंह। नाटी इमली के भरत-मिलाप में काशी नरेश आते थे। तो चेतगंज की नक्कटैया देखी है। भरत-मिलाप देखा है। नाटी इमली का लंका पर राम-रावण युद्ध देखा

है। लोलार्क कुंड का कोई प्रसिद्ध तो नहीं है परन्तु प्रसिद्ध रामायणी पंडित प्रियानन्द रामायणी का मुहल्ला है वह, तो वर्षभर वे रामकथा कहते थे—कोई आए, चाहे नहीं, तो हमारे यहाँ वह धनुषयज्ञ मशहूर था तो वह देखा है। राम द्वारा धनुष भंग होता है। एक और कथा देखी है जो अस्सी घाट पर होती थी, तो केवट-राम-संवाद अस्सी पर ही होता है। एक और लीला जो अस्सी पर ही होता था। भरत-मिलाप जब हो जाता है, उसके अगले दिन कृष्णलीला शुरू होती थी अस्सी घाट पर। काशी नरेश मोटर बोट से आते थे और नाग को नाथनेवाले कृष्ण को एक गिन्नी दिया करते थे। नाग-नथैया अस्सी घाट की मशहूर थी। नाव पर ही दर्शक रहते थे। घाट पर सामान्य जन बैठते थे और विशिष्ट जन अपने-अपने बजरों पर बैठकर नाग-नथैया की लीला देखा करते थे। बजरों के बीच में ही नाग-नथैया होती थी। घाट के बिलकुल किनारे होती थी यह लीला।

बाकी रामनगर की रामलीला, जहाँ सब कुछ अलग-अलग जगह पर बना है—जनकपुर, अयोध्या आदि। रिचर्ड शेखनर की 'एनवायमेंटल थिएटर' रामनगर की रामलीला पर ही लिखी गई है। पहले जी.डी.आर. में वह छपा। शेखनर ने महीने भर रामनगर की रामलीला कई बार देखी है। पूरा रामनगर बसाया ही गया था रामलीला के लिए। रामनगर की रामलीला जो शुरू हुई है, इन दो चीजों से मुझे पता चला। यह महाराज ईश्वरी नारायण सिंह के जमाने से शुरू हुआ 19वीं शताब्दी से। ईश्वरी नारायण सिंह भारतेन्दु हरिश्चन्द्र के समकालीन थे और उनके घनिष्ठ मित्र थे। ईश्वरी नारायण सिंह बहुत गुणी आदमी थे। विद्याव्यसनी, काव्य-रसिक आदमी थे। चेतसिंह के बाद नाम लेने लायक ईश्वरी नारायण सिंह थे। उनके राजदरबार में ब्रजभाषा के महान कवि थे। सरदार कवि कहलाते थे। सेवक थे तो सात-आठ कवियों की मंडली थी और उनके आश्रयदाता महाराज थे। पांडुलिपियों की उनकी अलग लाइब्रेरी थी। काशी की चित्रकला का संग्रहालय है उनके यहाँ। महाराज की भारतेन्दु जी से बड़ी घनिष्ठता थी। महाराज उनके घर चौखम्भा जाते थे, जो महाराज बहुत कम किसी के यहाँ जाते थे। भारतेन्दु के पिता भी बड़े रईस थे। तो बीच में किसी ने कुछ लगा-बुझा दिया। एक धर्मसभा जो कायम हुई, काशी धर्मसभा कहलाती थी। उसके संरक्षक महाराज हुआ करते थे। प्रसिद्ध शास्त्रार्थ दयानन्द सरस्वती का जो काशी के पंडितों के साथ हुआ था, उसमें महाराज ने भारतेन्दु हरिश्चन्द्र से कहा था कि आप इसके मुख्य पर्यवेक्षक रहेंगे। उन्होंने रामनगर की रामलीला को व्यवस्थित रूप दिया। सारे स्थान बनवाए। तो दरअसल भारतेन्दु हरिश्चन्द्र को जो नाटक की प्रेरणा मिली, वह रामनगर की रामलीला से ही मिली है। दूसरी चीज जो महाराज ने शुरू की थी—'बुढ़वा मंगल'। रंगपंचमी जो महाराष्ट्र में होती है, उसी तरह हमारे यहाँ होली के बाद आनेवाले मंगल को बुढ़वा मंगल मनाते हैं। गंगा पर बजड़े को गुलाबबाड़ी

के रूप में सजाकर गाना-बजाना होता है। उसे प्रोत्साहित किया महाराज ने—भारतेन्दु जी की प्रेरणा से। पहले कभी होता रहा होगा, पर उसे व्यवस्थित रूप दिया महाराज ने। जब तक भारतेन्दु जीवित रहे, बुढ़वा मंगल होता रहा। प्रतिवर्ष महाराज का बजड़ा भी उसमें आता रहा। होली के बाद चैता शुरू होता है। भारतेन्दु ने नागरी नाटक मंडली की स्थापना की। बाद में कुँवर जी अग्रवाल और भानुशंकर मेहता आदि ने मिलकर उसे बनवाया।

मैंने एक नाटक वह भी देखा था। उसका विवरण हो सकता है, जरूर कहीं विपिन चन्द्रवर्मा ने लिखा हो। उसमें धर्मवीर भारती ने 'उसने कहा था' कहानी का नाट्य-रूपान्तरण किया था। यह घटना होगी 1950-51 की। उसमें लहना सिंह का रोल किया था धर्मवीर भारती ने और वजीरा का रोल किया था, मेरे खयाल से विजयदेव नारायण साही ने, और यह मंचित हुआ था। दो घटनाएँ गड्ड-मड्ड हो रही हैं। एक तो 'परिमल' को 60 वर्ष हुए थे। 1952 के आरम्भ में या तो यह नाटक उस अवसर पर खेला गया था या इलाहाबाद विश्वविद्यालय की जब रजत, स्वर्ण या हीरक-जयन्ती मनाई गई थी, तब बड़े-बड़े नेता आए हुए थे और नाटक हुआ था सिनेट हॉल में। मैं उस समय था वहाँ पर और वह नाटक देखने गया था। भारती जी ने उसमें अभिनय किया था। इलाहाबाद में जब बलराज साहनी अपनी इप्टा की टीम लेकर आए थे तो उन्होंने 'जादू की कुर्सी' नाटक खेला था। इलाहाबाद में अक्सर हर हफ्ते जाया करता था। मेरे साहित्यिक मित्र वहाँ रहते थे तो अक्सर मैं वहाँ जाया करता था। 'परिमल' की उस गोष्ठी में मैं मौजूद था जिसमें उन्होंने 'अन्धायुग' का पूरा पाठ किया था। रेडियो नाटक के रूप में उसे लिखा था और वह रेडियो पर हुआ भी था जिसे गोपाल दास ने किया था। वे स्टेशन डायरेक्टर थे। पता नहीं, माचवे थे या नहीं रेडियो में, पर नरेश मेहता थे। पंत जी मुख्य एडवाइजर थे। कृष्णचन्द्र शर्मा प्रोग्राम एक्जीक्यूटिव थे। 1947 में जब निराला जी की स्वर्ण-जयन्ती मनाई गई थी, उस समय जयशंकर प्रसाद जी के 'कामना' नाटक का मंचन हुआ था। अस्सी के पास विश्वनाथ टॉकीज है, कृष्णचन्द्र शर्मा ने उसमें अभिनय किया था। निर्देशक कौन थे, याद नहीं। बसन्त पंचमी के अवसर पर हुआ था—फरवरी में।

कारंत जी को सबसे पहले मैंने बैंगलोर में देखा था। बनारस में तो वे बाद में आए। ये गुब्बी वेरन्ना थिएटर में थे। सौ साल पुराना थिएटर है। यह घटना है 1955 की। पूजा का समर स्कूल अटेंड करके मैं उधर गया था। तो कारंत से मेरा परिचय उस समय बैंगलोर में हुआ तो वे मुझे ले गए थे दिखाने। वहाँ दशावतार हो रहा था। बहुत बड़ा पंडाल लगा था। कारंत बहुत यंग थे और उसी मंडली में काम करते थे। वेरन्ना ने ही स्कॉलरशिप देकर हिन्दी सीखने कारंत को बनारस भेजा कि यदि काम करना है तो हिन्दी आना जरूरी है।

कारंत उन दिनों बनारस में आने से पहले हिन्दी कक्षा में दाखिला लेने आए। केदारनाथ सिंह के साथ के पढ़े हुए हैं। 1957 में एम.ए. किया। कारंत ने हमारे यहाँ विदाई समारोह में एक कविता को नाट्यायित किया था। भवानी प्रसाद मिश्र की कविता है : 'जी हाँ हुजूर, मैं गीत बेचता हूँ'। उन्होंने गीतफरोश का वेश धारण किया था। तब कारंत कारंत नहीं थे। उस समय वे घड़े में मुँह डालकर रियाज करते थे। तो घड़े से गूँज भी आती है और बाहर के लोगों को उनकी आवाज भी न सुनाई देती थी। ओंकारनाथ ठाकुर से म्यूजिक सीखते थे व हमारे यहाँ वह हिन्दी पढ़ते थे। तो जब पहली बार उन्होंने 'जी हाँ हुजूर, मैं गीत बेचता हूँ' किया तब केदारनाथ सिंह और हमने कहा कि तुममें तो नाट्य-प्रतिभा है। तुम हिन्दी क्यों पढ़ रहे हो? तुम तो जाओ नाटक में, तुम यहाँ क्या कर रहे हो? यह 1957 की घटना है।

एन.एस.डी. के बाद वे सरदार पटेल स्कूल में शिक्षक हो गए। अभी वे 'अनामदास का पोथा' करने जा रहे हैं। पहले वे 'कबीर' करना चाहते थे लेकिन वह सधा नहीं। गुरु-ऋण के रूप में वे द्विवेदी जी पर कुछ करना चाहते थे। पहले वे 'बाणभट्ट की आत्मकथा' करनेवाले थे किन्तु वह काम उन्हें बहुत पेचीदा लगा था क्योंकि उसमें नाटक के अन्दर नाटक है, तो फिर उसके बाद कहने लगे कि मैं कबीर पर कुछ करना चाहता हूँ, फिर उसे भी छोड़ दिया। कई धन्धे में बेचारे लगे रहे, फिर मुझसे बात हुई कि 'अनामदास' को वे करेंगे। 'अनामदास का पोथा' के बारे में मैंने उनसे कहा कि उसमें एक गुंजाइश है। आप कुछ नया काम कर सकते हैं। उसमें भी उपन्यास के अन्दर नाटक है। कोहल का जो नाटक खेला जाता है, लड़की का इलाज करने के लिए तो मैंने कहा कि कोहल का नाटक का जिक्र करके द्विवेदी जी यह दिखाना चाहते हैं कि भरत मुनि की जो नाट्यशास्त्र है, उसकी परम्परा से अलग हटकर उप-रूपकों की एक परम्परा है जिसका सम्बन्ध कोहल से है। जानबूझकर उन्होंने कोहल का हवाला देकर वहाँ लोकनाट्य करवाया। द्विवेदी जी ने अवश्य ही भिखारी ठाकुर को देखा होगा। 'विश्व भारती' में वे गए तो रवीन्द्रनाथ टैगोर स्वयं नाटक करवाते थे। उस समय बलराज साहनी 'विश्व भारती' में अध्यापक थे। अज्ञेय जी भी वहीं थे। कलकत्ता में 'विशाल भारत' के सम्पादक थे—बनारसी दास चतुर्वेदी के साथ और बलराज साहनी वहाँ पढ़ाते थे। एक किताब में उनका लेख संगृहीत है। संवाद रूप में पंडित जी और बलराज नाम देकर चरित्र दिया है। द्विवेदी जी ने अनुवाद किए हैं उनके कई नाटकों के। वे 'विश्व भारती' पत्रिका में छपे भी हैं। 'भक्तकरवी' का अनुवाद पंडित जी ने ही किया है।

बलराज उन दिनों वहाँ गए थे तो जैसे मस्तमौला थे। बलराज की जो दूसरी शादी हुई थी, वह शान्तिनिकेतन में ही हुई थी। उनकी पहली पत्नी दमयन्ती

थी, दूसरी पत्नी थी सन्तोष। सन्तोष को बलराज पढ़ाते थे तो मित्रता व परिचय सन्तोष से हो गया था। बलराज की शादी हो चुकी थी दमयन्ती से, बलराज चले गए बम्बई। उधर दमयन्ती की मृत्यु हो गई। इधर सन्तोष की शादी हो गई वात्स्यायन जी से। वह शादी बाद में विच्छेद हो गई छह माह-सालभर के अन्दर। उस पर वात्स्यायन ने बहुत अच्छी कहानी लिखी है : 'दूसरे के पैसे'। कहानी में साफ है कि पहली ही रात को, मतलब शादी के बाद नायक पत्नी को लेकर कश्मीर जाता है और पहली ही रात को उसे पता चल जाता है कि ये सम्बन्ध नहीं चल सकेंगे। वह किसी और को प्यार करती है। तो सम्बन्ध-विच्छेद हो जाता है। आरम्भ में बलराज व वात्स्यायन जी एक-दूसरे को बहुत अच्छी तरह जानते थे, मित्र थे। यह घटना भी उसमें आई है और इसका असर इतनी दूर तक पड़ा कि वात्स्यायन जी का सन्तोष जी से सम्बन्ध-विच्छेद हो गया।

कोर्ट-केस हुआ। वात्स्यायन जी ने कोर्ट में स्वीकार किया कि वे नपुसंक हैं क्योंकि इसी आधार पर सम्बन्ध-विच्छेद हो सकता था। अज्ञेय जी ने समझा कि जब यह मामला है तो थू-थू क्यों हो? ढंग से तलाक हो जाए। समझ रहे हो कि वह तुम्हारे साथ नहीं रह सकती तो छोड़ दो और छोड़ देने का यह तरीका है कि उसको दोष देने की बजाय अपने सिर दोष मढ़ लो।

कोर्ट में डिक्लेयर किया और तलाक हो गया। तलाक देकर अज्ञेय जी चले गए सेना में। सेकेंड वर्ल्ड वार में अंग्रेजी सेना में भर्ती हो गए। कैप्टन रैंक के थे वे। आसाम के मोर्चे पर वे रहे हैं। आसाम के बारे में तो उन्होंने काफी लिखा है। खूब घूमे तो शिवसागर तक भी गए।

प्रसंग इतना ही है कि वात्स्यायन जी को इस बात का इतना गहरा आघात लगा था कि 'नदी के द्वीप' उपन्यास में जो चन्द्रमोहन है, जो कम्यूनिस्ट है, व्यर्थ आदमी है। उसके बारे में बहुत कड़वाहट भरा जिक्र है। चन्द्रमोहन को भ्रम कृश्न चन्दर से होता है जबकि कृश्न चन्दर वह नहीं है, वे बलराज जी हैं।

तो द्विवेदी जी से बहुत सारी बातें मालूम हुई हैं। बलराज जब बनारस आए पंडित जी से मिलने के लिए, सन्तोष भी थीं। सन् 1962 की घटना है। बलराज के पंडित जी से बहुत घनिष्ठ सम्बन्ध रहे हैं। पत्र-व्यवहार बहुत हुए हैं और बलराज के मन में द्विवेदी जी के लिए बहुत आदर था और द्विवेदी जी के मन में भी बलराज के प्रति स्नेह बहुत गहरा रहा है। तो सारी बातें यों उड़ीं कि द्विवेदी जी व नाटक, तो बलराज वहाँ नाटक किया करते थे। वे थिएटर के आदमी रहे हैं। इप्टा की जान थे बलराज। आवाज उनकी बहुत अच्छी थी। उनको माइक की जरूरत नहीं थी। वे आवाज फेंकते थे। उनके स्वभाव में, मुद्रा में वह चीज थी बराबर और वह प्रतिभा कहीं-न-कहीं बची रह गई थी भीष्म जी में तो भीष्म जी ने भी अभिनय करके दिखा दिया।

'जादू की कुर्सी' लेकर आए थे बलराज जी इलाहाबाद में। उस समय के 'हंस' में उसकी फोटो छपी है और रिपोर्ट भी छपी है—1951 के 'हंस' में। विचित्र बात है कि अश्क रहे इतने दिनों इलाहाबाद में और नाटक भी उन्होंने लिखे हैं बहुत, लेकिन इलाहाबाद की कोई कहानी लिखने-कहने वाला तो हो। क्योंकि इलाहाबाद में रामकुमार वर्मा एकांकी लिखने वाले। उपेन्द्रनाथ अश्क आए, जगदीश चन्द्र माथुर आए, बच्चन जी थे वहीं के, 'अन्धायुग' वहीं लिखा गया। बाद में लक्ष्मीनारायण मिश्र भी यहीं आ गए थे। बनारस ही रहे काफी दिनों तक। बनारस की जो पृष्ठभूमि है और वहाँ की जो सांस्कृतिक विरासत है, वह इतना विराट है कि यहाँ बड़ी रचना अर्थात एपिक थिएटर वाला ही रचना-कर्म सम्भव है, बनिस्बत कोमल नाट्य-कर्म के। भारतेन्दु, प्रसाद, रामलीला, बुढ़वा मंगल के परिप्रेक्ष्य वाले जन समुदाय को ध्यान में रखा जाए तो वहाँ आधी-अधूरी रचना सम्भव नहीं है।

कारण यह है कि काशी की परम्परा जो है, वह खुले में की है। खुले में वहाँ कजरी दंगल होता है। बिरहा दंगल होता है। यह सब खुले में होता है तो थिएटर की परिकल्पना वहाँ विराट रूप में होती है। एक कमरे में थिएटर करने की कल्पना बनारस में कोई सोचता नहीं है। इस कारण वहाँ इस तरह के रंगमंच का विकास नहीं हुआ। और इसका सबूत यह है कि भारतेन्दु जब ददरी के मेला में 1884 में गए, मरने के तीन महीने पहले, दो नाटक लेकर गए। ददरी के मेला में रेत के ऊपर नाटक खेला गया : एक, 'सत्य हरिचन्द्र'। यह खूब खेला गया है और मुझे याद आ रहा है कि मैंने यह नाटक देखा है क्योंकि मुझे दृश्य अब भी याद आ रहा है कि हरिश्चन्द्र घाट पर खड़ा है। हाँ, नौटंकी-शैली में यह नाटक हुआ था। 'आज काशी में मेरा कोई खरीददार नहीं'—जब वे गाते हैं तो शैव्या आधी साड़ी फाड़ती हुई दिखती है। जरूर मैंने यह नाटक देखा है—हरिश्चन्द्र घाट को छोड़कर। क्योंकि बनारस में दो श्मशानघाट हैं—एक तो मणिकर्णिका है, जहाँ राजा बलदेव दास बिड़ला ने टावर वगैरह बनवा दिये हैं। पूरा पत्थर का घाट है लेकिन हरिश्चन्द्र घाट पत्थर का नहीं बनाया गया। हरिश्चन्द्र घाट कच्चा है। और हम लोगों के यहाँ अलग-अलग रूप से बँटा हुआ है कि कुछ ऐसे परिवार हैं ब्राह्मणों के कि उनका दाह-संस्कार हरिश्चन्द्र घाट पर ही होता है, मणिकर्णिका घाट पर नहीं होता। लोगों का तय है कि हमारे पुरखे हरिश्चन्द्र घाट पर ही जलाए जाएँगे। हरिश्चन्द्र घाट तो थिएटर जैसा है।

तो ददरी के मेला में भारतेन्दु और नील देवी दो नाटक लेकर गए। 20-25 हजार की भीड़। ददरी का मेला तो पशु-मेला होता था। दो पशु मेले हुआ करते थे : एक तो सोनभद्र वाला, जो गंगा के पार सोनपुर में लगता है, जहाँ एक जमाने में कहा जाता था कि सोनपुर का प्लेटफार्म सबसे लम्बा

है। तो सोनपुर का पशु-मेला व ददरी का पशु-मेला होता था जिसमें गाँवों के किसान आते थे।

तो उस मेले में लोगों के बीच में नाटक हुआ था। तब मशाल की रोशनी में ये नाटक खेले गए थे। इस लोकनाट्य-परम्परा को आज भी रामनगर की रामलीला में परिलक्षित किया जा सकता है कि मात्र महताब व गैस बत्ती की रोशनी में, बगैर माइक के रामलीला होती है और 10-20 हजार लोग न केवल रामलीला देखते हैं वरन पात्रों द्वारा बोले गए संवादों को सुनते भी हैं। आज भी यदि कहीं 'रामचरितमानस' को आधार बनाकर रामलीला होती है तो वह रामनगर की ही रामलीला है। जो 'रामचरितमानस' में उल्लेखित है, वही दिखाया जाता है।

1970 से लेकर 1974 तक जो मैं बाहर था दिल्ली से, उस दौरान मैं यहाँ का नाटक नहीं देख सका। बनारस से दिल्ली मैं 1965 में आया। 1965 से 1970 तक मैं यहाँ था। उसके बाद मैं जोधपुर चला गया। 1970-74 तक के बीच में कभी आया तो देख लिया।

मैंने मान दिया कि नेमी जी व अवस्थी जी लिख रहे हैं। मेरा बहुत मजाक लोगों ने उड़ाया था। तब नेमी, सुरेश, राकेश, राजेन्द्र यादव, कमलेश्वर, श्रीकान्त, रघुवीर की गोष्ठी हुआ करती थी दरियागंज में। राकेश तब थे (नाम नहीं रखा था), सुरेश संगीत नाटक अकादमी में नहीं थे। केन्द्रीय हिन्दी निदेशालय का दफ्तर वहीं था तो राकेश आते थे। राधाकृष्ण प्रकाशन का दफ्तर भी वहीं था। सुरेश दरियागंज में ही रहते थे। उस समय 'नई कहानी' वगैरह पर कुछ टिप्पणियाँ हो रही थीं। तो मैंने कहा कि देखिए, बहस के केन्द्र में कहानी नहीं रह गई है और अब नाट्य-क्षण आ गया है। तो कमलेश्वर, राजेन्द्र यादव आदि ने मेरा बहुत मजाक उड़ाया। यह तब का समय है जब 'अन्धायुग' हो चुका था और राकेश का 'आषाढ़ का एक दिन' का पराक्रम फैल चुका था। पदातिक ने उसका प्रदर्शन किया था। प्रतिभा अग्रवाल, श्यामानन्द जालान, चेतना आदि उसमें थे। बहुत अच्छी जगह हुआ था। सभागार तक नहीं बना था। हाँ, ग्रैंड होटल के पास एक घर है, वहाँ 'आषाढ़ का एक दिन' मैंने देखा। 'आषाढ़ का एक दिन' जब राकेश ने लिखा था, उन दिनों मैं सागर में था। यह 1961 की बात है। 1961 तक दो किताबें एक साथ आई थीं। पी.पी.एच. से निर्मल वर्मा की 'परिन्दे' व राकेश का नाटक 'आषाढ़ का एक दिन'। रामपाल से मुझे राकेश ने कॉपी भेजी थी। मैंने उसे पढ़ा तो मुझे बहुत अच्छा लगा था। मैंने राकेश से कहा कि तुम कहाँ कहानी-वहानी के चक्कर में पड़े हो! तुममें तो नाटक की प्रतिभा है। एक तरह से पर्सनल कशमकश कालिदास वाली उसकी बन गई थी। मैंने उससे कहा, और सब तो ठीक है, पर कालिदास से भैंसें चरवाई हैं,

यह ठीक नहीं किया है। अरे गाय चरवाते। अब पंजाब वाले गाय का महत्त्व तो समझते ही नहीं थे। मैंने कहा, और बस तो ठीक है, संस्कृत पढ़े तो क्या हुआ, रहे तो पंजाबी ही। तुम्हें भैंसे ही चारों ओर दिखाई दीं। मैंने राकेश को लिखा कि भाई, कालिदास भैंस नहीं चराएँगे, गाय चराएँगे। उसके बाद राकेश के अन्य नाटक में वह बात नजर नहीं आई। 'आषाढ़ का एक दिन' मैंने रंगमंडल का भी देखा है कमानी में। कालिदास को लेकर सुरेन्द्र वर्मा का नाटक 'आठवाँ सर्ग' भी बहुत अच्छा है।

दिल्ली में मैंने बहुत सारे स्टूडियो-थिएटर में नाटक देखे। गोविन्द देशपांडे का 'उध्वरत' धर्मशाला में देखा था और 'घासीराम कोतवाल' उस समय हुआ था, उसे भी देखा था। 'खामोश, अदालत जारी है' भी देखा था। कारंत जी ने किया था और इंग्लिश थिएटर भी मैं दिल्ली में देखता रहा हूँ। महेश एलकुंचवार का 'आत्मकथा' देखा था। भीष्म जी का देखा है 'कबिरा खड़ा बजार में' और 'माधवी' देखा, बहुत अच्छा था। 'मुआवजे' भी अच्छा चला था। नागबोडस का 'बाबा लोचनदास' देखा था। गोविन्द देशपांडे का 'रास्ते' देखा है, यहीं स्टूडियो थिएटर में। कारनाड का देखा है 'तुग़लक' और 'अम्ली' देखा। 'अग्नि और बरखा' और उनका 'वो' मैंने देखा नागमंडल बड़ोदा में, जिसे नवीन चौहान ने किया था। अच्छा था। देखा तो बहुत, पर इसे सूत्रबद्ध करने की कभी कोशिश नहीं की। अलग-अलग स्मृतियों में ये बने रहे पर उससे कोई बात बनती नहीं है। बात भी नहीं हुई, उस समय हिन्दी में दो आदमियों की इस पर। यूँ कहें कि इजारेदारी हो गई थी। सुरेश अवस्थी और नेमीचन्द्र जैन—समझा जाता था कि रंगमंच के मालिक यही लोग हैं। राकेश का मैंने 'आषाढ़ का एक दिन' भी देखा है। 'आधे-अधूरे' भी देखा है। यह 'लहरों का राजहंस' भी देखा है। फेस्टिवल के नाम पर जब वे करते थे तो नाम छूट जाते हैं। हेमा ने किया था, रघुवीर सहाय की बेटी ने किया था। कमानी में, तो कुछ ओपन एयर में देखा है। कुछ कमानी जैसे हॉल में देखा है। कुछ स्टूडियो थिएटर में देखा है। कुछ जे.एन.यू. के ओपेन में देखा है। कुछ श्रीराम सेंटर के हॉल में व बेसमेंट में देखा है। ओपेन में देखना, प्रेक्षागृह में देखना व स्टूडियो में देखना अलग है। देखे हुए की संख्या 1970-75 होगी। इन तीनों जगहों पर देखने का प्रभाव अलग-अलग है। पृथ्वीराज कपूर का रंगमंच देखा, तो जो अल्काजी करते थे कि सेट पर बहुत मेहनत करते थे। एक ही हफ्ते नुक्कड़ करते थे। 'टोबाटेक सिंह' वहीं देखा। अलग-अलग रंगशालाओं में देखा। संस्कृत में भी देखा है 'शाकुन्तल'। रतन थियाम का 'कर्णभारम' देखा है। कमाल का करते हैं। कारंत का यक्षगान शैली में 'बर्नमवन' देखा था, जो बड़ा अटपटा लगा था। 'मैकबेथ' देखा था—हरिवंश राय बच्चन वाला अनुवाद। एक और नाटक देखा त्रिवेणी में :

'चरणदास चोर'। अज्ञेय का 'गीत-नाट्य' भी त्रिवेणी में देखा था। 'अन्धायुग' देखा है अल्काजी का और भी कई देखे हैं। दुबे का नाटक मराठी में देखा है। देशपांडे का नाटक देखा है—महात्मा फुले पर जो किया था। विश्व पुस्तक मेले में मंजर थिएटर में किया था। नाम भूल रहा हूँ।

[सत्यदेव त्रिपाठी और अरुण पांडेय से जबलपुर में हुई चर्चा के आधार पर, 'वसुधा' के अंक 54 में 'नाट्य-चर्चा' शीर्षक से प्रकाशित आलेख]

मेरे हमदम मेरे दोस्त

उस पुराने दौर में अनेक सहमतियों-असहमतियों के बीच अनेक लोगों से मेरी दोस्तियाँ हुईं। इसमें मैं पहले विजयदेव नारायण साही का उल्लेख करूँगा। 'परिमल' के लोगों में वह मेरे सबसे घनिष्ठ मित्र थे। मेरा उनसे अन्त तक वैचारिक मतभेद रहा। लेकिन वह ऐसे व्यक्ति थे जिनसे हम संवाद कर सकते थे। हम एक-दूसरे को समझते थे। यहाँ तक कि मेरी इच्छा होती थी कि साही प्र.ले.सं. की गोष्ठियों में आएँ। इसी तरह बनारस की 'चेतना' संस्था की एक गोष्ठी में मुझे नहीं बुलाया गया था तो साही ने वहाँ कहा, नामवर के बिना गोष्ठी कैसे हो सकती है? साही से मेरा एक निजी मित्रता का भी सम्बन्ध था।

बनारस में साही कबीरचौरा पर रहते थे। उसी मुहल्ले में किशन महाराज भी रहते थे। उनकी शादी हुई तो दावत थी। मुहल्ले के नाते साही भी बुलाए गए थे। साही ने कहा कि हम सभी मित्र लोग चलते हैं। तो मैं भी गया। वह अद्‌भुत अनुभव था। सितारा देवी, अलकनन्दा रात भर नाचीं। कंठे महाराज आए थे। किशन ने तबला बजाया था। ऐसी मस्ती के बहुत-से प्रसंग हैं, जहाँ हम साही साथ-साथ रहे।

साही के ही मित्र थे सर्वेश्वर। बनारस में भी वह कुछ समय रहे और उनसे हमारी मित्रता बनारस की ही थी। लेकिन सर्वेश्वर साही से भिन्न थे। उनकी अज्ञेय-भक्ति पराकाष्ठा पर थी और इस मामले में वह इतने भावुक थे कि वह अज्ञेय को बीसवीं शती का महान आदमी मानते थे। फिर भी वह साही की ही तरह हमारे पुराने मित्र थे। उपन्यास, कहानी अच्छा लिखते थे, लेकिन 'परिमल' समाज ने उन्हें हमेशा हाशिये पर रखा। बाद में वह दिल्ली आए, मॉडल टाउन में रहने लगे। हमारी उनसे बोलचाल भी कई बार बन्द हुई, झगड़े हुए। लेकिन सर्वेश्वर बस्ती के रहनेवाले थे, अतः पुरबिया होने के नाते उनसे मेरा कुछ ज्यादा लगाव था जो भारती से या 'परिमल' के और लोगों से नहीं हो पाया।

अन्य मित्रों में केदार जी मुझसे बहुत छोटे थे। जब मैं यू.पी. कॉलेज में था तो वह भी वहाँ विद्यार्थी थे। तब वह लिखते नहीं थे। लेकिन स्कूल के दिनों में

ही कविताएँ लिखने लगे थे। बाद में वह काशी हिन्दू विश्वविद्यालय में पढ़ने आए। सन् '56-57 में मैंने उन्हें एम.ए. में पढ़ाया था। केदारनाथ जी के साथ एक बन्धुत्व स्थापित हो गया था। जब मैं जे.एन.यू. में अकेला था तो मैंने उन्हें वहाँ बुलाया। उनके लिए उतना नहीं बुलाया था जितना अपने लिए बुलाया था। इसलिए कि एक रचनाकार, उनके जैसा बन्धु, साथ देनेवाला रहेगा पास में। साहित्यकारों में वह मेरे स्थायी मित्रों में हैं।

शिवप्रसाद जी मेरे स्थायी शत्रु बन गए थे और बने रहे। एक कारण यह भी था कि उन दिनों मैं विद्यासागर नौटियाल की कहानियों का प्रशंसक था। यह चीज शिवप्रसाद जी के लिए बड़ी कष्टकर थी।

धूमिल से सम्बन्ध काशी के कारण बना, क्योंकि धूमिल और काशी की दाँत-काटी रोटी थी। इन लोगों की राजनीति भी एक जैसी थी। वह हमारी कम्यूनिस्ट पार्टी वाली राजनीति नहीं थी। उस दौर में मैंने धूमिल की प्रतिभा को पहचाना। वे मेरी बेकारी के दिन थे। अस्सी पर मिलते थे हम लोग। धूमिल गीत लिखा करते थे लेकिन गीतों की दुनिया से निकलकर धूमिल ने कविताएँ शुरू कीं। एक कविता चीनी सीमा-संघर्ष पर लिखी थी : 'अन्दर का भय चिल्लाता है—दिग्विजय, दिग्विजय'!

त्रिलोचन जी से अपनी मित्रता की बात पहले बता चुका हूँ।

इलाहाबाद में मेरे जो साहित्यिक मित्र बने, उनमें मार्कंडेय और अमरकान्त मुख्य रूप से हैं। परिचय तो दुष्यन्त और कमलेश्वर से भी था। शेखर जोशी से भी। लेकिन अधिक घरेलू सम्बन्ध मार्कंडेय से बने।

अमरकान्त और मार्कंडेय से सम्बन्ध बना दास बाबू—श्रीकृष्ण दास के कारण। श्रीकृष्ण दास इलाहाबाद की हस्ती थे। वह 'अमृत' पत्रिका में काम करते थे और उस अखबार में अमरकान्त को उन्होंने ही जगह दिलाई थी। बड़े लोकप्रिय और सामाजिक आदमी थे। उनके बहुत-से लोगों से सम्बन्ध थे। वह पुरुषोत्तमदास टंडन के सेक्रेटरी रह चुके थे। मेरा-उनका सम्बन्ध इस नाते पहले से था कि वह विद्यार्थी जी की बेटी—मेरी मुँहबोली बहन सरोज के पति थे। इस नाते मैं इलाहाबाद आता तो दास बाबू के यहाँ ही ठहरता था। मार्कंडेय चूँकि उन्हीं के साथ रह रहे थे इसलिए उनसे परिचय हुआ। शुरू में वह लोकगीत गाया करते थे; बहुत अच्छे, बहुत बढ़िया कंठ से।

इलाहाबाद में एक अद्भुत आदमी था जितेन्द्र। 'वे दिन, वे लोग' बहुत अच्छी किताब लिखी उसने, जिसमें इलाहाबाद के उस जमाने के संस्मरण थे। सबसे अधिक प्रतिभा थी उसमें।

एक ओमप्रकाश था जो झा हॉस्टल में रहता था। बड़ी अच्छी कहानियाँ लिखता था। ओमप्रकाश और जितेन्द्र में जो प्रतिभा थी, वह कमलेश्वर, दुष्यन्त,

मार्कंडेय में नहीं थी। इन लोगों में सबसे प्रतिभावान अमरकान्त थे। चुप रहते, सबको समझते और सब पर मन-ही-मन हँसते। उनसे अपनी मित्रता के रूप में और कुछ करने की क्षमता मुझमें नहीं थी, हाँ, सोवियत लैंड अवार्ड का जब मैं जनरल सेक्रेटरी बना तो यह अवार्ड मैंने अमरकान्त को दिलवाया। वही उसके योग्य थे।

बाद में केन्द्र दास बाबू से हटकर भैरवप्रसाद गुप्त हो गए थे। उनके यहाँ जमावड़ा रहता था। भैरव जी से हमारा सम्बन्ध शमशेर जी के कारण बना। क्योंकि दोनों ही 'माया' में काम करते थे। शमशेर जी और नरेश मेहता, स्टेनली रोड पर तायल साहब की कोठी थी, उस कोठी में ऊपर वाली मंजिल पर रहते थे। हम भी कभी-कभी वहाँ ठहरते थे। बिना स्त्री का घर था, तो वहीं गुंजाइश हो सकती थी। तो शमशेर जी के कारण भैरव जी से सम्बन्ध बना। यह सम्बन्ध आगे चलकर महत्त्वपूर्ण सिद्ध हुआ, क्योंकि बाद में जब वह 'कहानी' के सम्पादक बने तो मैंने उसमें कहानी पर स्तम्भ लिखा।

बनारस रहते हुए कई बार लखनऊ भी जाना होता था। लखनऊ में मित्रता का सम्बन्ध बना कुँवर नारायण से। उनकी कविताएँ तो पढ़ी ही थीं, उनके लेख भी पढ़ते थे। वह देवराज जी के साथ मिलकर 'युग-चेतना' निकालते थे। असल में देवराज जी ही हमारे सम्पर्क-सूत्र बने। कुँवर नारायण से अभिन्न, टिकाऊ और पारिवारिक सम्बन्ध बना।

रघुवीर सहाय से यूँ तो मुलाकात इलाहाबाद में ही हो गई थी लेकिन उनसे कायदे से मिला दिल्ली में। वह मिंटो रोड में रहते थे। कविताएँ उनकी पढ़ी थी 'प्रतीक' में। हम लोग दिन भर ऐसे ही घूमते रहते और इस तरह के कई मौके आए। तब उनकी शादी नहीं हुई थी। दिल्ली रहने के दौरान वह 'नवभारत टाइम्स' में गए। फिर 'दिनमान' के सम्पादक रहे और जब मैं जे.एन.यू. में था, तब संयोग से वह वहीं बिलकुल पास रामकृष्णपुरम् में रहते थे। उनके घर बहुत अच्छी मछली बनती थी, यद्यपि वह अपनी कंजूसी के लिए विख्यात थे। वैसे कंजूसी के लिए तो मैं भी कुछ कम कुख्यात नहीं हूँ।

विचित्र बात है कि रघुवीर सहाय वात्स्यायन जी के बहुत करीब थे। इसके बावजूद कुछ ऐसा था जो हमें और रघुवीर को जोड़ता था। क्या था, मैं उसकी व्याख्या नहीं कर सकता। हम दोनों ने बहुत-सी अन्तरंग बातें, गम्भीर बातें, राजनीति की बातें की हैं। जैसे साही मेरे अत्यन्त घनिष्ठ मित्र थे, वैसे ही रघुवीर सहाय।

ऐसे ही मित्रों में श्रीकान्त वर्मा का नाम लूँगा। श्रीकान्त वर्मा से मेरी मुलाकात मुक्तिबोध के जरिये हुई थी। जब वह बिलासपुर से 'नई दिशाएँ' निकालते थे, पत्राचार होता था। फिर दिल्ली आ गए। दिल्ली में वह 'भारतीय श्रमिक' में काम करते थे। विचित्र बात देखिए कि मैं कम्यूनिस्ट पार्टी से जुड़ा हुआ हूँ और वह

कांग्रेस के अखबार में काम करते थे। हालाँकि वह मार्क्सवादी विचारों के थे लेकिन उनका मार्क्सवाद दूसरी तरह का था।

कई बार सोचता हूँ कि साही या श्रीकान्त वर्मा से जुड़ने में और चीजों के साथ यह भी था कि हम सभी लोग गाँव या कस्बानुमा जगहों से आते थे।

विष्णु खरे को न मैं मित्र कहूँगा, न शत्रु-पथ के साथी। विशेष जुड़ाव नहीं हो सका उनसे। उनसे मुलाकात तब हुई जब वह दिल्ली आए थे। कई तरह की जरूरतों के तहत वह हमारे पास आए। जहाँ तक बन पड़ा, किया। वे प्रसंग अवान्तर हैं। प्रतिभा उनमें शुरू से थी। तब लोग उनकी कविता को कविता नहीं मानते थे मगर मैं उनको महत्त्वपूर्ण मानता था और अब भी मानता हूँ। मैंने उन्हें प्रकाशित भी किया था। कुछ समय के लिए 'आलोचना' में सम्पादन सहयोग के लिए भी मैंने उन्हें चुना था। देखना है, खरे कितने खरे उतरते हैं।

अशोक वाजपेयी को तो मैं सागर के दिनों से ही जानता हूँ। पढ़ाया शायद मैंने उनको नहीं। लेकिन वह साहित्यिक गोष्ठियों में आते थे। जब वह पढ़ने के लिए दिल्ली आए थे तो संयोग से उन्हीं दिनों मैं भी दिल्ली पहुँच गया था। हम दोनों को परस्पर जोड़ने वाली कई चीजें थीं। मसलन वह उन दिनों मुक्तिबोध-प्रेमी थे, आज की तरह अज्ञेय-प्रेमी नहीं। इसके अतिरिक्त नेमिचन्द्र जी से उनकी रिश्तेदारी हो गई थी। फिर भी कहना चाहूँगा कि विष्णु खरे की तरह वह न मेरे मित्र हैं, न शत्रु। उनसे इधर मेरे साहित्यिक मतभेद और गहरे हुए हैं। वैसे मेरे घरेलू सम्बन्ध आज भी हैं, और मैं ऐसे लोगों में हूँ जो सम्बन्ध बन जाने पर निभाते हैं, रास्ते भले अलग-अलग हों।

['तद्भव-2' में प्रकाशित]

पुरस्कारों के प्रसंग

हमारे मित्र राजेन्द्र यादव लिखकर कह चुके हैं और कई दूसरे लिखते नहीं, कहते हैं कि मैं प्रतिष्ठान का आदमी हूँ, सत्ता का आदमी हूँ। दरअसल हम लेखक लोग मध्यवर्ग के हैं और मध्यवर्ग में जो कोई ऊपर ठीक-ठाक जगह पर पहुँच जाता है तो लोग अचानक उसको सत्ता और प्रतिष्ठान के प्रतीक के रूप में देखने लगते हैं। वस्तुत: हम लोग विशाल तंत्र के पुर्जे हैं। कोई छोटा है तो कोई बड़ा है। यदि मैं विश्वविद्यालय का प्रोफेसर हो गया या अध्यक्ष हो गया, संयोग से साहित्य अकादेमी की कौंसिल का मेम्बर बन गया, सोवियत लैंड नेहरू अवार्ड कमेटी का जनरल सेक्रेटरी हो गया, तो कौन-सी सत्ता मिल गई? मैं अपने जीवन में जो पाँच साल बेकार रहा, सड़क पर घूमता रहा, तो क्या हमेशा उसी तरह का जीवन जीने की मुझसे अपेक्षा है? मैं जीवन भर उसी तरह बना रहता तो इन लोगों को खुशी होती, बड़े सुखी रहते यह देखकर कि चलो, भूखों मर रहा है, बेकार चल रहा है।

इसी तरह से मैं कहना चाहूँगा कि अशोक वाजपेयी को आई.ए.एस. के रूप में देखकर या किसी विश्वविद्यालय के वी.सी. के रूप में देखकर किसी को तकलीफ होती है तो मैं इसको नितान्त मध्यवर्गीय जलन का रूप मानता हूँ। आखिर हमीं लोगों में से कोई-न-कोई आदमी कभी ऊपर जाएगा। सवाल यह होना चाहिए कि वहाँ पहुँचकर वह करता क्या है? और यहीं पर मैं स्पष्ट करना चाहूँगा कि विभिन्न कमेटियों में रहकर हमने अपना क्या साधा? दिल्ली में मुझसे बाद आनेवाले, मुझसे कम पैसे वालों के पास कार है, बँगला है, बेहतर ढंग की जिन्दगी जी रहे हैं। हम तो जैसे बनारस में रहते थे, वैसे ही रह रहे हैं। सिर छुपाने के लिए तीन बेडरूम का एक फ्लैट जरूर हो गया है लेकिन मेरे पास कार आज भी नहीं है। कोई जलन नहीं होती कि मेरे पास कार नहीं है, दूसरों के पास है।

मैंने किसी के हाथ के नीचे तो अपना हाथ नहीं रखा। रखा है तो किसी के हाथ पर हाथ रखा है। और रखा है तो उसके बदले में कुछ लिया नहीं है।

दुर्भाग्य से या सौभाग्य से आज अनेक पुरस्कार हो गए हैं। उनका निर्णय लेने के लिए कमेटियाँ बनती हैं। उन कमेटियों में कुछ लोग रहते ही हैं। मुझे भी कहीं-कहीं रख देते हैं लोग। उन कमेटियों में मैं भी एक सदस्य होता हूँ, और भी लोग रहते हैं। मैं कोई अकेला निर्णायक तो नहीं रहता हूँ। जैसे मैं भारतीय ज्ञानपीठ की पुरस्कार समिति में हूँ। चार साल से कोशिश कर रहा हूँ कि यह पुरस्कार पंजाबी के गुरदयाल सिंह को मिलना चाहिए, लेकिन नहीं मिल रहा है। मैं शुरू से कोशिश करता रहा कि उर्दू शायर अख्तरुल ईमान को मिले यह पुरस्कार, मगर नहीं मिला। बाद में अली सरदार जाफरी को मिल गया। हालाँकि वह भी योग्य हैं लेकिन मेरी कोशिश अख्तर साहब के लिए थी। हाँ, महाश्वेता देवी के मामले में मैं जरूर कामयाब हुआ। लोग बार-बार किसी और बंगला कथाकार का नाम लेते रहे। कामयाबी हर समय नहीं मिलती। कहने का अर्थ कि पूरी तरह चीजें किसी एक के हाथ में नहीं रहती हैं, फिर भी लोग यदि मुझे श्रेय देते हैं तो इसे मैं मुफ्त का यश मानूँगा।

निर्णायक भूमिका मेरी रही है सोवियत लैंड नेहरू अवार्ड में। उस दौर की सूची देखने पर पता चलेगा कि जिन लोगों को मैंने पुरस्कार दिलाया है, वह उचित था या नहीं।

दूसरी जगह है साहित्य अकादेमी, जहाँ 1972 से '77 तक तो मैं एक्जीक्यूटिव बोर्ड का सदस्य था। और उस जमाने में इक्जीक्यूटिव बोर्ड का सदस्य जूरी का मेम्बर हुआ करता था। आज मैं स्वीकार करता हूँ कि मेरे पास एक सूची थी। सूची यह थी कि कुछ ऐसे लोग हैं जिन्हें पुरस्कार मिलना चाहिए था लेकिन नहीं मिला था। उन्हें दिलाकर भूल-सुधार किया जाए। तो मैंने सूची बना रखी थी और मुझे खुशी है कि मुझे नब्बे फीसदी कामयाबी मिली। उस सूची में यशपाल का नाम सबसे ऊपर था जिन्हें 'झूठा सच' पर पुरस्कार नहीं मिला था। उनकी जगह अज्ञेय को या दिनकर को दिलवाया गया था। मेरी अपनी सूची में शमशेर, त्रिलोचन, हजारीप्रसाद द्विवेदी, धूमिल, केदारनाथ अग्रवाल, कृष्णा सोबती, रघुवीर सहाय का नाम था। और भी नाम थे। मेरी इच्छा थी कि राही मासूम रज़ा को पुरस्कार मिले लेकिन ऐसा न हो सका।

मध्य प्रदेश के संस्कृति विभाग से भी कुछ पुरस्कार दिये जाते हैं। उसके भी कुछ पुरस्कारों से मैं जुड़ा रहा हूँ। जैसे 'कबीर सम्मान'। यह अशोक जी के जमाने की बात नहीं है। उनके जमाने में मैं शायद एक बार 'शिखर सम्मान' की निर्णायक समिति में था। तब शानी को वह सम्मान मिला था। वह कहानी फिर कभी। तब सूची बिलकुल दूसरी थी। बाद में जिन लोगों को पुरस्कार मिले, उनमें मेरा कुछ हाथ था। इसी तरह उ.प्र. हिन्दी संस्थान में जब 'सुमन' जी अध्यक्ष थे और बाद में जब भक्तदर्शन जी अध्यक्ष थे, तब मैं कार्यकारिणी का सदस्य

था। उस अवधि में जो पुरस्कार दिये गए, उनमें मेरा हाथ जरूर था। उस दौर में पुरस्कार पाने वालों की सूची देखने पर पता चलेगा कि मैं निर्णय में व्यक्तिगत दुश्मनी, विरोध जैसी चीजों को नहीं देखता।

मैं पुरस्कारों के मामले में प्रूफरीडर हूँ जो भूल-सुधार का काम करता है। जो लोकमत है, साधुमत है, मैंने उसी के अनुसार काम करने की कोशिश की है। इसके बाद भी यदि मुझे अपयश मिलता है तो अपयश भी शिरोधार्य।

['तद्भव-2' में प्रकाशित]

मैं अपने पिता की तरह अकेला हो गया हूँ

[प्रियंवद, देवेन्द्र, हरिनारायण की बातचीत]

देवेन्द्र : सन् 1970 से पहले तक आपका ज्यादातर रचनात्मक लेखन सामने आ चुका था। उसी दौरान छायावाद पर पुस्तक, उससे पहले 'बकलम खुद' में निबन्ध और लेख लिखे थे और 'कहानी नई कहानी', 'आधुनिक साहित्य की प्रवृत्तियाँ' और 'कविता के नये प्रतिमान' लिखा। वह काल ऐसा था जब आप इस्टैब्लिश्ड नहीं हुए थे, बेरोजगारी का समय था। जब आप इस्टैब्लिश्ड हुए, एक स्थायी नौकरी की, तब से आपका लेखन घटा है। इंटरव्यू में बातें आई हैं या व्याख्यानों में बातें आई हैं, लिखित कम हुआ। इस स्थिति के कौन-से कारण हैं?

नामवर सिंह : ऊपर से देखने पर तो यह बात ठीक ही है। पंत जी की एक कविता 'पल्लव' में है : 'अपने मधु में लिपटा भ्रमर न कर सकता गुंजन'। अर्थ यह है कि भँवरे का मुँह अगर मधु से भरा हो तो वह गुँजार नहीं कर सकता। ऊपर से देखने पर वह बात बिलकुल ठीक है। 1970 में मैं जोधपुर विश्वविद्यालय में हिन्दी विभाग का प्रोफेसर अध्यक्ष होकर गया। उसके बाद मुकम्मल एक लिखी हुई पुस्तक 'दूसरी परम्परा की खोज' है, जो 1982 में लिखी। उस दौर में, यह वह काल है जब मैंने 'आलोचना' का सम्पादन किया और 'आलोचना' में ही लिखता था जिसके कुछ लेखों का संकलन 'वाद विवाद संवाद' है। लेकिन उससे ज्यादा है, जो पुस्तकाकार संकलित नहीं हुआ है। यदि होता तो उससे कम-से-कम दो किताबें बनतीं। 'आलोचना' के सम्पादन में मेरा समय गया। 'आलोचना' के प्रत्येक अंक में मैं कुछ-न-कुछ लिखता था। एक और दूसरा काम था, जो साहित्य के लिए महत्त्वपूर्ण नहीं है, वह यह कि हिन्दी विभाग का अध्यक्ष होने के नाते हिन्दी साहित्य की शिक्षा में, अध्यापन, अध्ययन, पाठ्यक्रमों में बदलाव—इन तीनों क्षेत्रों में मैंने काम किया। एक तो जोधपुर विश्वविद्यालय में पढ़ाने के लिए मैंने पुस्तकें तैयार कीं। विश्वविद्यालय ने ही उन्हें प्रकाशित भी किया—बी.ए. से लेकर एम.ए. तक। पाठ्यक्रम तैयार करना, पाठ्य-सामग्री तैयार करना, यह

बड़ा काम था। और दूसरी चुनौती थी कि जवाहरलाल नेहरू विश्वविद्यालय में बिलकुल नया विभाग खुला था, तो वहाँ के लिए सामग्री तैयार करना, पाठ्यक्रम बनाना आदि...। और तीसरा यही वह दौर था जब एन.सी.ई.आर.टी. में मिस्टर नूरुल हसन मंत्री थे और रईस अहमद उसके निदेशक थे, तो मैं स्कूल एजुकेशन के लिए पुस्तकें तैयार करता, सम्पादित करता और करीब बीस साल यह दौर चला तो शक्ति तो जितनी है, उतनी है। इसलिए पहले मैं साहित्य का होल टाइमर था, पर शिक्षा संस्था में जुड़ने के बाद...क्योंकि काशी हिन्दू विश्वविद्यालय में मैं लेक्चरर था तो ज्यादा बदल तो नहीं सकता था पर बदलने में मैं योग दे सकता था, जो थोड़ा-बहुत अपने गुरुवर आचार्य हजारीप्रसाद द्विवेदी जी को देता था। इसलिए जिसको यह कहें कि साधन-सुविधा मिल जाने के कारण आलस्य या बौद्धिक शिथिलता आ गई हो, ऐसा नहीं था। सक्रियता तो थी, लेकिन सारी शक्ति हिन्दी साहित्य की शिक्षा और शिक्षण के सिलसिले में गई।

प्रियंवद : इसका मतलब यह हुआ कि लगभग पिछले बीस वर्षों से साहित्य से आपका सीधे-सीधे कोई सरोकार नहीं है? या यूँ कहें कि साहित्य से अब आपका सरोकार ही समाप्त हो गया?

नामवर सिंह : ऐसा तो नहीं था। साहित्य से सरोकार का तो उदाहरण यह है कि 'आलोचना' के जो अंक मैं उस दौर में निकालता रहा, अकेले ही निकालता था। कोई सहायक नहीं था तब। फिर सहायक लिये। सात या आठ कम सौ अंक निकले होंगे। 65 साल की उम्र जब तक पूरी की, तब तक तो अंक निकालता ही रहा। मैं केवल आत्मविश्लेषण कर रहा हूँ कि आर्थिक सुविधाएँ रहते हुए साहित्य से मेरा सम्बन्ध टूटा या नहीं। लगातार साहित्यकारों पर, नये आन्दोलनों, नई प्रवृत्तियों पर लिखता रहा, पढ़ता रहा। मैंने पुस्तकों की समीक्षाएँ इसी दौर में लिखीं। अब मैं यही कह सकता हूँ कि समय की कमी तो जरूर थी, पर वह एकाग्रता और बाकी चीजें भी उस रूप में नहीं थीं।

प्रियंवद : पिछले बीस वर्षों या पन्द्रह वर्षों से साहित्य से आप किस तरह से जुड़े हैं? इस बीच में दो पीढ़ियाँ गुजर गईं। क्या आपका जुड़ाव उन पीढ़ियों से, उनके साहित्य, उनकी रचनाओं से किसी भी रूप में है? क्या आप पिछले पन्द्रह वर्षों के महत्त्वपूर्ण लेखकों की पुस्तकों को जानते हैं? उन लेखकों के नाम जानते हैं?

नामवर सिंह : एक ही बात कह सकता हूँ कि जितनी पत्रिकाएँ निकलती हैं, वे पत्रिकाएँ नियमित रूप से मिलती रहती हैं मुझे। 'हंस', 'कथादेश', 'वागर्थ' और फिर आपकी पत्रिका 'अकार'—जब से ये निकली हैं, कोई भी आदमी चाहे तो परीक्षा ले सकता है कि मैंने पढ़ी हैं या नहीं अधिकांश, जितने कि कविता संग्रह,

कहानी संग्रह और उपन्यास...। इसका एक उदाहरण मैं दे सकता हूँ कि इस बीच में नियमित रूप से, लगभग साढ़े तीन वर्ष तक, 'सुबह-सवेरे' कार्यक्रम जो होता था, उसमें नई से नई किताब पर, किसी पत्रिका में कुछ छपे, उसके पहले उस पर हमारे वक्तव्य पहुँच जाते थे। उनको सुनकर क्या किसी को लगा कि मैंने बिना किताब पढ़े उस पर कह दिया है? नई से नई किताब की चर्चा की—वह चाहे कविता संग्रह हो, कहानी संग्रह हो, उपन्यास हो...।

प्रियंवद : यह कब तक चला?
नामवर सिंह : साढ़े तीन साल तक।

प्रियंवद : मतलब, इस दौरान आपने कम-से-कम दो सौ किताबें पढ़ी होंगी? इसमें प्रकाशक का कोई हस्तक्षेप था...?
नामवर सिंह : किसी का हस्तक्षेप नहीं था। किताबें मैं चुनता था, चयन मेरा होता था कि किस पर बात करूँगा और मुकेश जी को उसकी कॉपी दे दिया करता था। अधिकांश पुस्तकों, उपन्यासों, कहानी संग्रहों, कविता संग्रहों की पहली समीक्षा मैं ही करता था। मसलन, 'कितने पाकिस्तान' पर पहली समीक्षा मैंने की थी और वह बहुत ध्वंसात्मक थी। आज उसे चाहे जितने पुरस्कार मिल जाएँ, मैं उसे उपन्यास नहीं मानता। इतिहास पर लम्बे बयान देना और जो तरीका इस्तेमाल किया गया है, उस पर मैंने टिप्पणी की थी।

प्रियंवद : साहित्य अकादेमी पुरस्कार मिला है उसको... ।
नामवर सिंह : मैं कहता हूँ, ज्ञानपीठ मिल जाए लेकिन मेरी धारणा...उस उपन्यास को आद्योपान्त पढ़ा मैंने, क्योंकि बहुत दिनों बाद उनका उपन्यास आया था और मैंने ध्यान से पढ़ा।

प्रियंवद : यह कब की बात है?
नामवर सिंह : छपते ही। इसी तरह गिरिराज किशोर का इतना बड़ा उपन्यास आया। लगभग हजार पृष्ठों का।

प्रियंवद : 'पहला गिरमिटिया'?
नामवर सिंह : मैंने उसको कवर किया था। यद्यपि राजेन्द्र यादव उसके बारे में बहुत क्रिटिकल थे। मैं उतना क्रिटिकल नहीं था। क्योंकि 'सुबह-सवेरे' परिचयात्मक होता है तो बाद में कुछ चीजों को लेकर उसके बारे में दूसरी टिप्पणियाँ भी कीं। जवाहरलाल नेहरू विश्वविद्यालय की एक गोष्ठी में आए

थे गिरिराज जी। उनके सामने मैंने कहा था, उसकी सीमाएँ बताई थीं। पता नहीं, उन्होंने बताया या नहीं...शायद अच्छा न लगा हो। कुछ तो भाषा के बारे में कहा मैंने—इसमें जो उर्दू की छौंक जगह-जगह देते हैं, वह खटकता है। संस्कृत के साथ उर्दू की भाषा गड़बड़ लगी आपकी। और दूसरी टिप्पणी मैंने की थी कि 'हिन्द स्वराज्य' जैसी पुस्तक, जिसके बारे में गांधी जी स्वयं लिख चुके हैं कि किस तरह लौटते हुए पानी के जहाज पर कभी बाएँ हाथ से, कभी दाएँ हाथ से उसे लिखा तो वह क्या पृष्ठभूमि थी जिससे इतना उत्तेजित हो करके उन्होंने लिखा? सावरकर वगैरह से लन्दन से मिलकर आए थे। मैंने कहा, उस पर आपने एक पेज भी नहीं लिखा। वह ऐसी महत्त्वपूर्ण स्थिति थी कि आपको उस पर पूरा एक अध्याय लिखना चाहिए था कि 'हिन्द स्वराज्य' कैसे लिखा गया था।

प्रियंवद : क्या जवाब दिया गिरिराज जी ने?
नामवर सिंह : टाल गए...क्या जवाब देते! मैंने कहा, आप खाली वही चीजें लिखते तो कम-से-कम एक पूरा अध्याय होता 'हिन्द स्वराज्य' पर।

प्रियंवद : कामतानाथ जी के उपन्यास 'कालकथा' पर आप बोले थे?
नामवर सिंह : उस पर भी पहली समीक्षा मैंने ही की थी, बल्कि मतभेद भी था राजेन्द्र यादव से। उसके लोकार्पण पर एक गोष्ठी हुई थी। उसकी दोनों जिल्द पढ़कर, जो अंश मुझे अच्छे लगे थे, वे अंश मैंने बतलाए थे। दो कृतियों के बारे में मेरे मन में दुविधा जैसे विचार थे। अब आपने पूछ ही लिया है—अमरकान्त का उपन्यास 'इन्हीं हथियारों से' और कामतानाथ का 'कालकथा।' दोनों आदमियों ने लगभग एक लम्बे इतिहास की पृष्ठभूमि पर उपन्यास लिखे हैं। यह बहुत जोखिम भरा काम है। उसमें न इतिहास बन पाता है, न उपन्यास। अगर इतिहास पर कोई लिखे तो सबक ले टॉल्स्टॉय के 'वॉर एंड पीस' से। 'वॉर एंड पीस' एक उपन्यास तो है, लेकिन उसमें मुख्य एक परिवार की कहानी है। व्यक्ति हैं, प्रेम है और इतिहास-दर्शन जो दिया है टॉल्स्टॉय ने, उसे लोगों ने कूड़ेदान में डाल दिया है। जो चीजें 'वॉर एंड पीस' में महत्त्वपूर्ण हैं, वे दूसरे प्रसंग हैं—इतिहास नहीं। इसलिए इतिहास केवल पृष्ठभूमि के रूप में रहा। इतिहास के अन्तर्गत जो मनुष्य की नियति है, परिवार है, प्रेम है, मित्रता है—उन चीजों के जरिये उपन्यास बनता है। दोनों आदमियों ने यह काम नहीं किया।

प्रियंवद : लेकिन दोनों आदमी—अमरकान्त जी और कामतानाथ जी—भी कम्यूनिस्ट पार्टी से जुड़े रहे। यह बात कही जाती है कि 'कालकथा' को जान-

बूझकर इग्नोर किया गया, हालाँकि कामतानाथ जी तो कार्डहोल्डर हैं, लेकिन किसी ने इस उपन्यास पर बात नहीं की। इस उपन्यास को बिलकुल साइड लाइन किया गया।...आपने बात की हो, लेकिन और पत्रिकाओं ने नहीं की। वामपंथी विचारधारा की किसी पत्रिका ने या सम्पादक ने बात नहीं की...।

नामवर सिंह : 'कालकथा' की समीक्षा मैंने इसलिए नहीं की थी कि वे कम्यूनिस्ट पार्टी के मेम्बर हैं। उस पर मैंने दो बार चर्चा की और जिससे राजेन्द्र यादव जी का मतभेद था बराबर। बल्कि एक गोष्ठी में...त्रिवेणी या कहीं हुई थी, उसमें राजेन्द्र यादव जी की राय बिलकुल भिन्न थी। उसके बावजूद मैं अड़ा रहा कि उसमें कुछ ऐसे प्रसंग हैं, जो सचमुच बहुत महत्त्वपूर्ण और मार्मिक हैं।

प्रियंवद : क्या ऐसा होता है कि पार्टी लाइन से तय किया जाता है कि किस किताब को उठाना है या गिराना है? किस पर बात करनी है, किस पर नहीं...? आपके जो अनुभव हैं या आपकी जो जानकारी है, क्या कुछ किताबें ऐसी रही हैं जिन पर आपको लगा हो कि ऐसा हुआ है?

नामवर सिंह : कभी रहा होगा! मैं नहीं जानता उस चीज को।

प्रियंवद : आप शुरू से ही जुड़े रहे हैं। क्या ऐसा नहीं होता रहा...?

नामवर सिंह : शुरू से तो नहीं, प्रगतिशील लेखक संघ की काशी शाखा से मैं 1941-42 के आसपास जुड़ा और कम्यूनिस्ट पार्टी की विधिवत् सदस्यता ली 1959 में। इससे पहले मैं पार्टी का हमदर्द भर था। मेरी जानकारी में कभी न तो पार्टी में और न ही प्रलेस में इस तरह का कोई फैसला लिया गया कि किस किताब को उठाया जाए और किस किताब को गिराया जाए। अगर ऐसा होता तो यशपाल, राहुल सांकृत्यायन, रांगेय राघव जैसे प्रगतिशील लेखकों की रचनाओं के विरोध और समर्थन में साथ-साथ आलोचनाएँ न लिखी जातीं, जबकि ये आलोचक भी प्रगतिशील लेखक संघ और कम्यूनिस्ट पार्टी से सम्बद्ध थे। आखिर रामविलास शर्मा, शिवदानसिंह चौहान, प्रकाशचंद्र गुप्त और अमृतराय एक ही संगठन में थे, फिर भी साहित्यिक कृतियों के बारे में उनके विचार एक-से न थे। अगर उस दौर के 'हंस' की फाइलें देखें तो इस बात के सबूत मिल जाएँगे। जहाँ तक पार्टी और प्रलेस के सम्बन्ध का सवाल है, इसका वर्णन डॉ. रामविलास शर्मा ने बड़े विस्तार से एक लेख में कर दिया है। लेख का शीर्षक है : 'कम्यूनिस्ट पार्टी और प्रगतिशील लेखक संघ'। यह लेख उनकी पुस्तक 'मार्क्सवाद और प्रगतिशील साहित्य' (1984) के अन्दर संकलित है। दोनों संगठनों के आपसी सम्बन्ध को समझने के लिए फिलहाल एक घटना का उल्लेख काफी है।

मार्च, 1953 के प्रथम सप्ताह में दिल्ली में अखिल भारतीय प्रगतिशील लेखक सम्मेलन का आयोजन हुआ था। संयोग से उसमें भाग लेने मैं भी बनारस से गया था। उस समय प्रलेस के महासचिव डॉ. रामविलास शर्मा थे। मैं शिवदानसिंह चौहान के साथ ठहरा था। उन्हीं से मालूम हुआ कि सम्मेलन से पहले पार्टी लेखकों की एक बैठक हुई जिसमें पोलित ब्यूरो की ओर से नम्बूदरीपाद सम्मिलित हुए थे। बैठक में नम्बूदरीपाद ने अजय घोष का एक पत्र पढ़कर सुनाया जिसमें यह कहा गया था कि 'प्रगतिशील लेखक संघ से लाभ की अपेक्षा हानि अधिक हुई है; इसलिए उसे चलाते रहने का फैसला करने से पहले साथियों को कई बार सोचना चाहिए।' पार्टी लेखकों ने पार्टी-महासचिव के पत्र पर विचार किया और तय किया कि प्रगतिशील लेखक संघ भंग नहीं किया जाएगा। सम्मेलन ने अन्त में नये महासचिव के रूप में कृश्न चन्दर को चुना और एक नई कार्यकारिणी भी गठित की। यह और बात है कि कृश्न चन्दर के नेतृत्व में प्रलेस का कोई अखिल भारतीय अधिवेशन नहीं हुआ। उल्लेखनीय है कि इस सम्मेलन से एक दिन पहले स्टालिन का निधन हुआ था और इसे विडम्बना ही कहना चाहिए कि स्टालिन के निधन के साथ ही एक तरह से प्रगतिशील लेखक संघ का भी अन्त हो गया। मैंने जो बात शिवदानसिंह चौहान से सुनी थी, उसे बाद में डॉ. रामविलास शर्मा ने लिपिबद्ध करके प्रकाशित कर दिया और आप चाहें तो उसका पूरा ब्यौरा 'मार्क्सवाद और प्रगतिशील साहित्य' नामक पुस्तक में पढ़ सकते हैं।

इससे एक बात तो स्पष्ट हो ही जाती है कि पार्टी प्रगतिशील लेखक संघ की गतिविधियों का निर्देशन करती थी लेकिन इसके साथ ही यह स्पष्ट है कि पार्टी लेखक, लेखक संगठन के बारे में, पार्टी की बात मानने के लिए बाध्य नहीं थे और आवश्यकता पड़ने पर वे अपना स्वतंत्र निर्णय ले सकते थे। इस सन्दर्भ में इस तथ्य की ओर भी ध्यान दिलाना जरूरी है कि प्रगतिशील लेखक संघ में बहुत-से लेखक ऐसे भी शामिल थे, जो पार्टी के सदस्य नहीं थे और उनके राजनीतिक विचार भी कम्यूनिस्ट पार्टी से अलग थे। इसके अलावा स्वयं प्रगतिशील साहित्य के अन्दर भी एक से अधिक अन्तर्धाराएँ थीं जिनके बीच गहरा आत्मसंघर्ष था। इस संघर्ष का एक पहलू यह था कि कलावादी लोग, यहाँ और इलाहाबाद में अज्ञेय का, 'परिमल' का, उनके बीच संघर्ष हो रहा था। इस आत्मसंघर्ष की अभिव्यक्ति साहित्य-सृजन के साथ-साथ रचनाओं की समीक्षा और मूल्यांकन में भी होती रही है। गरज यहाँ 'सोवियत रूस' के साहित्य की तरह पार्टी का किसी प्रकार का 'रेजिमेंटेशन' नहीं था। हस्तक्षेप तो खैर कभी नहीं किया। पार्टी को दिलचस्पी ही नहीं थी कि साहित्य की क्या लाइन है। वह अपनी राजनीतिक लाइन तय करे, यही बहुत है। 1962-64 के आसपास पार्टी के दो टुकड़े हो गए। आगे चलकर तीसरा टुकड़ा हुआ एम.एल. का। तो उस दौर में सी.पी.एम. के बारे में मैं कुछ नहीं कह सकता। वहाँ चौकसी

शायद ज्यादा रही हो। अपना संगठन भी बना लिया बाद में—जनवादी लेखक संघ। और एम.एल. के बारे में कुछ हो, यह मैं नहीं जानता...।

प्रियंवद : जानते तो होंगे आप?
हरिनारायण : 76 के बाद संगठन बनाया...।
देवेन्द्र : 80 की बात है...।
नामवर सिंह : बनाया बाद में। उनके लेखक थे। उन लोगों की पत्रिकाएँ निकलती थीं।

देवेन्द्र : '71 में बांदा में जो सम्मेलन हुआ था, उसमें ये सब लोग पहुँचे थे।
नामवर सिंह : पहुँचे तो थे, लेकिन ध्येय स्पष्ट नहीं था। यह तीन पार्टियों की राजनीतिक विचारधारा की राजनीति थी। उस राजनीति के कारण उनमें विवाद होता था।

प्रियंवद : तीनों में आपस में क्या विवाद था? क्या तीनों का मार्क्सवाद अलग-अलग था?
नामवर सिंह : आपस में विवाद होता था। संवाद नहीं, विवाद होता था। इस विवाद के मुद्दों पर मैं 'आलोचना' में एक सम्पादकीय लिख चुका हूँ। वह सम्भवतः 'वाद विवाद संवाद' में संकलित है। अब उन बातों को दुहराने की जरूरत नहीं है। इसलिए मैंने कहा, उन दोनों संगठनों में और लेखक संगठनों में क्या राय बनती होगी, कितना पार्टी से साहित्यकारों का सम्बन्ध था, कितना हस्तक्षेप करते थे, इस बारे में कोई प्रामाणिक जानकारी नहीं दे सकता, लेकिन सी.पी.आई. का मेम्बर मैं था। इमरजेंसी के जमाने से ही मेम्बरशिप छोड़ दी थी पार्टी की। सम्पर्क उन लोगों से जरूर था, लेकिन कोई लाइन देने की उन लोगों ने कोशिश नहीं की। बल्कि इमरजेंसी वाले दौर में भी कई मुद्दे ऐसे आए हैं कम्यूनिस्ट पार्टी में...चेकोस्लोवाकिया का सवाल था। एक अच्छा-खासा गुट पार्टी के भीतर ही चेकोस्लोवाकिया में घुसपैठ के विरुद्ध था।

प्रियंवद : जैसे निर्मल वर्मा...?
नामवर सिंह : निर्मल वर्मा तो उस समय चेकोस्लोवाकिया में थे। उसके बाद से भी अभी तक प्रगतिशील लेखक संघ है, लेकिन कम्यूनिस्ट पार्टी की ओर से कोई लाइन नहीं दी जाती, कुछ कहा नहीं जाता। यहाँ तक कि कोई आर्थिक मदद भी नहीं करते...तो राजनीतिक स्टैंड देने में क्या जाता है?

प्रियंवद : आज प्रगतिशील लेखक संघ की क्या सक्रिय गतिविधियाँ हैं? इस वक्त आप अध्यक्ष हैं।
नामवर सिंह : प्रगतिशील लेखक संघ साहित्य के बारे में अपनी समझ बनाता है। सक्रिय है।

प्रियंवद : किस रूप में सक्रिय है?
नामवर सिंह : संगठन में...पूरा मध्य प्रदेश जो है, उसमें जगह-जगह, अलग-अलग कस्बों में इसकी इकाइयाँ हैं; बल्कि एकमात्र संगठन। सच पूछिए तो बड़े संगठन के नाम पर प्रगतिशील लेखक संघ है। जनवादी लेखक संघ और जनसंस्कृति मंच हैं, इसमें सदस्य संख्या, सक्रिय इकाइयों और गतिविधियों को देखते हुए सबसे बड़ा, इसलिए नहीं कि मैं उससे जुड़ा हुआ हूँ, प्रगतिशील लेखक संघ है, क्योंकि सबसे ज्यादा लेखक उसी में हैं। लिखने वाले, कहानी, कविता, उपन्यास, आलोचना...पत्रिकाएँ उसके पास हैं। नियमित निकलती हैं... जनवादी लेखक संघ के बारे में तो एक बार मैंने लोगों से कहा था कि मार्क्सवाद की एक अवधारणा है...अंग्रेजी में जिसको बेस और सुपर स्ट्रक्चर कहते हैं... आधार आर्थिक और संस्कृति तो ऊपरी ढाँचा है...आर्थिक आधार पर ऊपरी ढाँचा निर्भर रहता है। हमने कहा कि मार्क्सवाद की इस मान्यता के विरुद्ध है जनवादी लेखक संघ। उनकी बुनियाद तो बंगाल है...बंगाल में उनकी सरकार है। आधार आपका बंगाल में है। बंगाल में आपके साहित्य का कोई संगठन नहीं है, और हिन्दी प्रदेश में, जहाँ आपका कोई आधार नहीं है, वहाँ आपका जनवादी लेखक संघ है। तो हमने कहा, आधार और संरचना में कोई सम्बन्ध नहीं है, उसका प्रमाण जनवादी लेखक संघ है।

देवेन्द्र : आप सी.पी.आई. कार्ड होल्डर थे। इमरजेंसी में पार्टी को क्यों छोड़ा था आपने?
नामवर सिंह : छोड़ा था नहीं, बल्कि यूँ कहें, उसका पुनःनवीनीकरण नहीं कराया।

देवेन्द्र : क्या सी.पी.आई. ने इमरजेंसी का समर्थन किया था, इसलिए आपने ऐसा किया था?
नामवर सिंह : इसके दो प्रमाण हैं। उसके गवाह अगर जिन्दा होते तो बताते आपको।...इमरजेंसी लगने के महीने भर बाद ही ग़ालिब एकाडेमी, निज़ामुद्दीन के सभागार में प्रलेस की एक सभा हुई। चौहान जी (शिवदानसिंह) भी आए थे, भीष्म जी भी थे, रज़िया आपा आई थीं...मंच पर मैं भी बैठा हुआ था। वहाँ एक प्रस्ताव पास करना था। चौहान जी कांग्रेस के साथ थे, भीष्म जी

भी। जैसी लाइन थी, उसको देखते हुए हमें प्रस्ताव पास करना था कि हमें इमरजेंसी का स्वागत करना चाहिए। उसमें मैंने कहा था कि हम लोग इमरजेंसी का स्वागत कर रहे हैं, उसको समर्थन दे रहे हैं पर यह करते हुए हम भूल जाते हैं कि केरल में जब पहली कम्यूनिस्ट सरकार बनी थी तो इन्दिरा गांधी ने वह सरकार गिराई थी।

देवेन्द्र : नेहरू ने...।
नामवर सिंह : इन्दिरा कांग्रेस की प्रेसीडेंट थीं...।

प्रियंवद : नेहरू के समय में होगा?
नामवर सिंह : नेहरू के समय में ही हुआ...1958 में पहली कम्यूनिस्ट सरकार इसी कांग्रेस ने गिराई...और उस समय इन्दिरा गांधी कांग्रेस की सभानेत्री थीं। लोगों ने नेहरू को उकसाकर इस सरकार को गिराने के लिए काम किया था। तो हमने कहा कि कम्यूनिस्टों की सरकार गिराई थी उन्होंने, इसलिए आप इतनी जल्दी यह मत भूल जाएँ कि आपके साथ उन लोगों ने क्या सुलूक किया था। आज आप उनका समर्थन कर रहे हैं। रज़िया आपा ने कहा था कि हम लेखक और शायर लोग बहुत जल्दी खुश हो जाते हैं और बड़े भावुक हो जाते हैं। वह प्रस्ताव नहीं पास हुआ।...जैसे ही मैं बाहर निकला, राजीव सक्सेना थे और कुछ लोग...कई लोगों ने कहा—ऐसे समय में तुम यह काम कर रहे हो...यहाँ न जाने कितने खुफिया विभाग के लोग बैठे होंगे, वे जा करके रिपोर्ट करेंगे। सावधान रहो। कमलेश्वर...उस समय इमरजेंसी काल में कम्यूनिस्ट पार्टी जो लाइन ले रही थी, उसमें योगदान करनेवाले थे।... नागार्जुन जी वाली स्थिति मेरी नहीं थी कि शुरू में उन्होंने इमरजेंसी का समर्थन किया, पर बाद में खिलाफ हो गए क्योंकि जेल गए थे। आरम्भ से ही मुझे लगता था कि यह ठीक नहीं है।

प्रियंवद : आप कह रहे हैं कि कमलेश्वर ने इमरजेंसी का समर्थन किया था?
नामवर सिंह : बिलकुल।

प्रियंवद : 'सारिका' में उन्होंने 'जो कायर हैं, कायर रहेंगे' शीर्षक से एक सम्पादकीय लिखा था। सम्पादकीय पृष्ठ खाली भी छोड़ा था या शायद काला पन्ना करके...यह सब किया था कमलेश्वर ने 'सारिका' में...विरोध में किया था।
नामवर सिंह : करने के बावजूद मैं इतना कह रहा हूँ कि वे बोले थे, इमरजेंसी का समर्थन किया था। पटना गए थे...वहाँ भी बोले थे—विट्ठल भाई पटेल

हाउस में। पत्रिका में चाहे जो हो, सम्मेलनों में गए थे...जयप्रकाश वगैरह की फासिस्ट ताकतों के खिलाफ बोले थे।

प्रियंवद : अभी अज्ञेय की और 'परिमल' की बात आई। अज्ञेय को लेकर आपका क्या कहना है? जिस तरह कम्यूनिस्ट पार्टी उन्हें खारिज करती है या जिस तरह आपने कहा अभी 'परिमल' के साथ संघर्ष को लेकर। अज्ञेय एक बड़े लेखक के रूप में माने जाते हैं। क्या बुनियादी चीजें हैं जिनकी वजह से उनको खारिज किया जाता है?
नामवर सिंह : अज्ञेय हमारे बहुत महत्त्वपूर्ण साहित्यकार हैं।

प्रियंवद : किस तरह से?
नामवर सिंह : उपन्यासकार के रूप में...कालजयी उपन्यासों के बारे में मेरा एक भाषण छपा है। मैंने उसमें जिन पाँच कालजयी उपन्यासों की लिस्ट बनाई है, उसमें 'गोदान' है, 'शेखर' है, 'त्यागपत्र' है, रेणु का 'मैला आँचल' है और 'बाणभट्ट की आत्मकथा' है। मैंने कहा कि ये निर्विवाद रूप से कालजयी उपन्यास हैं और छठा, जो अभी प्रश्नचिह्न के साथ है, वह 'नौकर की कमीज' है। यह मैंने कहा था। इससे आप समझ सकते हैं कि 'शेखर : एक जीवनी' को मैं क्या मानता हूँ। यही नहीं, बल्कि मैं 'नदी के द्वीप' को कमजोर उपन्यास मानता हूँ। उपन्यासों में 'शेखर...' के बाद और कलात्मकता को देखते हुए 'अपने-अपने अजनबी' कला की दृष्टि से बहुत महत्त्वपूर्ण उपन्यास है। कुल मिलाकर वह बड़ा उपन्यास नहीं है। अज्ञेय की कुछ अविस्मरणीय कहानियाँ हैं।

प्रियंवद : आठ-दस तो होंगी या ज्यादा हैं?
नामवर सिंह : कम...।

प्रियंवद : तीन-चार होंगी?
नामवर सिंह : दो-तीन...'उत्तर प्रियदर्शी' एक नाटक भी लिखा उन्होंने, जो बहुत कमजोर है। कवि के रूप में अज्ञेय महत्त्वपूर्ण कवि हैं और कुल मिला करके महत्त्वपूर्ण कवियों में जिनका नाम लिया जाएगा, निराला के बाद... तो शमशेर महत्त्वपूर्ण हैं तो अज्ञेय भी उतने ही महत्त्वपूर्ण हैं। उनसे कम नहीं हैं। और नागार्जुन महत्त्वपूर्ण हैं, बल्कि कहना चाहिए कि केदारनाथ अग्रवाल को यद्यपि रामविलास जी बहुत महत्त्वपूर्ण मानते हैं, मैं उनसे ज्यादा नागार्जुन को महत्त्वपूर्ण मानता हूँ। तो जिस तरह से नागार्जुन...

शमशेर...अज्ञेय...रघुवीर सहाय—इस तरह से कवियों की सूची बनेगी तो उसमें अज्ञेय निश्चित होंगे।

देवेन्द्र : आपने मुक्तिबोध को क्यों छोड़ दिया?
नामवर सिंह : मुक्तिबोध तो हैं ही। मुक्तिबोध पर तो लिखा है मैंने।...मेरे लिए जिस तरह से मुक्तिबोध महत्त्वपूर्ण हैं, उसी तरह अज्ञेय हैं।

प्रियंवद : अज्ञेय को कम्यूनिस्ट पार्टी ने कभी स्वीकार नहीं किया। दलगत कारणों से या राजनीतिक कारणों से या जो भी हों—क्यों?
नामवर सिंह : एक बात मैं बताऊँ, अज्ञेय की विचारधारा से हम असहमत हो सकते हैं, लेकिन उनका साहित्य खारिज नहीं किया जा सकता। वह महत्त्वपूर्ण है। वह देन है अज्ञेय की, उससे इनकार नहीं किया जा सकता। दूसरी बात यह कहूँ कि 'परिमल' के अनेक तथाकथित लोगों की अपेक्षा अज्ञेय अपनी विचारधारा में कुल मिलाकर उतने प्रतिक्रियावादी नहीं थे।

प्रियंवद : जितने कि और कौन थे?
नामवर सिंह : एक-दो ही नहीं—'परिमल' वालों में...साही को छोड़कर बाकी तो...भारती!...ये अवसरवादी लोग हैं। हिन्दुत्व का पुट मिलेगा बहुत-से लोगों में। बहुत-से रूढ़िवादी हैं। उसको देखते हुए अज्ञेय नहीं हैं, क्योंकि एम.एन. राय के साथ थे। अज्ञेय की बहुत सख्त आलोचना निर्मल वर्मा ने की है, यह लोग भूल जाते हैं। लेख है उनका। उनके दोनों लेख 'दिनमान' में छपे थे। किसी किताब में संकलित हैं। अज्ञेय के बारे में बहुत आलोचनात्मक टिप्पणी की है। खास तौर से उनकी आधुनिकता, आधुनिकतावाद को लेकर। निर्मल जी उनके आलोचक थे।...अज्ञेय सेक्यूलर थे...अज्ञेय रेशनलिस्ट थे...अज्ञेय ऑब्सक्योररिस्ट नहीं थे। बाद में उनकी 'असाध्य वीणा' और 'कौन-कौन...' में रहस्य और जापानी जेन दिखाई पड़ता है, पर वह उस रूप में नहीं हैं। अज्ञेय लोकतान्त्रिक दृष्टि वाले थे। शायद इसका कारण यह भी हो कि एक जमाने में वे क्रान्तिकारियों के साथ थे। शेखर वाले दौर में। तो आप देखें, वह धारा उनकी अन्तिम दिनों तक रही। 'एक तनी हुई रस्सी पर चलता हूँ'—उनकी एक कविता है। उस तनी हुई रस्सी पर चलने का तनाव उनमें था। इसलिए अज्ञेय की विचारधारा प्रतिक्रियावादी नहीं थी। और दूसरा और कारण अज्ञेय का निजी रूप है, जिस पर लोग कम ध्यान देते हैं...।

प्रियंवद : कुछ बताइए।

नामवर सिंह : अज्ञेय से मेरा पहला परिचय 1946 में हुआ था। उदयप्रताप कॉलेज में पहली बार अज्ञेय को आमन्त्रित कर उनका भाषण करवा चुका हूँ। तब वे आसाम के मोर्चे से लौटकर आए थे और 'नदी के द्वीप' नहीं लिखा था उन्होंने। सरस्वती प्रेस में ठहरे थे। उदयप्रताप कॉलेज में वह साहित्य पर नहीं बोले थे, असमिया मच्छरों पर बोले थे। चाय पीते समय हमारे गुरु मार्कंडेय जी ने उनसे शेखर के बारे में सवाल पूछा था। वे प्रगतिशील लेखक संघ बनारस के उपाध्यक्ष थे। स्टालिन के विरुद्ध शेखर में जो टिप्पणियाँ की गई हैं, उस पर उन्होंने सवाल पूछे थे। इसलिए पहली बार 1946 में, और बाद में तो कई बार मिलना-जुलना रहा बनारस में। साथ-साथ...कई यात्राएँ की हैं। लेकिन सबसे निकट था, जब मैं जोधपुर गया। उनकी नियुक्ति...उस कहानी को कहने की जरूरत नहीं है, लेकिन मेरे वाइस चांसलर ने कहा—क्योंकि यहाँ लोग समझेंगे कि तुम्हारी विचारधारा अलग है, उनकी अलग है, तो हिन्दी वालों को यह नहीं लगना चाहिए। बाकी लोगों को लगे...तो हमारी गाड़ी लेकर जाओ, उनको ले आओ। क्योंकि हमारे यहाँ कोई गेस्ट हाउस नहीं है। तुम अकेले रहते हो। इसलिए ये तुम्हारे साथ ठहरेंगे। सात दिन हमारे साथ ही थे। उसके बाद फिर एक ही क्वार्टर खाली था, अच्छा बना था, बाद में और बन गए। वह कायदे से मुझे एलॉट होना चाहिए था...सिनियोरटी के हिसाब से। तो वाइस चांसलर ने पूछा—तुमको चाहिए? मैंने कहा—मैं दे देता हूँ। उनको ज्यादा जरूरत है। उनका रहन-सहन...हम तो इसी में रह लेंगे। और यह नियम था। नियमतः रोज का मिलना था। एक बार जोधपुर रहते हुए राजस्थान घूमना चाहते थे, तो उनकी अपनी कार यहाँ रह गई थी, वसन्त विहार में। किसी काम से वे भी आए थे, मैं भी आया था, तो बोले—लौटते समय हमारे साथ ही कार से जोधपुर चलिए। उन्हीं की कार में बैठकर हम लोग गए। जयपुर यूनिवर्सिटी गेस्ट हाउस में रात को ठहरे...एक ही कमरे में ठहरे। सवेरे नाश्ता करके वहाँ से हम लोग गए साथ में। वे ड्राइव खुद कर रहे थे। ये यादें उनके साथ जुड़ी हुई हैं। एक साथ रहे हम लोग। रोज मिलते थे और बहुत निकट से उनको जानने का मौका मिला। स्नेह था उनका मेरे प्रति क्योंकि पंडित जी के साथ थे। व्यक्तिगत गुण उनमें बहुत थे सम्बन्ध निभाने में, मनुष्यता निभाने में, बाकी चीजों में। प्रतिक्रियावादी वे नहीं थे। और सचमुच...कलात्मक रुचियाँ आदि तो हैं ही, साहित्यकार वे महत्त्वपूर्ण थे, मैंने कभी इससे इनकार नहीं किया।

प्रियंवद : अभी इलाहाबाद में आपने जैसे साही जी का नाम लिया... मार्कंडेय जी...और थोड़ा पीछे लौटें तो निराला थे, पंत थे...महादेवी जी थीं। निराला से मुलाकात होती थी आपकी या नहीं हो पाती थी?

देवेन्द्र : क्या निराला जी आपको नापसन्द करते थे? घर में घुसने नहीं देते थे?
नामवर सिंह : क्या ऐसी कोई बात थी?

प्रियंवद : आपके और निराला जी के बीच क्या सम्बन्ध था?
नामवर सिंह : देखो...निराला जी के निकट जाने का मुझे कभी मौका नहीं मिला। देखा है...दूर से देखा है। कई लोग वहाँ जाते थे, लेकिन यह किंवदन्ती कैसे लोगों ने चला दी? रामविलास जी के उनसे बहुत अच्छे सम्बन्ध थे। लेकिन मैं इसके साथ एक और चीज कह दूँ...कि त्रिलोचन जी के भी सम्बन्ध उनसे नहीं थे...मिलने-जुलने का, यानी जब आपने पूछा है तो...तो एक ही संस्मरण है मेरे पास कहने के लिए और कोई संस्मरण नहीं है। 1947 में निराला जी की स्वर्ण-जयन्ती मनाई गई थी और नन्ददुलारे वाजपेयी जी की पहल पर यह किया गया था। नन्ददुलारे वाजपेयी प्रगतिशील लेखक संघ के अध्यक्ष थे—काशी के। मैं उसका सदस्य था। इंटरमीडिएट में हम पढ़ते थे। बाल-वाल मुड़ाकर, विवेकानन्द की तरह पगड़ी बाँधे हुए निराला जी आए थे—समारोह में शामिल होने। दो गोष्ठियों में निकट से महाकवि को देखा। हमारे गुरु जी पढ़ाते थे...केशव प्रसाद मिश्र। निराला जी पर बोले, जिसमें पहली बार, और सारी बातें छोड़ दें, तो उन्होंने कहा था कि निराला जी की प्रतिभा भवभूति की प्रतिभा जैसी है और पंत जी कालिदास जैसे हैं। उन्होंने तुलना करके दिखाया। बी.एल. साहनी अंग्रेजी पढ़ाते थे, वे बोले थे। वहाँ पर निराला जी ने 'राम की शक्ति-पूजा' पूरी सुनाई थी। उसमें वाजपेयी जी ने ऐसी योजना बनाई थी कि दस साहित्यकारों को निराला जी के हाथ से, जो उनके सम्मान में पैसे दिये गए थे, वे उन्हें दे देंगे। सौ-सौ रुपये का इनाम देंगे, एक हजार रुपये कुल मिलाकर। यद्यपि रुपया उस समय था ही नहीं...खाली घोषित हुआ था। मैं भी निराला जी के हाथ से पुरस्कार पानेवालों में एक था। ये सौ रुपये युवा लोगों को दिये गए थे। मुझे पहला पुरस्कार निराला जी के हाथ से वाजपेयी जी ने दिलवाया था। निराला जी क्या जानें? वाजपेयी जी ने सूची बनाई थी। निराला जी ने नाम घोषित किए थे। उसी क्रम में दोपहर को एक गोष्ठी हुई भदैनी में। महाकवि मौजूद थे। उनको जुकाम हो गया था। उसमें 'सुमन' जी ने निराला पर लिखी अपनी पूरी कविता सुनाई थी। लम्बी कविता है। वहाँ लोगों ने कहा निराला जी से कि गीत सुनाइए गाकर। तो निराला जी ने कहा कि हारमोनियम मँगाओ फिर। हारमोनियम मँगाया गया। निराला जी ने दो गीत गाए थे। एक गीत था...मुझे अब भी याद है, वह था : 'टूटें सकल बन्ध! कलि के, दिशा-ज्ञान-गत बहे अन्ध...' यह गीत उन्होंने ताल-सुर से बाकायदा हारमोनियम पर गाया था। और दूसरा गीत उन्होंने गाया था : 'प्रातः तव द्वार पर, आया जननि नैश अन्ध पथ पार कर'...दो गीत निराला जी ने गाए थे हारमोनियम

पर। बाकायदा गाए थे। बस...इतने निकट से निराला जी को मैंने 1947 में देखा। उसके पहले नहीं देखा था। उसके बाद इलाहाबाद इतनी बार गया...दारागंज में वे रहते थे। उनकी कविताएँ पढ़ता रहा। सारी पुस्तकें मेरे पास थीं। सच पूछिए तो पहली बार जब मैं बनारस आया...गाँव से पढ़ने के लिए, तो 'अनामिका' का पहला संस्करण मैंने खरीदा था। आज भी मेरे पास वह प्रति है। मुक्त छन्द की एक कविता लिखी थी, जो कॉलेज की हमारी मैगजीन में छपी थी। मुक्त छन्द क्या होता है, उन्हीं की 'अनामिका' पढ़कर जाना था। तो आठवीं-सातवीं में जब मैं पढ़ने आया, तो दो किताबें मैंने खरीदीं—जितने थोड़े-बहुत पैसे थे। कहाँ होते थे?...पहली पुस्तक 'आवारा की डायरी' नाम से मैक्सिम गोर्की की। त्रिलोचन जी ने कहा कि यह इलाचंद्र जोशी का अनुवाद है। ताजा-ताजा छपकर आई थी। उन्होंने कहा—यह किताब बहुत अच्छी है मैक्सिम गोर्की की...पढ़ो। और दूसरी उन्होंने कहा कि निराला की 'अनामिका'। खाक हमारे समझ आती!... इसलिए पहली पुस्तक जो खरीदी मैंने कविता की, वह 'अनामिका' खरीदी थी। बस, इतना ही...लेकिन कभी मिलने का मौका उनसे नहीं मिला।

देवेन्द्र : 'परिमल' की गोष्ठी में जाते हुए इलाहाबाद जब आप गए...?
नामवर सिंह : तब भी कभी नहीं गए...दारागंज, निराला जी की कोठरी में कभी गए नहीं।

प्रियंवद : पंत और महादेवी से मुलाकात होती थी...निराला से क्यों नहीं मिलते थे?
नामवर सिंह : पंत जी से मिलते थे। महादेवी से बहुत कम...महादेवी की गोष्ठी में दो बार गए। हिम्मत नहीं पड़ती थी।

प्रियंवद : निराला से मिलने में हिम्मत की क्या जरूरत थी? निराला जी तो सर्वसुलभ थे?
नामवर सिंह : सुलभ होते हुए...क्योंकि वे विक्षिप्त हैं और किसी को डाँट दें, क्या कुछ करें। इसलिए भय लगता था। मैं दास बाबू (श्री कृष्ण दास) के यहाँ ठहरता था, लेकिन कभी दास बाबू ने भी नहीं कहा कि चलो, हम चल रहे हैं, तुम चलो।...मैं दारागंज कभी उनसे मिलने के लिए नहीं गया...जो तथ्य हैं, वो तथ्य हैं। यानी इतना डर था उनसे। उस मन:स्थिति में जाएँ और कुछ भी कर बैठें? निजी सम्बन्ध हमारे नहीं थे।

प्रियंवद : आजकल प्रकाशकों को लेकर...'राजकमल' को खास तौर से, गगन गिल ने जो बात शुरू की, फिर महाश्वेता जी ने भी कहा...फिर निरन्तर 'जनसत्ता'

में आ रहा है कि प्रकाशक किस तरह लेखक का शोषण करते हैं और यह तो निर्विवाद है कि करते हैं, सबका अनुभव लगभग यही है, तो लेखकों के हितों की सुरक्षा के लिए, या इसके लिए कि प्रकाशकों के विरुद्ध कोई मोर्चा खोला जाए, ये जो लेखक संगठन हैं, उनके द्वारा कभी कोई भूमिका क्यों नहीं निभाई गई? किसी ने इस शोषण के विरुद्ध कोई हस्तक्षेप नहीं किया...प्रकाशक दिन-ब-दिन शक्तिशाली होते गए। आज वे भयानक रूप से इतना शक्तिशाली हो चुके हैं कि उनको चुनौती देना मुश्किल लग रहा है। लेखक संगठनों की इस उदासीनता के पीछे क्या कारण थे? क्या है इसके पीछे?

नामवर सिंह : प्रियंवद जी, ऐसा है कि व्यक्तिगत रूप से, एक लेखक की हैसियत से, मैं यह मानकर शुरू से चला और आज भी, लेखन को मैं आकाशवृत्ति मानता हूँ। अपनी किताब...एक तो आलोचना जैसी किताब लिखता हूँ तो बहुत बिकने वाली ये चीजें तो हैं नहीं। हों भी, तो मैं यह मानकर चलता हूँ कि हमारी रोजी-रोटी, दाना-पानी, किताब की रॉयल्टी से नहीं चल सकती। जब नौकरी नहीं की, तब भी और जब नौकरी की, तब भी कभी मैंने माँगा नहीं किसी प्रकाशक से कि हमारी किताब की रॉयल्टी क्या बनती है? कभी हिसाब-किताब भी नहीं पूछा, नहीं जाना...जो मिल गया, ले लिया...।

प्रियंवद : क्या आपने यह ठीक किया?

नामवर सिंह : नहीं...मैं कह रहा हूँ, अपना अब तक जो व्यवहार रहा है, आज भी और जब फटेहाल था, तब भी।

प्रियंवद : जब नामवर जी नहीं माँगेंगे तो प्रकाशक किसी और लेखक को ही क्यों देगा? जब नामवर सिंह नहीं पूछेंगे कि मेरा क्या हिसाब-किताब है तो...?

नामवर सिंह : मैं यह मानकर चलता था कि जो मेरा प्राप्य होगा, वह दे देगा।

प्रियंवद : मतलब कि आपको उसकी नेकनीयती पर पूरा विश्वास था?

नामवर सिंह : हाँ...जो होगा, दे देगा। उदाहरण के लिए...किसी से एग्रीमेंट भी नहीं किया...लोकभारती में तो मैंने किताब यूँ दे दी। शुरू में 'हिन्दी के विकास में अपभ्रंश का योग' इलाहाबाद के नर्मदेश्वर चतुर्वेदी (साहित्य भवन) जी ने कहा, तो मैं छपवाना चाहता था, उसे दे दिया। इसी तरह मैंने 'आधुनिक साहित्य की प्रवृत्तियाँ' किताब महल को दी थी। उसने कोई तीन सौ रुपये दिये होंगे। सरस्वती प्रेस को मैंने 'छायावाद' दे दिया। रुपया मुझे मिलेगा या कुछ देंगे, मुझे याद भी नहीं है। उसके बाद 'राजकमल' को जो दिया, तो 'राजकमल' ने एग्रीमेंट फॉर्म दिया। भरके मैंने दे दिया। जानता था कि 'राजकमल' प्राइवेट लिमिटेड है, उसका

ऑडिट वगैरह, एकाउंट वगैरह होता है। साल के साल रॉयल्टी दिया करते हैं। ये गुरुदेव (हजारीप्रसाद जी) से मैंने सीखा था। हमारे गुरुदेव हजारीप्रसाद द्विवेदी को 'हिन्दी ग्रंथ रत्नाकर' के प्रेमी जी छापते थे और दीवाली के दिन और कहीं से आए न आए, उस दिन रॉयल्टी के मद में निश्चित कुछ न कुछ प्रेमी जी, जैन आदमी थे, भेज दिया करते थे। तो आज भी यही स्थिति है। राजकमल साल के साल स्टेटमेंट भेज दिया करता है—इतनी बनी है आपकी रॉयल्टी। मैंने कभी चेक करके कहा ही नहीं...जो उसके साथ चेक लगाकर भेज देता है, जमा कर दिया है मैंने। जब मैं इलाहाबाद लोकभारती में जाता था, तो वह कह देता था, इतनी रॉयल्टी हुई...चेक काटकर या कैश दे देता था कि यह पाँच हजार रुपया है...दो हजार है। इतना दे दिया। इसलिए व्यक्तिगत रूप से प्रकाशक से हमारे सम्बन्ध ऐसे ही मधुर थे। कभी रुपये-पैसे को लेकर मुझे कोई तनाव नहीं हुआ। कभी किसी से एडवांस नहीं लिया...मैंने जितनी उनसे उम्मीद की, उतना वे दे देते थे...मैं उसे मानता था।

प्रियंवद : इस 'अबोध विश्वास' का क्या कारण था कि वह जो दे रहा है, सब ठीक है? और यही परम्परा अब हिन्दी में स्थापित हो गई कि प्रकाशक जो चाहता है, करता है। आप कहते हैं, आपके गुरु हजारीप्रसाद ने नहीं पूछा, हमने नहीं पूछा...।
नामवर सिंह : मैं इस स्थिति को आदर्श नहीं मानता हूँ।

प्रियंवद : क्या लेखक संगठनों को लेखकों के लिए कोई रणनीति नहीं बनानी चाहिए?
नामवर सिंह : प्रियंवद जी, यह काम एक जमाने में प्रगतिशील लेखक संघ करता था। आपको याद होगा—राम प्रसाद घिड़िल्याल 'पहाड़ी', कहानीकार भी थे वह। उनके तीन-चार कहानी संग्रह भी थे। इलहाबाद में रहते थे। प्रगतिशील लेखक संघ का काम करते थे और कोषाध्यक्ष हुआ करते थे। बहुत ही मुखर थे। तो पहाड़ी जी हर सम्मेलन में यह बात उठाते थे—लेखकों की रॉयल्टी का मामला, कॉपीराइट एक्ट को सुधारना चाहिए, उसमें और जोड़ना चाहिए। यह प्रस्ताव बहुत बार पास हुआ है। मुझे अच्छी तरह याद है, प्रकाशचंद्र जी गुप्त हमारे अध्यक्ष थे। यह घटना 1946-47 के आसपास की है। तब से लगातार, वे जब तक रहे, हर सम्मेलन में लेखकों की कॉपीराइट, उनकी रॉयल्टी और प्रकाशकों से उनके सम्बन्ध—उन तमाम चीजों के बारे में माँग करते और इसको कहते। ट्रेड यूनियन का काम भी वह करते थे।

प्रियंवद : लेकिन हुआ क्या? नतीजा तो कुछ नहीं निकला!
नामवर सिंह : कुछ नहीं निकला उसमें...।

प्रियंवद : इस वक्त आप प्रगतिशील लेखक संघ के अध्यक्ष हैं। कोई लेखक संगठन बने और लड़ाई लड़े, तो आप इस मुद्दे पर लेखकों के पक्ष में खड़े होंगे? उसकी पक्षधरता करेंगे?
नामवर सिंह : मैं इसे ट्रेड यूनियन का मामला नहीं मानता। क्योंकि लेखक-प्रकाशक का सम्बन्ध मिल मालिक और मजदूर जैसा नहीं है। लेखक-प्रकाशक का सम्बन्ध बिलकुल दूसरी तरह का है। दोनों सफेद कॉलर वाले हैं। यह एक तरह का परस्पर सहयोग का मामला है। एक-दूसरे पर दोनों निर्भर हैं।...चूँकि हिन्दी प्रकाशकों का कोई भी संगठन इस समय एक्टिव नहीं है।

प्रियंवद : प्रकाशकों का संगठन तो है?
नामवर सिंह : है, लेकिन वह मरा पड़ा है। एक जो है, आम तौर से उसमें अंग्रेजी वाले ज्यादातर हैं लेकिन हिन्दी प्रकाशक संघ नहीं है। तो हिन्दी प्रकाशकों से... संगठन के स्तर पर किससे बात की जाए? न हिन्दी प्रकाशकों का कोई संघ है और न हिन्दी लेखकों का संघ है।

प्रियंवद : लेखकों का संघ तो है...तीन संघ हैं। प्रगतिशील लेखक संघ, बाकी दो जलेस, जसम...।
नामवर सिंह : प्रगतिशील लेखक संघ के उस दौर में पहाड़ी जी अकेले थे, वह सवाल उठाते थे। पहाड़ी जी की पहल पर प्रलेस ने अपने सम्मेलनों में लेखकों की रॉयल्टी और कॉपीराइट कानून में सुधार-सम्बन्धी कई प्रस्ताव भी पास किए लेकिन उन पर अमल करने की दिशा में कितना काम हुआ, इसकी जानकारी मुझे नहीं है। लेकिन पहाड़ी जी इसे श्रमजीवी लेखकों की गम्भीर समस्या के रूप में पेश करते रहे और प्रलेस इस मसले पर उनके साथ था।

जहाँ तक प्रकाशक और लेखक का मामला है, तो यह बहुत सनातन है। लेखक-प्रकाशक के सम्बन्ध मधुर और तनावपूर्ण, दोनों ही रहे हैं। हिन्दी के अलावा भी रहे हैं। हर केस अलग-अलग है।...अभी यह ताजा मामला हुआ है। इतने दिनों तक था। बहुत-से लेखकों की शिकायत थी। उसमें लेखक कहीं लामबन्द नहीं हुए। अचानक निर्मल जी पर ऐसा क्या वज्रपात हो गया कि इसको ले करके त्राहि-त्राहि हो गई है। एक सम्पादक हैं अखबार के, जो स्वयं लेखक नहीं हैं...।

प्रियंवद : 'जनसत्ता' के?

नामवर सिंह : इसीलिए समस्या हो गई है। एक आदमी के केस को...सारे, तमाम लोगों का केस बनाया जा रहा है। मैं इसलिए अभी इस पर टिप्पणी नहीं करना चाहता। मामला गरम है अभी। आगे कोई भी रूप ले सकता है। सीधे-सीधे मैं कहूँ, इस कैसेट का उपयोग किसी भी रूप में हो सकता है। इसलिए शायद आपको यह खबर मिली हो तो ठीक, नहीं तो मैं दे रहा हूँ, कि यह प्रचारित किया गया है उसी पक्ष से कि नामवर सिंह तो बिके हुए हैं 'राजकमल' के प्रति। वे राजकमल के शेयर होल्डर हैं, पार्टनर हैं।

प्रियंवद : यह बात कही जाती है?

नामवर सिंह : कही जाती है, तो चेक करके देख लें। ऐसी चीज जहाँ कही जा रही हो, उस हाल में मैं कोई टिप्पणी इस प्रकरण पर नहीं करना चाहता...जहाँ इतना बड़ा दुष्प्रचार किया जा रहा हो कि मैं उसका पार्टनर हूँ...।

प्रियंवद : देखिए, एक बात तो निश्चित है, जो महाश्वेता जी ने कही कि प्रकाशक कार पर चलता है और लेखक बस पर चलता है। सब प्रकाशक दिन-ब-दिन आर्थिक रूप से प्रगति कर रहे हैं। किसी प्रकाशक ने एक बार प्रकाशन शुरू करने के बाद अपना व्यवसाय नहीं बदला। प्रकाशन व्यवसाय में इतनी कमाई है और इतनी सम्भावनाएँ हैं। पुस्तक बिकती है, पैसा आता है, कमाई होती है, लेखक को नहीं दिया जाता—यह एक सत्य है। अब कहीं पर कम दिया जाता हो, ज्यादा दिया जाता हो, पर लेखक का शोषण होता है, इसके विरोध में क्या हो सकता है? क्या करना चाहिए? चुप मारे बैठा रहे लेखक? जैसे आपने कहा, जो हमें मिल गया, हमने ले लिया। हर लेखक यही करता रहे? जब वह माँगता है तो उस पर डेबिट साइड में निकाल दिया जाता है कि हमको तुमसे लेना है।... तो क्या मतलब है—जो नई पीढ़ी आ रही है, नये लेखक आ रहे हैं, उनकी किताब नहीं छपती? वे जाते हैं, हर तरह के शोषण की शर्तें मंजूर करते हैं। स्वीकार करते हैं। क्या इसको ऐसे ही चलने दिया जाए या कुछ हो सकता है? या फिर कुछ नहीं हो सकता, तो यही कह दिया जाए कि अपना शोषण कराना हो तो हिन्दी लेखक बनो?

नामवर सिंह : मैंने फिर कहा कि प्रकाशक और लेखक के सम्बन्ध मिल मालिक और मजदूर वाले नहीं हैं। स्थिति यह है कि नया लेखक चाहता है, मेरी किताब छप जाए। उस समय रॉयल्टी नहीं माँगता। धीरे-धीरे जब वह जम जाता है, तब उसमें यह बोध आता है। प्रकाशक यह कह सकता है कि प्रारम्भ में जब आप कहीं नहीं थे तो हमने साहस करके, यानी कि जिसको रिस्क कहते हैं, लेकर आपको

छापा। मैं थोड़ा इस दायरे को बढ़ा देता हूँ—अनेक पत्रिकाएँ निकल रही हैं। एक पैसा लेखक को नहीं देती हैं। लेखन और प्रकाशन के सम्बन्ध में बात होनी चाहिए, जिसमें पत्रिकाएँ हैं और अन्य प्रकाशक भी आते हैं।...और ऐसी पत्रिकाएँ जो इस्टेब्लिशड हैं और ऐसी भी पत्रिकाएँ हैं जिनके प्रकाशक के पास शोफरड्रिवन कार है और उसका जीवन-स्तर बहुत ऊँचा है। उसमें छपने वाला लेखक फटेहाल घूम रहा है और उसकी रचनाएँ बार-बार छपती हैं वहाँ। उसकी स्थिति देखिए... यानी कि ऐसे कई लोग हैं, लेखन के बल पर जिनके पास शोफरड्रिवन कार नहीं हो सकती, पर पत्रिका के आधार पर आपके पास हो सकती है। कहाँ से आई? आप प्रकाशक की बात कर रहे थे कि प्रकाशक के पास कार है, लेखक के पास नहीं। 'राजकमल' के पास कार है, मेरे पास तो नहीं है। इसी तरह से ऐसे कई कथाकार, उपन्यासकार या लेखक हो सकते हैं जिनके पास कार नहीं है, उनके सम्पादक के पास है जबकि सम्पादक के पास आमदनी का कोई जरिया नहीं है...कोई और नौकरी नहीं है, तो यह भी तो देखना चाहिए।...जब मैं कह रहा हूँ कि लेखकों का सम्बन्ध पत्रिकाओं से भी है, प्रकाशन संस्थानों से भी है, क्योंकि पत्रिका भी एक प्रकाशन संस्थान है, तो हम लोगों को इस चीज पर गौर करना चाहिए और इस चीज पर भी, कि दोनों रिस्क लेते हैं। सम्पादक भी लेता है रिस्क और प्रकाशक भी लेता है। एक अज्ञात आदमी की चीज सहसा छाप करके वह ले आता है, और सम्पादक भी यही काम करता है...प्रमोट करता है उसको। कुछ पत्रिकाओं ने कुछ लोगों को लेखक बनाया है। एक लेखक के रूप में उनको पहचान दी है...यह श्रेय देना चाहिए कुछ सम्पादकों को, वरना वैसे ही पड़े रहते। ढूँढ़कर उन चीजों को छापता है, प्रमोट करता है। उसके लिए मैं यह नहीं कहता कि जो वह करता है, उसके लिए लेखक कृतज्ञ हो, लेकिन बाद में उसके सिर पर सवार हो जाए कि हम अपनी प्रतिभा से आगे आए हैं, तुम कौन होते हो...आप क्या हैं? या उल्टे कहे कि हमारे कारण आपकी पत्रिका चमकी है। आप क्या होते थे?...यह भी होता है, और यही बात प्रकाशक के बारे में भी लागू होती है। जब निर्मल जी निर्मल जी नहीं थे, कोई नहीं जानता था तब। पीपुल्स पब्लिशिंग हाउस ने उनकी किताब छापी थी। राजकमल में बहुत बाद में छपी है।

हरिनारायण : 'परिन्दे'...।

नामवर सिंह : हाँ...अमरकान्त के उपन्यास को कोई छापने वाला नहीं था, अन्ततः पीपुल्स पब्लिशिंग हाउस ने उसे छापा और दोनों आदमियों को पार्टी के नाते छापा है।...उस समय लोग कहाँ थे, जब राहुल जी ने अपना पूरा कॉपीराइट किताब महल को बेच दिया? कोई आदमी रुपये देने को तैयार नहीं था। किताब महल वाला वह अग्रवाल था—श्रीनिवास अग्रवाल। वह बोला—

हम लोग रॉयल्टी-फॉयल्टी कुछ नहीं जानते, कौन हिसाब करेगा? एक मुश्त ले लीजिए, दे दीजिए हमको।...एक मुश्त रॉयल्टी देता था। राहुल जी उसके घर ठहरते थे। अपने लिखने-पढ़ने का काम भी वहीं करते थे। किताब महल उनका एकमात्र प्रकाशक था। सारी किताबें छापीं उसने।...और बाद में जब ये दावा करने लगे, एक-आध बार लोग गए तो कहा उसने—रुपये ले जाओ। राहुल जी के लिए कहने की जरूरत नहीं है, लेकिन कॉपीराइट जो है, वह हमारे पास रहने दो। किताब नहीं दूँगा, हिसाब करके ले जाना पैसे। जितनी जरूरत हो, ले जाओ। सारी किताबें उनकी किताब महल ने छापीं। राहुल जी को जितनी जरूरत पड़ती थी, वे दे देते थे। कोई हिसाब-किताब नहीं... दस्तखत-वस्तखत नहीं कराते। कहते—ले जाइए।...तो एक जमाने में थे सम्बन्ध इस तरह के। अब आज के दौर में नियम, कायदा, कानून होना चाहिए, मैं सहमत हूँ इससे। चाहे कोई नया लेखक हो, चाहे कोई प्रतिष्ठित लेखक हो, दोनों ही महत्त्वपूर्ण हैं। इसमें एक व्यवस्था होनी चाहिए। और इसे देखने के लिए यह भी होना चाहिए कि इस कॉपीराइट एक्ट को हम लोग दोबारा देखें। आज के दौर को देखते हुए कुछ लेखक...उसका अध्ययन करके, अगर सुधार करना हो तो, सरकार से माँग करें कि इसमें बदलाव करो। कुछ दाँत उसमें ऐसे हों कि लेखक बेचारा निरीह मारा न जाए क्योंकि कॉपीराइट का मुकदमा चले तो जितना पैसा हमको नहीं मिला, उतना हम मुकदमा लड़ने में खर्च कर दें। तो कुछ ऐसा ढूँढ़ना चाहिए...अनेक प्राइवेट पब्लिशर्स हैं, उसके अलावा सरकारी प्रकाशन संस्थाएँ हैं। नेशनल बुक ट्रस्ट है, साहित्य अकादेमी है, हिन्दी अकादमी दिल्ली है, कुछ सरकारी, अर्द्ध-सरकारी, गैर-सरकारी हैं। सारी प्रकाशन संस्थाओं से लेखकों के क्या सम्बन्ध हैं, इन चीजों को लेकर देखना चाहिए...लोग एक प्रकाशक की, प्राइवेट प्रकाशक की जान के पीछे पड़े हैं। नेशनल बुक ट्रस्ट...साहित्य अकादेमी में अनुवाद होते हैं...कभी माँगा किसी ने उनसे? लोग समझते हैं, एहसान कर रही हैं...।

देवेन्द्र : राजा राममोहन राय लाइब्रेरी की किताबों की खरीद में नामवर सिंह ने काफी आर्थिक लाभ कमाए। इस तरह के आरोप आप पर लगते हैं।
प्रियंवद : शायद अस्सी-अस्सी लाख रुपये की खरीदें हुईं। इतना लम्बा एमाउंट था या जो भी था, जरा इसे बताएँ?
नामवर सिंह : देखिए, ऐसा है...राजा राममोहन लाइब्रेरी में साढ़े तीन साल मैं रहा। उस लाइब्रेरी में मुझसे पहले केवल अंग्रेजी की किताबें खरीदी जाती थीं। हिन्दी की किताबें नहीं खरीदी जाती थीं।

प्रियंवद : यह किस सन् की बात है?

नामवर सिंह : मैं बता रहा हूँ—सन् 1992। देखिए आम तौर से राजा राममोहन राय लाइब्रेरी का मुख्य कार्यालय कलकत्ता में है...। अध्यक्ष को मंत्री नामित करता है। मंत्री अथवा उसका नॉमनी। उसका अध्यक्ष पदेन होता है। तो जी.पी. चट्टोपाध्याय मुझसे ठीक पहले थे। उसके पहले कौन था, मैं नहीं जानता। अर्जुन सिंह जी मंत्री थे और उन्होंने मुझे नामित किया।...इन्दिरा गांधी के जमाने में हिन्दी की जो केन्द्रीय संसदीय कमेटी बनी हुई थी, उसकी अध्यक्ष प्राइम मिनिस्टर होती थीं। उनकी सिफारिशें थीं कि किताबों की खरीद और बाकी चीजों में पचास-पचास फीसदी हो। पचास अंग्रेजी का है, पचास हिन्दी का होना चाहिए। हमने कहा, वह लागू करो। और एक अकेला मैं ही नहीं होता, कमेटी होती है। मैं चेयरमैन था और ठीक संख्या याद नहीं है लेकिन कम-से-कम दस आदमी होते थे विभिन्न विषयों के—विज्ञान के, इतिहास के, समाज विज्ञान के, साहित्य के...अंग्रेजी की किताबें भी चुनते हैं वे, हिन्दी की भी। और वह कमेटी मंत्रालय की स्वीकृति से होती है। रुपया लैप्स हो जाता था। किताबें खरीदी नहीं जाती थीं।...मैंने कहा—जब पचास फीसदी अंग्रेजी की किताबें ली जाती हैं तो हिन्दी की क्यों नहीं ली जातीं? अलग-अलग चार सौ पुस्तकालय हैं। विभिन्न भाषाओं के लिए अनुदान दिये जाते हैं। सारे देश के पुस्तकालयों का यह संगठन है। तीन श्रेणियाँ हैं पुस्तकालयों की, जिनको पुस्तकें देते हैं केन्द्र से। अंग्रेजी और हिन्दी, पहले केवल अंग्रेजी होती थी। अन्य भाषाओं को हम अनुदान देते हैं, वे स्वयं खरीदते हैं। जब किताबों की खरीद का मामला है तो जाहिर है, प्रकाशकों को जानता हूँ...जब जानता हूँ तो उन लोगों से कहा कि किताबें भेजो भाई...सलेक्शन होंगी। कोई निश्चित नहीं है, कितनी, किसकी हो जाएँगी। इस क्रम में मैं कहूँ कि तीसरे वर्ष में किसी ने शिकायत की, मैं नाम नहीं लेना चाहता...उसमें एक बंगाली एम.पी., सी.पी. एम. की, उन्होंने यह शिकायत की। अब वह सांसद नहीं हैं, लेकिन एक समय थीं। वह अध्यापिका हैं। जानता हूँ। मैं उनके घर भी जा चुका हूँ। सब कुछ है...बहरहाल, वहाँ मंत्रालय में शिकायत किसी ने की। और एक साहब और हिन्दी के थे! अखबार समूह है उनका। उसके वह मालिक रहे हैं...मध्यप्रदेश के। मंत्री अर्जुन सिंह के बहुत करीब रहे। वह भी थे। उन लोगों ने शिकायत की, वही आज जो आप बात कर रहे हैं।...मेरे पास यही चीज आई कि ऐसा-ऐसा है। मैंने कहा, बिलकुल खुली जाँच कर ली जाए। एक जवाब मैंने तथ्यात्मक बना करके दे दिया। इसके बाद एक कमेटी बनी।

प्रियंवद : मुख्यतः क्या आरोप थे?

नामवर सिंह : यही कि कुछ प्रकाशकों को पक्षपात करते हैं जिन्होंने इनकी किताबें छापी हैं...यही सब लिखा-विखा था।...कुछ प्रकाशकों को पक्षपात करते हैं। मतलब है, पक्षपात करते हैं तो उनसे कुछ पैसा भी लेते हैं। मैंने कहा, जाँच कर लो। एक कमेटी बनी बाकायदा—रिव्यू कमेटी। नेहरू मेमोरियल म्यूजियम की लाइब्रेरी के डायरेक्टर थे, रवीन्द्र कुमार, अब बेचारे दिवंगत हो गए। उनकी अध्यक्षता में तीन आदमियों की कमेटी बनी थी। जाँच की उन लोगों ने। मुझे भी बुलाया गया। मैंने भी अपना बयान दिया और रिपोर्ट दे दी। उसमें से तो कुछ निकला नहीं...यह काम हो चुका है। कुल मिलाकर देखें...तो जिस फ्लैट में मैं उसके पहले रहता था, यूनिवर्सिटी में नौकरी करते हुए, जो आप देख आए हैं, उसी में रहता हूँ। वह रुपया था तो कहीं प्रकट होना चाहिए था...कार मेरे पास हो। आज भी मेरे पास कोई कार नहीं है और आगे इरादा भी नहीं है। मेरे पास इतने रुपये ही नहीं हैं। जो हैं, बैंक में जमा हैं। यानी कहीं प्रकट होना चाहिए—अपने बेटे को दे दिया हो, बेटी को दे दिया हो, मकान बना लिया हो। बैंक खुला हुआ है...लोग एकाउंट देख सकते हैं। और कुछ ऐसे संसाधन हों मेरे पास तो घर आकर देख लें। किताबें अगर मैंने कुछ खरीद ली हों तो वह भी आकर देख लें।...अगर लक्ष्मी मिली है तो प्रकट होनी चाहिए न? मेरे रहन-सहन, पोशाक, खानपान, बाकी चीजों में कहीं व्यक्त होना चाहिए न?

प्रियंवद : अभी साहित्य अकादेमी की बात आई। तो महाश्वेता देवी जी का जब इलेक्शन हुआ तो आप और अशोक वाजपेयी, दोनों ने उनके पक्ष में प्रचार किया। दो धुर विरोधी खेमे, लेकिन मिलकर पक्ष में प्रचार किया। उसके बाद भी महाश्वेता जी नहीं जीत पाईं। क्या हुआ, क्या कारण था? जरा इस पर विस्तार से बताएँ...।
नामवर सिंह : जो बीत गई सो बात गई...।

प्रियंवद : बीत गई इसलिए नहीं क्योंकि फिर चुनाव होंगे...साहित्य अकादेमी महत्त्वपूर्ण संस्था है। उसका लेखकों से सीधे संवाद है। नई पीढ़ी को पता तो लगे कि साहित्य अकादेमी है क्या?...कोई नहीं जानता उसके बारे में। उसे पता ही नहीं है कि साहित्य अकादेमी नाम की कोई संस्था है। क्या करती है? वह चुनाव था क्या? बड़े ऊपरी लेवल पर बातें तय हो जाती हैं, निपटा ली जाती हैं?
नामवर सिंह : हिन्दी लेखकों के मन में कभी यह विचार क्यों नहीं आया कि आज तक साहित्य अकादेमी का अध्यक्ष, उपाध्यक्ष कोई हिन्दी वाला नहीं हुआ?

प्रियंवद : महत्त्वपूर्ण बिन्दु है यह तो।

नामवर सिंह : दूसरा यह कि...कोशिश की और हार गए। और बुरी तरह हारे।

प्रियंवद : बुरी तरह क्यों हारे?

नामवर सिंह : यह खाली सवाल पूछ रहा हूँ। क्यों है ऐसा?

प्रियंवद : जवाब भी तो आप ही देंगे। आप जुड़े हैं उससे।

नामवर सिंह : आप ही कुछ बताइए?

प्रियंवद : मैं इस पर कैसे बता सकता हूँ कि क्यों हार गए? मुझे नहीं मालूम इसके बारे में।

नामवर सिंह : विद्यानिवास मिश्र जैसा आदमी हारा, शिवमंगल सिंह 'सुमन' हारे, अशोक वाजपेयी हारे...।

प्रियंवद : क्या और भाषाओं के लोगों द्वारा हिन्दी भाषा का विरोध करने के कारण ऐसा होता है?

नामवर सिंह : मैं नहीं कह सकता, लेकिन तथ्य यही है...। कभी कोशिश नहीं की और जब जब तीन बार कोशिश हुई, तीनों बार हारे।

प्रियंवद : ये तीनों अध्यक्ष के लिए लड़े?

नामवर सिंह : कंटेस्ट किया, हारे...और उसमें अपेक्षाकृत कहना चाहिए कि बुरी तरह विद्यानिवास जी हारे, और सुमन जी। अशोक वाजपेयी उनसे बेहतर स्थिति में थे, उनको बीस वोट मिल गया था शायद।

प्रियंवद : क्या कारण है?

नामवर सिंह : हमारे साहित्यकारों की यह बात कि राष्ट्रभाषा और राजभाषा हिन्दी बनी रहे, उसके कारण साहित्य की दुनिया में यह असर पड़ा है कि ये लोग इससे भय खाते हैं और ख्वामखाह के लिए विरोध की भावना दूसरी भाषाओं के साहित्यकारों में पैदा हुई है। यह और बात है कि अनेक भाषाओं के साहित्यकार चाहते हैं कि उनकी रचनाओं का हिन्दी में अनुवाद जरूर हो। लेकिन दूसरी ओर साहित्य अकादेमी...और अब भी मैं कह देता हूँ कि साहित्य अकादेमी का अध्यक्ष किसी भी भाषा का आदमी हो सकता है, लेकिन हिन्दी का आदमी अध्यक्ष नहीं हो सकता। बड़ा से बड़ा साहित्यकार नहीं हो सकता।

प्रियंवद : यह साहित्य अकादेमी की कार्यप्रणाली पर टिप्पणी है?
नामवर सिंह : आप जानते हैं कि आज अखिल भारतीय स्तर पर भाषाओं के आपसी सम्बन्ध और उनके बीच जो क्षेत्रीयता-प्रान्तीयता है, यहाँ भी वही है।... साहित्य अकादेमी की सारी गतिविधियाँ अंग्रेजी माध्यम से होती हैं, होती रही हैं, एक लम्बे अर्से से।

प्रियंवद : महाश्वेता जी क्यों हार गईं? वह तो हिन्दीभाषी भी नहीं थीं?
नामवर सिंह : जो वर्तमान प्रेसीडेंट हैं, उस समय वाइज प्रेसीडेंट थे। उनको पूरे सिस्टम की जानकारी थी। जो पूर्व कौंसिल थी, उसी कौंसिल ने नई कौंसिल बनाई है। तो नई कौंसिल बनाने में भी उन्होंने सावधानी बरती है कि ऐसे लोग हों जिनको कि वे अपने पक्ष में कर सकते हों। वह इसी दृष्टि से बनाई। उसका नमूना था कि...एक ही घटना बता सकता हूँ क्योंकि मैं था पिछली कौंसिल में। कौंसिल में प्रस्ताव किया जाता है, जो दो आदमी कम-से-कम करें। एक आदमी प्रस्ताव करे, दूसरा अनुमोदन। महाश्वेता जी के लिए एक प्रस्ताव करने वाला रहा या शायद दो रहे हों। डॉ. गोपीचंद नारंग के लिए प्रस्ताव करने वालों की जो सूची थी, वह मेरा खयाल है, चालीस या कितनी थी। इसके पहले प्रेसीडेंट का प्रस्ताव इतने नामों के द्वारा नहीं आया था। उसी से मालूम हो गया था कि एक नाम अगर इतने प्रस्तावों के साथ आ सकता है, तो यह इस बात का सूचक है कि आगे चलकर वह नाम ऐसे ही, इसी तरह से वोट भी हासिल कर सकता है। लम्बे समय तक, मैं जानता हूँ—इस शेड्यूल में, आर.एम. में दस साल रहा, फिर पाँच साल रहा, गतिविधियों को देखते हुए इसका पूरा भास तो हो गया था।...अंग्रेजी में जिसे कहते हैं—मैनेज करना...तो ये चीजें होती हैं, और हुईं। उस समय तो यह था कि एक खास होटल में ठहराए गए सारे लोग ला करके वगैरह-वगैरह। चुनाव की वह पूरी प्रक्रिया वैसी हुई, जैसी राजनीति में हुआ करती है...। इससे पहले मैंने कभी किसी साहित्य अकादेमी के प्रेसीडेंट के चुनाव में यह दृश्य नहीं देखा था।...अनन्तमूर्ति के समय का भी जानता हूँ। उससे पहले वाला भी जानता हूँ। और तो और, हिन्दी लेखकों का बहुत बड़ा समुदाय वर्तमान प्रेसीडेंट के पक्ष में चला गया, इसकी मुझे कोई आशंका नहीं थी।

देवेन्द्र : साहित्य अकादेमी में जब तक आप थे और माना जाता था कि बहुत प्रभावशाली थे, तो साहित्य अकादेमी के पुरस्कारों को क्या आपने अपनी रुचि के अनुसार उन्हें कभी मैनेज किया था?
नामवर सिंह : मैं साहित्य अकादेमी के पुरस्कार के बारे में आपको क्या बताऊँ! एक बार मैं दस साल तक था। दस साल में पाँच साल मैं था, पाँच

साल शिवमंगल सिंह 'सुमन' रहे। चूँकि वाइस प्रेसीडेंट के लिए वे खड़े हुए थे और हार गए थे। मैंने मना किया था कि आप मत लड़िए...तो लड़े और हार गए। तो मैंने कहा कि आप संयोजक हो जाइए हिन्दी वालों के। तो उन्होंने कहा, ठीक है, काम तो तुम्हीं करोगे...तो दस सालों तक मैं था। काफी दिनों की बात है यह। 1972 से लेकर 1982 तक। तो 1972 से लेकर 82 तक जब मैं था, तो सच्चाई यह कि दस वर्षों में मैंने एक लिस्ट बनाई थी अपने लिए, कि किन लोगों को पुरस्कार मिलना चाहिए था और किन्हीं कारणों से उन्हें नहीं मिला। भूल-सुधार, जिसे मैं कहता हूँ...मसलन, यशपाल को मिलना चाहिए, नहीं मिला। भवानी प्रसाद मिश्र को मिलना चाहिए, नहीं मिला। शमशेर बहादुर सिंह को मिलना चाहिए, नहीं मिला। हिन्दी के वरिष्ठ लोग, जो दिवंगत हो जाएँगे कुछ दिनों में, उनको पुरस्कार नहीं मिला। कृष्णा सोबती को नहीं मिला था, त्रिलोचन को नहीं मिला था, रघुवीर सहाय को नहीं मिला था। यानी कि कुछ पुराने, कुछ नये। हमारे जमाने में दो दिवंगत लोगों को पुरस्कार मिले। मैंने धूमिल को पुरस्कार दिलवाया। भारतभूषण अग्रवाल आखिरी दिनों में बहुत पीड़ित रहे, तो भारतभूषण को दिलवाया। उसके बाद किसी दिवंगत को हिन्दी में पुरस्कार नहीं मिला।...और याद नहीं आ रहा।...तो हमारी एक लिस्ट थी। हजारीप्रसाद द्विवेदी को हमारे जमाने में इसलिए मिला क्योंकि पंडित जी को सदस्य होने के कारण पुरस्कार नहीं मिला था, तो अब मिल जाना चाहिए उनको। चूँकि मैं ज्यूरी का मेम्बर था इसलिए यह काम कर सका। मैं चाहता था, उदय प्रकाश को मिले, नहीं मिला। विष्णु खरे की किताब 'सबकी आवाज के पर्दे में' मुझे बहुत अच्छी लगी थी और मैं चाहता था कि मिले। विष्णु खरे मेरे बहुत विरुद्ध हैं। बहुत बोलते रहे हैं। लिख भी चुके हैं। बावजूद इसके कि वह बहुत महत्त्वपूर्ण किताब थी, इसलिए मिले। नहीं माने लोग। मुझे इन दो लोगों का दुख है।

प्रियंवद : उदय प्रकाश ने 'साक्षात्कार' में एक इंटरव्यू दिया है आपके खिलाफ...।
नामवर सिंह : कोई बात नहीं...पर उसके साक्षी विजयमोहन जी हैं। मैंने बार-बार कहा था—'पाल गोमरा का स्कूटर' के लिए...।

हरिनारायण : हाँ, मुझे एक ऐसे व्यक्ति ने बताया...यह झूठ नहीं है...।
प्रियंवद : उदय प्रकाश तो नामवर सिंह का बहुत विरोध करते हैं।
नामवर सिंह : सुनिए, एक चीज बताएँ...हमारे लिए उनकी रचना महत्त्वपूर्ण है। उनके लिए मेरी राय महत्त्व रखती है या नहीं, इसकी मैं परवाह नहीं करता...

और जॉर्ज लुकाच ने कहीं कहा है : 'हम आपको प्यार करते हैं, आप करें या न करें...' उनका जो काम है, वो अहले सियासत जाने...अपना पैगाम मोहब्बत है, जहाँ तक पहुँचे। तो जो चीज मुझे अच्छी लगी, जरूरी नहीं कि आप 'रिस्पॉन्स' करें और उसका एहसान मानें। अपने मन की बात मैंने की, आपको जैसा लगा, ठीक। अब लोगों की अलग-अलग गाँठें होती हैं।

प्रियंवद : आपने कहा, 'नौकर की कमीज' कालजयी उपन्यासों की आपकी सूची में अभी प्रश्नचिह्न में है। इस जटिल कलावाद को आप किस विशेषता के लिए पसन्द कर लेते हैं?
नामवर सिंह : 'नौकर की कमीज' एक बड़ा 'अर्थ सन्दर्भ' है।

प्रियंवद : 'दीवार में एक खिड़की...' की बात करते हैं। उसमें विनोद कुमार शुक्ल 'नौकर की कमीज' के मुकाबले और सूक्ष्म और गहरे कलावाद में उतर गए हैं।
नामवर सिंह : दो बातें हैं। एक तो टिपिकल निम्न मध्यवर्ग की एक मानसिकता...और दूसरा उसमें जो अत्यन्त मार्मिक सम्बन्ध है, जिसको मैं कहूँ कि जैसे चेखव में 'एक क्लर्क की मौत' है न।...तो एक छोटे क्लर्क वाली मनःस्थिति, उसका जीवन, उसका सोच-विचार, उसके जीवन की खुशियाँ, उसकी पत्नी और वह खिड़की और उसके जरिये जीवन का छोटा-सा सुख, छोटा-सा दुख। सारे कलावाद को एक तरफ रखिए। हिन्दी में ऐसे आदमी का गृहस्थ जीवन, शादी, स्कूल में पढ़ाना—ये लाइफ जो आती है न...तो मेरे लिए महत्त्व की है, और सारा कलावाद इस चीज को ले आने में लगाता है वह आदमी। विनोद कुमार शुक्ल एक टिपिकल कस्बाई, लोअर मिडिल क्लास का एक मुदर्रिसनुमा आदमी है।

प्रियंवद : जो हाथी पर आता-जाता है? उस टैम्पो में नहीं बैठता जो उसके जीवन की वास्तविकता है?
नामवर सिंह : ...वो-वो...एक शिल्प के रूप में इस्तेमाल किया गया है।

प्रियंवद : हाथी शिल्प है?
नामवर सिंह : हाथी उसकी महत्त्वाकांक्षा है। कभी हाथी पर बैठना चाहे।... वह हाथी उसकी महत्त्वाकांक्षा के रूप में आता है। यही तो होता है कि बच्चा चाहता है कि हम हाथी पर चढ़ें।...ये जो वे ले आते हैं, एक चाइल्ड लाइक इन्नोसेंस, मुझे इसलिए महत्त्वपूर्ण लगते हैं विनोद कुमार शुक्ल। विनोद कुमार शुक्ल का वह भोलापन नष्ट नहीं हुआ है और उसी ने उनको लेखक के रूप

में जिन्दा रखा है। वैसे, वे इतने सीधे-सादे भी नहीं हैं, जितने दिखते हैं। सब कुछ समझते-बूझते हैं। लिखते हुए शब्दों से खेलते हैं और उसमें मज़ा लेते हैं, जो मुझे अच्छा लगता है।

हरिनारायण : देखा जाए तो वे वंचितों के पक्ष में ही हैं...कलावादी जरूर हैं।
नामवर सिंह : उस आदमी की जीवन-दृष्टि देखिए। सब होते हुए...भई, मुक्तिबोध के साथ रहे हैं। 'रायपुर संभाग' उनकी लम्बी कविता है। मुक्तिबोध की ही स्टाइल में लिखी है। उनमें निम्न मध्यवर्गीय आदमी की अपनी एक ठसक है। इसलिए कभी ऊपर से दिखाएँ, लेकिन अशोक वाजपेयी उनको अपना आदमी नहीं समझते...वे मदन सोनी, ध्रुव शुक्ल, तेजी ग्रोवर को अपना समझेंगे... विनोद कुमार शुक्ल को अपना आदमी नहीं मानते।...इस्तेमाल करते हैं।...मेरा उनसे बहुत ज्यादा सम्पर्क नहीं है। एक रचना के साथ सम्बन्ध बना हुआ है। लेकिन...वह चीज उनमें है।

देवेन्द्र : 'सहारा' में आपने जब ज्वाइन किया था तो उससे पहले आपने 'जनयुग' में ज्वाइन किया था, 'आलोचना' में ज्वाइन किया था, तो आपको क्या कुछ ऐसी उम्मीद थी कि यहाँ से आप खुद को किसी तरह का रचनात्मक विकास दे सकते हैं?...क्या किन्हीं रचनात्मक सम्भावनाओं को देखते हुए आपने 'सहारा' ज्वाइन किया था?...
नामवर सिंह : 'जनयुग' के बारे में बताऊँ कि 'सहारा' के?

देवेन्द्र प्रियंवद : ...'सहारा'...।
नामवर सिंह : 'सहारा' का तो अचानक मेरे पास प्रस्ताव आया। मुझे तो कोई इसकी समझ ही नहीं थी। गोविन्द दीक्षित मेरे पास प्रस्ताव लेकर आए थे। मेरे मन में हिचक भी थी। 26 जनवरी के बाद वे कोई वार्षिक समारोह करते हैं, उसके एक-दो दिन पहले आए थे। उस समय उन्होंने कहा, इसको हम कुछ नया करना चाहते हैं, साप्ताहिक निकालना चाहते हैं, उसमें जरूरत है आपकी, वगैरह वगैरह...।

मैं 'सहारा' के बारे में ज्यादा जानता भी नहीं था। पहले 'हस्तक्षेप' निकालते थे अरुण पांडे। तो उस सिलसिले में वे मुझसे कई बार बात करने आते थे और छापते थे। मैं इतना ही जानता था। बाकी कोई बहुत अच्छी राय नहीं थी अखबार के बारे में। वैसे भी पत्रकारिता का मुझे कोई खास अनुभव नहीं था। काफी पहले साप्ताहिक 'जनयुग' का सम्पादन जरूर किया था, लेकिन 'जनयुग' की बात और थी। बहुत हिचक और संकोच के साथ मैंने 'सहारा' का प्रस्ताव अन्ततः

स्वीकार कर लिया—बहुत कुछ एक चुनौती के रूप में, क्योंकि यह 'मैगजीन' नहीं, बल्कि 'ब्रॉडशीट' साप्ताहिक था और इसके लिए एक नई टीम बनाने का भी अवसर मिल रहा था। मुझे खुशी है कि इस नई टीम में मुझे मंगलेश डबराल, मनोहर नायक और कृपाशंकर चौबे जैसे सुयोग्य सहकर्मी मिल गए। इस तरह 'सहारा समय' के रूप में साहित्य और संस्कृति के लिए भी एक उपयुक्त मंच सुलभ हो गया। इसका एक प्रमाण तो यही है कि 'सहारा समय' के तत्त्वावधान में हम युवा कहानीकारों के लिए काफी सम्मानजनक एक कहानी-प्रतियोगिता का आयोजन कर सके और जिसके निर्णय में हिन्दी के वरिष्ठ कथाकारों का सहयोग सम्भव हो सका।

आरम्भ में हर सोमवार को नियमित रूप से मेरी अध्यक्षता में समूचे सम्पादकीय मंडल की सम्मिलित बैठकें होती थीं। पिछले अंक की समीक्षा होती थी और आगामी अंक की रूपरेखा बनाई जाती थी। उन दिनों मैंने 'यथा समय' नाम से एक नियमित स्तम्भ भी लिखने का प्रयास किया। इस तरह लगा कि इस माध्यम के द्वारा कुछ किया जा सकता था।

सब कुछ ठीक-ठाक चल रहा था कि वह दुर्भाग्यपूर्ण घटना घटी, जिसमें कुछ लेखकों को 'सहारा समय' में वर्जित कर दिया गया था। वह निर्णय मेरी अनुपस्थिति में लिया गया था। उसी समय मंगलेश डबराल को हटाने की बात आ गई थी। इन्क्वायरी के लिए एक कमेटी भी बना दी गई थी। लोगों ने कहा कि घर की चीज को मंगलेश डबराल ने बाहर किया है। उस अविवेकपूर्ण निर्णय का दंड स्वयं समूह-सम्पादक को भोगना पड़ा। गोविन्द दीक्षित को इस्तीफा देना पड़ा था लेकिन एक तरह से वह 'सहारा समय' के लिए भी निर्णायक साबित हुआ। उस दिन से 'सहारा समय' का एक नया दौर शुरू हुआ। साप्ताहिक बैठकों का सिलसिला खत्म हो गया। इसके साथ ही कार्यालय जाने के अवसर भी मेरे लिए कम हो गए। सहारा-परिवार में शामिल होते समय मैंने कभी विनोद में कहा था कि समझदार सलाह देते नहीं और नासमझ लेते नहीं। अब समझ में आया कि सलाह भी नहीं लेते जो जरूरत से 'ज्यादा' समझदार होते हैं। जल्द ही मुझे आभास हो गया कि अब 'सहारा' को मेरी सलाह की जरूरत नहीं है। इशारा समझने भर की अक्ल तो है ही। कार्यालय जाना बन्द कर दिया और काम की बातें फोन से ही होने लगीं। इस बीच 'सहारा समय' के स्वरूप में बदलाव आ गया—यहाँ तक कि साहित्य-संस्कृति-विज्ञान खंड, मनोरंजन का अंग बन गया और अखबार की कीमत भी दुगुनी कर दी गई। ऐसी हालत में वहाँ मेरे होने का क्या मतलब था? वैसे भी, मुझे बिना काम किए 'सहारा' से सुविधाएँ लेना अनैतिक लगने लगा था। एक बार पहले भी मैंने मानदेय न लेने की पहल की थी जो अस्वीकृत हो गई। फिर भी मैंने 2005 की जुलाई-अगस्त के आसपास ही

'सहारा' से मुक्त होने का मन बना लिया था। अटक थी तो सिर्फ यह कि मेरी सलाह पर जो अपना लगा-बँधा काम छोड़कर 'सहारा' में आए थे, उनका क्या होगा? आज भी मेरे मन में अगर कोई अपराधबोध है तो यही कि त्यागपत्र देने से पहले मैंने अपने दो-तीन सहकर्मियों को विश्वास में क्यों नहीं लिया—खास तौर से वे साथी, जिन्हें 'सहारा' छोड़ने के लिए बाध्य किया गया। कुछ एक लोगों को छोड़कर ज्यादातर शुभचिन्तकों ने मेरे निर्णय का स्वागत ही किया और मैं भी अपने-आपको काफी हल्का महसूस करता हूँ। परवाह नहीं कि दूसरे इस घटना की क्या व्याख्या करते हैं।

देवेन्द्र : उस समय बाहर यह बात कही जा रही थी कि नामवर सिंह से जबरदस्ती इस्तीफा लिया गया है। गोविन्द दीक्षित का नाम आ रहा था कि गोविन्द दीक्षित गए और कहा कि...।

प्रियंवद : इस्तीफे में देवेन्द्र जी, पता नहीं लगता कि दिया गया है या जबर्दस्ती लिया गया है।

नामवर सिंह : मेरा इस्तीफा प्रकाशित है और लिखा हुआ है। मैं बहुत दिनों से सोच रहा था, छोड़ूँ। वह तो मैं चार-पाँच महीने लेट हो गया, मुझे पहले ही छोड़ देना चाहिए था क्योंकि मैंने जाना बन्द कर दिया था। अब कहने वाले जो चाहे कहें।

देवेन्द्र : हालाँकि व्यक्तिगत तौर पर इस प्रश्न को मैं अनावश्क समझता हूँ लेकिन फिर भी...जगह-जगह जब बातें आती हैं तो यह माना जाता है कि आप एक परिवार के मुखिया की हैसियत से असफल रहे हैं। इसमें आपके पत्नी से सम्बन्ध, आपके बेटे से सम्बन्ध भी हैं।

प्रियंवद : इसके दायरे को थोड़ा और आप बढ़ा दें, कि नामवर किसी के मित्र नहीं हैं और नामवर सिंह का कोई मित्र नहीं है।

देवेन्द्र : एक बार काशीनाथ जी ने बातचीत में यह कहा था कि भैया बहुत गहरे रूप से अकेले रहते हैं। वह बहुत ही करुण भाव में ही यह बात कहते हैं। इसमें आप किस कारण का मूल्यांकन करते हैं? क्या लोगों की अपेक्षाएँ आपसे ज्यादा थीं या आपकी अपेक्षाएँ लोगों से ज्यादा थीं? या यह जीवन का एक पक्ष है...?

नामवर सिंह : बात यह है कि मैं अब उस बिन्दु पर पहुँच गया हूँ...यानी कि अस्सी साल...जहाँ मैं अपने पिताजी की तरह अकेला हो गया हूँ। उतना अकेला आदमी मैंने देखा नहीं। गाँव में पढ़े-लिखे अकेले वे ही आदमी थे। हमारा भरा-पूरा, संयुक्त परिवार। वे तीन भाई थे। छोटे भाई बाबू नन्दन सिंह गाने-बजाने में मस्त रहते थे। वे दिनभर दिखाई नहीं पड़ते थे। मालिक थे ताऊ

हमारे...बड़े चाचा जिसको कहते हैं। बड़े सामाजिक आदमी थे। खेती-बाड़ी वही कराते थे।

मेरा लड़का छोटा था तो कुछ दिनों तक गाँव में था, वह भी चला गया। माँ थीं, तो वे हम लोगों के साथ आ गईं। विजय भी बनारस आ गया। अन्तिम दिनों में काशी उनको अपने यहाँ बनारस ले आए। हमारे बेटे को बहुत प्यार करते थे। वह भी छोड़ गया, 'दगा' दे गया उनको...वे चाहते थे, आसपास रहे। पूरी कोशिश की...हाँ-हाँ करता रहा, दगा दे गया।...काशी के साथ रहते थे लेकिन घूमने के लिए एक दूसरे साथी मिल गए थे...पुरातत्त्व विभाग वाले पुरुषोत्तम सिंह जो थे, उनके पिता जी। उन्हें मैंने अपने बचपन से अन्तिम दिनों तक देखा है। उतना अकेला आदमी...। आज इतने दिनों बाद सोचता हूँ, तो उनके तीनों बेटे भी लगभग उतने ही अकेले हैं। काशी, कुछ गनीमत है...कुछ बेहतर स्थिति में हैं। राम जी बहुत कुछ...जो हमारे मँझले भाई हैं...पर अपेक्षाकृत काशी ही भाग्यशाली हैं हम लोगों में...एक भरा-पूरा परिवार का बोध है। बेटी है...सब कुछ है। राम जी का बड़ा बेटा उनके साथ नहीं है, छोटा है। बेटियाँ शादी करके चली गईं। तो मैंने जो पिताजी के साथ किया, अगर मेरा बेटा मेरे साथ करता है, तो यह 'पोएटिक जस्टिस' भी है। एक ही अन्तर है कि पिताजी के कोई बेटी नहीं थी। मेरे एक बेटी है। और बेटी के एक बेटी है। मैं भी अकेले दिल्ली चला आया। बाद में उसको ले आया। बनारस की पढ़ाई पूरी हो गई, काशी के साथ रही।...तो पिताजी के पुण्य-प्रताप से कहिए...उनसे थोड़ा अन्तर यह हुआ कि उनके कोई बेटी नहीं थी। होती भी तो उसकी शादी हो गई होती, कहीं चली जाती। मेरे बेटी है और वह मेरे साथ दिल्ली में है और वह मेरा खयाल रखती है। इसलिए पिताजी से मेरा अकेलापन कुछ कम है। तीन बातें हैं—काशी जैसा भाई मिला है मुझे और समीक्षा जैसी बेटी है। उनको ये दोनों नहीं मिले, जो मुझे मिले हैं। और तीसरी चीज यह कि पिताजी के केवल तीन मित्र थे—कामता प्रसाद विद्यार्थी एक थे, एक जगदीश लाल थे, एक रघुनाथ सिंह। कुल तीन आदमी थे। गाँव में उनका किसी से कोई सम्बन्ध नहीं था। लेकिन मेरे मित्रों की संख्या बहुत बड़ी है।

और इनसे भी बड़ी संख्या शिष्यों की है—जोधपुर से लेकर जे.एन.यू. तक। मेरे पास और कोई पूँजी नहीं है, लेकिन जिनको मैंने पढ़ाया है, उनसे जो स्नेह मिलता है, वह दिखावा नहीं है। वह बहुत बड़ी पूँजी है। अकेलापन मेरे भाई ने और मेरी बेटी ने कम किया है। इसलिए इतने दिनों 'सरवाइव' कर गया। वैसे कुछ मेरे मित्र भी हैं।

प्रियंवद : साहित्यकार हैं या गैर-साहित्यकार?
नामवर सिंह : कुछ गैर-साहित्यकार भी हैं, जैसे मार्कंडेय सिंह (पूर्व ले. गवर्नर, दिल्ली) हमारे क्लासफेलो रहे हैं। कुछ और क्लासफेलो हैं हमारे—हाईस्कूल के दिनों के पढ़े हुए। स्कूल के दिनों के हमारे साथी हैं पर वही प्रेम अब भी है। उन लोगों के यहाँ बराबर मेरा आना-जाना होता रहता है।

प्रियंवद : साहित्यिक मित्रों में कौन-कौन हैं?...
नामवर सिंह : नाम न बताऊँगा। एक आध नाम छूट गया तो बुरा मानेंगे वे लोग।

प्रियंवद : एक-दो बता दें...।
नामवर सिंह : देखिए, पुराने लोगों में हमारे जो बहुत खास हैं, राजेन्द्र यादव हैं। राजेन्द्र से मेरा सम्बन्ध सन् '51-52 के आसपास का होगा। इलाहाबाद में मिले थे हम—पी.डब्ल्यू.ए. की मीटिंग में। तब से आज तक राजेन्द्र से चल रहा है। विचारों में मतभेद हमेशा रहा है। उनकी साहित्यिक रचनाओं के बारे में भी। मेरे लिखे-बोले से प्राय: असहमत रहते हैं। लेकिन कुछ है जो जुड़े हैं राजेन्द्र से और यह जुड़ाव अन्त तक रहेगा। साहित्य में दूसरे रचनाकारों से वैसा सम्बन्ध कम रहा है।

लगभग हमउम्र होने के कारण, जो और लोगों से नहीं बना। बल्कि यहाँ तक कहें, मार्कंडेय से हमारा वैसा सम्बन्ध नहीं है। मार्कंडेय से सम्बन्ध श्रीकृष्ण दास के कारण बना क्योंकि उनकी पत्नी थी सरोज, जो हमारे पिताजी की दोस्त विद्यार्थी की बेटी थी, तो उनके घर तो मैं बेटे की तरह पला था। उनके कारण दास बाबू के यहाँ ठहरता था। इसलिए मार्कंडेय से सम्बन्ध बना। पर मार्कंडेय से वैसा बेतकल्लुफी का सम्बन्ध नहीं है हमारा, जो राजेन्द्र से है। तो ऐसे बहुत-से लोग हैं। बाकी कई पीढ़ी के लोगों से है। जाहिर है, उम्र का फासला है। यानी कि आप लोगों की पीढ़ी है। उस पीढ़ी से एक फासला बराबर बना रहेगा लेकिन स्नेह-प्यार तो है। अलावा उसके, साथियों के नाते प्रगतिशील लेखक संघ है और कमला प्रसाद हैं।

प्रियंवद : दो छोटे-छोटे सवाल करके समाप्त करते हैं। एक तो यह कि अब पीछे पलटकर अगर आप देखें...अस्सी वर्ष की आयु के लगभग अपने जीवन की ऐसी कौन-सी एक या दो चीजें हैं जिन पर आप गर्व करना चाहेंगे और क्या एक या दो चीज ऐसी, जिन पर आपको अब शर्मिन्दगी महसूस होगी?
नामवर सिंह : गर्व करने लायक तो कुछ भी नहीं।

प्रियंवद : अस्सी साल की उम्र में कुछ भी नहीं है?
नामवर सिंह : कुछ भी नहीं...।

प्रियंवद : ऐसा कैसे हो सकता है? क्या अस्सी साल का जीवन व्यर्थ गया?
नामवर : नहीं, व्यर्थ तो नहीं गया। मैंने कहा, गर्व करने लायक कुछ नहीं, गर्व भी नहीं...शर्म भी नहीं...।

प्रियंवद : आपने टालने-सा जवाब दे दिया कि गर्व भी नहीं है—शर्म भी नहीं है। इतने लम्बे जीवन में ऐसा कैसे हो सकता है?
नामवर सिंह : पश्चात्ताप जरूर है...।

प्रियंवद : चलिए, यही बताइए...।
नामवर सिंह : पश्चात्ताप यह कि कई चीजें जो मैं करना चाहता था और चाहता हूँ अब भी, वह नहीं कर पाया...अधूरा रह गया। यह जरूर हुआ।

प्रियंवद : जैसेकि क्या?
नामवर सिंह : कई योजनाएँ मेरी हैं और वे नहीं हो पाईं। इसमें दोष किसी को नहीं देना है। इसको कहें, जैसे...ऐसा संकल्प लेना है, जैसा रामविलास जी ने ले लिया था। संन्यास ले लिया था—किसी गोष्ठी में नहीं जाना है, कहीं भाषण करने नहीं जाना है, बैठ करके लिखना है।...तो यह काम मैं नहीं कर सका। कमजोरी कह लीजिए। कोई आता है तो 'ना' करना नहीं जानता। इसलिए अब भी जो कुछ थोड़ा समय बचा है, मैं सोचता हूँ कि कहीं से किसी प्रकार यह हो कि...दिल्ली से बाहर जाना और दिल्ली में भी गोष्ठियों में जाना बन्द करूँ और जो कुछ इतने नोट्स बना करके रखे हुए हैं। ढेरों हैं...।

प्रियंवद : रामविलास जी ने तो बहुत काम किया है।
नामवर सिंह : वही मैं कह रहा हूँ...देखिए, रामविलास जी उस तरह का दृढ़ निश्चय कर सके। उन्होंने तय कर लिया था—नहीं जाना है। पर वे लिखते नहीं थे, वे बोलकर लिखवाया करते थे। मैं डिक्टेट नहीं कर सकता। नोट्स बने हुए हैं। मैं तो अपने हाथ से ही लिख सकता हूँ, वह भी कलम से। टाइपराइटर या कम्प्यूटर से मैं लिख नहीं सकता। पछतावा इसी चीज का है मुझे...जो कुछ चीज हैं मेरे दिमाग में, योजनाएँ बनी हुई हैं, उनको पूरा करके मैं लिख जाना चाहता हूँ।

प्रियंवद : रामविलास जी ने इस मामले में अतुलनीय काम किया है। आखिरी समय तक लिखते रहे। उन्होंने जैसे कर लिया, आप भी उनकी तरह संकल्प कर लीजिए कि गोष्ठी में, विमोचन में, नहीं जाएँगे कहीं, बस लिखेंगे। यह पश्चात्ताप खत्म होगा।
नामवर सिंह : संकल्प करके जो उन्होंने लिखा है—बस, ऐसा ही लिखा है।

प्रियंवद : लेकिन लिखा तो है। फिर असली बात तो यह संकल्प करने की ही है कि लिखना है।
नामवर सिंह : वैसा मैं नहीं लिखना चाहता।

['अकार-17' : अगस्त-नवम्बर, 2006]

थियोडोर अडोर्नो की 'मिनिमा मोरालिआ' (न्यूनतम नैतिकता) पढ़ते हुए इस एक वाक्य पर दृष्टि अटक गई : 'One must have tradition in oneself, to hate if properly.' अर्थात् 'अपने अन्दर परम्परा का होना जरूरी है, यदि कोई उससे उचित ढंग से घृणा करना चाहता है।'

जैसे यह बिजली की एक कौंध-सी थी मेरे अपने समूचे जीवन और लेखन के लिए।

मेरा पहला आलोचनात्मक लेख था : आचार्य रामचन्द्र शुक्ल पर। 1949 की मासिक 'जनवाणी' में 'हिन्दी समीक्षा और आचार्य शुक्ल' शीर्षक से यह प्रकाशित हुआ था। 'जनवाणी' काशी विद्यापीठ से प्रकाशित होती थी। सम्पादक थे बैजनाथ सिंह 'विनोद', लेकिन पत्रिका के प्रधान सम्पादक और प्रेरणास्रोत आचार्य नरेन्द्रदेव थे। प्रकाशन से पहले यह लेख काशी हिन्दू विश्वविद्यालय के हिन्दी विभाग की हिन्दी समिति में आचार्य शुक्ल के जन्मदिन के अवसर पर पढ़ा गया था। अध्यक्षता कर रहे थे पंडित विश्वनाथ प्रसाद मिश्र। आचार्य शुक्ल के कुछ विचारों की तीखी आलोचना थी। उस समय मैं बी.ए. का छात्र था। उम्र 22 वर्ष। तब तक आचार्य हजारीप्रसाद द्विवेदी काशी हिन्दू विश्वविद्यालय में नहीं आए थे।

आचार्य की आलोचना से ही मैंने आलोचना-कर्म का आरम्भ किया था। क्यों? जाहिर है कि वे मेरी परम्परा हैं। एक परम्परा के रूप में मेरे अन्दर हैं—अन्दर रहे हैं। मुझे विरासत में सिर्फ मिले हैं—ऐसा भी नहीं। मैंने उन्हें साधना से अर्जित किया है। इसीलिए मेरा उनसे टकराव भी है। एक प्रकार का 'आत्मसंघर्ष'। मुक्तिबोध का-सा आत्मसंघर्ष। लड़ाई शुक्ल जी से नहीं, स्वयं अपने-आप से।

उस संघर्ष को सही शब्द मिला, जब मैंने 'दूसरी परम्परा की खोज' नाम की पुस्तक लिखी—1982 में। जो यात्रा 1949 में शुरू की, उसे सही नाम मिला 33 वर्ष बाद और तब यह प्रत्यभिज्ञान हुआ कि मैं इस दूसरी परम्परा के निर्माण के लिए कवि-कर्म छोड़कर आलोचना के पथ पर आ निकला। सन् 1949 से अब तक की आलोचना-यात्रा सम्भवत: उसी आत्मसंघर्ष की पीड़ा है।

अडोर्नो ने अपनी उस पुस्तक का एक उप-शीर्षक भी दिया है जिसे अंग्रेजी में 'Reflections from damaged life' कहते हैं। हिन्दी में उसे 'क्षत-विक्षत जीवन का अनुचिन्तन' भी कह सकते हैं।

मेरा जीवन कितना क्षत-विक्षत था, इसका जिक्र आज जरूरी नहीं। अडोर्नो के जीवन के बारे में जितनी जानकारी है, उसको याद करते हुए तो कुछ भी नहीं। अडोर्नो को तो हिटलर की नात्सी क्रूरता के कारण अपनी मातृभूमि छोड़नी पड़ी थी। मुझसे तो सिर्फ काशी ही छूटी—रहा तो देश में ही। लेकिन उस काशी को—अपनी परम्परा को—अपने अन्दर लिये-लिये, उससे लड़ते-झगड़ते, फिर भी बार-बार उस पर रीझते हुए।

शमशेर जी से मैंने किसी का यह शेर सुना था :

न हँसना ही सलीके का, न रोना ही सलीके का।
परेशानी में कोई काम जी से हो नहीं सकता।
जो हो सकता है इससे वह किसी से हो नहीं सकता।
मगर देखो तो फिर कुछ आदमी से हो नहीं सकता।

मैं इतना निराशावादी नहीं हूँ कि यह कहूँ कि कुछ आदमी से हो नहीं सकता, क्योंकि 'जो हो सकता है इससे, वह किसी से हो नहीं सकता'।

रही बात सलीके की, तो मैंने जो बातें की हैं, चाहता था कि सलीके से कहूँ, क्योंकि एक साहित्यकार, कलाकार के हँसने में, रोने में एक सलीका तो होना ही चाहिए। पता नहीं, मेरा यह काम सलीके से हो सका या नहीं। आश्वस्त नहीं हूँ।

अन्त में पीछे मुड़कर अपने पूरे जीवन का सिंहावलोकन करता हूँ तो अन्दर-अन्दर वही प्रश्न उठता है जिससे मुक्तिबोध बेचैन रहते थे :

अब तक क्या जिया?
जीवन क्या जिया?

संस्मरण और व्यक्ति-चित्र

जैसे हम हैं वैसे ही रहें
लिये हाथ एक-दूसरे का
अतिशय सुख के सागर में बहें।

—निराला

एक सुधि निराला की

यह बात 1950 के दशक की रही होगी। मैं तब तक इंटरमीडिएट कर चुका था और कविता लिखा करता था। प्रगतिशील लेखक संघ (प्रलेस) की ओर से यह तय हुआ कि निराला जी के हाथों कुछ युवा रचनाकारों को पुरस्कार दिलवाया जाए। उन दिनों प्रलेस की बनारस इकाई के अध्यक्ष नन्ददुलारे वाजपेयी हुआ करते थे। मुझे भी उस समय निराला जी के हाथों 100 रुपये का पुरस्कार मिला था लेकिन निराला जी को मुझे पुरस्कार देने के लिए जो लिफाफा पकड़ाया गया था, वह एकदम खाली था। उन्होंने यह लिफाफा सबके सामने खोलकर दिखा दिया।

निराला जी से जानकी वल्लभ शास्त्री को बतौर पुरस्कार 200 रुपये दिलवाए गए थे। जानकी वल्लभ जी बड़े कवि थे। वे निराला जी के बहुत करीब भी थे। निराला जी पर जानकी वल्लभ जी ने बहुत अच्छा लिखा है, यह अलग बात है कि बहुत कम लोगों का ध्यान उसकी ओर गया है। जानकी वल्लभ जी संस्कृत के पंडित थे और हजारीप्रसाद द्विवेदी के एक तरह से सहपाठी थे।

पुरस्कार समारोह वाली शाम की एक छोटी-सी घटना का जिक्र करना चाहूँगा। बनारस में एक जगह है—दुर्गाकुंड। नन्ददुलारे वाजपेयी वहीं दो कमरों वाले एक मकान में रहते थे। मैं और त्रिलोचन जी वहाँ पहुँचे। उनके यहाँ निराला जी ड्राइंगरूम में बैठे खाना खा रहे थे। मुझे यह देखकर हैरानी हुई कि दोनों कान्यकुब्ज ब्राह्मण हैं, फिर भी निराला जी ड्राइंगरूम में और नन्ददुलारे जी अन्दर वाले कमरे में बैठकर खाना खा रहे हैं! मेरी हिम्मत तो नहीं पड़ रही थी, फिर भी मैंने पूछ ही लिया कि आप चौके में क्यों नहीं खा रहे हैं? यहाँ बाहर क्यों खाना खा रहे हैं? निराला जी अपनी बैंसवाड़ी में बोले, जो हिन्दी में कुछ-कुछ यों होगा : 'वे वाजपेयी हैं, हमको वे अपने चौके में कैसे खिला सकते हैं?' निराला को इस फर्क का अहसास था और उनके मन से यह बात कभी नहीं निकल पाई, इसलिए वे एक जगह लिखते भी हैं : 'ब्राह्मण समाज में ज्यों अछूत...'।

निराला जी से जुड़ी एक और घटना का ध्यान मुझे बरबस हो आया। उनका 60वाँ जन्मदिन मनाया जा रहा था। बनारस में तीन अलग-अलग जगहों

पर उनका अभिनन्दन होना था। एक कार्यक्रम नागरी प्रचारिणी सभा के कक्ष में था। वहाँ कविता पाठ वगैरह हुआ। दूसरा कार्यक्रम बनारस हिन्दू विश्वविद्यालय में हुआ। बनारस हिन्दू विश्वविद्यालय में निराला जी ने अपनी प्रसिद्ध रचना 'राम की शक्ति-पूजा' सुनाई।

इस कार्यक्रम के अध्यक्ष पं. केशव प्रसाद मिश्र थे। वे संस्कृत के पंडित थे और जयशंकर प्रसाद के बहुत करीबी थे। उस जमाने में निराला जी को उन्होंने विश्वविद्यालय के पाठ्यक्रम में जगह दी थी। बी.ए. के पाठ्यक्रम में निराला की कविताएँ लगी हुई थीं, पर उस समय 'कामायनी' की प्रसिद्धि की वजह से जयशंकर प्रसाद को बड़ा कवि होने का गौरव प्राप्त था। हाँ, निराला जी को जयशंकर प्रसाद के बाद दूसरा सबसे बड़ा कवि जरूर माना जाता था। अंग्रेजी के प्राध्यापक बी.एल. साहनी ने अंग्रेजी में 'राम की शक्ति-पूजा' पर तब एक व्याख्यान दिया था। कुछ और लोगों ने भी इस कविता पर व्याख्यान दिये थे। पं. केशव प्रसाद मिश्र ने भी एक व्याख्यान दिया था। निराला जी ने संन्यासियों वाले गेरुआ वस्त्र पहन रखे थे। उनके अभिनन्दन का तीसरा कार्यक्रम तुलसी घाट के नजदीक एक प्रिंटिंग प्रेस में था। यह प्रेस नन्ददुलारे वाजपेयी का था। उन्होंने इसे किसी से खरीद लिया था। प्रेस का उद्घाटन निराला जी के हाथों करवाया गया था। इस मौके पर निराला जी का कविता पाठ हुआ। इस अवसर पर निराला जी ने 'गीतिका' के दो गीत हारमोनियम पर गाए थे। इसी कार्यक्रम में शिवमंगल सिंह 'सुमन' ने निराला पर लिखी हुई अपनी लम्बी कविता का पाठ किया था। निराला जी ने शिवमंगल जी को बीच में टोका और अवधी में डपटते हुए कहा कि हमारे ही मुँह पर हमारे बारे में तारीफ...बन्द करो यह सब। इसके बाद वहाँ उपस्थित लोगों ने निराला जी से गीत सुनाने का अनुरोध किया तो उन्होंने एक गीत 'प्रात तव द्वार पर, आया जननि! नैश अन्ध पथ पार कर' सुनाया। दूसरा गीत 'टूटें सकल बन्ध कलि के, दिशा-ज्ञान-गत हो बहे गन्ध' सुनाया। उन्हें जुकाम हो गया था, इसलिए नाक वाले सुर से गा रहे थे। वे बहुत अच्छा गाते थे और बहुत अच्छा हारमोनियम भी बजाते थे।

मैं निराला जी से इलाहाबाद में कई बार मिला हूँ। अन्तिम दिनों में मैं उनसे झूँसी मिलने गया था। गंगा के किनारे महादेवी जी ने निराला जी के रहने के लिए एक जमीन खरीदी थी, जिस पर उन्होंने एक कुटिया बनवाकर निराला जी को दी थी। यह जगह फाफामऊ से बाईं दिशा में थी। यह कुटिया रेलवे की बड़ी लाइन की तरफ थी, विश्वविद्यालय वाले इलाके से आगे गंगा के किनारे। यह जगह बहुत सूनी थी। कुछ नहीं था आसपास। जंगल जैसा था। इस जगह से वे ऊब गए थे इसलिए वे भागकर झूँसी से चले आए थे। दरअसल, निराला जी के खानपान का ढंग महादेवी से कुछ अलग था, इसलिए महादेवी जी के घर वे रुक

नहीं सकते थे। निराला जी मांसाहारी थे, जबकि महादेवी शाकाहारी। एक बार निराला जी की जयन्ती जिस दिन मनाई जा रही थी, उस दिन भी मैं इलाहाबाद में था। मैं कार्यक्रम में शामिल होने चला गया। वहाँ लोगों ने उनकी कविताएँ पढ़ीं। भाषण भी दिये। निराला जी बस चुपचाप बैठे सुनते रहे।

एक गंगा प्रसाद पांडेय थे, जो निराला जी और महादेवी जी के बहुत करीबी थे। वे के.पी.यू.सी. छात्रावास में रहते थे और वे निराला जी की बहुत सेवा किया करते थे। अन्तिम दिनों में महादेवी जी ने भी निराला जी की बहुत सेवा की थी। अन्तिम दिनों में वैसे कभी निराला जी लखनऊ में रहते तो कभी अपने गाँव भी चले जाते थे। इलाहाबाद में उनका रहना महादेवी जी की वजह से ही सम्भव हो पाया था।

निराला जी बनारस आते थे तो नागरी प्रचारिणी सभा से आगे मछोदरी में घंटाघर में गंगाधर शास्त्री के आवास पर रुकते थे। उन्होंने निराला जी की आखिरी किताबों में से दो-तीन किताबें छापी हैं। गंगाधर उनकी मालिश भी किया करते थे। बीमारी के दिनों में उन्होंने भी निराला जी की खूब सेवा की थी। उनके यहाँ रहते हुए निराला जी ने 'रामचरितमानस' को अवधी से खड़ी बोली में लिखना शुरू किया था। 'रामचरितमानस' के बालखंड का कुछ हिस्सा खड़ी बोली में तब छपा भी है। निराला जी ने गंगाधर जी से कह रखा था कि मुझसे मिलने यहाँ कोई नहीं आए। बीमार होने की वजह से वे खुद भी कहीं आते-जाते नहीं थे।

बनारस से छायावाद की तीन महान विभूतियों—जयशंकर प्रसाद, निराला और पंत—का सम्बन्ध रहा है। पंत जी की तो स्कूली पढ़ाई ही बनारस के जयनारायण हाईस्कूल में हुई थी। उस समय भी बनारस में पहाड़ के बहुत सारे लोग रहते थे। पंत जी को एक बार प्रलेस की ओर से हम बनारस एक सेमिनार में लाए थे। यह बात 1950 के दशक की रही होगी। अज्ञेय जी भी उस कार्यक्रम में आए थे। पंत जी के नखरों की वजह से पहली ट्रेन छूट गई थी। फिर हम दूसरी ट्रेन से उन्हें बनारस लेकर आए। स्कूली पढ़ाई के बाद मेरे ही आग्रह पर पंत जी बनारस पहली और आखिरी बार आए। वे दोबारा फिर कभी बनारस नहीं आए। पंत जी बनारस-यात्रा के दौरान जयनारायण स्कूल और जहाँ वे रहते थे, उन जगहों को देखना चाहते थे। पंत जी से भी मेरा मिलना-जुलना बहुत ज्यादा था। उनकी भी बहुत सारी यादें मेरे जेहन में हैं।

जब हम कॉलेज में पढ़त थे तो जयशंकर प्रसाद का नाम बहुत बड़ा था। प्रसाद की अलग-अलग विधाओं (नाटक, उपन्यास, कविता और कहानी) में लिखी गई कई चीजें स्कूल और कॉलेज के पाठ्यक्रम में शामिल थीं। जयशंकर प्रसाद तो खैर बनारस के ही थे। बनारस उनकी कहानियों में हर जगह दिखाई पड़ता है इसलिए स्थानीय लोग खुद को उनसे जुड़ा हुआ ज्यादा महसूस करते थे। काशी

को हम लोग जयशंकर प्रसाद, भारतेन्दु हरिश्चन्द्र और प्रेमचन्द का शहर मानते हैं। काशी में उन दिनों 'प्रसाद परिषद' नाम की एक संस्था सक्रिय हुआ करती थी और उसकी नियमित बैठकें हुआ करती थीं। इसमें भाग लेनेवालों को दिव्य जलपान कराया जाता था। वहाँ बहुत ही चुने हुए लोगों को प्रवेश मिलता था। 'प्रसाद परिषद' के बरअक्स हम लोगों ने प्रेमचन्द के नाम पर प्रलेस का गठन किया था। प्रलेस की बैठक प्रेमचन्द के सरस्वती प्रेस में होती थी। निराला जी को काशी में अगर सम्मान मिला तो उसकी वजह नन्ददुलारे वाजपेयी और प्रलेस थे। इसके अलावा कोई और दूसरी वजह नहीं थी। बाहर के लोगों में सिर्फ निराला जी को ही काशी में जगह मिली हुई थी।

[प्रस्तुति : स्वतंत्र मित्र]

['शुक्रवार' : साहित्य वार्षिकी, 2014 में 'स्मरण में है आज जीवन' शीर्षक से प्रकाशित]

अज्ञेय : करीब के दिन

वात्स्यायन जी से मेरी पहली मुलाकात 1946 में काशी में हुई। जनवरी का महीना रहा होगा। युद्ध खत्म होने के बाद वे असम से बनारस आए थे। सरस्वती प्रेस में ठहरे हुए थे। सरस्वती प्रेस में उनका आना-जाना पहले से था। उधर श्रीपतराय थे। अमृत तो थे ही। बहुत पहले से उन लागों से सम्बन्ध बना हुआ था। मुझे खबर मिली कि वात्स्यायन जी आए हैं तो मैं तुरन्त वहाँ गया। पहली मंजिल पर एक बड़ा-खास कमरा था। उसी में वे ठहरे थे। सरस्वती प्रेस से उनकी किताबें छप चुकी थीं। 'शेखर : एक जीवनी' वहीं से छपी थी। असल में उन्होंने बहुत मदद की थी सरस्वती प्रेस की। लड़ाई के जमाने में कागज का कोटा था। कागज मिलता नहीं था उन दिनों आसानी से।

मैं उदयप्रताप कॉलेज में पढ़ रहा था। ग्यारहवीं का विद्यार्थी था। जोश था, जैसा होता है लड़कों में। मैं सीधे वात्स्यायन जी के कमरे में चला गया। दोपहर का समय था। वे खाना खा चुके थे। वहाँ एक तख्त पड़ा हुआ था। उस पर एक छोटा-सा बच्चा बैठा था। उसकी उम्र तीन-चार साल की रही होगी। वह पकी हुई मिट्टी की बुद्ध की मूर्ति के साथ खेल रहा था। वात्स्यायन जी उसे खेला रहे थे।

मैंने उन्हें प्रणाम किया और अपना परिचय दिया। फिर उनसे कहा कि हमारे कॉलेज की स्टूडेंट्स यूनियन का मैं सचिव हूँ। हम लोग कॉलेज में आपका व्याख्यान चाहते हैं, आपका स्वागत करना चाहते हैं। आपको हमने पढ़ा है।

उन्होंने कहा : 'ठीक है, मैं तो अभी हूँ यहाँ। कल आ जाइए।'

अगले दिन मैं गया। ताँगा लेकर गया था। उन्होंने कहा, ताँगा छोड़ दीजिए, कार मेरे पास है। उसी से चलेंगे। उन्होंने कहा कि बऊदी भी चलेंगी। बऊदी एक साँवली-सी बंगाली महिला थीं—खूब सिन्दूर लगाए हुए। बाद में मालूम हुआ कि उस छोटे बच्चे की माँ थीं—श्रीमती दास।

वात्स्यायन जी खुद कार चला रहे थे। आगे श्रीमती दास बैठी थीं, मैं पीछे की सीट पर था।

लोग 'अज्ञेय' को जानते थे। कॉलेज में भारी भीड़ थी। पूरा हॉल भरा हुआ था। प्रिंसिपल जे.पी. सिंह भी आए थे। हिन्दी के हमारे अध्यक्ष थे मार्कंडेय सिंह। सुधी आदमी थे—खूब पढ़ने-लिखने वाले। उन्होंने 'अज्ञेय' को पढ़ा था। बहरहाल, वात्स्यायन जी का व्याख्यान हुआ। पूरे घंटे भर वे असमिया मच्छरों के बारे में बोलते रहे। साहित्य के बारे में एक शब्द भी नहीं कहा। बोले कि मैं असम से आया हूँ, आप लोग अन्दाजा नहीं लगा सकते कि कितने बड़े-बड़े मच्छर हैं वहाँ। दिन में भी होते हैं। मेरे ध्यान में जो टिका रह गया है, वह यही है कि वे तो मच्छरों पर ही बोलते रह गए। लोग बहुत निराश हुए। उसके बाद कुछ चुने हुए विद्यार्थियों और अध्यापकों ने कहा कि चाय पीते हैं और वहाँ बातचीत करेंगे। बातचीत शुरू की मार्कंडेय सिंह ने 'शेखर : एक जीवनी' से। कुछ प्रेम-प्रसंगों को लेकर उन्होंने पूछा कि शशि और शेखर का जो अजीब सम्बन्ध है, जो फाँसी व मृत्यु से शुरू होता है, उसके बारे में हम और जानना चाहते हैं। अज्ञेय जी खुलकर हर सवाल का जवाब देते रहे। पर अपने व्याख्यान में साहित्य पर नहीं बोले। इसकी सफाई उन्होंने यह दी कि हमारे दिमाग पर असमिया मच्छर छाए हुए हैं। मैं यात्रा-वृत्तान्त भी लिख रहा हूँ असम के जीवन पर, जिसकी अलग किताब छपकर आएगी। कहा, मुझे अन्दाजा नहीं था कि आप लोगों ने हमारा साहित्य पढ़ा है कि नहीं। इसलिए साहित्य पर भाषण नहीं किया। सोचा कि छात्रों को कुछ रोचक बातें बताएँगे अपनी दुर्गम यात्रा की।

उसी रोज उन्होंने सूचना दी कि उनका 'जयदोल' नाम का एक संग्रह आ रहा है। उन्होंने फिर पूछा कि आप लोगों में से कोई असम गया है कि नहीं? हम लोगों ने कहा—नहीं। वे बोले—एक कहानी मैंने 'जयदोल' शीर्षक से लिखी है। वह कहानी पढ़िएगा।

चाय पीकर उन्होंने मुझसे कहा कि आपको वापस चलने की जरूरत नहीं है, आप यहीं छात्रावास में रहते हैं। मैंने रास्ता देख लिया है, खुद चला जाऊँगा। इसी बीच घटना यह घटी कि उनकी कार की बैटरी डाउन हो गई। हम लोगों ने धक्का दिया तो कार चली। पुराने मॉडल की रही होगी, शायद सेकेंड हैंड। सेकेंड हैंड ही थी, वरना बैटरी डाउन नहीं होती। वे असम से वही गाड़ी लेकर आए थे।

1950-51 की घटना है। वे इलाहाबाद में रहने लगे। गुरुदेव हजारीप्रसाद द्विवेदी बनारस हिन्दू विश्वविद्यालय में अध्यक्ष होकर आ गए थे। उन्हें शान्तिनिकेतन से ऑफर कर बुलाया गया था। वात्स्यायन जी का कला-संग्रही रायकृष्ण दास से बहुत गहरा सम्बन्ध था। रायकृष्ण दास का मैथिलीशरण गुप्त और जयशंकर प्रसाद से निकट का सम्बन्ध था। अक्सर मैथिलीशरण गुप्त वहाँ आते थे। सियारामशरण गुप्त भी। वात्स्यायन जी इलाहाबाद से हफ्ते-दस दिन में अवश्य आते थे। एक बार संयोग से वे आए हुए थे। द्विवेदी जी भी आए थे। ट्रेन से इलाहाबाद जाना तय

हुआ। 'परिमल' का कोई समारोह था। यह 1951 की बात है। अगले दिन कार्यक्रम था। शाम को गाड़ी चलती थी इलाहाबाद के लिए। मैं निमंत्रित था, पंडित जी भी निमंत्रित थे। मुझसे पंडित जी ने कहा कि जाओ, टिकट ले आओ। वात्स्यायन जी ने कहा कि नहीं, ये क्यों जाएँगे, मैं जाऊँगा टिकट लेने। इस तरह तीनों आदमी का टिकट वात्स्यायन जी ने खरीदा। इस पर विचार हुआ कि हम लोग इंटर में जाएँ या तृतीय श्रेणी में? वात्स्यायन जी और द्विवेदी जी जा रहे हैं तो हमने सोचा कि टिकट सेकेंड क्लास या इंटर (तीसरे और दूसरे दर्जे के बीच की उस वक्त की श्रेणी) में तो लेना ही चाहिए। वात्स्यायन जी ने कहा कि मैं तो सोच रहा था कि अपनी ही क्लास (थर्ड क्लास) में चलना चाहिए।

वात्स्यायन जी का मामला अजीब था। मौका देखकर वे कुछ भी कर सकते थे—जानबूझकर, खुद को साधारण दिखाने के लिए। यों बड़े आभिजात्य थे।

बहरहाल, हम लोग चले। साहित्य-वाहित्य की बात हो रही थी। उस समय 'हरी घास पर क्षण भर' आ चुकी थी। अचानक मैंने कहा—आपकी एक कविता है, चार पंक्तियों की :

भोर बेला नदी तट की घंटियों का नाद
चोट खाकर जग उठा सोया हुआ अवसाद
नहीं, मुझको नहीं अपने दर्द का अभिमान
मानता हूँ मैं पराजय है तुम्हारी याद।

उसके अर्थ के बारे में बात हो रही थी। पंडित जी बोले कि इसमें तो यतिभंग दोष है। 'नदी तट की घंटियों का नाद' में यतिभंग है। लय बनेगी : 'भोर बेला तट नदी की घंटियों का नाद'। 'नदी तट' नहीं होगा। दीर्घ मात्रा उसके पास होनी चाहिए। 'नदी तट' कहो तो सहज प्रभाव है। वात्स्यायन जी बोले—नहीं, पाठ यही है और यह ठीक है। मुझे तो यतिभंग नहीं लगता। पंडित जी ने कहा कि पुराना पंडित हूँ, छन्द तो यही कह रहा है। खैर, उस कविता पर देर तक बात होती रही।

उसके बाद वात्स्यायन जी जब बनारस आते थे, मुलाकात होती थी। ठाकुर प्रसाद सिंह ने 'साहित्य संघ' कायम किया था। वे उसे 'युवक साहित्य संघ' कहते थे। पी.डब्ल्यू.ए. (प्रगतिशील लेखक संघ) उन दिनों ठप पड़ा हुआ था। ठाकुर को लखनऊ जाना था। उन्होंने कहा कि तुम इसे सँभाल लो। मैं उसका सचिव हो गया। उसके दस वर्ष हुए थे शायद। तय किया कि एक गोष्ठी का आयोजन हो। मैं इलाहाबाद वात्स्यायन जी के पास गया। कहा कि आपको उसमें चलना है। हम पंत जी को भी ले जाना चाहते हैं। पंत जी ने बनारस के जयनारायण हाईस्कूल से पढ़ाई की थी और कई बार कह चुके हैं कि उसके बाद से बनारस नहीं गए। हो सकता है, पंत जी मान जाएँ। लेकिन खास तौर से

हम चाहते हैं कि आप जरूर चलें। उन्होंने कहा कि ठीक है। पंत जी भी साथ हो गए। पंत जी जिस प्रकृति के थे, उन्होंने कुछ देर कर दी। गाड़ी आई और छूटने वाली थी, तब तक वात्स्यायन जी तो लपककर चढ़ गए। मैं पंत जी को देख रहा था। वात्स्यायन जी ने मुझसे कहा कि आप आइए, नहीं तो गाड़ी निकल जाएगी। मैं चढ़ गया, पर पंत जी वहीं रह गए।

बहुत अच्छी जगह, जहाँ भारतेन्दु ठहरा करते थे। डी.ए.वी. कॉलेज के बगल में 'बगिया' में, वहाँ ठहराया था हमने वात्स्यायन जी को। वे दो दिन रहे। मैंने उस समय नागरी प्रचारिणी सभा में वास्त्यायन जी के साहित्य की प्रदर्शनी लगाई थी। उसमें 'शेखर : एक जीवनी' के हाथ के लिखे आरम्भ के पन्ने और 'नदी के द्वीप' की पूरी पांडुलिपि रखी थी। वे बोले और कविता-गोष्ठी में भी भाग लिया।

इलाहाबाद में 'परिमल' वालों से उनकी दूरी थी उस समय। निकटता बहुत बाद में बनी। उन्होंने वहीं से 'प्रतीक' निकालना शुरू किया। हाईकोर्ट के पास वाली कॉलोनी में रहते थे। इलाहाबाद की गोष्ठियों में तो वात्स्यायन जी से मुलाकात होती रहती थी, पर सम्बन्ध लम्बे अरसे बाद तब हुआ, जब वे दिल्ली आ गए। रघुवीर सहाय हमारे मित्र थे। रघुवीर सहाय के साथ भी वात्स्यायन जी से दो-एक बार मुलाकात का मौका मिला। एक बार मैंने कहा कि आपसे बात करनी है, अकेले में। वे कनॉट प्लेस के एम्बेसी रेस्तराँ में बैठा करते थे। सारे रायवादी वहीं बैठते थे। बोले कि रविवार की सुबह वहाँ आ जाइए। रघुवीर सहाय उस समय मिंटो रोड पर छोटी-सी जगह में रहते थे। उस रोज मैं अकेला ही गया। हमारी बातचीत केन्द्रित हो गई केदारनाथ अग्रवाल की कविता पर। उन्होंने कहा कि आप प्रगतिशील लोग मुझे रूपवादी कहते हैं, लेकिन आपके सबसे प्रगतिशील कवि केदारनाथ अग्रवाल सबसे ज्यादा रूपवादी हैं। उन्होंने उदाहरण दिया : 'मैंने उसको जब-जब देखा/लोहा देखा/लोहा जैसे गलते देखा/लोहा जैसे ढलते देखा...'। वास्त्स्यान जी बोले—यह कविता एक तुक के आधार पर है। यह रूपवाद नहीं तो क्या है? रूपवादी कविता लिखनेवाले आपके प्रगतिवादी केदारनारथ अग्रवाल रामविलास शर्मा के सबसे प्रिय कवि हैं और वे उन्हें सबसे बड़ा कवि भी मानते हैं। बाद में वात्स्यायन जी से पत्र-व्यवहार भी हुआ रूपवाद पर। केदारनाथ अग्रवाल से जब मैंने यह कहा तो वे बहुत भड़के।

1970 में मैं जोधपुर गया। वी.वी. जॉन वाइस चांसलर थे। मैं विभागाध्यक्ष था और इत्तफाक से डीन भी हो गया था। वी.वी. जॉन ने मुझसे कहा कि वात्स्यायन जी को आप जानते ही हैं, बाहर प्रोफेसर हैं। बर्कले, कैलिफोर्निया में। वे यहाँ किसी विश्वविद्यालय में प्रोफेसर होना चाहते हैं। जॉन उनको अच्छी तरह जानते थे। वे भी एम.एन. राय के विचारों के थे, जैसे दयाकृष्ण जी, जो सागर में हमारे साथ रह चुके थे। तो वी.वी. जॉन बोले कि मुश्किल यह है कि वात्स्यायन जी साठ

के हो गए हैं। पर मैं चाहता हूँ कि आएँ। इसके लिए तुम्हें पहल करनी पड़ेगी। तुम लोगों के सम्बन्ध मुझे पता है। तुम प्रगतिशील खेमे के हो और वे दूसरे हैं। लेकिन फिर भी वहाँ विश्वविद्यालय में तो सबके लिए जगह होनी चाहिए। हमें नियम में संशोधन भी करना होगा। कल कार्यकारिणी की बैठक होगी। आप उनका नाम प्रस्तावित कीजिए। सरकार से मैं मंजूरी ले लूँगा। मैंने कहा—ठीक है, वात्स्यायन जी प्रोफेसर हों, तुलनात्मक साहित्य विभाग के अध्यक्ष हों, यह हमारे लिए गौरव की बात होगी। जॉन साहब बोले कि एक चयन समिति...। मैंने कहा—हजारीप्रसाद द्विवेदी हैं, उनसे मैं कह सकता हूँ। राजस्थान यूनिवर्सिटी में डॉ. सत्येन्द्र हैं। एक आदमी कोई आप देख लीजिए। उन्होंने कहा—चल जाएगा काम। मैं दिल्ली जा रहा हूँ, वहीं बात होगी वात्स्यायन जी से। उनको अभी बुलाने की जरूरत नहीं है।...तो इस तरह नियुक्ति हो गई।

फरवरी का अन्त रहा होगा। वी.वी. जॉन ने एक दिन कहा कि वात्स्यायन जी आ रहे हैं। एक ही गाड़ी थी, दोपहर को ग्यारह-साढ़े ग्यारह बजे पहुँचती थी। जॉन ने कहा कि मैं चाहता हूँ कि लोग ये जानें कि तुम दोनों में कोई बात नहीं है, सो तुम्हीं लिवाने जाओ उन्हें। वे तुम्हारे साथ ही रहेंगे क्योंकि अभी यहाँ कोई गेस्ट हाउस भी तैयार नहीं है। और कहा कि शाम को उनका खाना हमारे यहाँ होगा।

हम दोनों शाम को उनके यहाँ गए। जाते ही जॉन ने पूछा कि खाने से पहले आप क्या लेंगे, मैं तो बीयर लेता हूँ? वात्स्यायन जी ने कहा—मैं विस्की लूँगा। फिर जॉन साहब ने मुझसे पूछा—वॉट अबाउट यू प्रोफेसर? मैंने कहा कि मैं तो कुछ नहीं लेता। बोले—नहीं, आज सेलिब्रेट करेंगे। तुम भी बीयर लोगे। मैं तब लेता नहीं था, बहुत बाद में शुरू की। उस दिन जिन्दगी में पहली बार शराब पी। उसके बाद खाना-वाना खाया हम लोगों ने। उन लोगों ने मांसाहारी लिया, मैंने शाकाहारी।

मेरे साथ वात्स्यायन जी दस दिन रहे। फिर अपने घर में जाने के बाद एक दिन उन्होंने कहा—नामवर जी, कल सात मार्च है। मुझे पता था कि सात मार्च को उनका जन्मदिन पड़ता है। बोले—सुबह आ जाइए। हम लोग साथ चाय पिएँगे और दिन का कार्यक्रम बनाएँगे। जोधपुर में पहला जन्मदिन उन्होंने मेरे साथ मनाया। जैसे ही मैं उनके यहाँ पहुँचा, उन्होंने कहा—ये चिट्ठी देखिए। बोले—मेरी बहन की चिट्ठी है। सात मार्च को हर साल नियमित रूप से उसकी चिट्ठी मेरे पास आती है—यह निश्चित है। उसके बाद उन्होंने कहा कि आप दोपहर का खाना भी साथ खाएँगे। बाद में पूरा दिन हम लोग साथ ही घूमते रहे।

दूसरी घटना जो याद आती है, वह यह कि वात्स्यायन जी बोले—यहाँ जोधपुर में परिवहन की बड़ी मुश्किल है। टैक्सियाँ भी इक्की-दुक्की होंगी। मैं दिल्ली से कार ले आना चाहता हूँ। वे उस समय वसन्त विहार में रहते थे। मुझे भी दिल्ली आना

था, साहित्य अकादेमी की मीटिंग के लिए। उन्होंने कहा—आप साहित्य अकादेमी में तीन बजे के आसपास मिलिए। हम लोग साथ ही कार से जोधपुर चलेंगे।

निकले तो बहुत सारी बातें रास्ते में होनी ही थीं। उनके बारे में लोगों ने यह मिथ बना रखा है कि वे नहीं बोलते थे। खूब बोलते थे—दुनिया-जहान के बारे में, साहित्य के बारे में खुलकर बात करते थे। बोले कि जयपुर में हम लोग विश्वविद्यालय के गेस्ट हाउस में रहेंगे। फोन करके कह दिया है प्रो. दयाकृष्ण को। वहाँ हम दोनों ने एक ही कमरे में रात बिताई। बड़ा-सा कमरा था। बिस्तरों पर मच्छरदानियाँ लगी थीं। तरोताजा होकर उन्होंने कहा कि चलो, अब खाना खाएँगे किसी रेस्तराँ में। वहाँ भुगतान भी उन्होंने किया। उन्हें जयपुर के ठिकानों की बहुत जानकारी थी।

सवेरे नाश्ता करके हम लोग चले। बहुत अच्छी कार चलाते थे वे। किशनगढ़ में उन्होंने कहा कि यहाँ बहुत अच्छी मूर्तियाँ मिलती हैं। कुछ मूर्तियाँ खरीदनी हैं। वहाँ चाय हमने पी। पहाड़ियों के बीच से गुजरते हुए, शाम को तीन-चार बजे हम जोधपुर पहुँचे।

उसके बाद वहाँ रहते हुए बीकानेर के लोगों को पता चला कि वात्स्यायन जी आ गए हैं। उनके सम्पर्क थे लोगों से। तो वहाँ से एक निमंत्रण आया। उन्होंने मुझसे कहा, आप भी चलिए। छगन मोहता वहाँ थे। वे भी रॉयवादी थे। नंदकिशोर जी पढ़ाते थे रामपुरिया कॉलेज में। हरीश भादानी थे, 'वातायन' निकालते थे। रामदेव आचार्य थे। बीकानेर भी हम दोनों कार से गए। बड़ी अच्छी गोष्ठी हुई। फिर हम फलौदी होते हुए जोधपुर लौट आए। वात्स्यायन जी रास्ते बहुत जानते थे। शायद पहले गए हों। उन्हें किसी से कभी रास्ता पूछने की जरूरत नहीं पड़ी।

जोधपुर कार ले आने के बाद नित्य का नियम था हम लोगों का कि कहीं-न-कहीं निकल जाते थे। एक बार उन्होंने रणकपुर का कार्यक्रम बनाया तो हम वहाँ भी साथ-साथ गए। एक घटना जोधपुर में यह हुई कि मैंने राही मासूम रज़ा का 'आधा गाँव' लगाया था पाठ्यक्रम में। कुछ लोगों ने आन्दोलन कर दिया। कहते थे, पाठ्यक्रम से निकालिए—अश्लीलता से भरा हुआ है। अखबारों में धुआँधार रोज निकलता था। विश्वविद्यालय की बैठक बुलाई गई। मैंने कुछ चिट्ठियाँ साहित्यकारों को लिखीं। 'दिनमान' निकलता था। उन लोगों से पूछा अगर मदद करें। रामविलास शर्मा को पत्र लिखा। रामविलास जी ने तो कहा कि अश्लील है, निकाल दो। 'दिनमान' ने भी समर्थन नहीं किया। एकेडमिक कौंसिल के एक सदस्य वात्स्यायन जी भी थे। मैंने उनसे पूछा—आप क्या कहते हैं? उन्होंने कहा कि देखिए, माहौल तो विरुद्ध है। शहर भी विरुद्ध है। साहित्यकारों में आप ही कह रहे हैं कि रामविलास जी तक ऐसा कह रहे हैं, जिनसे आपको बड़ी उम्मीद रही होगी। मैं सिद्धान्ततः उनका तर्क नहीं मानता हूँ। साहित्यिक कृतियों

में अश्लीलता का विचार करना गैर-साहित्यिक है। लेकिन क्योंकि विद्यार्थियों की पढ़ाई का मामला है। पाठ्यक्रम में कोई चीज लगाई जाए या नहीं, यहाँ सिद्धान्त का सवाल भिन्न हो जाता है। पूरे वातावरण को देखते हुए मेरा खयाल है कि यहाँ से आप इसको वापस ले लीजिए। इससे हवा निकल जाएगी हल्ला करने वालों की। इन लोगों को तो आपका आना ही बुरा लग रहा होगा। मेरा आना भी पसन्द नहीं होगा। इसलिए राजनीति दूसरी है। यह साहित्यिक मामला है ही नहीं, जिस पर आप सिद्धान्त की बात करें।

एक गुट था, वहाँ शराब पीकर एक दिन दो-ढाई बजे लोग वी.वी. जॉन पर हमला करने के लिए आ गए। इत्तफाक से मैं था उनके साथ। ऑफिस में पत्थर मारे। चोट लगी उन्हें। ऑफिस को आग लगा दी। किसी तरह उन्हें निकालकर बाहर किया। वात्स्यायन जी उस वक्त कहीं गए हुए थे। जॉन अस्पताल में भर्ती हुए। जाँच समिति बैठी। जॉन ने कुछ महीने बाद इस्तीफा दे दिया। उसके ठीक बाद वात्स्यायन जी ने भी इस्तीफा दे दिया।

मैं वहाँ रह गया। मैंने पूछा भी वात्स्यायन जी से कि आप तो जा रहे हैं और मैं...? उन्होंने कहा कि नहीं, आपके खिलाफ तो कुछ है नहीं। मैं तो अनेक कारणों से जा रहा हूँ। फिर जब जॉन नहीं हैं तो यहाँ रहने का क्या मतलब है?

मैं अकेला रह गया। कुछ समय बाद मैंने भी छोड़ दिया, जब मुझको ऑफर मिला—आगरा के कन्हैयालाल माणिकलाल मुंशी हिन्दी और भाषाविज्ञान विद्यापीठ में। मैं वहाँ चला गया।

अज्ञेय जी वाद-विवाद में बहुत कम उलझते थे। मोहन राकेश उनके विरुद्ध थे। एक गोष्ठी में मैं अज्ञेय जी का पक्ष ले रहा था, राकेश उनके खिलाफ बोल रहे थे। जनपथ पर जहाँ श्रीकान्त रहते थे, वहाँ 'कृति' की ओर से गोष्ठियाँ होती थीं। श्रीकान्त अज्ञेय के विरोधी थे। वे रघुवीर सहाय के भी विरुद्ध थे। सर्वेश्वर और रघुवीर सहाय तो वात्स्यायन जी के बहुत निकट थे। अन्त तक रहे। श्रीकान्त किन कारणों से उनके विरुद्ध थे, कहा नहीं जा सकता। श्रीकान्त के अलावा नरेश मेहता उनके विरुद्ध थे। नरेश जी तो एक जमाने में ट्रेड यूनियन में सक्रिय थे। इंटक के नाते ये लोग जुड़े थे। बाद में नरेश जी बहुत बदल गए। उन्होंने वात्स्यायन जी पर किताब भी लिखी। वे इतने बदल गए थे कि हिन्दुत्ववादी हो गए। उनको भोपाल में जो जगह मिली, भाजपा सरकार की वजह से मिली।

बहसों में मैंने अज्ञेय का विरोध उस रूप में नहीं किया। एक बहुत बड़ा परिवर्तन हुआ था जोधपुर में साथ रहने के कारण। साथ रहे तो उसमें एक-दूसरे को समझने का मौका मिला। हम लोग अभिशप्त थे, उस शहर में साथ रहने के लिए। जोधपुर हमारे लिए तपोवन हो गया था। दो साल का साथ होने पर उनको नजदीक से जानने का बहुत मौका मिला।

वात्स्यायन जी से मेरे सम्बन्ध जोड़ने में जिस तरह से वी.वी. जॉन ने भूमिका अदा की, उसी तरह बहुत महत्त्वपूर्ण भूमिका विद्यानिवास मिश्र की भी थी। वात्स्यायन जी से जोड़ने का मुख्य काम आरम्भिक दिनों में तो हमारे गुरु आचार्य हजारीप्रसाद द्विवेदी ने किया। वह भी एक कोण है। द्विवेदी जी तो शान्तिनिकेतन में थे। वात्स्यायन जी कलकत्ते में सम्पादक थे : 'विशाल भारत' के। शान्तिनिकेतन आते-जाते थे। बलराज साहनी अध्यापक थे वहाँ। दोनों के बड़े अच्छे सम्बन्ध थे। वात्स्यायन जी से भी बहुत लगाव था पंडित जी का।

'परिमल' को खड़ा करने में वात्स्यायन जी का बड़ा योगदान था। 'परिमल' प्रगतिशील लेखक संघ के खिलाफ था। इसमें साही, भारती वगैरह थे। ये लोग लगभग लोहियावादी थे। उन लोगों को जब जरूरत पड़ी थी तो वात्स्यायन जी ने मदद ही की। 'परिमल' वालों ने वात्स्यायन जी को इस्तेमाल किया और फिर वही 'परिमल' उनके खिलाफ हो गया। पूरे 'परिमल' में अगर किसी के अच्छे सम्बन्ध बने रहे तो तीन व्यक्ति थे—विजयदेव नारायण साही, रामस्वरूप चतुर्वेदी और जगदीश गुप्त। धर्मवीर भारती उनके खिलाफ हुए। धर्मवीर भारती 'धर्मयुग' के सम्पादक थे और बाद में अज्ञेय 'नवभारत टाइम्स' के। जो स्टेटस अज्ञेय को बैनेट कोलमैन एंड कम्पनी में हासिल था, वह भारती को कभी नहीं मिला। अज्ञेय को 'ज्ञानपीठ' मिलने पर भी भारती क्षुब्ध हुए।

कुल मिलाकर समूचा व्यक्तित्व जो वात्स्यायन जी का रहा, उसका एक स्तर था। उससे नीचे वे कभी नहीं गए। छोटापन या क्षुद्रता उनमें कहीं नहीं है। उनके व्यक्तित्व में शालीनता थी और उसकी एक मर्यादा थी। उनके अपने मूल्य थे। इतनी तरह के काम करते हुए भी कोई ऐसी विधा नहीं बची है जिसमें उन्होंने न लिखा हो। बहुधन्धी होते हुए भी लिखने का काम जितना वे कर गए हैं, वह महत्त्वपूर्ण है।

उनकी रचनाओं में, आरम्भ में संस्कृत का संस्कार ज्यादा था। उनके पिताजी संस्कृत के पंडित थे। हिन्दी उनकी बोलचाल की भाषा नहीं थी। हिन्दी प्रदेश में वे बहुत कम रहे। लेकिन बाद में चलकर सरल और बोलचाल की प्रवाहमय हिन्दी कविताओं और गद्य, दोनों में, उन्होंने लिखा है। उनके उपन्यास 'शेखर : एक जीवनी' को मैं हिन्दी के पाँच सबसे महत्त्वपूर्ण उपन्यासों में मानता हूँ।

प्रस्तुति : राकेश तिवारी

[पुस्तक 'अपने अपने अज्ञेय', सं. ओम थानवी, प्र.सं. 2011, वाणी प्रकाशन, नई दिल्ली में 'करीब के दिन' शीर्षक से प्रकाशित]

बाबा की ऐसी-तैसी

नागार्जुन सबसे अच्छे लगते हैं, जब वह अपनी ऐसी-तैसी करते हैं। इस क्रिया में उन्हें खुद भी मजा आता है। उनके जन्मदिन की उस शाम देवीप्रसाद मिश्र ने जब उनकी 'स्वगत : अपने को सम्बोधित' कविता पढ़कर सुनाई तो बाबा की खिली बत्तीसी देखने लायक थी। कविता की ये पंक्तियाँ नागार्जुन ही लिख सकते थे :

आदरणीय,
अब तो आप
पूर्णत: मुक्त जन हो।
कम्प्लीटली लिबरेटेड
जी हाँ, कोई ससुरा
आपकी... नहीं
उखाड़ सकता, जी हाँ!!

यह बुढ़भस नहीं है। आगे भी बाबा का यही रंग रहा है। इसी तरह की एक कविता है : 'आए दिन', 1976 की, जब वह पैंसठ साल के थे। वैसे, कविता में वह अपने-आपको 'सत्तर साला' बताते हैं :

यह बनमानुस
यह सत्तर साला उजबक
उमंग में भरकर सिर के बाल
नोचने लग जाता है यह व्यक्ति
अपने ही सिर के बाल
अकेले में बजाने लग जाता है सीटियाँ
आए दिन।

मार्च, 1963, 'सारिका' में मोहन राकेश के आग्रह पर बाबा ने 'आईने के सामने' स्तम्भ के अन्तर्गत अपने बारे में जो कुछ लिखा था, वह उनकी इसी बेबाकी की एक और मिसाल है :

'सच्चाई की सारी खटास किस तरह कलई खोलती है तथाकथित व्यक्ति की'—इसे देखना हो तो नागार्जुन का यह आत्मविश्लेषण देखिए। उन्होंने साफ-साफ स्वीकार किया है कि 'मैं उतना सीधा-सादा नहीं हूँ जितना दिखता हूँ। यह सिधाई—यह सादगी तो बल्कि दुहरी-तिहरी ढोंग हो सकती है।'

साफगोई की रौ में उन्होंने प्रेमचन्द से भी असहमति प्रकट करने का साहस दिखाया और लिखा : ' 'मेरा जीवन सपाट मैदान है'—प्रेमचन्द अपने बारे में कह गए हैं, मगर मेरा जी नहीं मानता कि किसी साहित्यकार का जीवन सचमुच 'सपाट' होता होगा। दरअसल यह भी एक फैशन है व्यक्तित्व की छाप छोड़ने का कि हम अपनी सादगी, सिधाई, भोलापन, विनम्रता आदि का लेखा-जोखा आहिस्ता से औरों तक पहुँचा दिया करें। प्रकृति खुद ही चमत्कारमयी है, वह सपाट नहीं हुआ करती। तो फिर हमारी और आपकी जिन्दगी ही कैसे सपाट होगी, साहब?'

और तो और, वह अपनी सूरत-शक्ल और वेशभूषा पर ही हँसने से बाज नहीं आते। उसी 'आईने के सामने' अपनी सूरत देखकर वह कहते हैं : 'यह क्या धज बना रखी है तुमने अपनी! नुची मूँछों का ठूँठ आलम तुम्हारे मुखमंडल को प्राकृत और अपभ्रंश के संयुक्त व्याकरण जैसा सजा रहा है। कपड़ों का यह हाल कि भद्देपन और कंजूसी का सनातन इश्तहार बने घूमते हो।'

रंग में आने पर वह अपना प्रगतिवादी लबादा भी उतार फेंकने पर उतारू हो जाते हैं : 'अरे हाँ, तुम तो प्रगतिशील हो न! बड़बोला प्रगतिवादी। जरा देर के लिए अपनी 'प्रगति' के रंगीन और गुनगुने झागों को हटा दो न, नागा बाबा, प्लीज...!'

निस्सन्देह, नागार्जुन को 'बाबा' कहलाना अच्छा लगता है। वह केशवदास नहीं हैं जो 'बाबा' सम्बोधन सुनकर बुरा मान जाएँ। स्वीकार करते हैं : 'कसम ईमान की, शपथ जनता-जनार्दन की, मुझे तो अपना यह 'बाबा' सम्बोधन बेहद प्रिय है। किशोरी हो, चाहे युवती, कोई भी चन्द्रवदना-मृगनयनी अपने राम को 'बाबा' कहती है तो वात्सल्य के मारे इन आँखों के कोर गीले हो जाते हैं। अपनी प्रथम पुत्री जीवित रहती तो सत्रह साल की होती...शादी करने के बाद घर से भागा न होता, तो हमारी यह चन्द्रवदनी-मृगलोचनी तीस-बत्तीस की होती...'

किन्तु बाबा बूढ़े होकर भी बूढ़ों के वर्चस्व के खिलाफ हैं। नई पीढ़ी के ऊपर न वह भार बनना चाहते हैं और न ही उनके रास्ते में रोड़ा बनकर अड़े रहना चाहते हैं। इस दृष्टि से उनका 'दादाजी, आप रिटायर हों!' शीर्षक लेख ('नई धारा', जुलाई, 1968) बहुत दिलचस्प है। लिखते हैं : 'स्नेह-प्रदर्शन के लिए अति आतुर और व्यवहार में लद्दू स्वभाव के किसी बुजुर्ग से आज का नवयुवक कहेगा—जी हाँ, बैठिए, आपके लिए आरामकुर्सी रखी है। इत्मीनान से बैठना हो तो इसी पर बैठिए, मेरे सीने पर मत बैठिए। सीना और काम के लिए खाली रहेगा।...वस्तुत: कोई किसी के सीने पर बैठता नहीं। परन्तु देखने में

आता है कि बहुधा बुजुर्ग अपने अधीनस्थ युवक पर इसी तरह हावी हो जाते हैं कि लगता है, वे उसके सीने पर जम गए हैं। कहते हैं, बड़े वृक्ष की छाँह दूसरे पौधे के लिए घातक होती है। कन्धे पर पीपल उग आता है तो मन्दिर की आयु तीन-चौथाई रह जाती है। जलकुम्भी का जाल बिछता है तो नया से नया पोखर बर्बाद हो जाता है।'

ऐसे ही सोच के कारण नागार्जुन आज भी अपनी पीढ़ी के लेखकों के बीच सबसे युवा हैं और साथ ही साथ युवा से युवतर पीढ़ी के अति आत्मीय भी।

नागार्जुन की पीढ़ी के कई कवि और लेखक ऐसे हैं जो उम्र के साथ धीरे-धीरे आत्ममुग्ध होते गए, जबकि आत्मसजग नागार्जुन में आत्म-समीक्षा का स्वर लगातार प्रखर होता गया है। यशलोलुप बुजुर्ग लेखकों के बीच नागार्जुन ही यह कहने का साहस रखते हैं कि 'मैं ऊब गया हूँ इस अतिरिक्त यश से। जी करता है, कभी-कभी कि कोई ऐसा तगड़ा कुकर्म करूँ जिससे पिछली सारी शोहरत धुल-पुँछ जाए।'

गरज कि 'नाकरद: गुनाहों की भी हसरत कि मिले दाद!'

अपने लेखन में इतने पारदर्शी कम ही लेखक दिखाई पड़ते हैं। इस समय मुझे सिर्फ तुलसीदास याद आते हैं—खास तौर से 'कवितावली' और 'विनय-पत्रिका' के तुलसीदास।

औरों के लिए जो बातें नितान्त गोपनीय प्रतीत होती हैं, नागार्जुन उन प्रसंगों को भी प्राय: कह देने में नहीं हिचकते। उनके यात्रा-वृत्तान्तों में एक ऐसा ही प्रसंग है तिब्बत-यात्रा का। शीर्षक है : 'आतिथ्य सत्कार'। 'हुंकार' (दीपावली अंक, 1945) में पहली बार प्रकाशित और अब 'बम भोलेनाथ' (1987) में संकलित। पूरा विवरण नागार्जुन के ही शब्दों में सुनिए :

'थकावट ज्यादा थी, बड़ी गहरी नींद में सोया था। नम्-ग्यल और उसके नौकर दूसरी छोलदारी में सोए पड़े थे। रात में एक बार मैंने महसूस किया कि किसी ने मेरे मोटे-मोटे दो कम्बलों पर भारी-भरकम नम्-दा (बहुत मोटा तिब्बती कम्बल) डाल दिया है। थोड़ी देर बाद लगा, मेरे कम्बलों के नीचे एक नग्न स्त्री-शरीर घुस आया है। फिर ऐसा मालूम हुआ कि किसी ने मुझे अपनी गरम छाती से कसकर सटा लिया है और मैं सिकुड़ गया हूँ। इसके बाद स्वस्थ और उष्ण स्पर्श का अनुभव हुआ। भोर हुई, तो मैं आश्चर्य में डूबा हुआ रात्रि की घटना को स्वप्न समझकर अपने को फुसलाने की कोशिश करने लगा। मुझे चुपचाप देखकर शे-रब् बोली—रात में इतनी सर्दी पड़ी कि तुम ठिठुर गए। मैं न गरमाती तो क्या हाल हुआ होता? नम्-ग्यल ने यह सुनकर मुस्करा दिया और मेरे कन्धे पर हाथ रखते हुए कहा—छोटी माँ बड़ी दयालु है। जाड़े के दिनों में जो भी कोई हमारे यहाँ अतिथि होकर रात-बिरात पहुँचता है, उसे यह ठिठुरने नहीं देती!'

अन्त में नागार्जुन ने यह संक्षिप्त टिप्पणी की : 'शे-रब् का निश्छल और सहज स्नेह क्या कभी मैं भूल सकूँगा? पहले उसे समझने में मेरे इस भारतीय हृदय को भ्रम हुआ। सदाचार और नैतिकता के अपने ही मानदंड से दूसरों को नापते समय यही गलती तो हम कर बैठते हैं।'

ठीक ही कहते हैं बाबा : 'बाहर से जैसा कुछ दिखाई देता हूँ, वैसा ही नहीं हूँ।' 'आईने के सामने' खड़े होने से पहले उन्होंने जो मंगल श्लोक पढ़ा, वह ध्यान देने योग्य है :

नमस्तेस्तु पिशाचाय,
वैतालाय नमो नम:।
नमो बुद्धाय मार्क्साय
फ्रायडाय च ते नम:।

मार्क्स और बुद्ध की वन्दना तो जगत-विदित ही है किन्तु बाबा के सन्दर्भ में पिशाच और वैताल के साथ फ्रायड का नाम कुछ लोगों के लिए चौंकानेवाला हो सकता है।

नागार्जुन जब कहते हैं कि वह उतने सीधे-सादे नहीं, जितने दिखते हैं, तो इस उक्ति से सिर्फ उन्हीं लोगों के हृदय को ठेस लगेगी जो 'फेनिल श्रद्धा' का कलश लिये खड़े हैं। कभी सीधे-सादे कवि कहीं हुए होंगे पर इस टेढ़े जमाने से निपटने के लिए कवि या रचनाकार को टेढ़ा होना ही पड़ेगा। घी टेढ़ी अँगुली से ही निकलता है। फिर 'वक्र चन्द्रमा ग्रसै न राहू' का रक्षा-कवच भी है।

नागार्जुन की घुँची-घुँची आँखों में जो शरारत भरी चमक है, वही उनकी ताकत है और कविता का बिन्दु भी। यह देखकर अच्छा लगता है कि आज इस उम्र में भी वह चमक मद्धिम नहीं पड़ी है। आँखों की उस शरारती चमक को प्रणाम!

['आजकल' : जून, 1996 में प्रकाशित]

शमशेर के साथ वह आखिरी मुलाकात

शमशेर 'पतझर का जरा अटका हुआ पत्ता' थे। पिछले दशक से ही लग रहा था कि 'अब गिरा, अब गिरा/वह अटका हुआ आँसू/सान्ध्य तारक-सा/अतल में'। इसलिए अन्ततः 12 मई को वह तारा टूट ही गया तो कोई खास अचम्भा नहीं हुआ। आघात जरूर लगा। अभी पिछले ही महीने उनसे मिलने का सुयोग घटित हुआ। कई दिनों से उन्हें देखने को मन हो रहा था, जाने क्यों? क्या पता था कि मुलाकात आखिरी होगी! जबान में थोड़ी अटक-सी तो थी, पर 'आँखों में वही पानी और पानी में वही चमक'। हाथों में हरारत भी वैसी ही। फिर भी मन उदा़स-सा ही रहा। वह एक पीली शाम थी। अहमदाबाद की।

अहमदाबाद परदेस नहीं है। लेकिन यह भी सच है कि वह शमशेर का इलाहाबाद नहीं है। शायद शमशेर उस मुकाम पर पहुँच गए थे, जहाँ उनके लिए क्या अहमदाबाद और क्या इलाहाबाद। आजीवन प्रवासी ही तो रहे शमशेर। एक नितान्त निर्वासित कवि। यह निर्वासन उन्होंने स्वयं चुना था। उनके लिए शायद लिखने का अर्थ ही था निर्वासन। जरूरी था तो लिखना, क्योंकि लिखने का अर्थ था होना। बहुत कुरेदने पर शायद वे स्वीकार करते हैं कि मैं लिखता हूँ इसलिए मैं हूँ। ऐसे समर्पित कवि के लिए क्या जगह की कैद : 'मस्जिद हो, मदरसा हो, कोई खानकाह हो!'

अहमदाबाद से उस शाम लौटते हुए मुझे शमशेर की 'ओ मेरे घर' शीर्षक कविता शिद्दत से याद आती रही। 'ओ मेरी पृथ्वी/साँस के एवज तूने क्या दिया मुझे/ओ मेरी माँ!' अन्दर से हिला देनेवाली कविता है वह। 'आँखें दीं जो गीली मिट्टी के बुदबुद-सी हैं/और तारे दिये मुझे अनगिनती/मुझसे लगातार दूर जाते/मौत की व्यर्थ प्रतीक्षाओं-से'। मेरे पीछे कवि की बुदबुद-सी आँखें थीं और आगे दूर जाते तारे। लेकिन कविता खत्म होती है इन शब्दों के साथ :

इनसान के अँखौटे में डालकर मुझे सब कुछ तो दे दिया,
जब मुझे मेरे कवि को बीज दिया कटु-तिक्त।

जो कवि किसी के प्रति व्यवहार में कभी कटु नहीं हुआ, उसका बीज इतना कटु-तिक्त था, सहसा विश्वास नहीं होता। पूरी कविता में क्रूर, कटु और तिक्त शब्द इतनी बार आए हैं कि शमशेर को मीठा-मीठा समझकर गपकने वालों को मितली आ सकती है। न भूलें, यह कविता उस कवि ने लिखी है जिसका अपना कोई घर न था, सिवा कविता के। सच पूछिए तो कविता ही शमशेर का घर था और यह घर उन्होंने स्वयं बनाया था। अपने लिए। बड़े जतन से। 'बे-दरो-दीवार-सा एक घर'—ग़ालिब की तरह।

और तभी मुझे शमशेर की वह 'बैल' शीर्षक कविता याद आई : 'मैं वह गुट्ठल काली कूबवाला बैल हूँ'। शमशेर और बैल? और बैल भी ऐसा-वैसा नहीं—गुट्ठल काली कूबवाला! हिन्दी में सौन्दर्योपासकों की कमी नहीं है। उनकी दृष्टि में शमशेर शुद्ध सौन्दर्य के कवि हैं। उनके सौन्दर्यबोध को कवि की इस छवि से निश्चय ही चोट पहुँचेगी। लेकिन जाने क्यों उस शाम अमदाबाद से लौटते हुए मुझे शमशेर 'गुट्ठल काली कूबवाले बैल' के रूप में ही याद आते रहे। कैसा है यह बैल : 'ठेले पर ऊपर तक लदा हुआ माल खींच कर ले जाते हुए/अकेला/चुपचाप धीरे-धीरे/आँखें बाहर को निकली हुईं/त्यौरी चढ़ी हुई/काँधे जोर लगाते हुए/रानें भरी हुई गर्म पसीने से तर, मगर जोर लगाते हुए/नथुने फूले हुए/ठेले को लगातार, सारी आँतों और नसों के तनावों से खींचते हुए'। और अन्त में अन्तरतम से निकलकर अन्दर तक दहला देनेवाली आवाज़ : 'बाँ।।।! बाँ।।।! बाँ।।।।'

'एक आदमी दो पहाड़ों को कुहनियों से ठेलता' तो बहुतों को नजर आया, लेकिन ठेले को लगातार, 'सारी आँतों और नसों के तनावों से खींचता हुआ बैल' कम लोगों की ही दृष्टि की पकड़ में आ सका। शायद इसलिए कि यह कोई 'बिम्ब' नहीं, बल्कि एक नंगा सच है—आँखों से खुभता हुआ। उन्हें यह सुनकर हैरानी होगी कि कविता के जिस घर की सुन्दरता पर वे मुग्ध होते हैं, उसके पीछे इस बैल का ही श्रम है। काव्य-रसिक जिसे साधना कहते हैं, शमशेर की नजर में वह ठेठ श्रम है—बैल का-सा श्रम।

और वह घर भी कोई शब्दों का महल नहीं है। उसमें भी इसी धरती का गारा, चूना, ईंट-पत्थर वगैरह लगा है। इसी धरती के नाते शमशेर अपने-आपको त्रिलोचन के अत्यन्त निकट पाते हैं। 'सारनाथ की एक शाम' (त्रिलोचन के लिए) कविता में एक टुकड़ा है : 'तू धरती को दोनों ओर से/थामे हुए और/आँख मींचे हुए ऐसे ही सूँघ रहा है उसे/जाने कब से/तुझे केवल मैं जानता हूँ/क्योंकि/मैं उसी धरती में लोट रहा हूँ उसकी/ऋतुओं की पलकों-सा बिछा हुआ मैं/उसकी ऊष्मा में सुलग रहा हूँ/शान्ति के लिए'।

यह धरती किसी कवि की जागीर नहीं, सबके लिए सुलभ है; फिर भी तथ्य यही है कि हर धरती-पुत्र कवि इसे नये सिरे से अर्जित करता है। दी हुई धरती से

सन्तोष कर लेनेवाले कवि और होंगे। शमशेर को उस धरती की तलाश है जिसे वे खुद अपनी आँख से देख रहे हैं, अपनी अँगुलियों से छूते हैं, अपने नासापुटों से सूँघते हैं और शायद जिसे उन्होंने अपनी जीभ पर रखकर चखा है। उन्हीं दिनों सारनाथ में लिखी डायरी में यह टीप है : 'पत्तियाँ, बारीक पत्तियाँ, तिरछी। बरखा की बूँदों की तरह गिरती हैं। हवा के रुख के संकेत...एक झूम ऋतु की। धीरे-धीरे खुलती चेतना नई ऋतु की। गंध और रज और आकाश और वायु के केलि कलाप जिनमें चिड़ियों की गूँज-गुँजार, जैसे रह-रहकर उभर पड़ती भीड़। बच्चों के खेल : जब-तब किलकारियाँ। सूर्य यह सब तमाशा देख रहा है या शायद नहीं देख रहा है : क्या वह मेरी खिड़की के बाहर का केवल यह समाँ देख रहा है? क्या एक-एक पत्ती पर उसकी आँख गड़ी है? एक-एक कोंपल पर? महज इसलिए कि उन पर धूप नाच रही है? क्या हमें अपने एक-एक रोम के रोमांचित होने की अनुभूति होती है जब हम रोमांचित होते हैं?'

शमशेर के सौन्दर्यशास्त्र का मूल मंत्र यदि यहाँ नहीं है तो कहीं नहीं है। इसी सौन्दर्यशास्त्र के द्वारा उन्होंने प्रत्येक पदार्थ को पदार्थता दी और पार्थिव वस्तुओं को उनकी पार्थिवता। इसलिए शमशेर की शाम कोई-सी शाम नहीं, बल्कि एक निश्चित शाम है—एक विशेष क्षण में दिख गई एक विशिष्ट शाम। उनकी कविता में यदि पाषाण है तो उस पाषाण की भी नसें हैं।

बादल है तो नमक जैसे मैले संगमरमर का बादल।

इसी प्रकार शमशेर के सौन्दर्यशास्त्र में भी नारी देह गोया पहली बार सच्चे अर्थों में अपनी दैहिकता प्राप्त करती है—नख-शिख वर्णन से एकदम अलग। वहाँ सिर्फ बदन नहीं, बल्कि 'एक ठोस बदन अष्टधातु का-सा' है और 'जंघाएँ दो ठोस दरिया। एक काँसे का बदन हवा में हिल रहा है। कोई और सुडौल बदन एक आबशार है और उसके साथ ही है यह पूरा कोमल काँसे में ढला गोलाइयों का आईना'।

वस्तुत: शमशेर की कविता पदार्थ की पदार्थता का जयगान है और देह की दैहिकता का पावन महोत्सव। शमशेर सौन्दर्य के उद्गाता नहीं, रूप के तक्षक हैं। उनकी दृष्टि प्राय: उस पर टिकती है जो ठोस है और खूब गठा हुआ।

इसीलिए उनकी अधिकांश कविताएँ गद्य की तरह सुगठित हैं। एज़रा पाउंड ने कभी कहा था कि कविता को गद्य के समान ही सुलिखित होना चाहिए। हिन्दी में शमशेर ने इस कथन को अपने व्यवहार में करके दिखा दिया—सम्भवत: सबसे अधिक दक्षता के साथ। कविता को गद्य की तरह गढ़ने की कला तो इधर के कवियों में सिर्फ शमशेर के पास थी।

किन्तु कभी-कभी वे ठोस को भी बेठोस बनाकर एक जादुई वायवीय रूप की सृष्टि करते हैं। उस डायरी में आगे चलकर वे कहते हैं : 'अन्तरिक्ष जिस

धातु का बना है, उस पर मुझे आश्चर्य होता है। क्या धातु तरलतम होकर पारदर्शी नहीं हो सकता—विरल क्षीण होकर इतना सूक्ष्म, वायवीय, जितना कि आकाश का तनोवा? अन्ततः सब धातुएँ बिजली की शक्तियाँ हैं, और हम भी उसी के प्रवाह हैं—अपनी शारीरिक सीमाओं में संगठित। इसी संगठन में कहीं कविता के स्रोत भी हैं, चित्र भी हैं, स्थापत्य और मूर्तियाँ भी हैं, दर्शन भी हैं—बन्धन भी, मुक्ति भी।' इस कथन के आलोक में 'एक नीला आईना बेठोस-सी यह चाँदनी' पर्याप्त पारदर्शी हो उठती है। और फिर 'सौन्दर्य' शीर्षक वह कविता जो 'एक अन्धकार के चमकीले निर्झर में' से शुरू होती है : 'उस आकाश में तुम्हारी गूँज/कि जैसे खूब बजता हो हवा में/कि जैसे मुक्त जीवन का प्रवाह बजता हो/सौन्दर्य जो त्वचा में नहीं/थिरकते रक्त में नहीं/मस्तिष्क में नहीं/नहीं/कहीं इनके पार से/बरसता है अणु-अणु पल-पल में/बदन में, दृष्टि में, शब्द में/और उनके पार से/कहीं शब्द के अर्थ में'।

इस प्रकार शमशेर 'ठोस' के जितने कुशल मूर्तिकार हैं, उतने ही विलक्षण चित्रकार 'बेठोस' के भी। मूर्तिमत्ता और अमूर्तन, दोनों ही में उनकी समान रुचि है और गति भी।

कभी-कभी उनका चित्रकार कवि 'घंघोल देता है व्यक्तियों के जल' और फिर 'हिला-मिला देता है कई दर्पनों का जल'। इसी तरह कभी रंग और गंध आपस में घुलमिल जाते हैं, जैसे 'साँवला संगमरमरी आबशार' और 'आधा-खिला व्यापक-सा गुलाब', दोनों एकाकार हो जाते हैं और मह-मह सुगन्ध फैल जाती है।

और यह सब सम्भव हो सका है, फकत शब्दों से। शमशेर शब्द से ही रंग का काम लेते हैं : पत्थरों का भी और सुर का भी। विरोधाभास प्रतीत होते हुए भी यह सच है कि शमशेर भाषा के जादूगर भी हैं और भाषा के वैज्ञानिक भी। एक ओर वे जादूगर की तरह भाषा से इन्द्रजाल रचते हैं तो दूसरी ओर एक वैज्ञानिक की तरह हर शब्द का नपा-तुला प्रयोग करते हैं। उन्होंने शब्द को उसकी आदिम जादुई शक्ति भी लौटाई और शब्द को छायावादी अनिश्चितार्थकता से मुक्ति भी दिलाई। शमशेर में रूप और लीलाएँ हैं, जैसे असंगतियाँ साथ-साथ निवास करती हैं और इस प्रक्रिया में कभी-कभी अधूरा वाक्य अधर में ही लटकता रह जाता है। सिर्फ संयोग की बात नहीं कि शमशेर की अधिकांश कविताओं की परिणति मौन में होती है और बीच-बीच में शब्द के स्थान पर खाली जगह तो अक्सर मिलती है।

कहने की आवश्यकता नहीं कि यह सब नया प्रयोग या 'प्रयोगवाद' नहीं है। इन दोनों से शमशेर को बराबर परहेज रहा है। 'आश्चर्यलोक में एलिस' का अनुवाद करनेवाले कवि में विस्मित होने और विस्मित करने की चाह न हो, यह तो कयास के बाहर है, फिर भाषा में नये-नये प्रयोग करना उनका मकसद कभी

न रहा। भाषा की सरहदों को छू लेने की कोशिश वे जरूर करते रहे, लेकिन सिर्फ उस विशिष्ट सचाई को ठीक-ठीक पकड़ने के लिए, जिसे अपनी समझ से सिर्फ उन्होंने देखा था। कहना न होगा कि इस तरह शब्द के माध्यम से शमशेर ने कविता में एक अभिनव आश्चर्यलोक अथवा सौन्दर्यलोक की सृष्टि की, जो आज भी अद्वितीय है, बल्कि समय के साथ उसकी कान्ति दिन-ब-दिन बढ़ती ही जा रही है।

अपने समकालीन समानधर्मा रचनाकारों में शमशेर की होड़ किसी से न थी—होड़ थी तो बस काल से : 'काल, तुझसे होड़ है मेरी' उनका अन्तिम काव्य संग्रह है। कविता शुरू ही होती है इन शब्दों से : 'काल,/तुझसे होड़ है मेरी : अपराजित तू/तुझमें अपराजित मैं वास करूँ/इसलिए तेरे हृदय में समा रहा हूँ/ सीधा तीर-सा/...सौन्दर्य यही तो है, जो तू नहीं है/ओ काल'!

प्रसाद की देवसेना ने भी एक होड़ लगाई थी। काल से नहीं, प्रलय से। वह हारी होड़ थी। शमशेर के कवि ने काल से होड़ लगाई थी। अन्तत: वह कवि काल के हृदय में समा गया। लेकिन समाया भी तो सीधा तीर-सा। सर्वथा अपराजित। काल उसे पछाड़ न सका। जो कवि काल से यह कहने का जिगरा रखता हो कि तू सौन्दर्य नहीं है, उसे काल क्या पराजित करेगा? ऐसा कहने का अधिकार एक कालजयी सौन्दर्यस्रष्टा को ही है। शोभा भी उसे ही देता है। वस्तुत: सौन्दर्य वही है जो नया हो और साथ ही जो नित नया-नया होता जाए। शमशेर अन्त तक नये रहे और नये-नये सौन्दर्यबोध से विस्मित करते रहे। जिस कवि ने हमारी संवेदना का विस्तार और परिष्कार किया तथा जिसने हमारे मानस-उद्यान के अनगिनत अनाम तृण-तरु-वीरुध को पहली बार नाम दिया, वह क्यों न कालजयी कहलाए?

उस जर्जर-सी काया के अन्दर शाम के इस धुँधलके में मैंने 'एक अमृत की बूँद' देखी थी : अमृत की एक टिम-टिम, अनबुझ-सी अदृश्य, बूँद। वह बूँद अमर है।

['जनसत्ता' में पहली बार प्रकाशित एवं 'नया पथ' : जुलाई-सितम्बर, 2011 में पहली बार संकलित]

जनपद के कवि का जाना

त्रिलोचन जी मेरे बड़े, अभिभावक और मेरे गुरु थे। सहसा वे मुक्त हो गए। उनके अन्तिम दिन जितने दुखद और कष्टप्रद थे, उसे देखकर बार-बार यही भावना उठती थी कि इस कष्ट से उन्हें मुक्त हो जाना चाहिए। हम दोनों का साथ काशी में 25 वर्षों का था। सन् 1941 से लेकर 1966 तक। यह पास-पास रहने का ही नहीं, लगभग सुबह-शाम साथ रहने का था। मैं आज जो भी हूँ, उन्हीं का प्रसाद है। मुझे उन्होंने साहित्य में उँगलियाँ पकड़कर चलना सिखाया है और, यह इतना बड़ा ऋण है कि उन पर कभी एक पूरी पुस्तक लिखकर ही अंशत: उऋण हुआ जा सकता है। कबीर पर उन्होंने एक सॉनेट लिखा था : 'काशी का जुलाहा'। उसका अन्त होता है।

साईं की दी चादर, ज्यों-की-त्यों धर दिनी।

आज सचमुच उन्होंने वह चादर ज्यों-की-त्यों धर दी। यह कबीर का स्वर काशी में उस रूढ़िवादी समाज में त्रिलोचन को अलग करता था। त्रिलोचन जी ने अपने बारे में अनेक कविताएँ लिखी हैं। उनके तीन-चार सॉनेट हैं जिनमें एक : 'आता है, भीख माँगते उसी त्रिलोचन को देखा कल' और : 'वही त्रिलोचन है जिसके तन पर गन्दे कपड़े हैं, पाजामा फटा-फटा है और यह भी फैशन है, कटे-कटे से हैं'। लेकिन उसमें एक बात अपने बारे में स्पष्ट वह कहते हैं कि 'त्रिलोचन है, सबमें अलगाया भी, प्रिय है आलोचन'।

एक तो उनके व्यक्तित्व की याद आती है। और उस कविता में भी उन्होंने यही लिखा है। कभी वह धीमे नहीं चलते थे, बहुत तेज गति से चलते थे। ऊँचा सिर, चौड़ा माथा और आत्मविश्वास। साथ ही अपने ऊपर व्यंग्य करने की अद्भुत क्षमता उनकी शक्ति का स्रोत थी। उनके एक कविता संग्रह का नाम है : 'उस जनपद का कवि हूँ' और, अपने जनपद और अपनी बोली को जिस रूप में कविता में उतारते थे—सच पूछिए तो उस जनपद के चरित्र उनकी कविता में आते हैं। एक उनकी बड़ी मशहूर कविता है : 'नगही महरा'। एक कविता है :

'भारेई केवट'। एक है : 'अतवरिया'। 'चम्पा काले-काले अक्षर नहीं चीन्हती', एक और कविता है। ये जीवित चरित्र हैं। ऐसे चरित्र को लेकर कविता जिन लोगों ने लिखी है, उनमें निराला हैं और उसके बाद प्रेमचन्द की कहानियों में चरित्र आते हैं, लेकिन कविताओं में जीते-जागते चरित्र कम आते हैं। कुछ नागार्जुन की मैथिली कविताओं में है।

उनके पहले कविता संग्रह का नाम था : 'धरती', जो 1945 में छपा था। सचमुच वह धरती के कवि थे। एक परम्परा है जो निराला के बाद नागार्जुन, केदारनाथ अग्रवाल, मुक्तिबोध तक आई। उसकी अन्तिम कड़ी हैं त्रिलोचन। इसलिए आधुनिक कविता की यह एक परम्परा है। त्रिलोचन उस कड़ी में आते हैं। चूँकि उनकी अपनी भाषा अवधी थी। मुझे मालूम है कि 'रामचरितमानस' उन्हें कंठस्थ था। उन्होंने एक कविता लिखी है : 'तुलसी बाबा, भाषा मैंने तुमसे सीखी। मेरी सजग चेतना में तुम रमे हुए हो'।

तुलसी की भाषा का मतलब था कि तुलसीदास एक ओर तो ठेठ अवधी के शब्दों का प्रयोग करते थे और दूसरी ओर संस्कृतनिष्ठ पदावली भी उनके यहाँ दिखाई पड़ती है। इसलिए त्रिलोचन में भी जहाँ बोलचाल के शब्द हैं, वहीं संस्कृतनिष्ठ शब्द भी हैं उनकी कविता में। हम देखें—एक नमूना :

सप्तबाल चन्द्री आयस पुल राजघाट का
सात फलाँगों में गंगा को पार कर गया
नम्र बालचन्द्रों में स्तम्भन शक्ति भर गया।

इसलिए 'फलाँगना' शब्द भी है और उसके साथ 'सप्त' भी है। इसलिए तुलसीदास से भाषा सीखने की बात कहते हैं। भाषा के इतने सारे स्तर और आयाम—सारे के सारे खुलते दिखाई पड़ते हैं। ठेठ देशज शब्द से लेकर संस्कृत शब्द की पदावली तक। इसी अर्थ में उन्होंने कहा था कि 'तुलसी बाबा, भाषा मैंने तुमसे सीखी'।

ऐसे ही प्रयोग निराला जी में भी दिखाई पड़ेंगे। ठेठ। 'एक ओर राम की शक्ति-पूजा' में संस्कृत पदावली चलती है। भारी समास हैं और बोलचाल की भी भाषा है। यह चीज नागार्जुन में दिखाई पड़ेगी। यह चीज मुक्तिबोध में दिखाई पड़ेगी। हिन्दी के कितने स्तर, कितने रूप हैं! कितनी समृद्ध है! केवल देशी नहीं है, उस भाषा की पूरी शक्ति का अहसास त्रिलोचन की कविता से होता है। अहसास कराते हैं अपनी पूरी परम्परा का। एक कविता उन्होंने लिखी है, हिन्दी भाषा के कवि किन लोगों के हैं, इस पर :

हिन्दी की कविता उनकी कविता है
जिनकी साँसों को आराम नहीं था
और, जिन्होंने सारा जीवन लगा दिया

कलमस को धोने में, समाज के
नहीं काम करने में घिन की।
भाव उन्हीं सबका है
जो थे अभावमय
पर अभाव से दबे नहीं
जागे स्वभावमय।

यह उदाहरण बताता है कि उनको हिन्दी भाषा की अपनी परम्परा का अहसास था। वह भाषा बोलने वाला जो समाज है, उस समाज की जो अपनी प्रकृति है, जिन लोगों ने कल समाज के कलमस को धोने में लगा दिया और कलमस को धोना ऐसा काम है जिससे लोगों को घिन आती है इसलिए बहुत-से लोग काम छोड़ देते हैं। उन्हें ऐसे लोगों की परम्परा का बराबर अहसास था। एक भाषा की शब्द-सम्पदा और भाषा को बोलनेवालों का मिजाज। गाँव के मामूली किसान और गरीबों के साथ अपने को अनुभव करते थे। स्वयं भले ही ये लोग सवर्ण रहे हों लेकिन उन्होंने अपने-आपको अवर्ण के साथ अनुभव किया। अपने ही समाज की आलोचना भी करते रहे। यह काम बाबा नागार्जुन ने किया, यही काम त्रिलोचन ने किया।

हिन्दी के लोग आम तौर पर उर्दू को परायी भाषा समझते हैं। त्रिलोचन जी उन लोगों में थे जिन्होंने कुछ गजलें भी लिखीं। ग़ालिब के बारे में उनका एक सॉनेट भी है :

ग़ालिब ग़ैर नहीं हैं
अपने हैं
ग़ालिब की बोली ही
आज हमारी बोली है।

मैं इन शब्दों के साथ अपने अग्रज और गुरुतुल्य त्रिलोचन भगवान को प्रणाम करता हूँ। मैं उन्हें 'त्रिलोचन भगवान' ही कहता था।

['आज समाज' : 10 दिसम्बर, 2007 में प्रथम प्रकाशन।
'पैगाम' : नवम्बर, 2007—फरवरी, 2008 में पुन: प्रकाशन]

हबीब तनवीर और उनका रंगमंच

महावीर अग्रवाल : हबीब तनवीर का कौन-सा नाटक आपने सबसे पहले देखा? यह भी बताइए कि वह नाटक आपने कब देखा और उनसे आपकी पहली भेंट कहाँ और कैसे हुई?

नामवर सिंह : दिसम्बर की सर्दियों के दिन थे वे। कनाट प्लेस में हलकी-हलकी बारिश हो रही थी। यह 1959 की बात है। सुरेश अवस्थी ने बताया, ये हबीब तनवीर हैं। मैंने देखा, सिर पर एक टिपिकल टोपी के साथ वे रेनकोट पहने हुए थे। पहली मुलाकात इस तरह हुई। कुछ समय पहले ही वे इंग्लैंड से वापस आए थे। उस समय मोहन राकेश भी साथ थे। फिर तो गोष्ठियों में नेमि जी, सुरेश अवस्थी, मोहन राकेश, कमलेश्वर, राजेन्द्र यादव, प्रयाग शुक्ल के साथ हबीब जी से अक्सर भेंट होने लगी। जोधपुर में इप्टा का सम्मेलन 1970 में हुआ था। उसमें हम तीन दिन साथ-साथ रहे। उनको बहुत नजदीक से जानने और समझने का अवसर मिला। जोधपुर में उन्होंने ठेठ छत्तीसगढ़ी गीत सुनाए। बहुत अच्छा गाते हैं हबीब तनवीर। मैंने 'आगरा बाजार' नाटक सबसे पहले दिल्ली में देखा था। उसी समय 1960 में अल्काजी आए थे। अल्काजी का थियेटर और हबीब जी का थियेटर, दोनों साथ-साथ निकले थे। एक ओर अल्काजी शेक्सपियर से और इंग्लैंड से परम्परा लेकर आए थे, दूसरी ओर हबीब तनवीर ने इप्टा की परम्परा को आगे बढ़ाया।

महावीर अग्रवाल : पहला नाटक देखने के बाद पिछले 30-40 वर्षों में उनके और कौन-कौन से नाटक आपने देखे हैं? उन नाटकों में जो नाटक आपको अधिक प्रभावशाली लगे हैं, उनके बारे में विस्तार से बताइए!

नामवर सिंह : 'आगरा बाजार' के माध्यम से उन्होंने नजीर अकबराबादी की ताकत का परिचय कराया। जोधपुर में अध्यापन करते हुए मैंने हिन्दी पाठ्यक्रम में नजीर अकबराबादी की दो रचनाओं का समावेश किया था। नजीर अकबराबादी की रचनाएँ पढ़कर और समझकर ही जाना जा सकता है कि लोक-परम्परा में

बोली का चटक रंग किस तरह खिला हुआ है। इसे आप 'आगरा बाजार' नाटक देखते हुए पूरी तरह महसूस कर सकते हैं। यही कारण है कि 'आगरा बाजार' की चमक आधी शताब्दी के बाद भी फीकी नहीं पड़ी है। उसका वैभव आज भी बरकरार है। हबीर तनवीर, दिल्ली के बेरसराय मोहल्ले में रहते थे जो जे.एन.यू. कैम्पस के पास ही है। उस समय केदारनाथ सिंह और मैनेजर पांडेय भी बेरसराय में ही रहते थे। सन् 1974 में जे.एन.यू. पहुँचने के बाद मैं अक्सर वहाँ जाता था। इमरजेंसी के समय की ही बात है, हबीब जी ने जे.एन.यू. में पहाड़ियों के बीच ओपन एयर थियेटर में 'मिट्टी की गाड़ी' नाटक खेला था। हवाई जहाज ऊपर से जा रहा था और 'मिट्टी की गाड़ी' नाटक वहाँ हो रहा था। उसके बाद उस स्थान पर कोई नाटक दोबारा नहीं खेला गया। जे.एन.यू. में हम उन्हें नाट्य-प्रस्तुति के लिए लगातार आमंत्रित करते रहे हैं। इसी क्रम में दिल्ली, भोपाल, नागपुर, लखनऊ, जबलपुर, कलकत्ता सहित अनेक शहरों में उनके अधिकांश नाटक देखे हैं। उनके नाटकों में 'चरनदास चोर' बेहद गतिशील और प्रभावी है। भरत मुनि का हास्य रस, कालिदास का विदूषक और ब्रेख्त का कार्निवाल इस नाटक में एक साथ समाहित है। 'चरनदास चोर' लोक में प्रचलित विजयदान देथा की कहानी पर आधारित नाटक है लेकिन हबीब तनवीर की दृष्टि आधुनिक है। नाटक के एक गीत 'एक चोर ने रंग जमाया जी, सच बोल के' में गुँथे हुए नाटक का रिद्म मन मोह लेता है। नाटक का कम्पोजिशन लाजवाब है। उसकी संरचना में जो सहजता और सरलता है, पानी जैसी तरलता है। वह प्रत्येक दर्शक को मंत्रमुग्ध कर देती है। चरनदास वास्तव में चोर नहीं है। वह तो चोरी किया हुआ माल गरीबों में बाँट देता है। चरनदास के अलावा बहुत सारे चोर समाज में मौजूद हैं, उनकी ओर संकेत करता हुआ यह कंट्राडिक्शन गजब का है। यह कथा जितनी प्राचीन है, उतनी ही आधुनिक भी है। हबीब जी का कोई भी नाटक आप देखिए। नाटक में जो गीत और संगीत होता है, उसमें गजब की मिठास होती है।

महावीर अग्रवाल : हबीब तनवीर के नाटकों में सामाजिक यथार्थ और इतिहास-बोध को आप किस तरह देखते हैं?

नामवर सिंह : कोई-सा भी नाटक आप देखिए, उनकी समझ की आपको दाद देनी होगी। सातवीं-आठवीं शताब्दी के शूद्रक को 'मिट्टी की गाड़ी' में आज की दृष्टि से प्रस्तुत किया। संस्कृत के ही एक नाटक 'भगवदज्जुकम' से शुरू करके असगर वजाहत के नाटक 'जिस लाहौर नइ देख्या ओ जम्याइ नइ' तक की यात्रा करते हैं। यही उनका इतिहास-बोध है। लोककथाएँ शताब्दियों से चली आ रही हैं। हबीब उन्हें अपनी पूरी जातीय परम्परा से जोड़ते हैं। आसपास के समाज को समझने की शक्ति हमें इतिहास-बोध द्वारा ही मिलती है। लेनिन ने

कहा है, लीडर को जनता के पीछे नहीं होना चाहिए। लीडर जब 100 कदम आगे होता है तो अतिक्रान्तिकारी हो जाता है। लीडर को जनता के साथ और एक कदम आगे होना चाहिए। हबीब तनवीर ऐसे ही हैं। उनके नाटक हमें बताते हैं कि हमारी लोक-परम्परा, हमारे लोक-नाट्य और हमारे रीति-रिवाज के साथ अनेक तत्त्वों से हमारी संस्कृति का निर्माण हुआ है। आधुनिकता और संस्कृति में यदि हम एक की भी अनदेखी करेंगे तो विकास का मार्ग अवरुद्ध हो जाएगा। परम्परा के विकासवान तत्त्वों को नया रूप देने की बहुत बड़ी चुनौती उनके सामने रही है, जिसको उन्होंने स्वीकार किया और अपने नाटकों में उसे पूरा भी करके दिखाया। नाटकों में समकालीनता के साथ ही सामाजिक दृष्टि का विस्तार बहुत साफ और पारदर्शी ढंग से दिखाई देता है। लोक-नाट्य की समृद्ध परम्परा उनके नाटकों में है, लेकिन आज के सामाजिक यथार्थ के साथ है। अपनी जड़ों से, अपनी परम्परा से गहरे जुड़े रहने के बाद भी उनके नाटक आधुनिक हैं। इसे मैं बहुत बड़ी विशेषता मानता हूँ। उनकी अपनी चेतना में आधुनिकता है, जो परम्परा के सार तत्त्व को ग्रहण करके थोथे को उड़ा देती है। भीतर के अँधेरे को उजाले में ले जाने का काम करती है।

['संग-सत्संग' में संकलित]

काशी के कारंत

यह मई, 1955 की बात है। मैं पुणे में डेक्कन कॉलेज में आयोजित भाषाविज्ञान का प्रथम ग्रीष्म सत्र (समर स्कूल) पूरा कर दक्षिण भारत की यात्रा कर रहा था। पहला पड़ाव जून, 1955 के प्रथम सप्ताह में बेंगलूर था। पहली बार ब.व. कारंत मुझे वहीं मिले थे। उन दिनों वे गुब्बी वीरण्णा कम्पनी में काम करते थे। बेंगलूर में कम्पनी 'दशावतार चरित' नाटक कर रही थी। कारंत मुझे वह नाटक दिखाने ले गए। फिर उन्होंने मुझे के.बी. पुट्टमा, माक्ति वेंकटेश अयंगार सहित कन्नड़ के कई बड़े लेखकों से मिलवाया। बातचीत के दौरान उन्होंने मुझे बतलाया कि वे काशी हिन्दू विश्वविद्यालय से हिन्दी में एम.ए. करना चाहते हैं। मैंने भी उन्हें प्रोत्साहित किया और कहा कि वहाँ आचार्य हजारीप्रसाद द्विवेदी हिन्दी विभागाध्यक्ष हैं इसलिए कोई समस्या नहीं होगी।

कारंत बनारस आए। उन्होंने एम.ए. में दाखिला लिया। केदारनाथ सिंह उनके सहपाठी थे। तब मैं बी.एच.यू. में भाषाविज्ञान पढ़ाता था। यह 1956 की बात है। मुझे पता था कि कारंत ने संगीत महाविद्यालय में भी दाखिला लिया है और पंडित ओंकारनाथ ठाकुर से संगीत सीख रहे हैं। वे ब्रह्ममुहूर्त में मिट्टी के घड़े में मुँह डालकर शास्त्रीय गायन का अभ्यास करते थे ताकि दूसरे छात्रों को असुविधा न हो। उन्होंने हिन्दी विभाग में एम.ए. के छात्रों की विदाई के अवसर पर भवानी प्रसाद मिश्र की कविता 'जी हाँ हुजूर, मैं गीत बेचता हूँ' की साभिनय प्रस्तुति की थी। इसमें अभिनय कम और स्वर-प्रस्तुति अधिक थी। उस प्रस्तुति को आचार्य हजारीप्रसाद द्विवेदी के साथ हम कई लोगों ने देखा था। हमें पहली बार पता चला कि समकालीन हिन्दी कविता की नाट्य-प्रस्तुति भी हो सकती है।

मुझे मालूम नहीं था कि कारंत भी कम्यूनिस्ट पार्टी से जुड़े थे। यह जरूर पता चला कि उन्होंने राष्ट्रीय स्वयं सेवक संघ की शाखा में जाना शुरू किया है। जैसे महात्मा गांधी की हत्या के बाद त्रिलोचन शास्त्री आर.एस.एस. से अलग हो गए, वैसे ही 10-15 दिनों के बाद कारंत ने शाखा में जाना छोड़ दिया। वे कक्षा में, जब अध्यापक नहीं होते तो उनकी नकल उतारकर छात्रों का मनोरंजन

किया करते थे। नकल उतारने में वे उस्ताद थे। उन्होंने पंडित ओंकारनाथ ठाकुर पर एक ऐसा ही हास्य नाटक कर डाला था :—'पंडित दोर दंड संगीत मार्तंड'। यह जानकर आचार्य हजारीप्रसाद द्विवेदी जी कुछ खिन्न हुए थे। उसी समय कुछ दूसरे छात्रों ने पंडित जी से कारंत के खिलाफ चुगली कर दी थी। जब कारंत जी उनसे मिलने गए तो उन्होंने मुँह फेर लिया था। मुझे ठीक से याद नहीं कि पंडित जी ने उन्हें 'छिछोरा' या 'लम्पट' या क्या कहा था। इस डाँट से कारंत बड़े दुखी हुए थे। यह कुछ-कुछ पंडित जी के उपन्यास 'बाणभट्ट की आत्मकथा' के उस प्रसंग की तरह था, जिसमें राजा हर्षवर्धन ने बाणभट्ट से मुँह फेरते हुए उन्हें 'भुजंग' कहा था और 'लम्पट'। कहते हैं, जिसका अर्थ होता है : 'पर स्त्रीगामी'। कारंत दुबारा उनसे मिले और उन्होंने स्पष्टीकरण भी दिया। पंडित जी ने भी यह बात अपने मन से निकाल दी।

उन दिनों कारंत को लेकर बनारस में एक मजाक चलता था : 'अबे बे करंता, शराबे पियंता'। यह पंक्ति हम लोगों ने विद्यापति की रचना 'कीर्तिलता' से ली थी। प्रसंग यह है कि जब विद्यापति जौनपुर के बाजार में घूम रहे थे तो उन्होंने पाया कि यहाँ लोग आपस में बातें करते हुए 'अबे बे' शब्द का बार-बार प्रयोग करते हैं। हम लोगों ने कारंत से कहा, 'कारंत जी, देखिए, विद्यापति भी आपको जानते थे। कई सौ साल पहले ही वे लिख गए हैं कि 'अबे बे करंता' के कारंत आप ही हैं।

जब कारंत दिल्ली आए और 1965 में मैं भी दिल्ली आ गया तो हमारा काशी वाला सम्बन्ध यहाँ भी बना रहा। वे सरदार पटेल विद्यालय में पढ़ाने लगे और नाट्य संस्था 'दिशान्तर' में सक्रिय हुए। जब वे राष्ट्रीय नाट्य विद्यालय में आए तो उन्हीं के कारण नाटकों में मेरी दिलचस्पी बढ़ी। मैं जवाहरलाल नेहरू विश्वविद्यालय में आ गया था और 1977 में जनता पार्टी सरकार ने कारंत को राष्ट्रीय नाट्य विद्यालय का निदेशक नियुक्त किया। मेरे अनुरोध पर वे अक्सर जे.एन.यू. में व्याख्यान देने आते थे। उनका लेक्चर विलक्षण होता था क्योंकि वे केवल भाषण नहीं देते थे बल्कि खुद करके दिखाते थे। वे पूरे क्लास को जोड़ लेते थे। युवकों के बीच उन्होंने रंगमंच को लोकप्रिय बनाया। उन्हीं के कारण मैं राष्ट्रीय नाट्य विद्यालय और रंगमंच से जुड़ा। उन्होंने मुझे एन.एस.डी. की कई समितियों में रखा। मैं प्रथम वर्ष के छात्रों के लिए ओरिंटेशन लेक्चर देने उन्हीं के कारण गया और एन.एस.डी. के साथ यह रिश्ता आज तक बना हुआ है। जब कारंत निदेशक बने तो तय हुआ कि राष्ट्रीय नाट्य विद्यालय को जवाहरलाल नेहरू विश्वविद्यालय से सम्बद्ध कर दिया जाए। इससे दोनों शिक्षण संस्थानों को लाभ होगा। तय यह भी हुआ कि बहावलपुर हाउस वाला परिसर बना रहेगा, पर जे.एन.यू. में भी एन.एस.डी. का एक सेंटर खोला जाए। इस योजना के पीछे मेरी

और कारंत की सोच यही थी कि एन.एस.डी. को सरकारी तंत्र की जकड़बन्दी से मुक्त कराकर एक विश्वविद्यालय जैसी स्वायत्तता दिलाई जाए। पर, सरकारी अधिकारियों ने यह नहीं होने दिया।

मैंने उन्हें भाषाविज्ञान पढ़ाया। उन्होंने मुझे नाटक पढ़ाया। इस मामले में वे मेरे गुरु थे, बल्कि मैं यह भी कहूँगा कि वे मेरे गुरुभाई थे क्योंकि हम दोनों आचार्य हजारीप्रसाद द्विवेदी के शिष्य हैं।

जब वे भोपाल चले गए तो वहाँ भी उनसे मेरी मुलाकातें होती रहीं। वहीं मैंने उनकी कई नाट्य-प्रस्तुतियाँ देखीं। भोपाल में उन्होंने कई बार मुझे अपने हाथों से पोंगल बनाकर खिलाया है। मुझे आज भी भोपाल में सर्दियों की वह एक रात याद है जब कारंत ने खाना खिलाने के बाद अरबी गायिका कुलसुम का डिस्क बजाकर सुनाया था। भोपाल में उस रात के सन्नाटे में कुलसुम का अरबी शास्त्रीय संगीत गूँजता रहा और हम दोनों चुपचाप सुनते रहे।

जब कारंत मैसूर चले गए और वहाँ उन्होंने 'रंगायन' की स्थापना की, तब भी मेरी उनसे मुलाकातें होती रहीं। मैं अक्सर वहाँ 'केन्द्रीय भारतीय भाषा संस्थान' में जाया करता था जो 'रंगायन' के पास था। कारंत मुझे 'रंगायन' ले जाते और वहाँ की गतिविधियों के बारे में देर तक चर्चा करते।

एक बार मैं उनसे मिलने 'रंगायन' गया तो पता चला कि वे सभी छात्र-छात्राओं को लेकर रेलवे स्टेशन और बस अड्डे पर गए हैं। वे उन्हें यह सिखाना चाहते थे कि आप लोग कैसे बातचीत करते हैं। फिर वे छात्रों को उनकी नकल उतारने को कहते और खुद भी करके दिखाते। वहाँ उन्होंने अपने हाथों से एक 'ओपेन स्पेस' (वनरंगा) बनाया था। वे क्लासरूम की बजाय फील्ड में ट्रेनिंग पर जोर देते थे। उन्होंने अब तक जिन नाटकों का निर्देशन किया, उनमें से अधिकांश मुझे दिखाए हैं। मैंने उनकी दो फिल्में भी देखी हैं : 'चोमनडुडी' और 'गोधूलि'। ये दोनों फिल्में इतनी अच्छी हैं कि दंग रह जाना पड़ता है।

कारंत ने राष्ट्रीय भावना के कारण हिन्दी सीखी थी। अंग्रेजी हालाँकि वे जानते थे, पर अंग्रेजी कम जानने के कारण उनमें हीन भावना कभी नहीं रही। वे गांधीवादी थे और उन्हें हिन्दी पर गर्व था और काशी से रिश्ते पर भी। उन्होंने भारतीय रंगमंच को अंग्रेजीदाँ लोगों से मुक्त कराया और देशज परम्पराओं से जोड़ा।

हिन्दी रंगमंच में कारंत की सबसे बड़ी देन है : भारतेन्दु हरिश्चन्द्र और जयशंकर प्रसाद को रंगमंच की दुनिया में नया जीवन प्रदान करना। जब वे दिल्ली आए तो वहाँ अंग्रेजीदाँ लोगों का वर्चस्व था। तब या तो शेक्सपियर या ब्रेष्ट के नाटक होते थे या कन्नड़ और बंगला नाटकों के हिन्दी अनुवाद मंचित किए जाते थे। आधुनिक नाटकों में केवल मोहन राकेश के नाटक खेले जाते थे। लोग समझते थे कि जयशंकर प्रसाद के नाटक खेले नहीं जा सकते। कारंत ने भोपाल

में न केवल 'स्कन्दगुप्त' का सफल मंचन किया बल्कि दिल्ली में उनके दूसरे नाटक 'कामना' को भी कर दिखाया। ये दोनों भिन्न प्रकार के नाटक हैं। कोई कल्पना भी नहीं कर सकता था कि 'कामना' मंचित भी हो सकता है क्योंकि इसमें सारे मनोभाव या भाव-मनोविकार ही चरित हैं। मैंने 1947 में निराला की स्वर्ण-जयन्ती के मौके पर बनारस के अस्सी में, विश्वनाथ टाकीज में 'कामना' का शो देखा था जिसे कृष्णचन्द्र शर्मा 'भिक्खू' ने किया था, पर वह मंचन बुरी तरह असफल हुआ। जब इसे दिल्ली में कारंत ने किया तो वही नाटक बहुत सफल रहा। भारतेन्दु हरिश्चन्द्र के नाटक 'अन्धेर नगरी' और 'विद्यासुन्दर' की सफल प्रस्तुतियों को भी उनकी एक बड़ी देन माना जाता है। यह उनका काशी-प्रेम था। जयशंकर प्रसाद तो हमेशा दुखी रहे कि उनके जीवनकाल में उनके किसी नाटक का मंचन नहीं हो सका। यह कहते थे कि रंगमंच के लिए नाटक नहीं, नाटक के लिए रंगमंच होता है। कारंत ने प्रसाद की इस बात को 'स्कन्दगुप्त' करके साबित कर दिया। जयशंकर प्रसाद और भारतेन्दु हरिश्चन्द्र के नाटकों की कामयाबी का एक बड़ा कारण था : संगीत का अद्‌भुत सृजनात्मक उपयोग। राष्ट्रीय नाट्य विद्यालय, रंगमंडल की प्रस्तुति 'अनामदास का पोथा' से मैं कई कारणों से सहमत नहीं था, पर कारंत के संगीत की वजह से ही वह प्रस्तुति अच्छी लगती है। कारंत संगीत के सहारे कथानक को लय देते हैं। उन्होंने जब 'स्कन्दगुप्त' किया तो उसमें जयशंकर प्रसाद के दूसरे नाटकों के गीत भी डाल दिये। मुझे याद है, तब दिल्ली में 'स्कन्दगुप्त' नाटक के केवल गीतों का एक प्रोग्राम हुआ था।

जिसे लोग असाध्य मानते हैं, कारंत उसे चुनौती के रूप में लेते हैं। रघुवीर सहाय ने शेक्सपियर के 'मैकबेथ' का 'वरणमवन' शीर्षक से काव्यानुवाद किया था। कारंत ने 'मेघदूत' में इसे यक्षगान शैली में किया। यह एक जटिल कार्य था। एक तो कहाँ अंग्रेजी के शेक्सपियर, दूसरे काव्यानुवाद और तीसरे कन्नड़ की शैली यक्षगान। मैंने इंग्लैंड की कम्पनी द्वारा प्रस्तुत 'मैकबेथ' का शो देखा है और इस पर बनी फिल्म भी देखी है। मुझे यह एक साहसिक और अभिनव प्रयोग लगा, जो कारंत ही कर सकते थे।

भरत मुनि के 'नाट्यशास्त्र' की कई ऐसी चीजें जो मुझे किताब पढ़कर समझ में नहीं आई थीं, उन्हें कारंत ने मुझे समझाया। एक किताब थी रामकृष्ण लिखित 'भरतकोश', जिसमें संस्कृत में संगीत, रंगकर्म, साहित्य और अन्य कलाओं पर विचार किया गया है। कारंत ने उसे जे.एन.यू. में मेरे घर पर देखा। मैंने उन्हें वह किताब भेंट कर दी। बाद में उनसे इस विषय पर लम्बी चर्चा हुई। हमारे अधिकांश रंगकर्मी पश्चिमी रंग-परम्परा के ज्ञाता हैं। कारंत अकेले ऐसे रंगकर्मी हैं, जो पाश्चात्य रंग-परम्परा के साथ-साथ भारतीय रंग-परम्परा को ठीक से

जानते थे। कमलेश दत्त त्रिपाठी और राधावल्लभ त्रिपाठी ने इस परम्परा के ज्ञान को संस्कृत नाटकों तक ही प्राय: सीमित रखा है। कारंत ने उसे हिन्दी रंगमंच के लिए सुलभ कराया। दक्षिण कर्नाटक की लोक-परम्परा, यक्षज्ञान, संस्कृत-परम्परा और पश्चिमी-परम्परा तथा भारतीय संगीत का ज्ञान उनके रंगकर्म की जरूरी चीजें थीं। कारंत इसी से सबको जोड़ लेते थे। वे सबसे अधिक अपनी जड़ों से जुड़े थे।

कारंत की एक बड़ी इच्छा अधूरी रह गई। वे अपने गुरु हजारीप्रसाद द्विवेदी का ऋण नाटक के रूप में अदा करना चाहते थे। जब उन्होंने भीष्म साहनी का नाटक 'कबिरा खड़ा बजार में' देखा तो उन्होंने तय किया कि वे हजारीप्रसाद द्विवेदी की पुस्तक 'कबीर' पर नाटक करेंगे। यह बात सुनने में ही अजीब लगती है—आलोचना की किताब पर नाटक? उन्होंने इसका नाट्यालेख तैयार करने के लिए सुरेन्द्र वर्मा से कहा था। सुरेन्द्र वर्मा मुम्बई चले गए और यह काम अधूरा रह गया। कारंत भीष्म साहनी जी के इस नाटक से असन्तुष्ट थे। उनका कहना था कि कबीर ऐसे नहीं थे, जैसे भीष्म साहनी ने दिखाया है। फिर उन्होंने द्विवेदी जी के उपन्यास के मंचन की योजना बनाई। वे 'बाणभट्ट की आत्मकथा', 'चारु चन्द्रलेख' या 'पुनर्नवा' नहीं करना चाहते थे। उन्होंने 'अनामदास का पोथा' को चुना था। मुझे लगता है और जैसाकि उन्होंने खुद प्रेमाजी के साथ अपने विवाह का किस्सा सुनाया भी है—उससे भी पता चलता है कि कारंत 'अनामदास का पोथा' के नायक रैक्व से खुद को आइडेंटीफाई करते थे। एक ऐसा भोला—शिशुसुलभ लड़का, जो स्त्री को न जानता हो, फक्कड़ और किसी की परवाह न करता हो, आडम्बरहीन सरल—कारंत को रैक्व में आत्मबिम्ब दिखाई देता था।

[प्रस्तुति : अजित राय]

['रंग प्रसंग' में प्रकाशित]

आईना क्यों न दूँ : विश्वनाथ त्रिपाठी

विश्वनाथ जी की एक कविता है : 'एक प्राध्यापकीय अनुभूति'। सन् 1967 की 'आलोचना' में छपी थी। कविता कुछ इस तरह है : 'एक प्राध्यापक की गर्दन में फूलों का मौसम जयमाल बनकर गिर पड़ने वाला ही था कि उसे अपने एम.ए. पास विद्यार्थी का चेहरा याद आ गया—निराशा को दबाती हुई चेहरे की असहायता। वह बेधुला काले से भूरा होता हुआ कोट। फटी चप्पलों को घसीटने के कारण लँगड़ाना। जो वाद-विवाद प्रतियोगिताओं में कई पुरस्कार जीत चुका है, उसी का एम.ए. पास करने के बाद हकलाने लगना। जब यह सब याद आया तो सहसा वह जयमाल नियुक्ति-पत्र बनकर ऊपर आसमान में फड़फड़ाने लगी!'

15 फरवरी, 1996 को विश्वनाथ जी दिल्ली विश्वविद्यालय की सेवा से 65 वर्ष पूरे करने के बाद निवृत्त हो गए। जल्द ही किसी दिन विदाई भी होगी ही। गर्दन में जयमाल भी शायद पड़ेगी। क्या उस समय की उन्हें यह अपनी कविता याद आएगी? चार साल पहले मैं भी इसी तरह जे.एन.यू. से सेवानिवृत्त हुआ था। तब मुझे विश्वनाथ जी की यह कविता बेसाख्ता याद आई थी।

अध्यापक के पेशे में ऐसी ही 'प्राध्यापकीय अनुभूति' बचे रहने की ताकत देती है।

बात 1967 की होगी। विश्वनाथ जी दिल्ली विश्वविद्यालय के एक कॉलेज में प्राध्यापक थे और मैं विश्वविद्यालयों की दुनिया से बाहर। वे मॉडल टाउन में रहते थे, मैं मॉडल टाउन छोड़कर तीमारपुर के एक कमरे में आ बसा था। वे सुबह टहलने निकलते तो अक्सर मुझसे मिलने आ जाते। एक दिन कुछ ऐसा हादसा हुआ कि दरवाजे पर अचानक पड़ोसी के कुत्ते की जोर-जोर से भूँकने की आवाज सुनाई पड़ी। दरवाजा खोला तो देखा कि विश्वनाथ जी बदहवास खड़े हैं : कपड़े फटे हुए और पाँव लहूलुहान! सन्न रह गया। हौं ही सब अनरथ कर हेतू।

कुत्ता अल्सेशियन था। उसके मालिक ने आश्वासन दिया कि वह पागल नहीं। लेकिन विश्वनाथ जी क्योंकर आश्वस्त होने लगे! सबसे ज्यादा चिन्ता उन्हें अपनी बच्चियों की थी, पत्नी की थी। किसी तरह घर गए। हम उन्हें हर रोज

लगभग हफ्ते भर फोन पर उस कुत्ते की आवाज सुनवाते रहे—यह बताने के लिए कि वह मरा नहीं बल्कि जिन्दा है। एकाध बार उन्हें वहम हुआ कि कहीं वह आवाज किसी दूसरे कुत्ते की न हो। इसलिए वे बीच में दो बार उस कुत्ते को अपनी आँखों देखने भी आए। इसके बावजूद एहतियात के तौर पर उन्होंने पेट में चौदह जालिम सुइयाँ भी लगवाईं।

दुर्घटना के शिकार वे हुए थे लेकिन अपराध-बोध की पीड़ा मुझे भी कम न थी। 'आलोचना' के ग़ालिब विशेषांक की तैयारी चल रही थी। संयोग से एक दिन ग़ालिब का 'दीवान' उलटते हुए इस शेर पर नजर पड़ी :

पानी से सग-गजीदा डरे जिस तरह 'असद'
डरता हूँ आईने से कि मर्दुम-गजीदा हूँ।

उस गमे-दौरां में डरते-डरते एक शाम विश्वनाथ जी को यह शेर सुनाया—बिना यह जोड़े कि 'आप तो कुत्ते के ही काटे हुए हैं, मैं तो आदमी का काटा हुआ हूँ।' तब मुझे पता न था कि किसी आदमी के काटे हुए वे भी हैं। आखिर इस दिल्ली के काटे कौन बचा है?

विश्वनाथ जी याद आएँ और तुलसीदास याद न आएँ—यह हो ही नहीं सकता। आबा उनके तो बाबा ही हैं, मेरे भी सिर-माथे पर हैं। काशी में कवितावली के छन्द रचते हुए कभी उन्होंने 'कलियुग' को चुनौती देते हुए कहा था :

बाम्हन ज्यों उँगिल्यो उरगारि हौं त्योंही तिहारे हिए न हितैहौं।

गरुड़ ने भ्रमवश ब्राह्मण को निगल लिया था लेकिन पेट में ऐसी ज्वाला हुई कि विवश होकर उसे उगल देना पड़ा था।

हम जैसों के लिए शायद दिल्ली ही वह गरुड़ है—ऐसे 'बाम्हन' कम ही होंगे जिन्हें यह गरुड़ हजम न कर सका हो। आज भी विश्वनाथ जी को साबुत और सही-सलामत देखकर बाबा याद आ जाते हैं और साथ ही अपने भी होने का अहसास।

और अन्त में, बल्कि सबसे पहले ही, विश्वनाथ जी के साथ पंडित जी की तो याद आना ही है। पंडित जी अर्थात आचार्य हजारीप्रसाद द्विवेदी। हम दोनों के गुरु। सच तो यह है कि हम दोनों मिलते हैं तो ज्यादातर बातें पंडित जी को लेकर ही होती हैं। विश्वनाथ जी जब निरुत्तर हो जाते हैं तो कहते हैं : 'गुरु ने ज्ञान की गठरी तो आप ही के सामने खोली थी!'

खोली होगी मेरे सामने लेकिन आज मैं कहना चाहता हूँ कि दी वह गठरी उन्होंने विश्वनाथ जी को ही। यह सच है। लेकिन उस गठरी में ज्ञान के साथ धड़कते हुए अ़त्यन्त संवेदनशील हृदय का एक टुकड़ा भी था। विश्वनाथ जी के

पास वह अमूल्य गठरी आज भी सुरक्षित है। वह निधि अन्तत: अधिकारी को ही मिली! अन्तेवासी भी तो वही थे!

विश्वनाथ जी ने हक अदा कर दिया, यह मैं आज नि:संकोच कह सकता हूँ। तुलसीदास पर पंडित जी लिखना चाहते थे, लिख न पाए। विश्वनाथ जी ने 'लोकवादी तुलसीदास' लिख दिया। फिर उन्होंने मीरा पर लिखा और हरिशंकर परसाई पर भी। सब पर उसी तन्मयता के साथ, जिस तन्मयता से पंडित जी ने 'कबीर' लिखा था। गरज कि वह सब किया जो न गुरु से हो सका और न उनके इस शिष्य से।

इसी क्रम में मैं यह भी जोड़ना चाहूँगा कि रेणु की 'तीसरी कसम' की मार्मिक व्याख्या भी वही मानस कर सकता है जिसमें 'पुनर्नवा' की चन्द्रा के साथ अपनापा हो!

परन्तु अभी विश्वनाथ जी की साहित्यिक उपलब्धियों का लेखा-जोखा पेश करने का समय नहीं आया है, इसलिए आज तो उन्हें सिर्फ यह छोटा-सा 'आईना' देना चाहता हूँ इन शब्दों के साथ :

ऐसा कहाँ से लाऊँ कि तुझ-सा कहें जिसे।

['अंतर्दृष्टि : अंक-9' में प्रकाशित]

मार्कंडेय : ऐसा स्वाभिमान कम लोगों में होता है

मार्कंडेय से मेरी आखिरी मुलाकात मार्च महीने की छह तारीख को शाम पाँच बजे के करीब हुई। वे राजीव गांधी कैंसर अस्पताल में भर्ती थे। मुझे रवीन्द्र कालिया से यह खबर मिली तो उन्हीं की गाड़ी में हम दोनों साथ-साथ गए। उनकी बीमारी की खबर वैसे मुझे पहले मिल चुकी थी, जब वे इलाहाबाद में थे। उनकी हालत मुझे मालूम थी लेकिन अस्पताल में उस मार्कंडेय को देखना इतना हृदय विदारक था कि हम लोगों की आँखों में आँसू आ गए। वहाँ विद्या जी थीं, उनकी पत्नी, और लगभग उसी समय मालूम हो गया था कि अब गिने हुए दिन हैं। बहुत भरे हुए मन से हम वहाँ से आए। और 18 मार्च को एस.एम.एस. मुझे मिला कि वे अब नहीं रहे।

आज इतने दिनों बाद उनको याद करते हुए कुछ बातें छिटपुट याद आ रही हैं। लगभग 1953-54 ई. के आसपास की बात है। मैं बनारस विश्वविद्यालय में पढ़ा रहा था। इलाहाबाद आता था अक्सर, क्योंकि सरोज वहाँ रहती थी। वह हमारे पिता-तुल्य कामता प्रसाद जी विद्यार्थी, जो स्वतंत्रता-संग्राम सेनानी थे, उन्हीं की बेटी थी। वे मेरे पिता के मित्र थे और बचपन में मेरा समय आम तौर से उनके घर ही बीतता था। वहीं मैंने खादी पहनना सीखा। मेरी अपनी कोई बहन नहीं थी तो सरोज ही मेरी बहन थी, वही मुझे राखी बाँधती थी। उसकी शादी श्रीकृष्ण दास से हुई थी, तो वे मेरे बहनोई हुए। वे उन दिनों 2-डी, मिंटो रोड पर रहते थे। बगल में उनके अमृतराय थे, ओंकार शरद भी थोड़ी दूर पर रहते थे। इलाहाबाद में मेरा वहीं ठिकाना था। मैं वहीं ठहरता था।

मार्कंडेय उस समय जी.एन. झा हॉस्टल में रहते थे। मैं गया उनसे मिलने झा हॉस्टल, उनके कमरे—बल्कि दुष्यन्त से भी मेरी मुलाकात वहीं हुई। बाद में श्रीकृष्ण दास उन्हें अपने यहाँ लेते आए क्योंकि वे दोनों जौनपुर के थे। जान-पहचान थी ही तो वे मार्कंडेय से बोले कि अब हॉस्टल में तो रह नहीं सकते, एम.ए. कर चुके हो, रिसर्च करना नहीं है, लिखते-पढ़ते रहते हो तो मार्कंडेय दास बाबू के यहाँ चले आए और इलाहाबाद में जब तक दास बाबू रहे, तब तक

मेरा स्थायी ठिकाना वहीं रहा। दास बाबू की मृत्यु के बाद सरोज भी दूसरी जगह रहने चली गई और मार्कंडेय ने भी अपना एक अलग फ्लैट ले लिया। तब भी इलाहाबाद अक्सर जाना होता और शायद ही ऐसी कोई यात्रा रही हो कि मार्कंडेय से बिना मिले मैं चला आऊँ।

आरम्भ में मार्कंडेय बहुत अच्छा लोकगीत गाते थे। अवधी का एक गीत है : 'छापक पेड़ छिहुलिया त पतवन गहबर हो'। बहुत करुण गीत है। मार्कंडेय इस गीत को इतना अच्छा गाते थे और उस गीत की मार्मिकता मार्कंडेय के मुँह से सुनने के बाद मेरे मन में रह गई। मार्कंडेय की जो छवि मेरे मन में बनी, वह ऐसे युवक की थी जो लोकगीत बहुत अच्छा गाता है और जिसका लोकभाषा से लगाव है, गाँव से लगाव है, जो इलाहाबाद शहर में रहते हुए भी अपने ग्रामीण संस्कार को भूला नहीं है।

बाद में जब पता लगाया मैंने कि 'चक्रधर' नाम से जो लिखते हैं सज्जन, वह कौन हैं। तब मालूम हुआ कि वे कहानीकार भी हैं और जब दास बाबू के यहाँ आ गए उनके साथ रहने और मैं वहाँ गया तो अचानक पहली प्रति 'पान-फूल' की, जो उनका पहला संग्रह था, मुझे दी। अब भी वह मेरे बनारस वाले घर पर हैं। वहाँ रहते हुए (2-डी, मिंटो रोड) पहले तो शुरू किया उन्होंने अपनी पुस्तकों को स्वयं छापना, किसी प्रकाशक को उन्होंने नहीं दिया तो लेखक भी बने, प्रकाशक भी बने। कहानी की चर्चा 'कल्पना' में करते थे तो बड़ा रचनात्मक जीवन था। कभी सोचा ही नहीं मार्कंडेय ने कि वे अध्यापक बनें। नौकरी उन्होंने जिन्दगी भर नहीं की। उनके सारे साथियों ने नौकरी की लेकिन मार्कंडेय ने नौकरी नहीं की।

खास बात जो उन दिनों की थी, प्रगतिशील लेखक संघ की इलाहाबाद में सक्रियता और जगह वह लगभग ठंडी पड़ गई थी लेकिन वहाँ प्रकाशचन्द्र गुप्त के बाबत वह जिन्दा थी और उनके जो युवा कार्यकर्ता थे, मार्कंडेय और कमलेश्वर, सब सक्रिय रहते थे। मैं भी बनारस से जाता था। गोष्ठियों में कहानियाँ पढ़ी जाती थीं, चर्चा होती थी। भैरवप्रसाद गुप्त जी हम लोगों के नेता थे। तो, असल जो सक्रियता आई, वह भैरवप्रसाद गुप्त जी के 'माया' को छोड़कर 'कहानी' पत्रिका में आने से। श्रीपतराय जी ने सरस्वती प्रेस से, नये सिरे से 'कहानी' पत्रिका निकालने की बात की और भैरवप्रसाद जी गुप्त से उन्होंने कहा, कि आकर 'कहानी' का सम्पादन कीजिए और इस तरह कहानी में नई जान आई जिसमें युवा कहानीकार मार्कंडेय, अमरकान्त, कमलेश्वर, शेखर जोशी थे। तो एक ओर 'प्रलेस' था, दूसरी ओर 'परिमल' और दोनों में वैचारिक मुठभेड़ भी होती थी और सद्‌भाव भी था, जिससे एक साहित्यिक गहमा-गहमी इलाहाबाद में थी।

भैरव भाई ने 'कहानी' पत्रिका में युवा लेखकों को, और खास करके जो प्रगतिशील विचार वाले हैं, चाहे कहीं भी हों, जगह दी। उसमें राजेन्द्र यादव,

मोहन राकेश, मार्कंडेय, कमलेश्वर, अमरकान्त, शेखर जोशी यानी इस पीढ़ी के अधिकांश कहानीकार जो थे, उनको सबसे पहले भैरवप्रसाद जी ने छापा। इसी बीच यह तय हुआ कि एक बड़ी कॉन्फ्रेंस की जाए, स्थानीय गोष्ठियाँ होती रहती हैं, एक अखिल भारतीय स्तर पर की जाए। यह सम्मेलन 1956-57 के आसपास, इलाहाबाद में बड़े पैमाने पर हुआ जिसमें हजारीप्रसाद द्विवेदी, सुमित्रानन्दन पंत, महादेवी जी, यशपाल, मोहन राकेश आदि आए थे। सबने आगे बढ़कर हिस्सा लिया। इसी सम्मेलन के आगे-पीछे 'कहानी' पत्रिका का एक विशेषांक निकला। पहली बार इस विशेषांक में मैंने इन लोगों के कारण लिखा। मैं तो कविता पर लिखता था। 'छायावाद' पर मेरी किताब थी और मैं प्राचीन साहित्य का अध्येता था। इसी बीच यह तय हुआ कि इतने युवा कहानीकार हैं, फिर 'नई कविता' चल सकती है तो 'नई कहानी' क्यों नहीं? और 'नई कहानी' आन्दोलन शुरू हुआ और इस तरह प्रगतिशील लेखक संघ के उस सम्मेलन से 'नई कहानी' की नींव पड़ी। उसी समय 'हंस' का अर्द्धवार्षिक अंक निकला था। बालकृष्ण राव और अमृत राय ने पुस्तकाकार रूप में उसे निकाला था। 'हंस' 1952 में बन्द हो गई थी और फिर 1956-57 में अर्द्धवार्षिक अंक निकला लेकिन यह पहला ही रहा, दूसरा नहीं निकला। इसमें एक लेख मैंने और एक मार्कंडेय ने लिखा था।

तो यह रचनात्मकता का नया दौर प्रगतिशील आन्दोलन और विचारधारा को लेकर चला। दूसरी तरफ 'परिमल' सक्रिय था। इन लोगों के पास ज्यादा सुविधाएँ थीं। इलाहाबाद एक बड़ा अड्डा था रचनात्मकता और गतिविधियों का लेकिन आपस में कोई दुश्मनी नहीं थी बल्कि एक सर्जनात्मक होड़ थी, जीवनदृष्टि अलग थी, राजनीतिक विचार अलग थे। इस होड़ में दुष्यन्त, मार्कंडेय, कमलेश्वर, शेखर जोशी, अमरकान्त—ये स्थानीय और भैरव प्रसाद जी इन लोगों के नेता। मैं तो बनारस से आया-जाया करता था और इस प्रक्रिया में हम लोगों ने यह तय किया कि जैसे 'नई कविता' है, उसके वजन पर 'नई कहानी' चलाई जाए और यह इन लोगों ने किया। इसमें एक तो यह था कि कविता वाले जो छिटपुट कहानी लिखते हैं तो उनकी दिलचस्पी कविता में है; दूसरे, प्रेमचन्द की परम्परा कथा-साहित्य की है, तो इसे आगे बढ़ाया जाए। इसमें महत्त्वपूर्ण भूमिका मार्कंडेय ने अदा की थी। उनका कहानी संग्रह आ गया था : 'पान-फूल'। उसके बाद लगातार उनके संग्रह आते रहे। उनकी कहानियों के चार-पाँच संग्रह उस समय आए थे।

उस समय चलता था, प्रेमचन्द की परम्परा में, शहरी जीवन से ज्यादा ग्रामीण जीवन के बारे में लिखा जाए और मार्कंडेय की ग्रामीण पृष्ठभूमि बहुत ही मजबूत थी। ग्राम-जीवन की कहानियाँ लोकभाषा की छौंक देते हुए लिखने वाले एक तो मार्कंडेय थे और अंशत: कमलेश्वर क्योंकि उस समय पता चला था कि कमलेश्वर कस्बे के लेखक हैं। 'कस्बे के लोग' नाम की कहानी लिखी

थी। अमरकान्त भी गाँव से ज्यादा कस्बे के ही आदमी थे। शेखर जोशी पहाड़ी जीवन के बारे में—'कोसी का घटवार' नाम की उनकी कहानी छपी थी। तो एक मुकम्मल शहर और गाँव, दोनों क्षेत्रों में से ग्रामीण जीवन को लेकर, उसको जानना, उन चरित्रों को जानना यह मार्कंडेय का धारणात्मक पक्ष था और अन्त तक वे उन संस्कारों से जुड़े ही रहे और कहानियाँ भी उस पर लिखीं उन्होंने।

इन लोगों का ऋण मेरे ऊपर यह है कि इनके साथ रहने से कहानी पर हम लोग चर्चा करते थे। मैंने 'कहानी' पत्रिका में कहानी पर एक कॉलम शुरू किया। लेख मैं बराबर कहानी पर लिखता रहा। बाद में 'कहानी' पत्रिका राजकमल के पास चली गई। सरस्वती प्रेस से हटकर राजकमल उसे छापने लगा तो उसका नाम हो गया : 'नई कहानियाँ'। कुछ दिनों के लिए उसका कार्यालय आ गया था दिल्ली। भैरवप्रसाद जी को दिल्ली बुलाया गया था। एक लिंक हाउस है, वहाँ से 'लिंक' निकलता था, 'पैट्रियट' भी वहीं से निकलता था। उसके ऊपर राजकमल का दफ्तर कुछ दिनों के लिए आ गया था और भैरव प्रसाद जी वहाँ बैठते थे। मैं भी दिल्ली आ गया था। बात 1964-65 के आसपास की है। मैंने 'नई कहानियाँ' में कॉलम लिखा, कुछ पुराने लोगों को लेकर भी लिखा और 1965 में वह पुस्तकाकार रूप में आई। 'माया' का एक विशेषांक निकला था। उसका सम्पादन किया था मार्कंडेय ने। मार्कंडेय के कहने पर 'माया' के उस अंक में कहानी पर मैंने आखिरी लेख लिखा। इन सबको लेकर 'कहानी : नई कहानी' पुस्तकाकार छपी। कहानी पर वह मेरी इकलौती किताब है और इसका सारा श्रेय मैं दूँगा—प्रेरणा मार्कंडेय की और प्रोत्साहन, प्रकाशन का श्रेय भैरवप्रसाद जी को। एक तरह से जब वे आज नहीं हैं तो व्यक्तिगत तौर से मेरे ऊपर जो ऋण है, वह मार्कंडेय का है।

ये कुछ यादें हैं और उनके कृतित्व का जहाँ तक मामला है तो कुछ कहानियाँ मेरे पास होतीं तो मैं कुछ कहता क्योंकि कहानी लिखना उन्होंने छोड़ा नहीं। बाद में मुझे याद है, 'वर्तमान साहित्य' का एक महाविशेषांक निकला था। रवीन्द्र कालिया ने उसका सम्पादन किया था। उस महाविशेषांक में कहानी-सम्बन्धी चर्चा भी हुई थी और मार्कंडेय की एक कहानी 'हलयोग' छपी थी। वह पहले की कहानियों से अलग कहानी थी।

खास बात यह है कि मार्कंडेय कभी दूसरों पर निर्भर नहीं रहे। एक ठसक, स्वाभिमान था उनमें। अपने दम पर लिखा तो लिखा ही, नौकरी नहीं की और प्रकाशन स्वयं किया उन्होंने। अपने लेखन के बारे में भी किसी पर वे निर्भर नहीं रहे। इस तरह का आत्मविश्वास और स्वाभिमान कम लोगों में पाया जाता है। उनके सारे साथियों ने नौकरी की, कमलेश्वर ने तो कई नौकरियाँ कीं—बड़ी-से-बड़ी और ऊँची जगहों पर भी और पैसे भी बहुत कमाए। मार्कंडेय पैसे के फेर में नहीं

पड़े। उनके पास जो साधन थे, उन साधनों को ज्यादा-से-ज्यादा उपयोग किया। विचित्र संयोग है कि आज कमलेश्वर भी नहीं हैं, दुष्यन्त भी पहले ही चले गए। उस पीढ़ी में सबने अपना-अपना एक स्थान बनाया। देख करके दुख होता है कि इलाहाबाद में, उस पूरे दौर के लोगों में अमरकान्त हैं, शेखर जोशी हैं, मार्कंडेय नहीं हैं। लगता है, इलाहाबाद आधा खाली हो गया है मार्कंडेय के जाने से। मैं फिलहाल इन थोड़े-से शब्दों के साथ उन्हें, उनकी स्मृति को प्रणाम करता हूँ।

[देवाशीष शर्मा की बातचीत पर आधारित]

['कथा' में प्रकाशित]

विष्णुकान्त शास्त्री : तोहि-मोहि नाते अनेक

अभी तक मैं ध्यानरस में मग्न था। बड़ी मुश्किल से मन को बाहर किया है। यह उस एक दोहे का हिस्सा है जो तुलसीदास का है और इसे पहली बार कलकत्ता में विष्णुकान्त जी के मुँह से सुना था एक गोष्ठी में :

मगन ध्यानरस दंड जुग पुनि मन बाहेर कीन्ह।
रघुपति चरित महेस तब हरषित बरनै लीन्ह॥

इस दोहे की ओर मेरा ध्यान नहीं गया था। यह ध्यानरस क्या होता है? ध्यान तो सुना था लेकिन ध्यानरस में मगन होना! मन पुनि बाहेर कीन्ह! यद्यपि यह दोहा उन्होंने मेरा भाषण सुनने के बाद कहा था लेकिन स्वयं अनेक गोष्ठियों में विष्णुकान्त जी को बोलते हुए सुना है, तो मैंने अनुभव किया है कि वे जिस कोठे से बोलते हैं, वहाँ से सचमुच ही ध्यानरस में मग्न होने के बाद ही बोला जा सकता है। कुछ समय तक विचार या भाव में मग्न रहिए, फिर मन को बाहर कीजिए और बोलिए, तब तो बोलने का मतलब है। नहीं तो बक-बक करने के लिए तो यहाँ माइक है, बक-बक करते रहिए। आज वही क्षण, वही घड़ी है। युगों बाद मैंने भारती को देखा। छोटी-सी थी। सफेद फ्रॉक पहने हुए एक शिशु हंसिनी की तरह से आई थी वह मेरे सामने। मैं इस समय इलाहाबाद में नहीं हूँ, कलकत्ते में हूँ—शास्त्री जी के चित्तरंजन एवेन्यू के मकान में। अनेक बार हम लोग उस घर में बैठे हैं, खाना खाया है। हमारे और विष्णुकान्त जी के सम्बन्धों की यह अर्द्धशती है। हम लोग 1954 में पहली बार मिले थे। यह 2004 है और शास्त्री जी 75 के हो गए हैं और 76 में प्रवेश कर चुके हैं। अपनी उम्र मैं नहीं गिना रहा हूँ। तो 75 पूरा किया है उन्होंने। कायदे से तो आज चाहिए था कि हम गुलाब के फूलों की माला नहीं, उन्हें हीरे का हार पहनाते। प्रसाद जी के शब्द हैं : 'और पहनाया हीरक हार'। मेरे पास शब्दों के हीरे हैं, मैं हीरों का व्यापारी नहीं हूँ। आज हीरे का हार पहनाने का दिन है और अर्द्धशती (50 साल) से हमारे-इनके सम्बन्ध हैं। तुलसीदास ने कहा है : 'तोहि मोहि नाते अनेक मानिये जो भावै'। मेरे-उनके

नाते अनेक हैं। अब जो भावे, उसी को मानिए। यह उनके लिए भी है, मेरे लिए भी है। और ये सभी नाते जोड़नेवाले हैं। स्वामी अखंडानन्द जी सरस्वती महाराज हमारे कुलगुरु हैं और इनके दीक्षा गुरु हैं। उनके चरणों में साथ-साथ भी बैठे हैं और अलग-अलग भी। आचार्य हजारीप्रसाद द्विवेदी के प्रति उनका भी गुरु भाव है, मेरे तो गुरु हैं ही। इस तरह से हम दोनों उनके शिष्य हैं। संयोग से मैं पढ़ने का अवसर पा सका लेकिन इन्होंने उनका साहित्य पढ़कर उनको अपना गुरु मान लिया। पंडित विश्वनाथ प्रसाद मिश्र के प्रति उनका भाव—मेरा भाव एक जैसा है। डॉ. रामविलास शर्मा के प्रति मेरा भाव—उनका भाव एक जैसा है। तुलसीदास, उनका मानस, खास तौर से उनकी 'विनय-पत्रिका' के प्रति उनका लगाव—मेरा लगाव एक जैसा है। कितनी चीजें हम लोगों को जोड़नेवाली हैं। हमारे बच्चे एक-दूसरे को जिस तरह से याद करते हैं, प्यार करते हैं, पारिवारिक सम्बन्ध हैं। इसलिए मैंने कहा कि 'तोहि-मोहि नाते अनेक मानिये जो भावै'।

विष्णुकान्त जी उत्तर प्रदेश के राज्यपाल होकर आए। ठीक उसी समय मैं संयोग से लखनऊ विश्वविद्यालय गया था! किन्हीं कारणों से इन्हें भी आना था परन्तु विश्वविद्यालय में कुछ उपद्रव हो गया था तो कुलपति जी ने हाथ जोड़कर कहा कि आप इस समय न आइए। लेकिन उन्होंने इन्तजाम रखा और कुलपति जी से कहा कि नामवर जी को यहाँ भेज दीजिएगा। मैं इन्तजार करूँगा। राजभवन में बहुत प्रेम से मुझसे मिले। उसके बाद और जगहों पर मिले। दिल्ली में महादेवी वर्मा की रचनावली का लोकार्पण था। पधारे थे 'शास्त्री भगवान'। आते ही तबीयत से गले मिले। हमारे-उनके बीच नोक-झोंक तो होती ही रहती है, उस दिन उन्होंने एक शेर पढ़ा : 'गुलशनपरस्त हूँ, नहीं गुल ही मुझे अजीज। काँटों से भी निबाह किए जा रहा हूँ मैं'। और मेरे मुँह से तुरन्त निकला : 'गुलों से खार बेहतर है जो दामन थाम लेते हैं'। यह रिश्ता जो है, वह दामन थाम लेनेवाला रिश्ता है, जो बराबर बना रहा। वह नोक-झोंक हम लोगों में चलती रहती है। दिल्ली में मिले और आज खुशी है कि इलाहाबाद में हम साथ हैं। लखनऊ के बाद इलाहाबाद में मिलना ही चाहिए था। वे अविरोध में रहते हैं, मैं विरोध में रहता हूँ : 'केहि विधि मिलनो होय'। लेकिन 'सूली ऊपर सेज' उनकी नहीं है, यह मैं नहीं कहूँगा। भले ही सेज काँटों की बनी हो, लेकिन कोई काँटा उन्हें चुभ नहीं सकता है, मैं जानता हूँ। कोई काँटा हिम्मत भी करे तो भी नहीं चुभ पाएगा। इसलिए आज इलाहाबाद में उनकी नई पुस्तक, संस्मरणों की पुस्तक, के लोकार्पण का अवसर मिला। कई मित्रों ने फोन करके मुझसे कहा कि आप न जाइए वहाँ। ये वे लोग हैं जो नहीं जानते मानवीय सम्बन्धों को और अपनी संस्कृति को।

छोटी उम्र की एक घटना अचानक याद आ गई मुझे। विषयान्तर हो तो क्षमा कर दीजिएगा। सन् 1951 की बात होगी। आचार्य द्विवेदी, हमारे गुरुदेव,

शान्तिनिकेतन से आए ही थे और उन दिनों मुझ पर मार्क्सवाद का नया रंग या नशा चढ़ रहा था जो आम तौर पर नये लोगों में होता है; आजकल बूढ़े होने पर भी दिखाई पड़ रहा है। उस समय कुछ चीजों को लेकर विचारों में बड़ी टकराहट चल रही थी, अत: मैंने शाम को घूमते समय उनसे तुलसीदास का हवाला देते हुए कहा, तुलसीदास तो मानते थे कि 'नाते सबै राम के मनियत, सुहृद सुसेव्य जहाँ लौं। जाके प्रिय न राम बैदेही, तजिए ताहि कोटि बैरी सम जद्यपि परम सनेही।' पंडित जी ठिठक गए। बोले, मैं इसे नहीं मानता। एक सहज-सी बात थी। बोले, तुलसीदास बैरागी आदमी थे। मैं गृहस्थ हूँ। उनके औरत नहीं, बीवी-बच्चे नहीं, उन्हें समाज में रहना नहीं था। वे नाते सबै राम के साथ चला सकते थे। मैं गृहस्थ हूँ। गृहस्थ में तो इतने अन्तर-वैयक्तिक सम्बन्ध होते हैं। यही नहीं, बल्कि जिसे आगे चलकर एक उपन्यास में उन्होंने लिखा है। 'भागवत' का कोई श्लोक सुनाया। फिर 'गीता' का सुनाया और कहने लगे कि देखो, मन तो स्वयं पूरा-का-पूरा किसी से नहीं मिलता। 'मेघदूत' का एक श्लोक उन्होंने उद्धृत किया जो कालिदास के यक्ष की वेदना थी। वह अपनी प्रिया का उपमान ढूँढ़ता है। कुछ नदी में मिल जाता है, कुछ लता में मिल जाता है, कुछ चन्द्रमा में मिलता है लेकिन 'हन्तैकस्मिन्क्वचिदपि न ते चंडि सादृश्यमस्ति'। अर्थात् ऐसा कुछ भी नहीं है, सुन्दरी, जिसके साथ तुम्हारा पूरा सादृश्य हो। इकट्ठा एक जगह वे सारी चीजें नहीं मिलतीं जिनसे मन मिले। इकट्ठा एक आदमी कोई ऐसा दुनिया में नहीं मिलता जिससे आपका पूरा मन मिले। कुछ किसी में मिलता है, तो कुछ किसी में मिलता है। इसलिए भगवान के भी कई स्वरूप होते हैं। कोई सोलह कला के होते हैं तो कोई बारह कला के ही होते हैं। इसके बाद पंडित जी बोले, इसलिए तुलसीदास के लिए उनकी बात ठीक है लेकिन अपने लिए मेरा सुधर्म यह है—कि जब अपने अत्यन्त निकट-से-निकट व्यक्तियों से...मेरी पत्नी से मेरा मन सोलह आने नहीं मिलता, अपने भाइयों से नहीं मिलता, अपने गुरु से नहीं मिलता, तो जितनी दूर तक जिससे मन मिलता है, उतनी दूर उससे निभाना यही मानवीय धर्म है। हम देवता नहीं हैं, हम मनुष्य हैं।—यह कहकर पंडित जी ने मुझे व्यवहार की पद्धति समझाई।

मार्क्स को माननेवाली यहाँ छत्तीसों पार्टियाँ बनी हुई हैं और राम को माननेवाले भी कई तरह से राम-भक्त होते हैं। कृष्ण को माननेवाले इतने प्रकार के भक्त हैं कि उनके सम्प्रदाय अलग-अलग बने हैं। जब ये चीजें जीवन्त दिखाई पड़ रही हैं तो कौन-सा किताबी सम्बन्ध किससे निभाने में लगाया जाए? इसलिए जब लोगों ने मुझसे कहा कि आप वहाँ न जाएँ तो मैंने कहा कि आज तो मैं अवश्य ही जाऊँगा क्योंकि हमारी संस्कृति की यह परम्परा रही है। किंवदन्ती है, झूठ हो या सच हो लेकिन जिसने समाज में किंवदन्ती प्रचलित की होगी, उसके मन

में कुछ रहा होगा। कहते हैं कि नाभादास ने भंडारा किया था तो तुलसीदास को निमंत्रण नहीं दिया गया था। यह रामचन्द्र शुक्ल के इतिहास में लिखा हुआ है। और बिना बुलाए तुलसीदास जी अपने-आप पहुँच गए। अन्त में जब पंगत लगी हुई थी तो किसी सन्त का एक जूता उठाकर वहाँ बैठे हुए थे। जैसे ही नाभादास खीर परोसने गए तो वहाँ बैठे हुए तुलसीदास को देखा और चरणों में गिर गए नाभादास जी। बोले, सन्त-समागम हो रहा है, नहीं बुलाया तो क्या हुआ, साधु ने बुलाया। राम का भक्त है, बुला रहा है और चले गए। तो जब शुक्ल जी ने कहा है कि गए होंगे तो जरूर लेकिन जूता हाथ में लिया होगा खीर के लिए तुलसीदास ने—इस पर शुक्ल जी को विश्वास नहीं है। यह किंवदन्ती सत्य हो या नहीं लेकिन हमारी संस्कृति का यह सत्य है। यह निर्विवाद है इसीलिए लोकमानस में यह किंवदन्ती चली आ रही है और इसका सम्मान करना चाहिए। इसलिए राजनीति मात्र पूरा मनुष्य नहीं है। मनुष्य उससे कहीं ज्यादा भरा-पूरा अनेक जटिल भावों और विचारों का पुंज है। इस सन्दर्भ में मैं समझता हूँ कि यह हमारी संस्कृति विशेषत: सारस्वत संस्कृति है कि जिससे जितना मन मिले, उससे उतना सम्बन्ध निभाया जाए। यह सारस्वत सम्बन्ध है हम लोगों का जिससे हम यहाँ इकट्ठे हैं।

हम लोग प्रयाग में हैं जहाँ 'परिमल' और प्रगतिशील लेखकों के बीच तनाव रहे हैं, टकराव रहे हैं, पर साथ-साथ बैठे हैं, बहस होती रही है, लिखते रहे हैं। यह संगम की परम्परा है, और संस्कृति की परम्परा है। इसलिए मुझे खुशी है कि प्रयाग ने अपनी परम्परा की रक्षा करते हुए आज इस बहाने शास्त्री भगवान को लखनऊ से बुलाया है। वैसे भी उत्तर प्रदेश के राज्यपालों की बड़ी शानदार परम्परा भी है। यदि मैं भूलता नहीं तो सरोजिनी नायडू यहाँ की राज्यपाल थीं, के.एम. मुंशी राज्यपाल थे और उस परम्परा में मुझे और कोई नाम इस समय नहीं याद आ रहा है। विष्णुकान्त जी भी उस परम्परा के हैं। यह गर्व होना चाहिए उत्तर प्रदेश को। और गर्व है हमें इस बात पर। और फिर यह संग्रहालय है। संग्रहालय है तो संग्रह करना ही चाहिए। 'संग्रह' तुलसीदास का बड़ा प्रिय शब्द है। 'लोक-संग्रह' शुक्ल जी का बड़ा प्रिय शब्द है। इसलिए इस आयोजन के बहाने, एक पुस्तक के निमित्त, सभी विचारों के लोगों का संग्रह इलाहाबाद संग्रहालय ने किया है। पुस्तक पर कुछ कहने के पहले इन बातों का उल्लेख करने की अनुमति आप लोगों से मैंने माँगी है। कथाकारों ने संस्मरण अनेक लिखे हैं। कुछ आलोचकों ने भी संस्मरण लिखे हैं। आचार्य रामचन्द्र शुक्ल ने 'प्रेमघन की छाया स्मृतियों का' एक संस्मरण लिखा है। यद्यपि उनके इतिहास में अनेक संस्मरण के टुकड़े हैं। संस्मरण डॉ. रामविलास शर्मा ने भी लिखे हैं। पूरी 'अर्द्धविराम' नाम की उनकी पुस्तक संस्मरणों की है। कुछ बड़े लोगों के लिखे हैं, कुछ सामान्य जनों पर लिखे हैं। उस परम्परा में विष्णुकान्त जी अन्यतम हैं। संस्मरणों के बारे में एक

बात का मैं विशेष रूप से उल्लेख करूँगा। इस दौड़-भाग के युग में हम लोग, यह पूरा देश और खास कर जब से यह हाइटेक और तुरन्ता भोजनालय वाली संस्कृति चली है, तब से हम लोग स्मृति-भ्रंश के शिकार हो गए हैं। यह देश आज और अब को याद करने में इतना बँधा हुआ है कि अतीत की स्मृतियाँ, अतीत को याद करना पलायनवाद माना जाता है। और 'गीता' में कहा गया है कि 'स्मृतिभ्रंशात् बुद्धि नाश: बुद्धि नाशात् प्रणश्यति'।

जिस व्यक्ति की स्मृति भ्रंश हो जाए और जिस जाति का, जिस समाज का, जिस देश की स्मृति भ्रंश हो जाए, उसका विनाश निश्चित है। ऐसे दौर में संस्मरण एक विधा नहीं बल्कि एमनेशिया यानी स्मृतिभ्रंश के विरुद्ध एक प्रतिरोध है। कुछ व्यक्तियों को स्मरण करने के बहाने हम यह बराबर जाँचते-परखते रहें कि अभी हमारी स्मृति नष्ट नहीं हुई है। अभी मैं याद कर सकता हूँ। हम लोगों के पास तो यही एक पूँजी है। पूँजी मैं कैपिटल के अर्थ में कह रहा हूँ। सेठों की पूँजी और होगी। लेखक के पास, बुद्धिजीवी के पास तो स्मृति ही पूँजी है। और स्मृति की पूँजी की यह ताकत है कि ऋक् संहिता को, अपने वेदों की संहिता को स्मृतियों से हमने हजारों साल तक जिन्दा रखा। उन्हें लिखा बहुत बाद में गया। वेद छपा और बाद में, उसे याद रखा लोगों ने। इसलिए अपने पूर्वजों पर हमें गर्व होना चाहिए। इसलिए स्मृति संस्कृति को सुरक्षित रखती है, अपने पुरखों की परम्परा को सुरक्षित रखती है, अपने मित्रों की परम्परा को सुरक्षित रखती है। जब मैं नहीं रहूँगा तो कम-से-कम मुझे याद दिलाने के लिए विष्णुकान्त जी का संस्मरण तो होगा और यह बताऊँ कि मेरी याददाश्त भी तो बहुत बुरी नहीं है लेकिन शास्त्री भगवान जैसी स्मृति मैंने नहीं देखी। इस मामले में वे हाथी हैं। कहते हैं कि हाथी कुछ भूलता नहीं है। अद्‌भुत स्मरणशक्ति। एक-एक तथ्य। इस मामले में उनका दिमाग कम्प्यूटर है। बच्चन जी से मैं भी मिला हूँ, मिलता रहा हूँ। गुलमोहर पार्क वाले मकान में मैं भी कई बार गया हूँ लेकिन बच्चन जी पर इतना अच्छा संस्मरण, पूर्णत: विश्वसनीय, उनके पूरे व्यक्तित्व को उजागर करनेवाला संस्मरण, मैंने और दूसरा नहीं देखा। कहने को भारती वहीं बम्बई में रहते थे, धर्मवीर भारती, परन्तु उन्होंने बच्चन जी पर संस्मरण नहीं लिखा। इलाहाबाद वालों को थोड़ा शर्मिन्दा होना चाहिए, चुटकी भर शर्म यहाँ होनी चाहिए उन लोगों को, कोई बच्चन पर लिखे। जगदीश गुप्त पर जैसा संस्मरण शास्त्री जी ने लिखा, वैसा शायद ही किसी और ने लिखा हो, मुझे फिलहाल नहीं याद आ रहा है। क्षमा करें इलाहाबाद के लोग। ऐसी अद्‌भुत स्मृति के सन्दर्भ में एक ही शब्द कहूँगा, विष्णुकान्त जी के लिए : 'छुआ छल नाहीं'। तुलसीदास के शब्द हैं। हम लोग छलते हैं। छल है, छलावा है हममें से बहुतों में। ऐसा पारदर्शी व्यक्तित्व मैंने नहीं देखा है।

संस्मरणों की इस किताब का बड़ा अच्छा नाम रखा है। अपनी किताबों का नाम बहुत अच्छा रखते हैं शास्त्री जी। 'तुलसी के हिय हेरि', 'कुछ चन्दन की कुछ कपूर की', 'सुधियाँ उस चन्दन के वन की'। किताबों के इतने सुन्दर नाम रखते हैं कि कवि-हृदय भी ऐसा नाम नहीं रख सकता। सूरीनाम का संस्मरण पढ़ते हुए मुझे लगा कि ये तो कवि हैं। शास्त्री जी ने अपनी नानी-माँ का एक संस्मरण लिखा है। वह संस्मरण ही नहीं है बल्कि आत्मकथा है। अपने जीवन के अनेक तथ्यों को साहस के साथ उन्होंने लिखा है। सत्याग्रह में जेल गए उसके विभाग के प्रमुख रहे। इस तथ्य को ज्यों-का-त्यों और पहली बार सम्भवत: लिखित रूप में उन्होंने कहा। इस दृष्टि से भी वह संस्मरण महत्त्वपूर्ण है। जम्मू, जहाँ के ये हैं, और जब भी बात होती थी तो बड़े गर्व से वे जब कहते थे कि मैं डोगरा हूँ, मुझे बहुत अच्छा लगता था। अद्‌भुत संस्मरण है। 'तू मेरी बुलबुल' बड़ी नानी माँ पर लिखा हुआ सबसे मार्मिक संस्मरण है जिसमें उनके जीवन के अनेक मार्मिक प्रसंग नानी-माँ के बहाने आए हैं। मुझे इनकी सबसे अच्छी पुस्तक 'तुलसी के हिय हेरि' लगती है। 'विनय-पत्रिका' पर बड़ी गहराई से उन्होंने लिखा है और अपनी सर्वोत्तम पुस्तक उन्होंने समर्पित की है, सुदर्शना इन्दिरा को—अपनी दिवंगता पत्नी को। सचमुच वे सुदर्शना थीं। मैंने उन्हें देखा है। मैं रघुवीर सहाय की एक कविता के साथ समाप्त करूँगा। कविता है :

तुममें कहीं कुछ है कि तुम्हें उगता सूरज,
मेमने गिलहरियाँ, कभी-कभी का मौसम
जंगली फूल पत्तियाँ टहनियाँ भली लगती हैं
आओ उस कुछ को हम दोनों प्यार करें।
एक-दूसरे के उसी विगलित मन को स्वीकार करें।

और अन्त में निराला ही याद आते हैं। 'अनामिका' के आरम्भ की वे पंक्तियाँ :

जैसे हम हैं वैसे ही रहें।
लिये हाथ एक-दूसरे का,
अतिशय सुख के सागर में बहें।

इस बुढ़ापे में और राज्यपाल पद से अवकाश ग्रहण करने के बाद हम दोनों इसी तरह लिये हाथ एक-दूसरे का, अतिशय सुख के सागर में बहें।

[18 मई, 2004 को इलाहाबाद में आचार्य विष्णुकान्त शास्त्री की संस्मरणात्मक कृति '...पर साथ-साथ चल रही याद' के लोकार्पण समारोह पर दिया गया वक्तव्य]

['विष्णुकान्त शास्त्री अमृत महोत्सव : अभिनन्दन ग्रंथ', 2004 में प्रकाशित]

राजेन्द्र यादव : उसके चले जाने से

[1]

दिल भरा है और दिमाग खाली है। मन मानने को तैयार नहीं है कि राजेन्द्र यादव नहीं रहे। उनके व्यक्तित्व और कृतित्व पर तो विस्तार से फिर कभी लिखने की कोशिश करूँगा। फिलहाल उनके 'हंस' की भूमिका, खास तौर से स्त्री और दलित वर्ग के हक के लिए उन्होंने 'हंस' के द्वारा जो जेहाद किया, उसी सन्दर्भ में थोड़ी बात करना चाहूँगा। अभी मैं उनकी दो किताबें पढ़ रहा था। पहली किताब है : 'मैं हंस नहीं पढ़ता', जो 2006 में प्रकाशित हुई थी और दूसरी है : 'काश, मैं राष्ट्रद्रोही होता', जो 2007 में प्रकाशित हुई थी। राजेन्द्र यादव पर कुछ कहने से बेहतर मैं यही समझता हूँ कि इन पुस्तकों में से कुछ उद्धरणों को सामने रख दूँ। 'मैं हंस नहीं पढ़ता' में एक लेख है : 'पीड़ा के दावेदार'। इसमें उन्होंने दलित लेखकों की हिमायत करने के साथ ही यह सन्देश दिया है :

'दलित लेखकों को इस पर भी विचार करना होगा कि उनका लेखन सिर्फ आत्माभिव्यक्ति का सुख नहीं है, एक संघर्ष और आन्दोलन का हिस्सा भी है। वह सिर्फ पीड़ा को कहकर उससे मुक्त (शास्त्रीय शब्दावली में 'विरेचित') हो जाना ही नहीं, उस पीड़ा को अपनों में बाँटकर सामूहिक मुक्ति का सपना भी है। सवाल यह भी है कि इसी वर्ण-व्यवस्था को बनाए रखकर क्या दलितों का संघर्ष खुद सवर्णों जैसा सम्मानित हो जाने तक जाता है या सारी व्यवस्था को ही बदलने की बात सोचता है? भूलना यह भी नहीं चाहिए कि उनका सवर्णों की तरह सम्मानित और सत्तावान बनना, दूसरे 'नये दलितों' को जन्म देना है—जो जितने अपनों में से होंगे, उतने ही उन अपनों से बाहर—यही नहीं, सवर्ण बनने की आकांक्षा उन्हें ठीक उन्हीं कर्मकांडों और धार्मिक ढकोसलों में ढकेल देगी जो उनकी अपनी समझ से असली सवर्णों की शक्ति है। लालू, मुलायम और मायावती 'नये सवर्ण' नहीं तो क्या हैं? अगर आज राम को हटाकर घर-घर में

बुद्ध या अम्बेडकर की मूर्तियाँ पूजी जाने लगें तो अब तक के पूजनीय राम क्या अधिकार-वंचित होकर चुप बैठे रहेंगे?—ये 'नये दलित' किसी रणनीति का सहारा तो लेंगे ही...'

दलित साहित्य की आलोचना से किंचित् भिन्न दृष्टि स्त्री साहित्य के प्रति है। वे लिखते हैं :

'प्रारम्भिक लड़खड़ाहट के बाद स्त्री-लेखन इसलिए हमारे अधिक निकट है कि वह हमारी ही भाषा, शैली, तकनीक में अपनी बात कहता है। स्त्री ठीक हमारी ही कलात्मकता के साथ 'शेष कादम्बरी' (अलका सरावगी) और 'तिरोहित' (गीतांजलि श्री) भी लिख सकती है तो कात्यायनी की कविताएँ या 'कस्तूरी कुंडल बसै' (मैत्रेयी पुष्पा) जैसी ठेठ स्त्री-चेतना से उपजी अलग रचनाएँ भी। मगर अधिकांश स्त्री-रचनाएँ अपने-आपको स्थगित करके ठेठ पुरुष मानसिकता और मूल्यों के आत्मसातीकरण से आती हैं। 'कलिकथा वाया बाईपास' (अलका सरावगी) की अतिशयोक्तिपूर्ण प्रशंसा के पीछे यह शाबाशी देने की भावना भी है कि स्त्री होने के बावजूद उसने पुरुषों की कलात्मकता को साधा है। यह स्त्री के अपने हस्ताक्षर न होने या स्वयं उसकी अनुपस्थिति की प्रशंसा है।'

'काश, मैं राष्ट्रद्रोही होता' की महत्त्वपूर्ण भूमिका 'जो जैसा है, वह मुझे वैसा ही स्वीकार नहीं है' के अन्त में उन्होंने लिखा है :

'मुझे यह स्वीकार करने में भी कोई संकोच नहीं है कि मैं स्कॉलर नहीं हूँ। हाँ, मैंने समय के सन्दर्भों में बातों को अपनी तरह कहने की कोशिश जरूर की है—बेबाक और दुस्साहसी होकर। असहमतियाँ और गालियाँ मेरी जीवनी शक्ति हैं।

मित्र मुझे हिन्दी का खुशवन्त सिंह कहते हैं। स्त्री-विजय की वैसी शेखियाँ मैंने कभी नहीं मारीं। मेरा वह क्षेत्र भी नहीं है। हाँ, अगर तुलना ही करनी हो तो मैं नीरद सी. चौधरी के साथ होना पसन्द करूँगा। सही है कि उनकी साम्राज्यवादी प्रतिश्रुतियों से मेरा आधारभूत विरोध है, मगर वे सच्चे अर्थों में प्रखर बुद्धिजीवी हैं—यानी मूर्तिभंजक।'

इस आत्मस्वीकृति से राजेन्द्र यादव के व्यक्तित्व का पूरा परिचय मिल जाता है। उनकी आखिरी किताब 'स्वस्थ व्यक्ति के बीमार विचार' नाम से एक आत्मकथा जैसी शैली की कृति हाल ही में प्रकाशित हुई है जिसे उन्होंने बोलकर लिखवाया था। यह पुस्तक लगभग 90 पृष्ठों की है और 11 अध्यायों में विभक्त है। हिन्दी में ऐसी बेबाक और वर्जनामुक्त आत्मकथा मेरे देखने में तो नहीं आई है। खास तौर से, अपने सेक्स सम्बन्धों का विवरण जितने उन्मुक्त और कुंठारहित ढंग से किया है, शायद ही किसी और लेखक ने हिन्दी में किया हो। देखना है, आगे हिन्दी में इस पुस्तक की क्या प्रतिक्रिया होती है।

फिलहाल इन्हीं शब्दों के साथ अपने अभिन्न मित्र राजेन्द्र यादव को अपनी सजल श्रद्धांजलि अर्पित करता हूँ।

[प्रस्तुति : दिनेश कुमार]

['हंस' : दिसम्बर, 2013 में प्रकाशित]

[2]

मुझे आज भी अच्छी तरह याद है कि राजेन्द्र (यादव) से मेरी पहली मुलाकात सन् 1950 के आसपास आगरा कॉलेज में हुई थी। मैं काशी हिन्दू विश्वविद्यालय में एम.ए. (हिन्दी) का छात्र था और रामविलास (शर्मा) जी से मिलने आगरा गया था। राजेन्द्र भी तब एम.ए. (हिन्दी) का छात्र था। हम दोनों एक-दूसरे को बस नाम से जानते थे, मिले नहीं थे। उस पहली मुलाकात में ही कुछ ऐसा हुआ कि हमारे बीच एक रिश्ता बनता चला गया जो साठ-बासठ साल तक बना रहा। मैं जब पिछले साठ सालों की अपनी इस मित्रता को अब याद करता हूँ, खास कर राजेन्द्र के चले जाने के बाद, तो खुद को एक ऐसे खालीपन से लिपटा हुआ पाता हूँ जिसे दिगंत भी नहीं भर सकता।

राजेन्द्र मुझसे केवल दो साल ही तो छोटा था। इसी कारण मैं उसे 'तुम' कह सकता था और वह मुझे 'आप'। मन्नू (भंडारी) जी से भी मेरी मित्रता पारिवारिक ही थी और है।

जब मन्नू जी से उसकी अनबन शुरू हुई तो मैंने मन्नू जी की सारी बातें सुनीं और राजेन्द्र को समझाने की कोशिश की। यहाँ उन निजी बातों को कहने-सुनने का अब कोई अर्थ नहीं रह गया है।

आगरा के बाद हमारी मुलाकातें इलाहाबाद में अक्सर हो जाती थीं। वहाँ राजेन्द्र के साथ कमलेश्वर, शेखर जोशी, अमरकान्त और भैरवप्रसाद गुप्त भी होते थे। मैं याद करता हूँ तो कलकत्ते में राजेन्द्र के साथ की अनेक शामें हैं जब हमारी मित्रता प्रगाढ़ होती चली गई। उन दिनों उसकी किताब 'उखड़े हुए लोग' की बड़ी चर्चा थी।

जब काशी हिन्दू विश्वविद्यालय की नौकरी से मुझे अलग कर दिया गया तो मैं दिल्ली आ गया। मैंने भारतीय कम्यूनिस्ट पार्टी के टिकट पर चुनाव लड़ा था। पार्टी ने मुझे अपने अखबार 'जनयुग' के सम्पादन की जिम्मेदारी सौंपी। शीला संधू और उनके पति वामपंथी थे। उन्होंने कम्यूनिस्ट पार्टी से मुझे माँग लिया और राजकमल प्रकाशन का सलाहकार बनाया। बाद में व्यस्ततावश मुझे 'जनयुग' छोड़ना पड़ा। तब राजकमल प्रकाशन से भीष्म साहनी के सम्पादन में

'नई कहानियाँ' नाम से एक मासिक पत्रिका निकलती थी जिसमें मैंने जनवरी, 1960 से दिसम्बर, 1962 तक 'हाशिये पर' नामक स्तम्भ लिखा। इसी स्तम्भ में मैंने राजेन्द्र की कहानी 'छोटे-छोटे ताजमहल' पर विस्तार से एक निबन्ध लिखा। मैंने इस कहानी की कुछ चीजों की तारीफ तो की, पर कई बातों की आलोचना भी की। उस आलेख का अन्तिम अंश इस प्रकार है :

'साधारण पाठक तो अनुभूतियों के वर्णन से अभिभूत हो जाता है—इतना अभिभूत कि इन अनुभूतियों के पीछे छिपे हुए 'दृष्टिकोण' की ओर ध्यान ही नहीं दे पाता; लेकिन इसके पीछे क्या कोई 'मुर्दा भोगवाद' नहीं है? अमेरिकी साहित्य-समीक्षक फिलिप रैव ने कुछ दिन पहले अमेरिकी कथा-साहित्य में बढ़ते हुए 'अनुभूतिवादी' खतरे के पीछे छिपी विचारधारा का निर्मम उद्‌घाटन किया था। क्या हमारे यहाँ भी उसी प्रकार का 'कल्ट ऑफ एक्सपीरिएंस' नहीं बढ़ रहा है? वैयक्तिक सम्बन्धों की बारीकियों में इतनी दिलचस्पी और नितान्त निजी अनुभूतियों के छोटे-छोटे क्षणों का ब्यौरा देने में ऐसी रुचि अन्तत: किस ओर ले जाएगी? बोस्टन सोसाइटी के बारे में टी.एस. इलियट ने एक बार कहा था कि 'दे आर क्वाइट रिफाइंड, बट रिफाइंड बियॉन्ड द प्वाइंट ऑफ सिविलाइजेशन!' क्या इन कहानियों की अति सूक्ष्मप्रियता भी सभ्यता की हद के पार तो नहीं जा रही है? अत्यन्त सभ्य लेकिन सभ्यता की हद के पार! ऊपर से सुन्दर लेकिन नीचे प्राणहीन शव। छोटे-छोटे ताजमहल!'

राजेन्द्र तब दिल्ली आ गया था और किरोड़ीमल कॉलेज के पास शक्ति नगर में मन्नू जी के साथ रहने लगा था। मैं वहीं मॉडल टाउन में रहता था। हमारा अक्सर मिलना-जुलना होता था। मैंने पहले भी कहा है कि पढ़ाई और नौकरी के दौरान हमारा जीवन एक तरह से स्त्रीविहीन ही रहा था। पहली बार, मैं राजेन्द्र के घर में उन महिलाओं से मिला जो साहित्य-शिक्षा या सामाजिक जीवन में सक्रिय थीं। मन्नू जी के कारण ही निर्मला जैन से वहीं मित्रता हुई। फिर मैं कुछ सालों के लिए जोधपुर चला गया। उस दौरान हमारा मिलना कम हो गया।

मैं 1974 में जवाहरलाल नेहरू विश्वविद्यालय (दिल्ली) आ गया। राजेन्द्र और मन्नू जी हौजखास में आकर रहने लगे। मेरे घर से उनका घर बहुत दूर तो था नहीं। हमारी मुलाकातें फिर शुरू हुईं। हफ्ते में दो-तीन बार मिलना हो ही जाता था। राजेन्द्र के साथ की शामें बड़ी यादगार होती थीं।

जब राजेन्द्र ने 'हंस' निकालने का फैसला किया तो उसने मुझे बताया। मैं उसके इस फैसले से सहमत था। जुलाई, 1986 में 'हंस' शुरू हुई। मार्च, 1987 के अंक में मैंने राजेन्द्र के कहने पर एक लेख लिखा : 'उर्दू का सवाल, बासी भात में खुदा का साझा'। 'हंस' के अक्टूबर, 1987 के अंक में मेरा अगला लेख उसने छापा : 'उर्दू के सवाल-शिकवा और जवाब-ए-शिकवा'। इससे पहले मैं

'हंस' के सितम्बर, 1986 अंक में भी एक लेख लिख चुका था : 'साम्प्रदायिकता और धर्मनिरपेक्षता'। मुझे याद है, जब-जब राजेन्द्र ने 'हंस' में कोई बहस चलाई, मुझे जरूर याद किया। उसके लिए मैंने अक्टूबर, 1993 में एक लेख और लिखा : 'शिक्षा : विचारधारा बनाम वैज्ञानिक दृष्टि'।

हमारे बीच कई मुद्दों पर असहमतियाँ बनी रहती थीं, तीखी बहसें भी होती थीं, लेकिन इसका कोई असर हमारे निजी रिश्तों पर कभी नहीं पड़ा। मसलन मैं साहित्य में आरक्षण के खिलाफ हूँ। नौकरियों में आरक्षण होना चाहिए, लेकिन एक पीढ़ी तक। कोई भी समाज स्थायी आरक्षण के बल पर विकास नहीं कर सकता। दलित, स्त्री, अल्पसंख्यक या पिछड़े वर्ग से आनेवाले लेखन को गुणवत्ता के आधार पर मुख्यधारा में स्वीकार कर लेना चाहिए। इनके लिए अलग से आरक्षण की जरूरत नहीं है। उसी तरह राजेन्द्र के दलित-विमर्श को मैंने कभी समर्थन नहीं दिया। यदि यह काम तुलसीराम या ओमप्रकाश वाल्मीकि करें तो बात समझ में आती है, पर राजेन्द्र करते थे तो यह मेरी समझ से परे है। कुछ लोग राजेन्द्र के इस काम को दलितों का नेता बनने की महत्त्वाकांक्षा के रूप में देखते थे। खराब रचना यदि कोई सवर्ण भी लिखे तो वह खराब ही कही जाएगी और अच्छी रचना यदि कोई दलित भी लिखे तो वह अच्छी ही कही जाएगी। साहित्य की कसौटी तो गुणवत्ता है, जाति नहीं।

राजेन्द्र की 'नई कहानी' वाली मंडली में सबसे सीधे और सच्चे राजेन्द्र ही थे। आम तौर पर मोहन राकेश अपने को थोड़ी ऊँचाई पर समझते थे। वे जालंधर से दिल्ली आए थे, राष्ट्रीय नाट्य विद्यालय में उनके नाटक होते थे; वे किसी को खास भाव नहीं देते थे। लगभग उसी होड़ में कमलेश्वर भी थे। वे मीडिया से जुड़े थे। टाइम्स ऑफ इंडिया समूह की पत्रिका 'सारिका' के सम्पादक हो गए थे। इनमें सबसे सहज राजेन्द्र ही थे, बाकी दोनों बड़े ही हाई-फाई और तिकड़मी थे। उन तीनों की दुनिया अलग-अलग थी।

राजेन्द्र से मेरी मित्रता की सबसे बड़ी वजह थी, उनका प्रगतिशील होना। प्रगतिशील लेखक संघ के अनेक कार्यक्रमों में हमारी मुलाकातें होती रहीं। साम्प्रदायिकता के मुद्दे पर उसने कभी समझौता नहीं किया। जब उसने 'हंस' निकालने का निर्णय लिया तो शुरू में ही तय हो गया था कि यह केवल साहित्य की पत्रिका नहीं होगी। वैचारिक संघर्ष की पत्रिका होगी, जैसा प्रेमचन्द निकालते थे। उस दौर में वैचारिक लड़ाई के लिए 'हंस' जरूरी हो गया था। जोखिम उठाना और अपनी जिद पर अड़े रहते हुए हस्तक्षेप करना राजेन्द्र का स्वभाव था। उसने प्रेमचन्द की परम्परा को न सिर्फ आगे बढ़ाया बल्कि उनके 'हंस' को एक बार फिर से प्रासंगिक बनाया। 'हंस' अपने समय की सबसे महत्त्वपूर्ण पत्रिका बन गई थी क्योंकि उसमें रचना के साथ विचार को भी प्रमुख माना गया। यह भी

सच है कि अपने समय की कई जरूरी बहसें 'हंस' ने चलाईं। राजेन्द्र के मन में कहीं भीतर तक यह बात बैठ गई थी कि वे मोहन राकेश और कमलेश्वर से कम महत्त्वपूर्ण न मान लिए जाएँ। वे केवल लेखक-प्रकाशक होकर नहीं रहना चाहते थे। मेरा खयाल है कि 'हंस' के लिए राजेन्द्र हमेशा याद किए जाएँगे।

राजेन्द्र बहुत अच्छे मित्र थे। मित्र-धर्म कोई उनसे सीखे। मैं उनके कई व्यक्तिगत गुणों का प्रशंसक रहा हूँ। उनका दिल बहुत बड़ा था और दिमाग बहुत तेज। वे बड़े खुले दिल के थे। अपनी तिकड़ी में सबसे बेहतर मनुष्य। मैं आज भी मानता हूँ कि राजेन्द्र कमलेश्वर से बेहतर लेखक थे। हालाँकि उस पीढ़ी में, मेरा खयाल है, निर्मल वर्मा सर्वश्रेष्ठ कथाकार थे। राजेन्द्र मोहन राकेश से भी बेहतर कथाकार थे। वैचारिक लेखन और चिन्तन में राजेन्द्र अपनी पीढ़ी में सबसे बेहतर थे। निर्मल वर्मा भी बेहतर चिन्तक थे लेकिन उनकी दुनिया बहुत छोटी थी। राजेन्द्र की दुनिया बड़ी थी—हम सबकी दुनिया से भी बड़ी।

मुझे राजेन्द्र के जाने के बाद इस बात का गहरा अहसास हो रहा है कि एक आदमी के जाने से जगह कितनी खाली हो जाती है। साहित्य में तो खालीपन आ ही गया है, मेरी निजी जिन्दगी में भी खालीपन आ गया है। उसके चले जाने से जो रिक्त है, उसे अब दिगंत भी नहीं भर सकता : 'विश्व में रिक्त व्यक्ति का स्थान/नहीं भर सकता स्वयं दिगंत!'

[साभार : पत्रिका 'दृश्यान्तर', अंक : नवम्बर, 2013]

अद्वितीय थे प्रभाष जोशी

कवि आलम की दो पंक्तियाँ याद आती हैं : 'जा रसना सो करि बहु बातन/ता रसना सो चरित्रा गुन्यो करौं/आँखिन में जो सदा रहते/तिनकी अब कान कहानी सुन्यो करौं।' अर्थात् जिनसे कभी बातें करते थे, आज उनके बारे में बातें कर रहे हैं। जो आँखों में हमेशा रहते थे, कानों से अब उनकी कहानी सुन रहे हैं। यही बदलाव है और यही शायद जीवन की विडम्बना भी। आज यह पहला आयोजन प्रभाष जोशी जी की अनुपस्थिति में हो रहा है। वे नहीं हैं पर कहीं-न-कहीं उनकी छाया मँडराती दिखाई पड़ रही है। उनके जीवन के दो मुख्य उद्‌देश्य थे। उन दोनों उद्‌देश्यों का आज शुभारम्भ हुआ है। राय साहब (रामबहादुर राय) ने जो प्रेस कौंसिल की रिपोर्ट को अंग्रेजी और हिन्दी, दोनों भाषाओं में प्रकाशित करने की बात कही है, इसके लिए जोशी जी संघर्ष करते रहे। यह उन्हीं के मिशन का बड़ा कदम है। दूसरा उद्‌देश्य सम्पन्न हुआ है : 'गांधी के प्रति उनकी निष्ठा का'। तरह-तरह की बातें उनके बारे में कही जाती हैं। लेकिन वे किस हद तक गांधी से जुड़े हुए थे, वह इससे पता चलता है कि जानबूझकर उनकी आस्था के अवलम्ब गांधी जी पर सुधीर चन्द्र का यह सुचिन्तित-सुविचारित व्याख्यान हुआ है। यह उन्हीं को ध्यान में रखते हुए हमने तय किया था और यह गांधी दर्शन से आरम्भ हो रहा है। बार-बार उनके इन्हीं दोनों लक्ष्यों को हम दोहराते रहेंगे।

मित्रो! प्रभाष नाम का दूसरा कोई व्यक्ति तो मुझे नहीं मिला। मैं सोचने लगा कि इसका अर्थ क्या होता है? आप्टे का संस्कृत शब्दकोश मैंने देखा, और यह देखकर आश्चर्य हुआ कि प्रभाष के दो अर्थ होते हैं : 'टू रिवील' और 'टू डिस्क्लोज'। अब सोचता हूँ कि वे जीवन भर यही तो करते रहे, एक पत्रकार के नाते। जिस पर पर्दा पड़ा हुआ था, उससे पर्दा हटाकर असली चेहरा दिखाते और डिस्क्लोज करते रहे। उद्‌घाटन करते रहे। लेकिन, इसमें भंडाफोड़वाली बात नहीं है। यह दूसरी चीज है। प्रभाष का दूसरा अर्थ मिला : 'टू पब्लिश'। वे बोलते भी रहे, लेकिन मैं समझता हूँ कि किसी आदमी ने या किसी पत्रकार ने शायद ही कलम का इस हद तक और इतना इस्तेमाल किया हो। अगर किया

है तो यह मेरी जानकारी में नहीं आया। अब आगे कोई निकल आए तो निकल आए। वे प्रकाशित करते रहे। मेरे लिए यह अधिक आश्चर्यजनक है क्योंकि मैं तो बकबक करता हूँ। उनकी तुलना में मैं क्या प्रकाशित हुआ! जबकि नाम लेखक है। धर्म लेखन है। इसलिए मुझे पहली बार लगा कि प्रभाष जी सचमुच अद्वितीय थे। उनके बीच-बीच में छपते कॉलम मैं नहीं पढ़ सका था। वे अधूरे रह गए थे। उसे पढ़ा। 'धन्न नरबदा मइया हो' पढ़ रहा था। उस नर्मदा पुत्र को पहचानने के लिए मैं समझता हूँ कि और सब न भी पढ़ें, केवल नर्मदा मैया को पढ़कर भी जान सकते हैं कि वे क्या थे। एक व्यक्ति के रूप में, परिवार के रूप में उनका पूरा व्यक्तित्व और कृतित्व, उनकी अभिरुचियाँ क्या थीं, इन्हें स्पष्ट करने के लिए मैं दो अंश का पाठ करूँगा।

अपने निबन्धों के बारे में प्रभाष जी ने एक भूमिका लिखी है, जिनका सम्पादन सुरेश शर्मा ने किया है। प्रभाष जी शब्दों को कितना तौलकर लिखते थे, उनसे लेखकों-साहित्यकारों को सबक लेना चाहिए। लेखक-साहित्यकार समझते हैं कि पत्रकार कलमघसीटू होता है। पर वे एक-एक शब्दों और वाक्यों को तौलकर लिखते थे। सुरेश जी ने उनकी किताब का शीर्षक सुझाया था : 'बार-बार लौटकर जाता हूँ नर्मदा'। प्रभाष जी ने कहा कि नहीं, यह नहीं लेना है। इसका नाम तो रहेगा : 'धन्न नरबदा मइया हो'। वह इसलिए कि मछुआरों का एक गीत उनको याद था। उस गीत में मछुआरे कहते हैं : 'हैया हो, हो हैया हो/धन्न नरबदा मइया हो'। उन्होंने शीर्षक मछुआरों के गीत का लिया था। बोलियों के लोकाचार से लिया था। हिन्दी को प्रभाष जी की यह बहुत बड़ी देन है। मैं मानता हूँ कि हिन्दी गद्य के निर्माताओं का जब नाम लिया जाएगा और साहित्यकारों के नाम आएँगे तो उनमें निश्चित रूप से अगर पहला नहीं तो महत्त्वपूर्ण नाम प्रभाष जोशी का होगा। हिन्दी गद्यकार के रूप में वे याद किए जाएँगे। उन्होंने जो लिखा है, उसका छोटा-सा कोटेशन सुनाना चाहता हूँ : 'ये निबन्ध खड़ी बोली के औपचारिक गद्य में नहीं लिखे गए हैं। इनमें बोली की अनगढ़ता है, लेकिन अनुभूति की सघनता है। आत्मीयता है। यह मेरी कोठरी के भीतर की कोठरी की ऐसी खिड़की है, जो घर के आँगन और उस पर छाए आकाश में खुलती है। ये निहायत निजी कहे जानेवाले निबन्ध हैं लेकिन ऐसी निजता जो बाहर-बाहर के ब्रह्मांड से तदाकार हो गई है। सच, इनमें निजी कुछ भी नहीं है। मैंने तो अपना मालव मानव का संसार बनाया है। ये निबन्ध तो इनमें आपको बुलाने के बुलौवे हैं।'

'बुलौवा' शब्द का प्रयोग निमंत्रित करने के अर्थ में करते हैं। यह शब्द बोल रहा है कि यह आदमी किसी तरह लोगों की जुबान से भाषा लेकर कागज पर उतारने का काम करता रहा है। यह हिन्दी तो बिगड़ती जा रही है। मीडिया तो हिन्दी की जगह हिंगलिश बोलने लगा है—खास कर इलेक्ट्रॉनिक मीडिया। और

प्रिंट मीडिया में भी देख रहा हूँ कि खिचड़ी हिन्दी चल रही है। प्रभाष जी ने और नहीं तो कम-से-कम एक लेखक और हिन्दी-प्रेमी के नाते इस गए-गुजरे दौर में, जबकि हिन्दी की दुर्गति हो रही है, उस हिन्दी का मान रखने और मानदंड रखने का काम किया। इसलिए भी वे याद आते हैं।

दूसरा उदाहरण मैं चाहूँगा कि एक निबन्ध जो 'धन्न नरबदा मइया हो' पुस्तक में है : 'सार्थक कहनेवाला-करनेवाला वह सपना कहाँ है?' आप पढ़िएगा। यदि आप प्रभाष जी के पारिवारिक जीवन को जानना चाहते हैं, तो यहाँ पत्नी के बारे में टिप्पणी है, बेटों के बारे में टिप्पणी है। दरअसल, पूरे प्रभाष जी को केवल एक निबन्ध से जानना है—उनके पारिवारिक जीवन को और उनके सपने को, तो इसे जरूर पढ़ना चाहिए। किसी ने प्रभाष जी से सन् 1994 में कह दिया था कि आजकल आप बहुत निराश दिखाई देते हैं। उन्होंने कहा—निराश! कैसे लगा आपको? उस आदमी ने कहा कि लगता है, व्यक्तिगत जीवन में आपको ज्यादा निराशा हाथ लगी है। इस वजह से आपके सारे लेखों में निराशा दिखाई पड़ती है। इस पर व्यक्तिगत जीवन की पूरी कहानी ही लिख दी। उन्होंने लिखा कि किस तरह शादी हुई, पत्नी से कैसे सम्बन्ध हैं, बच्चों के बारे में, बेटों के बारे में, कितने बच्चे वे चाहते थे, आदि निजी जीवन का पूरा दस्तावेज ही रख दिया। प्रभाष जी को जानने के लिए वह अकेला निबन्ध ही काफी है। शीर्षक है : 'सार्थक कहनेवाला-करनेवाला वह सपना कहाँ है?' लोगों ने कहा कि अब भी आप सपना देखते हैं। उस सपने की आज जरूरत है। उसमें गांधी कहाँ बैठते हैं! गांधी का उन्होंने उदाहरण दिया है। अपनी शंकाओं को परे सरकाकर गांधी के लिखे को अपने हाथ से उतारे गए कागज को पढ़ता हूँ : 'मैं ऐसे संविधान के लिए जोर लगाऊँगा जो भारत को सभी तरह के दासत्व और संरक्षण से मुक्त कर दे और जरूरी हो तो उसे पाप करने की भी स्वाधीनता हो। मैं ऐसे भारत के लिए काम करूँगा जहाँ गरीब आदमी को भी लगे कि देश को बनाने में मेरी बात भी मानी जाती है। ऐसा भारत जो ऊँचे-निचले वर्गों में नहीं बँटा हो, जिसमें सभी समुदाय पूर्ण समरसता के साथ रहते हों। ऐसे भारत में अस्पृश्यता के अभिशाप और मादक द्रव्यों और व्यसनों के लिए कोई जगह नहीं हो। औरतों और आदमियों के अधिकार समान हों। हम न दूसरों का शोषण करेंगे, न अपना शोषण होने देंगे। और इसलिए बाकी संसार के साथ शान्ति से रहेंगे। इसलिए हमारी छोटी-सी सेना होगी। करोड़ों बेजुबान लोगों के अधिकारों और हितों का सम्मान किया जाएगा और जो देशी या विदेशी हित इनके संघर्ष में नहीं होंगे, उनका भी सम्मान होगा। यह अपने सपनों का भारत है और इसके लिए मैं कोई कसर नहीं छोड़ूँगा।'

प्रभाष जी की अन्तिम टिप्पणी है : 'गांधी जी की सवा सौवीं जयन्ती साल भर मनानेवालों को न अहसास है और न शर्म का भाव कि वे जो कर रहे हैं, वह

गांधी के भारत से बिलकुल उलटा है। मैं निराश हूँ कि देश में अब न कोई विचार है और न भारत को बनाने का कोई सपना। सिर्फ अन्धी दौड़ और बेअक्ल नकल है विकास की। मैं सन्तुष्ट और सफल होकर क्या कर लूँगा, जब वह सपना ही नहीं बचा, जिसमें मुझे सार्थक होना है?'

इस टिप्पणी में जो छिपा हुआ दर्द है, उसको मैं सलाम करता हूँ। मुझे उम्मीद है कि एक दर्द लेकर हम यहाँ से जाएँ तो शायद प्रभाष जी के सपने के लिए संघर्ष करने में मदद मिलेगी।

[15 जुलाई, 2010 को 'प्रभाष परम्परा न्यास' के पहले कार्यक्रम में दिये गए व्याख्यान का सम्पादित अंश]

[2]

ठेठ हिन्दी की ठाठवाली भाषा

प्रभाष जी से मेरी पहली मुठभेड़ मंडी हाउस के फिक्की सभागार में हुई थी— मौका था 'नवभारत टाइम्स' के सम्पादक राजेन्द्र माथुर के निधन पर शोकसभा के आयोजन का। उस समय 'नवभारत टाइम्स' के सम्पादक सुरेन्द्र प्रताप सिंह थे। लेकिन हमें जो आमंत्रण मिला था, उसमें निखिल चक्रवर्ती और प्रभाष जोशी का भी नाम अंकित था। मुझे भी बोलना था। मैंने कहा कि राजेन्द्र माथुर के व्यक्तित्व का पता इससे भी चलता है कि एक ओर वामपंथी निखिल चक्रवर्ती बैठे हैं, दूसरी ओर प्रभाष जोशी जिन्होंने अपने अखबार में सती-प्रथा का जोरदार समर्थन किया है।

कार्यक्रम के बाद मैं निकलने लगा तो उन्होंने मेरा हाथ पकड़ लिया। 'कहाँ जा रहे हैं आप! मैं आपका ही इन्तजार कर रहा था। निखिल दा के साथ मेरा होना आपको आश्चर्यजनक क्यों लगा?' वह मेरी पहली मुठभेड़ थी। उसके बाद उनसे मेरी निकटता बढ़ती चली गई। बाद में दिसम्बर, 1992 से एक नये प्रभाष का जन्म हुआ और उनसे हमारा परिचय हुआ।

बाबरी मस्जिद विध्वंस के बाद प्रभाष जोशी का बदला रूप सामने आया। जिस अन्दाज में उन्होंने भाजपा और संघ पर हमला बोला, वह सराहनीय था। हम विभिन्न आयोजनों, सभा-गोष्ठियों में मिलने लगे। निकटता कब एक सम्बन्ध में तब्दील हो गई, पता ही नहीं चला। कई आयोजनों में हम साथ-साथ गए हैं। मैं उनके 'कागद कारे' स्तम्भ का मुरीद था। उसको काटकर मैंने संकलित कर रखा था। एक दिन मैंने उनसे कहा, 'मैं कतरन रखते-रखते थक गया हूँ। पुस्तक क्यों नहीं निकाल लेते?' पलटकर बोले, 'आप इसकी भूमिका लिखेंगे?' मैंने

हामी भरी। हठ कर मैंने वह पुस्तक तैयार करवाई। पाँच खंडों में 'कागद कारे' का संकलन पिछले साल प्रकाशित हुआ। उसमें मेरी लिखी भूमिका भी है।

मैंने उनसे रामबहादुर राय या उन जैसे किसी दूसरी विचारधारा वाले व्यक्ति से उनके सम्बन्धों पर कभी एतराज नहीं किया। राय साहब से उनके बहुत पुराने और प्रगाढ़ सम्बन्ध रहे। मेरे गुरुदेव आचार्य हजारीप्रसाद द्विवेदी कहा करते थे कि मनुष्य किसी विचारधारा का पुंज नहीं होता, वह उस पुंज से भी बड़ा होता है। मनुष्यता किसी भी विचार से बड़ी होती है। इसकी कसौटी प्रभाष जी थे। यह बात महान से लेकर सामान्य लोगों के बारे में भी कही जा सकती है। इस समझ के तहत मैंने देखा कि प्रभाष जोशी के हर विचारधारा के लोगों से सम्बन्ध थे। अन्तर्वैयक्तिक सम्बन्ध भी होते हैं। महात्मा गांधी के कई लोगों से सम्बन्ध थे, जो उनकी विचारधारा को नहीं मानते थे।

बालमुकुन्द गुप्त कलकत्ता से एक पत्रिका निकालते थे, तब अनस्थिरता शब्द को लेकर महावीर प्रसाद द्विवेदी से उनकी लम्बी बहस चली। महावीर प्रसाद बालमुकुन्द गुप्त की भाषा में त्रुटियाँ निकाला करते थे—भाषा वैसी नहीं, ऐसी होनी चाहिए। लेकिन 1906 में बालमुकुन्द गुप्त के निधन के बाद आचार्य द्विवेदी ने उनकी भाषा की भूरि-भूरि प्रशंसा करते हुए लिखा—हिन्दी लिखनेवाला तो एक ही था। हिन्दी तो वही है जो बालमुकुन्द लिखा करते थे। बालमुकुन्द के बाद आज के जमाने में अगर कोई हिन्दी लिखनेवाला हुआ तो प्रभाष जोशी। जिसे ठेठ हिन्दी का ठाठ कहा जाता है, वह उनकी भाषा में ही देखने को मिलता है। यह अपनी क्षेत्रीय बोलियों पर टिकी होती है। क्षेत्रीय बोली से ही हिन्दी को ताकत मिलती है, संस्कृत से नहीं। ऐसी जीवन्त और लोकभाषा की छौंक लिये भाषा लिखनेवाला हिन्दी में कोई दूसरा नहीं है। उनकी भाषा में मालवा का रस-गन्ध है। उनकी भाषा तब मुखर रूप में दिखाई देती है जब वे अपने परिवार, मित्र, माँ, बहन, भाई पर लिखते हैं। वैसे मालवी की छौंक उन लेखों पर भी है जो विशुद्ध रूप से राजनीति या खेल पर लिखे गए हैं। उन्होंने मालवा के कई शब्द और मुहावरे लाकर उन्हें हिन्दी भाषा में स्थापित किया। बिना नाम देखे उनकी भाषा को पढ़कर कहा जा सकता है कि यह प्रभाष जोशी का लिखा है। उनके व्यक्तित्व की छाप उनकी भाषा में नजर आती है।

जो लोग यह मानते हैं कि प्रभाष जी में अन्तर्विरोध था, उन्हें प्रभाष जोशी को फिर से पढ़ने-समझने की जरूरत है। मुझे उनमें कोई अन्तर्विरोध नहीं दिखाई देता। द्विखंडित व्यक्तित्ववाले व्यक्ति नहीं थे वे। उनका व्यक्तित्व ठोस और सम्पूर्ण था। मैं इसमें कोई विरोध नहीं देखता कि पारिवारिक होने के कारण वे परम्पराओं, कर्मकांड को निभाते थे। कांग्रेस के धुर विरोधी थे। हिन्दू थे पर हिन्दुत्ववादी नहीं। उनकी किताब 'हिन्दू होने का धर्म' को पढ़कर इसे समझा जा

सकता है। वे राष्ट्रीय स्वयं सेवक संघ वाले हिन्दू नहीं थे। अलबत्ता ऐसे हिन्दू थे जिनका मुसलमानों से कोई विरोध नहीं था। किसी भी धर्मवाले से उनका विरोध नहीं था। वे जातिवादी नहीं थे।

मैं चाहता हूँ कि जब प्रभाष जी की पहली बरसी अगले साल मनाई जाए, उस अवसर पर उनके निधन के बाद जो भी लिखा गया है और लिखा जा रहा है, उसे संकलित कर एक पुस्तक का रूप दिया जाए।

उन्हें चाँद चाहिए

इस लेख को पढ़ने के बाद लेखक ने लेख 'मैं' के अन्त में अपनी लेखनी से फ़ैज़ अहमद फ़ैज़ का एक शेर लिखा है, जो लेख में प्रकाशित नहीं है :

हर्फ़े-हक दिल में खटकता है जो काँटे की तरह
आज इजहार करें और खलिश मिट जाए।

याद कीजिए, आपको भी पहली मुलाकात में लग गया होगा कि निर्मला जी को चाँद चाहिए। 'असम्भव' शब्द उनके भी शब्दकोश में नहीं है। शक हो तो उनके पोते सम्भव से पूछ लीजिए।

ऐसे महत्त्वाकांक्षी व्यक्ति को हर तरह के लांछन के लिए तैयार रहना चाहिए। स्त्री को तो और भी। किसी भी पुरुष का नाम चिपक सकता है! 'यथा स्त्रीणां तथा वाचां साधुत्वे दुर्जनो जन:' की परम्परा पुरानी है। साक्षी भवभूति।

बत्तीस बरस पहले दिल्ली विश्वविद्यालय के हिन्दी मोहल्ले में कुछ ऐसी ही फिजां थी। मॉडल टाउन ऐसे हिन्दीवालों से बजबजा रहा था जिनके लिए निन्दा रस ही रसराज था। वहीं पहली बार सन् 1964 की गर्मियों में मैंने डॉ. निर्मला जैन का नाम सुना था। जाहिर है कि मोहल्ले में उनके चर्चे थे। 'बाहर से तितली, अन्दर से मधुमक्खी'—शायद सबसे शिष्ट टिप्पणी थी। इससे पता चल जाता है कि 'गोदान' कोर्स में रहा होगा और मालती का चरित्र-चित्रण याद करना जरूरी होगा। गरज कि निर्मला जी से मिलने के पहले ही मैं उनसे मिल चुका था और तसवीर कुछ ऐसी बनी थी :

एक परिंदा नई उड़ान में था
तीर हर शख्स की कमान में था।

बाद की कहानी सभी जानते हैं। तीर-कमान धरे रह गए। परिंदा अपने अड्डे पर पहुँच गया और अब तो पर समेटकर वहाँ से भी रुख्सत लेने की तैयारी में है। निर्मला जी ने जो चाहा—बल्कि जो-जो चाहा, सब मिल गया। जो नहीं मिला, समझ लीजिए, उसे चाहा ही नहीं होगा।

कुल मिलाकर यह एक अच्छी-खासी कामयाबी की दास्तान है। हो सकता है, इसे निर्मला जी कभी खुद ही कलमबन्द करें। पढ़नेवाले शायद पढ़ भी लें। कामयाबियों की कहानियाँ लिखनेवाले और हैं। और भी होंगे। मैं तो उन्हें पढ़ता भी नहीं। सब एक-सी लगती हैं। जाहिर है कि कमी मुझमें है। दोष उन्हें क्यों दूँ?

फिलहाल इतना ही कहना चाहता हूँ कि इस सफलता के पीछे भी एक शख्स है। सफल पुरुष हो तो कहते हैं कि उसकी सफलता के पीछे कोई-न-कोई स्त्री है। लेकिन स्त्री सफल हो तो? किसी पुरुष का नाम आम तौर से नहीं लिया जाता। इस नारीवादी जेहाद के दौर में तो इसे भी पुरुषों का षड्यंत्र कहा जाएगा। पुरुषों को यह सवाल जरूर चटपटा और मसालेदार लगेगा। लेकिन यह सुनकर उनका जायका खराब हो जाएगा कि निर्मला जी की सफलता के पीछे कोई और पुरुष नहीं—सिर्फ उनके पति श्री विद्यासागर जैन थे! वे पर्दे में नहीं रहते थे। हर समय निर्मला जी के साथ ही होते थे। किसी को न दिखें तो अपनी-अपनी नजर। वैसे, ये वही वी.एस. हैं जिन्हें निर्मला जी का डी. लिट्. का शोधग्रंथ 'रस-सिद्धान्त और सौन्दर्यशास्त्र' समर्पित है। कहना न होगा कि निर्मला जी की महत्त्वाकांक्षाओं को पर लगाने में उनका हाथ भी कम न था! उन्हें पढ़ते-लिखते देखते तो खुश होते थे। लेकिन गोटियाँ बैठाने और जोड़-तोड़ करने में मशगूल होतीं तो जैन साहब के माथे पर बल पड़ जाते। कुछ कहते तो नहीं, लेकिन हद हो जाती तो दबी जबान इस तरह की मीठी चुटकी लेते : तुम्हें तो राजनीति में जाना चाहिए। अब वे इस दुनिया में रहे नहीं, पर आज शिद्दत से याद आ रहे हैं। उनके बिना निर्मला जी की सफलता-कथा अधूरी है। बहुत-से राज उस राजदाँ के साथ ही चले गए!

अपनी महत्त्वाकांक्षाओं के लिए निर्मला जी को कीमत भी चुकानी पड़ी है। बड़ी कीमत। बकौल प्रसाद जी, महत्त्वाकांक्षा का मोती निष्ठुरता की सीपी में पलता है। यह और बात है कि वह सीपी एक सागर में पलती है जो तरल होता है। पानी मोती में भी होता है और सागर में भी। फर्क सिर्फ इतना है कि एक सघन और एक तरल! प्रसाद जी यहाँ भी 'एक तत्त्व की ही प्रधानता' कहेंगे, पर कान्ति तो मोती के ही हिस्से है!

निर्मला जी को जवाहरात की लाजवाब परख है। खुद ही बताती हैं कि लाला यानी उनके पिताश्री बहुत अच्छे जौहरी थे। खानदान में कभी जवाहरात का कारोबार भी होता था। मोतियों के लिए उनमें ललक स्वाभाविक ही है। लेकिन इस चकाचौंध में यह अहसास कहीं धुँधला तो नहीं हो गया कि वे अनजाने ही सीपी बनती जा रही हैं?

'चाँद चाहिए' मुहावरा अंग्रेजी का है। अंग्रेजी का ही एक और मुहावरा है : 'स्काइ इज दि लिमिट'। वे इस मुहावरे से भी वाकिफ होंगी। उनकी अंग्रेजी मुझसे अच्छी है। अंग्रेजी से अनुवाद भी काफी किए हैं। उन्हें यह बताने की जरूरत नहीं है कि महत्त्वाकांक्षा की भी एक सीमा होती है।

चदरिया उतारकर धर देने का दिन आने ही वाला है। हम सबकी तरह। निस्सन्देह यह चादर उन्होंने बड़े जतन से ओढ़ी। हम लोगों में बहुतों से ज्यादा। लेकिन उन्हें 'जस की तस' धर देने से सन्तोष नहीं। उन्हें तो अब भी चाँद चाहिए। हम सिर्फ दुआ कर सकते हैं। फिर भी इतना कहे बिना नहीं रहा जाता कि 'सितारों के आगे जहाँ और भी हैं!'

[राधाकृष्ण प्रकाशन द्वारा प्रकाशित पुस्तक 'संकल्प का सौन्दर्यशास्त्र', 1997]

तुममें कहीं कुछ है

रघुवीर भाई को कितना जान सका हूँ, नहीं जानता। चन्द तसवीरें अलबत हैं। मन के अलबम में। बेतरतीब। पेश हैं उन्हीं में से कुछ। फिलहाल।

ताजातरीन तसवीर है इसी 4 अक्टूबर, '98 की।

माणसा। अपना ही प्रेस। अन्दर कम्प्यूटर और कपास के बीच बैठे हैं डॉ. रघुवीर चौधरी। कपासकेशी। प्रूफ पढ़ते हुए। कम्प्यूटर तो अहमदाबाद वाले फ्लैट में भी देखे थे। लेकिन यह कपास? बापूपुरा के खेतों से लाया गया होगा। फैलाया गया है तो निश्चय ही सूखने के लिए। अभी बारिश जो हुई थी। गरज कि रघुवीर भाई माणसा में भी अपने पूरे परिवेश के साथ हैं : कलम, कम्प्यूटर और कपास—सबकुछ है। लेकिन नजर फिसल रही है कपास से रघुवीर भाई पर और रघुवीर भाई से कपास पर। और हठात् याद आते हैं तुलसीदास :

साधु चरित सुभ चरित कपासू। निरस बिसद गुनमय फल जासू॥
जो सहि दुख पर छिद्र दुरावा। बंदनीय जेहिं जग जस पावा॥

निश्चय ही वे कपास की तरह विमल हैं, गुणी हैं, परदु:खकातर हैं। स्वयं दुख सहकर भी दूसरों के छिद्र ढँकते हैं। इस प्रकार उनके चरित को शुभ और साधु कहना ही पड़ेगा। पर 'नीरस' विशेषण जबान पर अटक-सा रहा है। कपास बाबा ने देखी भर थी, खेती न की होगी। रघुवीर भाई की तरह यदि उन्होंने भी कपास की खेती की होती तो देखते कि उसमें कितना सौन्दर्य और रस होता है। यह है 'उपरवास' की तीसरी कथा से एक चित्र :

'शाम को नारी जाति के पौधे की अधखुली कली की पंखुड़ियों को तोड़कर उसका स्त्री-केसर निकालकर पतले कागज से लाल-लाल थैली बाँध देते हैं। दूसरे दिन सुबह अमेरिकी नर-कपास की अधखिली कलियों का पुंकेसर उन पुष्पों की डालियों पर लगा दिया जाता है। एक पुष्प फल की चार-पाँच कलियों के काम आता है—कलियाँ, पुष्प और फल...सर्जन-प्रक्रिया का सर्वोत्तम उदाहरण। यहाँ

कुछ भी गुप्त नहीं है। मनुष्य में जो गोपनीय होकर सुन्दर दिखाई देता है, वही यहाँ उघड़कर सुशोभित होता है।'

गरज कि उत्पादन भी एक तरह से सृजन है, फिर वह उत्पादन कपास का ही क्यों न हो! और जहाँ सृजन है, वहाँ रस है। इस दृष्टि से रघुवीर भाई को कपास कहने में क्या हर्ज है? मालूम होता है, 'निरस' शब्द से तुलसी बाबा का आशय 'नीरस' नहीं, कुछ और है। कहीं उनका आशय 'अनासक्त' तो नहीं? रघुवीर भाई को देखकर कुछ-कुछ इसी भाव का आभास मिलता है। तात्पर्य यह कि तुलसीदास की चौपाई मुझे गलत जगह याद नहीं आई।

अब रघुवीर भाई हमें अन्दर से निकालकर बाहर ले चले अपने लगाए हुए पेड़-पौधों से परिचय कराने। पहले-पहल दृष्टिपथ में आए 'सागौन के हरे और बड़े-बड़े चाँद जैसे पत्ते'। शब्द रघुवीर भाई के ही। अमृता को उदयन ने भिलौड़ा में सागौन के वृक्षों का परिचय इन्हीं शब्दों में कराया था। फिर नजर पड़ी एक छोटे-से पेड़ पर, जो सागौन की छाया में सिर उठाने की हिम्मत नहीं जुटा पा रहा था। रघुवीर भाई मुँह में ही बुदबुदाए : 'इसके लिए कुछ करना पड़ेगा।' उस समय मेरी नजर गोरे-चिट्टे लम्बे ऊँचे युक्लिपटस पर थी, पर आँख हटी तो देखा कि मैं किसी और युक्लिपटस की बगल में खड़ा हूँ।

पेड़ आम के भी थे। पर नीम न दिखी। पूछा तो कुछ क्षमा-याचना के-से स्वर में बोले : उसे तो होना ही है। बस, अगली खेप में। गोया कड़वी नीम न होगी तो भारतीय संस्कृति की छवि पूरी न होगी।

पेड़-पौधे और भी थे पर ज्यादा मोहक था उनका रघुवीर भाई द्वारा परिचय कराने का ढंग। मानो वे पेड़-पौधे नहीं, बल्कि उनके अपने परिवार के अभिन्न अंग हैं! निश्चय ही इन पेड़ों से पूरे परिसर को एक व्यक्तित्व मिलता है। यह 'व्यक्तित्व' वाला मुहावरा भी रघुवीर भाई का ही है। बैल भी होता और भैंस भी तो परिवार और भरा-पूरा लगता। लेकिन वह सब तो भगत के साथ ही चला गया, शायद। अब तो ट्रैक्टर चलने लगे हैं और दूध डेयरी से मिल जाता है।

'उपरवास' में रघुवीर भाई ने कहीं लिखा है कि वे भविष्य में एक ऐसी कथा-कृति लिखना चाहते हैं, 'जहाँ मनुष्य और पशु, सभी एक परिवार की तरह रहते हों। जहाँ एक दूसरे की संवेदनाओं को समझने में भाषा का व्यवधान न हो—मनुष्य और मनुष्य के बीच ही नहीं, प्रत्येक जीव के मध्य ऐसा व्यवहार हो जिसके लिए शब्दकोश से किसी परम्परागत संज्ञा का उपयोग न करना पड़े; वातावरण स्वयं वाचाल हो उठे...'

क्या इस वातावरण में पेड़-पौधे भी शामिल न होंगे? क्या वह परिवेश कालिदास के 'अभिज्ञानशाकुन्तलम्' से कुछ अलग होगा?

पिलवाई पहुँचने की जल्दी थी, इसलिए न चाहते हुए भी हमें रघुवीर भाई को साथ लेकर निकलना पड़ा—पर अन्दर की कपास और बाहर की हरियाली को भी साथ-साथ लिये हुए।

साबरमती के इस 'उपरवास' की हरियाली के समुद्र के बीच से गुजरते समय रघुवीर भाई के 'उपरवास' की यह उक्ति खतरे के घंटे की तरह बज रही थी : हरियाली बढ़ रही है और पानी घट रहा है। मतलब यह कि जमीन के ऊपर की हरियाली तो बढ़ रही है, लेकिन जमीन के अन्दर का पानी नीचे जा रहा है। यह सच धरती का ही है या कि आज के मनुष्य का भी? उस समय तो अपने सर्जक बन्धु से न पूछ सका, भविष्य में याद रहा तो अवश्य पूछना चाहूँगा।

बापूपुरा में रघुवीर भाई को उनके खेतों के बीच न देख सका, इसका अफसोस रहेगा। इतना ही सुनकर सन्तोष करना पड़ा कि यहीं पास ही कहीं है वह गाँव। अपना गाँव तो एक अरसे से छुटा हुआ-सा है। कम-से-कम हम लोगों में से कोई तो है जिसने अपने गाँव के 'घर-खेत के साथ नाभिच्छेद नहीं होने दिया।' यह नाभिबद्धता ही रघुवीर भाई की सर्जना का मेरुदंड है। नरसंग भगत न होते तो लवजी भी पूरा अहमदाबादी हो गया होता। 'उपरवास' की मिट्टी से ही बड़े-बड़े चाँद जैसे पत्तों वाला यह सागौन का पेड़ उग सकता था और हाँ, कपास भी।

पिलवाई। गुजरात भर के हिन्दी प्राध्यापकों की दो दिवसीय कार्यशाला।

विषय : कविता के अध्यापन की समस्याएँ। आयोजित किया है प्राध्यापक मंडल ने। श्रेय है डॉ. महावीर सिंह चौहान और डॉ. आलोक गुप्त को। यही दोनों इस समय उसके अध्यक्ष और सचित्र हैं। रघुवीर भाई तो साथ आए ही हैं, भोला भाई पटेल ने भी उपस्थित रहने के लिए एक दिन का समय निकाल लिया है। उपस्थित अध्यापकों में ज्यादातर इन दोनों के प्रबुद्ध शिष्य ही हैं। यह आयोजन न होता तो न 'उपरवास' देखने का मौका मिलता और न ही हिन्दी प्रोफेसर के रूप में डॉ. रघुवीर चौधरी को पढ़ाते हुए देखने का अनुभव होता! क्या ही समा है!

महफिल उनकी, साकी उनका
आँखें अपनी, बाक़ी उनका।

कविता और रघुवीर भाई! यह रिश्ता तो हम भूल ही बैठे थे। शायद हिन्दी के कुछ कथाकारों को कविता से बिदकते देखकर। कथाकार के अन्दर बैठे हुए गुप्त या सुप्त कवि अक्सर आँखों से लुप्त हो जाता है। लेकिन इस अनुप्रास पर फिलहाल न जाइए। पुरानी कविता का दुष्प्रभाव मानकर क्षमा कर दीजिए। बहरहाल रघुवीर भाई ने कविताओं का आस्वाद करके दिखा दिया कि वे नई और पुरानी, हर तरह की कविता के कितने बड़े रसिया हैं। मेरा ध्यान विशेष

रूप से उनकी अभिरुचि और पसन्द पर था और समझने की कोशिश कर रहा था कि 'अमृता' में अनिकेत जीवनानन्द दास की 'वनलता सेन' कविता से इतने उद्धरण क्यों देता? और फिर 'उपरवास' में लवजी अपने लम्बे-लम्बे पत्रों में कभी कालिंदास के 'ऋतुसंहार' में रस लेता है तो कभी 'मेघदूत' के पंखों पर उड़ता है तो क्यों? इन सबसे जी नहीं भरता तो वह स्वयं अपनी ही कविताओं से पत्रों को भर देता है और यह सब होता है एक कथाकृति के अन्दर, अपने काव्य-गंधी गद्य के बीच-बीच! यदि यह हरियाली न होती तो 'उपरवास' का यथार्थवाद कितना बंजर होता!

'उपरवास' में काव्य केवल जैमिनी और लवजी के मिलन के अन्तरंग क्षणों में ही नहीं, शान्ति-लवजी के दाम्पत्य जीवन के ऐन्द्रिय संसर्गों और आपसी समझ के गहरे मानवीय प्रसंगों में भी है। लेकिन मुझे तो इन सबसे कहीं अधिक काव्य अपने बैल के मरने पर नरसंग भगत की मार्मिक व्यथा और पूरे परिवार पर छाए मातम में दिखता है। यहाँ तक कि एक अलग तरह की कविता उस प्रसंग में भी है जब कॉलेज का विद्यार्थी लवजी अहमदाबाद से अपने पिता नरसंग भगत के लिए लकड़ी की चिलम लाता है और तम्बाकू न पीने की कसम खा चुके भगत वह चिलम पीने बैठ जाते हैं! ऐसी तमाम बातें सूझीं रघुवीर भाई का कविता पर व्याख्यान सुनते समय। अपने व्याख्यान में उन्होंने जो कुछ कहा, उसे टाँक लेने का काम उनके शिष्य तो कर ही रहे थे। मेरा काम यहाँ उसकी रिपोर्ट देना नहीं है। कहना सिर्फ यह है कि कविता काव्यात्मक शब्दों में नहीं, मार्मिक सन्दर्भों और स्थितियों में होती है। यह और बात है कि वे सन्दर्भ और स्थितियाँ शब्दों से ही मूर्त और संवेद्य होती हैं।

अमुक कविता का मर्म उद्घाटित करने के लिए गुजराती, बंगला, अंग्रेजी आदि अन्य भाषाओं की समतुल्य कविता का हवाला देना आम चलन है। इस काम में भोला भाई पंडित हैं। तुलनात्मक साहित्य उनका विशेष क्षेत्र भी है। रघुवीर भाई भी कभी-कभी ऐसा करते हैं, लेकिन इतने सहज, स्वत:स्फूर्त और अनायास ढंग से, जैसे टहनी पर फूल खिलता है और सुननेवाला महसूस करता है कि इस आदमी ने कविताएँ सिर्फ पढ़ी नहीं हैं, बल्कि उन्हें जिया है। कविता जीने वाला ही किसी काव्यांश को नया सन्दर्भ देता है, वरना बात-बात पर मौके-बेमौके ग़ालिब के शेर फेंकने वालों की कुछ कमी है? यह हुनर न अच्छी याददाश्त पर मुनस्सर है और न तथाकथित 'तुलनात्मक साहित्य' के गिनाए गए नुस्खे पर। सच पूछिए तो किसी नुस्खे में यह लिखा भी नहीं।

बोरियत हो रही हो तो अब जरा मंच से हटकर नेपथ्य में झाँक लें। सौभाग्य से यह नेपथ्य मंच के आगे ही है, पीछे नहीं और रघुवीर वहाँ बैठे फिर प्रूफ पढ़

रहे हैं—किसी के धुआँधार भाषण के दौरान। गोया गांधी जी 'वर्किंग कमेटी' की बैठक में भी अपना चर्खा चला रहे हैं—निर्विघ्न, निर्विकार। किसी को बुरा लगे या भला। बेखबर फिर भी नहीं। कितने काम एक ही साथ कर लेते हैं रघुवीर भाई।

एक पुरानी बात याद आ गई। हम दोनों भावनगर से बस में अहमदाबाद लौट रहे थे। बस चली तो थोड़ी दूर इधर-उधर की बात हुई, मगर जल्द ही वे झोले से कागज निकाल कलम लेकर बैठ गए। गरज कि चर्खा यहाँ भी साथ था। 'सन्देश' के लिए कालम आज ही रवाना करना है : 'असि कहि राम रहे अरगाई।' मुझे सुनाई पड़ा : 'राम काज कीन्हें बिनु मोहिं कहाँ विस्राम'। इसे कहते हैं कर्तव्य-परायणता! लिखने के लिए जगह, वक्त, मूड वगैरह के नखरे करनेवाले और होंगे। 'हज़रते दाग़ जहाँ बैठ गए, बैठ गए।' लिखना है तो लिखना ही है। फिर वह भीड़-भरी बस ही क्यों न हो। 'नाल: पाबन्द-ए-नै नहीं है।' रघुवीर भाई से मुझे ईर्ष्या होती है। क्या योग साधा है उन्होंने! पूछने को जी चाहता है : क्या 'अमृता' और 'उपरवास' भी इस तरह भागम-भाग के बीच लिखा है? कहीं 'हाँ' में जवाब मिल गया तो? ध्वस्त! नहीं, मुझसे यह नहीं होने का। लेकिन यह प्रसंग अवान्तर है।

कार्यशाला के दौरान अपने शिष्य अध्यापकों के बीच यह हिन्दी का अवकाश-प्राप्त प्रोफेसर कितना अलग है सबसे! पढ़ाता है हिन्दी और सर्जन करता है अपनी मातृभाषा गुजराती में। हिन्दी में जितना बड़ा प्रोफेसर है, उससे बड़ा सर्जक है गुजराती में। साहित्य अकादेमी का गुजराती वाला पुरस्कार पहले मिला और हिन्दी के प्रोफेसर हुए उसके कोई बीस साल बाद! हिन्दी ने क्या सिला दिया अपने इस विद्वान प्रोफेसर को? कौन है ऐसा हिन्दीतर हिन्दी प्रोफेसर?

दूसरा नाम भोला भाई पटेल का ही याद आता है। पर वे भी तो गुजराती के ही लेखक ठहरे। किसी अन्य भारतीय भाषा में कहाँ है कोई ऐसा हिन्दी प्रोफेसर? 'अद्यापि तत्तुल्यकवेरमावाद् अनामिका सार्थवती बभूव।'

अनुवादक अन्यत्र मिल जाएँगे। छोटे-मोटे मौलिक लेखन करनेवाले भी कुछ होंगे। पर वह भी हिन्दी में ही। पुरस्कार जो भी करा दे! काश, उनमें से किसी में अपनी मातृभाषा में कुछ मौलिक प्रयास करने का साहस होता तो हिन्दी का भी गौरव बढ़ता। यह गौरव बढ़ाया है रघुवीर भाई ने अपनी गुजराती की सर्जनात्मक कथाकृतियों से। शायद इन्हीं सबसे गुजराती साहित्य जगत हिन्दी के अज्ञेय, मुक्तिबोध, फणीश्वरनाथ 'रेणु', निर्मल वर्मा आदि आधुनिक साहित्यकारों का मान देता है और कभी-कभी मेरे जैसे आलोचक की भी पूछ हो जाती है।

रघुवीर भाई में यह जो गुजराती और हिन्दी का अद्भुत मणि-कांचन योग है, उसने गुजरात की नई पीढ़ी को दूर-दूर तक अनुप्राणित किया है। उनमें से कुछ

प्रतिभाएँ आज हिन्दी अध्यापकों की कार्यशाला में भी दिखाई पड़ रही हैं। देखना यह है कि रघुवीर भाई के विश्वविद्यालय से बाहर आने के बाद उस परम्परा का विकास कितना होता है। यह प्रकाश स्तम्भ तो तब भी आलोक विकीर्ण करता रहेगा, पर उस आलोक में पर तोलने का साहस तो नई पीढ़ी को ही करना पड़ेगा।

कहते हैं, अहमदाबाद में साबरमती में सात पुल हैं। इतने पुल दिल्ली में यमुना पर भी नहीं हैं। मैंने कभी इन्हें गिनने की कोशिश नहीं की। मैंने तो अहमदाबाद में सिर्फ दो ही सेतु देखे जो हिन्दी और गुजराती के दो किनारों को जोड़ते हैं और दोनों के बीच आवाजाही को सुगम बनाते हैं—वे हैं भोला भाई पटेल और रघुवीर चौधरी। संयोग से दोनों उपरवास के ही हैं और आपस में गुरु-शिष्य सम्बन्ध के बावजूद हमारे लिए तो 'द्वा सुपर्णा सयुजा सखाया' ही हैं। इस गलाकाट होड़ के जमाने में ऐसे सयुज सखा कहाँ मिलते हैं! एक दूसरे को इसी तरह देखता रहे—हम यही देखना चाहते हैं, बस।

उस रात मेरे सोने का इन्तजाम महुड़ी में था। रघुवीर भाई माणसा लौट गए। मुझे अकेला छोड़कर। और अब इस अतिथि-गृह के एकान्त कमरे में मैं हूँ और खिड़की के बाहर 'पूनो का चाँद'। 'रात खूबसूरत है, नींद क्यों नहीं आती?' कहना चाहिए : 'रात खूबसूरत है, नींद इसलिए नहीं आती!' फिर भी मैं जैसे नींद में चल रहा हूँ—महुड़ी की पगडंडियों पर। धुँधलके में दो छायाएँ मन्दिर की ओर साथ-साथ जाती दिखाई पड़ रही हैं। वे लवजी और जैमिनी तो नहीं? यहाँ भी रघुवीर भाई मेरा साथ नहीं छोड़ रहे हैं। पर यहाँ वे सौन्दर्य के एक-दूसरे के सन्दर्भ में दिख रहे हैं। अनिकेत ने कभी कहा था : 'अमृता को देखने के बाद मैंने जगत और जीवन को सौन्दर्य के सन्दर्भ में देखना सीखा है।' सोचता हूँ, रघुवीर भाई ने जीवन और जगत को सौन्दर्य के सन्दर्भ में देखना कहाँ सीखा? यह अमृता कौन है और कौन है वह जैमिनी? नाम में क्या रखा है! नाम तो एक मुखौटा है। त्रिभुवन-मोहिनी किसी भी नाम और रूप में प्रकट हो सकती है और जैसाकि अघोर भैरव ने बाणभट्ट से कहा था : 'त्रिभुवन-मोहिनी ने जिस रूप में तुझे मोह लिया है, उसी रूप की पूजा कर, वही तेरा देवता है।'

वह त्रिभुवन-मोहिनी अमृता भी हो सकती है और जैमिनी भी। मुख्य प्रश्न है, उसे स्वीकार करने का। स्वीकार में सबसे बड़ी बाधा है त्रिकोण। इसे कभी-कभी प्रेम-त्रिकोण भी कहते हैं। इस त्रिकोण के दो प्रकार हो सकते हैं : दो स्त्रियाँ, एक पुरुष और दो पुरुष, एक स्त्री। रघुवीर भाई ने दोनों प्रकार के त्रिकोणों को अपनी सर्जनात्मकता में आजमाया है। 'अमृता' में दो पुरुष, एक स्त्री। 'उपरवास कथात्रयी' में दो स्त्रियाँ, एक पुरुष। प्रेम-त्रिकोण के ये दोनों साँचे इतने सार्वभौम हैं कि इनसे बाहर निकलने का साहस कम ही कथाकार

कर सके हैं। रघुवीर भाई ने अभी तक अपनी प्रतिभा का चमत्कार इस त्रिकोण के जादुई साँचे में ही दिखाया है और कहना न होगा कि छोटे-छोटे बारीक ब्यौरों से उन्होंने इस पुराने साँचे में भी एक नये सौन्दर्य और रस की सृष्टि की है। दो पुरुष, एक स्त्री वाले 'अमृता' का त्रिकोण भी सघन संवेदनाओं की विभूति है, फिर भी 'उपरवास' के व्यापक जीवन सन्दर्भों के संयोग से 'कथात्रयी' का दो स्त्री, एक पुरुष वाला त्रिकोण कहीं अधिक समृद्ध प्रतीत होता है। द्वन्द्व दोनों जगह प्रबल है किन्तु 'उपरवास' में विकल्पों में से वरण की समस्या अधिक कठिन है, इसलिए यहाँ द्वन्द्व भी विशेष तीव्र है।

यह और बात है कि निष्कर्ष दोनों जगह एक ही है : किसी एक की मृत्यु। जहाँ दो पुरुष हैं, वहाँ एक पुरुष की मृत्यु। जहाँ दो स्त्रियाँ हों, वहाँ एक स्त्री की मृत्यु। मृत्यु सत्य है, अटल है, इसमें कोई सन्देह नहीं। लेकिन समाधान एकमात्र मृत्यु ही है? क्या और किसी समाधान की तलाश जरूरी नहीं? आज इस रात रघुवीर भाई से, बड़े अदब से, यह सवाल पूछने को जी चाहता है। मुझे लगता है कि कथा-विन्यास में किसी चरित्र की मृत्यु एक सरल समाधान है। जब द्वन्द्व से निकलने का रास्ता नहीं सूझता तो लेखक सारे खेल को समेटने के लिए मृत्यु का सहारा लेता है। विडम्बना यह है कि छुटकारा पाने की यह हड़बड़ी दिखाई दे जाती है!

आज महुड़ी की पगडंडी पर धुँधलके में लवजी के साथ जैमिनी को जाते देखकर डर-सा लगा और यह सोचकर मैं काँप उठा कि अन्ततः इसे मरना होगा; क्योंकि प्रेम के आरम्भ में ही उसका अन्त निहित होता है। टी.एस. इलियट की वह पंक्ति है : 'आरम्भ में ही मेरा अन्त था!'

और यहीं मुझे मेरे गुरु हजारीप्रसाद द्विवेदी याद आ रहे हैं, जिन्हें रघुवीर भाई ने एक प्रसंग में साहित्यकारों का 'मिलन-चौक' कहा है—ऐसा चौक, जहाँ अलग-अलग दिशाओं से आनेवाले और अलग-अलग दिशाओं में जानेवाले रास्ते मिलते हैं। सच कहें तो रघुवीर भाई और मेरे मिलने का भी सच्चे अर्थों में मिलन-चौक यही है।

द्विवेदी जी के उपन्यास भी अधिकांशतः प्रेम-त्रिकोण वाले ही हैं, किन्तु उनके त्रिकोण में प्रधानता 'दो स्त्री, एक पुरुष' के द्वन्द्व की है, सिर्फ अन्तिम उपन्यास 'अनामदास का पोथा' इससे अलग है। आरम्भ में मृत्यु द्वारा समाधान का रास्ता उन्होंने भी अपनाया : 'बाणभट्ट की आत्मकथा' में अन्ततः निउनिया की मृत्यु होती है और 'चारु चन्द्रलेख' में मैना की। किन्तु अपने तीसरे उपन्यास 'पुनर्नवा' में उन्होंने इस सरल समाधान का नुस्खा छोड़ दिया : अन्त में चन्द्रा मृत्यु का आभास देते हुए यम के द्वार से लौट आती है और आँखें खोल देती है। और कहना न होगा कि 'पुनर्नवा' अपने नाम के अनुरूप ही प्रेम की एक नई

परम्परा की ओर संकेत करता है। एक तरह से यह परम्परा के विरुद्ध विद्रोही भी है और नई नैतिकता की दिशा में साहसिक कदम भी।

एक ही पुरुष को प्यार करनेवाली दो स्त्रियों में ईर्ष्या अनिवार्य नहीं, उनमें आपस में सच्चा सखीभाव भी हो सकता है—यह सिद्ध कर दिखाने वाले द्विवेदी जी हिन्दी में सम्भवत: पहले उपन्यासकार हैं। इस क्षेत्र में उन्होंने पुरानी 'सौतिया डाह' वाली परम्परा को तोड़ने में पहल की है। मुझे यह देखकर खुशी हुई कि गुजराती में रघुवीर भाई ने द्विवेदी जी की उसी परम्परा को आगे बढ़ाया है। 'उपरवास' में शान्ति और जैमिनी का घनिष्ठ सख्य अपनी मिसाल आप है। इसी तरह 'अमृता' में भी एक ही स्त्री अमृता को प्यार करनेवाले उदयन और अनिकेत एक दूसरे को रकीब नहीं मानते, बल्कि आपस में बहुत अच्छे दोस्त हैं। गार्हस्थ्य जीवन का यह मूलमंत्र रघुवीर भाई को जहाँ से भी मिला हो, अमूल्य है और स्वयं में एक मूल्य भी। क्रान्तिकारी भले न लगे, सच्चा है। अपना सच।

दरअसल रघुवीर भाई के सम्मुख सबसे बड़ी समस्या रही है अपने व्यक्तित्व को विभाजित होने से बचा ले जाने की। वे अपने व्यक्तित्व को अविभाजित रखने के लिए बड़ी-से-बड़ी कीमत चुकाने के लिए कटिबद्ध प्रतीत होते हैं। लवजी अमरीका से वीणा बहन को पत्र में यही लिखता है। यह एक तरह की 'नकारात्मक जिद' भी हो सकती है, यह सावधानी और आत्मसजगता भी उनमें है। परिणति भले ही घर लौटने में हो, पर वह कशमकश मूल्यवान है। महत्त्वपूर्ण बात यह है कि रघुवीर भाई के अन्दर द्वन्द्व चाहे जितना हो, दुविधा कहीं नहीं है—खास तौर से निर्णय के क्षण में। और यही वह विशेषता है जो मुझे उनकी ओर आकृष्ट करती है।

घर तो सबको लौटना है। देर-सबेर। रास्ते अलग-अलग। कारण अपने-अपने। कभी हँसकर, कभी रोकर। कुछ खोकर, कुछ लेकर। 'उपरवास' का लवजी भी अन्तत: घर लौटने का निर्णय लेता है। लेकिन घर का मतलब एक शान्ति ही नहीं, पिता नरसंग भगत भी। और भी बहुत कुछ। पर वह मजबूत खूँटा भगत ही हैं। और खूँटा भी कैसा? बिना रस्सी का। खुला छोड़ देता है, फिर भी बाँधे रखता है। माला फेरता रहता है, फिर भी बोलता है तो मुँह से कबीर के वचन-से निकलते हैं। अनायास ही। माला फेरने का फायदा पूछिए तो जवाब : 'अस तो फायदा केहू का, कुछ नाहीं है। दुई घड़ी मन मां राम रमा रहत हैं। कबौं बन्द आँख के अन्दर के उजाला में कुछ नवा देखात है।' कुछ लोगों के लिए यह अबूझ पहेली हो सकती है, लेकिन रघुवीर भाई इसे हँसकर उड़ा लेने की गुस्ताखी नहीं कर सकते। यह भगत का अपना सच है। कभी-कभी उस सच के सामाजिक फल भी प्रकट होते हैं। भाग्यशाली हैं वे, जिन्हें ऐसी अनमोल थाती विरासत में मिली और वह भी अनायास। क्या हम दोनों इसी मिलन-चौक पर मिले थे, जिसका नाम हजारीप्रसाद द्विवेदी है?

महुड़ी की उस रात मन में उमड़-घुमड़कर कुछ ऐसे ही खयाल आ रहे थे। अचानक बिजली की कौंध की तरह जैमिनी का वह वाक्य कौंध गया : 'देयर इज समथिंग जेन्युइन इन यू मिस्टर चौधरी!' इस वाक्य के ठीक पहले जैमिनी हँसी थी। वही बिजली की कौंध थी। उस 'समथिंग जेन्युइन' का मतलब? मतलब शायद उस हँसी में है। है या उड़ गया? किसी भी शास्त्र से उसे समझाया नहीं जा सकता। वह क्या है जो 'जेन्युइन' है? नकली नहीं, असली। खोटा नहीं, खरा सोना—एकदम चौबीस कैरट का। विशुद्ध, बिना मिलावट का। चाहें तो उसे 'प्रामाणिक' भी कह लें। कोई सर्जक ही उसे बता सकता है और मैं सर्जक नहीं। कविता का सहारा लिया जा सकता है और इस समय अपने कवि मित्र रघुवीर सहाय की वह कविता याद आ रही है जिसका शीर्षक है : 'स्वीकार'! तो रघुवीर को रघुवीर—'कुछ' के रूप में :

तुममें कहीं कुछ है
कि तुम्हें उगता सूरज, मेमने, गिलहरियाँ, कभी-कभी का मौसम
जंगली फूल-पत्तियाँ, टहनियाँ—भली लगती हैं
आओ, उस कुछ को हम दोनों प्यार करें
एक दूसरे के उसी विगलित मन को स्वीकार करें।

[27 अक्टूबर, 1998 को लिखित निबन्ध। 'आलोचना और संवाद' में संकलित]

पुरुष-वर्चस्व के खिलाफ

मन्नू जी को मैं तब से जानता हूँ जब राजेन्द्र से उनकी शादी भी नहीं हुई थी—लगभग पचास वर्ष से कुछ अधिक ही समय से, जब वह कलकत्ता में अध्यापन कर रही थीं और राजेन्द्र तो कलकत्ता में थे ही। मन्नू जी सुख सम्पतराय भंडारी की बेटी हैं। भंडारी जी की बेटी के रूप में उनके लिए मेरे मन में बड़ा आदर है। शास्त्र की अनेक शाखाओं को लेकर भंडारी जी सुदूर अजमेर में अकेले अपने दम पर बगैर किसी संस्था के सहारे काम कर रहे थे, वह मैंने देखा था। अजीब बात है कि आज भी मैं उन्हें मन्नू के बजाय मन्नू जी ही कहता हूँ। 1957 में इलाहाबाद में तीन दिन का अखिल भारतीय स्तर का साहित्यिक सम्मेलन हुआ था। तब राजेन्द्र व मन्नू जी पहली बार कलकत्ता से बाहर साथ-साथ आए थे। तब उन्हें एक साथ देखकर यह आभास हो गया था कि वे जल्द ही दाम्पत्य सूत्र में बँध जाएँगे।

तब से लेकर जब राजेन्द्र के साथ गृहस्थ जीवन आरम्भ किया और कलकत्ता के सी.आई.टी. रोड पर एक छोटा लेकिन बड़ा खूबसूरत-सा फ्लैट लेकर रहने लग गए, मेरा उनसे सम्पर्क बना रहा। सन् 1960 की बात है यह। सी.आई.टी. रोड में न्यू ईयर ईव का हमने पार्क स्ट्रीट के एक रेस्तराँ में पहली बार सेलिब्रेशन किया। सन् 1964 में 'श्री शिक्षायतन' में आधुनिकता पर आयोजित एक संगोष्ठी में हजारीप्रसाद द्विवेदी, धर्मवीर भारती, अज्ञेय और डॉ. देवराज के साथ हम सबने शिरकत की थी। तब भँवरमल सिन्धी जी ने अपने लॉन में एक आयोजन किया था—बड़ा खूबसूरत पार्क था, खूब खुली हुई धूप थी और टिंकू सफेद फ्रॉक पहने हुए हंसिनी-सी मस्त होकर डांस कर रही थी। पूरे आयोजन का वह एक बड़ा आकर्षण था।

1965 में मैं दिल्ली आया। राजेन्द्र और मन्नू एक साल पहले ही आ गए थे। मन्नू मिरांडा हाउस में प्राध्यापिका होकर आईं। दिल्ली विश्वविद्यालय के पास शक्तिनगर में किराये के मकान में वे रहने लग गए थे और फिर हौजखास में आ गए। इन तमाम वर्षों में यानी सन् 1965 से सन् 1992 तक लगभग हर

हफ्ते हमारा जमावड़ा होता था। राजेन्द्र के निकट कमलेश्वर, राकेश, शानी भी रहे। दुर्भाग्य से बहुत-से मित्र जा चुके हैं। बचे हुए लोगों में एक मैं हूँ जो सबसे लम्बे अरसे से इन दोनों को जानता हूँ। इस घर में हमारा खूब अड्डा जमता, बहसें होती थीं जिनमें निर्मला जैन भी कभी-कभी होती थीं तो मन्नू जी भी शरीक हो जाती थीं, वरना वे थोड़ी देर बैठकर चली जाती थीं। कुछ मुझ जैसे मित्र थे जो दोनों के थे लेकिन ज्यादातर राजेन्द्र के मित्र आते थे। मन्नू जी को ये बैठकें अच्छी लगती थीं और वे हमारी खूब आवभगत करतीं। मन्नू जी के आतिथ्य-सत्कार में कभी कोई कमी नहीं रही। हम लोगों के तीन अड्डे थे—राजेन्द्र का शक्तिनगर का घर, दूसरा निर्मला जी का, तीसरा अजितकुमार का।

राजेन्द्र तो यारों के यार हैं, उन्हें महफिली जिन्दगी में ही सुख मिलता है—हमप्याला, हमनिवाला इनसान हैं राजेन्द्र। उनमें यारवाशी बहुत है। राजेन्द्र में और कोई कन्सर्न नहीं। राजेन्द्र ने 'हंस' के दफ्तर को अपना अड्डा बनाया, इस घर को भी वैसा ही अड्डा बनाते रोज-दर-रोज! मन्नू जी की असहमति भी होने लगी। मन्नू जी में ठहराव है, मानवीयता है, मनुष्यता कूट-कूटकर भरी है। मुझे याद है, राजेन्द्र जब एम्स में भर्ती थे, काफी बीमार थे, कई कॉम्प्लीकेशंस थे, मन्नू जी अपने स्वास्थ्य की परवाह न करते हुए, सारी चीजों को भूलकर, लगातार तीमारदारी करती रहीं और वहाँ डटी रहीं। हालाँकि तब तक वे अलग हो चुके थे, पर मानवीय लगाव—कन्सर्न—मन्नू जी में बहुत ज्यादा है, पर उनकी सहनशीलता का प्याला बिलकुल भर गया था। अलगाव के पीछे यह एक बड़ा कारण था।

मन्नू जी की रचनाएँ मैं शुरू से ही पढ़ता रहा हूँ। मुझे इसका अफसोस भी है और अपराधबोध भी कि मैंने कहानी पर अपनी लेखमाला में मन्नू जी पर कभी नहीं लिखा जबकि उषा प्रियम्वदा की कहानियों पर लम्बा आलेख लिखा। मन्नू जी की सभी पुस्तकों की एक-एक प्रति मेरे पास है। 'यही सच है' पर 'रजनीगन्धा' फिल्म भी मैंने देखी, 'महाभोज' के दोनों नाट्य-रूपान्तर मैंने देखे, 'अमाल अल्लाना' का भी और 'अँकुर' का भी। साहित्य अकादेमी की अरुण कोल की मन्नू जी पर बनाई फिल्म भी देखी। विनोद में ही सही, पर मन्नू और राजेन्द्र के सामने भी मैं कहता रहा हूँ कि राजेन्द्र का लेखन बहुत श्रमसाध्य होता है जिसे सायास लेखन कहते हैं। उसकी भाषा भी गाँठों वाली, बनावटी और कृत्रिम होती है, उसकी तुलना में मन्नू जी के साफ, स्वच्छ हृदय और एक सहज व्यक्तित्व के कारण उनकी रचनाओं को पढ़ते हुए सहज भाषा और अनायास लेखन का स्वाद-सुख मिलता है। राजेन्द्र का लेखन बहुत गँठीला (गठीला नहीं) है, जबकि मन्नू जी में दूर-दूर तक बनावट और कृत्रिमता है ही नहीं। जहाँ तक लेखन का सवाल है, राजेन्द्र के साहित्य को लेकर मैं बहुत 'क्रिटिकल' रहा हूँ

और इस बारे में लिखता भी रहा हूँ। यह मेरी बहुत स्पष्ट धारणा है कि मन्नू जी की कहानियाँ और उपन्यास भी राजेन्द्र जी की रचनाओं से बेहतर हैं।

बाद में राजेन्द्र ने जो मन्नू के बारे में टेप चला दिया कि मन्नू जी भाजपाई हैं, दकियानूसी हैं और खुद को क्रान्तिकारी, परम्परा-विरोधी और प्रगतिशील मानने लगे, वह कतई सही नहीं है। 'महाभोज' के नाट्य-रूपान्तर को आडवानी जी देखने आए, इसका अर्थ मन्नू जी का भाजपाई होना नहीं हो जाता।

आज राजेन्द्र अधिक चर्चा में हैं। उन्होंने अपने प्रशंसकों की फौज खड़ी कर ली है, उनके नाम का डंका बज रहा है, पर मन्नू जी हमेशा ही लो प्रोफाइल रहीं। मन्नू जी की मुख्य आकांक्षा मनचाहा लिखने की रही है। हिन्दी में मन्नू जी के लेखन के साथ न्याय नहीं हुआ है। उनकी रचनाओं की मात्रा और परिमाण कम है। उनके व्यक्तित्व में एक खास बात है कि यश के पीछे, पुरस्कारों के प्रति उन्होंने कतई दिलचस्पी नहीं दिखाई। उनकी दो दर्जन कहानियाँ और दो उपन्यास—'आपका बंटी' और 'महाभोज'—अपने समय से आगे जाते हैं। दोनों उपन्यास आनेवाले भारत की समस्याओं का आभास देनेवाली रचनाएँ हैं जो मन्नू जी की दूरदर्शिता का सूचक हैं। 'आपका बंटी' जब लिखा गया था, तब से अब बंटियों की संख्या में ज्यादा वृद्धि हुई है। तब लगता था, यह पश्चिम की समस्या है पर आज 'बंटी' ज्यादा प्रासंगिक है। 'महाभोज' भी जिस काल में (सन् 1979) लिखा गया था, जो राजनीतिक चरित्र 'महाभोज' उपन्यास में गढ़े गए थे, उनकी तब शुरुआत ही हुई थी, आज राजनीति का पूरा परिदृश्य ऐसे चरित्रों से अँटा पड़ा है, इसलिए 'आपका बंटी' और 'महाभोज' अपने समय से आगे की रचनाएँ हैं। दोनों उपन्यासों का धरातल, विषयवस्तु बिलकुल अलग है। विषय की विविधता को एक समान दक्षता से साधना मन्नू जी के लेखन की विशिष्टता है।

['कथादेश' के जनवरी, 2009 के अंक में प्रकाशित आलेख का एक अंश]

कमला प्रसाद : व्यक्ति नहीं, संस्था

पिछले कुछ वर्षों में जिस साहित्यकार से बात होती थी और मैं पूछता था, कहाँ जा रहे हो तो पता चलता कि रीवा जा रहे हैं। आधे दर्जन के ऊपर साहित्यकार मित्रों में से जिससे पूछा, वह रीवा जा रहा है। यह घटना कुछ ही वर्षों की है। उससे पहले मैंने किसी से नहीं सुना था कि वह रीवा जा रहा है। रीवा में क्या हो गया है? छोटा-सा शहर है, विश्वविद्यालय भी कायम हो गया है, लेकिन कुछ वर्षों से किसिम-किसिम की साहित्यिक प्रतिभाएँ, कवि, आलोचक, कथाकार रीवा जा रहे हैं। मुझे अपने गुरुदेव हजारीप्रसाद द्विवेदी के अन्तिम उपन्यास 'अनामदास का पोथा' का एक प्रसंग याद आता है। जंगल में तैरते द्वीप और झील में घास दिखाई दे रहे थे। हंस अपनी कुछ खास आवाज में बोल रहे थे और जैसाकि ऋषि-मुनियों में होता है, वे पक्षियों की भाषा समझ रहे थे। पूछा, ये क्या बोल रहे हैं? बताया, ये रे रैक्व-रैक्व कह रहे हैं। रैक्व में 'रई' माने सम्पत्ति और 'क्व' माने कहाँ। हर ऋषि बोले—ये रैक्व कौन है जिसके बारे में सारे हंस कह रहे हैं कि सारी सम्पत्ति उसी के यहाँ जा रही है? ये छन्दोपनिषद की घटना है जिसका द्विवेदी जी ने उल्लेख किया है। लोग कहते थे, 'रीवा जा रहे हैं', 'रीवा जा रहे हैं।' ध्यान दिया, तब मेरे समझ में आया कि रीवा में कमला प्रसाद हैं जिनके कारण ये लोग रीवा जा रहे हैं। रीवा को यह महत्त्व पहले नहीं मिला था, कभी महत्त्व रहा होगा, मैं इनकार नहीं करता। वैसे इतिहास रीवा का बहुत पुराना है। मेरी जानकारी में हिन्दी के किसी विभाग में इतनी प्रतिभाएँ नहीं आ रही हैं, जब कि कहने के लिए हिन्दी में बहुत-से विश्वविद्यालय हैं। मध्य प्रदेश में भी रीवा कोई अकेला विश्वविद्यालय नहीं है लेकिन यह कहते नहीं सुनाई पड़ता कि वह रायपुर जा रहा है या वह गुरु घासीदास विश्वविद्यालय, बिलासपुर जा रहा है या विक्रम विश्वविद्यालय, उज्जैन जा रहा है। एक अर्से से जो प्रमुख साहित्यकार और विद्वान् हैं, वे रीवा जा रहे हैं। कमला प्रसाद जी में कुछ खास बात होनी चाहिए जिसके कारण रीवा लोग आते हैं। लोगों ने कोशिश की थी कि क्यों कमला प्रसाद रीवा में बैठे हुए हैं, इनको ओरछा में होना चाहिए। उनको

रीवा से ओरछा भेजने की बड़ी-बड़ी कोशिशें लोगों ने की थीं और एक ऐसी सरकार आ गई थी जो अब दिल्ली के तख्त पर ही बैठ गई है। मध्य प्रदेश में भी उसको अच्छा नहीं लगता था कि केशव शोध-संस्थान का मुख्य कार्यालय रीवा विश्वविद्यालय में हो, उसे तो ओरछा जाना चाहिए। वे उखाड़ने पर लगे हुए थे और कमला प्रसाद ने जो अंगद का पाँव रोका, सो रोका, वे रिटायर हुए लेकिन उन्हें उखाड़कर यहाँ से दूसरी जगह भेज नहीं सका। यह ताकत इस देश के आम आदमी की, किसान की, अपनी मिट्टी से जुड़े लोगों की ताकत है। प्रेमचन्द के उपन्यासों के किसान पात्रों को देखिए, उन किसान पात्रों को लोगों ने उखाड़ने की बहुत कोशिश की लेकिन जमीं पर पाँव जो रोका था, वह रोके ही रखा। यह ताकत कहाँ से आई है कमला प्रसाद में? कहाँ से आई, उसका सबूत आज देख रहा हूँ। जिस भावना से, जिस अपनत्व से, जिस प्यार से आपने आज उनका सम्मान किया, उससे लगता है कि यह ताकत आपकी है।

मैंने षष्टिपूर्ति के बहुत-से समारोह देखे हैं। बड़े औपचारिक होते हैं। बड़े ऊबाऊ भाषण होते हैं। मुँह-देखी कहनेवाले लोग होते हैं लेकिन वाह रे आप! आपकी हर माला विशिष्ट थी। माला पहनाने वाले एक थे लेकिन उसमें जितने फूल थे, उतने लोगों का हृदय और भावनाएँ उस माला से जुड़ी हुई थीं। आपने फूलों से ही नहीं, भावनाओं से भी मालामाल कर दिया कमला प्रसाद को और हम साक्षी रह सके, देख सके। मुझे बहुत खुशी हुई। मित्रो! उम्र ऐसी हो गई है कि यहाँ उपस्थित कम-से-कम तीन लोगों की षष्टिपूर्ति समारोह में शामिल होने का मौका मुझे मिला। एक तो विश्वनाथ त्रिपाठी थे। दिल्ली विश्वविद्यालय से जब उन्होंने अवकाश प्राप्त किया तो उस समय मैं था। कुँवरपाल सिंह ने अलीगढ़ से अवकाश प्राप्त किया, उस समय मैं था और आज कमला प्रसाद के सम्मान-समारोह में वही अपनत्व, वही लगाव देखा। अब थोड़ी देर के लिए आप कल्पना कीजिए, यह समारोह अवधेश प्रताप सिंह विश्वविद्यालय या विश्वविद्यालय के किसी विभाग में होता। एक मास्टर का अभिनंदन। जिन लोगों का मैंने नाम लिया है, इन लोगों ने विभिन्न विश्वविद्यालयों से अवकाश किया था लेकिन उनका अभिनंदन समाज के जिन लोगों ने किया है, वे विश्वविद्यालय के मास्टर नहीं थे। आदर-श्रद्धा देनेवाले उनके शिष्य थे और उनके पढ़ाए हुए वे शिष्य, जो अध्यापक हो चुके थे। उन लोगों ने किया था कुँवरपाल का सम्मान अलीगढ़ विश्वविद्यालय के हिन्दी विभाग में नहीं, यद्यपि वे उसके प्रोफेसर-अध्यक्ष रहे। कार्यक्रम नगर में, जैसे यहाँ हो रहा है मानस भवन में, वैसे ही वहाँ विश्वविद्यालय के बाहर उस समय के साहित्य-प्रेमियों ने, शिष्यों ने अधिकारियों ने, कर्मचारियों ने मिलकर कुँवरपाल का सम्मान किया था। आज वही दृश्य मैं देख रहा हूँ। कुछ लोग एक और वर्ग के, एक और सम्प्रदाय के कह लीजिए,

एक और जाति के, एक और ढंग के आन-बान-शान के हुआ करते हैं, जिनका सम्मान वहाँ होता है, जहाँ उनकी जगह होती है और वे केवल एक विभाग या केवल विश्वविद्यालय के नहीं होते हैं बल्कि पूरे नगर के होते हैं। साहित्य-प्रेमी, हिन्दी-प्रेमी लोग, अलग-अलग विचारधाराओं के लोग, अलग-अलग वर्गों के लोग उनका सम्मान करते हैं। यह देश भर की हमारी परम्परा है। प्रगतिशील लेखक संघ के लोग या लेखक, अभिनेता, हिन्दी के अध्यापक—आनेवाले लोग इन्हीं तीन इकाइयों से बँधे हुए नहीं हैं। वे बहुत बाहर के और ज्यादा व्यापक क्षेत्र की दुनिया से आते हैं। यह हमारी परम्परा है। यह हिन्दी की परम्परा है। साहित्य की परम्परा है और उसके साथ कहना चाहूँगा, मध्य प्रदेश की ही नहीं, भारत की परम्परा है। कमला प्रसाद उस परम्परा के ऊपर ही नहीं हैं बल्कि परम्परा को निर्मित करनेवाले, विकसित करनेवाले, पल्लवित करनेवाले साहित्यकार हैं। जहाँ तक मेरी जानकारी है, मैं भाई धनंजय वर्मा से पूछ भी रहा था, मध्य प्रदेश में प्रगतिशील लेखक संघ का यह पहला सम्मान है। हरिशंकर परसाई साठ के हुए लेकिन मुझे याद नहीं कि उनका कोई सम्मान हुआ हो। हुआ होगा तो मेरी जानकारी में नहीं है। यह पहला सम्मान है जो रीवा कर रहा है—एक प्रगतिशील लेखक का और अपने साहित्यकार का। आपके सामने जिन्होंने इसे सम्भव बनाया, मैं नतमस्तक हूँ और जितने मेरे मित्र हैं, उनकी ओर से मैं नतमस्तक हूँ—कौन कहता है कि हिन्दी समाज अपने लेखकों को प्यार नहीं करता है? अशोक वाजपेयी खटिया कर लेख लिखते चले जा रहे हैं कि हिन्दी समाज अपने लेखकों से विमुख है। हिन्दी समाज अपने लेखकों को प्यार नहीं करता, उनका यह अनुभव वास्तविक होगा। उनके जैसे लेखकों को लोग प्यार नहीं करते हैं तो अच्छा ही करते हैं। वे लेखक और होते हैं जिनको जनता हृदय से प्यार करती है, सम्मान करती है और तब तक अपना प्यार प्रकट करती है जब तक वह कुर्सी पर नहीं होता है। कुर्सी पर जब तक बैठे रहते हैं, लोग प्यार नहीं करते। ऐसे ही अध्यापकों में विजयपाल भी हैं। कुर्सी पर बैठने वाले का सम्मान करनेवाले तो बहुत लोग होते हैं—कुर्सी से उतरने वाले को कोई पूछता नहीं। इसलिए यह परम्परा खाली है। मुझे खुशी होती है कि रीवा में यह सम्भव हो सका।

कमला प्रसाद जी के बारे में बहुत-से लोगों ने कहा है, फिर भी बहुत गुंजाइश है। अंग्रेजी में कहें तो ये लो-प्रोफाइल वाले आदमी हैं और कुछ कहकर मैं इनके लिए संकट नहीं पैदा करना चाहता हूँ। मैं कहूँ तो ये संकुचित होते हैं, मैं इतना ही जानता हूँ। इन्होंने मध्य प्रदेश में एक बड़ा गतिवान, ऊर्जावान संगठन खड़ा किया। हरिशंकर परसाई संगठन खड़ा नहीं कर सकते थे—संगठन खड़ा करनेवाले पैदा कर सकते थे। हरिशंकर परसाई जिसको इतना प्यार करते हों उसके बारे में गम्भीरता से सोचना चाहिए। हरिशंकर परसाई का प्यार पानेवाले

एक और साहित्कार हैं जो उत्तर प्रदेश से चलकर मध्य प्रदेश में बस गए और वह पत्रिका, जिसे कमला प्रसाद जी के साथ मिलकर वह निकाला करते थे, प्यार उन्हें भी मिला लेकिन प्यार पाने का न सबको अधिकार होता है और न ही वे अधिकारी होते हैं। परसाई जी ने कमला प्रसाद पर एक छोटा-सा नोट लिखा है। ये बड़े गम्भीर दिखाई पड़ते हैं लेकिन इनके विनोदपूर्ण और व्यंग्य वाले लेख परसाई की परम्परा को आगे बढ़ाते हैं। कमला प्रसाद वहाँ उस रूप में जीवित हैं। कमला प्रसाद के व्यक्तित्व में बहुत पहलू हैं जिन्हें परसाई जानते थे। एक छोटी-सी टिप्पणी में उन्होंने लिखा है : 'जब मैं सोचता हूँ तो मुझे तुलसीदास के वाक्य याद आते हैं जो भरत के बारे में उन्होंने कहे हैं :

रघुनाथ निज मुख जासु गुन गन कहत अब जग नाथ सों
कहो न हो हित नीति परम पुनीत सब गुण विन्ध्य सों।

परसाई जिसके बारे में ऐसा लिखें, जिसको इतना प्यार दें—कमला प्रसाद ऐसे रहे—जिसको खरा आदमी कहते हैं—आज के जमाने में जिस पर भरोसा किया जा सकता है। यह मामूली बात नहीं है कि दो-दो पत्रिकाएँ—'पहल' और 'वसुधा'—निकालीं और ऐसी जगह से निकालीं जहाँ बहुत दीर्घजीवी पत्रिकाओं की परम्परा नहीं रही। मध्य प्रदेश ऐसी जगह है जो देश में प्रतिगामी शक्तियों के गढ़ के रूप में मानी जाती है। वहाँ प्रगतिशील लेखक संघ जैसी साहित्यिक सांस्कृतिक संस्था खड़ी करना—खड़ी करना ही नहीं, उसकी इकाइयाँ पूरे प्रदेश में फैलाना—यह मामूली काम नहीं है। केरल में, बंगाल में प्रगतिशील आन्दोलन या संगठन खड़ा करना आसान है, मध्य प्रदेश में खड़ा करके दिखाएँ, तब पता चले। यहाँ यह काम कमला प्रसाद जी ने किया।

महत्त्वपूर्ण बात यह भी है कि ये केवल संगठन ही खड़ा नहीं करते थे, शाखा ही नहीं खोलते थे बल्कि ये एक प्रकार के सांस्कृतिक जागरण या चेतना के लिए भी काम कर रहे थे जिससे इतने नये साहित्यकार पैदा हुए। भारत भवन ने दूसरे प्रकार के साहित्यकार बनाए होंगे, पैदा तो खैर क्या किए होंगे, लेकिन प्रगतिशील लेखक संघ के माध्यम से कमला प्रसाद ने कई प्रतिभाओं को विकसित होने का, आगे बढ़ने का जो मौका दिया, उसकी झलक मुझे आज मिली। यह मामूली काम नहीं है। हिन्दी में किसी समय, किसी जमाने में ऐसे लोग हुआ करते थे जो व्यक्ति नहीं, संस्था होते थे और वे इसलिए जाने जाते थे कि उन्होंने स्वयं जो लिखा, उससे ज्यादा बड़ा काम किया। साहित्यकार पैदा किए। भारतेन्दु मंडल से लेकर महावीर प्रसाद द्विवेदी से होते हुए यह परम्परा कमला प्रसाद तक आती है। 'अपनी करनी, हाथ बहुबरनी' की तरह इन्होंने कभी विज्ञापित नहीं किया—अपने लिखे हुए को। जो लिखा है, उसका गुणगान करने में आज लोग सहस्त्र-मुख

दिखाई पड़ते हैं। जिस आदमी ने 'रचना और आलोचना की द्वंद्वात्मकता' जैसी किताब लिखी, साधारण नहीं है। उनका जो कृतित्व है, लिखा हुआ है, उसके बारे में कोई और लोग होते तो बड़ी समीक्षाएँ प्रकाशित करवा देते। यह काम कमला प्रसाद ने नहीं किया। अपनी प्रशंसा के लिए वे कभी भी बेचैन नहीं रहे।

कमला प्रसाद पर मेरे छोटे भाई काशी ने, जिनको कमला एक तीसरे भाई के रूप में मिले, संस्मरण लिखा है : 'तीसरे भाई की खोज में प्राण पियारे', जो 'हंस' में भी छपा है। हो सकता है, आपमें से कुछ लोगों ने पढ़ा हो। उस लेख को पढ़ने के बाद कमला के बारे में अब कोई कुछ कहे या लिखे तो थोड़ा-सा सँभलकर लिखे या तो फिर धनंजय (वर्मा) भाई जैसे लोग कविता लिखें। नहीं तो गद्य में लिखना है तो उससे अच्छा कोई लिखकर बताए, तो मैं मानूँ।

['सम्मान : कमला प्रसाद' के अवसर पर रीवा में दिया गया वक्तव्य,
पुस्तक 'कमला प्रसाद : व्यक्ति और सर्जक' में प्रकाशित]

डायरी

स्वगत

आत्मकथा तो क्या, संस्मरण भी नहीं है यह। [illegible] की बातें भी हैं इसमें किसी-किसी दिन की। ये चन्द बातें और स्मृतियाँ [illegible] रही हैं। इसलिए इसके "आत्मकथा" होने के बारे में कोई मुगालता नहीं है। [illegible] मुझे [illegible] लिखना होगा — यह भी [illegible] और मुझे [illegible] के बाद ही [illegible] लिखना था सिर्फ़ अपने लिए — अपनी यादों की दुनिया में कुछ आराम करने के लिए।

क्योंकि यादें [illegible] हैं, यही यादें [illegible] ही कलमबन्द होने से रह गईं। [illegible] उन दिनों का एक [illegible] [illegible] और [illegible] जिनसे मुझे [illegible] का मौका मिला था। लेकिन आज देखता हूँ [illegible] नहीं है। [illegible]

अब उनकी बातें जो हैं और जो हैं वो भी [illegible] नहीं है — कहीं-कहीं [illegible] और पूरी तरह [illegible] मेरा [illegible] है तो इतना भी न [illegible] [illegible] [illegible] [illegible] का अहित [illegible] तो [illegible]। लेकिन [illegible] भी याद करूँ —

जब तवक़्क़ो ही उठ गई ग़ालिब
क्यों किसी का गिला करे कोई।

4/11/2002

1951

अगस्त 7

डायरी लिखने की इच्छा महीनों से थी; लेकिन कई कारणों से टलती रही। आज से नये जीवन—अथवा जीवन के नये अध्याय का आरम्भ हुआ तो शुरू करना जरूरी जान पड़ा। छपी डायरी जनवरी से। आज ठीक 9 बजे प्रात: डे-छात्रावास—क. नं. 72 में आया। यह का.वि.वि. में मेरे छात्रावास-जीवन का आरम्भ है। बी.ए. और एम.ए. विश्वविद्यालय के 'घेरे से बाहर' रहकर किए। अब रिसर्च स्कॉलर के रूप में 'घेरे के भीतर' रहना पड़ा। इसके बिना अनुभव अधूरा रहता। छात्रावास में आया भी तो एक छोर पर। शायद यह जीवन छोरों पर ही रहता आया है—या रहेगा। श्री विश्वम्भरशरण पाठक एकमात्र साथी और मित्र हैं यहाँ के प्रवास के। अध्यवसायी, प्रतिभावान, प्रगल्भ, स्वस्थ और प्रसन्नकाय, मधुर मितभाषी।

सितम्बर 23

शाम। उमस। जी उदास। पंडित जी के साथ टहलने के इरादे से चला। बिरला छात्रावास के मार्ग में मिले। रुइया के मैदान की ओर। कॉलेज वाले छोर पर विराम और वहीं जमीन पर बैठने का निश्चय। पंडित जी ने कुर्ता-गंजी सब निकाल दिया। संकोचवश मैंने कहा : 'लड़के आ-जा रहे हैं, देखेंगे तो क्या कहेंगे?'

स्वाभाविक अट्टहास के साथ उपेक्षापूर्ण स्वर में पंडित जी बोले : 'कहेंगे क्या? संस्कृत पढ़ने पर पुरुषों को और अंग्रेजी पढ़ लेने पर स्त्रियों को नंगा रहने का अधिकार मिल जाता है।' उठना। बोटैनिकल गार्डेन। तालाब देखकर छात्र-जीवन के दाद-प्रकरण का पंडित जी द्वारा उद्धरण। किस प्रकार तेज दवा के कारण रात वहीं तालाब में बिताई एक सरदार के साथ।

दिसम्बर 18

प्रात: 'किनाराम' (त्रिलोचन) 8½ पर आ धमके सॉनेट लेकर। ऊँचे पाए की चीजें सुनाईं : 'आँखों का प्रकाश बह आया बाएँ से दाएँ'। 'रत्न' के परीक्षार्थियों को भाषाविज्ञान पढ़ाकर विदा किया। कॉलेज। अध्यापन। आचार्य पद्मनारायण जी ने मुझे ना.प्र.स. में 'पृथ्वीराज रासो' पर बोलने को निमंत्रित किया। स्वीकार करके छात्रावास आया। पढ़ता रहा कि सूर्यप्रताप की कविताओं सहित चिट्ठी आई। खत्म करते-न-करते किनाराम, हरिमोहन, शिवप्रसाद और श्यामलाकान्त आ विराजे। मोमबत्ती के धूमिल प्रकाश में उसकी कविताएँ पढ़ता रहा। लोग 'वाह-वाह' में डूबे रहे। मेरे मुँह से कविता निकलती थी, उनके मुँह से 'वाह' बनकर। सबने माना कि मेरा साल भर पहले का यह कथन अक्षरश: सत्य है कि केदार से अधिक मौलिकता इस बालक में है। घंटेभर बाद लोग गए। मैंने सूर्यप्रताप को दो कार्ड, एक लिफाफा चौहान और एक मजेदार कार्ड शमशेर को भेजा। और भी कई पत्र। कमरे की रोशनी इधर कई दिन से गायब रहती।

1952

जनवरी 1

पिछले साल कुछ ऐसी घटनाएँ हुईं कि डायरी न लिखने की कमी बार-बार खटकी। 'बकलम खुद' का प्रकाशन, 'नीम के फूल' का प्रेस में जाना, कविता लेखन की नूतन बाढ़, आर्थिक कठिनाइयाँ, घरेलू उथल-पुथल आदि बातें तो थीं ही, पंडित जी तथा शास्त्री जी से बातचीत के सिलसिले में इतनी बातें हुईं जिनका साहित्यिक महत्त्व है। फलत: डायरी-लेखन आरम्भ किया। जगत जी के कहने पर छपित 'दैनिकी' न लेकर उन्हीं द्वारा बनवाई हुई यह सादी डायरी ली। अस्तु।

पिछली रात अकनू भवन में शास्त्री जी के बगल वाले कमरे में सोना। रात दो बजे तक जागकर, 'हिन्दी के विकास में अपभ्रंश का योग' पुस्तक के शेष परिशिष्ट लिखता रहा। पूरा किया। नर्मदेश्वर जी, साहित्य भवन लि. के पास जल्द भेजना है। उधर शास्त्री जी (त्रिलोचन) रात भर जागकर सॉनेट लिखते रहे। कुल 32 सॉनेट सुबह सुनने को मिले। लोग विश्वास न करेंगे पर है सच। सबकी शैली तथा भाव भिन्न। दिन-पर-दिन निखार आ रहा है। संवाद का यथातथ अंकन और 'रफ' स्केच का परिदृश्य। जीवन के कटु-मधु अनुभवों का यथार्थ सजीव हो उठा है।

गंगा-स्नान। चिरपरिचित दृश्य में भी नवीनता। गंगा की रेती पर रुई के गाले-से बादल और ऊपर इंजीनियरिंग कॉलेज की चिमनी के धुएँ की टूटती लकीर। कुहरे के धुन्ध में पहाड़ी-सी काशी। आह्लाद। काश, यह वर्ष कर्म की नई पुकार से पूर्ण होता!

जनवरी 2

'छायावाद' पर पूर्व-नियोजित पुस्तक की सामग्री को क्रम देना। 12 बजे दिन तक यही क्रम। भोजन के लिए अकनू भवन को प्रयाण। राह में बा.ल. कोतमिरे की खिड़की खुली देख मुड़ा। डॉ. श्रीकृष्ण लाल की थीसिस 'आधुनिक हिन्दी साहित्य' ली। चला। भूख की तेजी पाँवों में गति भर रही थी। पहुँचते ही कमला पंडित की सहधर्मिणी पार्वती जी को कहते पाया कि शास्त्री जी शास्त्रिणी से लड़कर उन्हें घर पहुँचाने गए। पेट की पीड़ा ने हृदय को मरोर दिया। चला गोदौलिया की ओर। रिक्शे पर शान्तिप्रिय द्विवेदी। 'मुझे आपने भावुक क्यों लिखा?' उत्तर दिया : लिखा तो था 'भावुक'। वे देखते रहे।

जनवरी 5

सुबह उठते ही देखा कि डॉ. मार्कंडेय सिंह पी.टी. के लिए छात्रों को निकाल रहे हैं। पुरानी बातें याद आईं। धुकधुकी थी कि कहीं मेरे कमरे में भी न आ जाएँ। सुबह-सुबह आरोचकी समीक्षक से मुठभेड़ ठीक नहीं। खुदा ने खैर की। छठे बोर्डिंग के क्वार्टर्स पर ओंकार से मिलने गया। पुराना सहपाठी। सो रहा था। अपनी बच्ची लेकर रजाई ओढ़े आया। देखा, दाढ़ी न थी। अजीब पागल है। कभी रखता है, कभी सफाचट करवा देता है। शादी से पहले कहता था कि 'दाढ़ी रखने से लड़कियाँ आकृष्ट होती हैं। मूँछमुँड़े के सामने कौन लहँगा पसारेगी?' बातें। चाय। उदयपुर के संस्मरण। घंटा भर चकल्लस में गया।

हरिमोहन का वास। उसकी बच्ची 'सुषमा' का लजीलापन और उसके साले की पंचवर्षीय बच्ची की मिलनसारिता से उलझा रहा। मन की नीरसता भी पल्लवित हो उठी। भोजन। 3½ पर बस से गोदौलिया। जगत जी के पास। रामगोपाल तथा शिवदानसिंह चौहान के विवाह का समाचार। पत्र भी पढ़े। बड़े चौहान विजय के साथ रोमांस चला रहे हैं। साहस के लिए शक्ति चाहिए। चौहान की मुख्तसर काया सामने आई। शायद यह आदमी व्यवस्थित हो जाए—शायद अच्छा-सा मध्यवर्गीय गृहस्थ ही बनकर रह जाए। साहित्य-समीक्षा की तीखी धार! देखें, रोमांस क्या रंग लाता है!

प्रेमचन्द की प्लेट लेकर लौटा। माखन बाबू से गोर्की की कहानियों और नाटकों का संग्रह लिया। गोटस स्टूडियो में प्रेमचन्द की निगेटिव प्लेट प्रिंट करने को दी और छात्रावास 8 बजे तक आ धमका। एक चित्र इनमें से शास्त्री जी को भेंट करूँगा।

जनवरी 14 : सोम (मकरसंक्रान्ति)

भारतभूषण जी के व्यंग्यों को नरेश से सुना। कमाल के व्यक्ति-चित्र लिखे हैं उन्होंने। 9 बजे सुबह प्रकाशचन्द्र के वास पर हम तीनों। नेमि के यहाँ। नेमि ने तिलगुड़ खिलाया। प्रकाश जी के यहाँ जुटे। केले की छाया में कुर्सियाँ। छाया को लेकर मजाक। शास्त्री जी धूपवादी रहे और सभी छायावादी। 'योजना' के सिलसिले में प्रकाश जी ने अज्ञेय को बुलाने का विरोध किया। सबने 'हाँ' की। प्रकाश जी ने बताया कि दिल्ली प्र.ले.सं. ने प्रस्ताव पास किया है कि चौहान सरकारी गुप्तचर हैं।

पंत जी के घर—केवल हमीं तीनों। पंत जी भीगे बालों बाहर आए। बैठने को कहकर बाल सुखाने गए। बैठक उच्च मध्यवर्गीय। रंगीनी, कोमलता। हमारी योजना में आना स्वीकार किया। कविता पर बातें। मैंने सुझाया, 'प्रसाद जी ने आरम्भ में छन्दों पर जितना प्रयोग किया है, हम लोगों ने नहीं किया होगा।' पंत जी चौंके। सॉनेट के स्वरूप पर बातें। शास्त्री जी ने प्रसाद के सॉनेट सुझाए और पंत जी ने कहा कि सॉनेट में run-on पंक्तियों का होना अनिवार्य शर्त नहीं। पंत जी ने पूछा कि वात्स्यायन जी को बुला रहे हैं या नहीं? मैंने टाला।

डॉ. रघुवंश का वास। परिचय कराया शमशेर ने। चलते-चलते उन्होंने मेरी 'दूसरा सप्तक' वाली समीक्षा पर 'Thrashing' होने का रिमार्क दिया। शास्त्री जी ने उनकी थीसिस को प्रयाग विश्वविद्यालय की कूड़ा थीसिसों में काम की बताया। शास्त्री जी बेलौस बातें कह जाते हैं।

घर लौटना। भोजन। कुछ अरुचिकर प्रसंग। 'आलोचना' में प्रकाशित शास्त्री जी की समीक्षा पर 'कांग्रेस के बैलों को हाँकने के लिए आदमी को वोट दो'—संगल ने नारा बनाने का सुझाव रखा। उनके जाने पर शमशेर ने बताया कि बम्बई में रहते हुए संगल नारा बनाने के लिए मशहूर थे—लगाने के लिए भी।

शमशेर ने 'खाका-बाढ़' नाम की एक गद्यात्मक कविता सुनाई। यथार्थता तथा व्यंग्य में प्रथम श्रेणी की रचना थी। भोजन। मिश्र-बन्धुओं के लतीफे तथा नरेश शास्त्री जी ने सॉनेट सुनाना शुरू किया और मैंने सोना।

जनवरी 15 : मंगल

सुबह उठते ही महादेव भाई के पास गया। अपनी पुस्तक का फाइनल प्रूफ देखने के लिए राजी किया। सरोज से बन्दगी। चाय नरेश-शमशेर के साथ। प्रयाग से विदा। विदा होते-होते शास्त्री जी ने शमशेर-नरेश के रसोइये की ओर संकेत करके कहा :

हो सुखी वह मालिकों के ही समान
गीत गा कर गए दोनों मेहमान

जो इससे पूर्व कही हुई इस कविता का उत्तर था :

है दुखी वह मालिकों के ही समान
गा रहे हैं गीत दो-दो मेहमान

इस निर्मम व्यंग्य पर सभी तिलमिलाते रहे पर शास्त्री जी तो शास्त्री जी हैं। इन पंक्तियों को उन्होंने सप्रसंग कई जगहों पर दुहराया। शमशेर ने 'उदिता' काव्य संग्रह अपनी ममेरी बहन के कहने पर उसके नाम के आधार पर रखा है। उससे वह विवाह न कर सके। शास्त्री जी ने बताया।

जनवरी 17 : बृहस्पति (बनारस)

आज भी दोनों वक्त फाका। मेस बन्द है। खाने को पैसे नहीं। भीख माँगने का साहस नहीं। निराश होकर सेंट्रल ऑफिस 'फेलोशिप' वाले कागज का पता लगाने गया। देखा, वैसे ही लटक रहा है। जी हुआ—ऑफिस में दियासलाई लगा दूँ। सात महीने से कागज झूल रहा है। यह है लाल फीते की करामात। वाह रे पूँजीवादी व्यवस्था का ढाँचा! कोई भूखों मरे और कोई ऑफिस में फाइलों को खिसकाते हुए जिन्दगी काटे। खीझकर लौटा। भूख की उसी वेगवती पीड़ा में बेनिया पर नेहरू जी का भाषण सुनने चला। साथ में शास्त्री जी। जगत जी के वास पर। चाय-बिस्कुट। भाषण सुनने बेनियाबाग। अपार भीड़। लगभग एक लाख। आरम्भ में वेद, कुरान तथा ग्रंथ साहब से पाठ। पास खड़े सिखों का रिमार्क सुनता रहा। 'आज इन्हें भी धर्म सूझ रहा है!' चुनाव का समय है, ऐसे ही नाटक होंगे। नेहरू जी ने हमेशा की तरह भाषण किया। भारत-भ्रमण की कहानी, बड़े-बड़े मसले। हमने यह किया, वह किया। वही पुराना राग। गले में बुढ़ापे का असर। शेर बूढ़ा हो चला है। वीरपूजा देखकर मैं दंग रहा।

बाहर सोशलिस्ट नारा लगा रहे थे : 'कल समाजवादी पार्टी के प्रसिद्ध नेता जयप्रकाश का भाषण होगा।' लानत है, जो जयप्रकाश के लिए भी इस विशेषण की जरूरत पड़े। घोषणा का ढंग भी नहीं मालूम।

जनवरी 18 : शुक्र

सुबह से अपभ्रंश के देशी शब्दों पर काम करता रहा। आज से मेस चलने की सूचना मिली। आश्वस्त था, इसलिए पढ़ने में भी जी लगा। शास्त्री जी का सॉनेट याद आया : 'पहले खाना मिला करे, तो कठिन नहीं है बात बनाना।' दिन का आरम्भ अच्छा लगा। चतुर्थ वर्ष के विद्यार्थियों को भाषाविज्ञान तथा तृतीय वर्ष के छात्रों को उच्चारण निबन्ध का मर्म समझाया। सेंट्रल ऑफिस गया। पता चला कि 'फेलोशिप' की नियुक्ति पर प्रो-वाइस चांसलर ने स्वीकृति दे दी। अब कॉलेज दफ्तर में सूचना पहुँचने की देर है। रुपया शायद अगले सप्ताह मिले।

पुस्तकालय गया। निम्नलिखित पुस्तकें लीं :

1. Technical Terms & Technique of Sanskrit, Grammar—K.C. Chatterji
2. छन्द : प्रभाकर—जगन्नाथ प्रसाद 'भानु'

पंडित जी रिक्शे पर साथ ही आए और 'रासो' तथा हिन्दी काव्यधारा ले गए—पटनावाले व्याख्यान की कई बातें करते गए। शिवप्रसाद के साथ शास्त्री जी के वास पर। ठाकुर प्रसाद और विष्णु पहले ही से विराजमान थे। लेखक-सम्मेलन की योजना पर विचार। शास्त्री जी ने केदार के सॉनेट पर राय दी : ' 'शेक्सपीरियन + मिल्टानिक'। खिचड़ी। भाषा में सादगी। पहले की अलंकृति झड़ गई है। अच्छे हैं।' सोचता हूँ, सॉनेट का भी क्या रोग लगाया शास्त्री जी ने! उदय और सूर्यप्रताप की चिट्ठियाँ आईं।

जनवरी 22 : मंगल

'मार्क्स-एंगेल्स' के संकलित ग्रंथ से पढ़ता रहा : प्राय: सैद्धान्तिक अंश 'मैनिफेस्टो' सचमुच ही काव्य का-सा आनन्द देता है। बार-बार पढ़ने को जी चाहता है। फिर, 'शेर ओ सुखन' (सं. गोयलीय) पढ़ते हुए ग़ालिब के इस शेर पर नजर ठहर गई :

पानी से सग-गजीदा डरे जिस तरह 'असद'
डरता हूँ आईने से कि मर्दुम-गजीदा हूँ।

[कुत्ते का काटा जिस तरह पानी से डरता है, उसी तरह मैं आईने से डरता हूँ क्योंकि मैं आदमी का काटा हूँ। किस आदमी का काटा? वही तो नहीं, जो खुद किसी कुत्ते का काटा है?]

शेर देर तक मन में गूँजता रहा। त्रिलोचन के कई सॉनेट याद आते रहे। फिर शमशेर भी और निराला भी। अब तो ग़ालिब का पूरा 'दीवान' कहीं से हासिल करना ही पड़ेगा।

जनवरी 23 : बुध

प्रत्यूष में अकनू भवन से टहलते हुए डे-छात्रावास की ओर। राह में मिले डॉ. राजबली पांडेय। बोले, 'चुनाव खतम हो गया?' इसे तो वे भी जानते हैं परन्तु शायद इसमें कुछ व्यंग्यार्थ हो, सोचा। चुप रहा। बोले, 'क्या उम्मीद है?' कहा, 'रुस्तम की जीत।'—'मेरा मतलब आप से है!' खुले डॉ. पांडेय। देखा, आज तक उनके मन में भ्रम है। इधर मेरे एक नामराशि किन्तु 'यादव शोषित संघ' की ओर से विधानसभा के उम्मीदवार थे। दोस्तों को भ्रम हो गया मेरे विषय में। निवारण किया। पांडेय जी बी.ए. में मुझे 'कल्चर' पढ़ा चुके हैं। सहज विनोदी; छात्र-सख्य तथा निरहंकार मानुष हैं। बड़े स्नेह से मिलते हैं।

इधर 'प्रसाद जी के मानवतावाद' अथवा जीवनदर्शन पर निबन्ध लिखने का विचार उठा। पिछले साल ही 'कामना' और 'कामायनी' की छानबीन करते समय उठा था परन्तु दबा दिया। अब जरूर लिखूँगा। वर्मा, रामनरेश जी जो आजकल मेरे पड़ोसी हैं, उनसे 'इरावती' ली। पढ़ गया। बड़ी प्रौढ़ कृति लगी। प्रसाद-शैली के गठे गद्य की पराकाष्ठा है। हमारे स्वर्गीय केशव जी भी इसी वर्ग के थे : शब्द-शिल्पी तथा रुचिर-गद्य लेखक।

कॉलेज। मौजीलाल जैन, क्लर्क ने बताया कि आपकी फेलोशिप का रुपया पहली तारीख से पहले नहीं मिल सकता। पुस्तकालय। पंडित जी के हाथ 'पृथ्वीराज विजय' पुस्तक देखी। बोले, 'बिना देखे ही रामकुमार वर्मा ने लिख दिया है कि अभी यह छपी नहीं है जबकि इसके 3 संस्करण हो चुके हैं।' ओझा जी तथा गुलेरी जी का सम्पादन है। पंडित जी पटना वाले निबन्धों में बुरी तरह व्यस्त हैं। मुंशी देवीप्रसाद द्वारा अनूदित 'जहाँगीरनामा' देखा। साल भर पहले डॉ. रामविलास के लेख में इसका हवाला देखकर समझा था कि उन्होंने मूल पढ़ा है। मित्र-वत्सल रायकृष्ण दास द्वारा प्रकाशित खय्याम की रुबाइयों का मैथिलीशरण गुप्त कृत सचित्र अनुवाद देखा।

रात में जेम्स एटकिन द्वारा संकलित 19वीं सदी की अंग्रेजी डायरी पढ़ता रहा। श्रीमती शेली तथा वाल्ट स्कॉट की डायरी ने बहुत प्रभावित किया।

जनवरी 24 : बृहस्पति

सुबह से ही प्रसाद जी वाले लेख की सामग्री जुटाता रहा। 'कामायनी' को नये सिरे से पढ़ गया। पंडितों ने नाहक प्रसाद जी के जीवनदर्शन को शैवागमों की आतंकवादी चारदीवारी में कैद कर रखा है। छुड़ाना है। आज वह निबन्ध शुरू करते-करते रह गया।

जनवरी 25 : शुक्र

आज सुबह से ही जवान बूढ़े ग़ालिब ने सारा समय ले लिया। उर्दू के तमाम शायरों से वह अलग लगे। गुरबत की मजबूरी और दर्द ने शराबे-इश्क को अजब-सी तेजी ला दी है; तीखी मिठास या मीठी कड़वाहट। कीट्स बार-बार—हर लाइन में याद आया। 'मार्क्सवाद' का मर्म समझने पर ग़ालिब को अधिक पसन्द कर सका हूँ। निस्सन्देह मार्क्सवाद किसी भी कलाकृति के समझने तथा रसास्वादन करने में सबसे अधिक सहायक हो सकता है।

जनवरी 26 : शनि

गणतंत्र पर्व। दिन के आरम्भ में कोई नवीनता नहीं। डॉ. श्रीकृष्ण लाल की 'आधुनिक हिन्दी साहित्य' पुस्तक उलटने लगा। विरोधाभास तो देखिए कि द्विवेदी-युगीन मनोवृत्ति तथा मध्ययुगीन संस्कार वाला व्यक्ति छायावाद तथा आधुनिक गद्य के रूपों पर विचार करता है। वे आत्मा तक पहुँच ही नहीं पाए! छन्दों पर पढ़ते हुए देखा कि हरिऔध ने भी 'सॉनेट' लिखे थे 'रोला' में, पर 'कपुलेट' 38 मात्रा का उल्लाला रखते थे। शास्त्री जी ने भी तो 'रोला' ही चुना है। हिन्दी के 'सॉनेट' अच्छा लेख का विषय हो सकता है। इसी सिलसिले में सोचा, प्रसाद के नाटकों के गीतों का संग्रह करके एक स्वतंत्र पुस्तक तैयार की जा सकती है और उस पर लिखा भी जा सकता है। डॉ. लाल ने छन्दों पर कुछ ठिकाने का लिखा है।

डॉ. लाल की पुस्तक से 'गद्यशैली' पर कुछ नोट लिया। 'मानस' अयोध्या कांड से देसी शब्दों की सूची बनाई। 'सन्देश रासक' के ठेठ अपभ्रंश तथा देसी शब्दों का चयन किया और 'कीर्तिलता' में हाथ लगाया।

जनवरी 27 : रवि

शास्त्री जी की डायरी सुनी। 'अरथ अमित अति आखर थोरे'। छोटे-छोटे वाक्य। उन्होंने बताया, जेन आस्टिन अपने को मिसेज क्रैब कहा करती थी और यह

उसकी डायरी से पता चला। कारण, वह क्रैब के यथार्थवाद पर फिदा थी। एक रोमानी युग में रहते हुए भी वह यथार्थवादी रहा। बड़ी बात है। टहलते हुए 7½ प्रात: छात्रावास पर आया। इधर कई दिनों से कविताओं की गूँज मन में थी। टालता जा रहा था। आज न टाल सका। तीन सवैये लिखे। और लिखता कि विष्णुचन्द्र ने आकर बाधा दी। सम्मेलन का पत्र टाइप करने के लिए उसे दिया और टाला। आज अपराह्न में देर तक सो गया। व्यायाम भी सुबह न कर सका। दिवा स्वप्न ठीक नहीं। विलक्षण पहाड़ों के बीच रूमानी स्वप्न देखा। आज कुछ पढ़ न सका। सारा दिन बह गया।

5 बजे शाम शास्त्री जी के वास पर। सवैये सुनाए। प्राय: मेरी रचनाओं के प्रथम श्रोता वही रहे हैं। 'इन सवैयों ने सवैया का इतिहास ही बदल दिया'—वे बोले। संयम से ही ऐसी रचनाएँ पैदा होती हैं। ठाकुर-गृह की ओर। राह में केजरीवाल की उस दिन की बात पर विचार। उन्होंने सुझाया कि 'काशी की हिन्दी' शीर्षक निबन्ध लिखकर प्राचीन परम्परा से दिखलाओ कि काशी की भाषा का आदर्श क्या रहा है।

जनवरी 29 : मंगल

बातों-बातों में पंडित जी ने कहा कि मुझे इतिहास की ऐसी पुस्तक ला दो जिसमें 11-12 सदी के राजपूतों का इतिहास हो। बात गहड़वालों पर आई। बोले—ये दक्षिण से आए थे क्योंकि यहाँ उन्होंने जितने दान दिये, सब दक्षिणी ब्राह्मणों को। उत्तरी ब्राह्मणों को एक भी नहीं। इसके सिवा, अपभ्रंश आदि को आश्रय न देकर केवल संस्कृत को ही बढ़ावा दिया। फिर 'ताम्बूलद्वय...' की हँसी उड़ाते रहे और यह कहते जाते थे कि 'तुम गहड़वाल हो न?'

पंडित जी ने कहा कि 'उक्ति व्यक्ति प्रकरण' के लिए मुनि जी के पास आज लिख दूँगा। छप गई है, प्रकाशित नहीं हुई है। हरिमोहन ब्रोचा में विष्णु स्वरूप के कमरे में बैठे थे। पंडित जी को इतिहास की पुस्तक देकर वहाँ गया।

छात्रावास। शाम 7 पर पंडित जी के पास 'रासो' लेने। प्रिंसिपल त्रिपाठी बैठे मिले। ठिठक गया। उन्हें पहुँचाकर लौटे तो जमे। खिन्न थे। डॉ. शर्मा तथा विश्वनाथ जी की शिकायतों की पीड़ा बढ़ जाती है जब शान्तिनिकेतन हो आते हैं। यह विरोधाभास? उन्होंने बताया कि वर्मा, रामनरेश जी की शादी होने जा रही है 22 फरवरी को। फिर पूछा, 'तुम्हारी शादी हो चुकी है?' मैंने कहा, 'कभी की!' बोले, 'तब तुम्हारा 'ब्याव' हुआ है!' और ब्याह-शादी के भेद की अन्त:कथा बताई। किस प्रकार शान्तिनिकेतन में मोहनलाल वाजपेयी ने सिख कन्या सुदर्शना से सिविल मैरेज की और उनके मस्त मामा आशीर्वाद देने आए और बोले, 'शादी

तो तुम्हारी हुई है; हम लोगों का तो 'ब्याव' हुआ था। इस अन्तर्जातीय विवाह पर पंडित जी ने कंव का यह वाक्य कहा था : 'दृष्ट्या, धूमाकुलितदृष्टेरपि यजमानस्य पावक एवाहुति पतिता'।

समूचा 'रासो' तथा एक थीसिस लादकर पैदल ही छात्रावास आया। पसीना हो गया। बाँहें फटने लगीं। परन्तु विद्या के भार का सुख अनिर्वचनीय था। पढ़ा। सोया।

जनवरी 30 : बुध

4½ प्रत्यूष पर ही नींद खुल गई। स्वप्न में शान्ता से भेंट हुई थी। 'स्विच' ऑन की। रोशनी न थी। मन में सवैये की गूँज थी। खिड़की के पास बैठा उषा के आगमन की प्रतीक्षा में मौखिक ही सवैये गढ़ने लगा। दो भिन्न भावों और स्थलों की चीजें साथ लिखीं। सुबह होने पर कागज पर उतारा। प्रत्यूष की प्रतीक्षा कितनी मधुर होती है! रवीन्द्रनाथ याद आए और याद आया उनका वाक्य : 'प्रतिदिन उषाकाल में अन्धकारमयी रात्रि के तीर पर मैं इसी आशा से स्तब्ध होकर खड़ा हुआ हूँ कि इस महान सत्य को उपलब्ध कर सकूँगा : 'यत्ते रूपं कल्याणतमं तत्ते पश्यामि'। मेरे प्राण प्रसन्न होकर पुकार उठते हैं :

कोह्योवान्यात् क: प्राण्यात् यदेष आकाश आनन्दा न स्यात्!

आज 'बापू' का महापरिनिर्वाण दिवस है। पंडित जी आज मौन रहते हैं। रवि बाबू के निर्वाण-दिवस पर भी वे प्राय: शान्त रहते हैं। उपवास तथा अनध्याय आचरते हैं। मैंने थोड़ी देर तक बापू का ध्यान किया, फिर अध्ययन में लगा।

फरवरी 5 : मंगल

सिविल लाइंस। नेमि की दुकान। सर्वेश्वर मिले। भारती को बहुत खोजा गया, पर न मिले। पैदल ही शमशेर-वास पर। सर्वेश्वर-नामवर, तुम्हें मेरी कविताएँ कैसी लगती हैं?

'दो अगर की बत्तियाँ' और Rhythm पर बात।

अज्ञेय उसे यति-नियंत्रित गद्य मानते हैं, गंगा प्रसाद पांडे वाहियात। शमशेर को उसमें कुछ लय का आभास मिलता है तथा नेमि तो उसे एकदम छन्दोबद्ध सिद्ध कर सकने को तैयार। विचारों के छोर देखता रहा। क्या कहता! नेमि और शमशेर में छन्द-परिज्ञान इतना घुला-घुला है कि वे अखबार की हेडलाइनों को भी उसी ढंग से पढ़ सकते हैं और बोल तो अक्सर पड़ते हैं : पद्य गद्य।

14 स्टैनली रोड पहुँचे कि नरेश, शमशेर के साथ एक नये गोरे-चिट्टे अधेड़ सूटेड-बूटेड सज्जन दिखे। सभी कविता के मूड में थे। दो मिनट बाद समझ में आ गया कि नरेश ने 'समय देवता' खोल दिया है। लगा कि उस सज्जन का चित्र कहीं देखा है; मन के चित्र को नाम संबलित करूँ-करूँ कि शमशेर बोल पड़े : ये हैं कवि केदार।

परिपाटी विहित परस्पर परिचय, जो मुझे बेहद व्यर्थ लगता है। पहले ही परिचय में केदार बहुत प्यारे और खुले हुए लगे। बनावट इस आदमी में कहीं नहीं है। वकालत का गुमान है और वह अपनी मेहनत के कारण। कई किस्से सुनाए। नोकवती नासा, खुली खिली धवल दन्त-पंक्तियाँ, गिनी-चुनी झुर्रियाँ, अपनी जगह अँगूठी : कविताओं की सादगी और दृढ़ता तथा उन्मुक्तता के साथ सम्बन्ध स्थापित करने का प्रयत्न करता रहा। बोला नहीं या बहुत कम।

पीछे नरेश के पास कार्ड में 'समय देवता' पर केदार को चेतावनी देखकर और प्रभावित हुआ—प्रयोगवाद से बचने की सांकेतिक चेतावनी। भोजन बाद केदार चले गए।

प्रगतिशील समीक्षकों पर केदार का मत सुना। अमृत आदि उदारपंथी उन्हें रामविलास का साथी समझकर लखनऊ-बैठक में खिंचे-खिंचे, दुराव लिये मिले। चौहान ने बिना पढ़े ही 'मानव आत्मा के शिल्पियों से' वाले लेख में केदार को अप्रसंग गाली दी है। यह उन्हें खटका।

केदार की फौलादी दृढ़ता को हृदय की उन्मुक्तता, आकर्षक ऋतुजा और कोमलता देती है : दृढ़ कोमलता (पेशियों की)।

फरवरी 7-8 : बृहस्पति-शुक्र

जितेन्द्र के साथ भारती-गृह। आर्यसमाजी माँ। भारत का कलात्मक अध्ययन गृह। झीने पर्दों की ओट में चुनी हुई पुस्तकें। सोने की चौकी नौकानुमा। चित्रित कलश। धूपदान। मृगछाला। सुन्दर चित्र। वातावरण रूमानी। भारती की रचनाओं का रहस्य समझ में आया।

भारती से अज्ञेय पर बातें : 'आलोचना' में छपी चौहान की सम्पादकीय टिप्पणी को लेकर। चौहान ने 'प्रतीकवाद' और 'प्रयोगवाद' में घपला किया है। भारती को चौहान की समीक्षा अज्ञानपूर्ण तथा ओछी लगी। बात आई कि अज्ञेय पर विस्तार से लिखा जाए। मैंने मन-ही-मन संकल्प किया।

भारती : 'तुम्हें केस्टलर की चीजें कैसी लगती हैं?' मैं : 'केवल एक पढ़ी है—darkness at moon और मोहक शैली के आवरण में विष है।'

भारती : 'भाई, मुझे तो बेहद प्यारा लगता है। वात्स्यायन जी उस पुस्तक का हिन्दी अनुवाद चाहते हैं। मेरे पास तो मौलिक रचना के कारण फुर्सत नहीं है। कोई आदमी हो तो बताओ।'

संकेत समझा। साफ कहा : 'भई, मैं इस कार्य में कोई मदद नहीं कर सकता।'

चुप्पी! भारती अपने कॉलेज गए। मैं जितेन्द्र के घर, फिर प्रेस।

फरवरी 10 : रवि

9½ सुबह। हम लोग यानी नरेश, शमशेर और मैं चाय पी ही रहे थे कि माताबदल जायसवाल और भोलानाथ तिवारी आए। बैठे। चाय मँगवाई। चुस्कियाँ लेने लगे। बातें। भाषाविज्ञान पर चलीं। नरेश ने शमशेर को ऊबते देख विषय बदला। पर आगन्तुक नये मुल्ले थे। माताबदल व्यवहार-ज्ञान शून्य कोरे दिखे। आँखों में थोड़ा ऐब है। ऐंचा देखते हैं। बाहर तक पहुँचाया।

चाय समाप्त होते-न-होते नेमि आए। पी-पाकर कवि मंडली भीतर जमी। मौसम में बादल घुले थे। नहूसत, नमी और बोझिलता। कविताओं के साथ मेल खूब बैठ रहा था।

सबसे पहले नेमि। कई सुनाईं। लम्बे वाक्य। दूर प्रसारी उपमा। पुरानापन। उलझी संवेदना। फिर नरेश—वही चित्रों की लड़ी। नरेश के कृत्रिम समास-रूपक भाषा ही नहीं, भावों के बोध में भी रोड़े अटकाते हैं। मैंने सवैये सुनाए। लोग पहले ही से बोर हो चुके थे। चीजें धसती न दिखीं। बन्द किया। पीछे शमशेर ने सूझबूझ भरा रिमार्क दिया—एक बार केवल एक कवि की कविता होनी चाहिए।। नेमि मेरे सवैयों के प्रयोग से प्रीत दिखे। बोले—प्रयोग तो सचमुच आपने किया है। कौन कह सकता है कि सवैयों का भविष्य नहीं है?

3½ पर भोजन। कवियों पर नौकर झल्ला रहा था मन-ही-मन। प्र.ले.सं. की बैठक में 1½ घंटे लेट। मैं उधर से ही गाड़ी पकड़ने की तैयारी करके। भैरवप्रसाद गुप्त का स्थान। उपस्थिति विरल देखी। उठ आया। रामबाग। चन्द्रग्रहण की सुहानी रात पीता हुआ उ.प्र. कॉलेज।

फरवरी 13 : बुध

सुबह से भावी दिवस की उत्फुल्लता का आभास दिया। 11 पर सेंट्रल ऑफिस गया। इतने दिनों की रुकी फेलोशिप के 600 रुपये मिले। उत्साह जागा, विश्वास जागा। मार्क्सवाद का तत्त्व समझ में आया। पढ़ाने में भी जी लगा। छात्रावास आया। देसाई जी को मेस का बकाया चुकाया। प्रयाग की गाड़ी के लिए स्टेशन।

देर हो चुकी थी फिर भी दिन का आरम्भ भला था तो अन्त कैसे बुरा होता? चलती गाड़ी पकड़ी।

प्रयाग उतरकर रिक्शे से स्टैनली रोड चला कि चौराहे पर दो जनों के साथ सर्वेश्वर थे। पुकारा उन्होंने। साथ के लोगों का परिचय। 'आप श्री अजित कुमार सिन्हा, श्रीमती सुमित्रा कुमारी सिन्हा के सुपुत्र। अच्छे कवि और प्रतिभासम्पन्न छात्र। एम.ए. (प्रीवियस) हिन्दी में दूसरा स्थान। इस वर्ष प्रथम होने की सम्भावना क्योंकि परम्परा यही है।'

देखा। कैशोर सुकुमारता : आँखों पर रंगीन चश्मा। उलझे सुन्दर बाल। मुख पर अभी बाल नहीं आए हैं शायद। वचन में वय की चंचलता, पर उससे अधिक चातुरी।

और आप 'हिन्दुस्तान-कहानी प्रतियोगिता में सर्वप्रथम आनेवाले श्री ओंकारनाथ—रिसर्च स्कॉलर अर्थशास्त्र में। कवि भी हैं।'

सर्वेश्वर की जबान रुकी और काली शेरवानी तथा पाजामे में एक क्षीणकाय युवक को प्रणाम करते पाया। वय से अधिक के लगे। चेहरे पर जमाने की मार तो नहीं, पर पुस्तकों के थपेड़े जरूर हैं। अजित की-सी स्निग्धता नहीं, कठोरता है।

तो ये हैं 'बाली-बुन्दो' के लेखक ओंकारनाथ जिनकी कहानी पिछले वर्ष पंडित जी के पास आई थी और मुझे पंडित जी ने देखने के लिए बुलाया था। सर्वोत्तम तो नहीं, पर तीन उत्तम में से एक चुना था और शायद दूसरा स्थान दिया था। ओ' हेनरी की Gift of Magi की छाप है पर तब यह ध्यान न आया।

दोनों का आग्रह के.पी.यू.सी. चलने का। पहले विजय (विजयदेव नारायण साही) के कमरे की ओर और फिर उसे न पाकर ओंकार के कमरे में। पहले खाना आया। कमरा फर्नीचर से सुसज्जित। बगल में अजित का कमरा। फिर गप्प। कविता पाठ शुरू। अजित ने 'धर्मयुग' में शेफाली वर्मा नाम से 'सुहाग रात' शीर्षक कविता भेजी थी, वही सुनाई। भली थी। फिर 'विज्ञापन'। यह उससे भी अच्छी थी। केदार से यह अधिक मौलिक और प्रौढ़ लगा। मैंने दो-एक सुनाया—एक सर्वेश्वर, ओंकार, फिर 'काफी' की तैयारी और हम लोगों की तुकबन्दी—इधर से दूध आता है, उधर से कॉफी आती है! फिर टॉफी, माफी, साफी आदि।

विजय के कमरे में। काशी से प्रयाग आ गए विजय से 1½ वर्ष बाद भेंट हुई।

पुरानी बातें उठीं। नव-संस्कृति-संघ के सिलसिले में, किस प्रकार हम लोग प्राय: मिलते थे और अपने एक-से विचारों द्वारा शम्भुनाथ जी को आतंकित किए रहते थे। फिर साही ने अपनी वह डायरी निकाली जिसमें गंगानाथ प्रसाद पांडेय, भारती, सर्वेश्वर, केशव, गिरिधर, शम्भुनाथ, महेन्द्र तथा मेरी भी प्रारम्भिक कविताएँ नोट की थीं। उसे लेकर काफी मजाक होता रहा।

स्टैनली रोड उस रात न जा सका। ओंकार के ही कमरे में सोया। विजय ने अजित-ओंकार को अश्विनीकुमार कहा।

फरवरी 14 : बृहस्पति

सुबह उठते ही कमरे से बाहर निकला तो दूसरी ओर के निचले तल्ले से 'कवि जी', 'कविजी, प्रणाम' का स्वर आया। चौंका। कवियों की कमी नहीं फिर भी उ.प्र. कॉलेज में अपने लिए यह सम्बोधन सुनने का इतना आदी हो गया था कि सहज ही उन्मुख हो गया। देखा तो मोटे शिवशंकर सिंह थे जो पिछले वर्ष उ.प्र. डिग्री कॉलेज में थे। आए भी। साग्रह कमरे में ले गए। दातून की। दाढ़ी बनवाया। जलपान भी किया। जातीय कॉलेज का सहज बान्धव प्रेम देखकर हृदय भर आया। हर जगह के पकवानों से भी यह मधुर लगा।

फिर ओंकार के कमरे में लौटा। चाय तैयार थी। विजय को भी बुला लिया गया। विजय में इधर व्यंग्य-विनोद की मात्रा बढ़ गई है। 'गुलीवर की चौथी यात्रा' शीर्षक से उसने 'आलोचना-शिक्षण-शिविर' की मजेदार कहानी लिखी थी जिसमें डॉ. रामविलास शर्मा दल के समीक्षकों पर फब्तियाँ थीं। बात जी को चुभी। सिलसिले में मुझे विजय ने 'स्टीफेन स्पेंडर' कहा। कहते तो आ रहे हैं तीन साल पहले से लेकिन उसका मर्म आज समझाया कि जिस तरह वह मूलतः लिबरल था और कम्यूनिज्म की ओर आकृष्ट होकर भी छह महीने बाद ही लौट आया, उसी प्रकार मैं भी लौट आऊँगा। हँसकर टाला। बतबढ़ाव से लाभ न था।

स्टैनली रोड। पहुँचा तो समां और ही दिखा। भोजन-गृह में दो चारपाइयाँ लगी थीं और दो नेपाली सज्जन विराजमान थे। शमशेर के कमरे से चारपाई गायब थी।—जमीन पर बिस्तरा लगा था और एक बच्ची सहित चौबीस-पच्चीस की महिला अधलेटी थीं। सोचा, अजित-ओंकार के यहाँ रात बिताकर अच्छा ही किया। नरेश थे और दफ्तर की तैयारी कर रहे थे। शमशेर गायब थे। पन्द्रह मिनट में ही आ गए। महिला से परिचय हुआ। 'आप उदिता जी—मेरी ममेरी बहन, जबलपुर में रहती हैं।...आप त्रिलोचन के ही समान मेरे दोस्त और भाई ना...'

उदिता जी को भाँप तो पहले ही गया था। एक तो शमशेर ने काशी आगमन के समय रिक्शे पर बतलाया था—गंगा तट दशाश्वमेध भी। त्रिलोचन जी ने भी रहस्य खोला था। शमशेर के यहाँ उनका एक निराशामूलक लिफाफा पड़ा देखकर पिछली बार पढ़ भी लिया था।

उदिता गोरे रंग की मझोली कद वाली महिला हैं। चेहरे पर चेचक के हल्के दाग; आँखों में भी चेचक की ही वजह से शायद थोड़ा-सा विकार आ गया है। दाँत धवल, अविरल और किसी माने में आकर्षक। गर्दन बिलकुल सीधी

स्वाभिमानिनी-सी। इन्हें देखकर मुझे शमशेर की उस चित्रगत सौन्दर्य-सम्बन्धी धारणा का रहस्य मालूम हुआ जब वे पिछली बार नरेश को समझा रहे थे कि मुझे किस प्रकार की गर्दन पसन्द है! बुर्जुआ महिलाओं की थोड़ी आगे झुकी गर्दन उन्हें पसन्द नहीं।

उदिता की गोद में चपल लड़की रजनी—रजनीगन्धा है। उम्र कोई दो-ढाई साल। प्रथम परिचय में ही उदिता frank लगीं। साथ भोजन। नि:संकोच। बाद में शमशेर ने बताया कि यह दुहरे संस्कार का फल है : एक तो जाट, दूसरा, पिता की अंग्रेजियत—बीच-बीच में अंग्रेजी के शब्द—भले लगते थे। चिन्ता की हल्की रेखाएँ माथे पर। खाना कम खाया।

शमशेर दफ्तर में। मुझे उदिता ने रोक लिया—अपनी उदासी और एकान्त दूर करने के लिए। मुझे प्रेस जाने में देर हो रही थी, पर रुकना पड़ा। बातें—बिलकुल मध्यवर्गीय मानसिक ग्रंथियों-सी भरी—जैसे अज्ञेय की कविता हो! नहीं, शमशेर की। नारी बिलकुल abnormal लगी। दंग रहा। सारा भेद उन्होंने खोला।

माँ बीमार है। पति से नहीं पटती या उनके सामने झुकना नहीं चाहतीं। रुपयों की जरूरत है। यहाँ उसी लिए आई हैं। शमशेर दौड़ रहे हैं पर जुटा नहीं पा रहे। इसी चिन्ता से वे कई बार आत्महत्या का निर्णय कर चुकी थीं पर शमशेर के पत्र ने उबार लिया। शमशेर का वह पत्र भी उन्होंने दिखलाया। मैंने साहस और धैर्य के साथ पूछा, 'कितना रुपया चाहिए?'...'यही तीन सौ!'

एक सेकेंड विचार और तुरन्त उत्तर, 'आप निश्चिन्त रहें। मैं दूँगा।'—'लेकिन कब तक?'

'कल तक!'...'ठीक।'...'आज तो नहीं, कल शाम बनारस जाऊँगा और परसों सुबह आपके हाथ पर रुपया रख दूँगा।'

बात पक्की हुई। प्रेस गया। फेलोशिप के रुपयों की सार्थकता देख सन्तोष हुआ। आवश्यकताएँ मुँह बाए खड़ी थीं लेकिन शास्त्री जी के सॉनेट में सिडनी का वह वाक्य याद आया : 'तेरी आवश्यकता मेरी आवश्यकता से बढ़कर है।'

प्रेस में आज रोज से भी मन अधिक लगा। पुस्तक का शेषांश लिखा, प्रूफ भी देखा।

शाम। याद आई सह-'परिमल' की बैठक। समय 5½ था। अजित-ओंकार का न्यौता। ठीक समय पहुँचा। स.ही. वात्स्यायन, भारती, साही, जगदीश गुप्त, गोपेश आदि जमे थे। पंत जी आधे घंटे बाद आए। पहले जलपान। फिर कार्यक्रम। पहले कहानी-पाठ—एम.ए. का एक पंजाबी छात्र। कहानी शिथिल। पढ़ने का ढंग ऊबभरा। ओंकार का निबन्ध—अशोक वन पर। निबन्ध पर विचार देने के लिए मुझसे कहा गया। तुले विचार दिये। भारती भी बोले। पंत जी। अन्त में अज्ञेय ने आधुनिक कविता पर वही सब कहा जो लिखते रहते हैं।

गोष्ठी समाप्त। छात्र और युवकजन वात्स्यायन को घेरे रहे। हाथ में 'प्रतीक' और 'तीसरे सप्तक' की सम्भावित योजना। पंत जी ने मुझसे कहा, 'सुना, आप हफ्तों से प्रयाग ही हैं और रोज प्रतीक्षा करता हूँ कि आज आएँगे पर नहीं आए आप!' स्वर समझा—आगामी कल समय माँगा। 9½ पर आधे घंटे के लिए मिला। विदा।

रात शमशेर के यहाँ भोजन। दास के यहाँ शयन। रात भर अपभ्रंश वाली पुस्तक की indexing करता रहा। 1 बजे सोया। बीच में महादेव भाई आ गए तो बातें भी हुईं। अमृत और दास से भी।

शेष

नेपाली नेता टंक प्रसाद से परिचय। किताब महल के मालिक से भटनागर और मानव पर बातें। उसका कांइयांपन देखा। नर्मदेश्वर जी की चाटुकारिता भी देखी। वहीं एक अत्यन्त साधारण तथा क्षीणकाय अनाकर्षक उपेक्षणीय प्राणी बैठे थे। जब चले गए तो मालूम हुआ कि नागार्जुन जी हैं। कसक हुई।

फरवरी 15 : शुक्र

सुबह सरोज ने चाय बनाई। बुलाया। बैठे कि नागार्जुन आ धमके। बाहु खोल, वक्ष फैलाकर मिले। बातें। लेखक सम्मेलन के लिए न्योता। स्वीकृति। बिना भोजन पंत जी से मिलने। सोल्लास मिले। छन्द-विधान, भाषाविज्ञान, समीक्षा आदि पर बातें। आधा घंटा समय दिया था उन्होंने और बातें करते रहे डेढ़ घंटे तक।

शाम। शमशेर के साथ रामबाग, बनारस के लिए। तृ. का टिकट लिया कि गार्ड शाही जी मिल गए। बोले, 'जाओ, टिकट अभी फेरो और इंटर में बैठो।' किया वैसा ही। नर्मदेश्वर जी स्टेशन तक पहुँचाने आए थे। गाड़ी में शमशेर और मैंने प्रूफ देखा। 10½ बजे रात कैंट, बनारस। विश्वविद्यालय। कमरे में तीन मिनट। 300 रुपये लिया। उलटे पाँव वापस। भोजन नहीं किया। स्टेशन के पास अमृत होटल में 12½ बजे टोस्ट और कॉफी। गाड़ी 3 घंटे लेट। शनि 8½ बजे प्रयाग। जिन्दगी का एक उत्फुल्लदायक अनुभव।

फरवरी 22 : शुक्र

दोपहर को कॉलेज गया। 'अज्ञेय' के विभाग में पधारने की सूचना मिली। आए। एम.ए. कक्षा में छोटा-सा भाषण दिया। वही पुरानी युक्तियाँ। पहले उन्होंने प्रश्न

माँगकर चतुराई की। मैंने भी पंडित जी के आग्रह पर कुछ पूछ दिया। भाषणोपरान्त चाय-गोष्ठी। 'परिमल' पर्व में मुझे प्रयाग जाना था। पंडित जी तथा अज्ञेय भी उसी गाड़ी से जाते दिखे। लिहाजा मैं भी साथ हो लिया। कार रायकृष्ण दास की थी और राय आनन्दकृष्ण चला रहे थे।

स्टेशन। टिकट लेने का प्रश्न आया। श्रेणी का प्रश्न? 'इंटर या सेकेंड?' मेरा प्रश्न। 'सेकेंड तो नहीं ही, इंटर भी लिया जाए, यह विचारणीय है।' अज्ञेय बोले। मैं चौंका। मध्यवर्गीय स्नॉबरी यहाँ नहीं है क्या? तीनों के टिकट के दाम अज्ञेय ने ही दिये। क्या स्वयं टिकट लिये? अज्ञेय के हाथ रवीन्द्रनाथ की 'चित्रलिपि' पुस्तक देखी, जो राय साहब की थी।

गाड़ी में पहले आम के बौरों के रंगभेद से जातिभेद की चर्चा और फिर नई कविता के छन्द-विधान पर प्रयाग तक जमकर विचार। अज्ञेय सैद्धान्तिक संकेत करते थे और मैं स्वयं उनके, शमशेर और त्रिलोचन के उदाहरण देकर बोल रहा था। पंडित जी तटस्थ, पर ध्यानस्थ थे और बीच-बीच में मेरी युक्तियों की पुष्टि कर देते थे। बात अविरामान्त पद्धति तथा हिन्दी में अंग्रेजी की स्वरपात योजना को लेकर चल रही थी। मैंने उनकी कविता 'मोर बोला नदी तट' सुनाई। उन्हें याद न थी—बोले, आपने दो कविताएँ एक में मिला दी हैं। मैं अडिग था। बाद में उन्होंने भूल महसूस की। 'अकेली न जैयो राधे' कविता के द्विविध छन्द-योजना के विषय में मैंने सवाल किया जिसे उन्होंने स्वीकार किया। त्रिलोचन के सॉनेटों की अविरामान्त पद्धति को वे सफल नहीं मानते। नवीन छन्दों की इकाई देखकर उन्हें पुराने नामों से पुकारने का उन्होंने विरोध किया। प्रयाग से अपने-अपने वास।

मार्च 1 : शनि

लगभग 6 वर्ष बाद हावड़ा स्टेशन। कोई विशिष्ट परिवर्तन नहीं। प्लेटफार्म पर एक सिपाही ने अटैची दिखाने की आज्ञा दी। दिखा दी। ताना भी दिया : 'एक रिवॉल्वर और कुछ गोलियाँ हैं!' गुरमुसाता हुआ वह आगे बढ़ा। मैं प्लेटफार्म से बाहर आया। ट्रामों और बसों का अभ्यास न था। पैदल ही चल पड़ा बद्दू बाजार। आश्चर्य है कि बिना किसी से पूछे पुरानी स्मृति के बल पर 13 नम्बर पर पहुँच गया। राय साहब थे नहीं, याद आया कि सदा की तरह गंगास्नान के लिए गए हैं। आए। पहचान लिया। अब वे सपरिवार रहते हैं। बच्चे भी हैं। पिछली बार जब हम लोग (शम्भुनाथ जी साथ थे) आए थे तो विधुर थे। स्नान, भोजन, पान। घर का जमाया दही अच्छा था। जगह की कमी देख मन बिदका।

वहीं फोन से पत्रिका दफ्तर पुछवाया कि पार्क सर्कस मैदान में जो 'शान्ति सांस्कृतिक सम्मेलन' हो रहा है, उसके विषय में आवश्यक ज्ञातव्य बातें—

कार्यालय आदि सम्बन्धी बातें। निराश होना पड़ा। राय साहब के दफ्तर के बंगाली क्लर्क ने गलत खबर दी। मुझे 46 धर्मतल्ला मालूम था लेकिन उसने 36-धर्मतल्ला बताया। ट्राम से पार्क सर्कस। 11 बज रहे थे। पंडाल बन रहा था। 46-धर्मतल्ला आया। दफ्तर में भीड़ थी। लोग कार्य में व्यस्त थे। मैंने पूछताछ की। बनारस से कोई पत्र नहीं आया था। पूरे यू.पी. से भी कोई समाचार न था। डॉ. मुल्कराज के निबन्ध की छपी कॉपी और टाइप किए हुए संक्षिप्त कार्यक्रम को लेकर लौटा। काफी खोजने पर सूरजमल नागरमल भवन मिला। सुमेर स्टेशन गए थे। प्रतीक्षा डेढ़ घंटे की। दरबानों के बीच बैठा रहा। अन्त में एक तिवारी जी आए और 12-डलहौजी पहुँचा गए, जहाँ देश के कई आदमी मिले।

एकदम छत के ऊपर टिन की शेड वाले दो छोटे-छोटे कमरे। मेरे लिए पहले ही से वहाँ धुली-धुलाई चादर बिछा तख्त पड़ा था। रामसुमेर ने सारा प्रबन्ध पहले ही से कर लिया था। स्वागत करने वालों में नन्दकिशोर सिंह मुख्य थे। ये कैथी के ठाकुर हैं। पिछले 12 वर्षों से यहाँ दरबानी कर रहे हैं। व्यवहारकुशल, मिठबोल, धीमान, पैनी निगाह वाले, साक्षर मात्र परन्तु ग्रैजुएटों को चराने वाले, दो टूक बात करनेवाले। उस क्षयग्रस्त कायावाले व्यक्तित्व में जाने क्या था कि मैं प्रभावित हुए बिना न रह सका। थोड़ी देर बाद रामसुमेर, सुधार तथा रामकरन तिवारी स्टेशन से आ गए। मैंने उन्हें बनारस एक्सप्रेस से आने की खबर दी थी मगर आ गया उससे 5 घंटे पहले ही। रामकरन तिवारी फैजादार के पास के रहनेवाले हैं; उनके बाबा सूरजमल नागरमल में दरबान हैं और वे स्वयं सिटी कॉलेज में बी.कॉम. में पढ़ रहे हैं। सुधार ने दही का शर्बत बनाया। पीकर सोया। और लोग अपने-अपने काम पर गए। शाम को रामकरन और रामसुमेर के साथ पार्क सर्कस।

लम्बा पंडाल। पंडाल क्या था, जैसे ठोस हॉल। तिरंगी छटा। बिजली और पंखे का प्रबन्ध। नीला मंच, पीली पीठिका। पर्दा हटा और कबूतरों की उड़ती हुई 'V'—आकार की इन पाँतों के बीच पिकासो का शान्त पारावत बैठा दिखा। हीरेन मुखर्जी ने बँगला में स्वागत किया। झबरे बालों वाले सरदार जाफरी ने अंग्रेजी में घोषणा की। हीरेन मुखर्जी ने अंग्रेजी में अध्यक्ष तालिका उपस्थित करते हुए परिचय दिया और उपस्थित अध्यक्षों को बुलाया। प्रेक्षागृह में सामान्य दर्शकों के बीच में जमीन पर बैठे हुए पृथ्वीराज कपूर, कृश्न चन्दर, मुल्कराज आनन्द, माणिक बनर्जी क्रमश: उठे और मंच पर गए। लोगों पर इसका प्रभाव पड़ा। पृथ्वीराज ने बँगला, अंग्रेजी और मुख्यत: हिन्दी में भाषण किया। मुल्कराज बोले। कृश्न चन्दर ने कुछ पढ़ा। डॉ. सहफुद्दीन किचलू बोले। बाहर आँधी, वर्षा और भीतर पॉल राब्सन, हावर्ड फास्ट के रेकॉर्ड। अमरशेख का जन्मभूमि गीत। लहराता स्वर। रवीन्द्र कार्यक्रम।

अप्रैल 2 : बुध

सुबह नित्यकर्म के बाद दूध-जलेबी। रामसुमेर के साथ 30-बरतल्ला बड़ा बाजार सरोज के पास। मिले। पहचाना भी। अच्छा-खासा मकान। आखिर मोतीचन्द राजा का है न! अब अधिकांश किराये पर। भीड़-भड़क्का बढ़ गया है। रहने की इच्छा नहीं हुई। सुनते हैं, कलकत्ते का सोना बड़ा बाजार में है लेकिन सबसे गन्दा और घना बसा यही है। मारवाड़ी रहना और खाना नहीं जानते। मारवाड़ी रिलीफ सोसाइटी, देवनाथ लाल के यहाँ। सही-सलामत। थोड़ी देर तक अपना प्रभाव दिखलाते रहे। था भी। अपने यहाँ ठहरने का आग्रह करने लगे। लेकिन मकान देखकर लौट आया।

9½ पर पार्क सर्कस। बाहर चन्द्रबली, आशाराम और भगवतशरण जी टहलते दिखे। मिले। स्वजनों को देखकर जी खिल उठा। प्रतिनिधि-चिह्न लिया। पंडाल में घुसते ही देखा कि एक दुबला-पतला, नुकीली नाक वाला बादामी रंग का लम्बा आदमी अस्त-व्यस्त रूप में—दस्ती में कुछ पत्रिकाएँ बाँधकर पीठ पर लादे व्याकुल-सा घूम रहा है। पूछने पर मालूम हुआ कि शायर मजाज हैं। विक्षिप्त जान पड़े। जी को धक्का लगा। एक जगह दो मिनट से ज्यादा नहीं बैठते थे। इधर डेलीगेट सेशन चल रहा था और उधर मजाज पॉल राब्सन के चित्र पर कुछ कारीगरी दिखा रहे थे।

प्रतिनिधियों का परिचय आरम्भ हुआ। नियाज हैदर पैंट, कमीज में। बाल खिचड़ी और इस कदर खड़े, जैसे लड़ने को उतारू हों! फोटो से अच्छे और कम भयानक लगे। कैफी नाम की अपेक्षा युवक लगे। एकदम मदमाती लाल आँखें। धज में अलस जवानी। कुर्ता-पाजामा। सरदार जाफरी आज कुर्ता-पाजामे में थे। तब तक हमारे यू.पी. प्रतिनिधिमंडल में कोई विशेष जन न थे इसलिए उसके अध्यक्ष आशाराम बने। परिचय के समय और लोग तो उदासीन-से थे लेकिन डॉ. मुल्कराज आनन्द अधिक दिलचस्पी लेते दिखे और हर नवयुवक कवि और लेखक की ओर ध्यान देते थे, यहाँ तक कि उड़ीसा के...पटनायक को उन्होंने दुबारा उठाकर देखा। परिचय समाप्त होते ही डॉ. मुल्कराज ने अध्यक्ष-पद से अंग्रेजी भाषण पढ़ा। सरदार ने भी एक निबन्ध पढ़ा जो बहुत ही काव्यात्मक तथा जोरदार था—उर्दू भाषा की उस सफाई और खूबसूरत पर दंग रहा।

थोड़ी देर बाद अत्यधिक लम्बे, दुबले तथा कृष्ण वर्ण के मामूली कुर्ता-धोती में एक सज्जन आकर कुर्सी पर बैठ गए जिनका नाम मानिक बैनर्जी है। कल रात उन्हें ठीक से न पहचान सका था। कृश्न चन्दर भी मौजूद थे। कमीज-पैंट, नाटा कद, भरा-पूरा दुहरा शरीर, उड़ते-से बाल।

थोड़ी देर बाद सरदार ने भगवतशरण जी को पंत जी की एक कविता तथा सन्देश पढ़ने के लिए दिया। कविता इतनी स्वर्णरंजित और दुरूह थी कि रोक ली गई। काफी देर तक उस पर टीका होती रही। महादेवी जी ने भी कुछ भेजा था। तिखोनोव और नाजिम हिकमत का सन्देश पढ़ा गया।

पानी बरसने लगा। 12½ पर कॉन्फ्रेंस खत्म हुई। बीच में 2½ घंटे का अवकाश। मैं 4½ पर पंडाल में घुसा। अमृत स. सुधा मिले। 'हंस' का शान्ति अंक दिया। आनन्द कौसल्यायन भी दिखे। चित्रकार रामकुमार से बातचीत। नवयुवक; बादामी रंग; लम्बा छरहरा; चश्मा; पानरँगा दाँत; कैमरा; बड़ी देर तक पूछते रहे कि क्या लिखूँ और कैसे लिखूँ? सुबह सभी प्रतिनिधि 6 भागों में विभाजित कर दिये गए थे जिनके अध्यक्ष क्रमशः मुल्कराज, अब्बास, गोपाल हाल्दार, आशाराम तथा दो जन और थे। मुझे चीन की येनान-कॉन्फ्रेंस याद आई।

अप्रैल 4 : शुक्र (कलकत्ता)

सुधार के साथ 7½ पर 16-हिन्दुस्तान पार्क—सुनीति बाबू के पास। मकान मिला। किसी प्रोफेसर का ऐसा आलीशान घर यहीं देखा। ड्राइंग रूम उर्दू, फारसी, अरबी, ग्रीक, ब्राह्मी, खरोष्ठी के नवीन शिलालेखों से सज्जित। रामकृष्ण परमहंस का चित्र। माउंटबेटन के साथ सुनीति बाबू का लिया गया चित्र। एक और कोई ग्रुप फोटो। कुछ मुगल पेंटिंग्स, कुछ प्राचीन और शेष नवीन।

गंजी, धोती में आए। अपभ्रंश की पुस्तक दी। बातें। मैंने निर्भीकता से जवाब दिया। नई पत्रिकाओं और पुस्तकों का उल्लेख। विशेषतः बी.एम. बड़ुआ तथा एस.एन. मित्र द्वारा सम्पादित 'प्राकृत धम्म पद' जिसमें अपभ्रंश की कुछ सामग्री है। मुहम्मद गजनबी-कालीन एक और अपभ्रंश लेख का हवाला।

क्या हिन्दी चन्द्रबली पांडेय के अनुसार नागर अपभ्रंश से निकली है? मैंने कहा, 'नहीं।' फिर एक बंगाली वयोवृद्ध आए और मेक्सिको तथा अमेरिका पर बातें बंगला-अंग्रेजी में चल पड़ीं। बीच में सुनीति बाबू ने पूछा कि बंगला समझ लेते हैं? मैंने कहा, 'हाँ' और उन्होंने चालू रखा। अमेरिकी दम्भ की उन्होंने निन्दा की तथा मेक्सिको में उनके अत्याचार की भी भर्त्सना की।

पांडेचेरी के पक्ष को गलत समझते हुए भी इस तरह की कड़ी आलोचना के योग्य नहीं मानते क्योंकि उन्होंने कोरिया में अपनी सेना थोड़े ही भेजी। नेहरू के रुख की प्रशंसा तथा अमेरिका में विजयलक्ष्मी के snobish व्यवहार की निन्दा। स्वयं मेक्सिको वे इसलिए गए थे कि वहाँ के सांस्कृतिक मिश्रण का विश्लेषण करके भारतीय (हिन्दू) संस्कृति के मिश्रण को समझ सकें। 'समानान्तरता' की

दृष्टि, न कि 'प्रभाव' की, जैसा चमनलाल ने 'हिन्दू मेक्सिको' में दिखाया है। मुझे वे जातिभेद से ऊपर उदार दिखे। eclectic। धर्मभेद भी बाधक नहीं। ब्राह्मणत्व तथा राष्ट्रीयता का गर्व। बंगाली प्रेम स्वस्थ। मेक्सिको के राजा की अमर कहानी तथा शौर्य का वर्णन। वहाँ का नूतन जागरण। इंडियन्स के प्रति सहानुभूति। वे spanish पढ़ और कुछ समझ लेते हैं।

अपना चित्र दिखाकर content पढ़ सुनाया, समझाया। प्रसंग से भारत के सांस्कृतिक मिश्रण का जिक्र। कृष्ण द्वैपायन तथा श्रीकृष्ण के रक्त-मिश्रण का उल्लेख। पुराणों की प्रशंसा। पूजा = पू (पुष्पा) + जा (क्रिया) होम (पशुक्रिया)। पूजा अनार्य तत्त्व।

जब बंगाली सज्जन गए तो 'रासो' पर बातचीत। संयोगिता = armoured woman (सँजोई) बंगला। बरदाई का अर्थ उन्होंने पूछा।

मेरे विचारों से प्रसन्न तथा पुस्तक को रखने योग्य बताया। सुझाव दिया कि इसे अंग्रेजी में अनुवाद कर डालिए। 10½ पर अलग हुआ। 8 पर गया था।

अप्रैल 4 : अपराह्न

भोजन-शयन के बाद 2½ बजे शाम पार्क सर्कस मैदान। वाद-विवाद का अवकाश-काल समाप्त हो रहा था। डेलिगेट सेशन आरम्भ। सभी कमीशनों के अध्यक्षों ने रिपोर्ट पेश की, केवल 'शिक्षा-कमीशन' को छोड़कर। अब्बास की रिपोर्ट भी जाफरी ने पेश की। गोपाल हाल्दार की मूषक काया देखी और वैसा ही स्वर भी।

अगले दिन 'घोषणा-पत्र' पर विचार करने के लिए प्रान्तीय आधार पर डेलिगेशन की बैठक 4½ बजे घास के मैदानों पर हुई। हमारे यू.पी. के लोगों में केवल दस थे; जोशी, अमृत, भगवतशरण न थे। डॉ. अलीम, आशाराम, तुंगनाथ, पालीवाल आदि। डॉ. रामविलास, चन्द्रबली थोड़ी देर बाद आए।

शर्मा से मेरा यह प्रथम प्रत्यक्ष परिचय था। शर्मा केवल कुछ व्यंग्यों को छोड़ तटस्थ रहे क्योंकि उन्हें आधारभूत बातों पर मतभेद था और उन्हें वहाँ व्यक्त करना अच्छा नहीं समझते थे। मैंने भाषाविज्ञान, प्रयोगवाद आदि विषयों पर बातें चलाईं। डॉ. अलीम की clarity से प्रभावित हुआ। व्यक्तित्व भी भला है। आशाराम diplomatic लगे।

साथ ही पंडाल में बैठे कि मजाज आ धमके। गजल सुनाई—साथ-साथ अंग्रेजी व्याख्या, अनुवाद और टीका सहित। अंग्रेजी अच्छी है। कैफी भी बैठे। बंगला का पालकी गीत सर्वोत्तम रहा।

आज आन्ध्र, पंजाब का विशेष प्रोग्राम था। 9 पर उठ आया।

अप्रैल 5 : शनि

सुबह 7 पर रामकरन जी के साथ पैदल ही इडेल गार्डेन होते हुए गंगा के किनारे वाली सड़क पकड़कर किले के पास तक गए। जहाज देखते रहे। फिर हाई कोर्ट, सेक्रेटेरियट तथा पार्क में बर्मी काष्ठ शिल्प का नमूना देखते लौटे। भोजन, विश्राम।

11 पर पार्क सर्कस। थोड़ी देर बाद डेलिगेट सेशन शुरू हुआ। पहला प्रस्ताव आया : 'शान्ति सांस्कृतिक सम्मेलन' के लिए सौ आदमियों की एक कमेटी का निर्माण। संख्या को लेकर बहस। फिर उसके scope पर। जाफरी ने कहा कि इसमें वैज्ञानिकों को न रखा जाए। जोरदार बहस हुई। आशाराम तथा कइयों ने वैज्ञानिकों को शुमार करने की राय दी। मूर्खतापूर्ण विभेद सुनता रहा। डॉ. शर्मा से बोलने के लिए कहा गया तो उन्होंने कहा कि इस stage पर मैं कुछ नहीं कह सकता।

पश्चात् डॉ. रामविलास ने मुझसे कहा कि चलो, बातें करें। चले कि मजाज आ गए। मजेदार आदमी है। उर्दू का 'निराला'। फिर हम लोग पंडाल से बाहर गए। प्रयोगवादियों तथा अज्ञेय ने सामाजिक चेतना तथा कलात्मक प्रौढ़ता की समानान्तर के सम्बन्ध में मुझे जो लिखा था, उस पर बातें। डॉ. रामविलास ने उस पर बड़ी सुलझी राय दी। फिर 'हिन्दी साहित्य का इतिहास' लिखने पर विचार। विशेषत: प्राचीन कवियों पर।

आजकल वे 'रस' पर लिखना चाहते हैं। वेदों की प्रशंसा तथा भाषा और विचार की दृष्टि से सामन्ती stage का बतलाना—स्टालिन द्वारा किए गए clan, tribe, nationality, national language के पारिवारिक वर्गीकरण की नवीनता पर विचार। national spirit पर जोर। अपनी परम्परा के स्वस्थ तत्त्वों के उभारने पर जोर।

हिन्दी-उर्दू क्षेत्र का सम्मेलन बुलाकर एक nationality बुलाने का सुझाव। चाय पी, फिर—'गम्भीरा' नामक माल्दह शो।

5½ तक वापसी।

8 पर सुमेर, सुधार, रामकरन के साथ मुशायरे में—मखदूम, कैफी, नियाज, वामिक, जाफरी, मजाज का पहला दौर सुनकर लौटा। प्रभावों पर विचार सविस्तार दूँगा। 9½ बजे रात पार्क सर्कस से पैदल चलकर चौरंगी के रास्ते लौटे—रिक्शा पर जाता विलायती दम्पती।

जुलाई 4 : शुक्र

गंगा के किनारे आज जैसी मेघमयी सन्ध्या बीती, शायद कभी न बीती थी। बादलों का यह आरोप—'मेघेरे परे मेघ जमेछे...' साथ हैं पंडित जी और उनके

दो बच्चे—लालजी और मुन्नू। हरी घास पर बैठना। पंडित जी का उन्मुक्त हास। शान्तिनिकेतन के 'चाय-चक्र' के संस्मरण। 'very touch' शब्द की प्रसंग-गर्भिता का रहस्योद्घाटन और कौमार्य व्रतधारी किंकर जी के घर से सामान आने पर 'मास्टर मोशाय' का कहना—यह 'भेड़ी टच' नहीं, 'भेड़ा टच' है। गंगा की मटियाली लहरें और माणवीय पुल का तोरण तथा पहाड़ी-सी काशी के चमकते हुए एकाध धवल गृह।

दशरथ ओझा के अस्थायी निवास 'शान्ति सदन' में बंग महिला द्वारा चायपान। वहीं 'लंकार मिष्टि' का पण। राह में 'आबुल ताबुल' नामक हास्यरस की पुस्तक से पंडित जी ने कुछ कविताएँ सुनाईं।

आज अपराह्न से ही पंडित जी के घर डटा था। 'रासो' पर काम हुआ। अपने विभाग के अध्यापकों पर बातें। नई नियुक्तियों तथा उनके लिए नियुक्त होने वाले विशेषज्ञों के चुनाव पर बातचीत। मेरा सुझाव पंडित जी को जँचा। उन्होंने अपनी 'धर्मसाधना' वाली सद्यःप्रकाशित पुस्तक सस्नेह दी। पंचकोशी सड़क पर साथ-साथ टहलना। वैयक्तिक बातें। बाबू साहब (श्यामसुन्दर दास) सम्बन्धी एक संस्मरण। 'शास्त्री परीक्षा में वे निरीक्षक थे और मैं उनकी रिक्त कुर्सी पर बैठकर पढ़ रहा था। सहसा वे आए और डाँटने लगे।...सचमुच मैं उनकी कुर्सी पर आजीवन अनधिकृत रूप से बैठने की धृष्टता करता रहा हूँ। शायद वे आएँ तो डाँटें।' इसे पंडित जी ना.प्र. सभा की जयन्ती में सुनाने वाले थे, पर नहीं सुनाया।

जुलाई 5 : शनि

साथी, प्रबल झंझावात। शाम को हवा के तीखे झकोरों पर वर्षा की धार इस तरह उड़ रही थी कि गोया धरती तक पहुँच ही न पाएगी। हवा में जैसे चाँदी के महीन तारों की जाली इधर-से-उधर तक उड़ रही है। खिड़की से बाहर ईख और घास की लहरों पर फुहारों का उड़ना देखता रहा। वर्षों बाद ऐसा दृश्य देखने को मिला है। देखते-देखते बादल छँट गए। अब चाँदनी—स्वच्छ धवल चाँदनी। आकाश में झीने कपसीले बादल उड़ रहे हैं। चाँद बादलों में भाग रहा है। नीचे वही हरियाली और रास्तों पर कहीं-कहीं चमकता पानी।

लगभग महीने भर बाद आज छात्रावास में रात बीत रही है। शायद यह अन्तिम रात है, इसलिए इतनी सुन्दर होकर आई है। अन्तिम रात को इतना सुन्दर नहीं होना था। मन पुरानी स्मृतियों से भर उठा है। ठीक 7 अगस्त को इस छात्रावास में आया था और शायद ठीक 7 जुलाई को इसे छोड़ना पड़ेगा। हाथ से निकलने पर ही चीज की कीमत मालूम होती है। पिछले साल न तो इतनी हरियाली थी और न ऐसी चाँदनी ही मिली थी। मिली भी हो तो याद नहीं।

आज का दिन भी घटना-बहुल रहा लेकिन आज किसी घटना का उल्लेख नहीं करना चाहता। आज तो केवल एक घटना है—चाँदनी, हरियाली और इस छात्रावास को छोड़ना है, छोड़ना है!

यहि पुर पत्तन यह गली बहुरि न देखों फेरि।

जुलाई 7 : सोम

आखिर आज शाम को डे-छात्रावास छोड़ना ही पड़ा। दिन आशा-निराशा की धूप-छाँहों-सा रहा। न्यू होस्टल नं. 3 के बड़े कमरों के लिए अर्जी लेकर प्रो-वाइस चांसलर साहब के पास गया। आश्वासन मिला लेकिन कोई निश्चित उत्तर नहीं। प्रो. कायस्थ के पास आया। बड़े सज्जन हैं। संक्षिप्त-से परिचय के आधार पर ही उन्होंने मुझे कमरा दिलाने में पूरी मदद करने का वचन दिया और तब तक अस्थायी रूप से अतिथियों वाला कमरा रहने के लिए दे दिया।

ठीक सात बजे डे-छात्रावास से सामान हटाया। दो खेप में लाना पड़ा।

आज द्विवेदी जी ने मुझे 'जनपद' में भूतों पर लिखने को कहा और 'रासो'-सम्पादन सभा के लिए करने की आज्ञा दी जिसे मैंने आगामी वर्ष के लिए टाला।

राधाकृष्ण की चिट्ठी आई है : बड़ी सुन्दर। मेरे निबन्धों की आलोचना भी। व्यंग्य को सराहा है पर भावुकता-तन्मयता को हटाने का सुझाव दिया है।

जुलाई 8 : मंगल

शास्त्री जी कर्रा हाईस्कूल, डोभी जाने की तैयारी कर रहे थे कि भूले-भटके से केदार आ टपके। सोत्साह मिले। शास्त्री जी के जाने पर उनसे दो सॉनेट सुना। पहले उन्हें सुन चुका था, फिर भी सुना। एक 'काई मिट्टी...' प्रकृति चित्रण है—भदेसी शब्दोंवाला और दूसरी 'टेक' पर चमत्कारपूर्ण व्यंग्यात्मक कृति। भाषा-भाव पर अधिकार झलकता है। कसावट आ गई है अब। लेकिन रास्ता दूसरों का ही है और अनुभूतियों की प्रगाढ़ता स्वानुभव की कमी से नहीं आ सकी है। केदार की प्राय: सभी कविताओं में श्रमोपात्त चातुरी तो मिलती है, पर आत्मीयता गायब रहती है। कालरिज का रिमार्क 'टेबुल टॉक' याद आया।

आज स्वयं अपने कमरे में आकर व्यवस्थित रूप से सामान रखा और दोपहरी बिताई। पराये को अंगीकार किया।

जुलाई 9 : बुध

11 बजे दिन से विश्वविद्यालय में नये सत्र का उद्घाटन। डॉ. राधाकृष्णन् ने आचार्य जी के साथ मंच पर पदार्पण किया। रामकुमार चौबे ने आते ही राधाकृष्णन् के पाँव छुए। भद्दा लगा। जो हो, आदमी निरभिमान और बेशर्म है।

ओंकारनाथ ठाकुर (जिन्हें यहाँ के विद्यार्थी हुंकारनाथ कहते हैं) ने वन्दना की—स्पष्ट कुछ नहीं हो सका, शायद इसलिए कि वे संगीत में नाद ही की प्रधानता मानते हैं।

आचार्य जी ने संक्षिप्त अंग्रेजी भाषण किया। राधाकृष्णन् ने स्वभावानुकूल उदात्त और ठनकती पदावली में आरम्भ किया।

विशेषज्ञता इस बार यह थी कि अध्यात्म के अतिरिक्त कुछ सांसारिक बातें भी थीं। उन्होंने संघर्ष की परम्परा बतलाते हुए वर्तमान काल में उसके कम्यूनिज्म बनाम कम्यूनिज्म-विरोधी रूप का उल्लेख किया और कहा कि संसार के सभी देशों की जनता एक है—मानवता एक है। सोवियत यूनियन में रहने का इतना प्रभाव तो होना ही चाहिए।

प्रो. वाइस चांसलर नारलीकर साहब ने धन्यवाद दिया और उसमें भी दो-तिहाई उद्धरण—दोनों उद्धरण पढ़कर सुनाए। एक कन्फ्यूसियस का, दूसरा पं. नेहरू का।

दोपहर को शहर गया। श्रीपत और फिर जगत्गुरु मिले। श्रीपत से पता चला कि स.ही. वात्स्यायन विश्वविद्यालय में नौकरी करना चाहते हैं। इधर-उधर की और भी बातें। वहीं आ गए जगदीश—पुराने जगदीश। नाटकीय ढंग की वार्ता।

जुलाई 10 : बृहस्पति

11½ पर हिन्दी विभाग में। केवल शर्मा जी और करुणापति जी मिले। 'कोउ कछु कहा न कोउ कछु पूछा'। पद्मनारायण जी आए। सदा की भाँति प्रसन्न मिले। पंडित जी डॉ. लाल सहित देर से आए। एम.ए. का नया कार्यक्रम देखा। शर्मा-विरोधी रुख साफ था। विश्वनाथ जी को अब बहुमान दिया जा रहा है। पहले शर्मा जी को प्रथम प्रश्नपत्र दिया गया था लेकिन उन्होंने पत्र लिखकर लेने से इनकार कर दिया। पत्र पंडित जी ने सुनाया था। रस्सी जल गई, पर ऐंठ न गई। क्या ताव से स्पष्टवादी शर्मा जी ने लिखा था! डॉ. लाल ने मुझे 'प्रेमचन्द-ऑनर्स' पढ़ाने के लिए दिया है। माँगा था साहित्य और उन्होंने यही देकर टाल दिया। उन्हीं से मालूम हुआ कि विश्वनाथ जी ने अपभ्रंश पढ़ाने का सुझाव मुझे दिया था। विश्वनाथ जी को यह बात खटकती है कि वे मेरी किताब पढ़ाएँगे।

पंडित जी डॉ. लाल की मुट्ठी में हैं। बुरा है। स्वतंत्र व्यक्तित्व होना चाहिए। मन अवसन्न रहा।

छात्रावास आने पर शचीरानी का पत्र मिला। मुझे 'छायावादी कवियों के आलोचनात्मक दृष्टिकोण' पर लिखना है। तय हो गया। चौहान जी की भी गश्ती चिट्ठी आई। इतिहास अंक की योजना है। मेरे ही सुझावों के अनुसार बनाई गई है। जहाँ नया है, खामी है। मुझे हिन्दी साहित्य के इतिहास के काल-विभाजन पर लिखना है। मन कुछ जम नहीं रहा है।

रात देर तक पाठक जी तथा गर्ग जी से विश्वविद्यालय के विषय में बातें होती रहीं। वर्मा जी अपनी नियुक्ति के विषय में बहुत पूछते रहे।

जुलाई 13 : रवि

शाम को सरस्वती प्रेस। सीढ़ियों से जगत्-गुरु उभरते दिखे। सोचा, मुकुल की ओर मुड़ूँ कि वे बोले, 'ऊपर श्रीपत हैं।' चला। श्रीपत ने बातें उठाईं—कई क्षेत्रों और स्तरों की। श्रीपत से मालूम हुआ कि वात्स्यायन जी अध्यापक-जीवन की ओर उन्मुख हो रहे हैं और रुचि प्रकट कर रहे थे। भारती के कवित्व पर भी बातें आईं। मैंने साफ कहा। श्रीपत ने अन्त में रिमार्क दिया कि 'आप भारती से ईर्ष्यालु हैं और आपको उत्तेजित करने के लिए उनका नाम लेना काफी है।' आलोचक होना बुरा नहीं है—साफ कहना बुरा है। सोचकर चुप रहा। तथापि श्रीपत भी मेरी आलोचना से सहमत थे। श्रीपत ने आज फिर चेखव की तारीफ की। तय किया कि चेखव को खरीदकर रहूँगा।

माखन दा से ज्ञात हुआ कि मुकुल ने पार्टी से इस्तीफा दे दिया। कारण, अज्ञात है। चन्द्रबली मिले। प्र.ले.सं. के विषय में पूछा। जाहिलगी की हद है। यह आदमी कोई संस्था नहीं चला सकता।

जुलाई 14 : सोम

बी.कॉम. फाइनल की। 'हिन्दी रचना' का पहला घंटा था। क्लास लिया। वाणिज्य के नीरस विद्यार्थियों के चित्त को सरस किया। रुचि जागती दिखी।

5 पर वर्मा जी के कमरे में गया। रतिनाथ झा के साथ पंडित जी के पास। वहाँ पं. कान्तानाथ पांडेय और रामखेलावन पांडेय बैठे मिले। कान्तानाथ जी को इस वय में भी डॉक्टर होने की साध जगी है। रामखेलावन जी भी उसी चक्कर में। भारतेन्दु-युग की चर्चा छिड़ी। पंडित जी ने संस्मरण सुनाया—युगल प्रियानन्द का, जो धनिक विरोधी थे। भारतेन्दु-मंडली में एक बार समस्या रखी गई : 'कैसे

बजे एक हाथ से तारी'। उक्त महोदय भी पहुँचे और वहीं काशी के प्रसिद्ध धनी खल्वाट माधव मिश्र के करीब सरकते चले गए और खोपड़ी पर एक हाथ देकर छन्द कह उठे :

माधो के सीस चटाक से मारी।
ऐसे बजे एक हाथ से तारी।

दो नायिकाओं की कलह।

जुलाई 17 : बृहस्पति

शाम पंडित जी के घर। नर्मदेश्वर जी 'रासो' के प्रूफ लेकर आए थे। थोड़ी देर तक देखना। फिर पंडित जी द्वारा 7½ पर टहलने चलने का प्रस्ताव। कॉलेज की ओर। आज कमच्छा कॉलेज के लिए हिन्दी विभाग की नियुक्तियों का इंटरव्यू हुआ था। उस पर बातें। पंडित जी ने अपनी रुचि के बावजूद योग्यता को प्रश्रय दिया। बातों-बातों में बोले कि छात्र-जीवन में मैंने अपने दो 'मोटो' लिख रहे थे :

1. निज भुजबल मैं बैर बढ़ावा, दैहों उतर जो रिपु चढ़ि आवा।
2. कमी नहीं कद्रदाँ की अकबर करे तो कोई कमाल पैदा।

फिर बोले, पहले वाला ओज शान्तिनिकेतन जाने पर कुंठित हो गया और अब वह कमी खटक रही है। काशी को मैंने खूब समझ लिया है। विश्वसनीय लोग कितने हैं, यह भी भाँप लिया है। हम लोग देर तक एम्फी थियेटर मैदान में टहलते रहे और विभाग की अध्यापन-सम्बन्धी बातें भी हुईं। मुझे पंडित जी अपभ्रंश का क्लास देना चाहते हैं।

8½ पर वापसी। भोजन वहीं। शान्तिनिकेतन के संस्मरण भोजन करते समय। किस प्रकार गर्मी के दिनों में नग्न होकर चहबच्चे में ये लोग पड़े रहते थे और एक दिन चीरहरण हुआ। गोसाईं जी के स्वभाव का चित्रण। भोजन के बाद घंटे भर तक प्रूफ देखना और फिर अपने कमरे में आना। यहाँ भी घंटे भर तक प्रूफ देखकर 12 पर सोना।

जुलाई 18 : शुक्र

10 बजे रात से 'बनारस इन' में सोशलिस्टों की ओर से डॉ. लोहिया की कॉफी-गोष्ठी थी। विश्वविद्यालय के अनेक नवयुवक अध्यापक जैसे डॉ. लावनिया, डॉ. रतूड़ी, वाजपेयी, शुक्ला आदि भी थे। लोहिया ने अव्यवस्थित और अक्रम बात शुरू की। तीन शिगूफे छोड़े : (1) उत्तर के देशों में रोटी का सवाल नहीं

है तथा दक्षिण वालों में है। (2) class की ह्रास दशा caste है। (3) पूँजीवाद अपने आरम्भिक युग में प्रगतिशील था—यह कहना गलत है। यह कथन केवल यूरोप के लिए लागू होता है।

देखा, यह मार्क्सवाद नहीं, Geo-politics है। लोहिया में यह रोग पुराना है।

लोहिया की बातों ने सोशलिस्ट भ्रम और घपले का पूर्ण परिचय दिया और सिद्ध हो गया कि ये मार्क्सवाद से कोसों दूर निकल गए हैं। मैंने बीच-बीच में उन्हें टोका, पर मूर्खों का जमावड़ा था। चुपचाप बकवास सहता रहा। 12½ पर गोष्ठी समाप्त हुई और शास्त्री जी के वास पर सोया। मच्छरों ने परेशान रखा।

जुलाई 22 : मंगल

पंडित जी के वास पर। ऊपर चादर ओढ़े खड़े थे। मुझे देखते ही नीचे उतरे और टहलने चल पड़े। आज भी एम्फी-थियेटर के मैदान की ओर। चबूतरे पर बैठे। पं. काशीनाथ जी तथा विभाग के अन्य अध्यापकों के अध्यापन पर बातें। 8½ पर लौटे। आने पर उन्होंने नाहटा जी का पत्र दिया। अब मुझे बीकानेर ही जाना पड़ेगा। 'रासो' पर वासुदेवशरण जी से भी बातें। 9½ पर घर लौटा।

जुलाई 23 : बुध

वासुदेवशरण जी से 'स्कूल ऑव ओरियंटल एंड अफ्रीकन स्टडीज' की दो बुलेटिनें लीं। फिर पंडित जी के मकान पर ऊपर बरादमे में देर तक जमे रहे। आरम्भिक कक्षाओं के अध्यापकों के संस्मरण चलते रहे। अपने दो अध्यापक लोचन पंडित और रामचन्द्र के कलह को पंडित जी ने बड़े ही सुन्दर ढंग से चित्रित किया। 2½ घंटे बाद गोष्ठी उठी। कल से प्रयाग जाने वाले हैं। अज्ञेय और बलराज साहनी पर भी बातें। पंडित जी ने बलराज के खुले व्यक्तित्व की बड़ी सराहना की। वे उन लोगों की काफी व्यक्तिगत बातें जानते हैं।

जुलाई 27 : रवि

नहाने जा रहा था कि 8½ सुबह शास्त्री जी आए। कई दिनों बाद मिलने पर उत्साह हुआ। उन्होंने नरोत्तमदास के सवैये की पैरोडी आते-आते सुनाई—प्रेरणा वि.वि. नारलीकर के बँगले की भीड़ से मिली :

का.वि.वि. जाहु जू का.वि.वि. जाहु जू आठहु जाम यही झक तेरे।
जौ न कहा करिए तो बड़े दुख, जैहों कहाँ अपनी गति हेरे॥
द्वार खड़े वि.वि. के छड़िया तहँ डाक्टर जान न पावत नेरे।
एम.ए. बी.ए. तू तौ देखु विचारि कै, मैट्रिक हु को न कागद मेरे॥

फिर शिवप्रसाद की 'प्रतिक्रिया' कहानी पर राय देते हुए कहा, 'वह कहानी उन लोगों के लिए है, जिन्हें छूछी खटिया में रस मिलता है।' फिर दूसरी उठान में बोले, 'भाषा पहले से जरूर सुधरी है लेकिन विषय की दृष्टि से वे पीछे गए हैं।'

साथ ही नागपंचमी के तीवन का रसास्वादन। विश्राम। 4 पर लंका की ओर। राह में नरोत्तम दास की कविता पर विचार-विमर्श। पूरे मध्ययुग में उतना यथार्थवादी कवि कोई नहीं हुआ और शायद वैसा मार्मिक खंडकाव्य हिन्दी में कोई नहीं है। भाषा की सजीवता भी जायसी और तुलसी के जोड़ की।

6 बजे गोदौलिया सरस्वती प्रेस। जगत और शेरजंग। त्रिलोचन जी का शेरजंग से परिचय। साहित्य-चर्चा। शेरजंग ने फ्रेंच और फारसी की जानकारी का सुन्दर और सहज परिचय दिया। मुझे उर्दू पढ़ने की प्रेरणा मिली। वैसे इधर पन्द्रह दिन से शुरू भी कर दिया है। अच्छी प्रगति है। शेरजंग ने बताया कि उर्दू कवि कविता की भाषा गद्य के निकट की लिखता है, न तो क्रिया अधूरी रहती है और न वाक्य में पदक्रम विपर्यय मिलता है।

अज्ञेय पर बात करते हुए उन्होंने कहा कि मुझे पूरा विश्वास है कि जिस साहित्य में ऐसे साहित्यकार का सम्मान हो, वह घोर decadence की मनोवृत्ति का होगा। पर हिन्दी की इस दशा पर मुझे आश्चर्य है। उन्होंने यह भी कहा कि अज्ञेय की अंग्रेजी कविताओं के संग्रह का कुछ मेरा है।

यह रहस्य भी उन्हीं से खुला कि शेखर की रचना ज्याँ क्रिस्तफ का अनुवाद करते-करते हो गई। 9½ पर अकनू भवन। भोजन, शयन।

जुलाई 28 : सोम

डॉ. लाल ने मुझे अपभ्रंश (एम.ए.) क्लास देने में काफी दाँव-पेंच दिखाए। अन्त में पंडित जी के यहाँ मामला गया और उन्होंने सहर्ष स्वीकृति दी।

शाम को पंडित जी के साथ सुन्दरपुर गाँव की ओर टहलने जाना। दुनिया भर के विषयों पर बातें। पंडित जी का गाँव की ओर सहज आकर्षण। 'जोन्हरी' शब्द की व्युत्पत्ति 'ज्योत्स्ना' से लगाई गई और बाजरे को Egyptian प्रभाव कहा। अगेहानन्द के चरित्र की चर्चा और डॉ. मैत्र के विषय में मालूम हुआ कि यूनिवर्सिटी क्लब में जाकर रोज का 'तापमान' लिख आते हैं। इसी बात पर मास्टर मोशाय का

मजाक : 'जब कोई यह कहता कि आज बहुत जाड़ा पड़ रहा है तो मास्टर मोशाय तुरन्त पूछते कि क्या खबर का कागद आ गया है?'

जुलाई 31 : बृहस्पति

आज से एम.ए. अपभ्रंश का अध्यापन शुरू किया।

आज जगत, शेरजंग के साथ 12 बजे सारनाथ जाने का तय था। कुछ देर हो गई मुझे और वे लोग मेरे पहुँचने से एक मिनट पहले चले गए। 'नया समाज' (जुलाई) में बनारसी दास चतुर्वेदी के एक लेख का अंश पढ़ा जिसमें बापू की राय 'चाकलेट' पर बनारसीदास जी से भिन्न यानी अच्छी थी। बनारसीदासजी ने बापू का वह पत्र उस समय नहीं छापा, उलटे घासलेटी साहित्य कहकर विरोध किया। सेंगर ने उस पर टीका की थी।

अगस्त 1 : शुक्र

पौने ग्यारह पर एम.ए. का अपभ्रंश क्लास। आज वाक्य-गठन पढ़ाया। पुस्तकालय म.म. हरप्रसाद शास्त्री का। 'नेपाल दरबार पुस्तकालय के तालपत्रों की सूची' देखी। उसमें 'कीर्तिपताका' का उल्लेख नोट किया। तृतीय वर्ष हिन्दी रचना।

आज बहुत दिनों बाद पं. विश्वनाथ जी के वास पर गया। बैठे घनानन्द का प्रूफ देख रहे थे। पास ही लन्दन से आई हुई 'फोटो स्टेट' प्रति थी। आज उन्होंने बहुत खुलकर बातें कीं। मेरे अध्यापन की प्रशंसा की। मेरी लेखन-शैली को व्यवस्थित तथा scholarly कहा जिसकी कमी शिवनाथ जी में भी खटकती है। बोले, यह चीज मुझे किसी में नहीं मिलती। शुक्ल जी ही एक थे।

फिर विभाग की राजनीति। उन्होंने अपना हृदय खोलकर रख दिया और कहा कि द्विवेदी जी का दिमाग यही इलाहाबादी सब खराब कर रहे हैं। जिसका जो न्याय है, वह मिले, इससे अधिक मैं कुछ नहीं चाहता। मैंने भी पंडित जी के हृदय की बातें बताईं। असर पड़ा। बोले, 'कुछ कार्य-रूप में प्रकट हो तो जानूँ!'

आज विश्वनाथ जी के स्पष्टवादी और निश्छल व्यक्तित्व का प्रभाव पड़ा। वे मुझे अपभ्रंश का क्लास देने के पक्ष में थे और उन्होंने पंडित जी से कहा भी था पर डॉ. लाल ने उसका गलत अर्थ लगाया। 3½ घंटे बाद उठा।

विश्वनाथ जी बोले, 'भरत मोहिं उपचरा न थोरा'! फिर हँसते हुए बोले कि इसका अर्थ भी डॉक्टर लाल को न मालूम होगा। ईमानदारी में डॉ. वासुदेवशरण अग्रवाल की उन्होंने तारीफ की और बताया कि वे उचित और न्याय बात के लिए दल का पक्ष भी छोड़ देते हैं।

एक और बात। 'जो समाज से दूर एकान्त में रहता है, वह आलोचना करने में बड़ा ही निर्मम, निर्भीक और निष्पक्ष होता है। लेकिन समाज में मिलते-जुलते रहनेवाले आदमी की नोकें मुड़ जाती हैं।' मुझे स्वयं अपना कुछ महीने पहले वाला रूप याद आया। इधर वे सभी नोकें मुड़ गईं—कुछ तो पंडित जी के साथ से और कुछ परिचय बढ़ जाने के कारण।

अगस्त 2 : शनि

'कल्पना' के लिए लेख लिखने की तैयारी की लेकिन आगन्तुकों के कारण बाधा पड़ी।

शाम को पंडित जी के साथ टहलने—पंचकोसी सड़क से। विश्वनाथ जी से हुई बातें बताईं। आक्रोश में थे। बोले, 'उनका मन शुद्ध नहीं है। यदि हो तो जो कहो, उनके लिए वह कर दूँ।' लौटे। फिर हम लोग बाहर बैठे। पंडित जी ने छात्र-जीवन का एक संस्मरण सुनाया, 'इंटर की परीक्षा के लिए तैयारी की। गरीब तो था ही। साल के अन्त में फार्म फार्वर्ड कराने गया तो प्रिंसिपल ने डाँट दिया। बात लग गई। फीस दाखिल करने को पैसे भी न थे। कमरे में आकर घंटे भर तक रोता रहा। पं. कालीप्रसाद जी सहसा आ गए। समझाया। मालवीय जी महाराज के पास ले गए। उन्होंने अपनी गरीबी का उल्लेख करके आश्वासन दिया। फिर अगले दिन बुलाया। किन्तु मैं शर्म के मारे फिर न गया। उस साल परीक्षा छोड़ दी। क्वाथ (आरा जिला) में कथा बाँचकर पैसा ले आया और अगले साल परीक्षा दी। पं. बनारसीदास जी से यह बात मैंने बता दी है और वे अब लिखने की धमकी देते हैं।'

फिर उन्होंने मेरे भेजे हुए उस बिहारी विद्यार्थी को डाँटने पर बहुत ही पश्चात्ताप प्रकट करते हुए कहा कि मैं विद्यार्थियों को नहीं डाँटता क्योंकि पता नहीं, उनमें से कौन आगे चलकर क्या बने—कितना बड़ा आदमी हो! फिर जो गरीब होते हैं, वे बड़े sensitive होते हैं। यह मेरा अपना अनुभव है। शान्तिनिकेतन में मध्य प्रदेश से आनेवाले एक विद्यार्थी को डाँटा था। उसका दुख आज तक है। वह पिंगल केश तथा कुछ 'असाधारण' था। संगीत सीखने आया था। क्षिति बाबू ने उसे फटकार दिया था। मैंने उसे पहले सहानुभूति दी। परन्तु जब दुबारा आया तो डाँट दिया। वह चुपचाप चला गया और फिर उसने पत्र लिखा। मेरा हृदय उससे हिल उठा।

लगभग 8½ पर वहाँ से उठा।

अगस्त 3 : रवि

'कल्पना' के लिए 'साहित्य में कलात्मक सौन्दर्य की समस्या' विषय पर लेख लिखता रहा। पूरा होने को आया ही था कि शास्त्री जी हरिवंश के साथ आ धमके। बातचीत और जलपान। 12 पर वे लोग गए। भोजन। ब.ल. कोतमिरे के कमरे में प्रो. करमरकर दिखे। गया। जर्मन पढ़ने का समय माँगा। वे सहकार का पचड़ा ले बैठे। 'आपने यह सहयोग नहीं किया, वह सहयोग नहीं किया...' वगैरह। उन्होंने उत्तर भारतीयों पर यह आरोप लगाया कि वे अविश्वासी और धोखेबाज होते हैं। यह संकीर्ण प्रान्तीयता मुझसे सही नहीं गई। मीठे ढंग से प्रतिवाद किया। थोड़ी देर बाद बातचीत की उस नहूसत से पल्ला छुड़ाकर बाहर आया तो हमारे छात्र श्रीनारायण पांडे दिखे। ज्ञानपुर जाना तय पाया था। चल पड़े। राह में राजनीतिक विचारों को लेकर बातें आईं। उसने अपने को सोशलिस्टों का हमदर्द बताया। लेकिन यह भी बताया कि अब विरक्ति हो रही है। प्लेटफार्म पर तथा रेल में अपने-अपने परिवारों और पढ़ाई के क्रम का रहस्योद्घाटन। लड़का भावुक, सरल, सौम्य और सुशील प्रतीत होता है।

गोपीगंज बाजार। देखा, ग्रैंड ट्रंक रोड कच्ची-सी है। मैंने समझा था कि यह आद्योपान्त तारकोल या सीमेंट की है। मालूम हुआ कि औराई के बाद इलाहाबाद से कुछ दूर पहले तक ऐसी ही कंकड़ की है। इक्के से दोनों ओर की हरियाली के बीच सोल्लास बढ़ते हुए ज्ञानपुर। हर अपरिचित स्थान प्रथम परिचय में सुन्दर लगता है। वी.एन. इंटर कॉलेज बाजार से दूर अच्छी जगह बसा है। काशी-नरेश डिग्री कॉलेज भी कुंड के समीप सुरम्य स्थल पर स्थित है। शाम को बा. लालसिंह से भेंट। आतिथेय पं. रामयज्ञ द्विवेदी पोंगा किन्तु निष्ठावान व्यक्ति दिखे। उधर 'मानस' का 24 घंटे का अखंड पाठ चल रहा था। छात्र ही पाठकर्ता थे।

अगस्त 5 : मंगल

आज रक्षाबन्धन है। रा. की राखी आज भी सुरक्षित है।

मेरे प्राण स्वयं राखी से
प्रतिक्षण तुमको रहते घेरे
पर उनके ही संरक्षक हैं
अथक स्नेह के बन्धन तेरे
भूल गए हम कौन-कौन हैं
कौन किसे अब भेजे राखी

अपनी अचिर अभिन्न एकता
की बस यही भूल हो साखी!

यह कविता आज फिर दुहराई। सोकर उठते ही इन होंठों पर जो आई।

अगस्त 24 : रवि

8 पर शम्भुनाथ मिश्र के वास पर 'परिमल' की बैठक। डॉ. रघुवंश की अध्यक्षता। सर्वेश्वर ने पिछली बैठक का विवरण पढ़ा—विवरण से अधिक मंत्री की टीका थी। मुझे खटकी लेकिन वे लोग उसके अभ्यस्त दिखे। सबसे पहले विजय ने 'सूरज का सातवाँ घोड़ा' की मौखिक समीक्षा आरम्भ की और उसके निष्कर्षवादी कहानीपन के व्यंग्य तथा मासिक 'कथाचक्र', अनध्याय आदि बातों पर स्टाइनबेक का असर बताया। यह भी कहा कि इस नकल में स्टाइनबेक की तरह यथार्थ की पकड़ और पात्रों के प्रति सहानुभूति और सामूहिक शक्ति का अभाव है। डॉ. बाहरी ने कहा कि लेखक ने टेक्निक पहले चुनी और कथा बाद में ली। मैंने पाँच बातें बताईं :

(1) समालोचकों के प्रति अत्यधिक सतर्क रहने के कारण उपन्यासकार भारती ने उपन्यास के पात्रों के स्वाभाविक जीवन और गतिविधि को कुंठित कर दिया है।

(2) यह उपन्यास नहीं, कथाख्यान है; घटनाएँ घटित होती नहीं दिखाई जातीं बल्कि सूचित की जाती हैं।

(3) इसमें अनेक प्रकार की शैलियों को समेटने की चेष्टा की गई है और कैशोर कथ्य उसका भार सँभालने में लचक गया है।

(4) यथार्थ और स्वप्न में विरोध ही नहीं, असम्बद्धता भी है। काश, लेखक का स्वप्न माणिक मुल्ला का स्वप्न बनकर आता!

(5) पूरा उपन्यास एक बहुत बड़े उपन्यास का कथामुख है।

नर्मदेश्वर चतुर्वेदी ने उसमें लोककथा का आभास पाया। जोशी जी ने उस पर बालजक की 'ड्रॉल स्टोरीज' का प्रभाव बताया। सुरतदास आदि ने असंयत और वैयक्तिक आलोचना की। ओंकारनाथ श्रीवास्तव ने मेरी बातों को और स्पष्ट किया। गंगाप्रसाद पांडे, गोपेश आदि अनर्गल बोलते रहे। जितेन्द्र ने भारती को निर्भीक बताया। अजित ने उपन्यास की कहानियों में अलगाव दिखाया। विजय ने उसी बात को और भी स्पष्ट किया। अन्त में भारती ने अत्यन्त नम्र ढंग से सभी बातें स्वीकार कीं—विशेषत: मेरी रचनात्मक आलोचना के लिए कृतज्ञता प्रकट की। भारती की बातों से लगा कि वह मेरे विचारों को जानने के लिए बहुत आकुल थे।

पश्चात भारती ने गिरिधर की 'अग्निमा' का परिचय दिया और उसे वर्तमान प्रगति की सड़क के किनारे का उपेक्षित फूल कहा। डॉ. बाहरी ने उसके श्मशान प्रेम पर प्रहार किया तथा भाषा-सम्बन्धी 84 दोष दिखाए।

मैं : 1. उपन्यास की आलोचना करने के बाद कविता की आलोचना करने के लिए दृष्टिकोण का ढंग बदलना आवश्यक।

2. यह वर्तमान प्रगति की सड़क के किनारे का फूल नहीं बल्कि हमारे ही कल के गाए हुए गीतों की गूँज है—यानी वह आज से दस वर्ष पहले के हिन्दी गीतिकाव्य का अंग है—वह गीतिकाव्य, जो हिन्दी छायावादी गीतों तथा उर्दू गजलों के समन्वय से बच्चन के रूप में प्रकट हो रहा था।

3. यह उस युग की समूची काव्य-क्रिया का प्रतिनिधि नहीं बल्कि उसके एक तार-गीति का प्रतिनिधि है। अत: इसमें सब कुछ खोजना अनुचित।

4. वैयक्तिकता इसका गुण भी और दोष भी। गुण इस माने में कि उससे तन्मयता अथच मार्मिकता आई। दोष इसलिए कि negative capability (आत्मनिषेध की योग्यता) का अभाव। इससे प्रतीकों और उपमाओं में बहुजीवन की छवियाँ न आ सकीं।

5. इसकी गीतिमयता में एकस्वरता है।

विजय ने negative capability को गलत समझकर मेरे विचारों में अन्तर्विरोध बताया जिसे बाद में समय माँगकर भारती ने स्पष्ट किया कि 'आत्मनिषेध' का अर्थ 'स्वानुभूति निषेध' नहीं है। भारती की सूझ और पकड़ पर खुशी हुई। विजय ने मुझ पर फतवा देने का भी आरोप लगाया जिसे डॉ. रघुवंश ने गलत बताया और इसके लिए विजय को कड़ाई से रोका भी।

12 बजे तक गोष्ठी चली। गहरा जलपान हुआ।

पश्चात नर्मदेश्वर जी अपने साथ घर ले गए। साथ ही भोजन किया गया—यानी एक ही थाली में। ब्राह्मण होते हुए भी उन्होंने यह कदम बढ़ाया! अन्त में चलते समय उन्होंने आलोचना के लिए अपने भाई की 'मध्ययुगीन साधना में प्रेम-भावना' तथा 'हिन्दी कविता में प्रेम-प्रवाह' पुस्तकें भेंट कीं।

शमशेर के वास अन्नकूट पर। नागार्जुन भाई भी वहीं मिल गए। खूब गुजरी। नागार्जुन के साथ अश्क के घर। अश्क ने अपने नाटकों का सेट भेंट किया लेकिन इस भेंट में स्वार्थ था। लौटकर शमशेर को भी साथ लेकर पंत जी के पास। उन्हें मधुमेह हुआ है। 'विजयसाल' की लकड़ी का पानी पीते हैं। देखा, शमशेर को भी उस लकड़ी का ज्ञान है। बल्कि नाम तो शमशेर ने ही बताया। पंत जी को पुस्तक वापस कर लौटा। डॉ. रघुवंश से खड़े-खड़े बातें कीं।

सरोज के पास से झोला लेकर स्टेशन चले पर गाड़ी छूटती दिखी। सभी लोग साथ ही अन्नकूट। साथ ही भोजन। अन्त में शमशेर ने जंक्शन 11½ पर पार्सल में बैठाया। उन्हें रेडियो फीचर 'शरत' की सामग्री बताता रहा। पूछने पर कई बातें सूझीं।

अगस्त 26 : मंगल

कॉलेज से लौटकर 11.45 पर विश्राम कर ही रहा था कि नागार्जुन आ गए। नीचे अतिथि कक्ष में सामान रखवाकर ऊपर अपने ही कमरे में ले आया। साथ ही भोजन। दही भी मँगवा लिया था पर नागार्जुन ने निषेध किया और मुझे भी याद आया कि 'सावन साग न भादो दही'।

दोपहर में नागार्जुन की डायरी से 'दुखहरण मास्टर' कविता पढ़ी। तीखा और मार्मिक व्यंग्य है। भाषा क्या, सीधी-सादी है :

घुन खाए शहतीरों पर की बाराखड़ी विधाता बाँचे...
...आले पर बिस्तुइया नाचे
संगीनों की घनी छाँह में हँसी माल, मूरत मुसकाई।

× × ×

चटा गए धीरज का अमरित, सुना गए बातें उधार में

× × ×

पके बाँस का पक्का घेरा, हरे बाँस का कच्चा फाटक।

पश्चात् 'मसूरी' में उन्होंने जो डायरी लिखी थी—राहुल जी के वास पर, डॉ. महादेव साहा के साथ रहते हुए, पढ़ता रहा। नागार्जुन भी चाहते थे कि मैं पढ़ लूँ।

शाम को उनके सम्मान में साहित्य गोष्ठी का आयोजन किया था। यहीं छात्रावास के हॉल में। आचार्य द्विवेदी जी ने अध्यक्षता की। मैथिल छात्रों का बाहुल्य था। मैंने परिचय दिया और उन्होंने कविताएँ सुनाईं—बादल को घिरते देखा है, रवीन्द्रनाथ ठाकुर, दुखहरण मास्टर, नई दिल्ली, रामराज्य तथा कुछ मैथिली कविताएँ। अन्त में पंडित जी ने नागार्जुन के विषय में कहते हुए नई दिल्ली के संस्मरण सुनाए। बड़े ही रोचक ढंग से। व्यंग्यगर्भी समीक्षा भी। गुप्त जी को समस्या दी थी :

रक्तमुखी छाया तले एम.पी. करैं निवास।
तीन मास की वृत्ति में काटैं बारह मास॥ (गुप्त जी)
लोहू पिये जो देहातिन को सो सुखी भई 'रक्तमुखी' देहली में। (पं. जी)

अगस्त 27 : बुध

सुबह 'रतिनाथ की चाची' उपन्यास समाप्त किया।

नागार्जुन द्विवेदी जी से मिले। राह में उन्होंने अपने उपन्यास के बारे में राय पूछी। मैंने खरी आलोचना की। प्रसन्न हुए। जल्दी-जल्दी भोजन करके अलईपुर स्टेशन। गाड़ी ठाठ से मिली। नागार्जुन को पहुँचाकर उ.प्र. कॉलेज।

सितम्बर 23 : मंगल (बीकानेर की ओर)

शाम 6½ पर श्रीपतजी के साथ 'कार' से इलाहाबाद की ओर। राह में उनकी ससुराल कबीरचौरा के पीछे। पहले-पहल गया था एक मुसलमान और वह भी धनी-धोरी मुसलमान के घर। सजा-सजाया सोफा-सेट वाला ड्राइंग रूम। खुला-सा आँगन वाला भारी मकान। बच्चों सहित बीवी आईं। कोई विशेष आकर्षण नहीं। रंग गोरा, चेहरा लम्बा, दाँत भी स्पष्ट फाँक वाले। वहाँ से 7½ पर रवाना।

'कार' से प्रयाग पथ—ग्रैंड ट्रंक पर पहला अनुभव। छायाचित्रों-सी वृक्षों की पाँत। सामने फाँक-सा डूबता हुआ चतुर्थी का चाँद। झनझनाती हुई रात केवल हम दोनों की इंटरमिटेंट बातचीत। हिन्दी के गिरते हुए स्टैंडर्ड पर। यशपाल और भगवतीचरण वर्मा के उपन्यासों पर। और भी कुछ व्यक्तियों पर।

सितम्बर 24 : बुध

सुबह 8½ पर ब्रेकफास्ट। सामरसेट मॉम की 'नोट्स' पढ़ता रहा। नेमिजी की दुकान—10½ पर भी न थे। विश्वास ने बताया, घर पर हैं—2 तक आएँगे। नेमिजी के घर। बीमार से दिखे नेमि। सुश्री कल्पना दत्त से साक्षात्कार। प्रसन्नता हुई। रक्तहीन पीला-सा चेहरा, परन्तु स्फूर्ति। वे लोग किसी मीटिंग में व्यस्त थे इसलिए मैं शमशेर जी की ओर चला। जोशी और संगल ने शमशेर को आने के लिए कहा।

शमशेर अन्नकूट छोड़कर बहादुरगंज चले गए हैं इसलिए 'माया' दफ्तर में 11-35 से 1½ तक इन्तजार करता रहा—और भैरवप्रसाद गुप्त के साथ समय काटता रहा।

प्र.ले. कॉन्फ्रेंस के बारे में बातें। शमशेर के घर। 2½ पर नेमिजी की दुकान। रेस्त्राँ। जलपान। कविता-पुस्तक योजना पर बातें। उनके घर जाकर लेख सुनना। जल्दी में सामान लेकर जनता ट्रेन पकड़ गाजियाबाद के लिए। जगह अच्छी मिली।

इलाहाबाद के कुछ ही आगे जलहीन स्टेशन में प्यास की तड़प। निष्ठुर व्यक्तियों का अमानवोचित व्यवहार। अहरा सुलगाए हुए चमारों के पास पानी संस्कारगत घृणा। यही है कम्यूनिज्म का प्रभाव? लानत है!

अच्छी-सी नींद।

सितम्बर 25-26 : बृहस्पति/शुक्र (गाजियाबाद-दिल्ली)

सुबह गाजियाबाद से कुछ पहले नींद खुली। पौने सात पर गाजियाबाद स्टेशन। रिक्शे पर सीधे चौहान जी के वास पर। खोजने में कोई परेशानी नहीं हुई। मुकुन्द नगर शहर से काफी दूर है। ब्रेकफास्ट पर दम्पति जुटे थे। विजय भाभी में भावी माँ के लक्षण अत्यन्त स्पष्ट और उभरे दिखे। मकान अच्छा है। बीच में एक परिवार के लिए विभाजन। भोजन बनाने के लिए एक नौकरानी है। थोड़ी-सी इधर-उधर की बातचीत के बाद 'प्रगतिवाद और प्रगतिशील साहित्य' पर बहस। 10½ पर भोजन और 11½ पर दिल्ली के लिए। बस। दिल्ली में दूसरी बार। फिर भी जैसे पहली बार।

राजकमल प्रकाशन। देवराज जी की खादी-सी धवल मुस्कान। अविस्मरणीय ओंप्रकाश जी की वातुलता। बीकानेर के चम्पालाल राँका से परिचय। भावी की सुविधा। चौहान जी के साथ दो घंटे तक 'आलोचना' की सामग्री का सम्पादन।

रंजीत प्रकाशन में थोड़ी देर। चौहान जी उसके लिए अनुवाद करते हैं। रुपयों की व्यवस्था के लिए गए थे। रेल-पथ से 8½ तक घर लौटना। दूसरे दिन भी राजकमल। एग्रीमेंट पर हस्ताक्षर। इधर-धर की योजनाओं पर बात। 'भेंट की प्रतियाँ' 20 करवा लीं। फार्म पर उल्लेख नहीं हुआ। शाम को बीकानेर मेल से 6-45 पर।

सितम्बर 27 : शनि (बीकानेर)

रात नवपरिणीत पंजाबी दम्पति के हास-विलास, भाभी-देवर के विनोद तथा सेठ के बजाए हुए रेकॉर्डों के बीच रेवाड़ी के पास ही कहीं नींद आ गई। सुबह 'सूडसर' में नींद खुली और राँका जी से भेंट। राजस्थान में पहली बार। चारों ओर उजाड़। रेत भी। कहीं-कहीं झाड़। बड़े पेड़ कहीं नहीं। चरती हुईं भेड़ें। उड़ती हुई रेत। दौड़ते हुए ऊँट। गाँव-गिराँव लापता। 9¼ पर बीकानेर। स्टेशन देख आश्चर्य। हमारे यहाँ लखनऊ का स्टेशन भी शायद ही इतना सुन्दर हो। स्टेशन के बाहर नयन-हरण हरियाली और उपवन।

नगर के बाहर की परिक्रमा करता हुआ जूनागढ़, गंगा थियेटर, हस्पताल से होकर 'खजांची भवन' के.ई.एम. रोड। राँका जी यहीं करते हैं ऊपर। नीचे आलोक प्रकाशन और बगल में ऊपर ही नई चेतना कार्यालय।

स्नानादि के बाद ग्रीन होटल। तीखी धूप। वहाँ हमारे यहाँ के भूतपूर्व छात्र ब्रजेन्द्र कुमार शुक्ल से भेंट। बीकानेर के उदीयमान कवि पथिक तथा सम्पादक रावल जी से भी भेंट।

दोपहर को लम्बी नींद के बाद नाहटा जी के भवन। पता लगा, 'आबू' गए हैं। निराश लौटा। काम का हर्ज होगा। अब पहली तारीख तक निठल्ली बेकारी।

यहाँ के इक्के—शानदार इक्के का अनुभव। शाम को 'पूरन' (हरिजन कामरेड) ने भोजन बनाया।

सितम्बर 28 : रवि

'नई चेतना' कार्यालय में 'लेखक संघ' की बैठक। अध्यक्षता करनी पड़ी। गोविन्द श्रीमाली ने 'व्यक्ति और परिस्थिति' निबन्ध पढ़ा। निबन्ध से पूर्व वे राष्ट्रभाषा पर अपने विचार दे रहे थे। वार्ता के समय घूमती हुई उनकी पुतलियाँ अत्यन्त सतर्कता तथा काइयाँपन का आभास देतीं-सी। 'प्रतीक' में मन्मथनाथ गुप्त के निबन्धों का प्रतिवाद है। बिलकुल सैद्धान्तिक। श्री लक्ष्मीकान्त, गिरिधारी लाल, कन्हैयालाल राही आदि ने विचार दिये। मैंने निबन्ध को सामयिकता से जोड़ने, उदाहरणोपेत तथा concrete बनाने और पूरी समस्या को ऐतिहासिक विकासक्रम के रूप में देखने का सुझाव दिया। अपनी अस्पष्ट सूझ के बावजूद वे दुराग्रही दिखे। फिर भी चिन्तनशील। बोरे बिछाकर लोग बैठे थे। कुल 125 युवक कलाकार। संजीव कुमार कहानीकार तथा अन्य ललित कलाओं के अभ्यासी। कवि भी। कविताएँ भी हुईं। प्रतिभाएँ झलकीं।

बाद में मालूम हुआ कि श्रीमाली जी अंग्रेजी बहुत ही कम जानते हैं इसलिए मुझे पश्चात्ताप हुआ कि उनकी आलोचना करते समय बहुत-सी अंग्रेजी पुस्तकों का हवाला दिया था।

शाम को नरोत्तम दास स्वामी के वास पर राँका जी के साथ। वे भी न थे। वापसी। रेस्त्राँ। शिशुपाल, सत्यनारायण पारीक, रामेश्वर पंड्या (सोशलिस्ट) और पुरुषोत्तम केवले (पत्रकार) से परिचय। सत्यनारायण पारीक को अंग्रेजी बोलने का अभ्यास करना है शायद लेकिन कोई वाक्य पूरा मुश्किल से हो पाता है और you see तो सब जगह पैरेंथीसिस रूप में। 'केवले' हिन्दुस्तान टाइम्स तथा ब्लिट्ज का संवाददाता। राजस्थान-पाकिस्तान की सीमा के 1000 मील का दौरा करके आया है। बड़ी रोचक और सनसनीखेज बातें बता रहा था। रात खडगावत जी (इतिहास विभाग के अध्यक्ष), मोतीचन्द, रावल जी आदि की बकवास मास्टर जी की पान की दुकान पर 1 बजे तक सुनता रहा।

सितम्बर 29 : सोम

यशपाल का 'पार्टी कामरेड', 'दादा कामरेड', समाप्त। 'देशद्रोही' शुरू किया। 'दादा कामरेड' सर्वोत्तम तथा 'पार्टी कामरेड' निकृष्ट लगा। 'देशद्रोही' से कई मामलों में 'दादा कामरेड' अच्छा है। शैल को हरीश जहाँ नग्न देखता है अथवा राबर्ट उसके मुँह में सिगरेट देखना चाहता है और फिर चूमता है—अश्लील नहीं है। हृदय उदात्त भावों से भरा रहा। 'पार्टी कामरेड' में पार्टी की यांत्रिक अनुशासन विधि का रेखाचित्र यथार्थ है तथा लड़की का चरित्र भव्य। सेठ के चित्रण में रोमांटिसिज्म। 'देशद्रोही' में सिद्धान्त-चर्चा ज्यादा। कुल मिलाकर यशपाल realist उतने नहीं, जितने Romantic हैं। शुरू में कम-से-कम तो जरूर। '47 के बाद Naturalist।

यशपाल पर पहली प्रतिक्रिया तो लिख ही डालना चाहता हूँ। कल से कहानियाँ शुरू करूँगा। कल कमलेश-यशपाल का इंटरव्यू 'नवभारत टाइम्स' में पढ़ा। आश्चर्य कि उन्हें शॉ नापसन्द है...!

सितम्बर 30 : मंगल

'देशद्रोही' समाप्त। 'आलोक' में बैठे-बैठे सन्तोष परितोष गार्गी की मनोविश्लेषण पुस्तक समाप्त की। भदन्त आनन्द का 'रेल का टिकट' भी। नया साहित्य (प्राचीन) का 3, 4, 5 अंक देखता रहा। रामविलास की कविता, शमशेर का 'भारत भारती' वाला लेख आदि। बच्चन पर लिखते हुए शमशेर ने उनके छन्दों में पंत का 'मूर्त-भावानुगमन' तथा निराला का आडम्बरहीन पौरुष-परुष स्वर-प्रवाह का समन्वय बताया है। 'लोर्का' की मौत सम्बन्धी प्रभावशाली चित्र भी देखा। मई दिवस का इतिहास पढ़ा। 1886 से वस्तुतः अमेरिका में शुरू। काम के घंटे कम करने से शुरुआत। श्रीहर्ष का नैषध उलटा-पुलटा।

नये परिचित—जमुनादास व्यास तथा विद्यासागर। शाम डागा भवन में बच्चों का अभिनय देखा। 5) पुरस्कार दिया पिकनिक के लिए। चुन्नी के चित्र देखे। नेत्र सुखद।

अक्टूबर 1 : बुध

सुबह पंडित जी के मित्र शिवकुमार शुक्ल मिलने आए। 'पिंजरे की उड़ान', 'ज्ञानदास' तथा 'रूस में पच्चीस मास' से कुछ पढ़ा। नाहटा जी से मिलने 6 बजे शाम जमुनादास के साथ। लड़का सुन्दर तथा दुनिया देखा। अपना विकृत चरित्र उद्घाटित करता रहा।

नाहटा जी श्याम वर्ण, सामान्य वेश में। पहचान न सका। कल से काम शुरू करूँगा।

रात छत पर गंगाराम पथिक अपनी जीवन-कथा सुनाता रहा। रोमांच हो आया मुझे। गोर्की का जीवन याद आया। कहानियों के टुकड़े मिले।

राँका जी के साथ जब से जलन्धर गया, लौटने पर बदल चुका है नारी के प्रति उसका दृष्टिकोण। स्नेह बदलता है मनुष्य को। उससे एक बहुत बड़ा सूत्र मिला :

'मौन आत्मबल देता है। कलकत्ता यात्रा में तीन-चार दिन तक लगातार चुप रहने के कारण उसने अपने भीतर वह शक्ति अनुभव की थी।'

'If there is pain, there is hope.'

भोर में घर-सम्बन्धी दुःस्वप्न देखा। किसी की मौत की छाया घनी हो आई। जी घबरा उठा।

अक्टूबर 2 : बृहस्पति

सुबह नरोत्तम दास जी स्वामी के घर मिले। गंजी और लुंगी। यदि डॉ. देवराज को किसी प्रकार श्यामवर्ण कर दें तो स्वामी जी के दर्शन होंगे। मुख्तसर से आदमी। मोटा चश्मा। राँका ने उनके हास-कार्पण्य का अतिरंजित वर्णन किया था। देखा—हँसते हैं पर तुरन्त ही जैसे सिमट जाते हैं। 'रासो' के लघुतम (गुजरात सं.) तथा लघु रूपान्तरों की पांडुलिपियाँ लीं। 11 पर वापसी। शुक्ल जी के यहाँ भोजन का निमंत्रण था, किया। उनकी 'संस्कृति सरणि:' के कुछ अंश देखे। सुन्दर और सुविचारित पुस्तक होगी।

पथिक ने अपनी कविताओं की हस्तलिखित प्रति सम्मति लिखने को दी। मन झिझका। पर कान्त जी की भूमिका देख ढाढ़स बँधा।

4 शाम नाहटा जी के यहाँ। पांडुलिपियाँ पढ़ता रहा। 7 पर वापसी। कार्यक्रम देशनोक (राँका तथा मनुज का ग्राम) जाने का था। कान्त जी, राँका, मैं तथा प्रेमकान्त (लक्ष्मीकान्त जी का भाई)—चारों चले। ट्रेन में जोधपुर के समाजवादी कवि 'कल्पित' की कविताएँ सुनीं। इधर की राजनीतिक कविताओं में व्यंग्य तगड़ा है। अलंकृति के आधिक्य ने कहीं-कहीं रूप बिगाड़ दिया है।

9½ पर उतरे। करणी जी का मन्दिर। ख्यात। आरती वेला पहुँचे। चूहों से भरा। धोरों की सैर। धर्मशाला में रात। बिछाने को गन्दी-सी दरी। गृह-निष्कासित मन की बेबसी देखता रहा! जन्मभूमि में भी राँका जी परदेसी से रहे। जीवट तो रहा, पर आनन्द उस अनुपात में कम।

अक्टूबर 3 : शुक्र

सुबह 'नेड़ी' जी का मन्दिर तथा टाटा साहब का केलि-स्थान देखा। कान्त जी ने अघोर भैरव तथा उनकी उत्तर साधिका की याद दिलाई। लिंग और योनि की पूजा होती थी यहाँ। तीन मील का चक्कर लगाकर स्टेशन लौटना और रात की खुमारी में बीकानेर वापसी। ट्रेन में कान्त जी द्वारा लिये गए इंटरव्यू पढ़ता रहा। पं. हजारीप्रसाद द्विवेदी, राहुल सांकृत्यायन, रामविलास तथा चौहान का ही अभी तक पढ़ पाया। इंटरव्यू कला की किंचित् कमी। चर्बी ज्यादा, मांस कम।

दोपहर में डॉ. जवाहरलाल से बातचीत। विशेषत: इतिहास-सम्बन्धी दृष्टिकोण, सोशलिस्ट और प्रजा पार्टी का विलयन तथा सरकार द्वारा हरिजनों के मन्दिर-प्रवेश पर। उनके विचारों में सूझ दिखी। बगल में कलाकार मोहन सिंह भी थे। दोपहर में अक्षयचन्द्र जी से वार्ता। मेरी 'अपभ्रंश' पुस्तक तथा दस वर्ष वाले निबन्ध से प्रभावित हैं।

शाम स्वामी जी के पास। अपनी Retired जिन्दगी को वि.वि.वि. में बिताना चाहते हैं। वहाँ वे 'राजस्थानी' चेयर के लिए भी आशान्वित हैं। दो घंटे तक वार्ता।

रात 9½ से गंगा गोल्डन जुबली क्लब में संजीव कुमार द्वारा रचित 'बागी' नाटक देखने गया। आधे पर ही उठ आया। सामान्य था। अलका बनने वाली मिसेज देसाई के चरित्र विषयक सुना। ऐसा तो होता ही रहता है। हर लड़की से एक कहानी जुड़ी होती है। यतीश का अभिनय सबसे अच्छा रहा। रात बूँदा-बूँदा-आँधी।

अक्टूबर 4 : शनि

आज सुबह ही नाहटा जी के पास गया। मुनि जिनविजय जी वाली लघुतम रूपान्तर की पांडुलिपि से पाठान्तर नोट करता रहा। 2 बजे तक यही क्रम रहा। बीच में नाहटा जी से बातें भी हुईं। बोले, 'हिन्दी के आदिकाल विषयक सामग्रियों के विषय में बहुत पहले हमने स्पष्टीकरण कर दिया है, फिर भी लोग वही बातें दुहराते चले जा रहे हैं। डॉ. रामकुमार ने मुझसे नोट माँगे थे, दिया; लेकिन उन्होंने कोई उपयोग नहीं किया। शुक्ल जी के इतिहास में गिनाते हुए, आदिकालीन सभी पुस्तकें परवर्ती हैं।'

आज उनसे कुछ पत्रिकाएँ लीं और वापस आया। अक्षयचन्द्र जी मिले। 3 बजे से 'प्रेमचन्द दिवस' सम्बन्धी समिति में राँका के आग्रह से व्यर्थ 45 मिनट खोया। स्वामी जी के यहाँ जानेवाला था, न जा सका। थका था। फ्री पास 'हैदराबाद की नाजनीन' पिक्चर के लिए था। कान्त जी के साथ राँका और

मैं। कश्यप से परिचय। बीकानेर की दालमंडी दूर से देखी। पिक्चर 'किंग-लियर' की नकल में बनी थी किन्तु पूर्ण निर्वाह न हो सका था। 'कोर्ट सीन' औरों से रोचक तथा यथार्थ रहा। भाषण न थे।

अक्टूबर 5 : रवि

लेखक संघ की बैठक। राज ने उर्दू गजल पढ़ी—कहीं-कहीं चमत्कार की पंक्तियाँ थीं : 'देखता हूँ मौज, आता है नजर साहिल मुझे' आदि। रामदेव आचार्य नामक चतुर्थ वर्ष के छात्र ने राजस्थानी की उत्कृष्ट कविता पढ़ी : 'राजस्थानी माँ भूल चलो, बीत्योड़ी बाताँ रा लटका'। राजस्थान के पुराने काव्यों के युग की संस्मृति से नवयुग का विषम यथार्थ जुड़ा था। पथिक से अधिक शक्ति इस युवक में दिखी। संजीव कुमार ने घोर नेचुरलिस्ट कहानी पढ़ी। एक नये लड़के ने 'मैगजीन' शीर्षक कल्पना प्रवण निबन्धात्मक कहानी सुनाई। दीपक जी नये व्यक्ति थे जिनसे परिचय हुआ। पत्रकार हैं लेकिन आम तौर से जैसे मिलते हैं, उनसे भिन्न। सामाजिक सत्य को परखने की सूक्ष्म अन्तर्दृष्टि तथा साहित्यिक रुचि-सम्पन्न। प्रभाव पड़ा। रत्न मिला।

विवाद की दो बातें : 1. उर्दू गजल में परम्परा और नवीनता। ग्राम्य दोष की सीमाएँ। गोष्ठियों में आलोचना करते समय युवकों के विकास की गति का ध्यान रखना आवश्यक है तभी हमारी समीक्षा उपयोगी हो सकती है। 2. सन्तुलन। राँका ने मुझमें सन्तुलित समीक्षा क्षमता की बात कही। नरोत्तम दास जी ने 'रासो' सम्बन्धी अपने सभी नोट दिये। महानता देखी। दान में उदारता भी। शाम को कान्त जी के घर भोजन। सुरुचि-सम्पन्न कक्ष। चित्रित।

अक्टूबर 6 : सोम

स्वामी जी के 'नोट' से नोट्स लेता रहा। इधर-उधर की चीजें पढ़ीं।

अक्टूबर 7 : मंगल

मुकुल के घर शाम को गया। मुलाकात। गोरा गठ सुन्दर शरीर। देव प्रतिमा। बातचीत। बीमारी से उठे थे। कहीं-कहीं 'अहं' उभरता रहा। पहली बार शाम को हम और राँका जी साथ टहले।

अक्टूबर 8 : बुध

नाहटा जी के साथ 10) में राजस्थान भारती की 7 प्रतियाँ लीं। वापसी।

शाम को मेरी अध्यक्षता में प्रेमचन्द-जयन्ती। 11 आदमी बोले। सुनते-सुनते सिर-दर्द करने लगा। अन्त में जब बोलने उठा तो कोई उत्साह न रहा। अपना भाषण स्वयं मुझे ही अच्छा न लगा। बस, शैली शैली रही। अभीष्ट बातें न कह सका। कवि सम्मेलन में नहीं रहा—बाद में पता चला कि असफल हुआ।

अक्षयचन्द्र जी अच्छा बोले। गम्भीर लगे।

अक्टूबर 9 : बृहस्पति

एलेन का भाषण सुना। शाम डूँगर कॉलेज।

अक्टूबर 10 : शुक्र

कॉलेज यूनियन में 'व्यक्ति और समाज' पर भाषण दिया।

अक्टूबर 11 : शनि

'अनूप संस्कृत पुस्तकालय' देखा। साथ शिवकुमार शुक्ल और राँका। टोपी बिना किले में न जा सके। डॉ. मोहता से शाम को बातचीत।

वेद = physics

वेदान्त = metaphysics (भूतातीतवाद)

कर्मकांड को महत्त्व दिया उन्होंने। कान्त जी के घर भोजन।

डॉ. मोहता की बातचीत का सारांश :

स्तालिन में वह ease और स्थितप्रज्ञता है जो मार्क्स, एंगेल्स, लेनिन—किसी में न थी।

अक्टूबर 12 : रवि

डूँगर कॉलेज में सुबह 8½ पर 'प्रगतिवाद' पर 2½ घंटे का भाषण। प्रश्नोत्तर भी। मुकुल का कविता पाठ। माधव जी ने अध्यक्षता की।

मुकुल थोड़ी देर बाद आलोक प्रकाशन आए। कवियों के दुश्चरित्र की सीवन उकेरते रहे। शाम 4½ पर पंड्या, पारीख की गोष्ठी में।

रात देर तक जागकर कॉपी करते रहे।

स्वामी जी से सुबह मिला। अपभ्रंश की पुस्तक उन्होंने दी। हेम व्याकरण के अनुवाद की पांडुलिपि भी। पुनः लघु संस्करण की प्रतियाँ भेजने का वादा किया। शुक्ल जी के यहाँ भोजन।

अक्टूबर 13 : सोम

कान्त, राँका, जमुनाप्रसाद, पथिक, कश्यप, गोविन्द, श्रीमाली, गिरिधारी लाल आदि के बीच बीकानेर छोड़ा—6.20 शाम। पथिक को 'सम्मति' दी।

अक्टूबर 14 : मंगल

सुबह 7 पर राजकमल। ओंप्रकाश जी ने स्वागत किया। चौहान की 'हिन्दी गद्य का विकास' पुस्तक सुधारी। दोपहर को 'प्रगति प्रकाशन' और डॉ. दशरथ ओझा का पता लगाने। नहीं मिले।

शाम को क्षेमचन्द्र 'सुमन' से भेंट।

उन्होंने 'शनिवार समाज' में निबन्ध पढ़ने को कहा।

अक्टूबर 15 : बुध

दोपहर को गोपालकृष्ण कौल आए।

रेडियो। प्रभाकर माचवे। उदयशंकर भट्ट ने 'कल्पना' वाले निबन्ध की प्रशंसा की और एक 'टॉक' देने को कहा। विषय—'हिन्दी उपन्यास की नई समस्याएँ' तय किया। माचवे के साथ विनय नगर। उनके चित्र देखे। गोंड जीवन की भावी पुस्तक की रूपरेखा भी। साथ कौल भी।

अक्टूबर 16 : बृहस्पति

दोपहर को चौहान जी आए—राजकमल। साथ ही विजयेन्द्र स्नातक भी। रेडियो टॉक लिखने का प्रयत्न किया, न लिखा जा सका। भट्ट जी के पास। आगामी दिन का आश्वासन देकर वापस। शाम—गाजियाबाद।

अक्टूबर 17 : शुक्र

सुबह 10 तक टॉक लिखी। खाना खाया। मोटर-बस से राजकमल। टाइप करने को दी। कौल आए। रेडियो स्टेशन। हेमेन्द्र मिले। शेर रेकार्डिंग हुई। लोगों को

'टॉक' बहुत पसन्द आई। 7 बजे जैनेन्द्र जी के वास पर 'शनिवार समाज' में। रघुवीर सहाय कहानी पढ़ चुके थे। बहस चल रही थी। खत्म हुई। मैंने निबन्ध पढ़ा। गोरपाल प्रसाद व्यास critical अधिक रहे। रहबर बोले यों ही। अधिकारी ने समर्थन किया। कौल चुप रहे। र.स. भी। जैनेन्द्र बोले, ज्यादे इधर-उधर—पिंड ब्रह्मांड फिर एकाध निबन्ध से सम्बद्ध भी। नम्र ढंग से मैंने सबका जवाब दिया। सभी एक स्वर : ' 'शनिवार समाज' में इतना सज्जन व्यक्ति अभी तक नहीं आया था।' सभी लोग अपने साथ ले चलने का आग्रह करने लगे। गया 'सुमन' के वास पर। देर तक आत्माराम के लिए योजना बनाने में परामर्श लेते रहे और पुस्तक देने का आश्वासन भी।

अक्टूबर 18 : शनि

क्षेमचन्द्र 'सुमन' ने र.स. के वास बैरन रोड पर पहुँचाया।

र.स. की कविताएँ सुनीं—अपनी भी सुनाईं। बोले—आपके निबन्धों को पढ़कर इतना नम्र न समझा था।

साथ ही 12 बजे वात्स्यायनजी के वास पर। 45 मिनट तक। वापसी। एक मामूली से रेस्तरां में भोजन। राजकमल वापस। दीवाली की मिठाइयाँ खाईं। शाम को गाजियाबाद।

अक्टूबर 19 : रवि

चौहान जी के साथ करोलबाग उदयशंकर भट्ट जी के यहाँ। पहले से ही भोजन का निमंत्रण था। 3¼ पर वापसी। सामान लेकर स्टेशन। चौहान जी गाजियाबाद उतरे—मैं आगे चला। 'आलोचना' की नई रूपरेखा बनाई। मेरा नाम चौहान जी उस पर देना चाहते हैं। स्वीकृति दी। प्र.ले. कॉन्फ्रेंस की योजनाओं पर विचार।

अक्टूबर 20 : सोम (प्रयाग)

दासबाबू के वास पर आया कि रामविलास जी भोजन करते मिले। मुझे देख गाड़ी छोड़ी। बातें कीं। साथ अपराह्न नेमि जी की दुकान पर गए। फिर 'जनता' से उन्हें आगरे के लिए छोड़ा। भारती, सर्वेश्वर आदि से बातें। नेमि जी ने रोक लिया।

भाईदूज को सरोज, सुधा ने टीका लगाया। 10) दिये।

नवम्बर 12

आज शाम पंडित जी ने प्रो. मुकुट बिहारी लाल से अपनी बातचीत का टुकड़ा इस तरह सुनाया :

मुकुट जी : 'मैटेरियलिज्म के बारे में आपके खयाल क्या हैं पंडित जी?'

द्विवेदी जी : 'कुछ और स्पष्ट कीजिए। उद्देश्य समझ में नहीं आ रहा है!'

मुकुट जी : 'यानी यह कि मैटेरियलिज्म का विश्वासी सच्चरित्र हो सकता है या नहीं?'

द्विवेदी जी : 'इसके लिए ठोस उदाहरण लेना सबसे अच्छा है। आज तक जितने नास्तिक हुए हैं, सभी अपने व्यक्तिगत जीवन में अत्यन्त सच्चरित्र थे क्योंकि उनके पास अपने चरित्र का ही बल था जिसके सहारे वे समाज में खड़े हो सकते थे। आस्तिकों को तो अपने कुकर्मों के लिए ईश्वर और धर्म की ढाल मिल जाती है।'

मुकुट जी : 'यह तो मैं भी जानता हूँ। लेकिन आजकल जयप्रकाश को spiritualism की धुन सवार है। वे भौतिकवाद को नैतिकता के लिए नाकाफी समझने लगे हैं।'

जब पंडित जी ने यह टुकड़ा सुना लिया तो मैंने पूछा कि 'अब तो स्वयं मुकुट जी भी वही मानने लगे हैं और शायद सक्रिय राजनीति से भागकर study circle में आने को समेट रहे हैं।

पंडित जी ने हँसते हुए कहा : 'एक अध्यापक से और क्या आशा करते हो? वह सर्किल में न घूमेगा तब क्या प्रगति के पथ पर चलेगा?'

बात चलते-चलते आनन्द और अज्ञेय जी के जापान जाने पर आई। पंडित जी की कल्पना तुरन्त दौड़ी और बोल उठे कि इन्दिरा (हाथी) भी तो जा चुकी है। चलो, अच्छा हुआ, यहाँ से अ आ इ सभी स्वर ही गए, व्यंजन कोई नहीं गया।